ナイラ・カビール著
遠藤環・青山和佳・韓載香［訳］

選択する力

バングラデシュ人女性による
ロンドンとダッカの労働市場における意思決定

ハーベスト社

日本語版に寄せて

この序文をまずは、『選択する力』を翻訳し、日本語版が出版されなければ本書を読むことがなかったであろう広く新しい読者との出会いを可能にしてくれた、遠藤環、青山和佳、韓載香の三人へお礼を伝えることから始めたい。タマキは、私がSOAS（ロンドン大学東洋アフリカ研究学院）に勤めていたころ、客員研究員としてイギリスで時間を過ごし、その際に本書の内容の半分を占めるロンドンの舞台であるブリックレーンを訪れていた。ワカとジェヒャンも、ロンドンを訪れた際に一緒にブリックレーンを歩いたと聞いている。また、タマキは、本書のバングラデシュの内容の舞台であるダッカも、二〇一五年九月に訪れている。翻訳者が、その内容の文脈をより理解するために現地に足を運ぶことはそれほど一般的ではない。彼女たちが現地を訪問したことは、その関心の高さとコミットメントを示している。三人すべてに感謝の意を表したい。

日本の読者の方々には、私自身が本書を執筆することを楽しんだのと同じぐらい、本書を楽しんで読んで頂ければと願っている。本書は私自身にとって非常に特別なものであった。それ以前は、量的調査しか行ってこなかったからである。本書のための質的調査を通じて、自らの人生について人びとと自身の説明を聞くことがどれほど多くの、そして深い知識と理解を与えてくれるのかということに初めて気づかされたのである。人びとは、何が自身にとって重要であるかを説明し、何が動機づけとなったのか、そして自身の行為の結果をどのように見ているかを説明してくれた。

イギリス版の「はしがき」で説明した通り、本書の元になる調査を実施したいと考えたのには幾つかの理由があった。個人的な点からは、バングラデシュで生まれ育ち、パルダによる社会的規範が、家の外を自由に動く女性の能力にたいして制約を課すことを直接体験してきたことによる。教育を受けるためにイギリスに向かった一九六九年の頃は、依然として女性は公的空間においては大きく不在であり、家庭の外で働く人も稀であった。一九八〇年代初頭における輸出主導型の縫製産業の興隆は、都市の公的空間のジェンダー構成に小さな革命を引き起こした。バングラデシュの主要な諸都市の通りを、何千もの若い女性が、職場の行き帰りのために活発に歩いていたからである。彼女たちの存在によって、公的空間は全ての女性にとってより居心地の良い場所になっていった。私は、短期間にこのような急激な変化をもたらした諸力が何なのかを知りたいと考えた。

政治的な点からは、イギリスに住む者として、南の国々《グローバル・サウス》のより貧しい女性の行動にたいして、「西欧」の側による解釈としてしばしば現れる文化的なステレオタイプについて強く認識していたからである。そこでは、南の女性たちの行為や動機は常に、伝統、宗教、服従、自身の運命にたいしての忍従といったレンズを通して解釈されていた。本書のための調査に着手した当時、北側の諸国を活動拠点とする労働組合、学生活動家や消費者グループによる「反搾取工場運動」が登場しつつあった。そのような運動の中で、これらのステレオタイプは、バングラデシュの縫製産業で働く労働者たちと共にあることではなく、彼女たちのために行動することを正当化するために利用された。これらの組織は、自身の利益に関して明瞭に表現する能力を持たない女性の超―搾取を通じて国際資本は利潤を得ているとの理由で、バングラデシュのような国々からの輸出をボイコットするようにと呼びかけた。しかし、バングラデシュの女性団体が明らかにしたように、女性労働者たちは彼女たちの賃金と労働条件を改善するための闘いへの連帯は歓迎したものの、彼女たちの職を失わせることにつながるようなボイコットに関しては当然のことながら望ましいとは考えていなかった。アンソニー・ギデンズが指摘するように、権力とは、「誰の主張が重視されるか (whose accounts count)」のことである。私は、国際的なアジェンダにおいて、これらの女性労働者たち自らの説明 (accounts) に「重きをおく (counts)」ことをしたいと考えた。

最後に、本調査を実施した学術的な動機は、本書の中核をなす実証的な難問について探求することであった。調査を実施した時期においては、他の労働集約的な消費財の製造業と同様に、国際的な縫製産業は大きな変容を遂げつつあった。縫製産業の労働集約的な工程 (裁断、縫製、仕上げ) は、イギリスを含む豊かな北の国々《グローバル・ノース》から、より貧しい南の国々《グローバル・サウス》(バングラデシュを含む) へと徐々に移転され始めていた。私自身が見いだした難問は、バングラデシュに住むバングラデシュ人女性と、イギリスに移住したバングラデシュ人女性たちの、非常に異なる形での縫製産業への参入の仕方に関わっていた。バングラデシュの保守的な社会的環境にも関わらず、バングラデシュに住む女性たちは、バングラデシュの都市で次々に現れる、新設の工場に参入していった。多くは、地方から都市へ、一人で、もしくは他の女性たちと一緒に、働くために移住して来た。他方で、女性が工場で働く長い伝統を持つ近代的な工業国であるイギリスにおいては、バングラデシュ人移民のコミュニティの女性たちは、主にロンドンのイーストエンドを拠点としており、在宅の出来高賃金労働者として、下請けの仕事をしていた。彼女たちは、都市の路上においては、見えない存在であった。

この難問を説明するために、人間の行動は規範と慣習によって規定されるとする社会的で構造的な説明と、個々人は可能な選択肢に基づいて合理的な選択を行うとする新古典派経済学の諸理論との間にある理論的な中間的立場《ミドル・グラウンド》を採用した。これらの二つの理論的伝統はいずれも、私自身が説明したい事実のある側面への理解を含んでいたため、その洞察を統合することを模索したいと考えた。文化的な規範の影響は、どこにあっても、明らかに人々の行動を形作る上で重要であったが、親族とコミュニティが社会組織の中心的な場を占めている社会においてはなおさらそうであった。しかし、そのような説明は、どのように変化が起こるのかを説明するにはあまり有用ではない。特に、その変化が既存の伝統からの離脱を表しているときはそうである。そこでは、選択と行為主体性の諸理論が有用である。なぜならば、それらの理論は、人びとがなぜ、そしてどのように、ある文脈では規範に従うことを選択し、他の文脈では、規範を破ったり、再交渉することを試みたりするのかを理解するのに役立つからである。

　私自身の調査における方法論とアプローチは、構造と行為主体性の関係にたいするこのような関心を反映している。その後の本書にたいする多くの書評から得た評価は、その方法が質的調査において革新的なアプローチであったということであった。私は二つの異なる文脈で、女性が縫製産業での仕事に従事しようと決めた意思決定の過程に関して、詳細なインタビューを行うことを決心した。意思決定は、新古典派の経済学者にとって核となるものであったが、彼らは労働供給行動に関する量的なデータを収集し、その上で統計分析に基づいて人びとの動機について推論する傾向にあった。私自身のアプローチは、ロンドンとダッカにいる女性の縫製労働者にたいして、現在の仕事に従事することに至った諸過程におけるさまざまな瞬間について聞くことであった。それらの瞬間とは、外で働くという考えを抱いた時から、実際に働きだした時までを含んでいた。ただし、これらの質問は彼女たちのライフヒストリーに関する聞き取りの中の一部としてなされたため、彼女たちによって説明された意思決定過程を彼女たちの人生のより広い文脈の中で位置づけることが可能であった。私はまた、このより広い文脈というものを理解するために、それぞれの調査地で、縫製産業の男性労働者、雇用主や労働組合にたいしてもインタビューを実施した。

　調査から得た知見によって、われわれの現実の生活の中で、いかに構造化の過程が、構造と行為主体性の間の相互作用によって起こるのかを分析することが可能になった。一方で、女性労働者とその家族の物語《ナラティブス》は、特定の文脈の中で制約や機会に直面した時に、それらの意味をどのように理解しているのかを教えてくれた。これらは、彼女たちが自身の労働市場における行動を、経済的、および非経済的な、費用と便益の比較考慮という意識的な努力として説明した程度について明らかにした。また、彼女たちの意思決定が、家族内の権力関係、貧困による要請、選びうる代替的な選択肢の不在やコミュニティの規範など、自身のコントロールの外にある要因に影響を受けている程度についても明らかにしてくれた。

　他方で、女性たちが行った選択、もしくは彼女たちのためになされた選択は、彼女たちの行動を制約するより大きな構造にたいして、重要な含意を持つものであることが明らかであった。バングラデシュにおける若い女性の縫製工場への参入の最初の波は、文化的規範を破ること、もしくは再交渉することの可能性を、他の女性たちに認識させた。私が調査を行っていた時に縫製産業で働いていた「数十万」もの女性たちは、いまや四百万人に増えている。その後の研究が示したように、自身と家族がやりくりをするのに十分なお金を稼ぐことが出来る若い女性の能力は、女子教育、家庭内暴力、公的領域を女性が自由に動きまわること、結婚年齢、移民の性別構成やその他にたいして影響を持った。このことは、いかに「構造化」の理論が現実の生活で説明力を持つかを表しているのである。バングラデシュは、重要な社会的な達成目標を含むミレニアム開発の諸目標において、顕著な進展を見せた。その多くの進展は、職業や教育へのアクセスを獲得した結果として発揮された女性の行為主体性によるものである。縫製労働者は、その物語の重要な一部であった。

しかし、これらの仕事がもたらすことが出来る諸々の変化には限界もある。調査を実施した頃に増して、縫製産業の国際的な競争は激化しており、より多くの女性労働者たちが政治的認識を持ち、行動するようになってきたにもかかわらず、バイヤーが下請け業者であるサプライヤーにたいしてリスクを転嫁する動きに対抗することは出来ていない。衣料を実際に作るサプライヤーに転嫁されたリスクは、次に労働者たちに押し付けられる。縫製品の製造業者にたいして支払われる衣料価格の継続的な低下は、注文の納期を圧縮させ、縫製部門における長時間労働の実態や製造業者によるコスト削減の様々な戦略、そして幾度となく続く労働者の人命を奪うような悲劇の背景を説明する。二〇一三年のラナプラザの大惨事は、約一、三〇〇人の縫製労働者の命を奪った、最も大きな事故であった。その後、国際的なバイヤーが安全基準を改善する取り組みを調整するために集まってはいるが、われわれはどのぐらいそのコミットメントが真剣なものであり、どの程度まで雇用主は自身の労働者にたいする責任を受け入れ、そして政府は労働者や市民の権利を認める意志があるのか、今後を見守っていかねばならない。この点は、私が着手した、二〇一六―二〇一八年に実施される新しい調査プロジェクトの主な焦点でもある。

本書で取り上げたイギリスにおけるバングラデシュ人女性の世代によってなされた選択は、女性の公的な移動性と当時の労働市場での選択への文化的な諸制約にたいしては明らかにほとんど挑戦をしなかった。そのことはまた、イギリスのバングラデシュ人コミュニティにおける女性の行動の連続性を保持することにつながっていたかもしれない。バングラデシュ人女性は、イギリスにいる他のどの移民集団の女性と比べても低い労働参加率を見せていた。しかし、そこでは労働市場における行動だけに注目していたら見落とすであろう、その他の変化が起こってきている。イギリスのバングラデシュ人女性の若者は、彼女たちの母親に比べるとより多くが高等教育に進学し、卒業後には、少なくても結婚するまでは働いている。さらには、何らかの形のヒジャブを身に着けている若い女性の数が目に見えて増えたが、そのことは路上に出る若い女性たちの数の顕著な増大を伴っていた。二つの現象は同時に進んでいた。母親の世代は娘たちほどヒジャブを身にまとっていなかったが、同時に母親たちは家に留まっていた。

本書を構成する調査の両方が、現在でも重要であり続けている。それらは、行為主体性が構造に働きかける過程と、それらが構造を再生産する、もしくは変容させる状況に関する洞察を提供する。バングラデシュにおけるバングラデシュ人の縫製労働者は、今日における最も搾取的なグローバル産業の一つにおいて労働条件を改善する国際的な試みの最前線であり続けている。しかし、労働者は依然として、前の世代の労働者たちが直面していた「商品化のジレンマ《ダブル・バインド》」に直面している。つまり、縫製工場での仕事は、搾取的かもしれないが、それでもこれらの労働者が選択可能な他の仕事よりはまだ好まれるものでもある。イギリスの若いバングラデシュ人女性については、これらの産業の多くが海外に移転したため、在宅の縫製の仕事は既に存在していない。労働力として参入した多くは、現在では地方政府機関で働いている。ただし、その労働参加率は、イギリスの他の集団全てに比較しても最も低位であり、バングラデシュにいる女性たちに比べても低い。

本書は、歴史の重要な転換点に起こった変化を描き出したため、広く引用されてきた。バングラデシュへの縫製産業の到着は、バングラデシュの歴史において最初の世代の女性の工場労働者を創り出した。その歴史的瞬間は、現在では再現することは出来ないであろう。今日の縫製労働者は、第一世代がしたように文化的な性質にたいして対抗しているわけではない。ただし、縫製産業が外貨の八〇%近くを稼いでいるという事実にも関わらず、彼女たちの労働は今も社会的に完全に受け入れられているわけではない。同時に、また本書が捉えたのは、イギリスにおいて縫製産業の大部分が消失しようとしている歴史的な瞬間でもあった。今日、バングラデシュ人の女性が自宅で容易に稼げるような手段を見つけることは困難であり、より多くが外での仕事に従事するようになっている。

最後に追記として、本書からインスピレーションを得たモニカ・アリ（バングラデシュ系イギリス人の小説家）が、広く読者を獲得した『ブリックレーン』という小説を執筆したことを紹介しておきたい。その小説は、本書で私が描写した事実に基づいた幾つかの物語を用いて、想像的な創作を通じて書かれたものである。実際に、本書のために私がインタビューを行った女性の幾つかの「声」が直接、使用されてもいる。その結果、本書は私自身が普段であれば期待できない読者層である、英文学を専門とする学部のリーディングリストにも必読の書として記載されることになったのである！

二〇一六年一月八日

選択する力：目次

目次

講演録

はしがきと謝辞

本書の構想は、何千マイルも離れて生きるバングラデシュ人女性労働者の二つのグループの働き方に関する明白な逆説《パラドックス》にたいする応答として浮かんだものである。一つ目のグループは、一九八四年に三年ぶりにバングラデシュを訪れた際に筆者の注意を引いた。そのとき、ダッカの町のあちらこちらで颯爽と駆け回る数千人の若い女性の姿を目のあたりにして、筆者は衝撃を受けた。こうした光景は、公共の場に女性がいないことが当たり前である国や都市においては、単なる新しい現象であるだけでなく、注目に値するものであった。彼女たちは、一九八二年に輸出志向型製造業を推進する政府の優遇措置に反応してほぼ一夜にして現れた新しい縫製工場で働いているのだと知らされた。

その直後、本書の第一章で述べる、ある活動に参与した結果として、私は、同じく衣料産業（clothing industry）【訳注1：筆者は衣料産業と縫製産業をおおよそ代替可能な用語として使用しているとのことだが、厳密には縫製産業は縫製工程に特化した場合を指し、衣料産業はバリューチェーンの観点からより広い工程に従事するセクターを含む。本書では、原著に沿って、clothing industry、garment industryをそれぞれ、衣料産業、縫製産業と訳す】で働く、バングラデシュ人女性のもう一つのグループについて耳にしたが、このときはロンドンのイーストエンド（East End of London）【訳注2：ロンドン東部の下町の通称。明確な境界があるわけではないが、中世に建設された防壁の東側とテムズ川の北側に位置する。行政的に定義された東ロンドンよりは狭い地域、特にタワーハムレット区とハックニー区の南部を指すことが多い。比較的裕福な西ロンドンにあるウェストロンドンと対比されて使われる。一九世紀は貧民街が位置し、多くの埠頭があり造船業の中心であった。また二〇世紀を通じて移民の流入が続き、多くは衣類産業に従事した。現在も、バングラデシュ人をはじめ多くの移民が住んでいるが、一方で、低所得者地域に特有の家賃の低さに引かれたアーティストなどが移り住み、南アジア系のお店が並ぶブリックレーン通りやギャラリーを訪れる地元の若者や観光客で賑わっている】におけるバングラデシュ人女性についてであった。ただし、彼女たちは、全く異なった雇用形態でその産業に組み入れられていた。イギリスでは衣料産業の多くが女性労働力によって占められているのに、バングラデシュ人女性は、工場や小規模の下請けユニット（outdoor units）のなかにはいなかった。その代わり、出来高賃金で支払われる、在宅でミシンを使って作業する縫製工として働いていた。イギリスの公式統計に基づいた研究によれば、製造業における家内労働は「相対的に稀」で、前近代的な時代遅れのものとなっていた。このように宣言された時代にあって、これらの女性たちは、生産の縫製工程を外部の家内労働者に下請けに出すという、イギリスの縫製産業において増大する傾向を象徴していたのである。

バングラデシュ人女性がこれら二つの文脈のなかで縫製産業に

おいて異なる形態の有償労働を選択したことは不思議なことではない――結局は世界の異なる地域の異なる労働市場に置かれているのだから。しかし、むしろそこで彼女たちの労働がとった直観に反する形態こそが不可解だったのである。厳格なパルダの規範(norms of purdah)、あるいは女性の隔離により、女性は常に家庭の領域に縛りつけられ、公式な雇用形態への参加率が歴史的に低いバングラデシュという国で、女性が新しい機会に反応してあたかも古い規範を容易に捨て去ったかのように見えるのは、開発学の先行研究において最も交渉困難な家父長制を持つ国の一つとして表現されてきたその性質に反している。対照的に、公的領域における女性の存在が恒常化されており、歴史的に百年以上にわたって女性の工場労働――とりわけ衣料産業において――を伝統としてきた世俗国家であるイギリスでは、パルダの規範に従って在宅で働くバングラデシュ人女性が多く見られたのである。

縫製産業における労働の国際分業に関する先行研究は、労働市場の結果についてのこの逆説的な組み合わせはさまざまな次元で説明しうることを示唆している。一つの説明は、グローバルな次元のものであった。これは、一九六〇年代後半以降の繊維・縫製産業 (textile and garment manufacturing) における地理的再編の進行、そして異なる地域で登場した多様な雇用形態を強調するものであった。もう一つとして、一国レベルでの説明があった。これは、さまざまな国における縫製産業の地域的な組織化、それが生み出した異なるカテゴリーの労働需要について探究するものであった。最後に三つ目として、ミクロな次元における一連の説明があった。これは、個々の労働者の生活や環境、および異なる文脈において特定の雇用形態を選択する彼女らの動機に関わるものであった。

本書の主要な内容は、ここでいう分析の三つ目の次元にあたる。本書は、上記で概観した労働市場の結果にたいして直接的、間接的に関わる、二つの異なる種類の説明的な語り (explanatory narratives) に即して描かれているといえよう。一つ目の一連の語りは、第三者に関連している。言い換えれば、それらは問題にしている女性労働者についての語りである。これら語りのうち幾つかは起源的にポピュリストによる説明であり、ジャーナリスト、労働組合、フェミニスト活動家による説明であり、そして、労働者に関して直接的、間接的に情報を持っていた、あるいは持っていると告白したさまざまな人びととの説明であった。他の語りは、より学術的であり、一般的に社会的行為者の行動に関する理論の形をとり、先述の女性労働者は、そうした社会的行為者の特定の例を示すものとして語られる。これらの多様な語りのなかに登場する女性の労働市場行動について提示されたさまざまな論理的根拠は、われわれの逆説にたいして一つの説明を構成する。しかし、これらの第三者の語りに加えて、一人称の語りがあり、それらは、いずれの場所においても女性労働者によって自分たちについて語られた語りである。その語りは、自らの行動についての女性労働者自身による説明、および有償労働を探し、ある形態ではなく別の雇用形態を選ぶ動機についての説明を含む。そのような語りは、一つ目の第三者による一連の説明と一致するとは限らないが、われわれの逆説に代替的な一連の説明を提供するものである。

本書の目的

筆者は、女性労働者と彼女たちに関わる第三者の語りの両方を集めることで、幾つもの目的を成し遂げようと努めた。一つ目の目的は端的に言って、実証的な目的である。それは、イギリスとバングラデシュの文脈においてバングラデシュ人女性が行ってきた逆説的な労働市場における選択についての理由を発見することである。二つ目は、本質的に理論的な目的である。すなわち、二つの文脈においてバングラデシュ人女性労働者によって提供された労働市場行動とその含意の説明と、社会科学の先行研究において提示されてきた女性の労働市場行動に関する理論的説明との間における「整合性」を検討しようとするものである。

最後に、この研究に着手し、研究を導いてきた特定の方法論を採ったことには、三つ目のより政治的な目的があった。先に述べた二つの語り(narratives)は、人間という行為者のモデルを、暗黙的であろうが明示的であろうが、第三世界の女性労働者の姿でもって、一般的で抽象的な意味か、あるいはより具体的に例示する。また、それらの語りは、国際貿易の急激な拡大と高まる相互依存という文脈において、これらの労働者の利益が何であるか、そしてそうした利益がいかにして最善の扱いを受けうるのかについて、明示的あるいは暗黙的な主張を含む。しかし、これらの見解はいつも一つの意見にまとまるわけではなく、実際、対立状態にあるかもしれない。ここでの見解における差異は、部分的には理論的な問題であり、人間の行為主体性《エージェンシー》と社会構造の概念化における違いを反映している。それは部分的には情報上の問題であり、それぞれの見解が形成された知識基盤の範囲と正確さを反映している。そしてそれは部分的には政治的であり、国際貿易における適切な諸政策に関する公共の議論でのさまざまな利害関係者の戦略的な立ち位置《ポジショニング》を反映している。権力の不均衡が存在することは、次の事実から推論される。すなわち、筆者がこの研究をすることを決めたとき、公共の論争において注目を引いたのは第三世界の女性に関する第三者の語りであり、他方で第三世界の女性労働者自身の見解はほとんど求められず、聞かれることもなかった。

この差異の政治学は、リンダ・リムにより熱烈で論争的な見地から詳細に分析された(Linda Lim, 1990)。彼女は、国際分業の変化によって、製造業の労働力として組み込まれた第三世界の女性労働者を代弁する、通常であれば連合(coalition)を取りそうにないアクターたちのご都合主義的な収斂、イデオロギー、政治性を指摘した。この連合は、以下の人びとを含む。すなわち、これらの女性労働者にたいする極度の搾取を家父長制と資本主義との連携による産物だとする北と南からのフェミニストたち、多国籍企業の略奪的な経営に挑戦する反帝国主義者たち、国内で作られた代替的製品と競争する第三世界の製品の輸入によってその利益が脅かされる先進諸国における国内資本の保護主義者の支持団体、労働運動および地元の諸団体とコミュニティ《ローカル・コミュニティーズ》を含む。

これらの異なるグループが第三世界の女性労働者を代弁する際に彼らの主張の根底にあったのは、「平均的な」第三世界の労働者にたいする極めて同質のイメージであった。彼女たちは、若く、未婚であり、安く、従順で、そして使い捨てができた。わずかな生活費しか支払わない、厳しい工場の規律に服従させ、彼女たちの文化的な権威にたいする服従を利用し、状況が厳しくなったときには彼女たちを首にする、そうした多国籍企業の雇用主によって、彼女たちは乱暴な搾取にさらされていた。彼女たちは、貧困のために手当たり次第仕事を見つけては従事するよう強いられおり、選択肢をほとんど持っていなかった。それにもかかわらず、家族、コミュニティ、資本主義的な労働関係という一連の家父長的規律に依然として従属的なままであったため、労働者としての新しいアイデンティティからはほとんど利益を得ることはなかった。

このステレオタイプの構築は、部分的には、その支持者たちのイデオロギー的、政治的偏向を反映している。それは、グローバルに展開している製造業における女性労働者について語る人びとと、そのような人びとによって語られてきた女性労働者とを隔てる、場所、言語、階級、文化という無視できない社会的距離によって強化された。このような初期の先行研究における議論、著述、および理論化の多くは、貧弱な実証的な基盤から派生した、あるいはグローバル資本の利益の構造的分析から「読み取られた」、大ざっぱな一般化として示される傾向があった。それは、明らかに搾取的な仕事を引き受けることを第三世界の女性に強いてきた状況に関して、詳細で具体的な分析に基づいたものではほとんどなかった。

本書の研究を行う第三の目的は、これらの観察から派生している。筆者は、彼女たちがこれらの仕事に引き込まれた動機とこれらの仕事が彼女たちに意味してきたものを理解するために、グローバルに展開している製造業における女性労働者の搾取に関してよく見られる、抽象的で構造主義者的な議論を超えて、この特定のグループの労働者の生活についてより具体的な分析を行いたかった。そのような「供給サイド」の議論に関するより文脈に沿った (more-situated) 分析によって、どのように女性労働者が自らの利益を見ているかということと、国際的な討論の場において権力を持つ人びとによる代弁とが、どの程度重なり合っているかについて明確にすることを目指した。

本書の構成

本書の構成と内容は、バングラデシュ人女性の二つのグループの生活と状況を比較することを反映している。彼女たちは、恐らく類似する文化的信条と価値観を共有しているが、しかし、世界の極めて異なった地域において暮らしていた。両者はそれぞれの地域で衣料産業に携わっていたが、彼女たちは、明らかに別のかたちの雇用形態へと組み込まれてきたのだった。その理由の一部は、衣料産業それ自体がこれら二つの文脈において多少なりとも異なって組織されていたことによる。バングラデシュにおける衣料産業は、輸出志向型であり、比較的新しかった。他の第三世界の幾つかの国々とは異なり、バングラデシュにおける輸出向けの製造業は、もともと特別な輸出加工区に立地してはいなかった。その代わり、縫製工場は、ダッカとチッタゴンという主要な都市に散在していた。ヨーロッパとアメリカにおける主要な小売業者と通販企業は、工場の所有者と直接接触するか、あるいは香港、シンガポールにいる仲介業者《ミドルマン》を通して仕事をした。筆者らが訪れたダッカの工場は、おそらく当時としては典型的なもので二百人から五百人の生産労働者を雇っており、そのほとんどが女性であった。幾人かの男性は縫製工《マシニスト》として雇われていたが、裁断、梱包、アイロンがけの作業はほとんど男性によって担われていた。そこには一回のシフトがあるのみで、朝八時から夕方の五時、六時くらいまで続けられていた。しかし、繁忙期には時間外労働《オーバータイム》が頻繁にあり、強制させられていた。

それにたいして、ロンドンの衣料産業は、大部分を国内市場、即ちハイストリートのチェーン店と小規模のブティック向けに、生産していた。それはずっと古い産業であったが、しかし一九七〇年代以降、部分的には他のヨーロッパおよび第三世界の国々との競争の結果として、顕著に縮小してきていた。われわれが現地調査《フィールドワーク》を行った時期には、大きな工場はすでにほとんど残っていなかった。その代わり、小規模工場と下請けユニット (outdoor units) の複雑なネットワークが作られていた。エスニックマイノリティからなる女性たちが産業のほとんどを占めていたが、そこには縫製工と下請け業者として働くバングラデシュ人男性たちも数多くいた。加えて、大規模だが数が特定できない、ミシンを持つ在宅の縫製工が存在した。その多くは女性であり、シンプルで単純な「平縫い」(flat machining) の工程を下請けで行っていた。バングラデシュ人女性たちは、主にこのグループのなかに存在していた。雇用主あるいは仲介業者は、家内労働者に発注し、完了した仕事の引き取りがなされるよう手配した。女性たちは自らミシンを所有し、また電力料金を自身で負担し、一方で雇用主は原材料と糸を供給した。

縫製産業の組織化における違い、そしてそれに対応する労働力の要件における違いは、したがって、部分的にはバングラデシュ人女性がダッカとロンドンの縫製産業において組み込まれてきたあり方の違いを説明する。しかし、その研究の基底にある前提は、雇用形態の差異が単に労働需要の産物であるというのではなく、それらはまた、女性労働者とその世帯による、認識された機会 (perceived opportunities) と制約への反応を表しているということであった。本書の主な内容は、文化的制約とジェンダー役割に関して恐らく似たような見解を持つ女性労働者の二つのグループが労働市場の機会にたいして一見直観に相反する方法で反応した諸要因について追究することである。

第一章は、研究の基本にある二つの文脈において、バングラデシュ人女性の縫製産業への編入についての国際的な次元における説明を扱う。この章では、縫製産業のグローバルな再編、それによって生成された生産の地理的変化、およびそれがダッカとロンドンにおいて生み出した就業機会について説明する。この章での議論はまた、第三世界の女性が注目されるようになった幾つかの経緯や、これらの変化の原因とその含意に関する学術的な語りにも触れる。第二章は、個人の選択に焦点を当てる経済学的な説明と、構造的制約を強調する社会学的な説明、そして選択と制約の分析の統合を試みる第三の一連の説明を区分しながら、ここでの議論の「供給側」である女性の労働市場行動を扱う社会科学の先行研究についてより明示的に焦点を当てる。

それに続く六つの章では実証的な資料を扱い、最初の三つの章を研究のバングラデシュに関する部分、続く三章をロンドンに関する部分に当てる。第三章と六章は、女性労働者のさまざまな物語を展開する上での背景として、ダッカとロンドンにおける衣料産業と労働市場について概説する。第四章、第五章、第七章、および第八章は、本書で探究するために設定した鍵となる研究上の問い《リサーチ・クエスチョン》を扱う。第四章と第七章は、特定の形態の有償労働に就くという女性の意思決定の背後にある要因を論じる。また、第五章と第八章は、これらの意思決定の個人的、および社会的な結果を検討する。これらの章全体は、二つの文脈における女性とその家族が、許容可能な雇用形態も含めてどのような行動を容認できると認識するかにおいて、文化的規範と価値における類似性が、いかにこれらのことの形成を助長するかを明らかにする。後に見るように、二つのグループの女性たちはこれらの事柄において共通点を多く持ち、彼女たちの語りには多くの側面でかなりの程度重なりがある。しかしながら、それらの章はまた、なぜこれらの「容認される」行動の定義が二つの文脈においてそのような労働市場での異なる選択につながったかについても説明する。

第九章、第一〇章、第一一章では、先に示した三つの研究目的に立ち返る。第九章は、ダッカとロンドンのそれぞれ調査内容から見出したさまざまな事実発見をまとめ、本研究の出発点となった労働市場に見られる逆説的結果について統合的な説明をする。第一〇章では、彼女たち自身の説明 (accounts) によって提供された視点を通して、女性の労働市場行動に関するさまざまな理論的説明の説明力を評価する。最後に、第一一章では、国際貿易における強い「敗者」の利益が「弱い」勝者である女性労働者の利益と対立するときの保護主義の政治を考察する。

本書は、執筆過程において、書き始めた当初のものから相当違うものになっていったため、書き上げるまでにかなりの時間がかかった。筆者自身の専門的に訓練を受けてきたディシプリンからは、元々は選択に関する新古典派理論への批判を意図していた。しかし、バングラデシュ人女性の労働市場での選択行動に関する先行研究を読んでいくと、早い段階で、「選択」が説明上相当の部分を特徴づける概念ではないことが明らかになった。それどころか、先行研究は、パルダ、貧困、家父長制など、主として構造主義の諸概念によって組み立てられていた。これらはバングラデシュにおけるジェンダー関係とその結果の分析のための重要な概念であり、私自身の以前の研究において取り上げたものでもあったが、本書で取り上げたい問いを説明するために、それらを慎重に再考しなければならないことは明らかであった。結局、本書は、新古典派経済学者が選択を説明してきた方法への批判だけでなく、社会学者がどのように構造を概念化してきたかにたいしての批判にも発展した。

謝辞

本書の執筆には、多くの人が異なるさまざま方法で貢献してくれた。しかし、その最初の恩義は、友人であるShireen Huqにある。われわれは、冒険的共同作業としてこの研究を行い、バングラデシュとイギリスでともに経験したことを成果にしていくことを期待していた。学術論文のみならず大衆紙におけるバングラデシュ人女性労働者の描写に触発され、また、なぜロンドンとダッカのバングラデシュ人女性は労働市場におけるある種の選択をしたかという共通の好奇心によって動かされながら、われわれはこのプロジェクトの概念化をともに進めた。われわれはまた、現地調査の初期段階として、バングラデシュにおける女性労働者へのインタビューを実施できたが、その後Shireenはプロジェクトから離れざるをえなくなった。しかし、彼女のアイデアと精神は、本書の執筆を通じて強い存在感を示し続けた。その理由のため、私は本書を彼女に捧げたい。

バングラデシュにいる筆者の家族は私がそこで行う仕事においても常に欠かすことの出来ない存在である。その恩を改めてここで表したい。そのなかにはこの仕事に直接的な貢献をした人もいた。一方で、間接的な方法で助けてくれた人もいた。たとえば、彼らが有用であろうと考えた連載物や記事を送り、研究に関するアイデアを筆者と絶え間なく議論してくれた。具体的には次のような人が含まれる。母のRokeya Rahman Kabeer、本書は彼女にも捧げたい。おばのRuby Ghuznavi、いとこのKhushi Kabir、Farah Ghuznavi and Zein Ghuznaviである。また、大勢のおじたちは、常に励ましてくれた。Rezaur Rahman、Mizanur Rahman、そしてFarhad Ghuznaviがいる。

また、さまざまな方法で違う時期に貢献し助けてくれた方々がほかにも多数いる。Iram Rahman, Kazi Rokeya, Haseria Akhter, Nuzhat Shahzadir, Sharmin Sonia Murshad, Julie Begum, Afia Begum, Shaheena Joaddar, Adrian Wood, Ramya Subrahmanian, Maithrayee Mukhopadhyay, Ann Whitehead, Shahra Razavi, Mathew Lockwood, Alison Evans, Susanna Moorehead, Martin Greeley, Swasti Mitter, Ruth Pearson, Diane ElsonとSusan Joekesである。未刊の形ではあったが、筆者と似たような問題について研究を行い、本書において取

り扱われた諸論点に影響を及ぼした多くの方々に感謝する。とりわけ Margaret Newby, Nazli Kibria、そして Petra Dannecker に感謝したい。また、筆者が必要としたときに突然の通知にも関わらず、自宅と庭という避難場所を提供してくれた、Ameerah Haq に感謝する。John Toye にはこの本を書き始めたとき勇気づけてもらったことに感謝し、Keith Bezanson にはこの本を書き上げるまで忍耐強く待ってくれたことに感謝する。本の出版社 Verso においては、Robin Blackburn, Jane Hindle, Sara Barnes, そして、もちろん、Colin Robinson の支援に感謝したい。Altaf Gauhar には研究が軌道に乗るように筆者を助けてくれたことに謝意を表したい。そして、最後に、いつものように、長々と続くこの本の執筆の過程を我慢強く見守ってくれた Chris Leaf には特別な恩義を感じている。

本書における章の幾つかに基づく多くの出版物は早い段階にさまざまな形で公刊されてきた。第四章の最も予備的な版は、「文化的まぬけか合理的な愚か者か？ バングラデシュ縫製産業における女性と労働供給」('Cultural Dopes or Rational Fools? Women and labour supply in the Bangladesh garment industry') という題目の論文として、一九九一年に『欧州開発研究雑誌』(European Journal of Development Research) の第三巻第一号に掲載され、のちに Camillia Fawzi El-Soh と Judy Mabro 編集の『ムスリム女性の選択―宗教的信条と社会的現実』(Muslim Women's Choices: Religious Belief and Social Reality) という題目の論文集に収められた。第七章の初出は、一九九四年に『開発と変化』(Development and Change) の第二五巻第二号に「『明かされた』選好の構造―ロンドンの衣料産業における人種、コミュニティ及び女性の労働供給」('The structure of "revealed" preference: race, community and female labour supply in the London clothing industry') という題目で掲載されたもので、翌一九九五年にオンタリオ州のブロードビュー社 (Broadview Press) の Janet Giltrow によってまとめられた『アカデミック・リーディング―学問分野を横断して読むこと、書くこと』(Academic Reading: Reading and Writing Across Disciplines) のなかに収められた。第五章の初出は、一九九五年に開発学研究所 (IDS) のワーキング・ペーパー二五号としてまず発表されたもので、その題目は「必要、十分、あるいは不適切？ バングラデシュの都市における女性、賃金及び世帯内権力関係」('Necessary, sufficient or irrelevant? Women, wages and intra-household power relations in urban Bangladesh') であった。それはのちに、一九九七年に、『開発と変化』(Development and Change) 第二八巻第二号に掲載された。これらの初期の版は全て、本書に収録するに当たり大幅に修正されている。

財政的な支援という点では、第三世界財団 (Third World Foundation)、経済社会調査委員会 (Economic and Social Research Council)、およびイギリスの国際開発庁 (DFID) に大変感謝している。本プロジェクトはまた、ナフィールド財団 (Nuffield Foundation) とカナダ国際開発庁 (CIDA) による研究助成の恩恵を受けた。ロックフェラー財団 (Rockefeller Foundation) には、イタリアでのベラジオ会議センターでの一ヶ月に渡る素晴らしい滞在と、また魅力にあふれる人びとに出会って友情を育む機会を与えてくれたことにたいして感謝を申し上げたい。

第一章　労働の基準、二重基準？

国際貿易における選択的連帯

縫製産業の国際的な再編は一九六〇年代初頭に始まったが、それ自体は、「労働の新国際分業」と名づけられたより大きな現象の一部だった。それは後になって、グローバリゼーションというより一般的な概念のなかに包含されることになった。「旧」労働の国際分業とは、先進工業国が工業製品の生産と輸出に特化し、より貧しい開発途上国は、第一次産品の産出と輸出を行うというものだった。開発途上国の多くの国々も、保護障壁を設け、製造業の育成を試みてはいたが、主な目的は、輸出振興ではなく輸入代替であった。

労働の新国際分業の「新しい」点は、東アジアの四頭の「トラ」のイメージが好んで使われる香港、シンガポール、韓国、台湾に見られるようなアジアとラテンアメリカ諸国における輸出志向型の製造業部門の成長にあった。四カ国全てが、政府の輸出志向型製造業にたいする積極的な支援政策とともに、より開放的な経済政策を選択した。このような文脈における歓迎的な環境と、大量の安価な労働力の存在があいまって、高賃金経済の先進工業国から、多くの産業が、生産工程の全て、もしくは一部を、南のこれらの国に移転した。移転の過程で最も影響を受けた産業は、労働集約的産業であった。労働コストが全体のコストに占める割合が高いためである。古くからの産業でいえば、繊維産業や衣料産業であり、新しいものでは電子機器がそれにあたる。本書では、イギリスとバングラデシュの衣料産業に注目する。まずは、衣料産業における労働の国際分業の変化の背後にある要因を、特にこれらの二カ国の経験に触れながら概観する。

縫製産業の国際的再編

衣料産業のように労働の国際分業が変化している最大の要因は、先進工業諸国における労働コストの上昇であった。完全雇用、戦後の労働市場における女性の参入の進展、そして高度に組織化された労働運動からの要求の成功は、これらの諸国の賃金全体を大きく引き上げ、それは衣料産業のような労働集約的産業の利潤率にたいして特に影響を与えた。なぜならば、大衆既製服市場の競争は一義的に価格に依存しているからである。主要な小売業者は、常にファッション主導の需要の変化に対応する必要によって動かされており、より競争的な価格を必要とする。より安い衣料製品の供給元の探求が、低賃金で輸出志向的な南の諸国における生産拠点の開設につながったのである。

ところが、再編の過程で脅かされた先進国市場における輸入品の浸透度にたいする不安は、一九七四年の多国間繊維協定（MFA）

の発効を導いた。「規律正しい貿易（orderly trade）」の関心のもと、第三世界からの衣料製品と繊維製品の輸出の急速な成長を規制しようとする数々の切羽詰まった試みがなされた。協定では、第三世界から先進国への輸出の成長率の許容水準は六％と設置された。また二国間協定のレベルを超えて、特定の国から他の国にたいする輸出が急増した場合の保護のために、「特別セーフガード」条項が設定された。一九七〇年代初頭の世界不況にともなって、東アジアからの衣料輸入の恒常的な増大の影響が深まったため、これらの国からの輸入にたいして割当を課すために、MFAは複数の署名国によって発動された。

しかし、割当の適用は、安価な輸入品の流入を止めることは出来なかった。むしろ、「割当ホッピング（quota hopping）」といった企業の実践を誘発してしまう。香港、シンガポールやその他の新興工業国の生産者やバイヤーが、依然として「割当フリー（quota-free）」な新しい低賃金地域を探すようになる。バングラデシュが視野に入ってきたのはこの時期だった。全ての条件を満たしていたからである。一九七〇年代後半までには、幾つかの下請け工場が設立された。大部分は国内資本によってであったが、東アジアの技術、国際市場参入のためのつながりと知識の支援を享受していた。しかしながら、バングラデシュ政府が、新産業政策によって輸出志向型製造業にさまざまな誘因《インセンティヴ》を与えるようになるのは一九八二年以降のことであった。その後、同産業はまさに離陸し、一九七六年の片手で足りる程度から、一九八五年には七百社にまで増大した。その大部分の企業は、チッタゴンやダッカなどの都市部に立地していた（*Economist*, 1989.09.23）。創出された雇用数は、推計によって異なっており、八万人から二十五万人とするものまであるが、どの推計も、おおよそ八五％が女性であるという点では一致していた（World Bank, 1990）。

バングラデシュ人女性にたいして新しい仕事を創出した衣料産業の国際的な再編は、イギリスの文脈では全く異なる意味を持っていた。イギリスの衣料産業は、より歴史が古く、十九世紀中旬まで遡ることができ、誕生した時から女性労働者は担い手であったためである。一九七〇年代終わりには、女性は衣料産業における労働力の約八〇％を占めていた（Coyle, 1982）。当時、一九六〇年代からの輸入の浸透による影響は、一九七〇年代の不況によってさらに深刻になり、国内の再編過程を導いた。衣料製造者には三つの基本的な選択肢があった。「オートメーション化、移転、廃業」の三つである（Phizacklea, 1990, 9）。高級ファッションの製造業は、未熟練労働者が商品を模倣することは容易でないため、主要な小売業者とともに、競争優位を維持できた。「廃業」にたいして最も脆弱だったのは、大衆市場用の、安価で標準化された衣類を生産する企業であった。イギリスの衣料生産は、一九七九年から一九八三年の間に、二九％の下落をみせた。登録された労働者の内、三分の一は失業した。一九七八年には、衣料産業における登録された労働者数は三十万七千人だった。一九八三年には、二十万七千四百人になった（Phizacklea, 1990）。生き残った企業の一部は「オートメーション化」を選び、コンピューターによる技術を、デザイン、裁断、仕上げなど、生産工程の中でもより熟練が必要とされる段階に導入した。ところが、衣料の縫製は、ミシンさえきちんと扱えればそれ以上の技術を必要とせず、また生地の「繊細な」品質のためにも、機械化に適さなかった。縫製は、生産工程の中で最も労働集約的な工程であり続け、衣料生産における労働時間の五分の四を占めた。「移転」という選択肢は、この工程にとって最も適したものであった。

幾つかの事例では、移転は国際的な形態をとった。生産工程の全て、もしくは一部が、世界の他の低賃金地域に下請けに出されたのである。ところが、ロンドンでは、移転の大部分は国内的であり、各企業は労働集約的な縫製工程を、より安価で、組織化されていない「下請けユニット (outdoor units)」で働く労働力と、イギリスの都心の窮乏地区の「隠れた」経済における家内労働者に下請けに出した。イギリスのバングラデシュ人コミュニティは、ロンドンのイーストエンドに大きく集中しており、同時にこの地域はロンドンの産業の集積地でもあったため、バングラデシュ人女性が、この地域で増大しつつあった内職の供給から恩恵を受けても不思議ではない。むしろ不可解なのは、なぜ女性たちは、まずは工場労働に従事しなかったかということである。また、なぜ「下請けユニット」にたいする仕事の発注の増大の恩恵を受けていないかである。

家父長的再編—労働の国際分業におけるジェンダーと資本の理論

一九八〇年代から大きく注目されるようになった発展途上国における輸出志向の製造業の興隆の特徴の一つは、労働力における女性の集中 (female-intensiveness) であった。このような現象は、従来「伝統的」な農業部門の家族労働者として働いていた低所得国の女性たちが、賃金労働者として「近代的」部門に吸収されていったことを意味していた。これにたいしては、楽観的な見方と悲観的な見方があった。議論の突破口を開いたボーズラップの著作が描写したように、この時期は発展の利益から取り残されてきた女性を、明示的に国際開発のアジェンダにのせた最初となった (Boserup, 1970)。多くの機関は、一九七五年の国連における国際女性年の、女性をより効率的に労働市場に統合せよという要求を、「女性の開発過程への統合」として理解した (Elson and Pearson, 1981)。

したがって、第三世界のさまざまな地域において増大する新しい世界市場用の工場において女性が望ましい労働力として発見されたことと、雇用が統合というゴールを実現する最も効果的な方法であると論じる新しい「女性と開発」の政策アジェンダの二つは、幸福な偶然の一致として現れた。実際、有償労働が女性の従属的地位の終焉につながるという見解は、世界銀行からマルクス主義の研究者にまで広く共有された。それぞれ、市場における資本と労働の関係に関する根本的な見解については同意できなくても、市場の力がジェンダー的に中立であるという見解は共有された(Elson and Pearson, 1981)。

当時の批判的なフェミニスト研究者による議論は、この楽観的な通説にたいして反論することが中心であった。それが指摘したのは、これらの産業の中で好ましいとされた女性労働者の地位を説明するのは、まさにその「女性の不利な点の相対的な利点」(Arizpe and Aranda, 1981)であるという点であった。この選好の背後には多くの要因があると考えられた。これらの産業は大きく未熟練労働に依存しているが、この集中的な労働の使用は、賃金コストが全体のコストの中で大部分を占めることを意味した。さらには、衣料産業における季節的な需要と、国際的競争にさらされているということが、その生産サイクルを内在的に不安定なものとしていた。労働コストを削減するために安価な労働力を必要とし、需要水準の変化に対応して、吸収されたり排出されたりするような雇用、つまり「柔軟な」労働力を必要としていた。

フェミニスト研究者が指摘したように、第三世界における若い未婚の女性は、需要の「経済」と供給の「文化」の接点を反映しているがゆえに、理想的な労働力となっていた。この研究分野は、近代工場組織が、女性労働力の圧倒的な「超搾取」の正当化を助けるような女性の文化的規範をいかに利用し、積極的に促進したかに関して、優れた洞察を行った。たとえば、エルソンとピアソンは、女性はアセンブリーラインでの生産に理想的であると、「性質(nature)」と「遺伝(inheritance)」の両方の利点を強調するマレーシア政府の投資家用パンフレットを、「東洋の女性労働者」の「文化的構築」の例として引用している(Elson and Pearson, 1981)。

東洋の女性の手先の器用さは、世界中で有名である。彼女たちの手は小さく、そして彼女たちは最大限の注意を払って働く。したがって、その性質と遺伝によって、東洋の女性ほど、アセンブリーラインの効率化に貢献するのによりふさわしい資格を持つ人がいるだろうか? ここでは、不良品ゼロ計画(Zero Defect)を立ち上げる必要もない! 自然に、自分たちで「品質管理」を行うからである(*Far Eastern Economic Review*, 1979.03.18, 76)。

先行研究は、雇用主が、女性労働力からの利益を最大化するために、職場においてさまざまな文化的実践を意図的に推進していることを指摘してきた。すなわち、労働者間の競争心を促すための西欧型の美人コンテストやスポーツ活動、従順と規律を保証する日本式の権威的家父長制、規範を尊重するために労働者とコミュニティの間に忠誠心を築く文化的価値への準拠などである(Lim, 1978; Ariffin, 1983; Mather, 1985)。さらに、他の研究では、家父長的な伝統の文脈での若い未婚の女性のリクルートが、家族内家父長制から資本主義的家父長制へという、家父長的権威への服従のスムーズな移行を可能にしていると説明した(Safa, 1990; Salaff, 1981)。マーサのインドネシアでの研究は、工場経営と地元のイスラームのエリートの間のつながりに注目した(Mather, 前掲書)。それは、コミュニティの伝統的な権威を使って、従順な労働力を作り出し、工場労働に若い女性が参入していくことにたいしてコミュニティが感じうる脅威を中性化することであった。「実際に、入ってくる資本家と村の家長の間の意見は収斂し、いずれもが、女性と若者を従順で、支配される対象とみなした」(Mather, 前掲書, 171)。

とはいえ、これらのさまざまな分析は、世界市場向け生産を行う、近代的で利潤最大化を図る工場において、労働実践に伝統的な規範と実践が一見したところ利用されていることを考察した点で興味深く、主に雇用主の必要《ニーズ》と戦略に焦点を当てるものであった。これらの研究は、「供給サイド」の実像にはほとんど触れなかった。工場で働く女性は若くて、ほとんどが未婚であり、伝統的な農村文化圏から工場労働に従事するために移住してきているとし、またそのような特徴ならびにそれらが雇用主にとって持つ意味が、工場労働力における女性の独占を説明するとした。異なる観点、つまり女性の有償労働への参入が彼女たちの生活にたいして与えた影響に関して検討したごく一部の研究は、家族やコミュニティにおける家父長的な構造にたいする挑戦はほとんど起こらなかったと結論づけた (Joekes, 1982; Salaff, 1981; Greenhalgh, 1985)。

このように初期の研究では、雇用主が若い女性を労働力として雇う理由に関する詳細な研究関心に比べると、これらの女性が誰であり、なぜ工場労働を探し求め、これらの仕事が彼女たち自身にとってどのような意味を持つかに関してはほとんどが沈黙を保った。女性たちは、「均質で、一様で、表情も声もない」存在として扱われた (Wolf, 1992)。自身の状況に関して考え、葛藤し、行動を起こす社会的行為者《ソーシャル・アクターズ》としてではなく、資本によってその動きの手綱を引かれる、操り人形のような労働予備軍の一員として描かれた (Beneria and Roldan, 1987)。オンが指摘したように、このようなアプローチは、搾取されている女性労働者ではなく、資本家の動きや性格をより明らかにした (Ong 1987, 84)。

輸出志向の工場労働の女性化に関するフェミニスト研究の最初の波を大きく特徴づける悲観的見解は、市場がジェンダー的に中立であるという主流派の通説に対抗するという研究目的によって論理的に導き出されていた。これらの「時代のレンズを通じて」書かれた広く引用されている自身の(共同執筆の)初期の研究を再検討して、ピアソンは次のようにコメントしている。「工場労働の『近代的』経験と、ジェンダー的支配の『伝統的』な形態を接合する過程を分析しようとするわれわれの熱望ゆえに、女性労働者自身による開かれた交渉と再構築ではなく、むしろ、挑戦されず、差異化されていない伝統的なジェンダーアイデンティティと諸支配、そして資本と家父長制によって構造的に規定されている相互作用の経験を見いだすことを研究目的としてしまった」(Pearson, 1998, 180)。このような立場から、「家父長制の現れとそれが容易に資本主義固有の支配的な関係を結ぶことに容易につながるということ、というのも、両者は工場の現場における女性の抑圧によって成立していたという点」(Wolf, 1992) に初期の研究が主に集中したことは不思議ではない。

とはいえ、分析の焦点が、劣悪な労働条件、厳しい規律や雇用の不安定性などの否定しがたい問題に限定されている限り、そのような雇用へのアクセスの積極的な意味合いはあらかじめ検討の対象から除外された。雇用主は明確に労働市場と職場において大きな権力を行使しており、余剰労働力が存在するときにはなおさらそうであった。それでも、女性労働者は、単に雇用主の戦略の創造物として存在したわけでも、生活の質の全てが職場の経験によって決められてしまっていたわけでもない。ピアソンを再び引用してみよう。

女性にたいする工業化の意味を完全に理解しようと思うのであれば、女性の収入の世帯内所得分配や意思決定にたいする影響を検証する必要がある。言い換えれば、賃金を得ることが女性の世帯内でのエンパワーにつながっているかどうか、また、自律性や、威圧や抑圧に抵抗する能力を向上させているかどうかを分析する必要がある。また、工場における雇用が、「女性の選択」かどうか、また女性の教育へのアクセスや結婚の時期、結婚相手の選択の制約というようなコストを生みだしているかどうか、もしくはそうではなく、雇用が実際には、これらの領域における女性の選択を拡大させているかどうかも、検証する必要があるだろう (Pearson, 1992, 246)。

しかし、初期の研究のほとんどは、これらの研究課題には注目しなかった。後の研究がようやく、家族、世帯、コミュニティの文脈から女性労働者に注目するようになり、女性、雇用と家族のより複雑で矛盾した関係の実像が浮かび上がってくるようになった (Wolf, 1992; Ong, 1987; Beneria and Roldan, 1987)。

労働の国際分業における搾取の選択的顕在化

第三世界の女性労働者に関する既存のフェミニスト分析と、それによって高まった政治運動にたいする筆者自身の不満は、バングラデシュが国際輸出市場での成功の対価を支払う羽目に陥る一九八五年に具体化した。この年、イギリス、フランス、アメリカ合衆国はバングラデシュからの衣料輸入にたいして割当を課した。その急激な成長の速度が、自国の国内市場にたいしての脅威となっており、多国間繊維協定 (MFA) の「セーフガード (anti-surge)」条項を発令する根拠となるとしたのである。割当は、バングラデシュの産業にとって厳罰となった。特に、問題とされた「急上昇」が非常に低い水準から始まった場合はそうであった。確かに、イギリスから見れば、バングラデシュからの輸入の成長率は、MFA が認める六%を超えていた。ただし、実態としては、イギリスに入ってくる衣料品の輸入全体におけるバングラデシュのシェアは、一九八〇年の〇・〇一%から、一九八五年の〇・一一%に上がった程度であり、香港のような確立した供給元に比べればわずかなシェアでしかなかった (Jackson, 1992)。一方、バングラデシュの産業にたいする影響は過酷なものであった。「衣料製品の貨物は埠頭に向かっている途中で停止させられ、投資家はパニックを起こし、活況だった市場も底が抜けてしまった。割当にたいする経験不足とそれに対応する制度が未整備であったことによって混乱が起こった」(Jackson, 1992, 29)。割当に誘発された不確実性は広がり、三ヶ月以内に約三分の二の工場が閉鎖し、十万人以上の女性が解雇され、その多くが窮乏し餓えることになった(Jackson, 1992 に引用されている Ahmed and Rahman, 1991)。

MFA 下での輸入制限は、イギリスで広く支持された。貿易協会、労働組合、国内の経営者のみならず、労働党も『労働と繊維・衣料』という政策提言文書で、政策的に計画された再編過程を歩んでいる間は、国内産業を隔離するために「タフな」MFA が必要であると呼びかけた。労働党の代表は、下院で一九八五年五月九日に行われた MFA に関する討論の中で、求めているのは「公正な貿易」であって「自由貿易」ではなく、「秩序と安定性」のためにも割当は支持されねばならないとした。労働組合もまた、第三世界の工場で露呈している深刻な搾取の状況が、これらの国の雇用主にたいして国際市場における不公正な利益を与えているということを根拠に、割当を支持した。

しかし、割当に関しては、さまざまな異なる政治的立場からの反対意見も存在した。サッチャー政権によって委託されたシルバーストン報告書 (Silberston Report) は、当時の政権の自由市場哲学にも共鳴する見解を提示した。MFA によって許可された制約条項の実践は、比較優位に沿った効率的な資源分配を阻害し、国内で生産された商品により高い価格を支払わなければならない消費者にコストを転嫁していると指摘した。世界銀行は、バングラデシュからの輸出にたいする MFA の割当は、自由貿易をまさに推進しようとしている国々自体が、自由貿易にたいする過剰な介入をしている矛盾だと指摘した。実際、アメリカ政府は、一方で、国内の保護主義者のロビー活動に対応して、バングラデシュからの輸入に割当を課し、他方で、米国国際開発庁（USAID）を通じて、アメリカの割当をどのように乗り越えるべきかについてバングラディシュ政府に助言するべきだとコンサルタントに提案するという奇妙な状況を生んだのである！(Chisholm et al., 1986)。カナダ、スウェーデン、西ドイツは、被援助国にたいして自由貿易と工業化を奨励する援助政策との間の一貫性が保てないことを理由に、バングラデシュにたいして割当を課すことをしなかった。[1]

さらには、バングラデシュからの衣料輸入の割当にたいする反対意見は、われわれのように、割当制度が、力のある国が国際貿易の「ゲームのルール」を決めるのみならず、それらの国の関心によって自在に解釈されうることの象徴であると考える者からも主張された。たとえば、バングラデシュは、MFA の第一三項のセーフガード条項の免除国となる明白な候補であった。第一三項は、MFA に参加している国々にたいして、新しい参入者と零細

1　ただし、カナダは後に保護主義の圧力に屈することになる。

な供給者の輸出を制限することが引き起こす問題を考慮することを求めていた。バングラデシュは、当時、一人当りの所得が一五〇ドルでしかなく、アメリカ合衆国の百分の一の水準であり、エチオピアに次いで世界の最貧国であった。割当の適用が発表された直後に、イギリスの世界開発運動（World Development Movement: WDM）は、世界における最貧国五十カ国にたいする輸入割当の適応を廃止することを求めてキャンペーンを行った。その根拠は、このような国々にとって、より開かれた輸出市場にたいする衣料と繊維製品の生産が、多くの貧困国が縛られていた、過去数十年の間、構造的に価格が下落し続ける限られた第一次産品へ依存した「貿易の罠」を抜け出すことを約束する道であり、また当時は実際にそうであったが、唯一の道であったことにある。

またキャンペーンは、「第三世界からの安価な輸入品」がイギリスにおける雇用の喪失の主な要因として頻繁に言及され、それゆえに、第三世界にたいするより制限的なMFAの適応を支持する市民と政治的支持を加熱させるが、実際には、イギリスにおける仕事への脅威は、第三世界のより貧困な国からでも、第三世界から来るものでもないことを指摘した。一九八四年のイギリスの衣料品にたいする国内需要の内、三四％は輸入によって満たされていた（Chisolm et al., 1986）。香港のような、第三世界の中でも最も豊かで急激に成長している経済が、同時に単独では最も大きな供給元であり、輸入の二三％を占めていた。ところが、残りの輸入に関しては、工業国と発展途上国の間で、公平に均等に担われていた。ほぼ三分の一は、欧州経済共同体（EEC）内からの輸入であった。イタリアが最も主要な供給国であり、その次にポルトガル、フランス、アイルランドと続いた。さらには、WDMは、失業の主な理由は、輸入の増大にあるのではなく、低下した利子率、為替レート、国内需要の低迷といった経済環境が国内の生産、雇用と能力（capacity）に打撃を与えたせいであると議論した。

ところが、以上のような事実にもかかわらず、労働組合は、「安価な」第三世界の女性労働者によって作られた輸入品にたいする割当賦課の支持を堅持した。エルソンは、この主張に埋め込まれた意味の鋭い脱構築をしてみせ、「第三世界の女性」と「安価な労働力」を等値することを批判する（Elson, 1983）。何よりもまず、エルソンは、この等値がいかに、不公正な競争からの保護という、第一世界（the First World）の労働者の要求を正当化したかを指摘する。

第三世界における女性労働者は、劣悪な労働条件にも厭わず働こうとし、北アメリカ、西ヨーロッパやオーストラリアなどの第一世界の女性労働者の地位を貶める「安価な労働力」として非難される。そこにはしばしば、第三世界の女性は間違っており、自身の権利のために立ちあがろうとせず、したがって、第一世界の女性が彼女たちのために行ういかなる試みをも無駄にするという感情がある。衣料と繊維製品の輸入をより厳しくすることが、第一世界の女性が、「東洋の柔順さ」の上に成立した「安価な労働力」という脅威から、自分たちを守る唯一の戦略であると考えられた（Elson, 前掲書 , 6）。

彼女は、続けて、「安価な労働力」という言説に込められた蔑視を指摘する。

「安価な労働力」という言葉は、労働者自身にたいする非難の意味を持ちあわせている。安価な労働力である労働者は、自尊心が欠如しているといったような意味合いである……。しばしば、この言葉は、非白人に適用される際には、人種差別的意味合いも含んでいる。有色人種は文化的に遅れているから「安価な労働力」であるといった具合である。第三世界の女性を表すために使用される際には（もしくは第三世界出身）、柔順な東洋の女の子（Oriental girl）といった神話と同じく、性差別と人種差別が組み合わさっている（Elson, 前掲書 , 10）。

MFA の割当にたいして反対するキャンペーンに関わったわれわれの多くは、まず最初に、北の労働組合員の南の労働者にたいする行動を特徴づける、この個人的関心と先入観の組み合わせに直面した。筆者自身が個人的にこの点を痛感したのは、第三世界の労働者の観点から割当にたいする反論を発表するよう、フィリピンとバングラデシュの労働組合員を招聘したWDMのキャンペーンが企画した会議の後であった。この会議の最後に、スコットランド労働組合会議（Scottish TUC）の女性は筆者にたいして、彼女たちの議論は何も真新しいことがなかったと言った。彼女が言うには、「これらの人びとと、われわれが競争できる方法なんてないわ。一握りの米さえあげれば、一日中働く人たちよ」というのである。

コロンボ近郊の自由貿易特区で数年に渡って女性労働者の組織化に携わってきたスリランカのフェミニストであるクムディニ・ロサは、北の労働組合員との交流の中で、似たような態度に接したことがあるという。

繊維産業の国際的な性質に関する認識がほとんどないように思います。西欧の労働者や、労働組合でさえ、資本の移動や、それによる西欧諸国や第三世界にたいする影響に関する知識を十分に持っていません。ドイツの労働組合員は、資本の動きに非常に敵対的であり、その全てを南の労働者の責任かのように非難していました。また私は、スリランカに工場が移転したことで解雇された七十人から百人ほどのベルギー人労働者のグループに会ったことがあります。一人の男性は、私にたいして「なぜあなたの国の労働はそれほど安いのだ？　なぜもっと高くできないのだ？」と聞き続けました。このような人びとにたいして、なぜわれわれの国の労働者が安いのかを説明することは、壁に向かって話しかけるようなものです（Chisolm et al., 1986, 75からの引用）。

また、バングラデシュの労働組合員は、バングラデシュの縫製工場で働く女性労働者の状況を向上させようとする努力が、「人間の顔をした保護主義」を促進しようとする北の労働運動に特徴づけられる激しい扇情主義によって妨害されることを見るたびに感じるもどかしさを吐露する。バングラデシュの縫製労働者連盟(National Garment Workers) の事務局長は、バングラデシュ人女性はより少ない仕事ではなく、より良い仕事を必要としていると指摘する。

> われわれは、バングラデシュで縫製産業が発展するのを望むのと同時に、労働者の状態が改善されることを望んでいます。縫製労働者の労働条件の改善にたいするわれわれの闘いへの国際的なサポートを必要としています。しかし、バングラデシュ製のTシャツの不買運動は、人びとの仕事を奪うだけで助けにはなりません。バングラデシュ製のTシャツが血で染められたアメリカでの写真を見かけたのですが、そのようなショック療法は停止されるべきです……。その代わりに、適正な (decent) 労働条件を尊重している工場から購入しているかどうか、自国のバイヤーにたいして働きかけることにより専念すべきです……。労働者としては、割当に反対するキャンペーンに、「イエス」と強く言うべきなのです (Jackson, 1992, 28)。

WDM のキャンペーンに関わったことによって、第三世界の雇用は守るのに値するという考えにたいするイギリスの労働運動からの抵抗に直接に接することになっただけでなく、バングラデシュ人女性の縫製労働者の別のグループと間接的に接触することになった。この時のそれはイギリス国内においてであった。キャンペーンの一環として、同僚でもあったニック・チザムと筆者は、衣料生産者と衣料産業の労働組合員の見解を調査するよう、小さな調査プロジェクトの実施を依頼された。一部の人びとは、第三世界からの「不公正な」競争にたいする保護主義の熱心な支持者であった。われわれは、家内労働者にたいするインタビューは行わなかったが、衣料産業の大部分が立地しているロンドン東部や北部の多くの工場を訪ね回った。この調査の中で、われわれが対面した経営者は、訪問先が大工場であれ、小さな労働搾取工場《スウェットショップ》であれ、誰もバングラデシュ人の女性を雇っていないことが明らかになった。ただし、バングラデシュ人の男性を雇っている工場は多く見かけた。同僚のスワスティ・ミッテルは、最終報告書をわれわれと一緒に書きあげ、また以前にもロンドンのイーストエンドで衣料産業の調査をしたことがあったが、この女性の不在はまやかしであり、実際には、大多数のバングラデシュ人女性が自宅で働く縫製工として雇われていることを教えてくれた。

私はこれを契機に、ダッカの路上で見かけた、通勤や帰宅の途中であろうバングラデシュ人女性労働者の可視性の高さと、ロンドンの衣料産業において家内労働者として働くバングラデシュ人女性の不可視性の対照がますます気にかかるようになった。さらには、既存の研究のなかには、後者の女性たちに関する研究はほとんど存在していなかった。これらの女性は、イギリスの衣料産業の停滞に関する議論の中でも陰の存在とされていた。ある程度は、これは、家内労働者全般にたいする一般的な無関心の一部であった。アレンとウォルコヴィッツが指摘したように、ごく一部の例外を除いて、家内労働者は研究者からは取り上げられてこなかった。「仕事を対象に分析する枠組みの中では、家内労働は通常周辺化されており、不可視なままであった」(Allen and Wolkowitz, 1987, 28)。低賃金ユニット (Low Pay Unit) などのような組織による調査から注目されることはあったものの、内職の状況を規制しようとする一九七九年と一九八一年の議会法案はほとんど支持を受けることが出来ず、課題は放置された。

　WDMのキャンペーンの期間中、製造業の内職は、小さな問題として軽視されていた。育児などに携わらなければならない一部の不運な女性にのみ影響を与えているか、人種的な文化的実践の論理的帰結のためであると考えられていたのである。ロンドンの衣料産業で働くバングラデシュ人女性の置かれている搾取的な状況に関するミッテルの概観的研究 (Mitter, 1986) や、東ロンドン【訳注1：東ロンドン、もしくはイーストロンドン (East London)。公式に用いられる行政区分であり、バーキング、ダゲナム、ベクスリー、グリニッジ、ハックニー、ヘイヴァリング、ルイシャム、ニューアム、レッドブリッジ、タワーハムレット、ウォルサム・フォレストを含む。イーストエンド（「はしがきと謝辞」の訳注を参照のこと）は、東ロンドンの中心であるタワーハムレットを中心とした一部の地域の通称であり、より狭い地域を指している】における労働搾取工場の危険な状況に関する時々の報道以外、このコミュニティ全体が、全く市民の関心の外にあった。イギリスの労働運動における、このような東ロンドンのバングラデシュ人縫製労働者の状況にたいする沈黙は、海外の第三世界の女性労働者にたいする搾取と、そのことによる不公正な競争の激化を彼らが熱心に非難することとの対照を際立たせた。

　正義の論理は明らかに、ある労働者の集団の側からの要求から決定されており、もう片側にたいしては沈黙が保たれていた。しかし、正義の論理は対象とされている労働者の生活のしっかりとした情報に基づいたものになるべきである。しかしながら、労働者自身の声の不在と同様、そのような情報は欠如していた。その労働条件が大きく注目されているバングラデシュの女性たちに関しても、また、議論の中で全く見えない存在とされているロンドンの女性たちの声のいずれもがそうであった。本書の調査は、このようなギャップの一部を埋めるために着手されたのである。また、労働市場行動を理解するために女性労働者自身の語り《ナラティヴズ》を検討することを方法論に取り入れたのも同じ理由による。ただし、本書の「はしがきと謝辞」で言及した通り、女性労働者の視点からこれらの課題を検討する中で、彼女たちの語りによって提供される洞察が、どの程度、そのような行動についての社会科学的な説明と関連しているのかを評価することに関心を持つようになった。結果として、次章では、幾つかの社会科学理論を概観し、女性の労働市場行動にたいして競合する仮説を導き出す。これらは、本書の枠組みを形成し、この本の実証分析を構成するものとなる。

第二章　「合理的な愚か者」と「文化的なまぬけ」？

社会科学における構造と行為主体性《エージェンシー》に関する諸説

経済学は、もっぱら人びとはどのように選択をするのかということを問う。社会学は、もっぱら人びとはなぜ選ぶべき選択肢を一つも持たないかということを問う。(Duesenberry, 1960, 231-234)。

純粋に経済的な人間は、実際には社会的な愚か者に近い。経済学理論は、人間に備わる、万能で唯一の選好順序という栄光で飾りたてられた合理的な愚か者に没頭しすぎてきた (Sen, 1982, 99)。

したがってパーソンズにおける主意主義 (voluntarism) は……、社会理論のなかに動機づけについての説明の領域を作りだしたのであり、動機づけは規範を介して社会システムの特性と結びついている。……パーソンズのいう行為者《アクター》は、いわば文化的なまぬけ (cultural dope) である (Giddens, 1979, 52)。

本書での筆者の主たる関心は、世界で別々の場所に位置するが、似たような文化的信条と価値を持つ二つの集団の女性を特徴づける、今までとは異なり直観にも反するような労働市場行動を説明することである。労働市場でのこのような結果が生み出された背後にある要因について幾つかの仮説を形成するために、人びとが特定の行動に至る仕組みを明らかにするような、社会科学における主だった諸説を再検討したい。その際、女性の労働市場行動に関する諸説に特に注目していく。理論的アプローチのうち、二つの極端な見解を中心に議論を組み立てていこう。これら二つの見解は、本章の冒頭に引用したデューゼンベリーの有名な箴言に要約されている。

デューゼンベリーがいう「経済学」とは、主流派の新古典派経済学を指している。それは、分析単位として個人に焦点を当て、人間の行動 (human behaviour) の全てを個人の選択と行為《アクション》の帰結として描く。また、ここでいう「社会学」とは、人間の行動を説明するために、より大きな社会構造の性質に焦点を当てる分析の諸形式を指している。年月を経るうちに、これらの極論のそれぞれにたいする不満は、それぞれの伝統から有用な洞察を引き出し、互いの極端な点を修正する「中間的立場《ミドル・グラウンド》」を導き出した。本章は、これら二つの極論が持つ見解を簡潔に概観した上で、両者が混じり合って作られた中間的立場《ミドル・グラウンド》という考え方が持つ主な特徴についても述べる。

意思決定としての選択―「合理的な愚か者」の構築

限られた資源を条件とすれば、人間の行動は、人びとが行う選択という観点から説明できるという考え方は、直観的にはわかりやすいだけに魅力的だ。しかし、経済学理論における選択というのはそれよりもはるかに厳密な「合理的選択」という意味を持つ。それは、限りない欲望と限りある手段という条件の下で、可能な限り最大に欲望の充足を達成しようとする個々人の試みを意味する。しかしその一方で、経済学者は何が個人の欲望を決定するのか、何が人びとにその行動を選ばせているのかというような問いには関心を持たないことが多い。嗜好や選好はむしろ主観的に決定されると想定されていて、母集団のなかで広くランダムかつ特異に分布しているか、あるいはそうしたことは全ての人びとにとって長期的には安定していて変わらないと想定するのである。要するに、「嗜好について議論しないのは、ロッキー山脈があるかないかを議論しないのと同じ理由からだ。つまり、両方ともいまそこにあり、来年も変わらずにそこにあるだろうから、議論する意味などない」(Stigler and Becker, 1977)。

いずれにしても、合理的選択の計算において嗜好と選好は外生的である。経済学的分析にとって必要なのは、個々人がありうる全ての選択肢を通じて一貫した選好順序を持っているということにすぎない。そうなれば、あらゆる財やサービスが、それらがもたらす満足という観点から他の財やサービスより好ましいか否か、もしくは同等かというように順序づけられるからである。かくして、個人の選好順序は、異なる財やサービス、あるいはそうしたものの束について、それぞれがもたらす満足に応じて測られた個人の効用関数として集計できる。「合理的選択」を実行するということは、資源を自由に使えるという条件の下で、最大水準の満足が得られるような財やサービスの特定の束を個々人が選択するということである。個人の選好関数は人間の心理に埋め込まれているから直接観察できない。しかし、それは結果的には個人の選択によって明らかにされる。yよりもxが選ばれたならば、xはyより好まれたことが「明示された」ということになるからだ。

初期の合理的選択理論の諸説は、個々の労働者がどれほどの時間を各活動に配分するか決定する前に、市場で稼ぐ所得から得られる効用と余暇から得られる効用とを比較する過程として労働供給の意思決定を描いた。しかし、経済学者が女性の労働供給パターンに焦点を当てるようになるにつれ、個人の労働時間の使途に関する決定は、個人を孤立した存在として扱うのでは十分に捉えられないことや、仕事と余暇の間の単純な選択に還元することが出来ないということが明らかになった。[1] こうした発見にたいする主流派経済学者の応答が、新しい家計経済学、特にベッカーの業績とそれに関連する研究である。そうした研究は、個人の意

1　デックスが指摘しているように、労働供給の意思決定は仕事と余暇の間の単純な個人的選択を必然的にともなうと仮定する経済学モデルは、男性の想像力の産物でしかありえなかったであろう (Dex, 1985)。

思決定から世帯の意思決定へと分析の焦点を移し、育児を含む無給の家事労働を追加的な個人の可処分時間として選択の計算に含めようとする試みであった。

ベッカー的な分析に基づく世帯とは生産単位としてのみならず消費単位でもあるという見方がこれらの研究から導かれる。意思決定は二段階の過程として描かれた。まず、世帯はそれぞれの投入要素《インプット》からの収益が最大となるように持てる資源を全て配分する。次に、そこから得られた生産物《アウトプット》を、世帯の集合的満足が最大となるように個々の世帯構成員に配分する。効用は最終財に対応したものと見なされている。世帯構成員が稼いだ所得を使って市場から直接購入したか、もしくは購入した投入要素、世帯の持つ技術、世帯構成員の労働力などを利用して自家生産した個々の最終財には効用が宿っていると考えられた。したがって、世帯の労働力の利用可能性というものは効用達成の上で重要な要素であり、初期の諸理論に見られた狭義の貨幣所得制約は「完全な所得制約」で置き換えられた。完全な所得制約とは、帰属賃金【訳注1：ここでの意味は家庭内などで無給の活動に投入された労働が、市場で投入されていたならば本来得られたであろう賃金のことを指す】で評価された無給労働も含めて、世帯が利用できる所得フローの総額を測るものである。各構成員は厚生最大化を図るため、有給の市場的な諸活動、無給の家庭内諸活動、余暇の間で、それぞれの活動から得られる限界収益と世帯の厚生にたいする限界的な貢献を勘案して時間を配分することになる。

広く観察されてきた世帯内におけるジェンダーによる労働の分業、つまり無給の家事労働に女性が特化する一方、男性が有給の市場活動でより大きな役割を果たすという形の分業は、新しい家計経済学の信奉者によって「取り引き《トレード》」にたとえて説明されてきた(McCrate, 1988)。すなわち、「遺伝学上の形質」に基づいて、女性は男性にたいして育児や授乳について比較優位を持つ。合理的選択の計算に従えば、女性はこの比較優位を最大限に発揮できるよう無給の家事労働を含むそのような諸活動に特化すべきであり、男性の世帯構成員は市場活動に特化して世帯の主たる所得を稼ぐべきということになる。女性の時間の市場価値が増加して十分大きくなると、この性別分業にも調整が行われ、女性は有給の市場活動に投入する時間を増やし、男性は家事を含む無給の諸活動に自らの時間の一部を振り分けなおすべきということになるだろう。

このように意思決定の場を個人から世帯へと移した合理的選択アプローチの主な問題は、最大化の目的のために、複数の個人の選好関数を単一の厚生関数として集計してしまう点にある。個々人はそれぞれの選好を知っており、それに基づいて行為するのだというのはもっともな主張である。また、一つの集合体をなす個々人は自らの選好を知ることができて、それに基づいて行為ができるかもしれない。しかし、何が自分たちの集合的な厚生水準を最大化しうるかについて人びとが知識を持ち、それについて合意するということについてまで同じように当然と見なすことは出来ないだろう。というのも、個人の選好順序の集計は世帯の複合

的な厚生 (joint household welfare) を成り立たせる計算とは非常に異なる、ひょっとすると対立するものになる可能性があるからだ。

新古典派経済学者は集計の問題を本質的には回避するという対処をしてきた。ある経済学者たちは、「家族の特別な性質」——「血は水よりも濃い」——を引用して複数の効用関数の完全な相互依存を暗示し、同一世帯の各構成員が自らの満足から得られるのと同じくらい、残りの構成員の満足からも自らの満足を得られるとした (Samuelson, 1956; Schultz, 1973)。また、他の経済学者は、世帯構成員の間における利己的行動の可能性を認めたものの、それは「甘やかされた子どもたち」にしか当てはまらないと考えてきた。全ての資源は「慈悲深い独裁者」(benevolent dictator) の権威の下に集められ、その人物が厚生最大化の線に沿って資源を配分すると仮定することによって、厚生最大化の仮定は不問に付されてきたのである。

経済学とは通常関連づけられないような意思決定の領域まで選択の理論的枠組みを拡大したことで、新しい家計経済学は多くの信奉者を説得して引きつけた。そのような領域とは、生死、恋愛、結婚、育児、離婚などである。しかし、その他の人びとは、経済学という学問領域の外にいる人も内にいる人も、「貨幣価格か帰属の潜在価格《シャドウ・プライス》か、繰り返しなされる決定か稀にしかなされない決定か、重要な決定か些細な決定か、感情的結果か機械的結果か、裕福な人びとか貧しい人びとか、男性か女性か、大人か子どもか、聡明な人びとか愚かな人びとか、事業家か政治家か、教師か生徒か」(Becker, 1976, 8) などのどれを含んでいたとしても、全ての意思決定が合理的選択の計算という観点から説明できるという主張に不信感を抱いてきた。新しい家計経済学が主張した経済学の適用可能性を無制限に拡大することへの批判の試みは、「合理的人間」という考え方を使わずに、より現実的でわかりやすい「不完全に合理的であるが、幾分か経済的な人間」(Folbre, 1994, 20) という考え方に近い、中間的立場を採る代替的な経済学を生み出した。以下の節では、これらの批判のうちから本書のテーマに特に関連性を持つような特定の側面について詳しく焦点を当てていく。より具体的には、選択の経済学的概念化と、そうした概念における対立の扱われ方を、特に世帯という女性の労働力供給の大半が決定される文脈において取り上げていく。

選択肢の吟味—個人の選好と社会的文脈

合理的選択論がその信奉者たちにとって特に魅力的なのは、そのアプローチの「単純さ」('parsimony')、つまり価格と所得に関する限られた数の変数を通じて人間の行動のあらゆる側面を説明できる力にある。しかし、ホジソンが指摘したように、新古典派経済学者たちが自らの議論の簡潔さを誇る一方で、合理的選択の計算をしようとすれば、いかなる個人の認知能力と物質的資源をもってしてもできないような規模と複雑さを持つ情報の統計的分析を経済的行為者本人がこなさなければならないというのは一つの逆

説であった (Hodgson, 1988)。一つの例として、平均的な個人の時間配分決定を考えてみよう。その個人は特定の資格を持った個人が就くことのできる全ての就業機会について情報探索を行い、一つひとつの仕事から得られる短期的、長期的収益と無給の諸活動に費やす代替的な時間から得られる収益とを比較してから、自らの時間の使途から得られる期待収益を最大化するような「勝ち組」になれる組み合わせを算出しなければならない。もしもその個人が単身生活者ではなく、世帯で生活しているとしたら、世帯の他の構成員それぞれの比較収益を考慮するためにこれらの計算はただちに何倍にも拡張されなければならないであろう。

「普遍的合理性」にともなう努力、情報、認知能力を測るための現実的な評価の必要性は、人間の行動の一つの側面としての「自分では動かないこと (inertness)」と意思決定しないこと (non-decision making) を認めるという、より「限定された」合理性の概念につながっていった。「自分では動かないこと」というのは、過去に生じた出来事によって長期間かけて発達し、さまざまな領域の意思決定においてルーティンや慣習《カスタムズ》を創り出すのに役立ってきたルールや規範に、行動の多くの側面が支配されているという事実を反映している。そのようなルールや規範は、個々の行為者が目的を持っていろいろと考える際に、ある種の行動様式を除外するのに役立つ。これにより、個人は、より予測しにくくいつもと異なるような決定に際しても合理的選択の計算ができるようになる。

普遍的合理性の初期の批判者たちは、ルールによって支配される行動の説明として、情報を獲得する費用と認知能力の制約に焦点を当てる傾向があった。しかし、ルールと規範についての社会学により通じた解釈では、社会秩序の定義と維持におけるそれらの役割に注目する。経済学者は普通はやらないことだが、価値中立なルール (たとえば、道路交通法規集) と価値を負荷されたルール (たとえば、相続法) という二つを区別することが必要だという。信号が赤になったら車は止まらなければならないというルールは、交通の秩序を保つという実践的な目的を果たすため、特定の文脈で特定の行為者に適用される。息子だけが親の財産を相続できるというルールは、全く別の秩序に関するものである。このようなルールは、ある社会において誰が重要であるか、なぜそれらのルールが重要であるか、どのようにそれらのルールが重要であるかという、より広く支持されている価値を表現している。そうした価値は、当該社会の伝統のなかに深く定着しており、その社会のさまざまな領域に広く及んでいるものである。価値を負荷されたルールとそのようなルールによって生じる行動は、より持続的で、道路交通法規集のような実践的ルールよりも変化しにくい。そのようなルールは法的に定義された人間の行動にたいする一組の手引きとして「そこ」にただ存在するだけではなく、自我やアイデンティティの感覚を獲得する過程で個々人によって体得されていくものでもある。これらの規範と因習《コンヴェンションズ》が特定の社会における個々人の「核となるアイデンティティ」や、より広い認識の枠組みにおいて自分とは何者であり、社会のなかのどこに位置するのかという感覚と結びついていればいるほど、ルールは価値を負荷されたものとなる。そうしたルールが支配する行動様式は、変化にたいしてますます「自分では動かないこと」を保ち続けたり、変わりにくかったりするものである。

本書でなされる議論の一つは、社会が男性と女性を分化するのに用いる規範、信念、習慣、価値、ジェンダーの差異について世の中で認められているさまざまなモデルというものは、個々人の核となるアイデンティティの重要な一翼を担っているということである。それらは、価格や所得が変化したというだけでは容易には揺るがないようなあり方で、人びとの選好を形成し、利益を定義し、行動を規制する。核となるようなアイデンティティは人生の非常に早い時期に獲得され、個々人にとっての愛情や親密性の経験、セクシャリティや感情的必要、他者との関係における期待や義務に影響を与える。しかし同時に、個々人のアイデンティティとそれらが作りだす選好は、子ども時代に単純に固定してしまうというものではない。つまり、アイデンティティと選好というものは、個々人の社会的な立ち位置《ソーシャル・ポジショニングズ》、個人的な経験や絶えず変化する環境を反映して、その個人の生涯を通じて発達し続けるものだからである。さらにいえば、目的を持っていろいろと考えるという人間の能力というものは、何かを売ったり買ったりすることを検討する問題に影響を及ぼしうるのと同じように、アイデンティティと選好の問題に影響を及ぼしうるものだ (Folbre, 1994; Hirschman, 1985; McCrate, 1988)。マクレイトは次のように指摘している。

「われわれは選択についていちいち御託を並べるようなことはしないが、自らが何者でどうありたいのかということについては悩みがちである。つまり、われわれは、男性であることや女性であることというような根源的な問題に関する選好については二次的選好を持っているということだ」(McCrate, 1988, 237)。

人びとが選択肢を認識する方法における主観的なもの (the subjective) と社会的なもの (the social) との相互作用についてのわれわれの理解がこのように修正されたことにより、主流派の経済学においてお決まりになっていた考え方よりも、人間の行動の分析においては「選好」という考え方がはるかに中心的な役割を果たすという見解がもたらされた。それは、合理的経済人を特徴づける「唯一で万能な選好順序」の代わりに、さまざまな選好順序というものを提起した (Sen, 1982, 99)。そのような順序とは、個人にとって高度に私的な選好、つまり「理不尽な」選好 (wanton preference) と表現されてきたような、気まぐれや情熱、「衝動的で、単純で、場当たり的で、評判に誘発された」選好と、より高次の順序であり、意識的な省察の一つの結果である「メタ」選好とを区別する (Hirschman, 1985, 9)。ハーシュマンが指摘したように、個々人の嗜好というものは定義上、議論の余地がほとんどないような選好の一つの形である。要するに、「嗜好についてはそれが正しいかどうか議論の余地はない」('de gustibus non est disputandum') ということである。対照的に、議論できるような嗜好や選好というものは、他者と議論するのであれ自己と議論するのであれ、「結果的には嗜好ではなく価値」となる（"ceases ipso facto being a taste"）。理不尽な選好が理不尽に変化する一方で、より高次の選好というものは、ある社会の価値もしくは個人の倫理的価値を具体化しているので、より持続的なのである。

選択肢の吟味―世帯内の選好と権力

　新古典派経済学の二つ目の逆説は、個人の行為主体性《エージェンシー》の叙述の仕方に関係している。経済学者は選択の理論を提供すると主張する。ノーベル経済学賞を受賞したブキャナンが述べたように、「ほとんど経済学者たちだけが選択という概念それ自体を理解している、……、合理的経済人を信じる経済学者たちは基本的原理の無視にだまされたり、錯覚させられたりしてはならない」(Buchanan, 1988) ということだ。しかし実際のところ、「合理的経済人」は選択というものを完全に否定している。本当の選択というのは、個々の行為者が常に他の選択肢を選びえたであろうことを意味している。しかし一方で、経済的行為者にとっては、状況に応じて「ほぼ常に唯一のものとして選好される、一連の合理的な行為が存在」し、「そうした行為が常に選ばれることになる」(Lawson, 1997, 9)。合理的選択の計算によって得られる予測と一致する限り、実証的結果というものは合理的選択の計算を具体化していると想定されるのである。一致しない場合には、モデルの特定化が不適当だったと想定されることになる。ところが現実には、合理的選択の根底にある仮定は決して疑問に付されず、実際の意思決定過程そのものが研究されることもほとんどない。

　現実には、合理的選択を仮定して行動原理を導くことは、個人の次元でさえ問題がある。すでに述べたように、そうした仮定が前提としているのは、人びとは自らの選好を知っており、その選好には一貫性があり、合理的選択の計算を行うために必要な情報と認知能力を持っているということである。しかし、意思決定が個人的な性質を持つことは稀である。意思決定というものは大抵、集団的文脈においてなされる。つまり、企業、労働組合、非政府組織、そしてもちろん世帯などにおいてなされるのである。そのような状況において、最大化行動という前提は問題があるばかりでなく、しばしば誤っている。この点について、世帯という本書の主な焦点である意思決定の場から説明しよう。

　新しい家計経済学は、意思決定の集団的性質を説明しようとする経済学者の代表的な試みだった。しかし実際には、個人的意思決定から集団的意思決定へと移行したところで、それは本物というより見せかけの変化にすぎなかった。相互に依存した複数の効用関数もしくは慈悲深い独裁者に基づき、一つに統合された世帯の選好関数を想定することで、経済学者は集団的意思決定によって投げかけられた合理的選択理論にたいする真の挑戦を避けることが出来た。要するに、何が世帯の複合的な厚生を構成しうるのかをめぐる対立や、他の構成員を犠牲にし世帯の厚生の最大化にならなくても自己利益を図るような能力を持つ構成員がいることについて考えることを回避したのである。こうした仮定についての疑いは、世界の多くの地域で世帯内において年齢とジェンダーの不平等が広がっているという実証的な証拠が蓄積されてきているという事実を前に、ますます高まってきている。幾つかの地域では(バングラデシュを含む)、不平等はあまりにも極端な形をとっており、死亡率、栄養不良や不健康の水準が女性や少女の間で明らかにずっと高いという結果になっている(たとえば、Townsend and Momsen, 1987を参照)。

そのような不平等を単純に嗜好や選好の差異で説明してしまうのは難しい。そこで、統合された諸選好 (unified preferences) という仮定をせずに世帯を概念化する代替的方法が生み出された。それは、世帯分析にたいして制度的なアプローチをとるものだった。つまり、人的資本の特徴と遺伝的形質のみで差異化される個人の集合という伝統的な世帯の描写を、組織的形態としての世帯で置き換えることで、意思決定体として個人とも異なり、社会における他の集団とも異なるような、世帯が持つ特有の点についてより考慮した分析を可能にするものであった。

世帯が持つ顕著な特徴は、その内部において日頃なされている特定の諸活動と、そうした活動を通じて実践される社会関係にある。世帯とは、長期的に安定した環境にたいして人びとが持つ願望への特定の制度的反応である。世帯において、人びとは子どもを生み育て、病気のときも健康なときも障害をおっても年を取っても互いにケアしあい、リスクと不確実性に特徴づけられる世界での生活を計画することを願う。世帯が持つ制度的優位性は、その関係性を特徴づける利益と感情の強い結びつきにある。世帯構成員は血縁や婚姻で互いに結びついており、人生の大半において互いを知っており、見知らぬ人びとの集団よりも信頼でき、頼りになる。とはいえ、世帯内における行動は、構成員が互いに感じる愛情や忠誠の単なる自然発生的帰結ではない。それは、構成員同士の間でなされる要求や義務を細かく規定する一連の「暗黙の契約」によって裏書きされており、そうした契約はより広い社会の規範とルールで裏づけられているのである。

したがって、世帯の制度的分析は世帯の意思決定における「慣行で動いており、変化が生じない (inertia)」ような領域を扱うことが出来る。世帯構成員は、新古典派経済学者が想定するほど経済的誘因に反応的ではないだろう。なぜなら、彼らの行動の多くの側面は家族の暗黙裡の契約に具体化されている、より優先度の高いさまざまなコミットメントによって支配されているからである。その違いの一つの明らかな実例は、世界の至るところで、市場活動の時間の長さにかかわらず女性の家事労働量が男性よりも多くなる傾向があるという、広く報告されてきた実証的観察と関連している。その説明として、ベッカー的な説明であれば、女性が家事へのより強い選好を示すことや市場参加が拡大しても彼女たちの反応が遅れるということを挙げるかもしれない (Rosenzsweig, 1986)。一方で、制度的な説明であれば、まず女性に家事の仕事を割り当てる労働の世帯内分業という契約的基盤を強調するであろう。契約上の義務は個人の選好よりも優先されやすいため、そうした義務を変更しようとすると、世帯構成員の間での家庭内契約をめぐって往々にして長期に渡る交渉過程をともなうことになる。

しかし、各世帯構成員が個人的な選好に従って行為する能力は、それぞれが負っている契約上の義務によってのみ制約されているわけではない。ひとたび世帯が、集合体として偽装された一個人というよりもむしろ諸個人の真の集合として扱われるとするならば、世帯構成員の間においてさまざまな選好が対立するという可能性は、現実に起こりうるものとなる。そのような状況では、世帯の意思決定過程で各構成員の選好が等しく重視されるべき理由など先験的にはない。それどころか、実際には幾つかの選好は全く考慮されない可能性すらある。換言すれば、ひとたび対立する選好が一つの可能性として世帯内――あるいは、その他の集合体――において見なされ認識されると、その対立を解決するにあたっての権力の不平等という可能性もまた認識されなければならない。

こうした代替的なアプローチにおいて権力が調整される一つの方法は、ゲーム理論的な交渉の枠組みを通じてである。先述したように、制度的アプローチは、人びとが生活において不可欠な諸領域での安定を必要とすることへの反応として、世帯の協調《コーオペレイション》を説明する。世帯構成員は契約上の義務によって拘束されることに同意する。そして、協調から得られる利得が個人で達成できる利得よりも大きい限りにおいて、協調の枠組みを通じて合理的選択の決定を行うだろう。問題が生じるのは、協調がないときに達成されうるどんな解よりも好ましいような複数の協調解が一定の範囲で存在するにもかかわらず、そうした協調解のなかから自分たちが選好するものについて個々の構成員の間で合意が成立しない状況においてである。一つの協調解を見つけようとする誘因はあるにしても、どの解を選ぶかについては対立が生じやすい。そのような状況においては、世帯構成員の間における取引と交渉というものが、解の選択決定にかかわってくるであろう。そして、最終的に決定される解は、一人にせよ複数にせよ最も交渉力のある世帯構成員の選好を反映したものとなる。

このように協調と対立を概念化することは、世帯の意思決定へのさまざまな制度的アプローチにおいて共通するものである。ただし、交渉力の違いをどのように概念化するかについては、世帯の制度的性格をどの程度考慮するかによって幾つかの種類がある。交渉アプローチの大半の説明では、協調が瓦解したとき、つまり、「後退」、「崩壊」、もしくは「脅威」などと呼ばれるポジションになったとき、享受しうる効用水準に関してそれぞれの世帯構成員が持つ交渉力には差異があると仮定している。より経済学的な説明では、相対所得および富のような個々人の経済的特徴の差異の観点から、万一のときに確保できる後退のポジションの差異について概念化している。また、別の説明では、その概念を拡大してさまざまな「追加的な環境変数」を含むようにしたものもある。

それは、意思決定が生じるより広い社会的文脈の諸側面を組み入れようとする一つの試みとして見てよいだろう。たとえば、マッケルロイは、夫婦の間の交渉に関する分析において、環境変数に含まれるものとして結婚市場における性比、別居や離婚にともなう扶養料や育児支援の示談に関する法律、結婚が破綻したときに女性が生家に戻れるか、あるいは外で働くことが文化的に受容されるか、などを指摘した（McElroy, 1990）。

センは、個人の持つイデオロギーおよび認識《パーセプションズ》の問題をモデルに組み込むべく、世帯の交渉についての形式的なアプローチを避けている。センは、世帯構成員の交渉力を発揮する能力だけではなく、世帯構成員が各自の選好を定義する方法においても、個人の持つイデオロギーと認識が差異を生み出すかもしれないことに注意を喚起した（Sen, 1990）。ここでいう認識は、各構成員の貢献に付与される価値判断に関係している。つまり、世帯の厚生に貢献していると見なされている構成員は、世帯の意思決定について他の構成員よりもっと口を出す「資格がある」と見なされるという意味である。こうした視点は、世帯構成員がさまざまな活動に実際に投資する時間の長さや労力の量とはほとんど関係がないことが多い。むしろ、こうした視点は、各構成員の貢献がとる形態によって影響されるのである。つまり、生存を維持する水準の生産を志向することよりも市場志向的であること、労働の場が家庭という私的領域よりも公的領域であること、得られる報酬のタイプ（現物給付よりも現金）とその額の大きさなどというような形態こそが、その貢献にたいして認められる経済的価値に影響を及ぼしやすいということだ。

認識はまた、個々人が持つ自己価値の感覚への影響を通じて交渉の分析に持ち込まれている。これはセンが「認識された利益への反応」（the 'perceived interest response'）と呼ぶものである。もしある人びとが、もしくはあるカテゴリーの人びとが、他者の福祉のために自己の福祉を犠牲にすることによって長期的な利益が得られると見なすなら、交渉過程において自己の要求を押し通そうとする可能性は低いであろう。「認識された利益への反応」の作用については、意識的過程と無意識的過程のどちらを強調するかによって、多くの代替的な解釈がある。

センは、たとえば、女性は、機会や環境に配慮するゆえに自らの行動や期待を無意識に調整することがあるかもしれないと指摘し、次のように述べた。「現実の不平等が存続しがちなのは、まさに被剥奪者のなかから不平等への協力者が創り出されるためであるという歴史的証拠は尽きない。弱者は不平等な秩序の正当性を受け入れるようになり、不平等な秩序について暗黙の共犯者になってしまう」（Sen, 1990, 126）。センは、従属的な集団に関するこの共謀を「適応させた認識」（'adapted perceptions'）の事例、つまり、自らの宿命を最大限に利用することを学習した人びとの事例として説明する。多くの文化において、女性は家族の他の構成員の福祉よりも自らの福祉に少ない価値を置いているように見えるという事実がある。この事実は、自分自身の価値についての内面化された考え方における違い、換言すれば、利益が個人的利益となると考えるのか、あるいはより大きな集団的利益に包摂されると考えるのかという違いを通じて、「認識された利益への反応」が作用しうるということを示唆している。「認識された利益への反応」というこの考え方は、女性と男性が自らの選択肢について持つ選好における差異の源泉としてのジェンダーアイデンティティの重要性に関する前述の議論と通じている。[2]

しかし、「認識された利益への反応」は、意識的な戦略的次元で作用するかもしれない。アガルワルは、たとえば、後退《フォールバック》【訳注2：引き下がっているという弱い】ポジションに自らがあるという女性の自覚は、世帯の意思決定過程において自らの利益を明示的に強く要求する能力を抑制するかもしれないが、それは女性が密かに自らの利益を要求することまで排除するわけではないと指摘した(Agarwal, 1997)。つまり換言すれば、従順であることは必ずしも暗黙の共犯者になることを意味するわけではないことを示唆している。アガルワルは、南アジアの文脈において女性が自己の従属性という文化的規範を守っているように見えながら、自分自身の利益を確保するために用いるさまざまな秘策について記している。したがって、アガルワルの考え方では、女性の自己利益の自覚の不足についてあまり強調すべきではない。むしろ、女性がはっきりと自分自身の利益のために振る舞おうとすることへの外部制約という点をもっと強調するべきなのだ。しかしながら、認識された利益への反応に関するいずれの説明であれ、交渉力の観点から見れば効果は同じである。同じ家族における男性に比べて、女性は自分自身の福祉や個人的な利益を反映するような結果を強くは求めないであろう。

交渉力を決定する複数の要因は、決して相互に排他的なものではない。実際、大抵の文化において家父長的権力とは、どのような階層であっても、交渉力を決定する複数の要因が、一つのカテゴリーとしての男性に有利なように融合しているという事実を反映している。そして、家父長的権力は、それらの要因が男性自身の福祉と利益にかなうような「協調」解を形成し、まさにその協調解を強制するためのルールと資源という根本原理をなしているのだ。それゆえに、世帯にたいする制度派のアプローチを用いることで、慈悲深い独裁者という単純な虚構を捨て、より現実的に描かれた権力と意思決定という論点に迫ることができるようになる。要するに、ひとつの連続体上で、完全に利己的（自分自身の欲求、必要、嗜好に資源を注ぎ込むことから主に満足が得られる場合）という一方の端から、完全に利他的（完全に他者の欲求、必要および嗜好に資源を注ぎ込むことから満足が得られる場合）というもう一方の端までの間に、さまざまな効用関数が異なる種類の決断について世帯内において同時に存在している可能性を認めるということである。

2　このような議論は、自分自身の利益と家族の他の構成員の利益との関係をどのように見なすかについて、女性と男性とでは、どの程度、それを「つなげる」のか、「分ける」のかという点において非常に異なって育てられるという、多くのフェミニストにより指摘されてきた点とも共通する。

その上、世帯内における意思決定の結果は、統合された選好のアプローチの論理が示唆するように、各世帯構成員の選好に等しくウェイトを付したような集計を必ずしも表しているとは限らない。むしろ、世帯内における交渉力の分布、つまり支配的《ドミナント》な構成員の選好が反映されているかもしれない。したがって、この定式化はベッカー的な分析のいう世帯で仮定されている（「慈悲深い独裁者」の概念に例示されているような）権力と利他主義との正の相関を覆す。それとともに、一見したところ「利他的」であることが無権力であることの直観的指標となることとまさに同じように、世帯内において利己的であるということはその人の権力を「明らかにする」可能性がより高いであろうという、直観的にはよりありえそうな仮説を提供する。この仮説は、フォルバーの指摘に一致する (Folbre, 1986, 251)。

　女性たちや女児たちが「自発的に」余暇や教育や食べ物を諦めるという指摘は、もし彼女たちが公正な分け前を要求できる位置《ポジション》にあるならば、幾分かより説得力を持つであろう。女性が経済的権力を持たないということと、世帯において諸資源が不平等に配分されていることとを同列に扱っていることが、交渉アプローチにかなりの説得力を持たせているのである。

選択肢の吟味—より広い文脈における選好と権力

　世帯と世帯行動を検討することは、明らかに、新古典派による選択理論の核にある意思決定の「原子化された」モデルへの挑戦の一つの形である。しかしながら、行動の集団的な形態というものは、家族・親族の紐帯に関してのみならず、そうした紐帯が存在しているより広い社会の文脈においてもありふれた特徴である。ある社会に存在する不平等も、ジェンダーだけに基づいているわけではない。本書が扱う研究上の問いの性質ゆえに、ジェンダーの不平等がここでの分析の中心となっているが、われわれはこれらの問いに答える上で考慮すべき他の形態での社会的不平等の証拠についても後に取り上げる。

　フォルバーは、集合的制約 (collective constrait) の構造という考え方を通じて、さまざまな社会において社会関係を特徴づける複合的で横断的な不平等を捉えようとした。集合的制約とは、資産分布、政治的ルール、文化的規範や個人の選好などが組み合わさって、個々人をある社会におけるさまざまな社会集団、ヒエラルキー的関係で並んでいるような諸集団に割り当てるもののことである (Folbre, 1994)。ルールと資源の構造は、さまざまな集団の物質的利害を説明するのに役立つ一方で、社会的規範と個人の選好は、それぞれの構成員に自らが所属している集団に関するアイデンティティと帰属の感覚を与える。こうした集合的制約の構造は、それぞれの社会を特徴づけるようなジェンダー、階級、人種などの不平等を反映している。特に、ある人がある社会集団の構成員としては従属的位置を占めるのに、その同じ人が他の集団では支配的位置を占めるというような「支配のマトリクス」('matrices of domination')というものを反映している。しかし、社会的不平等というものは、資産分布、政治的ルール、文化的規範や個人の選好の「与件的な」配置《コンフィギュレーション》の単純な結果として存在するわけではない。それらは、諸々の手段を通じて特権を守ろうとする支配的な集団の集合的行為によって積極的に維持されているからだ。そうした手段には、明らかに差別したり、制度的なバイアスを密かに動員したりすることが含まれる。一方、そのような不平等の構造を弱体化させるべく、利用可能な物質的資源、象徴的資源を何でも動員するような従属的な集団によっても、あからさまであろうが密かにであろうが、抵抗を受けるであろう。かくして、ある社会における社会変化の過程の一部として、特権の創出と特権の剥奪との間には、絶え間ない動態的な相互作用がある。

　フォルバーは、社会集団を与件的な集団であるか、選択的な集団であるかによって区別している。その名の通り、選択的な集団とは自発的に形成された集団のことである。つまり、人びとは、各自のポジションに共通する何らかの側面に基づいて、共有された利益を追求するためにある集団に加入するが、希望すればそこからいつでも脱退できる。労働組合、女性組織、政党や住宅組合はそのような集団の例である。これにたいして、「与件的な」集団の場合には、交渉の余地が多少はあるにせよ、容易には加入したり脱退したりできない。「与件的な」集団の例としては、人種、ジェンダー、エスニシティ、階級などが挙げられる。そこでは、構成員となるための資格は選ぶことはできないものの、アイデンティティと利益という共通項によって構成員の間に連帯という絆を生み出す可能性がある。集団的連帯は、似たような人生経験と似たような願望を分かち合う人びととの間の信頼に基づいていることが多いが、そうした連帯には負の側面もある。つまり、「集団の連帯は包摂だけではなく排除をも行い、特権的集団だけではなく従属的な集団をも一元的に管理する」(Folbre, 1994, 42)。言い換えるならば、「彼ら」なしには「われわれ」もありえないということだ。

　フォルバーが述べた連帯の負の側面の幾つかの例は、本書の主題にかなり通ずるところがある。たとえば、フォルバーは次のように指摘している。交渉力を弱めるために人種やジェンダーのような属性に基づいて労働者の間に分断を作りだすことは通常、雇用主の利益になる。一方で、ひとたび労働者が市場における機会への特権的アクセスを手にすると、さまざまな形での境界《ディビジョンズ》の設定を通じてより弱い別の労働者集団との競争から自らを守るために雇用主と結託することが、その労働者集団の利益にもなる。つまり、白人労働者が黒人労働者に対抗するために結託したり、男性労働者が女性労働者に対抗するために結託したりする、ということである。したがって、フォルバーの「与件的な」集団、「選択的な」集団と加えて、われわれは、「開放的」な集団と「閉鎖的」

な集団を横断するような集団のカテゴリーを付け加えることができるかもしれない。そこでは、接近することと閉鎖することとを使い分けるという方法が、排除を永続化させ、特権を守るために用いられている (Parkin, 1979)。

集団的連帯は民族主義的な路線《ナショナル・ラインズ》をとることもある。労働移民を厳しく制限することは先進工業国の「労働貴族」を世界の他の国々との間に生じる低賃金競争から守るために長らく有効であり、高い生活水準を支える助けとなっている国際的な賃金格差を永続化してきた。そして、前章で議論したように、製造業が再編成されて従来の優位性が脅かされると、またもや保護主義的手段が、今度は低賃金で生産された製品の輸入を制限するような手段を通じて、「不公正」な競争を防ぎ、特権を保護するために課されることになるかもしれない。

したがって、ジェンダーは人びとの生活における不平等や不利な状況の唯一の側面ではないし、最も際立った側面でもない。とはいえ、ジェンダーは、つい最近まで社会的現実のなかでも不問に付され、等閑視されてきた側面であり、社会科学的な分析でほとんど主題となってこなかった側面でもある。こうした理由から、ジェンダーは注目するに値する。本書の主たる焦点は、権力と選好、制約と合意とのもつれをほどくのが最も困難である、世帯という領域におけるジェンダー関係、そしてジェンダーの不平等にある。ただし、後に議論するように、世帯におけるジェンダーの不平等の本質は、持続するにせよ変化するにせよ、より広い社会と経済において作用しているその他の形態の不平等と利益との関係において検討されるべきであり、理解されるべきである。本書においてわれわれは、いかに世帯内の協調と対立の関係が人種や階級やコミュニティの集団的アイデンティティと利益に影響されるのか、および世帯内でとられる行為がこれらのより広い集団的構造にいかに影響を与えるのか、について追究していく。

意思決定しないこととしての構造—「文化的なまぬけ」としての社会学的行為者

人間の行動の源泉としての個人的選択の説明のための議論のもう一方の端に位置するのは、個人的選択を行う余地をほとんど残さずに、行為主体性よりも構造を優先するという行動の説明の仕方である。生産様式や「資本の必要性」という観点から女性の労働供給の形態を説明する議論であり、例としては第一章で触れた議論がある。こうした議論は構造主義者の説明の一つの分野であり、そこで問われている構造とは主に経済的な意味での構造であった。しかし、本書の目的のための筆者の主な関心は、構造的分析の他の分野、つまり文化を強調する分野にある。この文化主義者パラダイムにおいては、個々の行為者は自らの社会の規範や価値をあまりにも完全に内面化しているために、個人の行動は社会的規範の再現にすぎないことになる。要するに、文化は次のようなことを指す言葉になる。「考えうる最も効果的な方法、つまり『自由』を行使しようとするわれわれの『意志《ウィル》』を形成するということによって……われわれを制約する」(Wallerstein, 1990, 64)。

「文化的なまぬけ」としての個人という考え方は本書の関心にとって関連性を持つ。というのは、第三世界の女性を扱う研究では、そもそも文化が前景に置かれがちである上に、分析の焦点がムスリム女性であればなおさらその傾向が強まるからだ。カンディヨーティは次のように指摘している。「女性とイスラームという問題に関する文献を概観すると、いかなるイスラーム社会においても女性にまつわる実践が自動的に読み取られてしまうことを通じて、イスラームを単一のイデオロギーと見なすような傾向が広まっていることが明らかである」(Kandiyoti, 1987, 1)。これまで多くの文献が、世界の特定の地域における規範と実践とが持つ強い実証的な相関関係が創り出してきた「ジェンダーによる剥奪の地理学」に関して、およびこれらの地域で広まっている寿命、栄養状態や健康状態などを含む基本的福祉におけるジェンダーの不平等に関する証拠を報告してきた。それらを考えれば、ジェンダー化された現象を理解する試みにおいて、なぜ社会的規範や価値が顕著な役割を果たすべきか理解するに足る理由を幾つか挙げることができる。パルダの概念は、このような分析で中心的役割を担う。それは部分的にはジェンダー不平等な地域との実証的な関連性のためであり、部分的には女性の人生における選択に課されているとみられる非常に現実的な制約のためである。パルダの規範は、主に男性の子孫を通じて家名や財産が継承されるような父系出自規則の論理の観点から説明されてきた。そのような文脈では子どもたちの父であること《パターニティ》が極めて重要な社会的役割を担うようになり、女性のセクシャリティと生殖能力の厳格な管理が生じることになる。パルダは、そのような管理が実行される制度的取り決めの核をなしている。

パルダの核心には、家族の名誉《イッジョト》(*izzat*)はその女性の美徳と謙虚さにあるという思想がある。そこで、女性が親族に恥《ショロム》(*sharam*)をもたらすようなことを何もしないよう常に監視することが必要になる。パルダは文字通り「ヴェール」や「カーテン」を意味し、ジェンダーの区分に沿った領域の象徴的、物理的、経済的な境界策定《ディマケーション》を表現している。パルダは最も明確に物理的、空間的な次元で作用し、公共的で可視的な男性の領域から秘匿された家庭内という女性の領域を区別している。パルダは行動原理でもあり、謙虚さと美徳という規範を定義することによって女性の行動を規制している。つまり、「女性の声は家の外にいる男性の耳に届くべきではない。だから、女性は小声で話さなければならない。少女たちは母親たちによって、『女性なのだから小さな声で話さないといけない』とたしなめられる。優しさと従順さという美徳は、こうして少女たちの心に植えつけられるのである」(Islam, 1979, 227)。パルダは女性が外出する時に自らを守るために身につける全身を覆う衣服に言及するためにしばしば使われてきた。

パルダはまた経済的な側面も持つ。それは女性たちの稼得機会を家で出来る場合にのみ限定するからだ。公式の労働力統計に関するフェミニストの批判は、女性の実際の労働参加を過小評価することにつながってきたさまざまなジェンダーバイヤスを指摘してきた。しかし一方で、変わらぬ事実もある。それは、女性の貞操の維持と家族の名誉がイデオロギー的に関連しているために女性の隔離が要求されるような地域では、現実として、女性の家の外での有償労働への参加は非常に少なく、それゆえに男性の稼ぎ手にたいする女性の依存が高いということである。

パルダの最後の側面は、女性のセクシャリティを激しく危険なものと見なすイスラーム的な見方に関連している。この見方では、女性のセクシャリティが適切に規制されなければ道徳的混乱と無秩序（*fitna*）を招く恐れがあるとされる（Mernissi, 1975）。ムスリムの世界は常にセクシャリティによって引かれた境界線に沿って構築されている。そこでは男性はイスラームの信仰共同体《ウンマ》（Umma）、つまり宗教、信仰および道徳的秩序という公的領域に属するが、女性は家庭内領域、つまり家族、正当化されたセクシャリティと再生産の領域に閉じ込められている。両性の接触を最小化することで、分離の原理は性的誘惑から男性を守ろうとする。要するに、これらの境界線《バウンダリーズ》を踏み越えて伝統的な男性の領域に入る女性は男性に罪《ジナ》（*zina*）（密通）という考えを引き起こし、彼らの心の平穏、社会的威信や倫理的秩序への義務を危険にさらすというのである（Mernissi, 1975, 85）。それゆえに、女性を隔離してヴェールをかぶせることと、夫ではない男性に罪《ジナ》という考えを抱かせるかもしれないような自らの容姿を全て隠せという女性への警告を強調する。また、そのような社会における「まなざし」の力が強調されている。というのは、目は誘惑する力を持つので、女性は見知らぬ男性がいる時は視線を伏せなければならないからだ。男性は女性を凝視することによって、身体的交渉と同じくらいに女性たちを侮辱できる。公的領域でヴェールを被っていない女性への男性の反応は、あからさまな挑発とみられるものへの論理的反応として理解されうる。「女性を何時間も追いかけて、隙さえあれば彼女に手を出し、言葉でも侮辱する。そういうことを、彼女がほのめかした異性への誘いが導く当然の結果として彼女に甘んじて受けるようにと説得できると期待しきっているのである」（Mernissi, 前掲書，86）。

このように、パルダはたんに女性のヴェールというだけではない。メルニッシによれば、パルダは家父長的権力の中心にあり、女性のセクシャリティの領域的規制《テリトリアル・レギュレーション》とそれが行使される社会における男性の権力の制度化をつなぐものなのである。つまり、「社会を分断する制度化された境界線は、一方の者たちを犠牲にすることで他方の者たちに権力が認められていることを示している。いかなる境界侵犯も、それが認められていない権力配分にたいする攻撃であるゆえに、社会秩序を脅かすものとなる。境界と権力との関係は社会におけるセクシャル・パターンに特に顕著である」（Mernissi, 前掲書，81）。

ジェンダーと行為主体性に関するバングラデシュにおける先行研究―「文化的なまぬけ」の地域的構築

パルダの規範は、インド亜大陸の多くの地域においてヒンドゥーやムスリムの間で普及しており、北部の平地において、ヒンドゥーの上位カースト、ムスリム一般、特にそのなかでも裕福な家族などでより厳密に守られている。フォーマルな経済活動から家族の女性構成員が隔離されていること (seclusion)、あるいは、そうした経済活動に女性が参加できるようになったとしても参加しないということは、これらのコミュニティ内部における社会的地位を示す重要な手段なのである。こうした地域の多くで見られる女性の労働参加率の低さというものは、部分的には女性の隔離にともなう価値に帰すことができる。しかし一方で、女性の行動に関する分析のなかには、受動性の程度や文化的規範への機械的順応の程度を、実証的な裏づけがないにも関わらず文化的規範のみに帰そうとするという、無分別な傾向がある。個人の行為主体性の可能性を跡形もなく消し去ることなしに文化的規範と実践が持つ影響力を明示的に扱うことができる代替的な枠組みを考える前に、以下では、バングラデシュの文脈から女性を「文化的なまぬけ」として表象する幾つかの事例を検討してみよう。

バングラデシュにおけるジェンダー関係の研究が本格的に始まったのは、一九七一年の独立後であった。それは女性が国際開発のアジェンダとして「発見」され、ジェンダーというテーマに研究資金が初めて利用できるようになった時期でもあった。しかし、女性の生活に関する学問的成果はまだ乏しかったがゆえに、そのような研究は基本原理から始められなければならなかった。[3] 初期の研究は不可避的に、そして恐らく必然的に、「文化項目リスト」を積み重ねていく形をとり (Connell, 1987)、バングラデシュ社会における女性の従属的地位を説明するのに役立つ、さまざまな規範や実践の記録を残してきた。しかし、制約の文化 (culture of constraint) を包括的に把握することに打ち込むあまり、女性の生活の全ての側面、つまり人格から行動までを含めて制約の現れとして説明するような研究の興隆を招いてしまった。パルダの規範は、合理的選択のいかなる行使とも対極的なものとみなされた。ボーズラップは、バングラデシュの農村の女性の生活に関する有名な研究の序文において、はっきりと次のように指摘している (Boserup, 1982)。

> パルダの制度を持つ国々では、女性たちは自らの世帯という閉鎖的空間を離れなければならないような仕事をすると地位を

3　独立後の時期になされた最初の研究の一つは、次のように記している。「ベンガル人の女性の生活はいかなる文芸作品や調査研究の主題としてもほとんど扱われてこなかった。利用できる著作は多くがヒンドゥーの女性に関するもので、壊すことのできない結婚の絆、未亡人の迫害や「サティー」(suttee)【訳註3：ヒンドゥーの女性が夫を火葬した薪の火に飛び込んで殉死する風習】または著名な女性たちの経歴を紹介する作品に限られていた」(Abdullah, 1974, 2)。

失ってしまう。それゆえに、彼女たちはさまざまな種類の稼得活動のなかから合理的選択を行うことはできないし、所得を稼ぐことと家事を行うことの間で自分自身の時間をどのように配分するか決定することもできない（Boserup, 1982）。

伝統に身を沈め、命令に機械的に従うというバングラデシュ人の女性のこうした肖像は、特に農村の女性について顕著であり、初期の研究において繰り返し登場した。

（村の）女性たちは、自分自身について自らの文化から切り離して考えることがいますぐ必要だとは感じていない。つまり、自らが追い求めていることについての分析や客観性について全く意識していないように見える。彼女たちは、自らの行動についてなぜそうするのか理由を説明しない。行動するように行動しているからである。彼女たちは、ただ慣習に従って「義務」をこなし、行動しているにすぎない（Alam and Matin, 1984, 8に引用されたS. Begum, 1982）。

貧困と欠乏の状態の下にある時、バングラデシュの伝統的社会における女性は最も苦しむことになる。母親であること、自己犠牲、家長である夫への従順などの神聖化は、女性に自らの利益を後回しにさせる――それも常に。……一般に男性より低学歴であり、男性よりも無知であるために、彼女たちは外の世界を恐れたままである。彼女たちには家族的義務から離れて報酬を得られるような家庭の外での就業機会を求める時間や自由がない（Gerard, 1979, 13）。

女性は、子どもの時から、幾人かの男性にとっての娘として、妻として、母としてのみ存在するのだと信じるように育てられるので、男性に奉仕したり、男性を喜ばせたりすることに自らの存在を委ねることになる。女性は家庭の外の世界を知らず、人生観を発展させない。人生における野心を持たず、自らの運を良くしたいという欲望も強い焦りもない（Islam, 1979, 228）。

人びとを構造によって規定されたあやつり人形としてこのように表象することは、ギデンズが指摘しているように、個人の行為主体《エージェント》に自己を理解したり自己の行為の環境を探究したりできる余地を全く与えない分析的アプローチがしばしば行うものである。そのような分析では、個人の行動とは、「目に見えず」に展開している構造が行為において現れているものであるとするほど、構造の重要性が誇張される傾向がある。「調査者」と「被調査者」の間に相当の社会的距離がある研究ほど、構造的制約が強調されるという特徴もある。そのような研究は、「専門家」として位置する人びとに、被調査者の社会的無能力と受動性を、専門家とは異なる階級、居場所、文化的背景に帰することを許すような距離を持つという意味である（Giddens, 1979, 72）。確かに、この社会的距離は先に引用したような研究の幾つかに見いだせる一つの特徴であり、別々でありながら重複する形をとっている。換言すれば、社会的距離は、貧しい非識字の農村女性の生活を分析しようとする、特権的で、中間層の、都市を拠点とした、そしてしばしば海外から訪れた研究者による研究に見られるものである。この距離は、初期の著者たちの多くが「伝統的な」農村の女性について述べているような、「近代性《モダニティ》」からの観点において顕著である。

村の生活には別の時間、われわれが都市の世界、近代社会で知っている時間に影響されない独自の時間が流れているかのようだ (Sattar, 1974, 17)。

悲しい現実は、伝統の圧力により、彼女たちの知性が鈍化され、思考力が弱められていることである (Islam, 1982, 109)。

この傾向は、より貧しい農村の女性と、バングラデュ人の研究者の多くが属する都市部の中間層の女性とが見せる、非常に異なった就業の動機と影響においても明白であった。都市部の中間層の女性は、「自己実現と自立心のために」、あるいは家族の生活水準を改善するために働いていると見られていた (Enayet, 1979, 184)。彼女たちは自ら事業を経営しているか、ある程度の職の安定性、規則正しい時間と休暇という特権が得られるような教育、社会福祉、行政サービス部門で専門的職業か給料制の職業に就いていた。被雇用者としての地位の含意は次のような積極的な言葉で表現されている。「女性が有給の雇用に参加するようになったということは、社会の構成員としての彼女たちの経済的地位を改善し、また世帯の次元では家庭の状況と子どもたちの福祉を改善してきた」(Enayet, 1979, 184)。

対照的に、より貧しい、農村の女性が仕事を探す背景にある主な要因は、経済的困窮であると見られてきた。

極度の経済的圧力にさらされた女性たちは臨時労働者として働くことや、仕事を求めるかもしくは物乞いをするために街の舗道に群れることを迫られる。貧しい女性たちは、課せられた社会的な禁止を振り払って、精米所、工場、男性と一緒になる戸外での建設労働などでさえ仕事を探す。自分自身と家族が飢えないように、いつでもどこでも出来る限り、働き口を必死になって探すのである (Huq, 1979, 144)。

有償労働へのアクセスは、こうした女性たちの生活にほとんど影響を与えなかった。ハクによれば、「たとえある女性が賃金を稼いでいたとしても、その女性の賃金が意思決定者でもある夫、つまり男性の世帯主によって奪われてしまった」(Huq, 1979, 142)。イスラムは、仕事を求めて街に移住してきた、より貧しい、農村の女性たちは村の家族との紐帯を維持し、田舎に残っている女性たちと「心理的」には何も変わらないことを指摘した。彼女たちは貧困ゆえに家庭の外で働くことを強制され、罪悪感に悩まされていた。夫への献身的愛情と服従を通じて、彼女たちは規範的理想を遵守し続けようとしていた (Islam, M. 1979)。

　このようなバングラデシュ人女性の表象の仕方は、第三世界の女性、とりわけそれらの人びとのうちでもより貧しい集団に属する女性を「家父長的文化」の受動的なまぬけ (passive dupes) として描くような、より広い意味での開発研究における一連の流れが地域的に現れた例である。[4] これらの議論は、アラムとマティンによって、「社会人類学的な説明の漠然とした集まり」として手厳しく却下されている (Alam and Matin, 1984, 8)。つまり、それらは、バングラデシュ人女性を次のように描く。「よく働くが弱くて憐れみに値する」、「ロボットのように機能し、蟻のように行動し——意思、理解や展望なしに——、そして本質的に、自分自身の問題を解決する能力もない」。さらには、「直接的な表現を否定された時でさえ、活気に満ちて、生き生きとして、抗議したり怒ったり」する姿としてではなく、むしろ「助けられる」ことを待っているという不自然な姿として描かれており、「村の女性たちの知恵やふざけた皮肉を認めるような試みはそこには全くない」というのである。

4　この一連の先行研究に関する幾つかの異なった見解については、カビールおよびモハンティの議論を参照のこと (Kabeer, 1994, 第三章 ; Mohanty, 1991)。

順応する行為主体性《アコモデイティング・エージェンシー》—婚姻契約と家父長的交渉

　ここまで筆者は、文化が純粋な「制約」として前提されており、その制約があまりに強いために、その作用によって個々の行為者が全く目立たなくなってしまうような分析の幾つかの事例を示してきた。ここで筆者は、個々人を主体的能力と目的を持つ社会的行為者として描きつつも、非常に現実的である境界《バウンダリーズ》についても留意する文化の代替的な概念化に戻りたいと思う。ここでいう境界とは、各自の行為主体性がそこで作用せざるをえないような限界のことである。このような試みにおいて、暗黙の契約という考え方は、概念的な架け橋として繰り返し使われてきた。ここでいう架け橋とは、漠然とした社会のルールと規範の組み合わせとしての文化という理解と、ある制度的文脈で個人的動機や戦略を形成するために、これらのルールと規範がどのように作用するかという明示的な考察とをつなぐものという意味である。

　このような形の分析の初期の例として、さまざまな社会経済的文脈における「婚姻契約」の作用に関するホワイトヘッドによる研究がある。彼女は「世帯内予算をめぐる政治」を分析し、夫と妻の相対的権力は労働市場における相対賃金を単純に反映しているわけではないと主張した。なぜなら、正確には、役割と責任に関する家族のイデオロギーが介入して、男性と女性の所得を、それに関する支配権へと読み替え、したがってその使途を差異化するからである (Whitehead, 1981)。特に、ホワイトヘッドが「母性的利他主義のイデオロギー」('ideologies of maternal altruism')と呼ぶもののために、女性は、家族の他の構成員への配慮から、自分自身の必要や選好を満たすために資源を使うことを自ら拒んでしまいがちになる。しかし、ホワイトヘッドは、多くの場合、そのような利他主義が自己利益という側面をも含んでいることも指摘した。この研究の文脈では、男性の場合と比べてかなりの程度、女性の運命《フォーチュンズ》は世帯全体の運命と関連していた。それゆえに、女性の長期的な利益は、世帯の連帯と協調を保持するために役立つようなさまざまな利他的行為を通じてより良く達成される可能性が高かった。

世帯における暗黙の契約、特に「婚姻契約」に関する分析は、家庭内領域をこえた議論につながっていく。ホワイトヘッドは次のように指摘した。すなわち、そのような契約に埋め込まれている要求、義務、資源、責任は、世帯内において男性と女性が主張し義務を果たす条件を明らかにするだけでない。それらは、より広い文脈において、その社会が男性と女性の本質、適性、性質をどのように見なし、どのようにジェンダーの差異を構築するのかについてもわれわれに教えてくれる。「契約」という考え方は、「ルール」だけではなく「資源」としての構造にも注意するという点で重要である。バングラデシュの文脈で家父長的契約におけるパルダの中心性を描写したものと捉えられる、ケインらによる研究からの引用は、以下の通り、こうした要求と義務、権力と責任の相互性を描いている(Cain et al. 1979)。

> パルダは、女性の物理的移動や服装に関する制限に限らず、多くのことをともなう複雑な制度である。女性にたいして、多くの機会や日常生活の諸側面へのアクセスを否定すると同時に、保護された集団としての社会的地位を与える。したがって、理論的には、パルダは女性を管理するとともに保護と安全を供与するのである。男性は女性にたいして権力と権威を持つが、彼らはまた規範的には彼女たちに衣食住を提供する義務がある(前掲書, 408)。

「契約」の概念は、家族内における権利と義務について共通の理解を把握するのに役立つ方法である。一方で、交渉という考え方の社会学的解釈は、契約の諸条件に関する交渉の可能性へと関心を喚起する。交渉が可能な範囲は、契約そのものによって部分的には定義される。たとえば、カンディヨーティは、契約によって、さまざまな社会的文脈における、極めて多様なジェンダーの利益の組み合わせと、それらの利益を追求する非常に異なる可能性が、生み出されたことを提示した(Kandiyoti, 1988)。彼女は、特定の社会的文脈におけるジェンダー間の一般化されたゲームの状態を把握する方法としての「家父長的交渉」という考え方と、それらが具体化される特定の戦略の組み合わせを用いた。女性が資源と経済的機会へのアクセスに関して一定の独立性を持つ、アフリカのサブ・サハラ地域の一部におけるような文脈では、ある公然とした交渉の要素が配偶者間の関係を特徴づける傾向があった。すなわち、女性の経済的自律を侵害するようないかなる試みも、あからさまな対立をもたらし、女性が夫と別れて自らの世帯を構えるという結末となることが多かった。

対照的に、南アジアのように、「強い家父長制」の地域で女性がとる戦略は、社会において女性の地位を低い価値にとどめるような文化的な「ルール」があるという場合でさえ、そのようなルールに寄り添い、できるだけ長期的に遵守する戦略のように思われる。こうした戦略は、ジェンダー関係の構造的基盤における本質的な非対称性を反映している。ここでいう非対称性とは、前述したケインらによる研究からの引用が捉えていたように、世帯内での女性にたいする男性の権威は物質的基盤を持つ一方で、男性の責任は規範によりコントロールされているということを指す。規範によるコントロールは強力ではあるものの、同時に経済的要請の前では相対的に可塑的《マリアブル》でもある(Cain et al., 前掲書)。

このように経済的必要と社会的保護について男性に明らかに依存していることは、ケインらが「家父長制のリスク」と呼んだものにたいして女性を特に脆弱にしている(Cain at al., 前掲書)。「家父長制のリスク」とは、もし彼女たちが男性の保護を失ったとすると、経済的福祉と社会的地位に突然の下落が生じやすいということだ。制度の内部において女性の従属的地位にともなうリスクと不確実性のために、逆説的にも、彼女たちは、家族のなかでの自分自身の位置をより強くするために、男性優位に抵抗するよりはそれに従い、それにより男性の義務と保護という規範を操作していこうという、より大きな誘因を持つようになる。こうした文脈において、「母性的利他主義」は次のようなジェンダーの観点から差別的な形式をとる。すなわち、できるだけ多くの息子を持つこと、結婚における自らの立場を確実にすること、息子たちの忠誠と愛情を勝ち取ることなどは、自らの安全をより長期的に確保する方法として女性の利益にかなっている。換言すれば、社会に広く行き渡っている息子への選好という規範に抵抗するよりもむしろ黙従することが、女性にとっては利益となる。これと表裏一帯となっているのが、娘の価値を低く見ることや無視することである。

順応する行為主体性―「制約《リミッツ》のなかでの創造《インヴェンション》」

ブルデューの研究は、社会学の関心である規範および慣習と、伝統的経済学が関心を寄せる事柄とを統合するための有益な枠組みを提起し、選択、利益、戦略と権力の分析への、より文化的なニュアンスのあるアプローチを生み出した(Bourdieu, 1977)。このアプローチは、ジェンダーと世帯内の諸関係に関する分析を、さまざまな種類の不平等が維持される、より広い過程と統合する上でも役立つ。それらの不平等とは、権力の公然とした行使やあからさまな対立の出現なしに、日常生活のなかで長期に渡って維持される類いのものである。ブルデューにとって、コミュニティの集合的な生活は、年齢、ジェンダー、生産手段へのつながりなどのヒエラルキーを中心に組織されている。ここでいうヒエラルキーとは、コミュニティそれ自体の社会関係、コミュニティそれ自体に関するイデオロギーについてコミュニティが持つ公定的見解（official accounts）を代表するような概念的スキーマを具体化している。ヒエラルキー的関係の所属要件《メンバーシップ》は、行為主体性を発揮するための資源と機会へのアクセスを提供するが、それらはあくまでも公定的見解によって設定された条件と意味の範囲内に限られる。その結果として、個人の行動の多くの側面は、コミュニティ内部における成育、経験、地位によって違いはあるものの、「個人の意識としてはあまり動機づけがなさられておらず」、むしろコミュニティが持つ行動規範に支配されているということになる。

ブルデューは、社会的実践において、主観性《サブジェクティビティ》の社会的に造化された側面を捉えるために、「ハビトゥス」という概念を使う。ハビトゥスは、所与の社会的文脈において利用できる可能性の客観的な範囲を反映し、またそれに一致するような願望《アスピレーション》と実践を生み出す。それゆえに、ハビトゥスは、ある状況において、不可能で出来ないような事柄を、可能で望ましい事柄や、あるいは避けられない事柄から区別するために役立つ。この「境界感覚」（'sense of limits'）は、社会の構成員に秩序をもたらし、同時に「現実感覚」（'sense of reality'）でもある。それは、現実の幾つかの側面を「自然化」し、不問に付されているルーティン、習慣と伝統の領域、「ドクサ（臆見）」（doxa）の領域に、各自の行動を位置づけることによって、各自が社会秩序を遵守することを支えている。

ただし、ハビトゥスの境界内部において、個人の行動は合目的的な行為主体性（purposive agency）の形をとり、利益の計算に基づいて行われる。ブルデューは、さまざまな社会的行為者が利益に言及したり、その意味を交渉したりする多様なあり方を描くために、「戦略」という概念を用いた。これらの戦略の目的は、個人が物質的な必要と欲求を満たすための具体的な手段である「物質的資本」（'material capital'）と、ブルデューが「象徴資本」（'symbolic capital'）と呼ぶものとの両方を蓄積するために、自分自身が利用できる資源と因習とを引き出すことである。「象徴資本」とは、親族およびより広いコミュニティにおけるさまざまな社会関係の創造と維持を意味する。ブルデューが指摘するように、象徴資本の蓄積というものは、合理性という新古典派的概念では理解しにくい。なぜなら、象徴資本は、具体的な物的財の獲得に由来する稀少な時間、努力、資源を、コミュニティ内部における家族の特権と名誉、名声、社会的地位などという、つかみどころのない無形の成果を追求することへと転換することに関わるからである。一方で、社会関係への投資を通じて積み重ねられた責務、負債、要求、義務などの蓄積というものは、必要な時に物質的資源に転換できるということを認めるならば、社会関係への投資は純粋に象徴的であるというよりはむしろ物質的な側面を持っていると考えてもよいだろう。同時に、このような投資は、次のように演じられる時に、最も効果的になるという逆説的特徴もある。すなわち、今後の物質的優位とはあたかも無縁であるかのように、純粋に象徴的な諸々の言葉遣いによって、その内部でのみ価値づけられ、他に意図を持たないかのごとく、演じられる時である。

社会的ヒエラルキーが長期間に渡り維持されるのは、物質的資本を動員する社会的行為者の能力における差異を具体化しているからというだけではなく、それらの行為者が象徴資本の蓄積に関して不平等に位置づけられているからでもある。社会的ヒエラルキーの本質には、そのなかで支配的な位置にある人びとは戦略を公定化（officialising）することを追求するために最適な位置を占めているということも含まれている。つまり戦略とは、そうすることによって、ある象徴資本の特定の形態から生じる私的優位を獲得するということを動機として、より広い集団性における「私心のない、集団的で、公認される、正当な利益」として偽装されうるものなのだ（前掲書，40）。われわれは、本書において、諸々のヒエラルキーを特徴づけるイデオロギーや実践が、特権的集団としての自己利益と「より大きな」社会的利益とをあたかも等しく見せるために生み出す方法について多くの事例に出会うであろう。特に、男性による私的優位の追求が、どのように彼自身が属する世帯、より広いコミュニティなどの正当な利益としてしばしば表象され、それゆえに公定的《オフィシャル》な地位を与えられるかを検討する。対照的に、女性は、非公定的《アンオフィシャル》で、私的で、しばしば内密の戦略によって個人的目標を達成しようとする傾向がある。

ブルデューが社会的位置づけ（social location）の構造化原理を演ずるものとして個人の実践を強調したことは、ムーアが指摘しているように、「行為主体性および／または社会変化の余地がほとんどないように見える理論」という難点があるという批判を招いた（Moore, 1994, 77）。しかし、ブルデューの分析における社会的規範の成立は、前述したような構造主義的伝統において描かれたようなものとは非常に異なっている。ブルデューの研究における行為主体性の概念は、ルールの機械的実行よりもむしろルールの創造的解釈と関係している。これらの解釈では、利益が常に前面に現れる。換言すれば、ルールの遵守《コンフォーミティ》は副次的な位置づけでしかない。それゆえに、個人はコミュニティの行動規範のなかで戦略を立てるかもしれないが、行動規範に関する各自の解釈においては文化的ルールの公式なリストによって示唆される解釈よりもはるかに多様な範囲の実践的結果を持ち込むのである。そのようなルールが実際にどのように呼び起こされるのか、それらのルールを生み出す構造の再構成や修正にたいしてこのようなことが何を暗示するのか理解することは、長期に渡る「構造の構造化」を明らかにする上で役に立つ。

社会変化（social change）【訳注４：社会学では「社会変動」の訳も当てられるが、本書では混乱を避けるため、この訳に統一】の可能性は、ブルデューの分析においては、既存の秩序にたいするさまざまな遵守の次元を区別することによって持ち込まれている。個々の行為者の主観的な評価が客観的に組織された選択可能な複数の可能性と一致する限り、ドクサの世界、つまりルーティン、慣習、因習について当然と見なされているような特徴は変わることはない。要するに、伝統とは「何も問わなくても続くゆえに、続くことそれ自体については不問に付されている」ものなのである。社会秩序の遵守において、支配的な集団は自らの利益を積極的に防衛する必要はない。なぜなら、社会秩序への遵守というものは、コミュニティの構成員全員によって共有されており、疑いの余地がなく侵すことが出来ない「境界感覚」によって創り出された合意に基づいているからだ。ドクサから「言説」への移行が生じるのは、社会秩序によって正当化されてきた社会生活の組織化のあり方が、「当然視された」(`naturalized') 性格を失い始め、その恣意性が明らかになり始める時、そしてその客観的可能性と主観的評価との調和が、急激に、あるいは徐々に、かつ不均等に損なわれる時である。

言説の登場、つまり従来は不問に付されてきたことについての意見や議論の登場は、競合する「複数の可能性」が共存していることを意味する。ただし、もしドクサの沈黙が、「正統性」、つまり伝統がもはや当たり前のものではなくなったときに生じるような、支配的な集団が自らの既得権益を守ろうとして社会的因習を明らかに防衛的に合理化することを通じてのみ破られるとするならば、そのような事態は必ずしも明示的な批判の登場を意味するものではない。「異端性」、つまり社会秩序の恣意性を従属的な集団にたいして明らかにするような批判的言説が可能になるのは、社会秩序を分類し定義づける支配的な諸制度を否定するための物質的手段のみならず象徴的手段を従属的な集団が持ち合わせているときのみである。したがって、ドクサの沈黙とは、語る必要がないゆえの沈黙と、語るための語彙がないために語りえないゆえの沈黙という、二重の沈黙なのである。それ以前は「当然視されていた」ことについて問うために語彙を与えることによって、言説は権力を動揺させる。つまり、「言葉というものは、それまで名前もなく存在し続けてきた物事に名前をつけたときに、大混乱をもたらすものである」(Bourdieu の前掲書, 170 に引用された Sartre)。

中間的立場という考え方—構造と行為主体性の二重性

以上から、経済学の方法論的個人主義と社会学の方法論的構造主義という二つの極論が、なぜ現実の世界における構造と行為主体性をめぐる諸問題を解明する上でさして有益であるとは証明されてこなかったのか理解できる。前者は、文脈や経歴によって区別されない、抽象的な記号としての経済的行為者、つまり、どんなにささいなことであれ、あるいはどんなに重要なことであれ、人生におけるあらゆる意思決定に適用される「一つの全目的的な選好序列」を持つ個人を描いていた。後者は、全体を覆う構造にこだわるあまり、個人にとっての選択、実践、認識が明確にならず、焦点が絞れないような「文化的なまぬけ」として個人を表象してきた。

しかしながら、われわれが確認してきたように、これら二つの伝統的議論を批判する研究者たちは、それらを一つにまとめあげて中間的立場を作り出すことに寄与もしてきた。中間的立場を採ることにより、人びとが行為主体性を発揮する場としての制約的構造を見失うことなく、個人の行為主体性を認識できるようになる。合理性についても、より「状況的」で「実質的」に解釈できるようになる。そのような解釈は、個々の行為者が自己利益を快楽主義的に追求する以上のことを気にかけているという事実と、そうした行為者が気にかけることは部分的にはそれぞれの個人によって固有に形成されると同時に、社会的に状況づけられた仕方によっても形成されるという事実に着目する (McCrate, 1991; Lawson, 1997)。こうした定式化をすることで、「人間の行為主体性が持つ意識的で熟慮的な側面」を評価し、個々人の行動のなかに現れる、その人の行動の目的がどのようなものであるか問うことや、「経済的結果の計算が個々人の決定に影響を与えるかもしれない仕方を探究する」(Folbre, 1994, 27) ことが可能になる。「取り扱いにくい社会的世界」(Connell, 1987, 92) として構造を捉えるという偏った考え方を脱却して、個人の戦略的行為や個人の「制約のなかでの創造」へと関心を広げていく動きも見られる。利益というものは人間の行動の源泉として認められるが、それに従うかどうかは二の次である。そうした利益は意味と言説という社会的枠組みにおいて構成され、追求されるからだ。

この理論的な中間的立場の有益な特徴のひとつは、構造と行為主体性の関係を二項対立的な関係というよりも、二重性、つまり相互依存的な関係として見なすという点にある。「人間の実践というものは、実践が必ず社会的ルールと資源とを活用するという意味において、常に社会構造を前提としている。構造は常に実践から生まれ、実践によって構築される」(Connell, 1987, 94)。これらの説明において、個人の行為主体性は、社会的なものの力を認識することを通じて修正される。社会は、そこに生まれてくる人々に先立って存在し、人びとにたいして要求を課してくる。要するに、「割り当てられ、内面化されるべき価値や規範、理解されるべき制度や事柄、受け入れられるべき言語や慣習というものがある」(Wright, 1985, 7)。しかし、もし個人の行為主体性が社会的に制約されているとすれば、社会というものもまた人びとによって生きられ行動に移されなければならない。意思決定が社会と個人のどちら側からも議論できるように、社会は個人の実践によっても再構築されなければならないのである。

構造と行為主体性の二重性という考え方は、そのどちらかを分析上で優位にするようなアプローチと比べて、社会変化の分析にとって遥かに豊かな可能性を切り拓いた。構造と行為主体性の相互依存を認識することにより、経済学者が特化しているような物価や所得の変化の結果としての行動の変化なのか、あるいは重大な「外生的」な出来事への反応としての行動の変化なのか、という問題について、矛盾なく考えることが出来る。後者でいう出来事には、戦争、環境破壊、技術革新、他のさまざまな社会の価値システムにさらされることなどが含まれる。ただし、あらゆる事例において、変化というものは、そのなかで人びとの反応が形成されるような、ルールと資源の既存の配置《コンフィギュレーション》によって調整されるものだ。さらにいえば、その一方で、二重性のパラダイムは、構造的制約を作り出しているルールと資源にたいして個人がとるさまざまな行動の意図的な、もしくは意図せざる結果として、変化が「内生的に」生じることをも可能にする。高度に安定している構造でさえ、戦略に十分な多様性をもたらし、長期的に構造の修正につながることがある。ギデンズが指摘するように、「伝統的実践」('traditional practices')に疑問を投げかけるどのような影響も、社会変化を引き起こす潜在力を持つ(Giddens, 1979)。それは、ある制約的な規範と信念という一組を同じような制約的な規範と信念という別の一組で置き換えるだけかもしれないし、あるいは既存の信念や価値の異なる解釈という形をとるかもしれない。

しかし、起こること全てが「伝統」を「ほかのさまざまな伝統」で置き換えるにすぎないとしても、競合する複数の可能性があることにより、「ドクサ」の境界は押し返され、従属的な集団が利用できる戦略への余地が切り拓かれる。最終的かつ最も重要なことは、人間が内省と再帰性を持つと考えるならば、変化というものは合目的的な行動の結果として生じるということだ。女性も男性も、「それぞれの『顕示されている』欲求、意思、選好から一歩離れて見ることで、自らの欲求が真の欲求なのか、自らの選好が真の選好なのか自問する」能力を持っている(Hirschman, 1985)。人間の行為主体性は、過去の実践が持っていた抑圧的な側面をはっきりと否認することを通じて、人間の行為主体性を制約するものにたいして抗うことが出来る。言い換えれば、構造そのものが実践の目的とされうるのである(Connell, 1987)。

行為主体性、構造、女性の労働市場における意思決定—本研究の鍵となる仮説

本章の議論から、なぜバングラデシュ人の女性が就業するのか、なぜ特定の形態で就業するのか、就業は従属的行為者としての女性の地位にどのような含意を持つのかについてさまざまに異なり、相反する説明があることが明らかになるであろう。一般的に経済学者にとっては、労働供給の意思決定は文脈や文化に関わりなく、個人による、あるいは世帯による、比較優位についての判断、つまり時間を別の活動に使うことから得られる限界収益と比べた場合に得られる相対評価を反映している。構造主義者のアプローチは、いかなる観察された逸脱についても、雇用形態に「順応する者」('conformist')を説明する根拠として伝統と慣習、および経済的困窮を強調する。これらの二つの極論の間で、われわれは、より決定論的ではないアプローチを見出すことが出来る。このアプローチは、市場におけるシグナルの変化が個人の行動の変化を誘導する可能性を認めつつも、世帯内においてさまざまな個人が物質的・非物質的費用と便益とを比較評価するという一連の複雑な熟慮(deliberations)が、二つの極論を仲介するだろうと示唆する。

選択理論のような純粋に道具主義者的な合理性は、ある種の意思決定についてのみ妥当性を持つ。すなわち、意思決定が価値をともなったルールと規範によって統治される行動に影響を与える場合、その決定はより大きな感情的費用を引き起こしやすく、変化にたいしてより抵抗的になる。

有償労働への女性のアクセスの影響に関する限り、個人主義者も構造主義者も女性の所得が有する潜在的変換力 (transformatory potential) を重んじていない。それはさまざまな理由からである。ベッカー的な分析を好む経済学者は、いかなる場合においても権力を世帯内関係における一要因としては扱わない。またそれゆえに、稼得者なのか非稼得者なのかというアイデンティティは意思決定には関係しない。ジェンダーの分析における、より構造主義的なアプローチにおいても、女性の稼得能力は意思決定には関係しない。ただし、この場合、それは女性の所得が、自らの利益を追求する悪意ある家父長に独り占めされがちなことから生じる。

しかしながら、他のアプローチでは、この潜在的変換力をどの程度制限がないものと見なすかという程度はさまざまであるにせよ、女性の稼得能力にある程度の潜在的変換力を確かに認めている。有償労働へのアクセスを世帯内の権力関係に変化をもたらす十分条件として捉えているアプローチもある。こうした見方をとると最も思われるのは、経済学でいうならば世帯の直接的な交渉モデルを認める研究者、あるいは社会学でいうならばさまざまな構成員の「相対的な資源保有状態」(comparative resourcefulness) に焦点を当てる研究者であろう (Blood and Wolfe, 1960)。たとえば、ジョークスの主張が挙げられる。彼女によれば、金銭的報酬の水準が適切かどうか、公正かどうかということとは関係なしに、金銭的報酬がともなう仕事とともなわない仕事の間には、潜在的変換力という観点からみて厳密な違いがあるという。貨幣経済化が進むとともに、勤労に与えられる価値は直接的に貨幣価値で測られるようになるので、収入のある女性たちは世帯内の交渉で幾分かの影響力を獲得するであろうと、彼女は示唆した (Joekes, 1987)。

最後に、有償労働は世帯内のヒエラルキーに抵抗するための必要条件ではあっても十分条件ではないと示唆してきた研究者たちがいる。こうした研究者たちは、世帯内における女性の所得へのアクセスと、そうした所得へのアクセスが影響力へと変化するのを仲介する、世帯内での資源と責任の分布を支配しているジェンダーの規範と実践の役割について注意を促している (Whitehead, 1981; Standing, 1991; Wolf, 1992)。さらに、こうした研究者たちは、女性が所得を獲得する労働過程の重要性にも注目する (Whitehead, 1985; Beneria and Roldan, 1987)。そこで示唆されているのは、一般的に、男性の世帯構成員とは無関係である生産様式や、家族的な領域の外部にあり、その命令が及ばない社会関係においての方が、女性は自らの労働からの収入について支配力を行使しやすい、ということである。また、彼女たちの報酬の多寡や形態も影響力を持つであろう。

これらの社会科学の「諸説」は、人間の行動に関する広く抽象的な諸命題を、特定の状況において起きたのかもしれない事柄について検証可能なさまざまな仮説として読み替える上で有用である。しかし、こうした諸説は実際に起きた事柄をわれわれに告げる仮説がそのうちのどれであるかという真の説明を与えてくれるわけではない（Elster, 1989）。真の説明を探究するためには、女性労働者の置かれた状況、女性の労働市場における意思決定の理由、その意思決定が持つ含意についての「より緻密で詳細な知識」がわれわれには必要である。こうした点に関する最も明白で論理的な情報源は、女性労働者自身のように思われた。したがって、彼女たちの行動についての彼女たち自身の説明《アカウンツ》とそれらが持つ含意をここまで述べてきた相反する複数の仮説を検討するための主要なデータとして用いることにした。本研究で用いたデータ収集の方法について、詳しくは附録一を参照してほしい。ここでは、筆者が試みる「語りに基づく仮説検証」（'testimony-based hypothesis testing'）というアプローチが持つ方法論上の幾つかの問題について触れておきたい。

行為したことについてなぜ行為したか、その行為が何を意味するのかと当事者自身に説明を問うという考え方は、研究方法として当り前に見えるかもしれないが、議論を引き起こさないわけでは決してない。主流派の新古典派経済学者は、選好と動機について当事者がする説明を信頼したがらないことで悪名高い。なぜなら、経済学者がある人の行為の原因と帰するような狭い自己利益の類いを当事者自身がその行為の原因として認めるとは信じていないからだ（Arrow, 1990）。多くの社会学者も同じように、人びとの行為の「本当の」理由を発見しようとして、まずその行為に関する当事者の説明を割り引くことから自説を語り始める。このような説明の仕方は、自らの行為をとりまく環境や状況を理解することに価値を見出していない社会的行為者の「背後」において、さまざまな制度と構造が作用しているはずだという仮定に基づいている（Giddens, 1979, 71）。他の社会科学者も、従属的な集団が表明する認識というものが、その集団に属する人びとが世のなかにおける支配的な価値を内面化してしまっており、自分たちの従属的地位に「同意している」ように見えるという場合には、それらの人びとが表明している認識が完全な真実とは必ずしも一致しないと考えてきた。これはまさに、われわれが先に引用した「適応させた認識」というセンの指摘が持つ含意と同じである。

このように、当事者が自らの行為について説明することから、および当事者の現実的状況から飛躍してしまうことについて警告を発することは明らかに正しい。しかし同時に、ある行為をなぜ行うのかについての当事者自らの理解を全く汲み入れずに、従属的な集団の行動を分析する試みに見られるような歪みも、筆者は指摘してきた。個人の語り（personal testimonies）により、われわれは、抑圧的な構造に直接巻き込まれ影響されている社会的行為者の内省と反応にアクセスできるようになる。それは、社会科学的分析を豊かにするだろう。また、重要なこととして、本研究の対象となる行動を行う人びとの声を探究しようとする筆者の目的は、たんに排除された人びとに「声を与える」というものではないことも指摘しておく。声なき人びとに声を与えるという目標は確かに重要であるし、そうした目標がもたらす成果の豊かさを証明する素晴らしい本も数点ある（たとえば、Viramma et al., 1997; Stree Shakti Sanghatana, 1989を参照）。しかし、本書はそれらとは異なる種類のものである。筆者のねらいは、女性たち自身による説明と社会科学による説明との「整合性」を探究し、本研究が探究すべく設定した鍵となる問いにたいして女性たちの語りがどのような光を投げかけるのか明らかにすることであった。

結果として、筆者は分析において女性たちの語りにのみ頼ったわけではなく、人生のより広い文脈において筆者が見出した事柄のなかに一人ひとりの語りを位置づけてきた。もしも個人とは自らが構成員である社会についての広範囲で詳しい知識を持った合目的的な行為者であるという考え方を本気になって支持するのであれば、人びとはある理由のために物事を行うのだということをわれわれは受け入れなければならない。こうした理由は、人びとの行動について第一段階の説明である。しかしながら、ギデンズが指摘するように、社会における主体的能力のある――ただし、歴史的、空間的に位置づけられた――構成員として持っている知識は、自らの日常的活動を越えて広がる文脈において「薄らぐ」(Giddens, 1979, 73)。それゆえに、当事者自らの説明にのみ頼ることは、結果として、研究対象の現象について非常に限られた洞察しかもたらさないだろう。したがって、筆者は、第二段階のより深い次元の分析、つまり「女性たちの説明を説明すること」を探し求めた。それは、女性労働者が名指した直接的な因果関係を超えて、それらの関係によって投げかけられてきたであろう、基底にあるさまざまな構造を探究することへ向かうことを必要とした。言い換えれば、女性たちの語りを人生のより広い文脈に関連づけて分析しようとしたのである。そのより広い文脈の幾つかの側面については女性たちの語りのなかで見分けられるが、他の側面については見分けられない状況を形成しており、そのもとで女性たちは選択を行っている。女性たちの声の分析を彼女たちの生きられた経験の文脈に置くことにより、筆者はより広い文脈において具体化されている制約についての彼女たち自身の理解や、制約を変えたいという彼女たちの意思だけではなく、制約を変える能力についても探究してきた。このアプローチが課す挑戦を端的に示す、ウルフからの引用で本章を締めくくらせてほしい。

> 主体仲介アプローチは、常に「生データ《ローデータ》」――主体《サブジェクツ》――と、理論の間を往来しなければならない。そうした取り組みは、生データを理解し、概念化を試みながら、継続的に、理論にたいして修正を加え、挑戦することを通じてなされる。はっきりしていることは、社会科学者としてわれわれは翻訳者であり、代弁者ではないということだ。つまり、われわれは彼女たち自身によって仲介された主体としての表象にアクセスし、われわれ自身によって仲介されたそれらについての理解と表象について

可能な限りうまく描くことしか出来ないのである。このような仲介、表象、主体性《サブジェクティヴィティ》の問題にもかかわらず、語り《ナラティヴズ》に向き合い、構造変化を理解するための試みにそうした語りを織り込むことは重要であり、役に立つ（Wolf, 1992, 25）。

第三章　黄金のバングラ《ショナル・バングラ》【訳注1】の変わりゆく顔

ダッカ調査の背景

【訳注1】ショナル・バングラ、shonar Bangla, タゴール作のバングラデシュ国歌のタイトルでもある

本章では、われわれの研究のダッカの部分について背景を説明する。本書は、繊維産業および衣料産業における保護主義の問題に関心を持っている。この章を通じて、保護主義の問題がバングラデシュにとって新しい問題ではないことを示そうと思う。以下では、ベンガルにおける繊維産業の歴史的衰退と、そこで保護主義が演じた役割を振り返る。また、パキスタンとは別の国家になってからのバングラデシュの歴史を特徴づけ、一九八〇年代初期における女性の工業労働力の登場を説明するのに役立つ、幾つかの経済的・社会的傾向を描き出す。最後に、男性が家族のなかで主たる稼ぎ手と長い間認識されており、それゆえに主な雇用形態への特権を享受してきた国において、雇用主が女性労働力を選好してきた幾つかの要因を検討する。

バングラデシュにおける繊維と保護主義—歴史的記録

バングラデシュの国際貿易への関与は、決して二〇世紀の現象ではない。それは数世紀を遡る。大ベンガル圏 (greater Bengal)【訳注2：東側のバングラデシュのみでなく、現在のインド側の西ベンガルを含んだベンガル全体をさす】の一部として、現在のバングラデシュはインド亜大陸における最も繁栄していた地方のひとつであり、早い時期から遠方のさまざまな文化圏より交易商人、海賊、旅行者、移民が集まってきた。早くも八世紀にはアラブ商人たちがチッタゴンの港に到来し、貿易活動を展開するとともにベンガルにイスラームを伝えた。一六世紀以来、ヨーロッパ人もベンガルと交易を始めていたが、これは特に名高い綿繊維産業にひきつけられてのことであった。ダッカの綿モスリンはムガール皇帝の宮廷やヨーロッパの貴族の間で世界一上質な布地として需要があり、その繊細さと美しさについての記述が史料のなかにも豊富に見られる。

ベンガルでムガール帝国が衰退してきた頃、この地域の覇権を争っていた勢力の一つがイギリスの東インド会社であった。実際に、イギリスの東インド会社は、一七五七年に現地の統治者にたいして軍事的勝利を収め、植民地支配を達成した。その後の百年間は、貿易関係が悪化してあからさまな略奪に陥っていくにつれ、現地の製造業には破壊が生じた。一七八七年には、イギリス下院議員のウィリアム・フラートンが、ベンガルについて、「われわれの失政の不穏なエネルギーゆえに、わずか二〇年の間にこの国の大部分は荒れ果ててしまった」(Dutt 1940から引用) と意見を述べている。

イギリスの産業革命を賄うのに役立ったのは、ベンガル繊維の

有利な貿易からの利潤であった。それは、同時期に発生したばかりだったイギリスの繊維産業のための保護政策をともなうものだった。以下の意見は、一七八三年の下院特別委員会による、東インド会社のベンガル繊維産業への規制導入の提案にたいする応答であり、当時のイギリスの公式な態度にみる巧妙な閉じ込めを示している。

この書簡は完璧に計画された政策であり、ベンガルの製造業者にかなり破壊的に作用するに違いない強制と奨励を含んでいる。その効果は(それが回避されずに作用する限りは)、ベンガルを大英帝国の製造業者に従属して原材料を生産する場所とするために、この産業国家の外観を全て変えてしまうに違いない(Government of Bengal, 1940 における引用より)。

イギリスの繊維産業が機械化されると、イギリスは規制と禁止関税の巧みな組み合わせを通じてベンガルの繊維からの競争を断とうとした。産声を上げたばかりのイギリスの繊維産業を保護するために七〇〜八〇%に達する関税がインド製品に課されなければならなかった。また、イギリス製品が有利になるように、インドにおいてさえベンガル製の布の販売は禁じられた。つまり、「このような状況、つまり積極的な禁止関税措置と法令がなければ、ペイズリーとマンチェスターの工場は最初から操業を止めてしまったであろうし、そうした工場を蒸気機関によってですら動かすこともまずできなかったであろう」(H. H. Wilson, Government of Bengal, 1940 における引用より)。

現実には、イギリスの産業はベンガルを犠牲にして発展を遂げた。一八三五年までには、東インド会社の総督はロンドンに次のように報告している。「商業の歴史においてこのような悲惨さはほとんど例を見ない。綿織工の骨がインドの平原を白くしてしまっている」(Mukherjee, 1974, 304 に引用)。一方、東インド会社のチャールズ・トレベリアン卿は一八四〇年に次のように記した。

ベンガルで以前に栽培されていた特殊な種類の絹のような綿は、かつてはダッカ(Dacca)の上質なモスリンを作るのに用いられていたのだが、もはやほとんど見られない。ダッカの街の人口は一五万人から三〜四万人にまで減少し、ジャングルとマラリヤが急速に街に迫ってきている。……かつてインドのマンチェスターと呼ばれたダッカは、繁栄を誇る街から非常に貧しく小さな街に転落してしまった。(Hartmann and Boyce, 1983, 537-538 から引用)

予見されていたように、ベンガルは実際に「大英帝国の製造業者に従属して原材料を生産する場所」へと変化してしまった。プランテーション経営者たちが農民反乱によってビハールに追いやられるまでは、ベンガルの耕作者は、イギリス人のプランテーション経営者たちのために藍を生産する奴隷に近い状態にまで貶められていた。一八七〇年代半ばに国際貿易が拡大し、安価な包装材料への需要が拡大すると、ジュートが東ベンガルの主要な換金作物となった。イギリス統治期末までには、東ベンガルはジュートを主要輸出品とする農業経済に変わっていた。

独立後の時代における経済動向

一九四七年のイギリス植民地統治からのインド独立にともない、亜大陸は分割された。パキスタンのムスリムのための「ホームランド」が、インド北西部にあるムスリムが多数派を占める四つの州と東部にあるムスリムが優勢な東ベンガルという、思いもよらない統合によって創設された。だからといって、共通の敵対相手であるインドによって千マイルも物理的に分断されているだけではなく、文化、言語、歴史、服装、食事、暦に加え、標準時刻でさえも象徴的に分断されているこの国が、同じ宗教を共有するからという理由だけで一つの国家としてまとまりそうにはなかった。一九七一年、バングラデシュは、シェイク・ムジブ【訳注3：より一般的にはムジブル・ラーマンの名で知られる】率いるアワミ連盟のナショナリスト政府の下、世俗主義に立つ主権国家として姿を現した。

アワミ連盟は、「民族主義、社会主義、世俗主義、民主主義」の混合を果たそうとして、銀行と主要産業を国有化し、国内産業を促進するために保護的管理を制度化した。しかし、独立がもたらした陶酔感は、汚職と非効率によって与党が貧困と失業という根深い問題を克服できないことにより、まもなく落胆と政治的不安定へと変わっていった。国内政治の不安定化が高まるにつれて、ついには軍主導によるクーデタで一九七六年【訳注4：原文ママ】にムジブが暗殺された。後続の指導者たちは、アワミ連盟の政策の多くを反転させようとし、また、国際援助コミュニティの同意を得ようとして、世界銀行と国際通貨基金（IMF）の支援の下で経済自由化プログラムを導入した。これは、一九八二年の輸出志向型製造業の促進を図る新産業政策を含む。本書が焦点を当てている縫製産業も、この政策のひとつの帰結であった。

一九七〇年代は、多くの点でバングラデシュにおける分水嶺となった一〇年間であった。既存の経済動向が強化されたのみならず、人びとの生活に質的な変化が必然的にもたらされた。バングラデシュでは危機というものは決して珍しいものではない。しかし、一九七〇年代は危機に次ぐ危機という連続性の点で例外的であった。それは、一九七〇年の壊滅的なサイクロンで幕を開けた。続いて、一九七一年には短期とはいえ血なまぐさい解放戦争が起こり、パキスタン軍による大規模な虐殺と強姦をもたらし、経済的混乱を生んだ。独立後最初の数年間は、戦後の経済的、社会的後遺症で台無しとなった。長期間続いていた物価上昇は、国際的な石油危機により深刻化し、さらに大規模な作物の不作により最大の危機を迎え、ついには一九七四年から一九七五年の飢饉につながった。政治的不安定の高まりは、政府の権威主義化をともなうものだった。ムジブは一九七六年【訳注5：原文ママ】に暗殺され、彼の後継者も一九八一年に暗殺された。

この時期には、数十年前から既に明らかであった経済動向の多くが強化された。二〇世紀初頭にはまだあまり知られていない現象だった土地なしは、時間の経過とともに徐々に増加し始めていたが、一九七〇年代に加速し、一九六〇年の三三％から一九七七年には四一％になり、減少に転じるのは一九八二年に三七％まで下がった時であった。貧困の水準も、一九八〇年代後半に再び低下し始めるまで、一九六〇年代半ばの約四〇％から一九八〇年代半ばには八〇％までに劇的な上昇を見せた。農村人口の成長、土地所有規模の低下と土地なし労働者数の増加は、農業部門の限定的な成長と相まって、農村経済内部における競争を強化した。ひとつの反応として、農村における生業が非農業的職業へと多様化し、そうした職業には商業およびサービス業、交通輸送業、小規模家内工業や建設業が含まれていた。[1]

生業の多様化は、移民を通じて地理的な多様化にもつながった。初期においては、移民の流れは、人口稠密な県（distrct）であるフォリドプル、コミラ、ノアカリやマイメンシンから人口希薄な県であるロングプル、シレット、ラジジャヒやジョショールに向かうものだった。しかし、年月が経つとともに、都市部、特にダッカとチッタゴンへの流れも見られるようになった。総人口にたいする都市部の居住人口は確実に増加しており、一八八一年の国勢調査における約二％から一九八一年には一一％に上昇した。一九六一年から一九七四年の間におけるダッカ市人口の総増加のうち七四％が農村都市間移動によるものだった（Khan, 1982）。一方、イスラムは、首都圏の世帯主の八一％が移民であり、出生時から当該都市に住み続けてきた者は一九％にすぎないことを検出している（Islam, 1996）。つまり、ダッカは典型的な移民都市と言える（Islam 1996; Shankland Cox et. al., 1981）。多くの移民は都市インフォーマル部門に吸収されており、そこでは労働力の七〇％程度が移民であった（Amin, 1986）。

質的研究は、この時期の社会と経済の変化について別の洞察を与えてくれる。アーサーとマクニコルは、人口成長、農場規模の低下、土地なしの増加、労働市場の逼迫化、農業の商業化などが総合的に作用したために、いかにして小規模な農民による所有、親族とパトロンの紐帯、地域的に限られた労働市場に基づく従来の経済から、匿名性の賃金労働関係に基づく貨幣経済へと転換していったのかについて記している（Arthur and McNicoll, 1978）。アドナンも、一九四二年から一九八八年に実施された農村調査が示した資料を再検討し、元々あるさまざまな紐帯、人間関係に埋め込まれた労働関係、現物による支払いへの依存などを特徴とする市場

1　就業機会としての農業部門の衰退はこの頃に始まったことが、オスマニにより述べられている。その指摘によれば、一九六一年から一九七四年の間の労働力増分の半分以上が農業部門に吸収されていたものの、農業部門は次の一〇年間に追加的労働力を吸収できなかっただけではなく、部門内雇用者数においても減少を記録した（Osmani, 1990）。

から、賃金労働と労働契約のフォーマル化に基づく市場へと、農村労働市場がその本質において緩やかな変化を経験したことを証明した。また、そのような農村労働市場において不確実性が増加する状態の下で、農村の実質賃金が長期的に低下し続けていた[2](Adnan, 1990)。

バングラデシュのように階層分化した社会では驚くに値しないが、こうした経済の変化によって人口の全ての部分が等しく影響を被ったわけではない。裕福な農民たちは、地元のパトロン・ネットワークという、農村社会における権力と威信の伝統的源泉を利用して余剰を転用し、技術変化と増加する都市との接触がもたらした新しい価値と機会に沿って再投資できた。つまり、新しい農業技術や、事業、貿易、商業などの非農業的な経済活動、子どもの高等教育や息子たちの海外での就業の資金調達などに再投資したのである(Ahmed et al., 1990)。さらに、都市中間層として教育を受けた人びとと農村エリートは、給料制の雇用、特にバングラデシュ独立後に重要性を増した政府部門の雇用へのアクセスを手にし、定期的で安定しており、高い金額が支払われる収入源から恩恵を受けた。

しかし、人口の大部分は、このような移行に必要な土地も資本も教育も社会的ネットワークも持っていなかった。農業部門での労働にたいする報酬の低下に直面し、小規模製造業、建設業、さまざまな一時しのぎの不規則な季節的形態の自営業に仕事を求めた。貧困者の間の就業の多様化は、農業活動と非農業活動の「複雑な配置をともない、そのような配置は家族の構成員全員が含まれ、NGOや政府のプログラムへの参加から……農村産業における出来高払いの仕事やより多くの就業機会があると考えられた地域への移民まで、じつにさまざまであった」(Ahmed et al., 1990, 26)。

バングラデシュにおける社会経済的変化とジェンダー関係

上記のような経済と社会における変化の階層特定的な含意と並んで、避けることの出来ないジェンダーの観点からの含意もあった。田舎における蓄積の基礎としての家族基盤の農業の重要性が低下したことは、男性のみならず女性の伝統的な生産的役割をも弱体化させた。しかし、女性の隔離という規範は依然として強く、女性が代替的な就業機会を探すためにより広い貨幣経済への参加を求めて男性に続くことは出来なかった。主に生存維持志向だった農業基盤から、より多様化し貨幣化された基盤へと経済が移行したことにともなって、女性の経済的価値が低下したということは、恐らく、二〇世紀に生じたジェンダー関係のいくつかの主要な変化のうちの一つであろう。具体的には、妻となる女性とその家族に有利だった以前の慣習(*pon*)から、夫となる男性とその家

2　一九八八年の農村の実質賃金は一九七四年時の八八%、一九七〇年時の七七%、一九六四年時の六四%であった(World Bank, 1983)。

族に有利な婚資を「要求する」('demand' dowry)[3]、ダービー (*daabi*) という新たな慣習へという、婚資支払いの方向が変化したのであった (Lindenbaum, 1981)。

　婚資を支払う方向が変化した時期についての推定は、さまざまである。ブライは、一九二五年まで遡る婚姻慣習の事例研究を用いて、次のようなことを説得的に議論している。すなわち、婚資支払いの方向が変化するという傾向は一九五〇年代には見られるようになり、一九六〇年代にさらに広がった。そして一九七〇年代には、実際の「要求的」婚資、つまり女性側からの贈り物としてよりも、結婚が成立するための条件として男性側から要求がなされる事例が生じた。その時期はバングラデシュが独立国家となったことで、官僚、軍隊だけではなく商業や専門職においても男性のための新しい就業機会が多様に創出された時期であった (Blei, 1990)。一般的に異論のないこととして、婚資はまず都市部の裕福な家族の間で生じ、そのような家族の息子は強く望まれた形態としての給料制の雇用に就く可能性が相対的に高かった。けれども、この新しい慣習は人口のあらゆる部門に普及し、ついには最も貧しい世帯でさえが息子のために婚資を要求できるようになっていったのである。

　新たな婚資の登場がバングラデシュの経済的機会の構造変化におけるジェンダー非対称性を反映していた一方で、婚資の登場はそのような非対称性をいっそう強化するものでもあった。婚資は女性の経済的価値の低下をさらに強め、親にとっての女性というものを大きな経済的負債へと変化させた。娘を結婚させるための婚資支払いの必要が、往々にして既に困窮している親にとって耐え難い負担を課したからである。ヴァン・シェンデルは、バングラデシュの貧困化過程に関する研究で、「娘が多い世帯は、結婚の結果として必ず経済的悪化を経験する。娘を未婚のままにしておくことは問題外なので、娘は親にとって負債と見なされていた。一方で、息子は資産と見なされていた」(Van Schendel, 1981, 109)。

　この新たな婚資の出現は、婚姻関係の脆弱さ、離婚、別居、放棄の発生率の上昇に寄与したということも示唆されてきた。こうしたことは、特に、そのような実践にたいする社会的制裁が最も弱い、相対的に貧しい人びとの間で顕著であった。全ての階層を通じて、家族は、経済活動を多様化し始めたり促進したりする上で息子の結婚を通じて獲得した相当の資産を使っていた。また一方で、資本について他の源泉へのアクセスを否定された、より貧しい世帯出身の男性にとって、再婚をくり返すことは特に有益な蓄積手段であった (Alam, 1985; Ahmad and Naher, 1987; Islam 1979; Adnan, 1988; Chaudhury and Ahmad, 1980; Abdullah and Zeidenstein, 1982; Kabeer, 1985)。

　経済的圧力の下での伝統的家族の紐帯の脆さについての他の証拠は、女性世帯主世帯の出現とその頻度がより貧しい人び

3　この新しい婚資に関する英語の 'demand' という言葉は、筆者が一九七九／八〇年にフィールドワークを行ったフォリドプルの村落およびアーマドとナヘル (Ahmad and Naher, 1987) によって調査されたダッカ地区の村落の両方で、広く村人たちに使われていた。

とにおいてより高いという点にある。推計はさまざまであるが、一九八一年のバングラデシュ統計局の『一九八一年人口センサス』と『一九八八年農業部門調査』(Safilios-Rothschild and Mahmud, 1989) は、農村世帯の一五〜一七％ほどが女性世帯主であることを見出した。また後者は、土地なし層の間ではその数字は二五％に達することを発見した。国連開発計画（UNDP）が実施した、全国の貧困諸集団に関する最近の参加型評価は、婚資を主な問題の一つとして認め、婚資を払えないことが結婚の不安定性や暴力の重要な要因であることを確認した（UNDP, 1996）。

女性の生活におけるさまざまな変化は、つまるところ、バングラデシュにおける家父長的契約の条件のかなりの悪化につながった。以下に引用する、この時期に書かれたケインらによる洞察に満ちた批評は、次のように述べている。

> 男性は、女性にたいして権力と権威の両方を持つと同時に、女性に衣食住を与える規範的義務も負っている。……女性にたいする男性の規範的義務、つまり地位喪失と引き換えに女性が持つ男性による主要な保護というものが完全に履行されたことは恐らくかつて一度もない。だが、それにしても貧困悪化という圧力の下で、男性による規範へのコミットメントが損なわれていく兆候があった。……貧困という圧力の下で親族間の義務の紐帯が損なわれるにともない、女性の地位の急激な低下というリスクが増加した。(Cain et al., 1979, 408 および 432)

この観察が重要なのは、貧困悪化の文脈における家族の紐帯の弱体化が、女性の女性としての脆弱性が露呈されることにつながっていくということを指摘しているからだ。つまり、女性の女性としての脆弱性とは男性への社会的および経済的依存であり、万一、女性が男性からの支援を奪われるとその地位が急激に低下する可能性がある。男性からの支援を失うことは、より貧しい女性の間でさらに起こりやすい。しかし、「家父長制のリスク」は、原理的に全ての階層の女性に起こりうることだった。家父長的契約の不安定性が増すなかで、リスクにますますさらされることにたいして、女性が自らの安全を確保する明らかな方法は、女性たちが伝統的な経済的役割を失ったことを埋め合わせるために、自ら有償労働を探し求めることであったのだろう。

しかしながら、そのようなことは起こらなかったようである。公式の労働力統計は、低いままでほとんど変化しない女性の労働参加率を示していた。具体的には、総雇用に占める女性の比率は一九六七年の五％から一九八七年の七％に上昇したに過ぎなかった（World Bank 1990）。その上、女性は非常に限られた稼得活動、つまり、基本的に自宅付近で出来るような活動に閉じ込められているようだった。驚くには値しないが、バングラデシュにおけるジェンダー関係の性質に関する研究の大部分は、こうした現象を説明することに関心を持ってきた。また、当然のことながら、バングラデシュの文脈におけるパルダと家父長制という否定しがたい現実を考慮して、構造主義者的な形をとった説明がこうした現象を説明する上では支配的な傾向があった。

前章で見たように、初期の研究は狭い文化主義的説明をとる傾向があった。それらは、市場における女性の不在や非常に低い市場参加率を、パルダの拘束に従おうとする女性側の願望から説明してきた。その結果、女性の賃金労働は、極端な貧困が引き起こす現象として見なされ、女性の労働は「困窮」(男性からの支援の欠如を暗示している)、「周辺的」、「漂流」、「放浪」というような言葉で記述された。これらの言葉のどれもが、女性の労働が統計的および社会的規範から外れることを意味していた。後続の研究もまた、女性の労働供給に関する制約の「内面的」本質を重要視するものだった。たとえば、ケインらは、女性が「性的役割の社会化」の結果として内面化したパルダの規範を指摘した。そして、一般的に認められている家庭という境界の外側において女性が経験するパルダの規範が引き起こす「心理的」費用が、女性の経済活動の機能的、空間的分離を説明すると示唆した。パルダの規範にまつわる心理的費用は、機能的な意味では、女性を二、三の、基本的には在宅で従事する職業に閉じ込めた。たとえば、家内工業、収穫後の作物の加工や家事労働である。空間的な意味では、女性が求職のために対応できる移動距離、移動してもよいと許可をもらう距離に影響を与えた。ケインらは、村落調査に基づいて、「ある女性にとっての労働市場の物理的境界は、その女性の家屋敷から同心円状に二百~四百メートルの範囲として説明される」と推測した (Cain et al. 1979, 428)。

ただし、たとえ女性が職を求めてより遠くへ行こうとしても、従事できる仕事の種類に関して強い外的制約に直面することになったという証拠も浮かび始めていた。これらの外的制約は単に社会的規範により「与えられていた」だけではなく、社会秩序における特権的地位を守ろうとする有力な利益集団の活発な動員を通じて再構成されていた。その後の研究は、女性の生活における制約としてパルダを操作可能にする点において、ショマジュ (*shamaj*) とシャリシュ (*shalish*)【訳注6：村などで、正式な裁判所ではなく簡易的な裁きを与えること、もしくはその場】のような制度が演じた役割をより詳しく述べるのに役立つ (Adnan, 1988; Chen, 1986)。ショマジュとは、村落レベルでの「モーラル・エコノミー」のことを指す。ここでいう村落とは、構成員が双務的権利と義務を互いに認め合い、誕生、死、結婚などの人生の重要な節目で協力しあうような、顔の見える構成員同士による相互作用に基づく共同体《コミュニティ》のことである。ショマジュはまた、裕福な権力者の利益を代表し、シャリシュという非公式な村落裁判を支配することを通じて、社会的、道徳的秩序の保護者として振る舞う。シャリシュとは、紛争解決のために集まり、村の構成員全てにたいして承認された行為について宣告する場であった。

村落裁判は、物理的にも社会的にも村落社会内部の権威を裏づけることが出来た。就業機会、危機に瀕した際の支援、警察の保護、その他のさまざまな資源が、ショマジュのネットワークを通じて分配されていたからである。それゆえに、「逸脱した」いかなる行動も、経済的、社会的に非難される仕組みとなっていた。宗教的指導者もまた、女性の行動の規制において重要な役割を演じ、コミュニティ内部におけるジェンダー的妥当性に関する支配的モデルを聖典の権威で正当化しようとした。したがって、「社会的な場への女性の参加に関するさまざまな制約は、家族や親戚の男性保護者によってというよりも、コミュニティのなかの支配的な男性たち全体によって課されているのである」(Adnan, 1988, 8)。

しかし、家族や地域コミュニティだけに女性の労働市場参加への障壁があるわけではなかった。そのような障壁は、行政官によっても構築されていたからである。経済的機会から女性を排除することにおいて政府役人が演じる役割が世の中の関心を集めるようになったきっかけは、一九七四年の飢饉の影響による食糧不足の間、政府が雇用を提供するプログラムを設けたことである。百万人以上の臨時賃金労働者がこの支援プログラムによる仕事を求めて名乗り出た。しかし、女性の比率は低かった。バングラデシュにおける救援目的の公共事業には長い歴史があったが、仕事を得ようと女性が自ら名乗り出るという現象は規範からの逸脱と見なされた。地域のプログラム担当の役人たちは、女性は外での仕事を探さないという長い歴史を持つ伝統に突き動かされて、女性たちを追い返した。[4] 当局の態度が変わり始めたのは、ある研究が女性の経済的困窮を実証してからのことだった。用語の公式な定義において厳密に「困窮」(言い換えれば、男性の稼ぎ手の困窮)を経験していたわけではないが、男性の収入が家族全体を支えるには不十分であるような世帯から、このような女性は来ていたのである。彼女たちは、多くの場合、家族やコミュニティからの相当の抵抗にもかかわらず、仕事を求めてやって来たのであった(Chen and Ghuznavi, 1979; World Food Programme, 1979)。[5]

一九七〇年代に支配的な開発言説の一部として採用された「開発における女性(Women in Development: WID)」のレトリックにもかかわらず、政府とバングラデシュで活動していた国際機関はともに、実際のところ、女性にとって何が「ふさわしい」仕事であるかについて、非常に限られた都市の中間層と結びついており、しばしば西洋化された一連の概念に縛られていた。バングラデシュで一九七七年にWIDの課題を議論するために開催された会議で、マッカーシーらは、業を煮やして次のような言葉を差しはさんだ。

4　ある地域の役人は彼自身の出身村以外から来た女性を受け入れるつもりで、自分の村には「貧しい」女性はいないと言い張った。彼と同じ村出身の貧しい女性は、他の役人を通じて求職することを強いられた(WFP, 1979, 27)。

5　その研究のうち印象的な人物の一人がサレハだった。彼女は、夫が土地を失ったことにより、出来るときはいつでも賃金労働を探さざるをえなかった。彼女の語りは、一九七〇年代初期において女性が外で働くことがいかに稀なことだったかを想起させてくれる。女性が公衆で肉体労働をするという考えについて世の中が認めていないことをわかっていたので、彼女は堂々と働くことは避けた。「夜に畑で月明かりの下で働いたり、日中なら人に見られる可能性が最も少ないときに働いたりしました」(WFP, 1979, 35)。

手工芸、料理法、栄養、育児のプログラムなど、基本的な設計において西洋的である主婦モデルに押しやることで女性を援助しようとする諸機関……。農村女性のために外国機関が考える良いプログラムとは、糸車を回すことや、養蚕や養蜂のようなひどく特定化されたプロジェクトである。こうした仕事は家庭でなされ、家族に幾ばくかの所得をもたらすかもしれない。だが、その所得は少額にすぎず、女性が実際の労働を延長するという犠牲を払ってこそのものである。そのようなプログラムは、女性が新しい事業を始めて新たな社会的役割や技能を発展させたり、自立を高めたりするようなことを奨励したりはしない。むしろこれらのプログラムは、女性にとって最善の場所は家庭であることを暗黙のうちに前提しており、それゆえに村落における現状を間接的に支持しているのである。(McCarthy et al., 1979, 368および369)

マッカーシーらによる研究は、政府の取り組みについても同じように厳しく批判した。

多くの公務員と政府役人のトップは女性について考える際、極端に西洋的な志向を持っており、それをそのまま村の女性の生活に当てはめることは出来ない。他の公務員も、村の女性は何も仕事をせず、家事をしているだけであるとか、料理や育児しかしていないという強いステレオタイプを抱いている。また、一般的に、農村の女性は無知で、経験に乏しいとか、内気であるとか、彼女たちについてやれることはあまりない、と想定されている。(前掲書、368)

女性のうちの少数派、つまりより裕福な家庭の出身で、それなりの教育を受けた人びとは、公共部門で女性のために確保されている職や、一九七〇年代半ばに政府が実施した家族計画プログラムの大規模な拡大により創出された雇用から恩恵を受けた。しかし、女性のための所得創出プログラムがこの時期に大量に出現したにもかかわらず、バングラデシュで変わりつつあったジェンダーの経済の主たる犠牲者である、より貧しい農村世帯出身の女性の生業の必要性について言及するような真剣な試みは皆無だった。

マッカーシーとフェルドマンが指摘したように、大半の社会サービス機関は、エリート女性によって組織され、識字教育や所得創出機会をより貧しい女性に提供するという福祉主義に立脚したものであった。そこでは貧しい女性を、指導、資金、訓練、マーケティング支援をプロジェクトに依存する「クライアント」と見なしていた(McCarthy and Feldman, 1984)。実際、公的言説においてなされた男性向け「雇用」と女性向け「所得創出」の間の区別は、政府の開発努力の多くを特徴づける主流のジェンダーと残余のジェンダーという区別を際立って象徴するものであった。NGOの活動もそうした態度を転換できなかった。さまざまな所得創出活動において女性を明示的にターゲットとしようとするNGOの取り組みの拡大にもかかわらず、NGOが女性の労働参加に及ぼした直接的影響はわずかだった。それは、部分的にはNGOが到達できた女性の数が限られていたのみならず、女性の生業を持続可能な形で設計するという点においてかなりバラバラの実績しか挙げられなかったことによる。

家族、親族、コミュニティの家父長的な権威に裏打ちされた女性の移動に関する強力な文化的制約のこうした証拠ゆえに、当時、多くの観察者が予見しうる将来において家父長的制約の交渉の可能性がないことを強調したことは驚くに値しない。ケインらの分析に立ち戻ってみよう。暗い見通しが示されている。

バングラデシュ農村部における家父長制と女性の仕事の分析から得られた構図には、希望がない。男性たちの優位は物質的資源の支配に根ざしており、親族制度、政治制度、宗教制度の相互に関連し強化しあう要素によって支えられている。女性隔離という強い規範は労働市場にまで広がっており、自立的な所得創出のための女性の機会を深刻に制限している……。現行の家父長的制度にたいする潜在的な変化の担い手や抵抗の担い手は、年齢、性別、階層ヒエラルキーの相互作用によって弱体化させられている……。家父長制の体系的な本質は、女性の脆弱性と稼得機会の欠如という問題にたいする解決策が容易には達せられないことを示唆している。(Cain et al. 1979, 434)

換言すれば、家父長的制約の硬直性と浸透性が認識されてきたゆえに、上記の研究者たちは、女性が経済的依存を軽減する方法としての有償労働の可能性を選択肢として考慮してこなかった。代わりに、「家父長制のリスク」と不確実な将来にたいする保険の主要な形態として「安全な」数の息子たちを得るべく、出来るだけ多くの子どもを生むということに、女性の唯一の選択肢が相変わらず依存していると見なしていた。

しかし実際には、変化は既に進行中だった。一九五〇年代以来、出生率は非常に緩やかに低下し始めていたが (Dyson, 1996)、一九七〇年代末のある時期に出生率は急激に低下し始め、平均出生率は七%から一九八〇年代初頭までには三、四%まで低下した (Cleland et al., 1994)。この低下は貧困層で早く始まり、最も亢進したと示唆する証拠がある (Kabeer, 1998)。その上、政府統計においては女性の経済活動人口比率が低いまま変らずに記録され続けた一方で、一九七〇年代末と一九八〇年代初頭に実施された小規模な量的調査や質的研究は、非常に異なる構図を示していた。つまり、女性の労働参加率は緩やかで不均等な、しかし目に見える形での上昇を描いていたのである。こうした調査研究は一般的に貧困と女性の雇用との関係を確認するものであった。幾つかの村落では、農村世帯全体の四分の一に賃金労働に従事している女性がおり、その比率は土地なし世帯および機能的土地なし世帯【訳注7：

functionally landless households、〇・五エーカー未満のごく零細な土地しか所有しない世帯】では三分の二まで上昇することを示唆している (Rahman, 1986; Begum and Greely, 1983; Westergaard, 1983)。ただし、これらの女性の大半は、労働市場の周縁での臨時的な雇用形態にとどまっていたため、通常、公的データの収集業務の対象となってこなかった。[6]

　求職中のより貧しい世帯出身の女性によるもうひとつの対応は、都市への移民である。それは、ひとつには都市経済の隙間に雇用を見つける確率が高いと認識されていることへの反応であり、もうひとつには村落の厳しい規制であるショマジュから逃れるためであった。単身移民が常に男性の現象であり続けてきた国で、女性移民は家族に付帯するものであった。それゆえに、女性の単身移民の増加は官界からは容易には認識されなかった。過去五〇年間に渡る都市人口における女性の存在は系統的に増加し、一九五一年に女性一〇〇対男性一六三だった比率が一九九一年には一〇〇対一一八となり、当初はセンサス担当者による「捕捉率の改善」による増加だとされていた。しかし、この数値については、一九七〇年代に実施されたミクロレベルの幾つかの都市研究が異なる解釈が出来るとしている。具体的には、最近の移民として自己申告した女性の相当の割合が、貧しい農村世帯の出身で離婚されたか見捨てられた女性であり、都市で仕事を探していたことを発見した (Farouk, 1976; Jahan, 1979)。また、一九八八／八九年にダッカで実施された二つの都市スラムに関する研究は、成人男子不在世帯が不相応に多く存在することを見出した (Islam and Zetlin, 1989)。さらに、『マトラブ人口サーベイランス報告 (Matlab Demographic Surveillance Report)』(ICDDR, B., 1992) は、こうした事実発見について、より良い生業を求める単身女性や結婚解消後の単身女性の移民が農村からの人口流出の三分の一を占めるという試算を通じて裏づけた。

　しかしながら、結局、市場の諸力と輸出志向の縫製産業の登場が、政府やNGOの努力では一〇年間かかっても出来なかったことを成し遂げた。つまり、女性労働力を十分に目に見えるだけ創出し、その規模ゆえに政府のデータ収集活動によってももはや看過されえなくなったのである。本書の第一章で見たように、バ

6　多くの研究が示しているように、公式統計は、より貧しい、土地なし世帯出身の女性や子どもたちが集中しやすい労働市場の臨時部門における経済活動の形態を捕捉することに失敗してきた。たとえば、アーマドとクワゾンは、四つの村落調査を通じて、六歳～一四歳の子どもたちの三四%が経済活動に従事していたが、一九八三～八四年の労働力調査では一三%とされていたことを明らかにした (Ahmad and Quasem, 1991)。また、この不一致は男子よりも女子で大きくなることを指摘した。つまり、女子の場合、労働力調査によると経済活動に従事していたのは四%だが、アーマドとクワゾンの推計によるとそれは二九%だった。同様に男子についての推計は、二三%にたいして三九%だった。同じように、フォリドプル県の四つの村落におけるラーマンの研究も、一九八一年に三%程度という公的な推計と、八～二〇%の世帯が女性を求職に送り出したという自らの事実発見との相違を強調している (Rahman, 1986)。土地なし世帯では、その数値は五〇～七七%に上昇した。同じ県における四六村落という大規模なデータセットからは、一一～二四%の世帯、とくに土地なし世帯では六〇%に、賃金労働に従事する女性がいたことが明らかになった。

ングラデシュで最初の縫製工場が開かれたのは一九七〇年代末で、東アジア資本の割当ホッピング (quota-hopping) の結果としてであった。また一方で、国内の起業家も、一九八二年の新産業政策によって与えられた誘因に反応することに関心を持っていた。その誘因とは、輸出用衣料に仕立てることを条件に、製造業者が免税で生地を輸入することを可能にするものだった。それに加え、「見返り」信用状制度により、工場所有者は、工場それ自体が支払いを受けるまで支払いをする必要なく外国の供給者から生地を手に入れることも出来た。地元の起業家たちの目から見て、この産業への参入は比較的容易であった。初期費用はたかが知れていた。具体的には、五百人程度の労働者を雇う中規模な工場の立ち上げに必要とするもの、つまり、近代的なミシン、プレス・アイロンやボタンつけのミシンを装備するのにかかるのは約二〇万ポンドであった (Jackson, 1992)。

これらの誘因の結果、この産業は一九七七年の八軒から一九八五年には七百軒に急成長した。チッタゴンにある複数の輸出加工区に工場が二五軒あり、残りはダッカ、チッタゴン、ナラヨンゴンジのさまざまな場所に散らばっていた。縫製品輸出は一九八一年の四百万ドルから一九八五年には一億一千七百万ドルにまで増加し (WBN, 1989)、外貨の一番の稼ぎ手であったジュート産業を締めだしてしまった。

そして、当然ながら、数千人の女性が新しい工場における仕事に引きこまれ、[7] 大規模な第一世代の女性の産業プロレタリアートとなり、この国における女性の労働参加の様相を劇的に変化させた。一九五一年にはバングラデシュで就業中の男女の九〇%近くが農業に従事していたのにたいして、一九八五／八六年には、男性六三%にたいして女性は一一%しか農業には残っていなかった (Ahmad, 1991, 251)。女性の労働参加パターンの変化の背後には都市の製造業部門があった。製造業で働く女性の比率は一九七四年の四%から一九八五／八六年には五五%まで上昇し、都市の女性の労働参加率も一九八三／八四年の一二%から一九九五／九六年には二〇・五%に上昇した。

雇用主の女性労働者への選好に関する説明—「需要」側からの議論

はしがきで指摘したように、本書が依拠する調査に着手したそもそもの動機は、多くの女性、つまり既婚、未婚、夫と死別や離婚した女性が、急速かつ、かなりの規模で家庭から出てきて工場労働に従事しているという事実の純然たる意外さからだった。この意外さは、多くの要因を反映していた。何よりもまず、女性の場所が家庭であり、それを確保する強力なパルダの規範を大切にしてきた思想に反するように見えた。現実に変化が生じるまで

7　第一章でみたように、創出された仕事数の推計は、一九八五年までに八万から二五万であり、それらのうち八五%ほどが女性であった。

は、大半の観察者たちも、ケインらがわずか数年前に提示した予測、つまり「家父長制の体系的な本質は、女性の脆弱性と稼得機会の欠如という問題にたいする解決策が容易に達せられないことを示唆している」というものに同意していたであろう（Cain et al., 1979, 434）。

第二に、男性が伝統的に主たる稼ぎ手として想定されており、男性失業者の大きな余剰があるような国で、適度な支払いのある仕事における女性労働者への選好は、文化的例外のように思われた。そして最後に、バングラデシュにおける仕立業は、伝統的に手工業を基盤とした男性の仕事であり、国内市場向けに小規模な工房でなされてきたのである。実際、女性にミシンの扱い方の訓練を提供する政府の開発プログラムは、「開発における女性（WID）」の専門家たちから批判を浴びた。先に引用したマッカーシーらの論文では、そうした訓練は女性に適切な仕事であるという西洋的思想を反映していた。その一方で、バングラデシュでは、「男性たちこそが仕立屋であり、その仕事を習得するために長い間見習いに従事する。それゆえに、女性は近い将来、この種の仕事において男性たちと競争するのは大変な困難であろう」とも指摘していた（McCarthy el al., 1979, p.367）。

次章では、労働市場行動という点において文化的性質に逆らおうとする意志に関して女性たち自身が提示した説明についてより詳細に探究していく。しかし、ここでは、同じ議論について「需要」側、つまり女性労働者を工場へ採用した責任のある雇用主の観点について触れ、雇用主たちもまた社会的規範に逆らう準備があったのはなぜかを解明したい。この部分の分析は、われわれが調査を実施した工場と関係のある雇用主のうち一二人に行ったインタビューに基づいている。雇用主たちの回答は、ある種の仕事において女性の生産性の方が高いこと、つまり「器用な手先」の議論は彼らが女性労働者を選好することの主な要因ではないことを示唆していた。事実、大半の雇用主は、ミシンの操作については男性の方が生産性が高い、つまり「女性の方が仕事を覚えるのが速いが、男性の方が作業が速い」、「女性の方が縫い目がきれいだが、男性の方が作業が速い」、「女性の方が作業が遅い。それにたいして男性はミシンを速く動かし憶えるのも速い」、「女性の五枚にたいして、男性は一日一〇枚のシャツを作れる」と主張した。実際、大多数の回答者が、創業した際の労働力における男性の比率は調査時点よりもかなり高かったとしており、少なくとも回答者のうちの一人は完全に男性労働者のみで創業していた。しかし、ある要因が彼らの女性労働者への選好を説明する他の全ての要因を圧倒していた。それは、男性は面倒を起こす（cheke-ra ganjam kore）ということである。

労働者は男性だけで操業を開始し、全員がフォリドプル出身だった。ここのパートナーはフォリドプル出身だ。でも、サッカーの試合みたいだったな……、規律に欠けてね。私がここにきた一九八六年の五月には二七五人の男性がいた。彼らは三ヶ月分の給付金で首になって、われわれは女性を雇い入れた。最初はヘルパーとして、それから彼女たちは仕事を覚え、男性たちに取って替わっていった。

なぜ女性かって？　なぜなら、男性は煙草を吸うし、茶を飲むし、おしゃべりだし、みんなの邪魔をするし……、非常に騒々しいし、休日を要求するし、乱暴な友だちがいるし、サッカーのファンだ……われわれはミシンを扱って働いている間は出来るだけ話して欲しくない。昼休みに限っておしゃべりするなら問題はない。そういうことを、女性はわきまえている。

集団になった男性というのは、すぐに賃上げを求めて運動し始めるものなのだ。女性は仕事の後、真直ぐに帰宅する。家庭での責任があるか、暗くなるからという理由でね。女性はよりよく話を聞くし、口答えしない。男性たちは容易には指示を聞いたり、権威を受け入れたりしないものなのだ。それに、女性はより安価だ。なぜなら彼女たちはより少ない選択肢しか持っていないからね、職場の物理的な場所や異なる種類の仕事をするための身体的能力という観点から見て。

このように、女性の従順さは男性の生産性を償っていた。バイヤーによって課された納期に間に合うこと、強制的な時間外労働、輸出生産用に意図された免税の生地を労働者が密かに持ち出さないための工場の入り口への施錠など、こうした全ては従順な労働力を必要とした。女性労働者たちの側では従順さは、女性が幼いときから男性の権威に従い、物静かで心地良い声で話し、家庭という保護のなかに留まっているようにと育てられる国では、驚くようなことではない。さらに、それは、女性のより主流な就業機会からの排除（世界の他の多くの場所の女性労働者たちと共通であるが、バングラデシュではその程度がより著しい）と、労働市場の周辺の狭い範囲の仕事に限定されていることによって助長されてきた。引用した雇用主の一人はこの点を素っ気なく指摘した。「女性の方が安いんだよ。女性の方が選択肢が少ないからね」[8]。

しかし、雇用主はある種の女性労働力への選好も示していた。若く「重荷のない」女性を好んだのである。つまり、「母親たちはわが子が空腹なのではないかと心配するあまりミシンに不注意に

8　この点を女性労働者は認識していないわけではない。われわれがインタビューをした女性の一人は、雇用主の選好を説明しながら、バングラデシュの文脈における「女性の不利という競争優位」について、次のように雄弁に語った。「おわかりのように、女性として、私たちの片翼は折れています。男性が持つような図太い神経を私たちは持っていません。なぜなら、折れた翼を持っていることを自覚しているからです。男性はどこでも眠れます。通りにただ横になって眠るだけです。そんなことは、女性には不可能です。身体や安全について考えなければなりません。だから、縫製工場の工場主は女性を雇うことを好むのです。というのは、男性は自らが持つ機会についてより抜け目がないので、訓練するとより良い仕事に移っていきます。年下の少年と年上の少女を比べたときさえ、工場主はこう考えるでしょう。『彼女はしょせん女の子にすぎないから、遠くまで動き回ることは出来ない』と」。

なりがちだ」という。彼らはまた、基本的な識字能力と計算能力も求めた。「彼女たちはバンドルのサイズ、ロット番号を読んで、各パーツを組み合わせなければならない」、「給料を受け取るときに署名できなくてはならない」。こうした選択的視点から、女性労働力の供給は無制限に弾力的ではなく、雇用主たちは幾らか妥協しなければならなかった。多くは八年間の教育を最低限の資格要件として事業を始めたが、少なくとも名前を書ける女性という条件に落ち着いていった。[9] 既婚女性も常勤し、強制的な時間外労働に抵抗しない限りは受け入れられた。雇用主たちが直面した最大の隘路は、経験のある縫製工であった。予めミシンを扱う技能があって工場に働きに来た女性はほとんどいなかった。彼女たちは、公式の見習い縫製工か非公式のヘルパーとして現場で習い、昼休みにミシンを使って練習した。「ミシンの操作」をひとたび習得すると、その女性は次の等級への配属を求めるであろう。その工場を辞めて別の工場での仕事を探すこともあり、その場合には以前よりも熟練した労働者として自分を示すことで、より高い賃金水準を交渉できるのだった。

　熟練の縫製工をめぐる競争は、そのような縫製工を獲得し雇い続けられるような労働条件を確保することに雇用主たちの関心を向けさせた。工場が性的スキャンダルの温床だとする根強い噂、幾人かの雇用主や監督者による誤った行動の証拠にもかかわらず、そのような行動を工場からなくすことは、労働者のためであると同時に、一般的には雇用主の利益でもあった。規律、秩序、節度で評判の良い工場は、適切な女性労働力の円滑な供給を引き出して雇い続ける能力に欠かせない重要な強みを持つことになる。ある雇用主が言うように、工場は「妻や娘を働きに出せる」場所として見なされなければならない。別の雇用主は、女性の一人に言い寄っていた男性労働者をなぜ解雇したか説明した。「結局、ここには二五〇〇人の女性がいるんだ。一人の男性の行為のせいで、彼女たちが反抗しようと決めたらどうなるか？　そういうリスクはとれない」。

　工場が規律と節度の両方を維持する重要な方法は、より広い社会を特徴づけているジェンダーによる分離の――そして、階層性の――再生産を通じたやり方である。全ての工場は、ほとんどが男性である経営側とほとんどが女性である生産力から構成されていた。生産労働者の間には、さらなるジェンダーによる分離と階層性があった。縫製工のほとんどは女性で、糸を切り、使い走りをし、広く「役に立つ」ヘルパーも女性であった。この産業で雇われている子どもたちは、通常は若い女の子たちで、ヘルパーとして雇われる傾向があった。男性は裁断部門で優位を占めていた。仕上げ部門ではより均等がとれた性別分布になっており、そこでの工程 (tasks) は、プレス (pressing)、たたみ、アイロン掛け、袋詰め、梱包、それらをまとめて縛ることなどを含んでいるが、女性はこ

9　後にわれわれは、インタビューを行った女性たちから、そのうちの何人かはそのインタビューに来る直前にようやく署名することを学んでいたということを見いだした。

れらのうちの限られた工程に集中する傾向があった。ゾヒールとポール＝マジュンデールの調査データを用いた推計値によれば、縫製工の八〇%、裁断部門では労働者の一一%、仕上げ部門では四三%が女性だった (Zohir and Paul-Majumder, 1996)。仕上げ部門では女性は限られた工程に配属されていた。男性たちは監督的な地位に就いていることが多く、仕上げ部門では圧倒的多数であり、縫製部門の監督者では約七五%を占めていた。男性が支配的な工程は、全体的により給料が高い傾向があった。男性縫製工は女性縫製工よりも平均的にみてより高い給料を支払われていたが[10]、雇用主たちはこれをジェンダー格差ではなく生産性格差を反映したものとして説明した。

さまざまな工程は、なぜ「男性的」もしくは「女性的」かという説明においても監督者と労働者によって似たような表現がなされる傾向があった。工程におけるジェンダーの差異には、客観的根拠があるのかも知れない。たとえば、裁断はかなりの技能を要すると考えられており、裁断室に雇われた男性労働者の多くは仕立屋か仕立屋の見習いとして既に働いた経験があった。同じように、工場周辺で大量の材料を運んだり、材料を「並べたり」することは女性にとっては重過ぎるという認識も客観的根拠が恐らくあった。また、監督的役割と男性の権威という規範を関連づける説明も社会的実践の中に幾分かの根拠を持っていた。「もし監督者という仕事が女性によってなされたのなら、他の女性は監督者をそれほど恐れないであろう」。しかし同時に、こうした表現はジェンダーの差異について普及しているイデオロギーの創造的解釈にも依存してもいた。たとえば、ミシンがけは女性に特にぴったりの作業として説明された。なぜなら、男性たちが「そわそわ」したり、「ふらふら」したりするのにたいして、女性は同じ場所に一日中座っているのに必要な気質を備えているからなのだ、と。また、アイロン部門における男性の優位性は、電気を扱うことへの女性の不適合性という観点から説明された[11]。

工程ごとのジェンダーによる分離とともに、工場ではラインの空間的構成による分離も観察された。幾つかの工場では、男性縫製工と女性縫製工は分離された「生産ライン」で働いてさえいた。多くの工場では、裁断部門と仕上げ部門は、より明確に空間に境界が引かれていた。つまり、異なった階、異なった部屋、同じ部屋の違う場所などである。このジェンダーによる工程と空間の分断はいったん成立すると、規範としての性格を帯びるようになった。このことは、ルプボンによって痛烈に描き出されている。彼女はわれわれがアイロン部門で働いているのを見つけた数少ない女性の一人で、男性側の分業に自らがいることの困惑について話

10　ゾヒールとポール＝マジュンデールによる一九九六年の研究は、女性の稼ぎは男性の稼ぎの六六%であることを検出している (Zohir and Paul-Majumder, 1996)。

11　村にいるファテマの夫は、彼女が電気機械を使って働いた経験がないので感電するのではないかという理由から彼女が縫製労働に就くことにたいして反対した。彼女はそれを理由に諦めたりはしなかった。「もしもそれが私の運命に書かれているなら、そういう風に死ななければならないのよ」。

してくれた。「私がやっている仕事について聞かれたら、アイロンがけをしているとは言いません。だって、それは男性の仕事だから戸惑ってしまいます。ボタンつけをしていると答えています。給料が支払われるときに『ルプボン、アイロンマン！』と呼ばれて、毎月とても恥ずかしい思いをしています。縫製の技能がある人たちはどこへでも行ってより高い賃金を手にすることが出来ます。私もどこかでもっと高い賃金をもらえるけれど、皆の前でアイロンマンとして面接されるきまりの悪さがあるので転職はしません」。

工場の作業場における労働力の配置はまた、階層のヒエラルキーを再生産していた。より恵まれた経歴の女性は通常は少なくとも中等教育を終了しており、よりこぎれいな身なりで、一般に工場のなかで異なったキャリアコースを歩んでいた。縫製の技能がない者は、ヘルパーとしてではなく「見習い工」として雇われた。あるいは、学歴に応じて、現場やラインの監督者か品質管理担当者の職位にすぐに雇い入れられた。教育は部分的には階層を指し示すものとして、女性の昇進の見通しを説明する鍵となる要因である。つまり、全く教育を受けていない女性は、次のステップアップとして縫製工しか望めない。経営側が正しく認識していたように、階層に基づくヒエラルキーは、工場の規律という利益に叶う形で、ジェンダーに基づくヒエラルキーに沿って動員することが出来る。というのは、縫製工の多数を占めるより貧しい経歴の女性は、男性たちに従うのと同様に、自分たちよりもずっと高い地位から来たように見える女性に従いやすいからであった。

このように、より広いコミュニティにおける社会的ヒエラルキーが工場内に縮図として再生産される傾向が認められた。それは必ずしも、全ての雇用主における意識的戦略ではなかったが、彼らが支持しがちである固有の世界観とそれが具現化しているジェンダー的妥当性のモデルを反映していた。しかし同時に、それは工場の現場で規律を維持することに役立つものでもあった。またそれは、労働者たち、その家族たち、一般市民、雇用主たち自身にたいして、縫製産業は社会を構成するさまざまな人びとと同じ価値および規範を守っており、働く女性にとって「安全な」環境を意味していることを再確認する仕組みだったのである。

縫製労働者とは誰だったのか—簡潔な描写

本章を閉じるにあたり、筆者による分析は女性労働者たちへの質的なインタビューに多くを依拠していることと、インタビューをした女性の調査対象者数が少ないということを考慮して、大規模な量的調査を用いた先行研究が記録してきた縫製産業で働く女性労働者たちについての幾つかの特徴を描いておきたい。これらの研究によれば、ダッカの縫製産業に参入した女性は、第一章で指摘したような第三世界の女性労働者というステレオタイプに、全ての点ではないにしろ、ある点では一致していた。実際、大半は若年であった (Lily, 1985; Hossain et al., 1988)。ゾヒールとポール＝マジュンデールは、女性縫製労働者の平均年齢は一九歳で、八〇％が二五歳未満であることを見いだした (Zohir and Paul-Majumder, 1996)。しかし、女性縫製労働者たちは、経済的な観点およびその他の観点において、流布しているステレオタイプが示唆するよりも多様であった。たとえば、彼女たちの大半が未婚であるという証拠はほとんどなかった。縫製産業における未婚女性の比率の推計値は四〇％から五五％と幅がある一方、既婚女性の推計値は三六％から四五％という幅があった (BUP, 1990; Zohir and Paul-Majumder 1996)。残りの女性は離婚したり、夫と別れたり、死別したりしていた。利用できる最新の、一九九七年に実施された調査は、未婚女性の比率は上昇していないことを示唆している (Newby, 1998)。

教育を経済的地位の代理指標として使うとすれば、こうした女性が一様に貧困であったという証拠もほとんどない。フェルドマンは、自らの調査に基づいて、八九％の女性労働者たちは何らかの教育を受けており、少なくとも五六％は初等教育を修了していることを発見した (Feldman, 1993)。ゾヒールとポール＝マジュンデールの調査によれば、縫製産業では女性の二六％は就学経験がなく、三二％は基礎的な初等教育を受けたにすぎないことが見いだされている (Zohir and Paul-Majumder, 1996)。しかし一方で、三二％は中等教育を受け、一〇％は高等教育まで進んでいた。フォーマルな都市製造業部門一般よりも、縫製産業において中等教育以上の教育を受けた女性がより多くいるように見え、雇用主たちは監督的な職位を埋めるために教育された女性を探すことが難しいと報告していた。

他方で、縫製産業における女性のかなりの部分は農村からの移民である可能性を支持する研究もある。ゾヒールとポール・マジュンデールは、一九九〇年に調査した縫製産業における女性の七〇％、男性の八三％が地方出身であることを見いだした。未婚者は男性の移民の六〇％にたいして女性の移民の六五％であり、単身者は男性の四〇％にたいして移住してきた女性の一七％だった。ニュービイは、自らの調査において女性の八七％がダッカへの移民だったことを発見している。六四％は求職のために移住してきたといい、六三％は都市移住後一年以内に仕事を見つけていた。女性は、兄弟姉妹や他の親族と移住した場合、つまり親や夫と一緒ではなくむしろ「個人的に」移住してきた場合において、求職のために移住してきたと答える可能性が最も高かった。女性の単身移民は男性の単身移民よりは比率が低いが、それでも女性が伝統的には家族に付帯して移住してきた国においてその比率は際立って高い。

驚くに値しないが、自らを移民と申告した女性の多くは、マイメンシン、ボリシャル、コミラおよびフォリドプルなどの県の出身だった。これらの県は人口密度が相対的に高く、ダッカ市への男性移民の大半を供給してきた地域でもある (Newby, 1998)。シレットやラジジャヒのような人口がさほど稠密ではない県出身の移民はほとんどいなかった。フェルドマンが得た調査対象者では、土地なしの世帯出身者の比率は、男性縫製労働者では九％だったのにたいして、女性縫製労働者では四五％にも達した。また、余剰を生産している世帯の出身者の比率は男性の場合の三〇％にたいして、女性の場合では七％にすぎなかった（Feldman, 1993）。換言すれば、男性の場合よりも都市への女性移民は密接に貧困と強く相関しているように見えた。

本研究のうちダッカ調査でインタビューをした女性の特徴の幾つかについて振り返ってみよう。附録二は、本研究の主たる問いへの回答に沿って、調査対象者の主な特徴を要約したものである。そこから明らかなように、われわれの調査対象者の女性労働者の年齢は一六歳（われわれの下限）から三七歳までの間であり、大半が二〇代であった。回答者のうち二一人が自らを非識字とし、三五人が初等教育を終了したとした。一二人のみが中等教育修了試験（Matric：一〇年生）あるいは高等学校（IA）の教育水準まで達していた。調査対象者のうち一五人にとって、縫製での就業が初めての賃金労働の経験であった。働いた経験があった回答者の大半は、具体的には在宅の稼得活動に従事したことがあり、そうした活動には自家栽培、家畜飼育、手工芸などが含まれていた。九人は家事労働者としての経験があった。さらに、二、三人は戸外での仕事に就いていたことがあり、それは主に他の工場での労働者か政府の家族計画や保健サービスの訪問員だった。一人のみ売春婦の経験者がいた。

本書は、「世帯の意思決定」に焦点を当てている。それゆえ、女性が参加している世帯の構成員が誰であるかということを理解することは明らかに重要であった。しかし、世帯構成員を把握することは必ずしも容易ではない。われわれの調査対象者の女性の多くは比較的最近の移民であり、半数は過去一〇年以内にダッカに移住してきた人びとだった。既婚女性は一般に特に求職のためというよりも夫と一緒に、または夫に付帯して移住してきていた。一方で、未婚女性のほとんど全員が単身か、あるいは兄弟姉妹や「擬制」親族と一緒に職を探して、多くの場合、明らかに縫製産業での就業可能性についての情報に反応して移住してきていた。都市に単身で移住してきた若い独身女性の存在は、厳密には把握できないような広いさまざまな形態の世帯を創出していた。若い移民女性の何人かは親戚、ときに非常に近い親戚（たとえば既婚の姉妹やその家族）や遠い親戚（たとえば「自分の父親側のはとこ」）などと同居していた。

近親者と支出を共有することは一般的な慣習だった。遠い親戚と同居する場合は、女性は下宿人として住み、家賃や食べ物に賃金の一部を提供し、幾らかを自らのための支出に使い、幾らかを故郷の親に送っていた。回答者のうち二人の若い女性は、遠い親戚に間借りしていた。彼女たちの父親たちも移民してきていたが、別に「雑居」状態（'mess arrangement）【訳注８：本来の家が村などにあり、出稼ぎ等で出てきた人たちが一緒に住んでいる雑居式の住居をさす。】で暮らしていた。他の回答者たちは同じ村落出身の女性と、あるいは同じ近隣からやってきた親族関係の無い女性と、一室の賃料を分担したり、恐らくは食費を分担したりすることを決めて、「雑居」状態で暮らしていた。

結果的に、われわれの調査対象者の世帯では、女性が世帯主であるばかりでなく、全員が若い女性から構成されている比率も高かった。女性労働者のうち一三人は世帯主であるとし、一方、それに加えて六人は姉か母親が世帯主であるとした。われわれの調査対象者で結婚経験があった四三人の女性（何人かはインタビュー当時結婚しており、何人かは離婚か夫と別れるか死別していた）のうち、一一人は子どもを持ったことがなかった。残りは全て一人か二人の子どもがいた。末子の平均年齢は五歳であり、年長の子どもの平均年齢はおよそ九歳であった。

小さい子どもの育児についてはさまざまな取り決めが報告された。働いていない他の女性の世帯構成員がいる場合は、問題はなかった。そのような女性がいない場合、その子ども、もしくは子どもたちは祖母や姉妹に託されて村落に残されるかもしれない。幾つかの事例では、妹や年下の姪が育児や家事全般の手伝いをするために農村から都市に連れてこられていた。また、年上の子どもが年下の子どもの面倒を見たり、他の借家人の子どもたちと遊ぶように任されていたりする事例もあった。一、二の事例では、子どもの世話をしてもらうために回答者が目に見える形でお金を払っていた。

大規模な統計的調査は、さまざまな変化の可能性に注意していない限り、縫製労働者によるこうしたさまざまな生活上の工夫の多様性を看過してしまう可能性が高い。たとえば、ゾヒールとポール＝マジュンデールは一九九〇年の調査に基づいて、工場労働者の八〇％は家族と暮らし、一〇％は親戚と暮らし、八％は「雑居」状態で暮らしていると推計していた。しかし、われわれが行ったより綿密な分析は、彼女たちの研究が居住形態について実際よりも大きすぎる同質性を想定していた可能性を示唆している。移民労働者、あるいは都市で独りであると気づいた者は、擬制親族ネットワークの創出を通じて自らの社会的孤立を克服しようとする（これらの戦略についての鋭い分析としてIslam, 1998を参照せよ）。見かけ上の世帯においてさまざまな構成員が相互にどのような関係にあるのか正確に特定することは非常に難しい。知り合いになった人びとを親族用語で説明する傾向が女性にはあるからだ。それゆえ、インタビューのなかで「私の姉妹」と呼ばれた人が「私の姉妹のような人」であり、「おば」が「おば（my khala'【訳注9：母方のおば】）と私が呼ぶ人」であり、「保護者」が大家であると判明したりする。それは「大家が私の保護者のように振る舞うから」というような事情に依拠している。このような多様性を把握すべく、ニュービイの研究は、夫や親と同居している女性労働者を他の親族や親族以外の者と暮らしたり、あるいは単身で暮らしたりしている女性労働者と区別した（Newby, 1998）。ニュービイは、縫製労働者の約四〇％はこうした「非伝統的」世帯に暮らしていることを明らかにした。

家族の大半を村に残して「単身で移住してきた」女性の世帯構成するのは誰かについて「固定的」な定義をするのは、特に困難であった。なぜなら、彼女たちの家族はしばしばダッカにやってきてしばらく彼女たちと滞在したり、逆に都市にいる世帯単位が村に戻って長期間過ごしたりすることがあるからである。したがって、世帯の境界は統計的調査が通常許容できるよりも明らかにずっと流動的であった。女性たちの多くは、住居と家計を共有する人びとの集団という世帯に関する従来の定義ではなく、「情緒的」定義に基づいて、世帯というものを説明した。一年の大半を他の家族から離れて暮らすかもしれない（これは住居による世帯の定義を無効にする）。送金したり、送金を受け取ったりしないかもしれない（家計の共有という世帯の定義を無効にする）。一年の大半において一緒に食事をしないかもしれない（同じ釜で煮炊きするという世帯の定義を無効にする）。しかしながら、女性の労働供給の意思決定を分析しているうちに、労働供給の意思決定の結果に関する限りにおいて、どの集団の構成員が「重要である」かが非常に明確になってきた。そして、その集団こそがわれわれの分析のための「世帯」を構成するものとなった。

結論

本章では、二〇世紀にバングラデシュで生じた主な経済的、社会変化の幾つか、およびそのジェンダー関係における影響について言及してきた。これらの変化にもかかわらず、バングラデシュにおける女性の労働参加率は非常に低くとどまり、二〇世紀の大半を通じて変化せず、在宅での経済活動に限られていた。バングラデシュは仕立業が伝統的に男性の職業であり、隔離規範により女性が家庭内領域に閉じ込められており、男性が主たる稼ぎ手として定義され、男性失業者の大規模な余剰があった。そのような国で、一九八〇年代初期に登場した輸出志向の縫製産業が提供した新しい機会への女性の反応の速さについては、明らかに説明が必要である。雇用主の視点から見れば、女性の相対的に低い生産性よりも工場の作業場での女性の従順さ、縫製産業で広がっていた厳しい労働条件に抵抗しようとしない態度による価値のほうが上回っていた。しかし、出発点において筆者が指摘したように、女性労働者の就業パターンを単純に雇用主の選好からだけで説明することは出来ない。次章では、縫製産業における就業機会に反応した女性の理由について検討したい。

第四章　パルダの再交渉

ダッカにおける女性労働者の労働市場における意思決定

女性の工場労働への参入は、疑うことなく、バングラデシュにおいて長年に渡って築かれてきた女性隔離の規範からの根本的な決別を表していた。これは、多くはあまり好意的な見方ではなかったが、非常に大きな公の関心を喚起したことからも明らかである。メディアは、多くの若くて「付き添いのいない」女性たちが通勤や帰宅でダッカの路上を毎日出歩いているという、この見慣れない新しい現象を取り上げ、辛辣なコメントを繰り返した。

> 少女たち……安い化粧を施し、脂っぽい三つ編みに派手なリボンを飾り、けばけばしい色のサリーをなびかせ、手には昼食のかばんを持って行き来する姿が、最近の朝や夕方の見慣れた光景になってしまった。この少女たちは縫製労働者であり、被雇用者の新しい階層である (*New Nation*, 22 December 1986)。

世間の冷たい反応は、性的に分離された領域における「自然」の摂理を破壊するとして、宗教共同体 (religious community) からの道徳的な非難のなかでも見出された。イスラーム経済学者は、学術書においてこの問題を取り上げ（たとえば、Islamic Economics Research Bureau, 1980を見よ）、このような女性の雇用は、本来の世帯の稼ぎ手である男性から仕事を奪うだけでなく、道徳的秩序の基礎構造《ファブリック》にたいする脅威となるものであるとした。

> 男性と女性が同じ職場で直接顔を合わせて座る。このような配置を肯定するような、いかなるリベラルな議論が前面に出されたとしても、実際には、異なる性の接近は、互いにたいする欲望や愛情を生み、非道徳的で望ましくない情事を多く引き起こす (Hossain, 1980, 270)。

宗教的な集会が工場の周辺で頻繁に組織され、しばしば、昼も夜もなく二、三日間続いた。これらの集会では、スピーカーを持ったさまざまなムッラー (mullahs)【訳註１：イスラーム律法学者にたいする敬称】が、男性の保護もなくダッカの路上を行き来する「奔放な」縫製労働者の女性の行動を公然と非難した。メッセージを聞き逃した人のために、演説はカセットテープに録音され、広く配布された。

また女性労働者たちは、通勤や帰宅の途中で、通りすがりの男性からの不愉快な注目にも対応しなければならなかった。男性からの注目は、色目を使われたり、いかがわしい言葉を投げかけられたりするものから、口汚いやじや、より直接的な性的行動など多岐に渡った。残業を終えて、深夜遅くに帰宅する女性は特に怯えていた。なぜなら、「典型的な」ハラスメントだけでなく、深夜に通りを歩いている女性は売春婦であると勝手に決めつける警察官に捕まる可能性もあったからである。[1] 女性が公の場に現れることをあからさまに禁じる文化の下では、また特に公的空間への日常的な参加がまだ新しく、居心地の悪い経験である場合は、このような事態への遭遇は、「男性」の領域を侵してしまっていると常に対面的に念を押され、いかなる通りすがりの男性の嫌がらせにたいしても、自身をさらしている状況となっていた。

縫製産業で働いている女性たちは道徳的にだらしないというような見方が広くなされ、「縫製ガール（garment girls）」という別称でさえ、地域的な言説《ディスコース》のなかでは軽蔑的な意味で当然のように用いられるようになった。カニーズは、「皆、縫製ガールは悪いと言う。私たちが工場から集団で出てくると、男性は、『縫製ガールが来たぞ。好きなやつを選べ』と言う」と語ってくれた。ムムタズはいかに彼女の時間外労働が、人びとの疑念を助長するかを強調する。「皆が話題にする。この地域で部屋を借りている女性は何をしている女性か。皆同じことを思っている。彼女は……わかるでしょ？（売春婦）……夜一〇時に帰宅することもあれば、時には、一日中全く帰ってこない。そのうち、皆が疑いだすの」。アスマは、家族以外の人にたいして縫製工場で働いていることを明らかにするのは、それが引き起こす人びとの反応ゆえに気乗りがしないと言う。「縫製工場で働いていると認めることさえしたくない。口に出すのさえ恥ずかしいから。皆、いつもひどい言葉を投げかけてこう言うのです。『へえ、彼女は縫製工場で働いているんだ！ふーん……』。こうやっていろいろな含みを持たせているのです」。

このような一般的な非難は、縫製ガールの性的性質にかかわる「事件」の噂によって常時、加熱した。口から口へ伝わったり、新聞記事で報道されたり、時には非常に極端な形で取り上げられた。

私はその工場の名前は思い出せないけれど、ナラヤンゴンジにあって、一五〇人もの女性たちが妊娠していたと聞きました。想像できますか？　一五〇人もの女性が妊娠していたのです！これが、皆が縫製工場についてあれほどひどいことを言う理由です。私はこのことを、隣の家に住む女性から聞きました。もちろん、信じて良いのかわかりません。信じてはいません。だけど、そのうちの一人が言いました。「あなたが信じようと信じまいと構わないけれど、これは事実よ。自分の目で見たもの！」と。彼女はその工場で働いていましたが、この問題が発生した後で、彼女は縫製工場で働くのをやめました。

かつては、公に非難の的となる雇用形態における女性の存在は、極端な経済的困窮によってのみ説明されるべきこととされてき

1　暗くなってから出歩いている女性は全て売春婦であると見なされた。多くの工場は、労働者に写真付きの身分証を支給し、暗い夜道を歩いている正当な理由があることを証明できるようにした。

た。ところが、前章で論じた女性労働者の経済的な多様性を見れば、貧困だけでは、女性の労働市場への参入理由を十分に説明できない。本章では、労働供給の意思決定に関する女性たち自身の語り《テスティモニーズ》を用いて、いかに、なぜこのようなパルダの規範を乗り越えるようなことが起こったのかを明らかにする。分析上の目的から、縫製工場における労働への参入の決定に関しては、幾つかの、区別できるものの互いに関連している複数の副次的な意思決定に分けることができるが、そのそれぞれがさまざまな検討事項を含んでいる。まず、最も重要な点として、稼得のための基本的な決定が起きる。第二に、家の外で働くこと、そして長い間築かれてきた女性隔離の原則に反することについての決定をともなう。第三には、さまざまな外部での雇用形態のなかで、縫製産業に従事することを選択するという特定の決断がある。

　これらのさまざまな選択肢にたいする女性たち自身の「選好」を理解するために、労働市場における彼女たちの決定の異なる側面を、女性たちの語りから明らかにしたい。その次に、分析を世帯内の他の構成員の選好にまで広げ、実際の決定がどのようになされたのかを明らかにする。つまり、決定が、世帯の複合的な厚生という共有されたビジョンに従って合意に達したものなのか、それとも、異なる選好間の交渉の過程をともなったのか。もしくは、選択結果は、対立を含んでおり、世帯内の異なる選好のなかで一つを優先させたものなのかを問う。本章での最終節では、ここでの分析を用いて第二章で提起した理論的な問いに再び立ち返りたい。女性労働者によって語られる意思決定過程は、どの程度、新古典派経済学で想定される合理的選択の計算を裏付けているのだろうか。またどの程度、家父長的な制約のリジリエンスを強調する人びとによって提起された、経済的困窮への対応を表しているのだろうか。そしてもし、合理的選択の議論に沿っているとすれば、バングラデシュにおいて、長い間、変わらず、変えることも出来ないと説明されてきたパルダの規範や家父長制の構造にたいして、女性たちはいかにして「挑戦」することが出来たのであろうか。

就業に関する意思決定の脱構築―なぜ働くのか

「なぜ働くのか?」。この問いから始めたい。この問いは、バングラデシュや、世界の他の地域でも、男性にたいして聞く意味はあまりない。男性の就業の形態に関する調査でも項目としては入っていないことが多い (Dex, 1985; Morris, 1990)。主な稼ぎ手であるので、男性が働くのは当然だと思われているのである。しかし、一般的に男性の稼ぎ手に支えられていて、働く必要がないという想定が広くされている女性にたいしては、このような問いが意味を持つ。つまり、働くことの決定には、選択と計算の要素が入っていると考えられるからである。

　調査対象の女性たちが有償労働に従事することを決めた理由は、特定の必要への対応と選好という一般的な経済学的概念で十分にまとめられる（附録二も参照のこと）。異なっている点は、選好よりも必要の方により重点があることである。たとえば、非常に貧しい世帯出身の女性は、働くかどうかに関して選択の余地はない。縫製産業が登場するはるか前から、家事サービス業や、小さな工房、もしくは工場などで稼いでいた人が多い。われわれの調査対象者のなかで、同様に選択の自由がほとんどなかった女性の別のグループは、何らかの特定の逆境への対応として有償労働を始めた女性たちである。たとえば、主な稼ぎ手の死亡や夫から捨てられたり離婚したり、もしくは土地を失った、家族経営の事業が破たんしたなどである。このグループは、最初のグループよりも経済的には多様であり、現在の経済的状況によって特徴づけられるだけではなく、そのような危機が自らの運命の不可逆的な低下なのか、それとも一時的な停滞と見なされているかの程度によっても異なっている。

　三つ目のグループの女性は、家族の生活水準の向上や子どもの将来のために働くことを選んだ女性たちである。これらの女性は、選択の余地があった。彼女たちはより裕福な世帯に属しており、彼女たちの社会階層が持つ憧れと家族の物質的環境を「一致」させるために、追加的所得を求めていた。最後に、四つ目のグループの女性は、未婚で、しばしば両親と同居している女性で、工場への参入理由を、自身の必要と選好から説明する。ある人は、個人的な消費のために稼ごうとし、ある人は両親に婚資《ダウリー》の費用を支払うために貯金をしようと考え、ある人は単に自身の貯金のために働き始めている。

　この概観的議論から、まずは女性が有償労働を行うことを選んだ理由の全ては、合理的選択の枠組みにおいて議論できるものであることがわかる。ただし、その意思決定の緊急度の違いによって、どこまでが行為主体性の発揮によって行われた決定か、それとも状況によって強いられた決定なのかが異なってくる。最貧困層の女性や生活上の不運によって賃金労働に従事することになった女性たちは、やむを得ず労働を売ることを強いられたのであろう。しかし、他の女性たちは、経済力があり、就業にたいする世間の冷たい目にさらされるよりも自宅に留まることを選べたにもかかわらず、賃金労働に従事することを決断している。このグループの女性の語りは、他のグループよりも、パルダの規範を破ることにたいする女性の明白な意思の背後にある要因や動機について、より重要な洞察を与えてくれる。これは、われわれが注目したい労働供給の意思決定のもう一つの側面である。

外で働くことに関する意思決定

　外で働くことを選択した理由に関する女性たちの説明は、学問的に議論されてきたことや単一の文化的規範として見なされがちなもののなかに埋め込まれた多様な意味を明らかにするのに役に立った。これら意味の違いは、さまざまな経験の違いに由来する。一義的および非常に個人的な次元では、パルダは女性の礼儀や美徳の感覚や、「正しい」行動の内容というものを規定する。その「正しい」の中身は、宗教的に、もしくは文化的に規定されうる。また異なる次元では、それは家族の威信の問題である。パルダの規範への順応は、扶養者が世帯内の女性を保護し、その保護を供給する能力を持っていることを表すとされる。それゆえに、女性は最優先すべき家庭内の義務に率先して専念できるというのである。最後に、より非個人的な次元では、パルダは、より広いコミュニティにおける主要な関心から、女性にたいしてなされる社会的管理の規範でもある。

　女性の語りのなかで言及されるコミュニティはさまざまな集団からなっており、「与件的な」（'given'）ものもあれば、「選択的な」（'chosen'）ものもあり、それぞれにたいする縫製労働者の個人的接触の程度は異なっている。個人的につながっている、家族や親戚のネットワーク、出身の村のコミュニティというものがある。これは「与件的な」集団ではあるが、女性自身がこの集団への帰属をどのように価値づけ、強化、もしくは拡大しようとしているかによって、「選択的な」集団として、その度合いを操作することが出来る。また、知人や近隣住民は、同じく彼女たちが個人的な接触を持つ集団ではあるが、その意見の影響力はより低い。そして、職場への往復の際に遭遇する見知らぬ男性の集団がある。さらに最後には、宗教的指導者やその他の影響力を持つ人物などから構成される、より広く不定形な集会や寄合《ショマジュ》【訳注2：第三章五六頁を参照】がある。個人的には女性と接触があるわけではないが、社会秩序の普及者を自認し、そのルールを決めようとする人びとである。

　女性たちは明確に、より広いコミュニティから注がれる消極的な見解を自覚していた。外で働くことを選択することで、彼女たちはその雇用労働に付随する文化的なコストを十分に受容していた。しかし、パルダに従うこととの意味づけ、自身の決定をどの程度パルダを逸脱した行為と見なすか、そして家族の構成員から自身の考え方をどの程度支持されているかは、これらのコストがどの程度の苦痛を与えるかを規定する重要な役割を果たしていた。工場労働を苦渋の選択として経験している女性ほど、いかなる形でも女性の外での就業を認めない、より狭義のパルダの規範に縛られていた。

> 夫以外のどんな男性も、私の頭の髪の毛さえ見てはいけません。自分の息子たちでさえ、成人したら「別の男性」になります。その全てが、ハディースとコーランに書いてあります。アラーの神は、男性と女性が混ざることを望んではいません。私たち女性には、四つの壁の内部に留まるようにと言っています。もし外出するなら、十腕尺（dosh-hather：十フィートの長さ）のサリーとスカーフを着るようにと言っています。

　明らかに、このような定義に縛られている女性は、外で働くことを道徳的に逸脱した行為であると考え、したがって、その選択をしたことの大きな代償を払っていると思っている。

私は必要にせまられていて、だから働きに来なければなりませんでした。そうでなければ、家に留まっていたはずです。祈禱と断食《ナマジ・ロジャ》（*namaaz-roza*）をしていたはずです。良くないと思っていますが、他にどうすることが出来るのでしょうか。何とかして生きていかなければなりません……。でも、私たちは罪深いと思います。なぜなら、他の男性に見られたらそれは罪だからです。私が道を歩いていることは罪なことなのです。

ただし、このような古典的なパルダの見方は、われわれが調査した女性の生活のなかでは、もはや特に妥当性があるわけではない。自身の行動は公式な教えに背いている可能性があることを認めつつも、より実用的な見方をする女性たちがいる。

工場で働くことが悪いことなのはわかっていますが、誰もが聖人になんてなれないので、私はここにいます。

コーランは、女性の髪の毛が見知らぬ人に見られたら罪だとしています。ただし、古いルールのなかで残っているのは四分の一程度です。他の四分の三は既に過去のものです。

他の人は、パルダの規範は絶対的なものではなく、条件的なものであり、「例外的な必要」に直面した場合は放棄できると論じる。多くの人は、このような見解をコーランの権威から直接的に根拠づける。

イスラームは女性が働くことを禁止しているけれど、私が家で座っているだけならアラーは私を助けてはくれません。自分で頑張って、自分を助けようとして初めて、アラーも私を助けてくれます。……もし私が自分の家族を支えないといけないとしたら……働くことはファラーズ（*faraz*）【訳注３：コーランに書かれている義務のこと】なのか、それとも家でただ座っていることがそうなのでしょうか？

コーランは、自分自身を保つことは己の義務だと言っています。だから、外で働くことでコーランを破っているとしても、規範を完全に犯しているわけではありません。……コーランには、生存がかかっている時は、コーランによって禁止されている食べ物も含めて、何を食べても良いと書かれています。

ただし、ある人は、必要が生じた際の支援の源泉であった伝統的な家族の紐帯やコミュニティにおけるセーフティネットが弱化していること、およびそのことによる古いやり方と新しい必然の間の矛盾を指摘する。多くの人は、過去にパルダの規範の支配に女性が従うことを可能にした女性にたいする保護と扶養を十分に提供できなくなっているにもかかわらず、パルダの規範を破ることにたいしては公に非難をする人びとの偽善について苦々しく言及する。たとえば、アレアは、責任をともなわずに権力だけ行使しようとする学者・知識人《モッラー》の試みであると彼女が見なすことにたいして挑戦する。「イスラーム法官《モウルビ》(*mualvis*) は、私たちが見知らぬ男性と接触するようになると言って縫製労働に反対するけれど、私たちは彼らにこう言うの。『私たちを食べさせることが出来る？ 反対したいのであれば、私たちを養うべきよ』と。また、ヘナはコミュニティからの非難の背後にある論理を批判する。「皆は、縫製産業が女の子を恥知らずにしたというけれど、それは間違っている。女性は縫製工場で働くことで家族を助けている。それは勇気であって、恥知らずということではない」。

一部の女性たちが見せたコミュニティ一般にたいする辛辣さは、経済的必要が生じた際に拡大家族のネットワークが助けてくれなかったという個人的な経験にも基づいている。たとえば、サレハは夫から過去五年もの間見捨てられていた。彼女は、自身と二人の小さな息子の生活を支えるために働いていた。他に誰もそうしてくれる人がいなかったのである。

家族の長老は、なぜうちの家族に働いている女性がいなければならないのかと言います。私自身も悪く思ってきましたが、でもどうにかして生きていかないといけないのです……。状況は皆にとって同じであるわけではなく、私には育てなければならない二人の息子がいます。他の人は一日や二日なら助けてくれますが、それも延々に続くわけではありません。自分で育てていかなければならないのです。

父親を助けるために働きだしたアフィファの場合は、必要な時に支援をしてくれなかった裕福なおじたちへの辛辣さが、彼女のコミュニティからの非難にたいする対応を決定していた。

私のおじは六階建ての家に住んでいるのに、私たちを同居させてくれないのです。それなのに彼は誰に反対するのでしょうか？ 皆、批判をすることは得意です。しかし、身障者や盲目者、衣食にも困るような私よりももっと深刻な状況にある人もいるというのに、ショマジュはそれらの人びとを泊めて、彼らに何かを与えてくれるのでしょうか？ 飢えるかわりに、彼女自身の生活のために働いているとすれば、なぜショマジュはその女性を批判しないといけないのでしょうか？

ラベヤの夫は暴力的な人間であり、稼ぎ手としての責任も果たさず、最終的には、彼女が妊娠しなかったと責めて、結婚後三年で離婚した。[2] ラベヤには二人の兄弟がいたが、二人とも彼女の面倒をみたり、年老いた母親の世話をしたりする準備もなかった。

2　ただし、ラベヤの指摘によると、彼は彼女との結婚の前にも二度結婚しており、そのいずれの婚姻の際も子どもは生まれなかったとのことである。

工場で働くことに反対した人はいるかと尋ねた時に、彼女は以下のように答えた。

誰も反対していません。誰が反対しうるのでしょうか？　誰かが私を食べさせてくれたり、住まいを提供してくれたりするのでしょうか？　もしそうしてくれていたら、もし誰かが私の保護者になって私にたいして責任を持ってくれて、「このような仕事をしたらダメだ。私の所に来て一緒に住んだら良いよ」と言ってくれるのであれば、聞く耳を持つでしょう。私を食べさせてくれるのでもなく、支援もしてくれないのであれば、どうして反対できるのでしょうか？

これらの幾つかの事例が示しているのは、パルダの規範の古典的な概念は道徳的共同体 (moral community) のより保守的な人びとによって積極的に促進されてきたが、多くの女性労働者からは、もはや経済的に持続的なものではないと考えられていることである。彼女たちは従来のパルダの規範にたいする代替的な考え方を提案した。それは、彼女たちにとって、より一貫したパルダの捉え方であり、実践的道徳に基づいたものであった。つまり、定義する際の強調点を、共同体規範に公的に従うことからより自立した行動目的へ、そして社会的管理から個人の責任へとシフトさせるものであった。多くの女性は、自宅に監禁しておくことが女性の美徳を保証するというような考え方を軽蔑する。

パルダの規範はどこにいても維持することが出来ます。外にいてもです。そして、それを守れない人は、どこにいても出来ません。たとえ四つの壁のなかにいても出来ません。

もしあなたが非道徳的な人ならば、もし鍵をかけて閉じ込めたとしても、その鍵があなたの性格を変えるわけではありません。むしろ、四、五人の、道徳的な女性と交流させた方が、その人は良くなるかもしれません。逆に、あなたがきちんとした人であれば、五、六人の美徳の無い女性と交ぜたところで、その人の美徳がなくなるわけではありません。

個人の責任は、「心のなかのパルダ」という考え方を表現する際にも強調された。彼女の謙虚な立ち振る舞い、伏し目、地味な様子と隠された頭を見せながら、「全ての女性はパルダとともにあります」とする。このような苦心した解釈は、パルダが彼女たちの美徳を守る、自宅の玄関から工場の入り口まで伸びた見えない通路であるかのようなイメージを喚起する。

ブルカ (burka)【訳注4：ムスリムの女性が着用する全身を覆う外衣】を着て、混雑したバスに乗らないといけないとしても、通りすがりの男性は遠ざけなければなりません。ブルカを着ていてもそのことは変わりません。最良のパルダは、自分自身のなかにあるブルカで、心のブルカです。

もし私の心が良きもので信仰を保っていて、祈りを捧げ、自分の宗教に従うのであれば、それでも仕事をしても良いのだと思います。私は誰と交流することも出来ますが、他の人びとより自身の精神がより純粋であることを知っています。他人はいろいろと言いますが、聞く必要はありません。自身の心に従うべきです。そして私の心は私が純粋であると言っています。

私自身が謙虚さを保とうとする限り、パルダは危機には陥りません。女性たちのなかには、ドゥパッタ(dupatta)【訳注5：サルワール・カミーズ（パンジャービー・ドレス）を着る際に肩に掛けて着る長いスカーフ】がずり落ちて人目にさらされたとしても、直ちには隠さない人たちがいます。これが、品を保つことと、それが出来ていないことの違いです。分かりますか？ もし私が堅く指を閉じていたら、あなたは、私の手を開くことはできませんよね。もしあなたが開こうと試みても、とても長い時間を費やさないと無理でしょうし、そこまでするには値しません。同じように、私自身がパルダを守っていたら、誰もそれを奪うことは出来ません。

最後に、道徳基準を支える責任は専ら女性自身にのみあるという考えにたいして挑戦する女性もいる。アングラの次のような発言は、彼女たちが、女性の美徳を維持するための責任領域のより「公平な」再配置を求めていることを示している。パルダの規範は、「見られる人」の行動だけでなく、見る人の「視線」にかかわるものである。

路上で誰かが私に何かを言って来たり、ついてきたりしたら、それは私の罪ではないので、神はその人たちに対処することでしょう。女性がパルダを破っていると言えるのは、薄っぺらいサリーを着て、頭を隠さずに通りを歩いている時のみです。誰もが彼女を見ることが出来て、一体彼女は何をしているのか、彼女は何という服を着ているのかと他人に思われるからです。

以上からわかるように、パルダの規範をめぐる公的な言説への女性労働者の挑戦は、パルダ自体の否定ではなかった。自我の定義に深く根ざしている規範であるような、長い歴史のなかで築かれた文化的規範にたいして真正面から対決することによって得られることは少なかった。むしろ、それは再解釈の試みであり、パルダの規範の核となっている考え方を使って、日常の実践的要請を認める、より一貫して真に道徳的な概念を築くためであった。いずれにしても、このようパルダの意味をめぐる再交渉の試みは、女性たちが行為主体性と選択の領域を広げるために、許される行動の範囲を再交渉する過程でもあった。それは結果的には、実践的な含意をともなっていた。ベリーが指摘したように、意味をめぐる争いは、同時に、物質的アクセスに関する闘いにもなった(Berry, 1988)。

縫製工場での就業に関する意思決定

　パルダの規範についての認識の変化は、男性からの支援を受けていない「貧困女性」だけではなく、他の女性たちもが自宅というシェルターを出て外で働くことを考えるようになってきた理由を説明するものだった。以下で検討したいのは、われわれの調査対象者の女性は、なぜ多くの職業の選択肢のなかから工場労働を選んだのかについてである。女性が指摘した工場労働の利点と問題点は、附録二にまとめてある。ここでは、彼女たちがどのように自身の選択を合理化しているのかについてより詳しく検討しよう。この問いにたいする女性たちの語りは、新古典派の分析が注目する技能(skills)、資格や比較収益といった通常の認識事項は彼女たちの決定において重要な認識事項ではあるが、これらの事項よりも先に、しばしば無意識で、容認される雇用形態と容認されない雇用形態に関しての境界によって区切られた「複数の選好可能性集合」('preference possibility sets')があることを明らかにする。このような文化的な認識における境界策定《ディマーケイション》は、「就業機会の集合」という新古典派的な概念のなかでは通常想定されていない。文化的な文脈はその意味では、選好形成にとって外生的なものである。

　ジェンダーは、境界策定をする過程での一つの要素であり、労働市場における男性と女性の職業の違いを区別し、女性を特定の限定された分野に押し込める。階層は、これらの分断をさらに助長する。階層は、われわれの調査対象者に関しても、縫製労働者を選好の結果として選択した者と、そうではなかった者の違いを非常に緩やかに規定する。より貧しい世帯の女性は、生活のために、工場労働に参入する前から何らかの仕事に従事しており、彼女たちが属する階層の女性が従事しうる他の雇用形態よりも、縫製工場での就業を好んで選択してきた。これは部分的には、賃金や労働条件などの経済的条件そのものに直結した理由からであり、部分的にはより無形の、彼女たちの属する階層の女性が従事しうる代替的な職業に比較して、縫製工場での就業に付随した自尊心や、尊厳、地位に関するものによった。

　より裕福な世帯出身の女性は、自身の職業選択にたいしてより不満を持っていた。彼女たちはむしろ、公務員などを望んでいた。その理由は部分的には、それらの職業はより安定性があるからであるが、同時により社会的地位が高く、特権も大きいためであった。このような職業は適切な学歴条件だけでなく、面接を通るために賄賂としての資金や影響力のある知人が必要になるため、そのような職業を得ることに成功しなかった女性たちにとって、縫製工場での就業は次善の選択肢であった。ただし、彼女たちは、自身の地位的願望を満たしていない雇用形態については居心地の悪さを感じ続けていた。

　いずれにしろ、どのような要因が、縫製産業への女性の参入の最初の波を起こしたとしても、その結果としての、工場労働における女性の集中は、独自に「頻度依存効果（frequency-dependent effect）」を持ち、他の女性の参入を促した。縫製産業における女性の比率が高まるほど、まだ決断に迷っている他の女性にとって、縫製労働者はより許容される職業の形態となっていった。縫製労働者における女性の集中は、この効果を促進させる二つのシグナルを出していた。これらの職業は女性が従事可能であり、そして女性に適した職業であるということである。女性がこの新しい産業に関する必要な情報を集めるためのインフォーマルな社会的ネットワーク——親戚、知人、家族の友人、擬制親族（fictive kin）、近隣者——は、事実に関する情報と評価に関する情報とのこうした同時的な混交を促進した。このような具体的な例による普及の過程は、デロワラのケースに顕著である。彼女は工場のことをまだ村に住んでいる時にいとこたちから聞いた。彼女のいとこは既に工場で働いていて、一時的に帰省をしていた。いとことの会話は、工場労働がどのようなもので、彼女のような女性が何人ぐらい働いているかであって、そのような会話が、彼女自身が工場労働に従事することをイメージさせた。「いとこたちが働いている工場に関して知識を得ることで、私自身が工場で働こうという決断をすることになりました。もし彼女たちが出来るのであれば、私もできるはずだ、と」。

ムムタズの場合は、主な情報源は近所に住んでいる縫製労働者であった。その縫製労働者は私によくこう言いました。「私たちは服を縫っているの。私たちは、縫製工です」。最初は機械操作とは何のことなのか、分かりませんでした。次のように思っていました。「一体、何について話しているのだろう?」。家の外に座って、彼女の話を聞こうと思いました。もし兄が近づいて来たら、私は立ち去りましたが、兄は、「なぜ彼女たちの話を聞くのか?」と言いました。それでも、この「縫製」ビジネスとは何であるかを理解しようと思っていました。

工場労働に関する情報の伝達におけるインフォーマルな社会的ネットワークの重要性は、仕事に関する女性労働者自身による表現が、その他の予備軍の女性にたいしてそのような仕事の可能性を正当化する役割を担ったことを示している。彼女たちは、そのような仕事に関して、より広いコミュニティのなかで流布している消極的な見方にたいして代替的な言説を提供し、縫製工場がスキャンダルの温床であり、性的に不適切な場であるという広く共有された公的見解にたいして挑戦をしていた。もちろん、多くの女性が、なかには「ふらふらしたがり」「愛人のように振る舞う」女性がいることを認めるものの、そのような女性は「腐ったリンゴ」として表現され、「ロマンスのためではなく、生計のため」に工場で働いている大部分の美徳を持った女性たちの評判を貶める少数派であるとされた。デロワラが熱心に主張するように、全ての縫製労働者を、そのような「だらしない女性」として一括りにするのは不公平であった。

大部分の人は、縫製工場で働く女性にたいして批判的で、そのような女性は悪くて品性がないと言います。それが人びとが私たちに言ったことです。なので、私たちは、「女性たちと言わないで下さい。もし一人の女性が何か悪いことをしたら、その女性と言って下さい。女性たちと言わないでください。一人の女性の問題行動から、その集団の全ての人を判断することは出来ません。彼らは、「一人が悪ければ、十人もそうなるだろう」と言います。私たちはこう答えます。「絶対にありません。ひとりの人が行ったことだけで、集団全体を吊るし上げることは出来ません」。

縫製工場での就業の本質についての女性たちの議論は、禁じられた《ハラム》(haram)という公的な見方から、許容された《ハラル》(halal)仕事に変換するために、工場労働を「女性化」し、標準化するための比喩や類推の例を見せてくれる。「内部／外部」の二項対立は、「大きい」と「小さい」、「重い」と「軽い」や、「綺麗」と「汚い」などの他の対比と共に、彼女たちの説明のなかで何度も繰り返し登場するテーマである。

私の村の人びとは、あなたは、われわれが既に寝ているような、非常に遅い時間まで働いていると言います。私たちは、彼らにこう言います。あなたたちは畑で一日中働いていて、まるでロバのようですね……。私たちは綺麗なまま、オフィスで働いています。

男性は、誰の前でも、公の場で働くことが出来ます。女性は出来ません。女性は、たとえばホテルやレストランでは働けません。しかし、教育を受けていない男性は、水を注いだり、他の男性にお皿を運んだり出来ます。女性はそのような類の仕事は出来ません。貧しい男性は、リキシャを引いたり、ミニタクシーを運転したり出来ます。女性は屋台車を押せません。

私たちは男性がすることが出来ません。男性は開かれた場所で働くことが出来ますが、私たちは、大勢の人の前で働くことは出来ません。私たちは工場のなかか、そうでなければ、自宅のなかに隠れていなければなりません。ジュート工場は男性のものです。女性はそこには行くべきではありません。大きな工場で、広い仕事場で、巨大な機械があって、大きな機械を運んだりしないといけないかもしれません。それらは男性の仕事です。

実際には、工場の入り口はしばしば施錠されており、保護された環境というイメージを強化している。内部の規律的現実と、外部の人による忌まわしいイメージや無視が対照されることはしばしば見られる。

外部の人は、縫製産業について非常にたくさんのことを言います……。彼らは、工場のなかを見たことはありません。彼らは、工場のなかで何が行われていて、どのような様子なのか、全く知りません。

全ての所得を得る活動のなかで、許容されている《ハラル》ものがあるとすれば、それは縫製工場での仕事です。外部の人は誰も工場のなかに来たことがありません。彼らは、女の子たちは、ここに来て、自由に笑い、自由に交流していると思っています。もし彼らが、実際はどのような様子なのかを知れば、彼らは私たちにもっと価値を与えるでしょう。

前章で言及したように、工場の評判を守ることは雇用主の関心であり、彼らは、さまざまな法規や規制を導入することで工場の現場の秩序を維持しようとしてきた。多くの女性労働者は、この職場の規律に縛られた側面を、一般的な想像においてしばしば見られる性的自由や不品行というイメージにたいして対比させる。

縫製工場は、大学や学校のようです。×××工場は、制服まであります。面接の際には、工場のルールが告げられます。「あなたには責任があります。あなたはそれに従う必要があります。絶対に、工場の名前を汚すようなことはしてはならないし、その日の仕事内容をわれわれが伝えたら、それをあなたはしないといけません。たとえ、朝四時や徹夜になってもです」。

オフィスでのルールに関しては、私たちはオフィスにいる時は注意深く、きちんと行動するようにと言われました。仕事に専念して、働いているべき時間に私語をしてはならないと……。彼らが、私たちが自分たちの行動に関して注意深くなければならないと言う時は、それは、路上で誰かが私に近寄って来ても、その人と話すべきではないことを意味しています。誰かが私を中傷するかもしれないのですが、私は仕返しをするべきではありません。その人たちと口論したりするべきではありません。私は自分の仕事にだけ集中すべきなのです。

実際に、工場の多くは、工業団地ではなく居住地に立地しており、かつて個人の家や事務所であった建物を使用していた。そのため、何人かの女性の語りのなかでは、工場は自宅のような空間として表現されていた。

ここは私にとって安全です。自宅のようなものです。私たちは、部屋の一つで働きます。私たちが到着すると門は閉められますし、仕事が終わればまっすぐ家に帰ります。

工場生活の「家庭化」(domestication) は、工場内の関係性を説明する時に家族的比喩を使用することにもつながった。想像上の擬制親族に関する用語は、工場生活に独特のものではなかった。われわれはそのような使用法の例を、女性の居住関係や親戚のネットワークの文脈においても指摘した (Islam, 1998も参照のこと)。家族と、家族に基礎をおいた関係が、その他の社会経済的ネットワークよりも中核であり続ける文化では、非公式な親密性の構築は、さまざまな目的に合致する。すなわち、他人に苦情を言ったり、ヒエラルキー構造を再構築したり、根本的に搾取的な関係を偽装したりすることである。職場の文脈では、ジェンダーに関わる親密性の用語の使用は、つながりのない男性と女性の出会いを脱性化した。

> 工場に男性がいようが女性がいようが、彼らを兄弟や姉妹と思えば問題ありません。一緒に働くことに問題があるのでしょうか？　兄弟や姉妹と一緒に働くでしょう？

> 外部の人は縫製工場について間違ったイメージを持っています。もし誰かが私に尋ねたら、雰囲気はとても良くて、男性と女性は兄弟姉妹のように働いていると答えるでしょう。

最後に、多くの労働者は、生産工程自体の厳しい要求を指摘する。工程の各段階は、その前の工程の効率的で予定通りの完成に依存している。そのことが職場における強く規律化された相互作用を形成する。工場内で、労働者がふらふらとした行動を取れるといったような考え方は、即座に否定される。なぜなら、雑談に興じようとするような人が出ようものなら、工程の流れが阻害され、直ちに見つかってしまうからである。

> 何かあろうと立ち上がることなど出来るのでしょうか。話すような時間はありません。もしそんなことをしていたら、工程がつまってしまいます。いずれにしても、お互いが話しているのを聞くことさえ出来ません。そして仕事が終わった時には、疲れ過ぎていて何もする気にはなりません。まっすぐ家に帰ります。

> 工場に来ることでパルダが犯されているなどとは信じません。とても忙しくさせられているのですから。私が誰かと恋に落ちることはあるかもしれません。それでも、工場のなかは、それがどんな時でも、私たちには五分も与えられていないのです。もしあなたに大切なことを言わないといけないとしたら、私は昼食の時間まで待たないといけません。おしゃべりしているような時間はありません。

まとめれば、これらの語りが浮かび上がらせたのは、「女性の職業を作り出す」ための言説の役割と権力であった。ジェンダー的妥当性に反するかのような雇用形態を選択することについての個々の女性の合理化は、個々には、それほど大きく積み上げられたわけではないかもしれない。それでも集合的には、メディアや宗教共同体などから促進される工場労働に関する言説にたいして、代替的でより積極的な言説を構築することを助けた。従順な女性労働者にたいする雇用主の選好と、女性の就業の必要が、このような過程が起こる物質的条件を作り出したといえるだろう。ただし、実際に起こったのは、既に参入していた女性たちによる意味の再検討であった。それによって、過去には許容可能な機会集合から工場労働を排除していたようなその他の女性たちにとって、工場労働が選択可能なものに変換することを手助けしたのである。

ところが、まさにこの意味づけが、男性にとっては縫製工場での就業が非魅力的な仕事になることにつながった。ここでは、縫製工場での就業を「女性の仕事」として見なす見解の広い普及が、われわれがインタビューをした、女性が大部分である工場で働く男性にとっては不快なものになるという、反対の側面に関しても補足しておくべきであろう。これは、部分的には、工場で働く女性の地位に関する認識を反映しているが、また、これほど多くの女性に接することに慣れていないという、性的な難しさにもよっている。中学校を卒業しているカラムは、省庁で事務員の仕事を得ようとして失敗した。彼はいま、縫製工場の裁断部門で働いている。彼はまだ田舎の両親に自分の仕事について話すことが出来ないでいる。

自分自身をすごく小さく感じます。勉強もしたのに、就けた仕事はこの程度です。ここにある通りの状況です。私は、自分自身についてあまり良く思っていません……。彼女たちに付随していること全てが……。不便なことが問題ではなく、一部の女性がわれわれの評判を落とすことが問題なのです。工場のなかでは、私たちの評判は非の打ちどころもなく、管理職もそれを見張っています。ただし、外で働いている女の子たちは、いったん門の外に出ると、路上に立って外部の男の子たちとありとあらゆることをおしゃべりしているのを見かけます。

マレクは、より貧しい出身だった。彼は学校には行くことが出来ず、以前は自宅で仕立屋を営んでいた。特に利益があがっているわけでもなかったので、バンド機械の操縦工として工場に参入した。彼は工場の外の人、特に「アラーに忠実」な人びとは工場で働く人びとを、性的に不品行であると「嫌悪に満ちた視線」で見ているという。彼自身も「アラーに忠実」な人間であるとして、自身の不快感の源泉をこう説明する。

これらの女性はパルダの規範を守っておらず、私たちはそのような人たちと一緒に働いています。化粧品を持ち歩いている様子やその他のことも、ここで働いている男性にとっては大きな不正義です……。わかりますか？　女は、男がワックスであるとすれば、その周りにある炎のようなものです。男の前で女が動きまわれば、男はワックスのように溶けてしまいます。男は彼女たちに目を向け、そして夜眠る時にそのイメージを思い出します。そしてこれらの男は罪なことを夢見て、この罪が彼らにたいして脅威となります。

就業に関する意思決定の脱構築――世帯内における合意《コンセンサス》、対立《コンフリクト》、交渉

これまでに、女性自身の就業に関する動機、工場労働を選択した理由、そして家の外で働くことの意思決定と女性の地位に関する支配的な文化的規範との間をすり合わせる方法を探しながら行ってきた合理化に注目してきた。選択と行為主体性に関する諸問題は、明らかにほとんどの女性の意思決定のなかで役割を果たしてきた。なぜならば、そのような労働は、既に確立された行動規範にたいして挑戦することになるからである。われわれがインタビューを行った女性の全てが、「認識上の不一致」(cognitive dissonance)を調整することが出来たわけではない。そのため、工場労働への参入を積極的な選択として見なす度合も、また多様であった。

しかし、前述の通り、ジェンダーイデオロギーは女性に特有のものではない。同時にそれは、公的領域と私的領域の両方で、男性であることの意味を定義する。家族のなかの女性を保護し養うという男性の役割に関する、優勢なイデオロギーの権威によって、女性の工場労働に従事したいという願望は、これらの役割を果たす男性の能力の程度に関して公に宣言することかのように受け取られるかもしれない。結果的に、工場労働が、女性にとってある形態での認識上の不一致をともなっているとすれば、他方で、家族内の男性にも別の形の不一致を生じさせるのである。そして大部分の女性が、工場労働に従事することを、自身のみではなく、家族の他の構成員との相談を経て決めているため、工場労働に関するコストと利益の評価が、女性労働者と家族の他の構成員との間で実際には異なっていたことは十分にあり得ることである。

本章の次節で注目したいのはこの点である。女性の工場労働への参入の背後にある意思決定過程を、女性自身の選好と、また世帯の他の主要な構成員の選好に留意しつつ検討する。彼女たちが説明したこれらの過程を、単純な、双方向の基準を用いて幾つかのカテゴリーに分類したい。つまり、女性自身が工場労働を始めることを決定する際に考慮した「行為主体性」の範囲であり、またどの程度、この過程が対立と合意によって特徴づけられるかである。幾つかのカテゴリーに分類したい。この点に関する女性労働者間の違いのより直接的な要因は、その意思決定がどの程度、逆境によるものなのか機会によって動機づけされたのかの違いの反映である。この違い自体は、彼女たちの生活における階層とジェンダーの相互作用に基づいた反映でもある。

彼女たちの階層での立ち位置は、労働市場に参入した経済的な動機を説明する。つまり、その動機の緊急性と、女性にとって選

択可能だと見なされた職業群の範囲を明らかにするのである。ところが、彼女たちの家族内における地位《ポジション》と、その地位に付与された特定のジェンダー役割が、女性がどのように自身の選択を経験するか、そして家族の他の構成員からの抵抗に遭遇するであろう確率に影響を与える。結婚歴は、最も重要な側面であり、同じ程度の階層に属する女性でも、その女性が結婚しているか、結婚したいと思っているか、以前結婚していたことがあるか、もしくは離婚したかなど、何が婚姻関係のなかで起こっているかによって、その工場労働への参入過程に関する語りは、極めて対照的なものとなる。その点は以下の議論で明らかになるだろう。

消極的な行為主体性、対立のない意思決定

既に言及した通り、一部の女性は、生活上の特定の不幸な出来事の結果、工場労働に参入した。この大きなグループの内部は、その問題となっている境遇が、夫との死別なのか、離婚なのか、それとも捨てられたのか、また、家族のなかに、家長としての役割を代わりに担ってくれる男性がいるかどうかによって、サブグループに分けられる。ダッカの調査対象者では、このカテゴリーに該当する女性は七人である。工場労働を選択するという意思決定にたいする反対者の不在は、この問題に関して、自分自身でも他人からも、他に選択肢がないと見なされるという事実に反映されている。このグループの女性にとって、夫の喪失が共通の要因であったという事実は重要である。男性の社会的保護の下で女性が暮らす社会では、男性保護者の喪失は、最も不安定性が高まった時期として経験されることになる。ただし、各出来事にともなう急な個人的喪失の深度がどのようなものであっても、全ての人が同様に長期的な影響を経験するわけではない。通常の出来事の過程では、父親との死別は、たいていは保護者の役割が父親から夫に手渡された後か、もしくはそうなることが決まっている頃に起こる。[3]他方で、夫の喪失は、その役割を十分に担えるほど成人した息子がいない限りは、容易には対応できない。

これらの女性は、工場労働への参入を、経済的困窮による労働供給として説明する。ただし、これらの女性は、われわれの調査対象者のなかで最貧層であるとは限らない。階層的背景の違いにも関わらず、彼女たちは縫製工場での就業を選択の拡大ではなく縮小として経験した。ロジア・スルタナは、このグループの一例である。彼女は、夫の死によって、安定して養われていた生活から、夫の以前の結婚からの四人の子どもと、[4]二人の間の実子二

3　父親がまだ幼少の頃に亡くなった女性は、生活における不安定性に関して言及する。ただし、これはあまりにも昔に起こっているため、現在の職業選択における意思決定にたいしては影響を持たない。

4　ロジア・スルタナの夫の最初の結婚は、ロジアの姉との間であり、四人の子どもをもうけた。姉が亡くなった時、ロジア・スルタナの母親は、孫との関係を失いたくなかったため、妹である彼女に結婚するようにと言った。結果的に、ロジア・スルタナの義理の息子たちは同時に甥でもあり、夫の死によって、扶養の責任は彼女に引き渡された。

人を養う唯一の稼ぎ手になる状況に突如として陥ったのである。縫製工場での就業が可能であることによって、さらなる貧困に甘んじることと親戚の援助に頼ることの間で悩むようなことから救われたと認識しているものの、それでもこれは彼女が一度でも望んだような選択ではなく、彼女は自身の安定性が喪失されたことを嘆き続ける。

夫が亡くなる前は、働くことを心配するようなことはありませんでした。お手伝いさんもいたのです。私は自分が大事にされていることが分かっていました。どこにも一人で移動したことさえありません。私はよく、どうやったら縫製労働者は一日中働き、その後で自宅に戻って家事までやるのだろうと不思議に思っていました。私たちは、自宅に一日中いても、家事のために召使を必要とするのに、と。急にいま、どのように生き残るかを心配しなければなりません。

カトゥンもまた、自身ではコントロール不可能な状況によって、働き始めた。彼女の個人的な歴史は、バングラデシュの歴史を特徴づける政治の不安定性と経済の低開発状態と密接に関わっており、その歩みの過程と重なりあっている。

（一九七一年の）混乱のなか、私の夫と父親は、ラザカルス（razakars）【訳注6：敵対する立場の人をさす言葉で、もともとは独立戦争時代にパキスタン側についた人をさしていた。現在では原理主義者などに使うこともある。】によって殺されました……。その時、私の息子は一歳になったばかりでした。彼らの死体は最後まで見つかりませんでした……。私の母親と姉は病気で亡くなりました。私には二人の兄がいましたが、一人は溺れてしまい、もう一人は病気のために亡くなりました。皆が死んでしまいました。クルナに義理の兄がいますが、私からの連絡を受けてはくれませんでした。私の兄は、アジムプルのお墓に埋められました。誰も残っていませんでした。誰にも話しませんでした。大きな悲しみを心のなかに抱えていて、それが誰とも話をしなかった理由です。

カトゥンの夫と父親が殺された時、彼女は自分自身を養わなければならないと思い、家事労働者として働きだした。彼女は、息子が八歳になった時に、彼も働かせることにし、それ以来彼女の息子は働き続けている。彼女自身のような女性にとって、縫製産業が生命線となっていることを認識しつつも、彼女は自分自身が送るであろう人生に関して、とても異なった期待を抱いて育ってきたのである。「自分が働くことになるなどと思ったことはありませんでした。しかし、これが私の運命なのです。もしもう少し早くそのことを知っていたら、毒を飲んで死んでいたかもしれません」。いま、彼女は息子が運転手になる日を楽しみにしており、その時が来れば縫製工場を辞めて家庭に戻ることが出来ると考えている。

ラヘラは、夫が、明らかに浮気の相手であろう別の女性を自宅に連れてくるようになった時に、夫の元を立ち去った。彼女の両親は彼女のために離婚の手続きを進め、彼女が幼い息子と娘の親権を持てることを条件に、彼女のディン・モホル（din mohr）（慰謝料の一種）【訳注7：イスラーム教徒が結婚する時に定める保証金のようなもの。結婚に際しては金品の授受はないが、離婚する際に支払うものとして結婚時に定める。】の権利を放棄するとした。彼女は両親の家に戻り、二度と結婚しないと決意した。夫との経験が、「結婚全てにたいする嫌悪」を彼女にもたらしたからである。彼女は子どもたちの養育費に貢献するために働くことを決めたが、彼女のような階層の出自の女性に適切な仕事を見つけることが出来なかった。彼女の語りは、結婚が女性の運命を満たすものであると信じながら育ってきたにもかかわらず、全く異なる現実を生きなければならない女性の絶望感を表している。

> 私は縫製工場で働いています。なぜなら……。他に何が出来るのでしょうか？　他の選択肢が見当たりません。最もしたかったことは主婦でいることです。私の夫が働いて、私は家にいて、家族の面倒を見ていることです。そしてたまに一緒に外出をすることです。しかし、物事は、そのようなことを可能にはしませんでした。そして、私の娘にとっても、より良い状況が待っているとは言えません、彼女も働かないといけないかもしれません。彼女の運命が、私の運命よりも良いものになるとは思えません。

レヌの工場労働への参入もまた、彼女の夫の暴力によって事実上働き始めざるを得なかったという意味では、消極的な行為主体性の例となる。彼女の父親は彼女がまだ幼い時に亡くなっており、彼女は近隣の村の男性と非常に若い時に結婚していた。その夫は稼ぎ手として無責任であり、暴力をふるう人でもあった。彼女は、子どもが生まれれば彼が心を入れ替えるであろうという希望をどこかで抱きながら、一緒に居続けてきたが、それも結局は裏切られた。

> 彼は二日間は、土を耕して、ちゃんと働きます。そしてその後、二日間を寝て過ごします……。私は当時、働いていませんでした。時々、私は二日間は食べることが出来たものの、週のその他の日をお腹をすかせながら過ごすことになりました。彼は私に困難な時間を与え続け、私を叩きました……。夫の元を何度も去りたいと思いましたが、息子一人がいることを思って踏みとどまっていたのですが、ただし、彼は亡くなりました。それでも、もうすぐ新しい子どもが生まれるので、状況は良くなるだろう、結婚は続くだろうと思っていました。しかし、娘が生まれた時、何も変わらないことに気付き、私の心は壊れてしまい、彼の元を去って来ました。

積極的な行為主体性、対立のない意思決定

二つ目のカテゴリーの女性たちは、同じように男性の支援を失って工場労働に意思に反して参入した点は共通しているが、その工場労働に従事する決定を、自分自身の積極的な選択として説明する点において最初のグループと異なっている。このカテゴリーには、一八人の女性が該当する。多くは非常に貧しい世帯の出身で、縫製産業が登場する前から既に何らかの稼得活動に従事していた。このグループの女性は、縫製工場での就業が選択可能であることを、彼女たちの就業機会集合の向上であり、拡大であるとみている。単に縫製工場での就業が、それまでに選択可能だった職業よりも高い報酬を提供してくれるということだけでなく、彼女たちが価値を置く、労働者としてのアイデンティティを提供してくれるからである。多くの女性にとって、縫製産業は、彼女たちが従事しなければならなかったであろう、より負担の重い仕事から彼女たちを救ってくれたものであった。アングラの母親は、彼女の夫の死後、家事使用人として働きながら、女手一つで二人の娘を育て上げたが、自分の娘たちが家事使用人になることは拒否した。なぜならば、

母は、もし私が他の人の家で働くことになれば、その家の人びとの汚した衣類の洗濯をせねばならず、家人が与えるだろう質の悪い食べ物を食べていたら、私が病気になってしまうだろうと言いました。母は私がそのような仕事をしなければならないのは我慢できないと言いました。私が他人の家で働かなければならないぐらいならば、自分の隣に置いておいて私が死んでしまった方がまだましだと言いました。

アングラは、働き始められるような年齢になってすぐに、近所の住民のために自宅で縫製の内職をすることで、母親の収入を補填していた。縫製工場が近所で設立されてすぐ、彼女は参入した。

工場が出来たので、以前よりもお金を稼ぐことが出来ます。自宅で縫っている時は、生活していくために充分なほどには稼げませんでした。一週間で百タカさえ稼げない時もありました。時には、一五〇か二五〇タカでした。きちんとした仕事ではありませんでした。でもいまは、チャクリ【訳注８：chakri、決まった額で他者のために働くこと】があります。

モナワラは、一三歳の時から結婚していた。彼女の夫は、結婚した直後から精神的な不安定性を見せ始め、仕事を続けることができず、しばしば彼女を殴った。彼女は、幼い息子を連れて彼の元を去り、彼女の兄の家に身を寄せた。しかし、義理の姉が彼女たちを養うことを嫌がるようになり関係は悪化した。彼女は、兄の家に住まないで済むように、住み込みで家事労働に従事し始めた。工場での仕事が得られるようになった時、彼女は家事労働を

辞めて工場労働に就いた。誰も彼女の選択に反対する者はいなかった。誰も、彼女を養う責任を負いたくなかったからである。

　工場労働は、最初は彼女の生活状況を悪化させた。雇い主の家に住むことで家賃を節約でき、更に月に百タカと、食べ物、油、石鹸や衣類を得ることが出来たからである。彼女の工場での初任給は低かった（生産性の向上とともに上がっていったが）。そして、彼女は家賃も払わねばならなくなった。ただし、家事使用人としては、彼女の労働時間にたいする需要に制限はなく、文字通り、雇い主側の言いなりで、昼夜かまわず、呼び出されていた。彼女による家事サービスと縫製工場での就業の対比は、彼女が工場労働者というアイデンティティのどの点に価値を置いているのかを見せてくれる。

私が雇い主の元を去ったのは、彼らの許しがなければ外出も出来なかったからです。自分の家に帰りたくても、最初に彼らに許可を得ねばならず、もしだめだと言われれば、帰ることも出来ませんでした。ここの工場では、八時から一七時まで働きますが、一時間のお昼休みがあり、残業も出来ます。もし残業をするなら、軽食と残業代が提供され、より稼ぐことが出来ます。金曜日は休みです。自由な時間を持てます。一七時に仕事を終えて、帰宅して料理をして……。自分の家があり、自分のベッドで眠れます。他人の家で働いているのとは違います。他人の家では、その人たちに全て従わなければならず、深夜一二時でも眠ることが出来ず、朝は彼らよりも早く起きねばなりません……。残業代のような支払いもありません。

　シェファリは、われわれの調査対象者のなかで、唯一、工場労働に参入する前に売春婦であったことを教えてくれた女性であった。彼女の母親は、父親が別の女性と再婚するために彼女を追い出した時に自殺してしまった。シェファリは当時、幼い子どもであった。彼女と二人の弟は、母方のおじとおばに育てられたが、おじが亡くなった時に、父親の下に引き取られた。彼女の父は、すぐにシェファリを、三人の子どもを持つ寡夫と結婚させたが、その結婚は長続きせず、彼女は実家に戻ってきた[5]。彼女の父親は、結婚の失敗を責め続けた。「夫の世話さえ出来ないのであれば、何も出来ないだろう……。自分を売るしかないと、父親は私に言いました」。結局、彼女はクルナに移住することを決めた。「もし父親の言うことを全て聞かなければならないのであれば、私は自身を売るしかないと思いました」。彼女が去った時、誰も心配しなかった。誰も気にかけていなかったからである。

　クルナでは、彼女はさまざまな方法で収入を得ていた。彼女は、昼間はジュート工場で働いていた。夕方には、彼女は雑居しているジュート労働者の夕食を作った。また、彼女は一時期、

5　シェファリは、その夫の前妻が、自分の母親のように自殺したという事実を受け入れられず、彼女の夫が、自分の父親のようになるのではないかという恐れから逃れられなかったと語ってくれた。

巡回演劇《ジャットラ》の劇団で、歌手として働いたこともある。そして徐々に、売買春を始めるようになっていき、お金や衣類や化粧品と引き換えに、工場労働者と性的関係を持つようになった。そのうち、工場労働者の一人が彼女に入れ込み始めた。彼女の拒絶にもかかわらず、つまり、「私は彼に言いました。私は路上の女であり、この世界に何も持っておらず、私自身が私の持っている全てで、何も与えることが出来ない」という主張にもかかわらず、彼は彼女に、彼女の大家を通じて結婚を申し込み、彼女は最終的にそれを受け入れた。

結婚は彼女にとって新しくより良い生活を約束し、尊厳を取り戻してくれた。ところが、二カ月後には、夫の彼女にたいする愛情は失われ、彼は彼女に、自分の家族は決して巡回演劇の踊り子と自分が結婚したことを認めないので、実家に帰るようにと伝えた。しかし、彼女は父親から勘当されており、実家に戻ることは出来なかった。「父は、自分には娘はいない。五人の息子がいるだけであると言いました」。代わりに、彼女はダッカに行くことを決めた。われわれが彼女に出会った時、彼女は一日中縫製工場で働き、晩は、大家の自宅で家事使用人として働いていた。彼女は、過去の職業と現在の職業を比較し、次のように言う。

以前はもっと良い恰好をしていましたが、私の性質を知っていますよね。私は、その意味では悪い人でした。誰かが彼の元に私を呼び、私は何かを受け取り、彼がして欲しいことをしてあげました。いまは、以前のような生き方ではなく、いまの方が良いと思っています。もしきちんと食べることが出来なくても、一日に一回しか食べることが出来なくても、いまの生き方を選びます。

積極的な行為主体性、合意的な意思決定

女性の三つ目のカテゴリーは、工場労働に参入することを積極的に選択した女性で、貧困や現状のままであることよりも、賃金獲得による貢献の価値を、世帯のなかで合意したために、就業に関する決定を反対されなかった人びとである。調査対象者では一四人が該当する。アフィアのように、両親と一緒に住んでいる未婚の娘たちもいる。彼女は、五人の兄弟のなかでの年長であり、入学試験の後、小さな店を経営している主たる稼ぎ手である父親を助けるために工場労働に参入した。彼女は、父親を助けて家族の面倒を見る責任を共有できるような兄を持っていなかったことが、彼女が稼ぐことを決める理由になったと説明する。

私の父親は歳を取ってきており、一人では無理なのです。弟や妹たちはまだ就学中であり、支援が必要です……。私が仕事をすることを提案した人は誰もいないのですが、逆に反対した人もいませんでした。私は勉強を続けることを自分で断念しました。もし勉強を続けたかったら、私の両親は物乞いをしたり、

借金をしたりしてでも続けさせてくれたでしょう。

彼女は拡大家族からの疑義に関しては無視をした。文句を言う親戚が、彼女の経済的貢献を不要とするような支援をしてくれるわけではなかったからである。

> 私の裕福な親戚たちは、たとえば、母方のおじなどですが、私が働きだしたことを聞いた時、快く思っていませんでした。ただし、私が主に女性たちと一緒に働いているとわかった時には、もう何も言いませんでした。もし反対したとしても、聞く耳は持たなかったでしょう……。私の裕福な親戚は、毎月私たちにお金をくれるわけでもないのに、彼らの言うことを聞く必要があるのでしょうか。

ムムタズは、稼得者が一人だけでは家族が生活を維持していけないことに気づいた時、自身も家計に貢献しようと決めた。彼女は一八歳で、彼女の父親が長年の病気と精神的な不安定性から、彼女に通学を断念させようとした時に、勉強を続けることを諦めさせられた。そして、当初は彼女の母親の兄弟の家に居候するようになったが、自身が慈善の対象になったように感じた。大学院入学の準備をしていた彼女の兄は、稼得手段として、家庭教師をするようになったが、彼の所得だけでは不十分なことは明らかであった。そこで、ムムタズは、仕事を探すことにした。「兄にかかっているプレッシャーを感じていました。自分の家族が直面している困難を認識していましたし、私の母方のおじ《ママ》(*mama*)も父方のおじ《チャチャ》(*chacha*)も私たちを見下しているのは分かっていました。彼らは私たちに会いに来たことも様子を見に来たこともありませんでした」。

彼女の兄は、なぜ誰もムムタズの選択に反対しなかったのかを次のように説明する。

> 私たちには親戚がいます……。彼らはそこそこ裕福です。しかし、支援を頼んだりして、小さくなって生きるのは避けたいと思っています。自分たちの足で立っていたいのです……。ムムタズの頭のなかに働くということがよぎりました。彼女は他の女性たちが働いていることを見て、自分にも出来るだろうと考えました。そして、私たちにそのことを提案しました。家族のなかに反対意見はありませんでした……。このような悲劇が起きた時、多くの人は心配しながら、バラバラになっていきます。何が起こるのか、どうしたら良いのか、どのように食べていけば良いのか、と。私たちはそのような対応はしませんでした。われわれは一緒に乗り越えてきました。

また、多くの既婚女性は工場労働への参入を、「複合的な厚生の最大化」による合意であると説明する。ジャハナラはこのカテゴリーの例である。彼女と夫は、干ばつによる収穫量の低下のために土地を売らざるを得なくなった後、一緒にダッカに出てきた。二人は、都市での家賃を支払い、四人の子どもを学校に通わすためには、二人目の稼ぎ手が必要であることに合意していた。ジャハナラの両親は、彼女の娘を賃金労働に従事させるために結婚させたのではないとして嘆いたが、ジャハナラは、それでも、働くことは、孫たちの利益になるはずだと指摘した。「私は両親にこう言いました。以前は働いていなかったけれど、いまはより良い教育を受けさせるべきあなたたちの四人の孫がいるのだから、私は働きに行くことが必要なのよ、と」。

シャハナズ・ヌルは、家族の逆境のために働き始めた女性の一人である。彼女は高学歴の男性と結婚し、最初のうちは彼の両親と一緒に住んでいた。ところが、夫は村で正規の仕事を見つけることが出来ず、工場で未熟練労働に従事せざるを得ず、さらには、時には日雇いの農業労働者として働かなければならなかった。彼の両親はわずかな財政的支援しかしてくれず、最初の子どもが生まれた後、特に義母が彼女の家族を扶養しなければいけないという考え方を嫌がり、別居するようにと伝えられた。シャハナズは、地元の NGO 組織で働き始めた。自宅でジュートの手工芸品を作り、それを NGO が販売した。そして、彼女は家族にとっての主な稼ぎ手になった。彼女の夫はジュート製品を作るのを手伝ってくれた。彼は、自分自身の立場を次のように感じたと語ってくれた。

自分が失業していることを悪く思っていました。「事業《ビジネス》」には関心がありませんでした。安定的な所得をもたらしてくれないからです。私は安定した収入を望んでいました。私は失業していましたが、妻の仕事を手伝っていたので、私も働いてはいました。なので、誰も私を失業者とは呼べませんでした。

最終的には、義理の弟がダッカの宿舎での仕事を彼に見つけてくれた。彼らは、村から出て、都市の郊外で彼女の父親の隣に住むようになった。ダッカに到着してから一年もしない内に、シャハナズは縫製工場で働き始めた。

一人の所得では家族全員を養うことは出来ません。服を買うことも出来ませんでした。私の仕事は、家族の生活水準を向上させることを助けることが出来ました。そうでなければ、娘たちに教育を受けさせることは困難だったかと思います……。夫は反対をしませんでした。父は動揺していました。それでも、私は既にお前を結婚させたのだから、私はあなたにたいする責任を持っておらず、夫次第だと言いました」。

既に紹介した女性たちは皆、自分自身の選択の理由を、まずは家族の必要への対応のためだと説明するが、その「必要」とは、より基本的な生活水準から、子どもの教育まで幅広い。他には、より少ないものの、経済的に恵まれた地位にある女性が、個人的な理由から参入した例もあった。ナズニーンは、二五歳で独身だった。彼女の母親は一九七五年に亡くなり、父親はその三年後に再婚した。彼女の家族は裕福で、高学歴だった。彼女の姉は資格を持った医者で、都市の民間クリニックで働いていた。彼女の弟妹たちは、全員まだ大学で勉強中であった。

ナズニーン自身は、高校以上には行っていなかったが、早い頃から強い企業家精神を見せていた。彼女は、さまざまな工芸に関する資格を取得し、そして、近隣の女性たちに個人的に教えていた。縫製工場への参加は、論理的な次の段階だった。彼女は、自身よりも学歴の低い近隣の女性たちが、彼女の個人的な試みよりも確実に多く稼いでいるのを目にしていた。「もし彼女たちに出来るなら、私も出来るだろうと思いました」。われわれがインタビューした彼女の義母は、周りの人びとは、もし彼女がナズニーンの本当の母親だったら、彼女を働かせたりはしないだろうと言うであろうことは自覚していたが、それでも、義母もナズニーンの父親も、ナズニーンの判断を信じており、彼女の決断の前に障害を置く必要を感じなかったという。「もしバングラデシュの全ての女性が私のナズニーンのようであれば、この国の女性が不幸になることはないでしょう」。

積極的な行為主体性、交渉された意思決定

工場労働に従事したいという意向にたいして、さまざまな理由から反対をされずに済んだ女性たちに注目してきたが、ここでは次に、工場労働に参入する前に反対され、したがって家族の他の構成員と交渉をしなければならなかった女性たちに目を向けたい。十人の女性がこのカテゴリーに該当する。彼女たちは、一般的には基本的な生存のための必要は保障されており、したがって、家族の他の構成員による「世帯厚生」の規定では、ジェンダー的妥当性と家族の評判に関する認識がより重要度を持っていた。ただし、女性が遭遇した抵抗の形や、それが誰によってもたらされたかは、一般的には婚姻関係によってさまざまであり、その抵抗を乗り越える説得方法もまた異なっていた。

若い未婚の女性の場合は、反対は両親とより広い親戚のネットワークからなされた。彼女たちが直面した挑戦は、自身の保護者にたいして、工場労働が彼女たちの評判を傷つけず、したがって、将来の結婚を脅かさないことを納得してもらうことだった。デロワラは、本章で既に紹介した若い女性で、工場労働に既に従事していたいとこを訪ねた時に、縫製工場での仕事について聞いた女性である。彼女の父親は困難な時期に陥っており、デロワラは勉強を続けることが出来なくなっていた。彼女自身が稼ぎたいと思った理由は明快である。「もし働ければ、少なくても少しのお金を稼ぐことが出来て、自分を養うことが出来るし、欲しい物を自分で買うことも出来ます。家のなかで養うべき人が一人減るはずです。もし村に留まっていれば、私は家族に依存しなければな

りません」。

しかし、彼女の両親は、彼女が都市に出ていって働くということに断固として反対した。彼女は両親の合意を得るまでのとても長い交渉の過程を説明する。まずは、いとこたちに彼女のために両親を説得することをお願いしたが上手くいかなかった。

父はダメだと言いました。母もそうでした。私は、「もしいとこがこれらの仕事を出来るのであれば、なぜ私がしてはいけないの?」と尋ねました。しかし、私の両親は、他の人が言うであろうことを心配していましたし、私が行ってしまって誰かと恋を落ちたりするなど、そのような類いのことが起こるのを恐れて反対していました。私は、ここでただ座っているよりもましであると言いました。少しは稼ぐことが出来ますと。父は、名誉と貞操が失われることについて言うので、私は父に向かって言いました「お父さん《アッバ》(Abba)、もし私が自分の貞操を捨ててしまうなら、ここに座っていてもそう出来るのです。もし、たとえ外に働きに出ても、私が貞操を捨てないのであれば、私は自らの面倒を見ることが出来ます」。

そして、彼女は弟を説得して、彼女を弁護するように頼んだ。

弟に、父に説明して欲しいとお願いしました。私は母に説明するからと……。そして、私は母に説明しました……。「もし(いとこが)これらの仕事を出来るのであれば、なぜ私は出来ないの?」。弟は父にこう言ってくれました。「ハリマたちも働きに行っている。なぜお姉さん《アパ》(Apa)が行くことはいけないのですか?」。

彼女はまた、いとこの妻も動員して、彼女のためにお願いしてもらった。

私は彼女にこのように指摘しました。「もし私が何かひどいことをして、両親が社会的面子を失うとしたら、また、私がもし誰かと恋をしようとするとしたら、そのようなことは私が家にいても出来ますよね……。そんなことをするために、向こうに行く必要はありません。だけど、私はそのように軽率ではないし、両親にたいしてそのようなことをしたりはしません……」。私は彼女に事情を話して、そして彼女は両親に話しをしてくれました……そしてようやく、両親は合意してくれました。両親は、私が他の男性と接触することを主に恐れていました。他にも心配事はありませんでした。たとえば、私はまだ一度も町に行ったことがありませんでした。新しい環境のなかで、自分自身の面倒を見ることが出来ないかもしれません。ダッカに行ったことがなかったため、両親はそのことも心配していました。両親はこう言いました。「いまは良い時代ではない。何が起こるかわからない。安全ではないかもしれない。何か悪いことが、お前に起きるかもしれない」。

最終的に両親の合意を取り付けることができ、デロワラはいとこと一緒にダッカに移住し、彼女たちは同村出身の二人の女性と一緒に「雑居」できる先を見つけるのを助けてくれた。それでも、村の拡大家族の構成員は心配し続けた。

実家に帰ると、祖母は私たちにこう言います。「どのように行動するか気をつけなさい。悪いことをしないようにしなさい。誰ともふらついたりしないようにしなさい。誰かがあなたについて何か言うようなことがないようにしなさい。あなたの家族を貶めてはいけません……」などである。

既婚の女性の場合は、工場労働への反対意見はもちろん、父親よりも夫から出された。そのような場合に、その抵抗を乗り越える女性の戦略の共通点は、子どもたちの福祉について言及することである。これは、コヒヌールによって使われた戦略であった。彼女は、夫の所得は、自分たちの必要と、彼の未亡人の母親や未婚の妹にたいする扶養の責任を果たすためには充分ではないと感じていた。しかし、彼女は最初、自身の稼ぎ手としての適性に関して問われていると感じてしまう夫の不安に対応しなければならなかった。コヒヌールはどのように彼の懸念を乗り越えたかを次のように説明する。

私の夫は、私がなぜ働きたいのか、自分が充分に私を養っていないからかと尋ねました。私はこう言いました。「家に留まっていることも出来るけれど、私たちは大変になってしまうでしょう。もし私が働けば、お金を持って帰ってくることが出来、他の人は私たちを尊敬するでしょう」。もし、あなたの夫が養うことが出来ないとしても、お金のために働いていますと言ってまわりますか？　それは私たちの間の問題です。私は彼に理解してもらいました。そして彼は言いました。「わかった、行っても良い。しかし、私が充分に稼げるようになったら、仕事を辞めなければならない」。彼の兄は彼に、「なぜ妻を働かせるのだ？」と聞きました。それでも、私の夫は彼に、「いまは誰でも働いている」と答えました。それでも、いまでも彼は私に、「俺が稼いできたお金だけあれば、お前は働く必要がないはずだ。家で子どもの面倒を見ているべきだ」と言います。私は、「子どもたちは教育を受ける必要があります。それは大事な問題です。私は働かないといけません」と言います。

ジョリナは、当初は、縫製工場で働くことを申し込む近所の人に単について行っただけであったが、自身も仕事を得ることになった。その後数日間は、夫にたいして働きだしたことを隠していた。夫が仕事に出た後に家を出て、帰宅前に帰って来ていた。彼女は夫が、彼らのような社会的出自の人の地位を貶める職業であるとして反対することを知っていた。最終的に彼女が何をしているのかを伝える際に夫の合意を得るために彼女が用いた戦術《タクティック》は、子どもの将来の教育に関する共通の関心ごとを思い出させることであった。

最初は、私が見つけた仕事が「縫製産業」だという理由で、夫は怒っていました。彼自身は、大学の事務員として「立派《ボドロ》な(ホワイトカラーの)」(bhodro)な仕事に従事しているので、彼は私たち家族の評判を気にしていました。もし私が政府の仕事に就いていたら怒ったりはしなかったでしょう。彼は、工場で働く女性が「異なった」人びとだと思っているのではありませんが、いろいろ問題が起こっていると思っていました。彼は私になぜ始めたのか、どこに必要があったのかと尋ねました。私は彼に、私たちには四人の子どもがいて、彼らの前には将来が広がっていると言いました。充分な教育を受けるためには、そして良い企業に入るためには、お金が必要であると。私は、子どもの衣類や本のためにお金が必要な時に、家で座って何もしていませんでした。今は自分の時間を生産的に使っています。

ただし、このカテゴリーに属する全ての女性が、働くことの動機を、家族や母としての利他主義に結び付けて説明したわけではない。一部の人は、より個人的な理由によって働き始めた。モルジナは、結婚した時、既に縫製工場で働いていた。彼女は結婚した時、夫の懸念にもかかわらず、働き続けることを決めた。なぜなら、コヒヌールの場合と同じく、村にいる彼の高齢の両親にたいする扶養責任を果たすには、彼の所得では不十分であると考えたからである。「彼は一つの所得で、二つの家族を養わなければなりません」。ただし、経済的理由の背後には、別のより単純で個人的な動機もあった。彼女は家の外にいる機会を楽しんでいたのである。

私は三年間働いていて、働くことが好きでした。家にいるのはあまり好きではありませんでした。工場では皆が働いていて、会話がないとしても、一日が良い感じで通りすぎます。家には何もなく、頑張るべき仕事もなく、料理と掃除しかないので、家にいるのはあまり好きではありません。家にいると静かで孤独です。工場には、たくさんの人がいて、私たちは一緒に働いています。

積極的な行為主体性、対立的な意思決定

最後のカテゴリーは、一つ前のカテゴリーと同じく、工場労働への参入の意向にたいして反対されたが、前者のグループとは異なり、その反対にもかかわらず、工場労働への従事を決めた女性たちで構成されている。調査対象者のなかでは一一人が該当する。このような対立的な結果は、ほとんど例外なく、婚姻関係の文脈

で起こった。幾つかのケースでは、その対立は、妻の抵抗を夫が抑え込んだ結果、決着していた。ルプバンの夫は最初の妻の元を去っており、彼女が最初の夫に捨てられており、さらに夫にとっても二人目の妻であるという彼女の女性としての不安定性を使った。「彼の家族の全ての人が、私が彼の二番目の妻であることを知っていますが、それでも彼は、私が断食をし、祈り、そして彼の世話をすれば問題がないと言います」。彼は、工場で働く女性は売春婦とたいして変らないと非難する、地域の宗教的な会合に彼女を連れて行った。われわれが彼女にインタビューを行った時には、彼女は彼のプレッシャーに屈して、年内に仕事を辞める決断をしたところだった。

しかし、他のケースでは、夫の反対を抑え込んだのは妻の方であった。バネシャのケースである。彼女は、夫のことを良い人間だと言う。「彼は、他の女性に目を向けたことはありません。彼は一日に五回、お祈りをし、一度も文句を言ったこともありません」。ただし、同時に近所の人の噂に簡単に影響を受ける、少し単細胞なのだと言う。「彼らは、夫に、もしこの妻と一緒に居続けたら、平穏な世帯は築けないだろうと言いました」。彼女の夫はビスケット工場で働いており、一カ月に九百タカを稼いでおり、彼女は、自宅で鶏を飼って家族の収入の足しにしていた。ただし、二人は頻繁にお金のことで喧嘩をしており、ある喧嘩の際に彼が彼女を殴った時、最終的に工場労働に従事することを決めた。彼女は地元の仕立屋で縫製の仕方を学び、工場労働に申し込んだ。彼がそのことを知った時、彼女の夫は怒り、鍵をかけて彼女を家から閉めだした。当初、バネシャはダッカの他の地域に住んでいる両親には働いていることを隠しており、実家には戻れなかったため、末の子どもとともにベランダで一夜を明かすことになった。ところが、彼女の秘密は、バネシャが映画ばかり見ていると思った遠縁のおじによって両親にばらされてしまった。映画館は工場と同じビルに入っていたのである。

働いていることが見つかった時、彼女は反対の嵐にさらされたが、彼女は兄を説得して工場に来てもらい、どれほどきちんとした場所かを見てもらった。一時期、彼女は実家に戻っていたが、われわれがインタビューをした時には、夫も、彼自身の説明によると経済的な意味を見出したため、部分的には彼女の仕事にたいする考えを改めていた。

女性が稼ぐのは良く見えないので、私は彼女が働くことに反対していました。他人は彼女が自身を養っていると言います。他人は、それを悪いことだと考えます。私もそう思っていました。彼女がどこに行って、何をしたのか？　私は彼女が働くことに反対しましたが、彼女はいずれにしても働き始めました。私は怒りを感じていましたが、それでも彼女は働いていました。いまはそれほど悪くは思っていません。きちんと行動していれば、何も悪い結果はもたらさないでしょう。国は発展していき、私たちも何とかやっていけるでしょう。

ハヌファは、小さな商売を営む夫の非常に不安定な収入を補填するために、自宅でキルトを縫う内職をしていた。彼女はより安定した仕事を探すようにと夫に頼んだが、彼は暴力によってそれに応えた。「彼女がそのような思い上がったことを話す時、自分自身をコントロールできなくなります。彼女は叩き返すことは怖がっています。どんな男性でも、妻からのそのような態度を許すことはありません。私は彼女を殴るべきではないですが、私が失業中だからといって、何でも言いたいことを言って良いわけではないことに彼女は気づくべきです。もし女性がそのことに気づけば、女性を殴る人などいないでしょう」。ハヌファは、子どもが一歳になった時、夫の暴力的な反対にもかかわらず、仕事を探すことを決めた。彼女は次のように説明する。「働いている女性が家庭もより良く運用しているのを見てきました……。私は自分で決めました。夫は賛成しませんでした。彼の収入だけでやりくりするべきであり、犠牲に耐えるべきだと言いました……。しかし、私には娘がいます。彼女には未来があります」。

既に対立した婚姻関係がある場合は、妻の縫製工場での就業の決定は、婚姻関係の大きな変化をともなうことになった。幾つかのケースでは、結婚の破たんを見せた。カニーズの場合は、縫製の仕事に従事することを決めた直接のきっかけは出産であったが、その背後には、「恋愛結婚」として始まったものの、暴力と不幸に満ちたものに陥っていた関係の歴史があった。彼女の夫は、同じ仕事を二、三か月も続けることが出来ない、頼りないふらふらとした人間になっていた。彼女たちは、夫が彼の両親と喧嘩した後、カニーズの家族の所に移りすんだが、夫はそれでも定職に就かなかった。カニーズの家族に頼り、そして自分の家族からも支援を受けていた。

二人の関係は暴力的なものへと悪化していった。カニーズは、夫の暴力的な反対にもかかわらず、子どもが生まれた時に縫製工場で働きだすことを決めた理由を、端的に説明する。「必要からここに来ました。もし必要でなければ、私は来ませんでした」。ただし、彼女の母親は、その必要がどのように生じたかに関する歴史の概要を話してくれた。

> カニーズは子どもが生まれた後、工場で働くようになりました。出産は帝王切開で、カニーズは母乳も出なかったので、赤ん坊はあまり良い状態ではありませんでした。カニーズは、自宅の最も近くにある××工場に歩いていって、仕事を得ました……。彼女は、お金があれば、子どもを救うことが出来ると思ったからです。彼女の夫は、「良い」家族出身の女性は縫製工場では働かないとして反対しました。しかし、彼は彼女を止めることは出来ませんでした。彼女はそのことで彼と大きな喧嘩をしましたが、もし仕事を得ていなかったら、子どものミルクさえ買うことが出来ないと主張していました。それなのに、彼女にどうしろというのでしょうか？ 子どもに米粉でも与えろ

というのでしょうか?

カニーズは、彼女の母親は、娘が工場で働くという考えに以前は悲嘆していたが、彼女に選択肢がないことを認めたと話してくれた。ところが、彼女の夫は、カニーズが工場労働を始めてすぐ、彼女の元を去った。われわれがインタビューをした時は、彼女はちょうど、彼が再婚することを聞いたばかりであった。

暴力はアレアの結婚の実態でもあり、彼女が結婚から逃れる決意をした理由でもあった。彼女の夫は盲目で、彼女よりもかなり年上であった。彼は、先妻との間の息子の助けを借りて、古着ビジネスを営んでいた。実際の所、彼は以前に六回も結婚しており、アレアによると、全ての先妻が、彼の暴力のために彼の元を去ったということであった。彼女は村に住んでいた時に、縫製工場のことを聞いたことがあり、彼女の養鶏からのわずかな収入を使って、地元のNGOでミシンの手ほどきを受けた。それから、彼女は夫の元を去り、一二歳の娘とダッカにやってきた。当初、工場労働を探している間は、兄夫婦と一緒に住み、家事使用人として働いた。その頃までには、彼女の後を追って夫もダッカに来ていた。彼は、彼女が工場労働に参入すれば常に見知らぬ男性と接触することになるとして反対し、家事労働に留まることを好んだ。

夫は、私が他の男性と一緒になって彼の元を去るのではないかと思い、工場で働くことには反対しました。個人の家で働いていれば、彼は反対しませんでした。男性がいないので、個人宅で働き続けて欲しいと思っていました。彼は、縫製工場は良くない所で、新聞にも縫製労働者の女性が妊娠したりしていると書いてあると言いました。

しかし、アレアは彼の下で充分に犠牲を払ってきた。「どちらにしても工場には行きました。私は彼にこう言いました。『私は座ってあなたの説教を聞いているよりも、働きに行って自分で稼ぐことの方が良い』と。彼女自身は、他の女性が既に言及したのと同様な理由で、家事労働よりも工場労働を好んでいた。家事使用人としては、月に三百タカしか稼げなかった。工場労働を見つけた時、最初は「見習い」として一ヶ月一五〇タカで始めた。家事労働では、昇給は雇い主の気分によっていたが、工場では、彼女のミシン操作の腕前の向上によって、生産性に基づいた昇給を完全に期待できた。さらには、縫製工場では時間外労働は義務ではあったが、公的に認められ、支払いもされた。家事使用人の場合は、契約的に合意された労働時間が存在していないため、時間外労働の概念がなかった。彼女は、雇い主が欲するだけ働かされた。最後に、彼女は「きちんとした」仕事に就いたことによる自尊心に価値を見出す。「全ての仕事に価値がありますが、家事使用人には名声や自尊心はありません。自尊心は食べ物よりも重要です。誰かの家で働けば、あなたは単なる召使です」。

選択の理論の再検討―世帯の統合されたモデルと交渉モデル

われわれがインタビューした大部分の女性が、工場労働を経済的な理由から始めており、彼女たちの意思決定は、選択の経済理論と一致しているように見えるかもしれない。ただし、われわれはまた、社会的ルール、規範と価値が彼女たちの選択能力を形作るだけでなく、いかに選択肢群を構築したかを見ることで、それらが意思決定過程において重要な役割を担っていることを明らかにした。本節では、女性の労働市場における意思決定における構造と行為主体性の間の相互作用について、女性たちの語りが明らかにしたことをより詳細に分析するために、手始めに選好に関する問いに戻って来たい。第二章で述べた通り、経済学者は、選好の概念を単に「人びとが欲しいもの、欲する程度、欲望などの短縮表現《ショートハンド》」として用いる (Folbre, 1994)。言い換えれば、人間の行動に合目的的特徴を与える動機の短縮表現として用いるということだ。しかし、経済学者は、この選好が何によって規定されるかには関心を持たず、通常それは彼らのモデルでは外生的であるとし、価格と所得の変化で説明できる行動の側面にのみ注目してきた。

対照的に、女性の語りからは、観察された行動から推論するのではなく彼女たちの選好自体を検証すれば、経済学者が認めようとするよりも、選好が意思決定を説明するのに非常に重要な役割を果していることがわかるだろう。家族の各構成員の代替的な諸活動にたいする時間配分の決定は、限界生産性の比較検討によるものではない。それは、ジェンダー役割 (gender roles) に関する優勢なイデオロギーに影響を受けている。つまり、広く社会的な期待として普及した、男性は有償労働に従事し、女性は家にいて、家族と子どもの面倒を見るというものである。そのような期待は、メタ選好として個々人により取り込まれ、誰が何をするかに関する決定において、生産性よりもジェンダーがより重要な役割を持つような特定の形での家族労働の配分へと変換される。

ところが、同時に、社会的期待は、個人の諸選好の統合された集合 (a uniform set) として機械的に変換されるわけではなく、個人の歴史と経験に仲介される。幾つかの事例では、女性労働者によって語られた選好の多様性は、ジェンダーイデオロギーの解釈における主観的違いに要約できる。ある女性はより創造的な解釈を行い、他の女性は恐る恐る解釈をしている。ある事例では、その多様性は階層の違いを反映していた。既に見た通り、自分自身に頼って生きてきた女性ほど、工場労働を機会集合の追加としてより歓迎する傾向がある。

それにたいして、男性の保護の下で一生を過ごすという考えを当たり前としながら育った人ほど、縫製工場で働くということは、「認識上の不一致」の痛みの段階をともなっていた。

幾つかの事例では、そのような不一致は、メタ選好が変化することで小さくなっていった。それゆえ、多くの調査対象者の女性は、工場労働の妥当性の制約条件について話し始めるが、工場で働いている自分たちのような他の女性の存在を目にするにつれ、気持ちを変化させ始める。したがって、新しい機会の実現可能性にたいする反応だけではなく、時間をかけてこれらの機会の周辺で築かれてきた社会的意味の変化にも反応して、その選好をシフトさせる。それでもやはり、調査対象者の女性のなかには、男性の稼ぎ手の喪失の犠牲によって、認識上の不一致の問題が存在した女性もいた。彼女たちは工場労働への参入を、積極的な選択とはみなしていなかった。なぜならば、彼女たちはより伝統的な家庭内役割にたいして価値を与えるメタ選好に強く固執し続けていたからである。彼女たちは工場に来なければならないから来たのであり、そうしたかったわけではなかった。

つまり、世帯の意思決定過程に関する女性の語りが提供した一つの知見は、女性自身の選好の違いと、労働供給の意思決定に関わる女性の行為主体性にたいしてそれがどのような含意を持つのかに関わっている。それは新古典派の経済学者によって、労働市場における結果の類似の集合として見なされるであろうことを明らかにする。つまり、似たような選好として「現れる」ものの、実際には、かなり異なった選好順序によっており、経済的兆候にたいする異なる対応のレベルを含んでいることを明らかにする。次章で議論するように、女性を工場労働に引き寄せた動機と選好におけるこの違いは、そのような選択の潜在的変換力（transformatory potential）にたいして重要な示唆を持っている。ただし、本章の残りの部分では、われわれの分析によって提示された女性の選択の本質と労働供給の意思決定の二つ目の知見について検討したい。この点は、女性労働の配分に関わる女性自身の選択ではなく、諸選好の役割を考慮した時に見えてくるものである。

既に見たように、ほとんどの女性は労働市場における意思決定を、家族と相談の上で決定した。女性自身の選好と、家族の他の構成員の間の選好との間の相互作用は、かなり異なる意思決定過程を生み、ある過程は協力的であり、別の過程は対立的であり、さらになかには暴力的なものもあった。意思決定の協力形態は、さらに反対意見の不在と、積極的な合意の結果であるものの二つに区分できる。家族の他の構成員からの反対意見の不在は、貧困か無関心によっている場合が多かった。最も貧しい女性のなかでは、反対意見の不在は家族の他の構成員の貧困に特徴づけられ、社会的にも孤立していることによっていた。中間層に位置する女性の場合は、反対意見の不在は、通常は男性の稼ぎ手の喪失に関わっており、また、拡大家族のネットワークが彼女たちにたいする経済的責任を負うことを望んでいないからでもあった。

他方で、積極的な合意に基づく意思決定は、世帯内協力の基礎をなす家族の共通の関心にたいして、目を向けさせる。それが、必要な生活水準を満たすものに関する定義の一致、もしくは子どもの将来のための優先事項に関わる合意や、または家族の逆境にたいして協働して取り組むことに関することであるとしても、このカテゴリーに該当する世帯は、協力から得られるさまざまな事柄を例示しており、それは、交渉モデルや、統合された選好モデルが提示する効用関数の相互依存性の典型例である。このような女性の就業への選好に関する積極的な合意は、パルダの規範に関する伝統的な見解の不適切さにたいする共有された見方をともなっており、女性の行動にたいして責任は担わないまま、権力を行使しようとする宗教共同体にたいして共同で対峙するものであった。

しかし、新古典派理論の限界は、そしてその権力理論の欠如は、労働市場への参入に関する選好において対立に遭遇した女性の事例を検討すると紛れもなく明白になる。統合された選好モデルは、権力と対立の可能性を全て同一に扱うため、そのような過程を理解しようとする時にはほとんど役に立たない。他方で、交渉モデルは確かに対立する選好の存在を認めるが、ただしそれを、そのような状況において最も優勢であろう選好を予測するために、交渉力の違いを分析することにのみ分析を制限する。他の新古典派経済学と同様に、彼らはどのように選好が形成されるかに関しては関心がなく、したがってなぜそのような対立が起こりうるのかについては説明をしない。せいぜい、対立は意見の主観的差異の表現であると見なされ、同居するどのような個人の集団でも見られるものであるが、大きな社会的な意味があるわけではないと見られる。

他方で、われわれの議論は、女性労働者によって語られた選好における対立に関して、特定の制度的なジェンダー的側面があることを提起した。つまり単なる意見の相違以上のものを含んでいるのである。そのような対立は男性よりも女性の労働供給の意思決定においてより起こりやすい。女性の労働にたいする選好への抵抗は、女性よりも男性の世帯構成員から表現される。特に結婚している場合は、家族内の特定のジェンダー関係の文脈のなかで、最も頻繁で緊迫した形で起こる。言い換えれば、女性の工場労働に従事することへの願望は、明らかに家族内ジェンダー関係の重要な「中枢点」に触れるのであった。これらの対立の本質に関するより詳細な分析、およびそれがどのように解決されたのか、もしくはされなかったかについては、家族内のジェンダー、権力と対立関係の本質を、結果的にかなりの程度明らかにするであろう。

アイデンティティ、利益と権力の問い

シャヌの世帯は、議論の良い出発点であろう。彼女の事例は、女性の就業への選好にたいする男性の抵抗の例を提供するだけでなく、同時に、特定の家族の関係性によって、男性の抵抗の形も多様であることを示すからである。シャヌの夫シャムシュル・アラムは、先の結婚から六人の娘と、シャヌとの間に一人の赤ん坊の娘がいた。彼の事業からの収入は毎月揺れ動き、家族の財政的問題の解決策の一つとして、年長の娘たちが工場労働に従事するという案が浮上してきた。決定は、シャムシュル・アラムによってのみなされたわけではなく、彼がその承認にたいして価値を置く拡大家族の構成員との議論を経たうえであった。シャムシュル・アラムによれば、全体的に積極的に奨励されたという。

娘たちが働くことに反対する人はいませんでした。年長の親戚の一人に会いに行きましたが……。私は彼に助言を求めに来たと言いました。彼は私に会社が終わった頃、会いに来るようにと言いました。そこで私は彼の自宅に行き、国立病院研究所で働く彼の妻が、彼らはとても尊敬すべき人びとですが、彼女が、「働くことの何が問題なの？　私たちは皆働いているわ。これからは彼女たちも働くでしょう」と言いました。そして私は、私の姉と義理の兄とも話しましたが、皆好意的でした。おじもです。彼らは、「彼女たちは他の女性と一緒に働くのだ。何が問題なのだ？」と言いました。

ところが、シャヌが主体的に工場労働に従事したいと意思表示をした際には、夫からの反応は、そして彼によると拡大家族からの反応も、だいぶ異なるものであった。

シャヌが働くことには全員が反対しました。彼らは、子どもがまだ幼く、一歳半でしかなく、母乳をまだ飲んでいることを指摘しました。家族の面倒もきちんと見られなくなるだろうと……。彼女は夜九時まで働くことになるかもしれません。私たちはきちんと食事が出来なくなります。古くなって固くなったものを食べることになるでしょう。子どもたちは泣くでしょう。ある日は、家のなかに充分な食べ物がないかもしれません。

シャヌ自身の働くことを欲している理由づけは、義理の娘たちの賃金で「食べて」、家のなかで何もしていないことを彼女たちにバカにされたからであった。このことに関する交渉は、シャヌとシャムシュル・アラムのどちらもが譲ろうとせず、数カ月に渡って続いた。実際には、シャムシュル・アラムによると、彼の反対にもかかわらず、シャヌが幾つもの工場を、彼がいない間に訪ねていたことを、彼は娘たちから聞いていた。シャヌは最終的に、彼との間で、仕事に行く前に全ての家事を終え、世帯厚生を決して低下させないことを約束したことで、彼の抵抗を乗り越えることに成功した。

つまり、第二章で言及したような、戦略を公定化することにおいて、「家父長的利他主義」は、シャムシュル・アラムのような夫の自己利益（self-interest）とは容易に同化しやすい。自身の福祉への関心は、妻の働くことへの欲求にたいして反対した夫によって表現されるだけではない。妻と一緒に決定を行った夫の場合にも見られる点であった。ジャハナラの夫が言ったように、「私は自分の妻が働くという考えは気にいりません。彼女が働けば、私のために使う時間も私の面倒を見ることにも影響を与えます。しかし、深刻にお金が必要なので、その不便さを我慢しています」。

女性の働くことにたいする抵抗の源泉は、世帯内のジェンダー役割にたいして、彼女たちの労働市場への参加が悪影響を与える可能性についての関心を反映している。全ての男性が、女性の新しい責任に直面して、同じような家事労働の再交渉にたいして等しく抵抗したわけではない。なかには、女性の追加的な仕事の負担に対応して、夫や兄弟がより家庭内の領域に携わるようになった事例もある。掃除をしたり、調理を手伝ったり、夕方に子どもの勉強をみたり、彼らが失業している場合は子どもの面倒を見たりである。[6] サルマ・アクタルの夫は、彼女がどれだけ一生懸命働いているかを見た時に家事をより手伝うことを決断した一例である。

彼女は私にしなくて良いと言いましたが、私は出来ることをするようにしています。買い物をしたり、ご飯を炊いたりすることもあります。大抵は、自分の服を洗っています。友人が私をからかっても、無視しています。彼らは私に言います。おまえは妻を縫製工場に送って、自分は家事をしていると。私は彼らに、自分の洗濯をすることで落ち込んだりしないと言います。彼女がいなければ、自分でやらないといけません。彼らの言うことは聞きません。

6 ザヒールとポール・マジュンデールによると、一六〇人の調査対象者の女性のうち、半分以上が、夫が家事を手伝ってくれると回答しており、女性が工場で過ごす時間と工場労働からの収入が上がるにつれ、夫の家事労働時間が増大する傾向があるという (Zohir and Paul-Majumder, 1996)。一九九〇／九一年版の労働力調査もこの点を支持しており、縫製労働者の女性の夫は、働いていない女性の夫よりも家事に従事していることが明らかになっている (Zohir, 1998)。

いずれにしても、概して、女性の市場における新しい責任は、家事労働におけるジェンダー役割の抜本的な再交渉は引き起こさなかった。可能な限り、女性労働者は、家事を、年長の娘、母親、姉妹や義理の姉妹など、世帯内の他の女性構成員と分担していた。幾つかの事例では、家事手伝いを雇っていた。それが可能でない場合にはシャヌの選択した戦略のように、勤務日には家事労働を計画的に行うことで対応していた。男性の世帯構成員より早く起き、より遅く就寝し、休日は残りの家事を終わらせることにささげられた。[7] 家事からの男性の自由は、男性が家族を養わなければならないという義務とコインの表裏である。したがって、継続する家事の責任に関して女性が自身の分担として当然な対応であると見ている程度と、シャヌのように自身の働くことへの欲求にたいする合意を得るための交渉の手段と見なしているのかを分けることは容易ではない。実際、それは関係性によって、調和――もしくはその不在――の度合いによってさまざまである。たとえば、アンワラは、彼女の夫が追加的な家事の責任を負わなければならない、いかなる理由も見つけられなかった。その代わり、同居していた彼女の母親と妹が、彼女が働きだした時に代わってくれた。

7 一九九〇／九一年の労働力調査 (LFS) の推計をもとにザヒアは、縫製産業で働く男性は、稼得活動、よび家事労働（主にバザールに行くこと）にたいして一週間に平均六〇時間を費やしたが、縫製工場で働く女性は、家事労働では主に調理などを行っていることで、一週間の平均労働時間は八〇時間であった。世帯の他の構成員は、男性と女性ともに、ほぼ同じ労働時間を示しており、一週間に約四五時間であった (Zahir, 1998)。

朝は私が作り、午後は母が調理してくれます。私の母と妹は、家の掃除もしてくれます。私は金曜日に洗濯をします。夫の服も洗います。もし他人の夫が自分の衣類を洗っているとしても、私は自分の夫にはさせません。それは不正義です。私が働いているからといって、なぜ夫が犠牲になるのでしょう?それに、私は休日に他に出来ることなどありません。

他方で、サハラは、夫と対立的な関係にあり、家事に関する選択の余地はなかった。

私の夫は夜警です。夜一一時に仕事に行き、朝六時に帰って来ます。家事の手伝いはしてくれません。一日中寝ているだけです。私たちが前日の夜の残った米を食べるにしても、彼は調理したての食事を欲します。なければ、彼は近くの食堂に行って、一〇タカを払って朝食を食べます。そして家の掃除がすみ、子どもにご飯を食べさせたら、私は仕事に行く前の早朝の時間に彼のご飯を炊きます。

サハラの夫のように、家事を手伝うことを一切拒絶することは、自身の余暇時間のいかなる侵害も許したがらないことを表していた。しかし、それはまた、多くの男性にとって、世帯内におけるジェンダー役割の見解に関わる自身のアイデンティティの認識という点において、象徴的な認識を表していた。それは再交渉やドクサの問題の及ばぬものであるとされる。男性縫製労働者のカマルによってこの見方は、明確な説明がなされる。彼が自分の妻が働きに出ることを反対した理由である。

私は、男性は料理や掃除や育児などの家事をするべきではないと思います。男性の仕事ではありません。仕事は既に分担されています。家事は女性の仕事であり、男性は外の世界に出て、働くことが期待されています。もし両方が働いていたら、メイドを雇うべきでしょう。もし男性が女性の家事を少しでも手伝えば、それは協力の問題として可能かもしれません。たとえば、女性が働いていて帰宅が遅くなるならば、夫が食事の準備をするなどです……。その場合、男性がそのようにしているのは、そうしなければならないからです。なぜそのような男性がそうしているのかを聞くのは、なぜ私が食事をするかを聞くようなものです。私は生きるために食事をします。そういう男性たちはせざるを得ないからしているだけです。

男性のジェンダーアイデンティティは、また、女性が有償労働に従事するという考えにたいする男性の反対を支える理由の三点目として登場してくる。このことは、一部の男性の場合は、本来彼らが養うべき相手からお金を受け取るということによって経験された不快感に関連している。家族内の勤労女性の存在は、稼ぎ手としての自身の役割を果たす能力の貧困さを反映していると見なされる。特に問題となっている仕事が公のものならばなおさらそうである。この不快感は、妻の工場労働にたいする願望に接した夫の幾つかのコメントに顕著に表れている。コニヌールの夫は、妻に「俺は充分におまえを養っていないのか？」と尋ね、バネシャの夫は、「女性が稼ぐのは、良く見えない。自分自身を養っていると他人に言われてしまう」と言い、アミナの夫は、こう断言した。「私は彼女の夫である。なぜ彼女に養われなければならないのか？」。

この家族の女性構成員からお金を受け取ることにたいする嫌悪感は、夫だけでなく、一家の稼ぎ手になることが期待されている他の男性構成員も体験していた。シルの父親は、自分の娘を働かせるぐらいなら、家族のために物乞いをする方がましだと彼女に言った。デロワラの父親は、彼女が毎月村に送っている送金を、彼女のために取っておくことで、それを使って「食べる」ことを拒否した。ムムタズの兄は、このような状況下では、女性の地位にたいする古い見方を維持するのは家族のために現実的ではないと理解していながらも、「妹のお金で食べる」ことについての苦悩を吐露した。「人が生きることに悪戦苦闘している時、パルダの規範を考慮するのは、もはや論理的でも実践的でもない」。

女性の工場労働を始めることへの意向にたいする四つ目の抵抗の源泉は、家族の名声の問題であった。ここでも、そのような抵抗は夫たちに限定されているわけではなく、また家族の男性構成員にさえ限られているわけでもなかった。それは、両親や兄弟、より大きな拡大家族からも出てきた。いずれにしても、女性の名声に関しては、特に婚姻関係の文脈で緊迫した形態を取った。なぜならば、ここでの妥当性に関する不安は、性的な嫉妬や妻の不実に関する恐れに貫かれていた。たとえば、前述の通り、シャヌの夫は、彼女が働くことにたいする彼の反対の理由を、世帯厚生の低下に関する懸念であるとしていた。ただし、シャヌ自身は、彼の主な懸念は、彼女が他の男性と関わることにあったと語ってくれた。実際に、彼女が仕事を始めた最初の数カ月の間、毎晩彼は工場に迎えに行っていた。いまでも、もし彼女が遅く帰宅したら彼は非常に怒るのだという。

ハヌファの事例でも、工場労働に参入することにたいする夫の暴力的な反対は、他の男性と関わることにたいする恐れからであった。彼は、彼女が譲らないことがわかった時、ブルカを持って来て職場との往復時に着るようにと強要し、夕方には彼女の行動を把握できるようにと工場の門まで毎日迎えに来た。彼の性的な不安が時間とともに薄まっていなかったことが明らかになったのは、彼女が生産性向上にたいする報酬として新しいサリーを受け取り、それを持って帰宅した際に彼に殴られた時であった。このような賞与の実践を見慣れていない彼は、サリーは工場の別の男性から受け取ったものであると信じていた。バネシャの場合は、夫の嫉妬は近所の噂から始まっており、近所の仕立屋にミシンの練習に通っていた最初の一、二日の間がどのようであったかを、彼女は教えてくれた。彼は、友人に彼女の後をつけさせ、何が起こっているかを確認していた。

ルトゥファの夫が妻の工場労働への従事を認めることを拒否した理由は、同じく性的な不安からであった。彼は、一日中工場で働き、夜はリキシャを引いており、お金を必要としていたにもかかわらず、彼女が工場で働くことにたいしては、最初、心の準備が出来なかった。彼が言うには、

彼女が縫製工場で働きたいと最初に言ったのは八年前で、彼女の母方《カーラ》のおば（khala）【訳注９：母の姉妹、つまり、おばをさす】が見習いとして九〇タカで働いていた時でした。当時、結婚したばかりであり、私は心配になりましたし、より懐疑的でした。私は、男性はたばこだけで一日九〇タカを使うこともあるのに、なぜ毎月九〇タカしかない給料のために働く必要があるのだ？　と言いました。……しかし、後になって許可しました。私の不安がなくなったからです。

ルトゥファによると、彼の考えが変わり始めたのは、最初の子どもの誕生がきっかけであった。彼は、彼女の性的な関心がいまは母親になることにとって代わり、いまなら信頼出来ると感じたからであるという。

以上のような、有償労働に女性が参入するという考え方にたいする男性の抵抗のさまざまな理由と、その非常な強固さや、既に紹介したように一部では暴力までともなうものであることを考慮すると、対立する選好という考え方は、対立が何についてであるかを充分に捉えているとは言えないだろう。むしろ、個人間の意見における主観的差異よりも、世帯内の、またより広くはその外において、男性と女性の間で文化的に許容された役割と責任の分断にたいして、その変化を受け入れる準備が出来ているかという類のより根本的な対立がむしろ問題とされているのである。既に見てきた通り、これは部分的にはジェンダーのアイデンティティに関わっている。ジェンダーアイデンティティの社会的な構築は、男性だけでなく女性のアイデンティティも規定し、なぜ女性の働くことへの欲求にたいする男性の抵抗がしばしば、女性の働きたいことの理由づけと同様に、ジェンダー役割に関する規範や価値に関する同じ言説を用いて合理化されるのかを説明する。幾つかの定義やそうした定義にともなう行動は、世帯状況の変化に対応するために比較的容易に調整されることもあったが、その他の場合は、個人のジェンダーアイデンティティのまさに核により近接したり、構築したりする時さえあり、したがって、再交渉にたいして最も大きな抵抗を招いた。明らかに、女性の労働の適切な使用という考えは、後者のカテゴリーに属していた。

しかし、アイデンティティに関する問いは、全ての側面を明白に語ってくれるわけではない。本章におけるこれらの語りが提起したのは、女性と男性の間では、この「核」となる信念や実践の変化にたいする許容の次元が異なっていることであった。言い換

えれば、家族内の女性の適切な行動として男性が認識する内容は、女性が自身にとって適切な行動として認識するものよりもはるかに、女性の外での就業によって脅かされることになった。家庭内の役割と責任の分担に関する旧来の理解にたいする固執をめぐるジェンダーの非対称性は、この理解の仕方が、同時にまた特定かつ非対称な家族内の権力の分配と名声を保証していると認識すれば、より容易に理解できるであろう。男性は、このジェンダー役割に関する旧来型の理解を基礎に、さまざまな物質的特権を要求することが出来る。つまり、世帯の資源の支配、家事労働からの免除、世帯主と主な稼ぎ手として、彼らの快適さが最も優先され、尊敬や権威も得られるというものである。結果として、女性が家族の物質的向上のために工場労働への欲求を説明したとしても、男性は、それが自身の家族内の物質的特権にたいする脅威だと見なしてしまう。

　さらには、われわれの分析は、結婚が、このアイデンティティと利益をめぐる対立を、特に緊迫した形で結びつけることを明らかにした。男性の特権は、その他の家族内ジェンダー関係よりも結婚の文脈において大きく、同時により不安定なものとして現れる。夫になることは男性に、家族の他の構成員との関係では生じなかったような範囲での、自身の快適さにたいする妻からの貢献を期待させる。[8] 男性の稼ぎ手としてのアイデンティティは、他の関係性よりも結婚の文脈において、より脅かされる。女性の評判に関する懸念が家族のなかで共有されていたとしても、女性の外での就業にたいする性的な嫉妬は、婚姻関係の間柄に特有なものである。最後に、男性の権威の実践とその帰結としての女性の服従は、他の家族関係よりも結婚の文脈のなかで、男性性に関する男性自身の認識にとって非常に重要なものとして現れる。父親は娘から、兄は妹たちからの服従を期待できるが、夫婦間で現れるような形での男性の権力が同じような形で含まれているわけではない。この点は、われわれの調査のなかで出てきた男性縫製労働者の、女性が働くことにたいする厳しい見解に明らかである。

> 彼女たちは男性と同じような権利を欲しがるので、夫と妻の両方が働くと、家のなかでは不和が起こります。女性は自分自身で稼いでおり、夫の扶養に依存していないと感じるようになり、しばしばそれを口に出します。これが、女性が少し自由になってきている理由です。私が結婚する時には、妻が働くことは許しません。そうすれば、彼女は私に依存しているので、私の希望を聞かねばなりません。

> 私は妻を働かせてはいません。女性は家にいて家族の必要の世話をするべきです。自分で所得を得ている一部の女性たちは自由になりすぎて、もはや夫に関心を払っていません。たとえば夫が彼女たちに何か言っても、自分で稼いでいるので、夫から

8　子どもも母親からそのような期待をすると言えるかもしれないが、子どもはそれを強制する力は持っていない。

の食べ物を食べる必要がないと言うでしょう。そしてもし夫が世帯を維持するのに十分な所得を得ていないならば、彼は自分を小さく感じます。自由を得た女性は、どこで止まるべきかを知りません。

これらの回答は、女性が働くことをどう思うかという一般的な質問への回答であり、この質問が主に、婚姻関係における男性の権威にたいする脅威という文脈で解釈されたことを表している。これらの回答で明白に示された権力をめぐる言説は、家族内の別の関係性の文脈では同じような形で表現されることはないだろう。さらには、このような考え方を表現した男性労働者の全てが結婚していたわけではなく、したがって、彼らは、個人的な経験から得られた見解というよりも、結婚に関する「常識」的な見解や働く妻が持つさまざまな意味合いを明確に述べていたと考えることが出来る。

交渉と経済主義の限界

男性労働者から示された見解は、さまざまな点で世帯の交渉モデルが提示した「資源に基づいた(resource-based)」権力概念と重なり合う。モデルが通常示すよりも調査対象者の男性はより多くの詳細を説明しているが、彼らが恐れていた帰結は、物質的関係の経済が変化することによって起こるものであった。たとえば、夫に従わない妻、家庭内で同様の権利を主張する、家事をおろそかにする、自分の仕方で支払うことを望む、「自由になりすぎて」気軽になる、「言い返す」ようになる、彼女たちの「柔らかくて心地よい」声が失われる、そしてその他のさまざまな形での「不従順」な行為を行い、男性を「小さく」感じさせることであった。

しかし、交渉の経済理論は、本章で見てきた語りが投げかける基本的な難問をほとんど明らかにしない。その難問とは以下のものである。交渉モデルは、市場での稼得可能性も含めての、各世帯構成員の相対的な資源配置に関して認識する。対立の状況において誰の選好が優勢なのかを説明するためである。現在の状況で観察されることは、多くの従属的な女性構成員が、世帯の支配的な男性構成員との「交渉」に成功した結果、経済的資源へのアクセスを手に入れたことが反映されている。経済理論家とわれわれがインタビューをした男性のいずれもが、このことが男性にたいする女性の相対的な交渉力を上昇させる効果を持っていると考えていた。

この難問が解決された諸過程は、交渉の理解にたいする実証的な基盤と、家族関係の文脈における権力の特定性に関する重要な知見を与えてくれる。まず何よりも、工場労働に従事するためには世帯主の合意を得る必要があると女性が感じるという事実は、もし直ちに合意がなされなければ、女性は世帯主からの合意を取り付けるために膨大な努力をすることになり、世帯主の合意なしに突き進むことも就業することもなかったということである。このことは、女性が男性の権威に強く従っており自発的には行動できないことか、もしくは夫の抵抗にたいして自身の選好を主張し続けることがもたらす結果と工場労働から期待できる経済的利益の間のバランスを取らねばならなかったことを示している。男性の抵抗に対応することに非常に積極的であった女性に目を向け、より説得力のある二点目の説明を検討しよう

あからさまな挑戦 (open defiance) は二つの側面を持っていた。象徴的な側面と物質的な側面である。既に述べた通り、鍵となる家族契約の要素は、男性は、父親、夫、兄弟や息子として自身の役割に関する美徳を持って家族内の女性にたいして保護と供給を行うことであった。それに相応して、女性は家族の主要な課題について男性の権威に従うことが義務であった。女性が男性の抵抗を前にして自身の選好を主張することは、家族の構成員を家族として束ねる要求と義務の根本的な浸食を作り出しかねなかった。これはまた、男性自身の自尊心を軽視していることでもあった。さらには、あからさまな挑戦に関わる含意として、女性の家族における構成員資格の継続性を危機に陥れ、そのことによって、構成員であることで得てきた物質的利益をも危機に陥れる可能性があった。多くの女性が、家族内の男性の権威に従うことに至ったという事実は、ほとんどの女性が、男性による扶養と保護からの利益が、結局の所は、探していた有償労働の認識された利益よりも勝っていたことを表している。

既に紹介した意思決定における「例外的な」二つのカテゴリーは、この解釈を間接的に補足してくれるであろう。最初のカテゴリーは、家族内の男性の権威へのあからさまな挑戦によって、工場労働に参入した女性であった。彼女たちの語りは、男性の権威が絶対的なものではなく、自身の被扶養者たちにたいする義務を果たしている男性たちに条件的なものであることを示していた。妻から夫にたいする、問題とされる挑戦は、夫としての契約的な義務を果たすことに失敗したことによって、妻の服従にたいする要求を放棄せざるを得なかった男性の妻によるものであった。大部分の事例では、主要な稼ぎ手としての男性の責任の放棄をともなっていた。無責任さはしばしば暴力をともなっていたが、どちらかというと暴力よりも男性の責任の放棄が、女性が夫の望みを拒むことを引き起こしていた。特にそのような責任の放棄が、子どもたちの福祉に影響をし始めた時である。モノワラの決心の事例では、このことが明らかである。彼女が子どもを連れて夫の元を去った時である。

夫は私をよく殴りましたが、私に罰を与えるためでした。私にたいして怒った時だけは殴りましたが、彼はいつも食事と衣類は与えてくれました。ところが、そのうち、あらゆる意味で犠牲を払うようになってきました。油も、石鹸も、食べ物も服もなく、収入が全くありませんでした。その上に、彼が私を殴りだした時は限界だと思いました……。私は兄に手紙を書き、どれほどひどい状況にあるかを伝えて、迎えに来て欲しいと頼み

ました。

二つ目の「例外的な」カテゴリーは、工場労働への参入を、男性の支援、通常は夫の支援の喪失によって強制された消極的な選択であったと語る女性たちによって構成されている。彼女たちの語りは、女性が非常に恐れていたそのような喪失がもたらした帰結がどのようなものであったかを説明することで、そのような支援を危険にさらすことなく女性の試みの成果が達成されることを明らかにするのを助けた。既に見た通り、これらの女性は誰も工場労働に参入することに反対する人に遭遇しなかった。なぜなら、そのような反対意見を出すほど、誰も気にかけていないか、気にかける余裕がなかったからである。彼女たちは事実上独り身であり、そのことを知っていた。この「孤独」感と、自身で処理するような術を身に着けてこなかった世界においての無力感が、男性保護者の喪失が女性一般にたいしてどのような意味を持つかを説明する。

この点は、大切にされていた妻から困窮する未亡人の立場へと落ちてしまったと嘆くロジア・スルタナの語りに良く現れていた。「夫が亡くなる前は、働くことを心配するようなことはありませんでした。お手伝いさんもいたのです。私は自分が大事にされていることが分かっていました。一人で移動したことさえありません」。一九七一年の戦争で夫を失ったカトゥンは、独りで息子を育てるために苦労しており、彼女の思い描いてきた生活といかに異なっていて、希望の無い将来にとって代わってしまったかを嘆く。「自分が働くことになるなどと思ったことはありませんでした。しかし、これが私の運命なのです。もしもう少し早くそのことを知っていたら、毒を飲んで死んでいたかもしれません」。ただし、夫の経済的責任の放棄と暴力から逃れて最終的に家を出たレヌの場合は、男性の保護の不在が非常に大きな脆弱性を生みだし、暴力的な夫でさえも何らかの保護を提供する社会のなかで、独りで生きていく女性にともなう恐れや不安を明白に表現する。

もし私に父親か夫がいれば働く必要はありませんでした。結婚した時、私は稼いで無くても、彼と一緒にいました。誰も私に何かを言うことは出来ませんでした。いまは、誰も何も言わなくても、私は恐れを感じますし、誰かが何かを言うのではないかと思ってしまいます。この恐れはいつもあります。全ての女性がこの恐れを抱えているのではないでしょうか。私は独り身の女性です。市場にも行かなければならないし、ここにもあそこにも一人で行かねばなりません。男性は私を眺め、言葉を投げかけてきます。どうして恥を感じないで済むのでしょうか？　誰かが私について嘘をついて、話をでっち上げたとしても、私には何が言えるのでしょうか？　もし両親と一緒に住んでいれば、誰も何も言えません。私は一人です。どこに行くのも、一人で行きます。誰かが私を殺しても、誰も気づかないでしょう。私の母と兄弟は伝え聞くかもしれませんが、その時には死んでしまっているでしょう。もし出来るのであれば、村に戻りたく思います。村では誰も、このようには女性に話しかけたりしません。村では皆、村の話だけをしています。

この一人になることの恐れ、つまり「女性が持っている恐れ」は、男性の保護から外れることであり、選択を行う女性の能力の形成における「家父長制のリスク」が持つ持続的な関連性を示唆している。彼女たちの経済的必要にとってだけでなく社会的保護が男性に依存している限りは、男性の保護の喪失は、単に経済的地位の低下が起こりうるだけでなく、社会的脆弱性を高めることにつながった。したがって、女性は男性の支援から離れるような行動形態を取ろうとはしない。結果的に、家族の男性構成員との交渉を女性が試みたとしても、外で働くことを反対された場合は、彼女たちの交渉の目的は通常は合意された解決を見つけることであった。

対立の状況での世帯内交渉の実際の過程を検討してみると、女性は決裂するまでには対立を深めることを望んでおらず、そのために世帯内協力が根強く残ることの理由が明らかに出来る。とはいえ、世帯の協力的な本質は、自身が物質的により弱い立場にあるにもかかわらず、女性たちがなぜ自身の選好により優位な意思決定の結果を導き出すことが出来たのかも、同時に説明する。言い換えれば、なぜ世帯内の交渉結果が、物質的利点だけによって規定されないのかを説明するのである。既に見た通り、女性の工場労働への選好にたいする男性の抵抗の大きな部分は、家族内での自身の特権と自分自身の、そして社会一般の、家族の稼ぎ手であり保護者であるというイメージにもたらす影響にたいする不安であった。しかし、家族関係の親密な性質が意味するのは、女性が男性の不安や恐れを暗黙の内に理解し、しばしば感情移入をし、そのことによってそれを男性との交渉の戦略に効果的に使用できたということである。この戦略の主要な点は、男性の不安を取り除き、働ける条件を作り出すための、曖昧かつ実践的な努力によって成っている。

彼女たちの戦略の曖昧な側面は、次のような事実からわかる。すなわち、男性が家父長的な契約の非対称な条件によって交渉過程では物質的に有利であっても、一般的には彼らは女性の就業への選好にたいして力や物質的な脅しを用いて反対するようなことはなく、むしろ、世帯の厚生や女性の評判や家族の名誉にたいする影響を指摘することで反対するということだ。それらの懸念は、時には本物の懸念であり、また時には公定化戦略の例である。このような曖昧な次元では、女性は世帯の厚生とジェンダー的妥当性の異なる定義を提示することで、その解釈に挑戦する方法を探し、交渉の過程を進めることが出来る。したがって、対立の解決は規範的なレベルでの交渉の形態を取り、「誰が何を得るか」、もしくは「誰が何をするか」をめぐる命令と抵抗の間の剥き出しの衝突ではなく、「誰が何を受け取るべきか」、もしくは「誰が何をするべきか」に関する合意になる。この文脈では、女性の世帯の共有された目的にたいする訴えかけは、特に子どもの福祉に関する共有された利益に関しては、男性にとっても家族の保護者として、また父親として、明らかに反対するのが難しかった。特に、この訴えの正当性と物資的有効性が見られる場合はそうであった。

　他にも、女性は幾つかの目的を達成するために実践的な方法を取っていた。これはヴィラリアルが呼ぶところの、ある分野での譲歩を引き出すために他のある分野では譲歩するという「譲歩と行使」（yielding and wielding）[9]の戦略であった（Villareal, 1990）。ゆえに、われわれが指摘したように、女性は自身の工場労働への参入が、男性の家庭内での居心地の良さにたいして全く影響を与えないように努力を払っていた。可能な場合は、家事労働を家族の他の女性構成員に任せていた。それが出来ない場合は、家政婦を雇う人もいれば、朝に仕事に行く前に家事を終えていたり、帰宅してからや休日に済ませていた。さらには、彼女たちがいかに、公的空間における自身の移動性が持つ含意にたいする緊張を和らげるかを見てきた。仕事を終えたらまっすぐ帰宅し、決して工場に残って「だらだら」せず、夫や子どもに送られて労働時間の間だけ外出していた。コヒヌールが語ったように、「私は彼に伝えずにどこかに行くことはありません。私が働くようになったからといって、彼の許可なしでどこにでも行けるようになったわけではありません。彼は、私が稼いでいるから、彼をバカにしたと思うでしょう。私はいつも彼の許可を得て、彼に尊厳を与えています」。

　しかし、本節の分析に補足するならば、妻が働くという考え方にたいする男性労働者の強い敵対心と、少なくても調査対象者のうち二人の女性が夫の圧力のもとで働くことを断念したという事実は、ランダムに選ばれた縫製労働者の調査対象者の誰もが、そのことに関する特定のバイアスを持っている可能性があることを指摘しておくのは大事であろう。これらは家族の構成員の誰からも就業への選好にたいする反対に遭遇しなかった女性か、反対に遭遇したにもかかわらず乗り越えることに成功した者、そして反対を単に回避した女性にのみに代表される。しかし、これらは自身の選好にもかかわらず、縫製工場で就業することや、仕事を探すことさえも、家族の支配的な構成員から防がれた女性には当てはまらない。

　女性の労働供給に関する「第二世代」の経済モデルは、勤労女性が全ての将来の女性労働者を代表していないかもしれないことを認識しているが、しかし彼らのサンプルバイアスに関する説明は、新古典派の自発的根拠を維持し続ける。つまり、潜在的な女性労働者は、自宅にいることの価値を相殺するような、市場における充分に高い賃金が提示できなかったため、労働することに反する意思決定をしたと考えられている（Sapsford and Tzannatos, 1993, 60）。ここでの分析は、サンプルバイアスを理解するために、男

9　ヴィラリアルはこの表現を、メキシコの農村における事例から、家族の男性構成員との関係で、女性が非常によく似た戦略を取った時の説明として用いている（Villareal, 1990）。

性の権力の妥当性と「抑圧された選好」に焦点を当てる。[10] 経済学者が、縫製工場で観察される女性の存在が、何が表れているかに関して常に正しいとは限らないとしても、その選好の重要な要素を表していると推量することは間違ってはいない。しかし、われわれの分析は、観察された結果は、選択の実践に関する全体のストーリーを提示してはいないことを明らかにした。工場労働に従事することを阻止された女性たちの語りは、女性の労働供給の意思決定の文脈における権力、選好と交渉に関するより完全な実像をわれわれに与えてくれた。

10　残念なことに、縫製工場労働者にのみ注目しているため、われわれはこれらの「選好の抑圧」の過程に関しては十分な考察を行うことが出来ない。ただし、イスラムによるインフォーマルセクターで働く貧しい都市の女性に関する研究で紹介される、出来高払いの家内労働者として働く既婚女性であるザハナラの語りは、自宅で働くことを明らかに「選択」することの要因を吐露している (Islam, 1998)。

私の主な役割は家のことをすることです。女性は男性のように働くべきではありません。なぜなら、家事をきちんと出来なくなりますし、健康も阻害され、子どもたちのしつけがきちんと行えず、また夫を失うことになるかもしれません。いずれにしても、夫は女性の有償労働を自分の仕事と同様に重要であると認識することはありません。覚えていますか？　私は就業することで何度も夫に殴られました。先週、目の下にあざがあったのも見ましたよね？　昼食の準備に少し遅れていたのですが、そうしたら彼は私から（仕事を）取り上げ、そこにある木の椅子を私に投げつけました。その時、どのようにアラー（Allah）が私を助けてくれたのかわかりませんが、私は失明する可能性だってあったのです。この人が、私が外で働くことを許すようなことなど、あると思いますか？

構造的制約の再検討―時間と場所の重要性

われわれは女性が賃金労働を探すことになったさまざまな動機や、他の代替的な雇用形態ではなく縫製工場での就業を選んだ理由、そして家族からの支持を取りつけるために展開した諸戦略について詳細に検討してきた。しかし、個人の行為主体性が文化的規範を再交渉する実践は、これらの規範自体が無くなったことを意味しているわけではない。社会的制約の継続的な妥当性は、女性がより広いコミュニティで出会った根強い抵抗を説明する。たとえば、社会からの反応を特徴づけるような、路上で遭遇したハラスメントや噂話、ゴシップ、道徳的非難といったものである。

「文化に挑戦する」過程は確実にコストをともなうものであり、女性の意思と代償の負担能力は、雇用主の勧誘戦略に応じて一夜で形づくられたものではなかった。むしろ、それは当時バングラデシュで起こりつつあったより大きな社会経済的変化と、女性が直面している制約の構造にたいしてその変化が持った影響と関連づけて検討しなければならない。本章の結論的な位置づけの本節では、社会状況を作る際の「時間」と「空間」の相互作用について注目したい。その相互作用の下で、女性は制約のより大きな構造にたいして挑戦し、「構造の再編」の過程を経るのである。

歴史的な時間の文脈では、われわれは前章で既に、過去数十年の主な社会経済的変化について説明した。土地なし農民の増大と貧困、そして農業以外の生計手段の増大などである。一九七〇年代は特に不安性の高い激動の時代であり、洪水や戦争、干ばつ、飢餓、政治的暗殺や軍事的クーデターが次々に起こり、大規模な政治的、経済的転換を急速に迎えた時代であった。これらの転換は全て混ざりあいながら、新しい代替的な選択肢へのアクセスを供給することなく、女性の伝統的な経済的役割を崩し始めていた。婚資を「要求する」ことの発生は、女性の価値の低下の兆候と、その追加的な原因の両方を説明する。

したがって、女性が外での仕事に従事することを検討しうる物質的な条件は、縫製産業の登場の何年か前から存在していた。ただし、女性の労働にたいする需要を縮小させるような社会的規範の継続的な抵抗によって、彼女たちが仕事に就く能力は制約を受けていた。全ての階層に属する女性が「家父長制のリスク」によって拡大する脆弱性に影響を受けていたが、より貧しい世帯の女性が特に不利益を受けていた。貧困は扶養家族にたいする男性の物質的能力と社会的義務を浸食する効果を持った。しかし、パルダの規範のレジリエンスとコミュニティからの抵抗が、貧困世帯の女性が、自らを養うことを妨げていた。

「空間」の問題は、社会的規範の影響を仲介するような意思決定におけるより広いロカール(*locale*)[11]の重要性によって分析の視野に入ってくる。本章の前半で述べた通り、女性労働者は、外での就業について家族の構成員が見せた反対の理由にたいして深い理解と共感を見せており、またその不安を鎮めることに大きな労力を注いでいた。ただし、より広いコミュニティからの反対にたいする彼女たちの態度は大きく異なっていた。それらはしばしば、憤慨や敵意、苦渋に満ちていた。彼女たちは、宗教共同体が彼女たちの行動を監視しようとする試みを充分に認識していたが、多くの女性はこれを、いかなる物質的なもしくは社会的責任にも根ざしていない、道徳的権威をかざす、社会秩序の保護者を自称する者からの空虚なポーズであると考えていた。女性たちの宗教共同体の主張にたいする態度は、アレアによって端的に要約されている。「もし彼らが反対したいのであれば、彼らは私たちを養うべきです」。

彼女たちの行動を規制しようとするより広いコミュニティの諸権利にたいして挑戦することは、女性労働者がまた、コミュニティの概念がとても異なる意味を持っていた別の時間と別の空間の規範であったと考えている、現存の社会的規範の妥当性について問い直すことでもある。それは、農村社会の対面式の「道徳的共同体《モーラル・コミュニティ》」であり、その構成員の品行を規制する能力は、資源を分配し保有する権力に効果的に支えられたものであった。しかし、この共同体像は、過去数年の変化のなかで、農村社会でさえも変わりつつあった。そしてこれは、縫製労働者がいまや位置づけられている都市の文脈では、確実に維持できないもので

11 この用語は、ギデンズの著作から来ており(Giddens, 1979)、空間を相互作用の一つの舞台であるとしている。物質的な環境は相互作用の中で作動する要素の一つである。

あった。

一部の労働者は、街区《モホッラ》(mohallas)や近隣における自身の評判を気にしていたかもしれないが、それ以外の女性、たとえばアフィファ・スルタナのような女性は、彼女の意思決定にたいして「社会」はほとんど考慮の対象にはならなかったと主張する。

> 私たちは家族以外からは何も支援を受けておらず、私たちも誰も助けていません。社会は私たちに財政的支援を与えてくれるわけではありません。それなのに、縫製工場で働くことに反対する権利はありません……。近所の人は、時々やって来て、私が縫製工場で働いていることにたいして意見を言いますが、私は彼らを重要だとは全く思っていません。

旧来の意味によって表現される共同体《コミュニティ》概念が見当違いであることは、次のように語ったある女性労働者の父親の言葉に凝縮されている。「ショマジュ【訳注10：第三章、五九頁参照】とは誰のことだ？ ショマジュは教育を受け、家と車を持っており、政府で働いている人だ。ショマジュとはあなたのような人のことで、私たちのような者のことではない」。

仕事を探している女性の観点からは、都市というロカールは、したがって二つの意味を持っていた。まず何よりも、農村経済に比べて、男性にとってと同じように、女性にたいしてもより大きな就業機会を提供した。前章で指摘した通り、仕事を探すための女性の移住は縫製産業の登場よりも早く始まっており、都市における女性の就業率は低くはあったものの、それでも地方よりは高かった。しかし、縫製産業の都市のロカールは、よりジェンダー特有の別の意味も持っていた。それは、農村における女性の行為主体性に制約を与えていた「シャリシュ」(Adnan, 1988)【訳注11：第三章、五九頁参照】とショマジュの制約の足かせからの相対的な自由であった。多くの女性は、村の「道徳的共同体」の最も制約的な側面からまさに逃れるために都市へ移住する決意をしており、都市生活の相対的な匿名性のなかに逃げ込み、共同体からの監視や親戚にたいして恥をもたらすことなく、探しだしたいかなる生計手段であろうと従事できるのが都市であった(Kabeer, 1988)。都市における移民の居住形態は、この匿名性の探求を容易にしていた。イスラムとザイトリンが指摘した通り、ダッカへの移民の居住地は出身地域に沿っているとは限らず、したがって、各スラム居住地は、出身地の多様な人びとの集まりであった(Islam and Zeitlin, 1989)。

都市空間の社会的な意味は、しばしば、女性の語りのなかで村の生活との比較という形で登場する。たとえばデイジーは村で育ち、最初に就業することを試みたのは、父親が借金を背負った時に始めた家族計画のソーシャルワーカーであったが、噂話の広がりによって辞めざるを得なかった。父親が亡くなった時、生計を立てるために都市に移住することを決めた。「もし村で女性が未婚のままでいたら、人びとは悪く言います。それが遠くにいた方が良い理由です。誰も何も見ないですし、聞かないし、何も言いません」。ロジア・スルタナにとって都市は、未亡人として残された彼女が拡大家族の恥となることなく、自身で生計を得るという展望を残してくれた。「もし村に帰ったら何が出来るのでしょうか？　町では少なくても、何か買う必要があるなら自分で市場に行って買うことが出来ます……。私の村は女性がとても厳格にパルダを守っているノアカリ県にあって、自由に移動することさえ出来ません」。ラベヤは、都市は彼女のように生計を立てる女性にとって、大きな匿名性を提供してくれると信じている。「私に何が出来るのでしょうか？　もし夫の村に行って働いたりすれば、彼の両親は他人の視線の下で小さくならなければなりません。しかし、私が働いているのはダッカで、誰も私を見たりしませんし、私のことを知っている人もいません」。シャハナズ・ヌルの夫は、家族内の女性の非慣習的な行動を男性が許容することを、都市は少し容易にしてくれると語る。彼の妻は、村にいた時でさえも、彼が定職を見つけられなかったため家族を支えており、彼が都市で仕事を見つけた後も働き続けていた。彼は、なぜ農村にいた時よりも、都市にいる時の方が、妻が働くという考え方を受け入れるのがより容易なのかについて次のように語った。

私は自分が失業していて妻が働いているのを悪く思っていました。もし良い賃金の仕事に就いていれば、彼女は働かなくて済むのにと思っていました。いまはそれほど悪く思っていません。ダッカの環境は異なっています。女性も働くことが出来ます。村では、親戚も外部者も皆が、女性が働くことを批判していました。そのことが、妻が外で働くことを許すことにたいして罪の意識を感じさせていました。都市ではそうではありません。都市の人は、妻が働いているかどうか、直接質問をしてきたりはしません。それは都市の慣習ではありません。

結論

縫製工場がバングラデシュにやってきたのは、歴史的に重要な転換期であった。その数十年間の出来事、特に危機に悩まされた一九七〇年代は、多くの女性にたいしてとても過酷な方法で、危機の時代のみならずより「日常の」困窮の過程のなかでも、男性の保護に依存し続けていられないという状況をもたらした。個人史とより大きな歴史の変化の相互作用は、コミュニティの規範にたいして挑戦する意思を生みだすのを助長した。意思決定を行うローカールの変化は、それをより可能とした。われわれが話を聞いた縫製労働者は、国家レベルで見られた諸傾向の代表者であり、彼女たちの語りは、その諸傾向がもたらした結果に関する証言でもあった。彼女たちはそうした諸統計の背後にいる個々人である。

一九七〇年代の危機は、父親や夫の喪失という形を取って、彼女たちの個人的悲劇のなかへと浸食していった。そのことが、多くの女性にとって勤労生活を始めることにつながり、それらの女性が後に縫製工場での仕事を探すことになった。他の事例では、干ばつ、土地の喪失や仕事の欠如が、仕事を求めて家族でダッカへ移住することを引き起こした。それは以前に触れた通り、大きな農村から都市での就業への大きな波であった。われわれはまた結婚生活の変化が、女性を工場に連れてくる結果につながったことも指摘した。つまり、婚資が支払われなかったため夫に捨てられた妻や婚資のために再婚しようとする夫、エスカレートする婚資の費用負担に貢献しようとする若い未婚の女性たちのことである。また男性の世帯主からは、彼らだけの所得では家族が生きてはいけないことを認める動きが強まっていることも指摘した。

女性の工場労働への参入の起源は、この家父長的契約が浸食されていることの認知と、男性世帯主モデルを維持することが出来ない男性が増えてきたことによって理解されねばならない。そのことが、女性が役割を負わされた受け身の客体として行動する古い方法を排し、家父長制のリスクの慣習を予見し、目の前に開けた機会の利益を十分に享受することを認める行為主体性としての新しい形を探すことを可能にし、必要ともした。ただし、女性の語りのなかで「時間」がどのように語られたかについては、階層に起因する興味深い違いがあった。このことは、家の外に出て仕事を探したいという意思を持つことを生じさせた社会変化にたいする彼女たちの見解は、自身の生活の状況にも深く結びついていることを示している。

シャムシュナハルのようなより貧困な家族の出身者は、基本的必要への対応として働いており、就業への意思はかなり前から存在していた。したがって、なぜ、多くの女性が縫製産業に参入したかを説明するのは、機会の誕生である。

> 彼女たちは、以前は働けませんでした。工場がなかったからです。もし工場があれば、もちろん彼女たちは働きに行ったでしょう。そのような選択肢がなかったので、女性は、どのようなものでも、見つけられたどんな仕事であれ従事しなければなりませんでした。神はあなたがどこに行くかを決め、あなたの人生をどうするかを決めます。神は、この時代に工場を設置することを決めました。だから、女性はここで働くようになりました。

逆にジョリナは、より保護された環境で育ってきており、工場労働への参入は子どもの教育のためにお金を貯めるためであった。彼女の意見では、女性たちが工場に参入したのは、自身の生活の不安性に関する認識の高まりの一般的な帰結であり、これは比較的最近の傾向であるという。

> もし縫製工場が一五年前に開いていたら、それほど多くの女性が就業することはなかったでしょう。当時、女の子はそれほど、賢く《チャルー》(*chaloo*)【訳注12：通常、悪賢いなどネガティヴな意味で使われる】なく、「私も働こう、貯金もしよう。お金が必要になるだ

ろう。誰が将来のことをわかるのか?」などと考えることもなかったでしょう。いま、私たちは夫が一生いるわけではないことを知っています。判断力のある女の子は皆、自身の将来を安定させたいという考えを持っています。バングラデシュでは多くのことが起こりました。どの出来事も、古いやり方を変えてきました。それが女性がより賢く《チャルー》なった理由です。縫製工場が女性を雇うことを決めた時に、女性の準備が出来ていたのはそのためです。

第五章　個人化されたエンタイトルメント

工場賃金と世帯内権力関係

前章では、女性自身がかなりの程度、工場労働に就くことに関する意思決定を行っており、多くの場合、そのことが家族の他の構成員からの強い抵抗に直面していたことを示した。そうした抵抗は明らかに、家族の構成員、特に夫による次のような信念を反映していた。つまり、女性が独自の所得へのアクセスを持てば、その世帯の厚生やコミュニティにおけるその世帯の地位のみならず、自身の特権にも悪影響を与えるという信念である。同じように、女性たちは自らの賃金へのアクセスから何か大事なことを得るために、それ以外のことについては妥協したという事実も明らかであった。本章で筆者が探究したいのは、女性の賃金へのアクセスが生活のさまざまな側面に与える影響である。女性が得たものは何であったのか、それが引き起こしうる世帯内関係への影響に関する男性の懸念をどの程度まで共有していたのか、検証する。

第二章で取り上げた社会科学者の幾人かは、雇用へのアクセスが女性の生活にたいして変換的効果を持つために、工場賃金が必要かつ十分条件であるとさえ想定していた。工場賃金は、そのような特徴を備えているからである。工場賃金は、女性にとって従来から就業が可能だった目に見えない在宅での稼得機会とは対照的に、公的領域で稼いだものという点において、文字通り目に見えるものであった。工場賃金は、現金という形態であるという点でも、経済的な可視性があった。実際、われわれの調査対象者の世帯の幾つかでは、工場賃金は家計所得の相当な割合を占めていた。工場賃金が持つ定期性は、男性の稼ぎ手が自営業に就業しており所得フローが変動的な世帯において特に評価されていた。一方で、工場賃金の額の大きさは、他に所得源がないか、あったとしても無視できるような額でしかない世帯にたいしては、特に際立った差異をもたらした。[1]

しかしながら、賃金労働が世帯内関係に変化をもたらす客観的な潜在力《ポテンシャル》を持つからといって、そのような潜在力が常に実現されていることを実証していると考えることは出来ない。この問いをめぐる先行研究は、結果的に、単純にアクセス、つまり賃金所得の利用機会という問いを超えて、統制（control）への焦点、つまり女性がその使途にどの程度の発言権を持つのかという問いへと発展した。[2] これはまた、われわれの分析の出発点ともなるであろう。ただし、賃金の使途の決定というものは一回限りの出来事で

1　男性の主たる稼ぎ手のうち二七人は、所得が不定期であると報告した。またわれわれの調査対象者の女性たちのうち一四人は有償労働を始めたのは男性の所得が不十分だったからと述べた。

2　この分野の研究における従来の議論については、モリス（Morris, 1990）を参照のこと。

はないことに留意することが大切である。世帯に入ってきた所得がさまざまな使途に振り分けられる過程を追跡するために、ベネリアとロルダンは、潜在的な「統制」点、つまり意思決定に影響を与える能力が世帯内における配分的権力（allocative power）の行使にとって重要な含意を持つ統制点が多数あったことを指摘している（Beneria and Roldan, 1987）。パールの研究は、そのような複数の統制点が持つ階層性を示唆した。そして、特に、彼女が「統制」と呼ぶもの、つまり所得配分に関するさまざまな決定を行う家政機能（policy function）と、そうして得られた配分に関する意思決定を実行する「管理」機能とを識別した（Pahl, 1983）。

　本章では、女性の賃金がもたらす影響に関する直接的な証拠を、賃金が世帯に入った時点から「出口」までをたどりながら探究する。すなわち、女性の賃金がもたらす影響を、さまざまな緊急の、あるいは延期された支出や所得移転の形態における潜在的な統制点に特に注意を払いながら探っていく。まず、どのようにこれらの賃金が管理されるのかということと、さまざまな形態の所得管理制度と自らの賃金を統制する女性の能力との関係を検討することから始めたい。賃金は、文字通り、つまり理論通りに、「慈悲深い独裁者」の配分的管理の下で共同供託《プール》され、ベッカー的分析でいう厚生最大化原理にしたがって再分配されたのだろうか。賃金は、よこしまな家父長によって独り占めされ、家父長自らの利己的利益にしたがって配分されたのだろうか。あるいは、女性たちは、自らの交渉の地歩を改善するために必要な前提条件として多くの研究において強調されているように、全面的または部分的に、賃金を統制することが出来たのだろうか。

　この分析の土台として筆者がまず議論したいのは、誰が女性たちの賃金を「統制」するかという従来の焦点に立つことは、女性の稼得能力の変換的含意を探究する上では特に役に立つ方法では必ずしもないという点である。なぜなら、それはわれわれの関心を直接的な金銭的意思決定に関する限られた問いに向けてしまうからだ。むしろわれわれは、分析の焦点として選択というより広い問題を考慮し、家族のなかにおける経済的行為者としての女性の新しい地位がもたらした結果として、どのような選択が女性たちにとって可能となったのかについて問いたい。さらに、賃金の稼得機会への女性たちのアクセスが、家父長的制約というより大きな構造を変化させた、その意図せざるさまざまな経路についても検討する。

女性の賃金の管理におけるイデオロギーと協調

　調査を始めるべき最初の点は、明らかに女性の賃金がひとたび世帯に入ると何が生じるのかを確かめることだった。インタビューを受けた六〇人の女性のうち二九人は、自らの所得は共同家計に供託されると述べた。そのうち一五人では、夫か父親、つまり男性世帯主の管理下に賃金がまとめられており、一二人では、縫製労働者本人の管理下でまとめられていた。三人の女性は、

「部分的共同供託」、つまり自らの賃金の一部を世帯の共同供託に任せ、一部を手元に残す、と報告した。一〇人の女性は、自ら所得を世帯に入ってくる他の所得フローとは区別して所持していると述べた。この他に、女性労働者が唯一の所得管理者であると報告した事例が一八世帯あった。この一八世帯は「非伝統的」な世帯単位で、縫製労働者自身が世帯主であり、世帯が彼女の所得に完全に依存しているか、もしくは下宿人として暮らしていようと他の人たちと雑居で暮らしていようと都市に単身で移住し自ら予算を管理している未婚女性たちから構成されているような世帯であった。ただし、われわれの分析にとって重要な問いは、どのように所得が管理されていたかという点ではなく、さまざまな所得管理制度と統制の実践との間に何らかの関係があったのか、という点にある。

自らの所得の幾分か、または全てを管理する女性たちは、そのような管理的機能を全く持たない女性たちよりも、所得の使途についてより積極的に発言しそうである。そのように仮定する直観的な根拠があり、また一般にそうであるとも実証されてきた。その一方で、「管理」と「統制」の関係は決して単純ではなかった。たとえば、供託された家計所得を男性が管理する場合と、女性が管理する場合とを比べると、配分の統制の行使から得られる含意はジェンダー対称的ではなかった。男性が管理する場合にはより顕著に単独の意思決定と関連していた一方で、女性が管理する場合には家族の男性構成員に相談する可能性がより大きかった。それに加えて、所得配分の意思決定に関する情報が世帯内における権力行使について何かをわれわれに伝えているとはいえ、恐らくいっそう情報に富むのは次のような点であった。すなわち、女性たちが配分の意思決定において特定のパターンを採ったことについて挙げた理由であり、「意思決定についての決定」についての説明である。

たとえば、家計を男性が管理する理由など、一見、説明不要に思うかもしれない。世帯主として世帯構成員の集合的な厚生に責任があり、男性が世帯収支について家政を決定することは理にかなっていた。確かに女性労働者の多くは自らの賃金を夫や父親に渡していると報告しており、そうしたことが習慣であり普通であり、それ以上の説明が不要であることを示唆していた。同時に、自らの賃金を統制することを諦めたと強調する女性たちも多くおり、それは世帯主の象徴的権力を明白に再言明しようとするものであった。彼女たちが自らの賃金を統制することを断念したと戦略的に強調することは、意外なことではなかった。それは、夫との関係に関する妻の語りに頻繁に現われるもので、特に工場労働に就くという自らの希望にたいして当初抵抗に遭った妻たちの場合で顕著であった。したがって、彼女たちの行為は、前章で議論したさまざまな戦略を「譲歩する」側面と見なすことが出来る。つまり、自分自身の決断にたいする家族からの支持を維持するために、自らが新しく雇用されたという地位が男性の権威に及ぼしているかもしれない脅威を緩和するための女性の試みのもう一つの側面なのである。
たとえば、ジョリナは、当初、夫から自らの仕事についての考えにたいして抵抗に遭った。彼女は、なぜ毎月の給料全額を自ら夫に渡しているのか、こう説明した。「いまでは、彼は私を働かせてくれています。もし私がお金を渡さなかったら、彼はどんな気持ちになるでしょうか」。彼女によれば、夫と彼女の収入は完全に混ざり合っていて、それぞれがどのように使われたのか区別がつかない。モルジナは、自らが工場で働くことにたいする夫の継続的な不安の表明をはねつけてきたが、そうであっても毎月、賃金を夫に渡していた。そのようにしている彼女の理由は、ジョリナの語った理由とよく似ていた。「妻を働かせているという理由で人びとに悪く思われると、夫は思っているのです。私は彼に、そういう人たちに耳を貸すべきではないと言っています。ただし、私は自分の給料を夫に渡します。彼がそれを使うか使わないかにかかわらず、そうすることで彼が満足するからです。私は自分の給料を夫に渡し、彼が必要に応じて使うのです」。しかしながら、世帯主の感情についての懸念は、結婚の文脈のみで報告されたわけではなかった。シャティ・アクタルは、おじ、おば、その娘たちと暮らしていた。彼女も、働いている彼女のいとこも、なぜ自らの賃金の一部でさえ手元に取っておかないのか、似たような観点から説明した。「私たちはただ、おじかおばにお金を渡し、彼らが必要な物を買います。もし私たちが物を買ったりしたら、おじやおばは言うでしょう。この娘たちは稼いでいるからこんな振る舞いをわれわれにするのだ、と。そういうことを言わせないように、私たちはすぐにお金を渡すのです」。
生活のために女性が働くという考え方は、大半の世帯にとって例外的だった。そのことを考えれば、世帯主に該当する構成員に、戦略的な理由に基づいてであれ、不問に付された規範に基づいてであれ、多くの女性たちが自らの賃金を渡していることは驚きに値しなかった。しかし、あまり予想していなかったことだが、男性が主要な稼ぎ手であるというイデオロギーは、非常に異なる形態の所得管理を正当化するのにも役立っていた。それは、女性が自らの賃金を手元に取り置き、世帯内の他の所得フローとは別に管理するという形態である。こうした世帯では、男性は女性の所得を受け取ることを拒んだ。しかし、それは正確には男性がその家族の主要な稼ぎ手であるという前提に基づいていた。このように同じ規範が非常に異なる実践を正当化するのに使われることは、規範と実践との関係が流動的であることを暗示している。概して、女性が働いていることが男性にとっては自らの稼得能力の程度が低いことを示すと考えられてしまうため、男性が女性の賃金を受け取りたがらないのは、貧しい世帯よりも中間層の世帯で一般的に見られ、また婚姻関係よりも父親と娘という文脈でより頻繁に見られた。[3]
たとえば、ナズニーンは、自らの所得の全てを手元に取り置い

3 このパターンは、キブリア (Kibria, 1995) でも指摘されている。

ており、次のように述べた。「家計支出にはほとんど使いません。父が私たち娘について言うのです。『うちの女の子たちは稼いでいる。自分にとってはそれで十分だ』って」。デロワラの父親は彼女を工場の仕事に就かせたくなかった。そこで、彼女は将来の婚資のために働いているのだという父親の理解についてはっきりと同意した。デロワラは家に毎月送金しているものの、そのお金は彼女のために取り置かれ、両親はそこから「食べる」ことや贈り物を受け取ることすら拒んだ。

ときどき両親のために物を買いたいなと思って、そうします。大抵は、服などです。でも、両親に物を買うと怒ってこう言うのです。「こんなものを私たちに買うためにどうして自分のお金を使ってしまったのか？　必要だったら私たちは自分たちで物を買えるとおまえはわかっていないのか？　なぜ自分の給料から不必要に私たちのために金を使うのか？」って。だから私は言うのです。「お母さんとお父さんのために買ってあげたかったからそうしたのに。もし私が男だったら、親に物を買ってあげてもよいのでしょう、違う？　だから、私のことは男だと思って下さい」。

一方、世帯の主な稼ぎ手としての威厳を損なうのではと感じるがゆえに、妻たちの所得を用いて「食べる」ことを夫が拒否する事例も存在していた。コヒヌールの夫の事例がこれに該当する。「私は賃金を手にすると、夫にいくら受け取ったか報告します。彼は私から決してお金を受け取りません。私はよく賃金を彼に渡します。でも彼は、どうして女から金を受け取らなくちゃいけないのだ。俺が十分稼いでないというのか？」と言います。幾つかの世帯では、女性たちの賃金を「部分的共同供託」に付すという妥協的解決を示し、それによって男性の責任と女性のエンタイトルメントとを同時に承認することを具体化していた。これらの事例では、女性は基本給を夫に渡し、残業手当は手元に残していた。「給料は世帯のもの、残業手当は私のもの」。

女性の賃金について配分的権威を実践する者を決める基本的なイデオロギー上の正当化により、世帯内の意思決定と権力の関係に持ち込まれた複雑さのほかに、統制機能の一つの指標としての「公式の」意思決定に焦点を当てることは、どのように統制が実際に実践されるかについて誤った見取り図を与えてきた。採用された特定の所得管理モデルにかかわりなく、世帯厚生の「共同性」(jointness) は相互依存のさまざまな形態にその構成員を固定するため、公式の「統制」は実際の意思決定と異なることが多かった。共同性は、特定の集合的支出 (collective expenditures) のために所得の一部を「差し引く (earmaking)」という一般によく見られる実践として現れており、したがってその部分の所得に関しては積極的な意思決定と「統制」の場からは外されていた。幾つかの事例では、差し引くことはイデオロギー的な形態をとり、物理的に供託される所得について概念的分離を創り出した。つまり、「私の賃金は子どもたちのための支出に使う。一方で、彼の賃金は私たちの必需品に使う」ということである。

他の事例では、女性が自ら稼いだお金からその一部を差し引くことは、より現実的な配慮を反映していた。男性の賃金が不規則な世帯では、女性の賃金が毎月一定の額であるという性質は、家賃や電気代、保存がきく主食のような食べ物のまとめ買いなどの「一括した」月々の支出のために取っておくことにつながった。マビアの世帯はこの典型である。彼女の夫は機械工として契約ベースで働き、毎月の収入の金額はまちまちであった。彼は自らの所得の幾らかを交通費や小遣いのために取っておき、残りを彼女の管理の下でまとめていた。二人の所得フローが異なるタイミングで生じることが、所得をどのように配分するかを決めていた。

私の賃金は毎月定期的に入ってきます。月々のバザールで、米やレンズマメなどのまとめ買いをするものや、お客さんが来た時に必要なものに使います……毎日の食べ物と必要な物、つまり、生鮮野菜や肉、スパイス、油や石鹸などは、必要に応じて夫が買います。

世帯構成員の間における相互依存は、コヒヌールのような女性たちが報告した所得管理制度の不安定性をも説明していた。彼女は夫とその未婚の姉妹と暮らしていて、彼の懸念にもかかわらず、働くことを決意した。というのは、彼の所得があまりにもぎりぎりであると感じていたからである。彼女と夫は別々の会計を保っていたものの、二人の間の集合的支出については責任を分かち合っていた。具体的には、彼女が家賃と電気代を支払う一方で、彼が毎日のバザールと月々のバザールについての支出に責任を持っていた。しかし、こうした管理の分離は名目上にすぎなかった。こうした相互依存性を彼女は次のように説明した。

夫は私のお金を決して受け取りません。でも、月々のバザールのために私が稼いだお金を渡していた間は、彼は本人の稼ぎから機械を買って自らの商売を改善していました。……、夫のお金は彼の姉妹や母親にも使われています。私は自分の家族には何も渡していません——彼らもそれを必要としていないですし。わが家ではカセット・プレーヤーを買いました。それは彼が買ったのですが、私の稼ぎなしでは買えなかったと思います。

情報、対立、女性が稼いだ賃金の管理

上で述べたさまざまな所得管理制度は全て、合意的な意思決定に基づいていた。実際、ラビアに言わせれば、男性たちが世帯への責任を守っている限り、誰が自らの賃金を「統制」するかという問いを女性たちは非常に不適当な問いと見なすであろう。「夫に賃金を渡す女性もいれば、それを自分で取っておく女性もいるでしょう。もし夫が妻の面倒を見て、妻が必要とする物を与える

のなら、夫に彼女の賃金を渡すことは全く問題ありません。でも、もし夫が酒飲みで賭博に妻のお金を使うようなら、妻は自分でお金を取っておいて自分で使った方がましです」。われわれのインタビューによれば、女性が所得にたいして統制を持つか否かという問いが意味を持つのは、対立状態にある女性にとってのみであった。特に結婚上の対立状態にある時には、ほとんど例外なくそうであった。ここでは、女性が自ら稼いだ所得の直接的な受け取り手であるという事実は決定的に重要である。それにより女性が世帯主に自らの賃金への統制を渡すことが出来るのと同様に、そのような統制を世帯主に渡さないという選択肢をも可能にしていたからだ。

女性たちは、夫にたいする公然たる反抗として自らの賃金を統制することを主張することがある。ハヌファの場合、夫が生計費を定期的に稼ぐことを拒否していた。そこで、彼女は、家賃が支払われ、娘の福祉と教育費に優先的に自らの所得が確実に使われるように、自らの所得を統制することを手放さなかった。カニーズは、娘が生まれた時に働き始めた。夫には定期的に家計に貢献するという決意が全くなかったからだった。彼女が実母に賃金を渡すという習慣は、夫の手からそれを守る手段として、まだ二人が結婚していた時から始まった。現金を要求してくる夫にたいして、彼女は言った。

これは私が必死になって稼いだお金だから渡せない。あなたは男でしょう。稼いでくるべきよ。それが出来ないのなら、出て行ってスリでもしたら。私は自分自身の将来のことを考えているの。あなたの稼ぎなんかあてに出来ない。すごく不定期なだもの。三ヶ月働いたら、六ヶ月座って過ごすじゃない。私にお金もくれないし――私たち、いったいどうすればいいの？

自らの賃金にたいする統制を公然と主張するこうした事例に加えて、幾つかの世帯では女性たちが自らの所得の幾分かについて密かに統制しようとしているという実証結果もあった。アスマはこう述べた。「女性たちのなかには夫に嘘をつく人たちもいるし、自分たちがやりくりしているどんなお金についても夫が考えないようにごまかしている人たちもいる」。その結果、彼女たちが語った世帯において実践されていた公式の所得管理は、しばしばより曖昧な、非公式な一連の実践によってくつがえされていた。それは、当該の女性労働者たちによる戦略的な情報管理に基づいて行われていた。これらの女性たちは、夫の管理と統制の下に自らの所得、そしてその延長上として自らの所得に関する情報をまとめるよりもむしろ、自らの所得にたいする非公式な統制を保持する方法としてそうした情報を隠していた。われわれの調査対象者の六人がそのような実践を報告している。

世帯内における所得管理の研究は、メキシコ市のスラム（Beneria and Roldan, 1987）、およびロンドンのイリントンの「ジェントリフィケーションが進んだ」地区（Wilson, 1991）のように文脈に違いがあっても、いかに男性たちが自らの所得の使途についての統制を保持する手段として、自らの所得に関する情報を妻たちから隠してきたかを強調してきた。バングラデシュでも同様であり、男性たちはしばしば公然と、自らの所得についての情報を妻と共有することを拒み、もしそうでなくとも、一部の情報しか妻と共有しない。女性たちもまた、男性たちにたいして情報を隠している。つまり、バングラデシュの農村部で自らの所得源を何ら持たない女性たちの間では、エクムシャティチャル (ak musthi chaal)、つまり、一つかみの米を毎日、貯蓄として持っておくという昔からの慣習がある。しかし、情報を留保する能力は、男性と女性とで対称的ではない。男性は資源の使途に関する情報を非常に公然と隠すことが出来る。彼らには、そのような情報を公開せよというイデオロギー的な圧力がかからないからである。一方で、女性は概してそうした情報を秘密にしておこうとする傾向がある。いわば、「弱者の武器」(Scotto, 1985) である。これは、女性が資源を個人的に統制することに関しては、男性がそうする場合とは異なり、イデオロギー的に操作できる余地がかなり奪われていることの反映である。

　したがって、ある意味で、われわれの調査対象者のうちで自らの所得に関する情報を密かに隠していた女性たちは、より古い慣習に従っていた。彼女たちを差異化していたのは、その額の大きさだった。工場生活には、女性たちがそのような秘密の形で統制をやってのける上で役に立つような側面がたくさんある。工場の内部におけるさまざまな手続きと実践はいまだに比較的新しく、一般の人びとには親しみのないものだった。工場は外部者を遮断している。そのため、外部者にとっては、世間で認められている女性の活動、特に家内における活動についての知識よりも、工場についての知識は得られにくいものだった。さらにいえば、時間外労働によって毎月の所得が変動するということも、女性が夫に開示する情報量を操作する余地を生んでいた。

　サハラの夫は、家計収入の相当の部分を賭博と飲酒の習慣に浪費していた。彼女は夫がしつこい時には自らの月給を彼に渡していた。しかし、残業手当については夫に嘘をつき、毎月それを「盗んで」、将来のための保険として自分の姉妹に預けていた。ハヌファは、前述したように、夫が定期的な貢献を全く出来ないので、集合的な家計支出に使う自らの賃金をおおっぴらに手元に取り置いていた。しかし、彼女は、時間外労働からの所得があるという事実については夫に秘密にして、娘の名義で別の貯蓄口座に入れていた。ルプバンは残業手当の事実を夫に隠していただけではなく、自分の基本給の額についても嘘をついていた。彼女が情報を留保できたのは、自宅と職場の距離[4]によって自らの職業生活を夫の監視外に置いたからであった。この距離というのはそれ自体、費用、文字通りに金銭的な費用がかかっていた。そのため、ルプバンは、電車の運賃を払うことをやめたことで、毎日職場に通う

4　ルプバンはトンギというダッカのすぐ近くにある産業衛星都市に暮らし、毎日通勤していた。

ことがようやく経済的に見合うものになったと考えていた。

最初は、集札係は私たちを捕まえたものです。だから、以前は払っていました。でもいまでは集札係は私たちを知っていて、運賃を払えとは言いません。ときどき私たちは彼に二～四タカを渡します。運賃を払っていないことについて神様に弁明しなければならないことはわかっています。でも、もし運賃を払ったとしたら、毎月三六〇タカ余計にかかるでしょうから、家に持って帰るお金は全く残らなくなってしまうでしょう。

管理と統制を超えて——選択という問い

ひとたび世帯に入ると女性の所得に何が生じるのかという問いは、女性の就業機会へのアクセスが世帯内における権力分布にたいして持つ含意を検討する一つの方法であった。この問いをめぐるわれわれの議論は、いくつかの重要な介入のための諸点をすでに指摘してきた。すなわち、それらの介入のための諸点では、意思決定に影響を与える能力というものが、女性の所得へのアクセスが所得の配分的統制にいかに変わるかということに重要な影響をおよぼしていた。具体的には、世帯に入るさまざまな所得フローの管理に関する決定、女性たちがどの程度まで自らの所得に関する情報を隠すのか、もしくは共有するのか、女性の自らの所得に関わる配分的権威の公式、および非公式な行使などの諸点である。

さまざまな所得管理制度は、女性が自らの賃金の使途について何らかの発言を図ろうとする程度を仲介することにおいて、果たすべき役割を持っていた。それゆえに世帯内権力関係にたいする賃金の潜在的変換力は、誰が賃金を「統制」するかという問いとしばしば結びつけられてきた。これは、配分に関する意思決定を調べることが女性の賃金と世帯内の権力分布との関係についての説明の終点となってしまうことを招きがちであった。しかし、われわれの議論はまた、統制という概念がいかに捉えにくいものかという点も強調してきた。この概念は特に、「共同性」というイデオロギーを中心に組織された世帯の文脈においては捉えにくいのである。管理と統制との間には一対一の関係は存在しなかった。女性が自らの賃金にたいして統制を実践する能力は、多様な状況を反映していた。具体的には、女性がそのような統制を世帯主と交渉していた場合や、世帯主に統制を受け渡すことを拒否した場合以外に、世帯主に相当するような男性が不在だった場合も含んでいた。

公式な統制が世帯主である者に明らかに集中していた場合でさえ、実際の統制をある特定の個人や決定に帰すことは一層困難であった。むしろ、実際の統制は、世帯構成員の間で、そうした統制の分布に影響を与えるために使われる言説や実践の流動性によりしばしば隠蔽されるようなあり方で分布していた。所得にたいする公式の「統制」は、世帯支出の多くの領域において裁量的な権力が不在であると偽装することができた。また、それは鍵となっている配分に関する意思決定を行う権威を誰が与えられたかということとは無関係だった。公式の統制に焦点を当てることはまた、世帯構成員の相互依存や、夫にたいして自らの稼得能力についての完全な情報を隠そうとする女性たちが実践する不正な統制の結果として生じる非公式なずれを見落としてきた。その結果、女性が自らの賃金にたいして行う統制に焦点を当てるということが、女性の賃金の潜在的変換力を把握するためにどれほど有益なのか明らかではなかったのである。

そこで、筆者は統制についての問いを超えて、選択についての問いに焦点を当てるべく議論を進めたいと思う。換言すれば、女性の賃金がその生活にどんな違いをもたらしたのか、女性の新たな稼得地位の結果、どのような選択肢が可能になったのか、という問いに焦点を当てるのである。これにより、統制、選択、権力の関係についての幾つかの重要な問いに言及することも出来るようになる。たとえば、「統制」は女性たちが「選択」を実践するために必要だろうか。あるいは、彼女たちの賃金を誰が統制するかにかかわらず女性たちは自らの目標を達成できるだろうか。もしそう出来るのならば、どのような状況の下で出来るのであろうか。さらに、女性たちが自らが稼得するという地位を得た結果として拡大した選択肢を実践している状況において、女性が行った選択が持つ、より広い意味での含意をも評価したい。そうした新しい選択は、世帯内における男性の権力やより広いコミュニティにおける女性の従属的地位を不安定化したり、転覆させたりするのに役立ったのだろうか。あるいは、単に現状を維持し、ジェンダーの非対称性をほとんど損なわないままにしてきたのだろうか。

これらの問いを心に留めながら、女性労働者たちが提供してくれた語りを筆者は再分析していく。ただし、今回はそれを「選択」の観点から行う。女性たちの語りについて特に二つの側面に焦点を当てたい。一つ目の側面は事実にかかわる性質を持つ。つまり、どのように女性の賃金が使われて、それがどの程度、女性が持つ配分における優先順位を反映していたかということである。二つ目の側面は評価にかかわる性質を持つ。これは、女性自身が自らの賃金がそのように配分されて使われること、および自らの稼得能力一般について付している意味や価値は何であるか、ということである。筆者が示したいと願っているように、女性がどのように賃金を使っているかに関する事実情報は重要ではあるものの、それ自体はその潜在的変換力を立証するには十分ではない。女性が賃金の使途に付している主観的意味というものもまた重要である。そのような主観的意味は、女性が選択を行っていると信じている程度と、そうした選択が変換的と見なせる程度に関して、われわれが立証するのに役立つからだ。こうした分析から見出せる重要なパターンは、本書の第四章での分析とも関わることとして、次のような点を明らかにした。すなわち、女性を求職に向かわせたそもそもの状況、つまり女性の労働市場における選択の背後にあった動機というものが、彼女たちが自身の賃金へのアクセスをどのように認識し、そのアクセスが自らの生活への影響へとどのように変換されるかを、重要な方法で形成していた点である。それゆえに以下では、これらの問いに関する分析を前章で設定したカテゴリーにおおよそ沿って展開していく。

経済的必要と「選択肢なき」選択

男性の支援を失ったこと、特に夫の支援を失ったことへの対応として工場で働き始めた女性たちは、すでに指摘したように、賃金へのアクセスを得たということが選択の拡大という経験につながる可能性が最も低かった。これらの女性たちは自らの賃金にたいする完全な統制が行える可能性も通常は高いという事実にもかかわらず、である。このカテゴリーに該当する女性は一〇名ほどいた。経済状態がこの結果と関係している。レヌのような女性たち、つまり生存のための基本的必要を賄うのが精一杯という女性たちにとっては、生存上要請されるあれこれに賃金を使わざるをえないことが非常に多い。そのため、彼女たちにとって意味のある選択を実践するための余地はほとんどなかった。前章で見たように、レヌは、夫に暴力を振るわれた上に彼が稼げなかったために婚姻関係を見限らざるをえなかった。インタビュー時、彼女は出身村に残っている実母に娘を預けており、毎月六三〇タカを稼ぎ、残業した時にはさらに一〇〇タカを稼いでいた。彼女は娘の養育費用に一〇〇タカを送り、家賃に二五〇タカを支払っていた。彼女は自らの仕事を次のように評価した。「この仕事が好きかって？　好きではないわけがあるかしら？　一生懸命働くことが誰かを殺すことはないですもの。でも、もし私が働かなかったら、食べられないのです。何でもお金がかかるのです、水でさえね。もし私がお金を払わなかったら、水でさえ手に入らないし、水がなかったら誰だって生きていけないでしょう？」。

ファテマは最初の夫と死別して、一歳の娘とともに後に残された。彼女は再婚して息子を一人もうけたものの、二番目の夫も三年前に彼女から離れていってしまった。彼女は初め自らの兄と同居した。しかし、彼は貧しすぎて彼女にたいする責任をとれず、彼女に工場の仕事を見つけるように提案した。彼女はいま自分の母親と二人の子どもたちと一緒に暮らしていて、一部屋で寝起きし煮炊きしている。彼女は、自らが働き出してからも生活は経済的にはほとんど変化しておらず、実際、兄の家を出てからというもの自分たちの困難は増すばかりであると感じていた。生活の他の側面についても何も変化を経験していなかった。「私に何の権利がありますか？　私は何でも自分でやっています。夫がいないから、市場《バザール》にだって自分で行かなければならないのです。家を借りに行ったとき、夫がいない私を家主は相手にしませんでした。私が高潔だとしても、人びとは私をだらしないと言います。夫がいないからです」。

しかし、賃金労働へのアクセスを実際の選択肢の拡大として経験しえなかったということは、それらの女性たちの経済状態の問題だけではなかった。このグループには、男性の稼ぎ手を失ったことからやはり労働市場への参入を迫られたものの、生存のための基本的必要は、レヌやファテマにとってとは同じようには問題になっていなかった女性たちも存在したのである。すでに議論したように、それは、生涯に渡る男性の稼ぎ手の支援と保護を期待しながら育てられた女性たちであった。彼女たちは自分自身で稼ぐつもりもなかったし、稼ぎたいと望んだこともなかった。したがって、これらの女性たちの言う必要とは、前述したレヌやファテマにとっての必要ほどには切実なものではなかったものの、結果的には彼女たちもまた、選択したというよりは必要に迫られてという意味で労働市場への参入を経験したのである。彼女たちの多くがより裕福な家族の出身で、そのような家族にとって工場労働は地位が低いことを意味するという事実は、彼女たちの仕事にたいする無気力な感覚を深めていた。

　われわれはすでにロジア・スルタナという、夫が亡くなった後、自らと子どもたちを食べさせていくために賃金労働に就かざるをえなかった女性の事例に言及してきた。彼女の経済的状況は切迫してはいなかった。彼女の兄が一緒に「食べて」いて、家計に貢献してくれる一方で、彼女の亡き夫の家族が子どもたちの教育費を援助してくれていた。しかし、工場労働に就いたことは、彼女の地位が、大切にされて社会的に安定していた妻から、夫に先立たれて社会的に脆弱な未亡人へと低下したことの象徴であった。彼女は将来について心配していた。自らの給料から貯蓄が全く出来なかったからである。何よりも、独りきりに残されたことを心配しており、特に彼女の兄が最近結婚し、同居の取り決めがじきに終わることを懸念していた。彼女は自らの家族にとって主な稼ぎ手であり、自分自身の所得を統制していたものの、彼女の目から見てそのことは彼女の地位を何ら強くするものではなかった。つまり、こういうことである。「縫製工場での仕事はきつい仕事かもしれません。でも、だからといって、他の人よりもよく食べられるという意味ではありません。わが家では、男性によりたくさん食べさせるのです。私の兄は年上で男性ですから、彼により多く与えなければなりません。女性が少なく食べていたとしても、問題にはならないでしょう。もし私自身に十分に食べ物がなくても、私は文句は言いません。でも、もし兄に十分に食べ物がなかったら、私にとってそれはひどいことなのです」。

　ラヘラは、夫が他の女性を家に連れて来た時に夫の元を立ち去った。彼女は子どもたちを連れて実家に戻った。自分で稼いだ給料を管理して、その大部分を子どもたちと彼女の弟や妹たちのために使っていた。しかし、彼女は自らが得た新しい購買力にあまり意義を見いだしていないように見えた。「最初はすごく気が滅入っていました。それから、どのくらいこんな風にやっていけるのだろうって考えました。自分の子どもたちにさえ何も与えられなかったからです。両親が私と子どもたちの面倒を見てくれていますが、両親のために私は何も出来なかったのです。でも、いまでは、子どもたちや自分自身のために小物、たとえばクリップとかクリームとか、家のために果物などを買うことが出来ます」。彼女の賃金が増加するにつれて、子どもたちにかかる費用、たとえば衣類や家庭教師代などにより多く貢献できるようになっていった。より「尊敬に値する」仕事を手にすることが出来ていれば、より幸せな気分で働いていたかもしれない。しかし、彼女はそうするための適切な資格がないことを自覚していた。しばらくの間、彼女は自分の実家の拡大家族にたいしてダッカの芸術大学で働いているふりをし続けていたものの、勤務時間が遅かったことで秘密がばれてしまった。彼女は、自分自身が稼いだ賃金が持つ意味を次のように評価していた。

> 働き始めたからって、自分の価値が上がったとは思いません。唯一変わったことは、自力で子どもたちに幾つかの物を買うことができることだけです。でも、家族のなかでは、私自身にとって変化したことは何もありません。仕事をする必要はあったけれど、こういう仕事を求めていたわけではないのです。もう少し勉強していれば、もっと良い仕事を見つけられたのに。いまの仕事からは何も満足を得ていませんが、他に選択の余地がないのです。

シェファリの語りは、われわれの調査対象者のどの女性よりも、文字通り独りでやっている女性の不安定な自律性を余すところなく痛烈に表現していた。彼女は経済的に脆弱であった。しかし、彼女の絶望感の根底にあったのは経済的状況そのものではなく、社会的孤立の方であった。彼女は、結婚が破綻して後に実父の家を出て以来、自力でやりくりしており、ジュート工場の労働者やパートタイムの家事労働者として稼いでいる所得を補填するために、ときどき売買春という手段にも頼ってきた。ジュート工場の同僚の一人が、彼女の過去を知っていたにもかかわらず、求婚してきた時、彼女はその結婚が自らの所在なさから救い出してくれるのではないかと期待した。しかし、われわれが見たように、その願いはかなわなかった。結婚から二ヶ月と立たないうちに夫は彼女を追い出し、ジャトラガールと結婚するなんて自分は気がどうかしていた、ようやくいま正気に戻ったのだ、と言い放った。われわれがインタビューを行った時、彼女は、昼はずっと工場で縫製工として働き、夜はずっと家事労働者として住居と食事と引き替えに家主のために働いていた。結果として、その両方の仕事を続けるために、過酷なスケジュールを維持せざるをえなかった。朝の七時頃から夕方の六時まで工場で働き、真夜中まで掃除と料理をし、四時半に起床して工場に再び出勤する前に家事を済ませていた。[5]

以前にときどきやっていった売買春よりもいまの生業の方がましとはいえ、それは彼女を独り者の女性としての不安定さから解放するものではなかった。彼女が自らの生活について語ったなか

5　ただし、われわれの調査対象者の女性たちの多くが同様の労働時間を報告していたことを述べておく。

で特に衝撃的だったのは、普通の社会関係が全く欠けているということだった。彼女は、仕事、住居、情報を、偶然の出会いや見知らぬ人たちの親切、つまり通りやバスで出くわした人、彼女の知り合いの知り合いなどを通じて見つけていたのである。彼女は、自分の人生が予測不可能に揺れ動いてきたことは、「普通の」愛がいっさい欠けていたことに端を発しているのだと、心から信じていた。

私は母にも父にも全く愛されませんでした。それが、私がうまくいかなくなった原因ですし、私が街頭に出ていった原因です。人は生き延びるため、自分自身を売らざるをえないのです。世のなかでなんとか生きていくためには、必要なものが幾つかあります。母親や父親の愛情、夫の保護、自分の子どもたちにとって母親であること、家庭を守ること、自分の兄弟姉妹と愛情のこもった言葉を交わすこと、友人たちと気兼ねなく一日中歩き回ること。私はこうしたことを必要な時に手に入れたことは一度もありませんし、未だに手に入れていないのです。

彼女の現在もまた、この孤立感によって形作られていた。彼女が家事労働者としての仕事をありえないような長時間労働であるにもかかわらず続けているのは理由があった。つまり、その仕事が単に所得を増やすためだけではなく、ある種の保護という希望と、そしてより重要なこととして、彼女を雇っている家族との感情的紐帯という感覚を与えてくれるということであった。

私は仕えている女性を自分の姉と呼んでいます。でも、心のなかでは、私は彼女にたいして自由ではありません。彼らは私に食べ物を与え、話しかけてくれますが、私はいつも、自分はなぜこの世に生まれたのだろうと自問しています。神様にどんな侮辱を私がしたというのでしょう、こんなに辛い思いに苦しんできたのに……まだ終わりが見えません。この家族と一緒にいられるようになったのは、私が彼らに私を雇い続けて欲しいと頼み込んだからにすぎません……彼らとのいかなるトラブルも避けています。彼らは、私にたいしてどんなことを話せば厳しく伝わるのか、そしてそれが私の心をひどく痛ませることをわかっています。だから、トラブルが生じないように、彼らのために私はことさらに努力するようにしているのです。毎月、工場の賃金を奥様に渡して私の面倒を見てもらうので、そこから自分のために何かを買ったことはありません。今月の賃金で、彼女にショールを、お子さんに靴下を買ってあげました。いつも自分に問いかけているのです。どうしたら彼らに愛してもらえるのだろうかと。この愛情こそが私の欲しいものの全てです。愛さえあれば、他には何も人を傷つけるものはないのです。これが私の一番の寂しさです。食べ物や着る物の不足ではないのです。皆が私を愛してくれさえしたら、私はとても満足するでしょうに。……人は、それぞれに幸せを見つけるものです。両親と一緒に、あるいは夫や子どもたちと一緒に。でも、私はそういう幸せをどこからも手にしたことがありません。

貢献、要求、複合的な厚生の最大化

上記のような女性たちのグループが工場労働は単に生存のためだったとしたこととは対称的に、他の女性たちは自らが所属する家族の集合的な厚生に貢献したいという欲求から工場労働に就くことを決めたと説明した。このグループのなかには、既婚女性として世帯厚生に直接、自らの所得を提供する回答者がいた一方、未婚の娘として稼ぐことで世帯の予算への需要を減らすという回答者もいた。いずれにせよ全員が、自らの労働市場における意思決定において積極的な行為主体性を実践したと説明する女性たちだった。彼女たちが報告した所得管理パターンは同じではなかった。つまり、幾つかの事例では世帯主に賃金を渡しており、残りの事例では賃金の全部または一部について自ら統制していた。彼女たちはみな男性の稼ぎ手によって支えられた世帯の出身であり、いずれの世帯も経済的に十分に安定しており家庭に留まっていることを選ぶことが出来た。しかし一方で、彼女たち自身の説明や家族の他の構成員の語りから明らかなことは、彼女たちの賃金が世帯の集合的な厚生に目にみえる経済的変化を生んだということであった。

幾つかの事例では、女性たちが稼いだ賃金は世帯の生活水準の改善に役立っていた。つまり、世帯の食事の水準や多様性、来客にたいするもてなしの質や、住居の質などが向上していた。何人かは、自ら稼いだ所得により、耐久消費財を購入したと報告した。他の事例では、彼女たちの所得は世帯により安定した状態をもたらしていた。具体的には、負債を完済したり、将来において負債を避けられたり、現金を緊急時のために取って置くことが出来たり、夫の事業や故郷の村での土地のための資本を含め、生産財を購入したり、そのために貯蓄したりしていた。貯蓄能力は、女性の賃金がもたらした変化を意味するものとしてしばしば引用されてきた。しかし他の事例では、女性の賃金は、具体的に子どもたちの福祉のために、特に教育と家庭教師のために使われていた。実際、前章で見たように、多くの女性たちは、賃金労働に参入した主な理由として子どものための支出を指摘していた。

集合的な家計支出へ女性たちが自らの所得を割り当てていたことは、バングラデシュにおける世帯関係の共同性の組織化としてのイデオロギーのみならず現実をも反映していた。男性の稼ぎ手たちも一般に世帯厚生に所得のかなりの部分を貢献していたことを明記しておくべきであろう。世帯収入の使途についての言説は、誰がそれを稼いだかとは関係なく、この協調のイデオロギーを反映している傾向があった。世帯の所得のフローをめぐる「統制」に関する問いは、所得の使途の優先順位をめぐって対立がほとんどないように見える世帯においては、形式的にすぎないことが多かった。それは、世帯における集合的必要が、目的に応じて予め別々の所得フローを取っておくことを通じて賄われるにせよ、目的に関係なく予め供託された所得を通じて賄われるにしろ、同じであった。

このように世帯において合意があるように見えることは、権力についての問いを不適切にしてしまうかもしれない。ただし、そのような世帯においても、やはり権力が一つの要因であるという証拠はあった。ただし、もしも女性の所得を誰が管理、統制しているのかという問いだけを追究した場合に得られたであろう結果よりも、さらに見えにくい経路を通じて、権力は作用していた。それが特に顕著だったのは、世帯行動における「自分では動かないこと《イナートネス》」あるいは「意思決定しないこと」('non-decision making')が見られる領域、つまり男女間に存在する、ある種の不問に付された非対称性が持続していることが明らかな領域においてであった。先行研究でも指摘されてきたそのような非対称性は、個人的支出と関係していた。個人的支出は、女性よりも男性にとって、より正当なカテゴリーとして考えられていた。男性は一般に女性には認められていない余暇活動を報告する傾向が強かった。つまり、喫煙、喫茶、賭博、映画、外食、友人を連れてくることとである。女性に関する限り、その態度は、ジョリナの態度によってしばしば例証されるようなものであった。それは、「着る物があって、頭の上には屋根があって、子どもたちが幸せである限り、私は幸せです」というものである。彼女たちの主な個人的支出は、衣料品と金の宝飾品だった。こういうものはときどき、夫からの贈り物で自ら選んだわけではないとか、仕事のために必要だからなどと説明された。たとえば、こうした女性たちの多くは、工場に勤めるようになってから必要な服が増えており、それは身なりを整えておく必要があるからだ、と説明した。

これらに加えて、より広い社会的ネットワークへの投資パターンは、他の形態での非対称性も持続していることを明らかにしていた。既婚女性たちが来客のための支出を説明する時、もてなしの受益者はほぼ常に夫の友人や親戚であった。同じように、彼女たちが親戚の面倒を見ていることや親戚に送金していると話す時、支援の主な受益者は夫の親戚であり、彼女たちの親戚ではなかった。バングラデシュにおける族外婚と父方居住の慣行は、結婚後、女性たちが自らの家族や子ども時代の友人と切り離されてしまうことを意味していた。女性は、夫の家族と社会的ネットワークに包摂され、自分自身の経済的依存という条件の下で、自らの家族のために支援を提供するための物理的な必要手段も文化的承認も持っていなかったのである。結果的に、社会的および家族に由来するさまざまなネットワークを維持するために世帯収入を投資するという点について、男性が最も直接的な受益者となっていたのである。女性にも恩恵はあったが、それは間接的なものであり、自身の権利として受益するというよりも夫の扶養家族として受益していたのだった。

しかし、世帯での資源配分において非対称性があるという証拠にもかかわらず、女性たちが世帯収入にいまや貢献していて、それもそれなりの額であるという事実は否定できないものであった。女性たち自身は、物質的観点よりも象徴的観点から、「エンタイトルメント」よりも「敬意」という観点から、そうした事実に関する自らの認識を説明する傾向があった。要するに、「家族に貢献すると、家族に愛され、尊敬される」という説明である。とはいえ、そのような承認は、実践の次元においてもはっきりと現れた。ジョホラは、自分の給料を夫に全て渡すことも出来たかもしれないが、夫は自らの欲するままにそれを使うことは出来なかっただろうと指摘した。彼女は、子どもたちの教育費を賄う必要性と、実際にそのように自らの所得の多くが使われたという事実から、工場労働に就くという自らの決定を正当化していた。彼女はまた、夫との関係におけるもう一つの重要な変化を指摘した。以前であれば、彼女は金銭を彼に要求する時にはいつも、その理由を説明しなければならなかった。しかし、そのような必要はもうなくなった。「何かを買いたいときは、お金を要求するだけです。それが夫の収入であれ、私の収入であれ。彼が私になぜお金が必要なのかと質すことは全くありません。私に聞くことなく彼がお金を使うということもないでしょう」。

家父長的制約と戦略的ジェンダー・ニーズ

三つ目のグループは、われわれの調査対象者のうち一四人程度であり、自らの賃金をある種の戦略的ジェンダー・ニーズを満たすために使っていた。ここで、「戦略的ジェンダー・ニーズ」という術語の使い方を説明しておかなければならない。以下で言う「戦略的ジェンダー・ニーズ」とは、モーザ(Moser, 1989)がジェンダー・トレーニングへのアプローチの文脈において世に広めた同じ術語の使い方とは異なるからである。筆者はすでに別稿で、モーザによるこの術語の使い方になぜ問題があるかについて論じてきた(Kabeer, 1994の第一〇章の議論を参照)。本章でこの概念を使うのは、以下で説明する内容を把握するのに有用と思われるからだ。まず、「戦略的」という術語を使うのは、調査対象である女性たちの所得の使い方には、個人的選好というよりも、根底にある構造的な不足が反映されていたからである。次に、「ジェンダー」という術語をここで使うのは、その構造的な不足が家父長的契約の非対称性に根差しているからである。そして、「必要(ニーズ)」という術語を使うのは、女性の賃金の使い方が、そのような非対称性を変えるために行動したいという女性側の意思よりもむしろ、女性が扶養家族という地位にあることを反映し、その事実を確認すべく作用していたという事実を示すためである。

われわれが前章で見たように、世帯内の対立状況において協調的な結果を達成するために、家族のなかで女性たちは男性構成員たちよりもはるかに多くの努力を投じる傾向があった。それは、家族関係の崩壊がもたらす損失が女性の方が大きいからであった。しかし、こうした投資は、家族関係、特に婚姻関係の安定性を保証することは出来なかった。そのような関係はしばしば、女性たちが行える統制を超えた理由によって壊れ続けていた。このカテゴリーの女性たちが自らの所得を配分する戦略的ジェンダー・ニーズには、さまざまな例がある。それらは、女性としての脆弱性の感覚と、結婚が持つ不安定性の増大という広い証拠にかかわらず、生活において結婚が果たし続ける重要な役割を反映していた。

われわれの調対象者における既婚女性の多くにとって、常に不安定性の源となっていたのは、自らの落ち度ではなくても、家父長的交渉で自分に向けられた期待に沿うことが出来ず、そのために夫に自分を見捨てる理由を与えてしまうかもしれないという懸念であった。調査対象者である女性の多くにとって、そうした最大の懸念が現実となってしまったかのように見えたので、彼女たちはその結果を出来る限り長く先延ばしにするか、緩和するために、自らの賃金を使っていた。女性たちがそのような予防措置をあからさまに採ることは稀であった。というのは、そのようなことをすれば、彼女たちが回避することを確実にしようとしてきたはずの、まさにその結末が生じてしまうのではないかという恐れがあったためである。むしろ、そうした予防措置は、真実の一部だけを話したり、完全に偽ったりという形を取ることのほうが多かった。要するに、われわれが指摘したように、調査対象者の幾人かの女性たちが自らの賃金にたいする非公式な統制をある程度、維持しようとしていたことを通じて行われていたのである。

サルマの事例では、そのような彼女の懸念は子どもがいないことから生じていた。子どもがいないことは、バングラデシュの文脈では一般的に女性側の落ち度とされ、離婚の十分な根拠になると考えられている。彼女は裕福な世帯に嫁ぎ、非常に愛情深い夫[6]に恵まれているように見えた。しかし、結婚後八年を経て、二人にはまだ子どもがいなかった。彼女は、自らが考える、結婚の絆を固めるために子どもが担う役割について、そして子どもを産めないことで自らに強いられてきた運命についての懸念を語った。

将来が心配です。男性は常に同じように感じているとは限りません。だから、夫は私を大切に扱っていますが、もし神様が私に子どもを授けて下さらなかったら、何が起こるでしょう……。もし彼が再婚を決意したら、私はどうなるでしょう。ときどき私はあまりにも心配で、食事もとらず、喉がからからになってしまいます。誰もが私に愛情をかけてくれています。夫、夫側の親戚。彼らは私を愛しています。夫は私を愛していると言いますが、子どもがいなければそれが続かないのではないかと心配です。彼はそんなに心配しないようにと私に言いますが、もし子どもがいないままなら、私は合わせる顔がないでしょう。

6　われわれが彼女の夫にインタビューした時、彼は彼女にたいする愛情を表現し、子どもがいないことで彼女をどんな風であれ責めるようには見えず、彼女の懸念にも気がついていたが、それにたいして困惑してこう語った。「子どもがいないなら、養子をとればいいと自分は思っています」。

彼女は自らの就業上の地位を評価していた。就業上の地位が、はかなくも安定しているという感覚と心配からの束の間の解放を与えてくれるからだった。「よく自分に言い聞かせているのです。私には仕事があるから、心配すべきではないって。自信を持つようにしています。自分に言うのです。心配ない。私には子どもがいないから、もし夫が離れていったら、誰も私のために泣いたりしないだろうし、私は独りでやっていく……。ここにきておしゃべりをすると、ちょっと楽しくて忘れられるのです」。彼女は、毎月、夫に給料を渡すようにしている。しかし、ここ数ヶ月はその一部を自分の手元に置き、自らの名義でこっそり開設した銀行口座に預けていた。「貯蓄したいのです。自分自身の将来について考える必要があるからです。もし夫が死んでしまったら、私はどうやっていけばよいのでしょう。私には一人も子どもがいないので、夫の両親と暮らすことは出来ません。子どもがいなければ、価値がないのです」。

ハシナもまた、子どもがいないという状況から工場に就職した。非常に対立的な婚姻関係にあった彼女の状況は、はるかに複雑なものだった。彼女は「恋愛」結婚をしており、初めの頃に、夫と持っていた非常に情熱的な性的関係を語ってくれた。しかし、彼にたいする感情が変わり始めたのは、彼にすでに妻子があり別の近隣地区に暮らしているということを知った時だった。彼にたいする信頼がほころぶにつれて、二人の関係は次第に不幸で暴力的なものとなった。

私の心のなかで渦巻き続けているのは、「彼は二回結婚した。将来、彼が私を養ってくれるのかどうかを知る方法は全くない」ということです。彼のことを信じていません、基本的には。私が思うに、あまりに女好きの男の人、飲みすぎる男の人、自分の家族がもうあるのにまた結婚できるような男の人というのは、決して信頼できません。私は彼のことを信頼していないのです。

ハシナの夫は、毎週一日、最初の妻子を訪問し始めた。しかし、彼女は相変わらずの自分への性的熱中を利用して、彼女との家庭こそが彼の第一の家庭であることを確実にすることが出来た。彼女は、自らが独りになる可能性というものに向き合うことが出来なかったからである。また、彼女はまだ彼をある程度愛していた。彼女が自分の生活費を自分で稼ぐという考えを抱くようになったのは、結婚後四年を経てもまだ子どもが一人もなく、将来についての不安が生まれたからだった。

技能を使って仕事を見つけられるという考えが浮かびました。その自覚がどこから来たのかわかりませんが、心のなかから生じたのです。私が思うに、それは部分的には、別宅にもう一人の妻がいることが何を意味するか悟った時だと思います。彼女は、私が何か良いものを食べたり着たりすることが我慢なりません。彼女は私を嫌っています。私の夫はここに暮らしていて、彼女たちを毎週一回しか訪ねないのですから……。もう一つ本当なのは、私自身が最初は、自分の子どもを持って、その子どもたちに頼れると考えていたことです。でもこうして子どもがいないとなると、自分自身の将来について計画を立てるべきだとわかりました。誰も他人には頼れないのですから、自分のために物事をやらなければなりません。別宅にもう一人の妻がいるとわかっているので、そういう風に物事を取り決めなければならないのです。あるいはもし、とんでもないことですが、夫が私の元から去ったら、私はどうしたらよいのでしょう。

彼女は自分の賃金は少しも渡さないときっぱりと夫に言い渡し、代わりにその賃金を銀行口座と自分の兄の手元で貯蓄していた。これは、夫とのかなりの対立につながった。しかし、彼女は毅然とした態度のままだった。

夫は私が賃金を全て貯蓄していることを知っています。彼は私が自分の兄に預けてきたお金についても知っています。彼には言いたいことがたくさんあり、こう言います。「俺の世話になっておきながら、自分の金は兄弟と貯めているのか」と。だから、私の言い分はこうです。「なぜそうしてはいけないの？一生懸命働いているのに、なぜ私のお金を貯蓄してはいけないの？」うちのことに私自身が稼いだお金を全て使ってしまったら、夫は自分のお金からは何も負担しようとはしないでしょう、そうですよね？ いずれにしても、彼が買うことを拒むものはいっぱいあります。自分には別宅にも妻子がいるのだから、そういうものを買ったらどこに置いたらいいかという問題が生じるかもしれない、と彼が言うからです。

アメナが結婚に関して心配していたのは、五人の娘がいるのに息子が一人もいないという事実によるものだった。[7] 彼女は、義母が彼女の夫に息子を産んでくれるような別の妻を見つけるように勧め続けていることを知っていた。工場に就職したのは、もし彼女が貢献できれば、五人の娘たちの婚資という金銭的負担が軽減したように夫が感じるのではないかと計算したからだった。彼女は世帯収入を管理する役割を担っていたので、世帯収入の配分に関して、どの情報を夫と共有するか自分である程度は決めることができた。彼女は銀行に二つの貯蓄口座を開設した。一つは夫

7　本研究における小規模で意図的に抽出された調査対象者から一般化することはもちろん不可能ではあるが、さまざまな種類の「再生産における失敗」は、女性を工場に向かわせた一つの要因として不釣り合いに目立っているように見えた。六〇人からなるわれわれの調査対象者において、結婚経験のある四三人の女性たちのうちの二人は一人も子どもがなく、一四人は娘しかいなかった。アメナのように、娘たちの婚資のために貯蓄する必要性が、彼女たち自身の将来についての不安とともに、しばしば働く理由として彼女たちの語りに特徴的に表れた。

の名義で彼もその存在を知っていたが、もう一つは彼女の名義で、彼はその存在を知らなかった。毎月、彼女はきっちりと同じ額ずつ両方の口座に預けていた。

ルプバンは、自が稼いだ賃金へのアクセスを、私たちの調査対象者における他の多くの女性たちと同じように、結婚が破綻した時に直面せざるをえなかった辛いトレードオフの結果を和らげようとして使っていた。イスラーム法の下では、生物学上の父親の権利要求が母親のそれに優先する。結婚が破綻した時、最終的な養育権を与えられるのは父親の方である。女性に養育権が許されるのは、子どもたちが幼いか、たくさんいる場合で、無論、父親が申し立てない場合である。そうであっても、もし女性が再婚すれば、子どもたちは生物学上の父親のもとに戻されるか、他の親戚に預けられなければならない。他の男性が父親である子どもたちに責任を持とうとする男性が希有な一方で、多くの男性が前妻から得た子どもたちについては後妻が面倒を見てくれることを期待するのだった。

ルプバンは最初の結婚が破綻した時、子どもたちの養育権を得て、自分の兄の家に戻った。しかし、兄は、彼女を養うという長期に渡る責任を負えなかったので、彼女に再婚するように圧力をかけ始めた。そのため、ルプバンは子どもたちへの愛情と、二回目の結婚による安定とのどちらかを選択をしなければならなかった。彼女は後者を選び、子どもたちを兄弟に残して面倒を見てもらうことにし、最初の妻と別れたものの四人の子どもたちの養育権を持つ男性と結婚した。ルプバンはこの取り決めの正義について問うつもりはなかったが、自分自身の子どもたちがいないことが寂しくてたまらなかった。

自分の村に帰ると、ときどき私自身の子どもたちに会います。私の夫はそのことを知りません。彼はいまでも、私が自分の子どもたちのために泣き、いつも子どもたちのことを思っていることを知りません。いまの夫の子どもたちについて、私自身の子どもたちに感じるのと同じように感じることは決してありません。それは避けられません。世のなかとはそういうものなのです。

われわれが既に記したように、彼女は自宅と職場との距離を利用して、自らの所得と残業手当の額を夫に隠していた。自分の子どもたちのために養育費として貯めたお金を兄に送り、子どもたちがよく面倒を見てもらえる保証になるようにと願っていた。しかし、インタビューをした時には、結婚を脅かすことになるのではという懸念から、彼女は仕事を辞めるようにという夫の圧力に屈することを決めてしまっていた。「夫は私が働くことを望んでいないので、来年の一月までには仕事を辞めると言ってしまったのです。神様に私自身の子どもたちの面倒を見て頂くしかありません」。

女性たちが自らの賃金を使う戦略的ジェンダー・ニーズの最後

の例は、婚資に関係していた。それは、われわれの調査対象者のうち若い未婚の女性たちの多くを工場に向かわせた、一つの必要だった。ナジマ・アクタルは、その一人だった。「この仕事をしているのは、特に生活が苦しいからではなく、ある特定の金銭上の必要からなのです。……娘たちを嫁に出せない親も、もしその娘たちが自ら幾らかのお金を持っていたら、嫁に出せるでしょう……」。他の多くの女性たちのように、彼女はその慣習について肯定的ではなかった。「誰もが婚資を払えるわけではないのです。払えない女性はどうなるのでしょう」。しかし、婚資は結婚するためには避けられない費用であると感じていた。彼女が一緒に暮らしているおばは、次のように語った。

> 近頃は女の子一人を結婚させるのにたくさんのお金がかかります。婿にたくさんの物をあげなければならないですしね。腕時計、指輪、カセット・プレーヤー、それに他に要求されたものなどをね。彼女の父親は、婿に一万タカ、ときどき一万五千から二万タカを要求されるのですが、そんな金額を渡すような手立てはありません。だから、この娘は働いているのです。彼女の賃金は貯蓄として取って置かれ、結婚する時に婚資の支払いや他の要求に応えるために使われるのです。

概して、本節では、女性たちによって「選好」としてよりも「必要」として表現された配分上の優先事項を議論してきた。女性たちによって「選択」は稀にしか経験されたり語られたりしないものの、配分上の優先事項はジェンダーという事実によって彼女たちに課されたものとして経験されたり語られたりしていたからである。しばしば自らの賃金を隠していたことは、女性たちの地位の脆弱性を示すものであった。これらの必要に対処するために彼女たちの賃金を使うことは、家父長的契約の非対称性により生じる不安定性の幾つかを緩和するのに役立っていたものの、それはその契約条件の本質に抵抗したり、変化させたりするのにはほとんど何も役立っていなかった。

変換的選択と戦略的利益

ここで、自らの経済的機会を活用していた女性たちの語りに立ち返りたい。彼女たちは、ときには自分自身の気づきに認識があるという点で、ときには家族内における諸関係という点で、またときにはより広いコミュニティにおける自らの立ち位置という点で、変換的含意 (transformatory implications) を持つようなやり方で経済的機会を活用していた。われわれの調査対象者のうち二二人がこのカテゴリーに該当していた。それは、彼女たちがこれまでわれわれが議論してきた他の女性たちと必ずしも劇的に異なった方法で所得を使っていたわけではなく、むしろ非常に異なる意味と動機の下に同じような選択肢に投資していたのだった。前述したカテゴリーの女性たちのように、このカテゴリーの女性たちの選択もまた家父長的契約の非対称性を反映していた。しかし、前者とは異なり、後者による選択は非対称性の性質にたいして逆らうものだったため、彼女たちが選択を行使する能力についての既存の限界を押し返すことが多かった。結婚をめぐる戦略的な人生上の選択 (strategic life choices) は、このようは決定的に重要な側面を持っていた。それは女性たちの語りにおいて繰り返し口にのぼったが、娘として語っているのか、妻や母親として語っているのかによって、こうした語りがとる形は異なっていた。それぞれのグループについて順に検討していこう。

女性たちの賃金の潜在的変換力―娘の視点から

第三章で指摘したように、バングラデシュにおける娘という存在は、次第に親にとって経済的負債と見なされるようになってきた。娘は成長する間、ほとんど、あるいは全く経済的貢献をしない。結婚後は支援の手段としてさらに役立たなくなる。また、最近の数十年間においては、娘たちの結婚にともなう婚資への要求が出現し、額も増加した。これにより、多くの親たちが借金と窮乏化に追い込まれた。しかし、若い女性たちにとっての賃金の稼得機会の拡大が娘たちと親たちのこうした関係を変化させ始めた。そこでは縫製産業が明らかに重要な役割を演じてきた。

この変化の一つの側面は、娘たちの自己認知に顕れていた。ディルは父親が病に倒れた時、家族を支えるために働き始めた。彼女は、賃金労働へのアクセスは自己価値と行為主体性の感覚を変化させたと語った。「私たちはいまや自ら生き残って、自らを支えることが出来るとわかっています。食べていけるし、服も手に入れられますから。私たちはもはや親にとっての負担ではないのです。私たちには手も足もあって、それを使うことが出来るのです」。自分が稼いでいるという地位に慣れるようになって、ナズニーンは、結婚しても扶養者になりたくないと次のように思いを述べた。

普通の主婦がすべきことよりも働くことのほうが私は好きです。結婚しても働き続けたいです。家で座っていて何が出来るでしょう。台所用具を使うことだけが、女性に向いていることでしょうか。もし私の方が多く稼いで、夫がそれを気に入らない時は、妻のほうが多く稼いでいることは何の問題もないと彼にわからせなければならないでしょう。

二点目の変化は、女性とその親とに関係していた。彼女たちは、家族の集合的経費に貢献できる能力に価値を見いだし、親の努力、幾つかの事例では、子どもたちのための相当な自己犠牲にたいして幾らか返済できることの満足について話した。アングラの母親は最初の夫が亡くなった時に再婚する選択肢があった。それはアングラの母親の兄弟たちが再婚を手配したがったからであった。しかし、もし再婚していたならば、アングラの母親は二人の娘を兄弟のもとに預けて出ていかなければならなかったであろう。実際には、母親はダッカに移住し、家事使用人として働き始め、自分自身と子どもたちを食べさせるようになった。アングラは、自分たち、つまり娘たちの面倒を見るために、母親は本人自身がより良い暮らしをするための機会というものを犠牲にしてきたと感じていた。

わたしの母は娘二人と一緒にいたかったのです。もし母が再婚していたら、そうは出来なかったでしょう。彼女自身を売ることになったでしょう。私たちを彼女の兄の家族に預けたでしょうが、彼らは私たちの面倒をあまり見てくれなかったかもしれません。他の人の子どもは、自分自身の子どもとは同じではないのです……。

アングラは、われわれが会った時には二四歳だった。彼女は、自分の拡大家族から結婚するように圧力をかけられていたものの、母親にたいする責任を引き受ける夫を見つけた時のみ結婚すると決めていた。

人びとは母に私を嫁に出すようにいいますし、母もそれで良いと思っています。でも、母は人生においてかなり苦労してきましたし、いま私は彼女に少しは平穏を味わって欲しいのです。……たくさんのプロポーズが来ますが、私に母は一人しかいません。もし私が結婚して、母を独り残さなければならないとしたら、母は嘆き悲しんで、息子さえいたら彼女の余生の面倒を見てくれるのにと思うでしょう。でも、彼女には娘しかいないのですから、もし娘たちが別の家に行ってしまったら、彼女は独り残されて苦労することになるのです。……私の母は私の面倒を見てくれました。だから、今度は私が彼女の面倒を見たいのです。

三点目の変化は、幾人かの若い女性たちに見られる、不満足な結婚に黙って従うことを拒否したいという意志の高まりと関係していた。アフィファは、家族が困窮に陥っており、同じ階層出身の男性との結婚を可能にするために要求される婚資の類いは自分たちの資力を超えることをわかっていた。彼女は、婚資を欲しがらずに自分と結婚するつもりの男性を見つけるまでは、結婚に抵抗する覚悟を決めていた。

もし家を変えて、プッカ住宅【訳注1：南アジアの住宅スタイルの一つ】に引っ越したなら、娘にとってより好ましいプロポーズを手に入れられると人びとは言います。私は父に言いました。もし私が結婚するために家を変えなければならないのなら、その男性とは結婚しません。その男性は家と結婚しようとしているわけではないのですし、家がなんだというのでしょう。婚資を要求するような男性とは誰とも結婚しません。たとえそれが全く結婚しないことを意味していたとしても。その男性は私の婚資と結婚しようとしているのですから。婚資がなくなれば、私の価値もなくなるのです。

　彼女に人生から何を欲しているのか説明してもらったところ、次のようなことが示唆された。すなわち、彼女が、女性たちの状況についてのより広い不正義に鋭く気づいているということ、そして、どのような運命が待ち受けていようと、女性たちを結婚させようとする社会の圧力に黙従したりはしないと決意していることである。

私には特別に想っている人はいません。でも、私は私の家族を当てにするのではなく私自身に惹かれて結婚しようと言う男性と結婚しなければなりません。私は二〇歳ですが、いまは結婚したいとは思いません……。私は、女の子たちが若くして結婚するのを認めません。全てのことを理解するのには、彼女たちは十分に成熟していません。夫たちが離れていったら、彼女たちは自分ではどうにも出来ません。何をすべきかとか、どうやって結婚を続けていくとか、わかっていないのです。夫たちは立場を利用して、何でも好きなことをします。気まぐれに彼女たちを捨てるので、村では多くの女の子たちがこんな風に苦しんでいるのです。そして、彼女たちは都市に出て来るのです。私はそんな苦労をした女の子たちをたくさん縫製工場で知っています。彼女たちを見ていると、結婚することに意味があるのだろうか、と思うのです。

　女性労働者の何人かは、アフィファのように、男性が自分自身の生活を豊かにするための手段として婚資を使うことを軽蔑していた。そして、それゆえに、婚資の要求には譲歩しないと決意していた。その一方で、女性個人の意図された行為主体性とはほとんど関係ない諸力が作用した結果として、婚資発生率が減少したという証拠もあった。アスマによれば、次のような事態である。

もし女性が自らの生計を稼いでいるなら、しばしば婚資の問題はそれほど重要ではありません。男性がその女性本人以外は何も得ないような結婚を見てきました。縫製工場B、私が以前にいた所ですが、そこでそういう事例をたくさん見ました。男性たちは婚資を要求していませんでした。裁判所に赴いて、婚姻を登録するだけでした。

　バングラデシュにおける婚資の慣習が宗教的制裁や長い歴史を持つ慣習[8]ではなく、比較的最近登場したという事実を考慮すると、経済的に生産的と見なされる女性たちの場合に婚資が免除されるという指摘は、ありうることであった。実際に、第三章で議

8　インドのブラーミン・カーストの間ではそうであるように。

論したように、婚資とは二十世紀後半における女性たちの経済的役割の価値の低下の反映であった。したがって論理的には、女性たちの経済的価値が上昇し始めればその逆転が起こりうる。ハワの語りは、婚資を免除したいという男性側が望むことに関して、さまざまな解釈がありうることを示唆していた。たとえば、それを男性の貪欲さのより多くの証拠として見ることも可能である。

いまや非常に多くの女性が縫製工場で働いています。……これは幾つかの社会変化をもたらしました。こうした女性たちは、何とか幾らかのお金を貯めてきました。おわかりのように、リキシャ運転手でさえ縫製労働者の女性と結婚したがります。リキシャ運転手でさえ、「この娘は縫製工場で働いている。お金を持っている。この娘と結婚すべきだ」と思うのです。そして、彼は自分の妻の所得に頼って生活することが出来るでしょう。彼は幾らか稼いで、妻も幾らか稼ぐでしょう。その結果、彼はリキシャをこぐことをやめて、彼の妻の稼ぎに依存して暮らすかもしれません。それがこういう男性たちの振る舞いなのです。

ハワにとって、「リキシャ運転手」の行動は「粗野な」男性の典型のようなものであった。しかし同時に、そのことを別とすれば、彼女の語りは、女性たちが将来の夫にたいして持つ経済的価値がかつてより大きいだけではなく、自分自身に頼れるという能力もかつてより高くなっていることを意味していた。

女性は働いてお金を稼げるので、幾らか承認を与えられています。いまや全ての男性は、女性には何か価値があると考えています。たとえば、私を見て下さい。一ヶ月に六百タカを稼いでいます。私と結婚する男性は、私がいまうまくやっていると思わないでしょうか？　もちろん、そう思いますよね。自分の賃金を持って行って、彼に手渡すからです。わたしはそうしないとなりません。賃金を渡さなければ、彼には私に価値があることがわからないからです。そうですね、多分、自分のお金の全てを渡すことはないでしょう。彼に幾らかあげて、あとは自分で取っておきます、自分の将来のためにね。もしその男性が失踪してどこかで亡くなったとしても、その時は少なくとも私にはその貯蓄があるということです。食べていくためにそのお金が必要なのです。

われわれの調査対象者における女性たちの多くは、ロマンティックというよりも現実的《プラグマティック》な結婚観を抱いていた。そのことを考えると、婚資の免除は、かつては経済的負債であった女性たちが、経済的資産としての女性たちというものに移行した論理的結果として見なすことが出来る。[9] ディルも指摘している。「もし女

9　農村地域でも同様の論理が働いているように見える（Kabeer, 1998; Begum, 1988）。ビガムがインタビューした若い未婚の村の女性は、夫を見つけるより縫製工場で仕事を見つけることをなぜ優先しているのかを次のように説明

性が幾らか稼いでいれば、男性の家族は彼女に関心を持ちます。彼女が稼げば稼ぐほど、彼らの興味も大きくなります。彼女が貧しければ、彼らは関心を持ちません。その違いは、多額の婚資を要求するよりも、その娘を手に入れたいだけだと願うかもしれないということです」。別の女性労働者も誇りを込めて宣言した。「私たちと結婚するのに、どうやって婚資を要求することが出来るというのでしょう。私たち自身が婚資そのものなのですから」。

女性たちの賃金の潜在的変換力―妻の視点から

既婚女性は、夫との関係の質を反映するようなあり方で、賃金労働へのアクセスによって自らに開かれた可能性に従って行動していた。結婚生活が良好な場合には、女性が自らの賃金を夫に渡す傾向がより強く、それは、夫こそが世帯の稼ぎ手や世帯主であることに象徴的承認を与えるものだった。ジョリナの語りに基づいて先述したように、このような女性たちの行為は、世帯の意思決定過程における微妙な変化に結びついていた。それは家計への彼女たちのより大きな貢献を認めるという点においてであった。

した。「わからないじゃないですか、結婚後、夫が私の婚資を持って失踪するかもしれないし、しばらくしてから離婚させられるかもしれないし。だとしたら、その過程で大きな負債が生じる婚資のためにそれほどたくさんのお金を使うことは何の役に立つのでしょうか。自分で働いて、自分の足でまず立つほうが、ましです。……自分で稼げれば、私と結婚したいと願う男性たちが足りないということはないでしょう」。

他の女性たちは、この変化をより明確な言葉で説明した。シャヌにとって、彼女の経済的貢献は、世帯の意思決定において、より大きなエンタイトルメントを与えられるという結果をもたらしていた。われわれは、どのようにして彼女が、「私たちの賃金から食べているくせに」となじる継娘たちによって仕事を探すように追いやられたか、夫の抵抗を克服するために延々と交渉を重ねたのか述べた。しかし、彼女は働く権利を勝ちとったものの、自らの収入を統制することにほとんど関心を示さなかった。「自分の賃金を夫に渡しています。私たちは家族全員で苦労しているからです。それに、妻が家族への責任を引き受けることは賢明ではありません」。それにもかかわらず、世帯でどのように意思決定がなされるかに関して目に見える変化があったことは明らかであった。彼女の夫は、妻の貢献を認めて、本人の優先事項により重きを置いていると語った。

> 私が世帯収支を管理しています。……でも、妻が稼ぐお金はとても有用です。全額を私に渡してくれます。たいしたことに、彼女は一ペニーも無駄にしません。でも妻が私にお金を持ってくると、私は妻に欲しいものを何でも買うように言います。新しいサリーが欲しいかもしれないし、子どもたちに何か必要だとか、こっちの娘に本が必要だとか言うかもしれません。

シャヌは、その変化をより強い口調で語った。

> 働き出すまで、私は一言も口を出せませんでした。もし私が働いてこなかったら、夫は彼の子どもたちの面倒を見て、その子どもたちの必要を満たすようにと命じたことでしょう。……働いている人には、そうでない人とは違う権利があるのです。もしあなたが家庭にいるだけで稼いでいなかったら、男性の方がより強い権力を持つのです。

他の既婚女性たちは、貯蓄し始めるために自らの所得への統制を何らかの形で維持することを選んだ。彼女たちは、自分自身の銀行口座を開設するか、信頼している親戚に自らの資金を預けていた。幾つかの事例では、そのような貯蓄は夫が知っている状態でなされていたが、他の事例では彼女たちは嘘をつくか、あるいは単に夫に知らせないでいた。彼女たちが貯蓄したいと望むのは、われわれがここまでの議論で言及してきた「家父長制のリスク」のためである。つまり、結婚はもはや生涯に渡る保障ではないという確信が多くの女性たちの側で広まっており、これらの女性はそれをより強く自覚しているために反応したのであった。

> 夫は女性にとって最大の資産です。ただし、それは夫が理想的な人物である場合だけです。そうでなければ、別々に貯蓄すべきです。なぜなら、最近では、男性たちに依存することは出来ないからです。

> もし夫が許さないとしても、女性は銀行に貯蓄するでしょう。夫が去るかもしれないし、そうなれば女性は家族のためにそのお金が必要となるからです。八百タカを稼ぐけれど、三百タカか四百タカしか稼いでいないといって、残りを銀行に貯金するか、自分自身の家族に預けている女性はたくさんいます。

筆者は、女性たちがこうした理由によって貯蓄を決意した場合、それらを潜在的に変換可能性のある影響 (potentially tranformatory impact) というカテゴリーに分類した。こうした決意は、結婚に危機が生じた場合に必要となる全般的な後退のポジションを強化しようとする女性側の積極的な行為主体性を表しているからだ。この点において、このカテゴリーの女性たちは、貯蓄するという決意がより防御的反応、つまり家父長的契約の条件を遵守できなかったという自己認識への反応であった前述のカテゴリーの女性たちとは異なっていた。

女性労働者がうまくいっていない婚姻関係を報告した幾つかの文脈では、賃金へのアクセスを得たことにより、女性自らが生活の質を向上させるために行動できるようになっていた。

既に前章での議論で、女性の生活に家庭内暴力があるという証拠を指摘した。実際、われわれの調査対象者において、過去に結婚していたか、現に結婚していた四三人の女性のうち、一四人は家庭内暴力を報告していた。他の女性たちは、だまされたり、侮辱されたり、夫が養ってくれないために自分が飢えていることに気がついたりしていた。こうした女性たちの何人かは、夫とその関係性の条件を再交渉しようとして、自らの新しい金銭的自立によって裏づけされ説得力のある、結婚からの退出という脅しを、(夫からの)譲歩を引き出すために利用していた。

また、他の女性たちは、アレアのように、「退出」という選択肢を実行することを選ぶこともあった。アレアは、とても若い時に、目の見えない、何度か結婚歴があり、積年、妻を殴ってきた男性と結婚させられた。縫製工場の仕事について聞いたのは、まだ村で夫と暮らしていた時で、彼女はわずかな貯えをはたいて地元のNGOからミシンの使い方を学んだ。それから、まだ一二歳だった自分の娘を連れて夫のもとから去った。二人はダッカの縫製工場で仕事に就いた。夫がそこへついて来てしまったので、夫とよりを戻したものの、彼女は彼について以前よりも「怒りがおさまった」と表現する。しかし、彼女は夫に自分が新しく手にした自立を忘れさせないようにした。「いつも彼に、彼のお金からはもう食べていないこと、私は自分の生活のために働いていること、自分自身を食べさせていることを思い出させています。彼は私が離れて行くことを恐れています。彼は年をとっていて目が見えないのに、私は自立できているからです」。

権力のバランスにおけるこの変化は、アレアにとって、夫の暴力が止んだという事実によってのみならず、いまや夫が稼ぎを彼女に渡すという事実によっても、ありありと象徴されていた。「彼は何であれ手に入れたものは私にくれて、自分には何も取っておきません」。夫の目が見えないという特別の状況が、世帯内における権力の分配をアレアにとってそれほど重苦しいものにしていないのではないかと議論しうるかもしれない。しかし、彼女がついに彼に向かって立ち上がり、その暴力に終止符を打てたのは、夫の高齢や目が見えないことよりもむしろ、彼女自身の稼得能力によるものだった。「いまは以前ほど惨めではありません。以前、夫は私をよく殴ったものですが、もう私を殴ることはありません。私は子どもたちのために、彼と一緒に暮らしていたのです。他に何が出来たというのでしょうか。二人の子どもがいる私に誰が仕事をくれるのでしょうか」。

サハラもまた、自らの新たな稼得能力と夫の暴力の減少について明確に関連づけた。「いまでは私が稼いでいるので、うちの経済状態は良くなりました。だから、夫は以前のように私を殴りません。……口論も減りました。いまでは私から夫にはっきり言ってしまっても、口論にならない日さえあります。お金という点で、私が役に立っているからです」。彼女は次のように信じていた。すなわち、彼女の稼ぎ手としての新たな地位とともに、働くことによって結果的に自分自身が持つネットワークと物の見方が広がったことで、夫にはっきりと口をきく勇気を持てるようになったのだ、と。「以前の私は愚かでした。縫製工場に就職してから、私はより賢くなりました。一人が一〇人、そしてそれ以上の数の人びとと交流すれば、人生について学べるのです。私はこんな風に以前は話せませんでしたし、家でただ座っていただけでした。でも、いまでははっきりと話すことが出来ますし、夫にたいして答えることも出来るのです」。

われわれは、ハヌファの結婚を、夫の側における暴力の発生によって中断させられた非常に対立的な結婚の例として紹介した。ハヌファは、そうした出来事の後、一緒に暮らしていた賃借している部屋から夫を追い出すことを決意した。彼女にそれが出来たのは、彼女は自分が稼いだ賃金から家賃を払っていたので、家主とその家族から支援を得られたからである。雇用主もまた、警察とともに、彼女が夫に再び傷つけられるようなことがあればどうなると思うか、と夫を脅してくれた。しばらくして、彼女は夫を再び迎え入れたものの、彼女の言い分ははっきりと伝わっていた。彼女は、彼なしにやっていけること、そして、自分の利益を心底考えてくれる代替的な「保護者」がいるということを示したのだった。ハヌファの夫にインタビューをした時、彼はより定期的に賃金が払われる雇用を、恐らく縫製工場で探すことを真剣に考えていた。「縫製工場について以前は考えたこともなかった。でも、いま自分はさほど稼いでいないので、それについて考えているのです」。たとえ一時的であっても夫を投げ出しえたことは、ハヌファが金銭的に自立していなければありえなかったであろう。この点は、彼女の語りに明らかだった。

縫製工場は女性にとってとても良いものです。私にとってさえ。私はより勇ましくなりました。……いま私は、自分には権利があって、自分でやっていけると感じています。……もし夫が何か言ったとしても、気にしないでしょう。自分自身を食べさせることが出来るからです。もし親戚の誰かが何か言ったとしても、悩んだりしないで、彼らの家にはもう行く必要がないと思うだけでしょう。私は稼げるし、やっていける——そういう勇気を得たのです。

シャティ・アクタルのライフヒストリーは、多くの点において、女性たちが男性の支援に依存するために払う費用を例証していた。彼女は、女性の運命への受動的な黙従という態度から——「女性の運命と囚人の運命に違いはありませんし、それは首相の娘にとっても変わらないことなのです」——自らの生活を積極的に統制していくことへと移っていった過程を説明した。彼女自身の母親は彼女が一一歳のときに亡くなり、父親はその後すぐに再婚した。シャティは数年後に父親が選んだ男性に嫁がされた。父親の選択には黙って従った。なぜなら、彼女は、われわれがインタビューをした女性たちの多くに共通するように、黙従することによって、結婚がうまくいかなくなった時に父親の支援を引き続き求めることが可能になるだろうと信じていたからである。

実際、シャティの結婚はうまくいかなくなった。結婚して一ヶ月もしないうちに、夫が既に結婚していて最初の妻との間に子どもが一人あることがわかったのである。「そのことを知った時」と彼女は言った。「私に何かが起きたのです。彼がそういうことで私をだませるのなら、他のことだって彼には出来るはずで、私を不意に殴ることだって簡単にしうる、と思いました」。彼女は自分の父親の家に戻ったものの、歓迎されなかった。特に、継母は食べさせなければならない口が余分に増えたことへの怒りを隠さなかった。そして、継母が言ったこと――「娘をうろうろさせていることの意味がわからない。働いていないし、あなたが年をとったときにあなたを食べさせてくれるわけでもないし」――が、その通りに望まれた効果をもたらしたのだった。シャティは父親の家を出て、自立することを決意した。

そのとき私は縫製工場に就職して自分の面倒を見ようと決めたのです。保護者の願いにしたがって結婚したとしても、将来に悲劇があるかもしれないと気がつきました。私が工場に就職したのは、私の保護者が言ったことが理由です。誰かに傷つけられ、その人に食べ物を与えられるなら、その食べ物はハラム【訳注2：*haram*.「禁じられた」、の意】です。自分について何か言われるのを聞いて、もし自尊心の感覚があるのなら、そこにいたいとは思わないでしょう。だから、私は自分の稼ぎから食べていくと誓いました。父の出費で食べることは二度とないでしょう。もし自分自身を養えるなら食べますし、そうでなければ全く食べないかのどちらかです。

サティはいま、おじとその家族と暮らしていた。彼女の賃金はその世帯の他の賃金とまとめられていた。そのため、彼女の個人的な生活水準は、彼女が稼いでいるという地位から特に恩恵を受けていたわけではなかった。しかし、彼女はその仕事から自分自身が得た、より捉えどころがない、さまざまな利益に価値を見いだしていた。「今日、私が最も満足していることは、誰からの侮辱であれ我慢する必要がないということです。私は自ら生計を立てています」。

不幸な結婚という経験へのシャティの反応は、結婚という考え方全てにたいして彼女を反発させた。「結婚という考え方は私をぞっとさせます。将来について考えることは、もはや私を困らせたりはしません。結婚のプロポーズが来ますが、私は既に結婚しています、と返すだけです」。同じように不運な結婚をした他の女性たちは、女性にとって既婚であることが社会的に当然とされる状態が依然として重要であることを考慮すれば、必ずしも再婚の可能性を否定しなかった。しかし、彼女たちには、初婚時に比べて、さまざまな条件を設定することについて心構えというものがあった。フスネ・アラと最初の夫との関係は、義理の両親からの婚資のしつこい要求によって破綻した。

もし彼といて私が幸せなら、もっと婚資を渡すことも一つだと思いました。でも、幸せではなかったので、その意味がわからなくなりました。たとえば、彼の姉妹と父親はいつも私ともめていたのですが、夫が私の味方をしてくれたことはありませんでした。死ぬまで一緒にいる人が私を守ってくれないのなら、もっと婚資を渡すことに何の意味があるでしょう。……両親が私の結婚を決め、婚資を渡し、お金を払いましたが、結婚は長く続かなかったのです。だから、私は自分自身の生活のためにいろいろ決めなければならなかったのです。私の人生は壊れていますが、それについて自分で何かしなければならなかったのです。そういうわけで、私はここへ働きに来ました。

彼女は両親の家へ戻り、縫製労働者として就職した。工場のライン監督者が彼女に興味を持ち、両親に結婚のプロポーズを送ってきた。われわれがインタビューをした時、彼女は決心しようとしているところだった。プロポーズについて考える前に、彼にたいしてはっきりさせておきたい条件は次のようなものだった。

私は彼に言いました。私は仕事を辞めないし、私を働かせてくれる人としか結婚しないし、仕事を辞めるくらいなら男性の方を諦めるって。彼は働き続けることを認めてくれました。こうも言いました。もし自分がいやだったら、私の収入から彼にお金 (*paisa*) をあげることはないですと。でも、そうしたいと思ったら、渡すだろうと。彼は、私の収入に依存するようなことはしないし、妻の収入に頼って自分の家計のやりくりもしたくないし、自分のポケットマネーは自分で持つからと言っています。それから、私の両親が生きている限り、私は両親に送金すること、誰も私を止められないことも言いました。彼はこう答えました。私は自分のお金を好きにしてよいし、彼は私を止めることもないし、私の両親は私を育ててくれて、たくさんの苦労をしてきたのだから、私が両親にお金を渡すことは当たり前のことだと。彼のことを信じていましたが、彼の言葉を額面通りに受け取りはしませんでした。彼を信じるようになったのは、彼のことをよく知ってからのことでした。……彼が全てを約束したのち、私は思いました。もし彼が私からお金を取り、私が両親や兄弟姉妹にお金を送ることをさせないようなら、彼の食べ物を食べるよりも飢えた方がましだと。

彼はこれらの条件に同意していたものの、突然——予想していなかった——婚資の要求があった。フスネ・アラは、婚資の支払いが規範になっているということを考慮して、彼女の両親が幾らかの婚資を払うという考えで折り合いをつけた。ただし、彼女はその支払いを将来の姻戚からの「要求」としてよりもむしろ、自分たちの側からの自発的なものとしたいと望んだ。彼女は求婚者である彼に最終的な申し出をした。

来月の一〇日までに彼は決めなければなりません。彼の父親と兄弟が来て、私の両親と話し合いたがっています。……自分の決意がどうなるか私にもわかりません。彼は婚資を一万六千タカ望んでいますが、二つのお金（*paisas*）を渡すつもりはないと彼に伝えました。同じことを自分の両親にも伝えました。もし私の両親が婚資を支払わなければならないとしたら、それは喜びを持ってなされるべきです。でもいま、彼は何も欲しくないと言っています。……私は彼の婚資の要求がいやでした。彼への返事に、彼は婚資が欲しいだけで、私が欲しいわけではないと書いて伝えました。彼は私が欲しいだけだと言うべきでした。私は婚資を渡し、出来る限りの方法で彼の側を喜ばせようと考えたこともありました。彼の友人たちは彼にたいして、近頃、結婚というのは婚資なしではありえないとか、もし婚資なしで恋愛結婚をするなら彼はだまされていると言ったに違いありません。

フスネ・アラの語りが強調しているのは、新しい結婚のモデルである。それは、結婚における経済的依存の苦い対価をこれまで払ってきて、もうこれ以上はそれを払うつもりはないという女性たちが交渉するモデルである。フスネ・アラに関する限り、女性が自活する能力とは、結婚においてより大きな威厳を認めてもらう能力にとって不可欠であった。

女性のなかには、結婚したらもう何も出来ないと考えている人たちがいます。彼女たちは、夫たちが自分たちを物乞いにしてしまったと考えています。何人かの女性たちは、一生結婚できないのではないかと心配して、その男性を捕まえておくためにお金を払ってしまうのです。しかし、他の女性たちは、もし自分を苦しませるのなら、夫と暮らす理由はないと思っています。自分自身で生活した方がまし、ということです。……、私は、この国の女性にとって働き、自らを教育し、自らの足で立つことは良いことだと思います。結婚はその後ででも出来ます。もし再婚しても、私は仕事を辞めません。私にとって、仕事は有益なのです。仕事があるからこそ、私は自分の足で立てるのです。

女性たちの賃金の潜在的変換力—母親の視点から

前章において見てきたように、多くの女性たちにとって仕事に就いた理由は子どもたちの福祉と関係しており、特に子どもたちの教育の見通しと関係していた。本節では、女性が行う選択の特殊な一組、特に母親としての立場《キャパシティ》において行う選択について考えたい。それは、次の世代の若い女性の人生の機会にとっての重要な潜在的変換力を持つものである。モモタは、われわれの調査対象者における女性たちの多くに生じているように思われる現象を示す一つの例であった。その現象とは、自分の娘たちは、自分たちのように経済的依存の対価を払うことがないようにという母親としての決意の高まりである。モモタは、愛情を感じていない男性と結婚させられた。娘を産んだとき、夫とその家族から否定的反応があったため彼女は結婚から逃れて、実家に戻ることを決意した。彼女の母親は彼女が夫のもとに戻ることを望んだが、彼女の兄が彼女の面倒を見ることに同意してくれた。しかし、兄が結婚した時、その妻がモモタとその子どもを支えるという余計な金銭的負担についての怒りを表し始めた。兄は、彼女のために結婚を手配したものの、本章の他の事例からもわかるように、それはモモタに自分自身の娘を諦めることを要求するものだった。結婚する代わりに、モモタは娘を連れてダッカにやって来て、縫製工場で仕事を見つけたのである。

彼女が自らの選択をどのように見ているのかについての説明は、女性の人生において、母性的利他主義と経済的保障の探求とが区別されることなく編み合わされているあり方が心を打つ一つの例である。

私は再婚しません。自分の子どもを彼女の父親に託さなければならないからで、彼は既に再婚しています。継母というものは、他人の子どもを決して愛さないものなのです。……兄が、「娘と戻って来なさい。自分が彼女にたいする責任を持つし、彼女を父親に返したりはしない」という日が来れば、その日に私は兄のもとへ戻る気持ちになるでしょう。いま私は、娘と自分を支えるために働いているだけです。辛い仕事です。でも、家に帰って娘を膝に乗せ、一緒に眠る時、私の全ての惨めさはどこかへ行ってしまうようです。疲れも忘れてしまいます。娘のために、私にはたくさんの夢があるのですが、実現するかはわかりません。大学の寄宿舎に寮生として彼女を入れたいのですが、四万タカ必要なので無理です。娘には修士号を取得して欲しいのですが、彼女は大きくなったら、母親が自分の人生を娘のために与えてくれたのだとわかるでしょう。もし私が幸運だったら、娘は私の世話をしてくれるでしょう。もし娘が教育を受けて医者になったら、貧しい人びととともに働き、その人びとの苦労を理解し、以前、彼女自身もそのようだったと悟るでしょう。でも、教育を受けなければ、彼女はそういうことを悟らないでしょう。

モモタは、自分の娘と一緒にいるために、再婚する機会を——それがもたらしたかもしれない、それにともなう保障と世間体とともに——実際上、諦めた。彼女は娘のために働き、自分の両親が自分に与えてくれた生活よりも良い生活を娘のために夢見ていた。見返りに、彼女は娘の愛情と敬意、彼女の努力にたいする幾ばくかの承認、そして、「もし幸運だったら」、歳をとったときに幾ばくかの保障を得ることを願っていた。このような説明においてこそ、子どもたちの生活を向上させたいという女性たちの望みが、家族関係の特徴を規定する愛情、利他主義、優しさ、自己犠性、物質的な自己利益などが複雑に分かちがたく織り混ざった状態で最も明白に表れるのであった。

　しかし、モモタの話は、もう一つのことをも明らかにしていた。それは、他の多くの語りにおいても繰り返し登場していたことだった。すなわち、母親側における女児の再評価、娘にもっと教育投資をしたいという意欲である。既に指摘してきたように、バングラデシュの文化では常に、娘というものの地位は息子よりも重要ではなかった。ある世代の価値と慣習は次の世代へと伝えられる。それはしばしば母親を主たる伝達者としているため、この状況がどのように変化するかは見えにくいものとなっていた。とはいえ、変化は生じているように見える。多くの女性労働者は、女性たちの利益を守り、将来を保障する伝統的な家父長制家族への信頼は失われてきていると語った。それは、バングラデシュで女性によって表現される、ありふれた懸念と苦しみの一部をなしているように見える。[10] 離婚、男性による放棄、結婚の不安定性、女性を世帯主とする世帯などの統計的推計値によっては、そのような信頼の喪失がどれほど蔓延しているのかを捕捉することはかなり無理がある。極めて多くの男性たちが家父長的交渉で自らが「果たす」べき義務について明らかに失敗したり、あるいは無力だったりした。そのような状況の下で、極めて多数の女性たちが、自らの両親が彼女たちに代わって行った選択や、そのような選択が自らにもたらした人生の機会について振り返り、それが十分だったかどうかと問うていたことは驚くに値しない。

　ある女性労働者が言ったように、「若すぎて自らの利益と損失を評価できない」うちに結婚させられ、ひいては夫の選択に関して両親の判断力が欠如していたことへの対価を払った女性たちは、自分の娘に同じことが起こって欲しくないと願っていた。あまりに若く結婚したので、「自分自身がまだ赤ん坊の時に赤ん坊を持つことになってしまった」女性たちも同じ思いである。また、男性の支援を奪われた時、よく準備できていないのに労働市場での競争をしなければならなかった女性たちも同じ思いである。個人的な理由がなんであれ、みな、社会が与えた待遇によって失望させられたと感じていた女性たちであった。彼女たちは、自分自身の人生を活かす機会を否定され、自分の娘の人生が同じように束縛されるべきではないと強く願っていた。その気持ちを多くの女性たちは次のように表現した。「私たちの人生は終わっていますが、娘たちには未来があります」。

　たとえば、カニーズは、夫が殴ることや経済的責任を果たさないことを、そうした行動から影響を被るのが自分だけならば我慢してもいいと思ってきた。しかし、娘が生まれ、彼の無責任がいまや自分の子どもの福祉に影響を及ぼすことが明らかになった。その時、彼女は、それが既に揺らいでいた結婚を危険にさらすことを覚悟の上で、夫に逆らい、工場での仕事を始めた。彼が出て行った時、後に彼が再婚したと知り、彼女自身と娘のためにひど

10　筆者は、一九九七年にインタビューをした多くの農村女性たちが同じような感情を表現することを見出した（Kabeer, 1998 を参照）。

く動揺した。カニーズは、娘が自らの選択がどのような意味を持つのか理解し、自らの利益のために発言できる年齢に達した時にのみ、娘の結婚を考えようと決意した。

> 申し訳なく思うのは、娘にたいしてです。……彼女は何もわかっていません。私はただ、娘にはきちんと育ってから結婚して欲しいのです。まず娘を成人させ、それから結婚させるつもりです。もし娘が何か言いたいのなら、それを言える年齢になっているでしょう。彼女の父親は言っています。娘が大きくなった時、彼女は自分を探し出し、自分の所に来るだろう、と。でも、いまは、娘は父親が全く訪問してこないことにたいして、父親を殺してやりたいと思っているのです。

しかし、カニーズは自らの暮らしのために働かなければならないとは思っていなかった。また、低い地位で報酬の少ないと思われている仕事に自分が就かざるを得なかったことが家族を悲しませたこともわかっていた。それでも、彼女は自分がやっていることに積極的な側面を見いだしていた。

> 丸一ヶ月奴隷のように働いても、賃金の封を手にすると微笑みが顔に戻ってきます。もし私が働いてこなかったら、夫はもっとひどい仕打ちをしたことでしょう。「彼女は働けない。彼女は教育されていない。自分が彼女に価値を与える時に彼女は他人からも価値を認められるにすぎない」と彼は考えたかもしれません。私が稼ぎ始めた時、より大きな勇気を得て、はっきり物を言うことができ、自分自身で生き残ることが出来るようになったのです。

こうした女性たちの多くにとって、教育は自分たちの娘たちにとってのより良い将来を約束するものだった。教育の重要性は伝統的に息子たちにたいして認められてきたものである。その一方で、女性たちがいまや自らの娘たちの教育に投資していることの価値付けは、前の世代である両親によって彼女たち自身の教育に付されてきた低い価値とは、際だった対照を示していた。[11] 彼女たちが語った、娘の教育を価値づける理由はさまざまであった。何人かは、娘への教育投資は家父長的価値に異議を申し立てるにはほとんど役に立たないが、こうした価値に順応する過程を幾分か容易にすると考えていた。つまり、たとえば、教育は「良い」夫を手にいれる可能性を高め、支払わなければならない婚資の額を減らしたり、「良い」社会においてどのように行動すべきか娘たちに教えたりするだろう、と信じられていた。

11　世界銀行（World Bank, 1995）及びカビール（Kabeer, 1998）から得られた分析結果は、母親は父親よりも娘たちの教育に大きな価値を置くように見えることを示唆している。母親が経済的資源に何らかのアクセスがある場合には、教育におけるこのジェンダー格差はより小さかった。

一方で、他の女性たちは、教育を自らの娘たちの後退のポジションを強化する手段であり、それが娘たちを自立させ、自分たちと比べてより良い就業機会へのアクセスを手に出来ると見なしていた。ディルは夫が既に結婚しており子どももいると悟った時に夫から離れており、こう指摘していた。「娘たちにとって教育を受けることは重要です。教育を受けていれば、たくさんのことが出来ます。何よりも、教育は、頼れるものを彼女たちに与えます。それは強みであり、財産です」。コヒヌールは、仕事を諦めろという夫の圧力に抵抗した。自分の二人の娘たちが受けている高等教育を続けさせたかったからである。

> 私は自分で生計を立てなければならなくなっていたので、娘たちを教育したいのです。娘たちの家族に何かが起きたとしても、自分で稼ぐことが出来ます。娘たちに自力で生計を立てざるをえなくなって欲しいとは思いませんが、もしそうせざるをえなくなったとしたら、彼女たちにこう言って欲しくないのです。母親が教育してくれなかったから、私は卑しい仕事 (*chuto kaj*) をしなければならない、と。私は縫製工場での仕事を恥じています。教育を受けた人びとにとって、これは卑しい仕事だからです。

ジャハナラは、娘たちへの教育を強調する理由として、女性たちにとって保障の源泉としての結婚における、一般的な信頼が失われたことに触れた。

> 最近では、娘たちに確かな将来はありません。もし彼女たちを結婚させたとしても、安心は出来ません。どんなことだって起こりうるのです。……、私たちはもはや娘たちを結婚させるために必要なものを賄うことが出来ないので、彼女たちの教育に費やせるものがなんであれ費やしたほうがまだましです。もしなにか問題があったり、彼女たちの夫たちが出ていったりしても、彼女たちは自立することが出来るでしょう。

子どもたちを教育したいという望みについてのこれらの現実的な理由の他に、多くの女性たちが、解放の可能性を込めて、教育に投資していた。彼女たちは、それを、人間 (*manush*) になり、他人の勝手な気まぐれや命令に従属するのではなく、自らの運命にたいして批判的能力と統制を実践していくための前提条件として見なしていた。たとえば、ハヌファは、自分の娘がなす選択を本人が理解し、恐らく自らの人生を抑圧してきた要因から逃れられるためには、教育こそが娘に役立つ方法であると考えていた。

> もし事前にわかっていたら、私は結婚しなかったでしょう。私の世代のほとんどの娘たちはまだ結婚していないか、もっと後で結婚しています。私は自分の娘には苦しんで欲しくありません。……もし娘が教育を受ければ、読んだり、書いたり、理解

したり出来ます。私は何もわからなかったのです。私は娘には教育を受けさせ、彼女が働けて、苦しい思いをしないようにしたいのです。……娘には、彼女の将来にとってなにが良いのか理解し決定できるようになった時に、結婚して欲しいのです。……ときどき、私が感じるのは、もし私の父がこの結婚を手配していなかったとしたら、私はこれほど苦労しなくてすんだのに、ということです。娘には自らの人生について他の誰も責めて欲しくありません。彼女は自分自身で選択を行うべきなのです。

さまざまな女性たちによって教育にいかなる特定の意味が付されようと、娘の教育に投資するという決意は長期的に見て潜在的変換力がある。それは、バングラデシュにおけるジェンダー不平等の著しく、長年に渡る形態に取り組んでおり、バングラデシュの次世代の若い女性たちに、前世代の女性たちが否定されてきた経済的能力をもたらしている。それゆえに、もしそうした母親たちが正しいならば、また彼女たちが実際に正しかったのかもしれないと示唆するいくらかの実証的証拠[12]もあるのだが、それは、彼女たちの娘たちが自ら家父長制と交渉を行う諸条件を改善しうる、一つの資源を提供したのである。

女性たちの賃金の影響の評価―より大きな構図

ここまで議論してきた女性たちの賃金がもたらすさまざまな影響は、女性の賃金がどのように使われ、仕事がどのような意味を持ったのかについて、当事者の語りの分析に基づいたものだった。われわれのインタビューは、語りのこの側面に明示的に関連した二つの質問を含んでいた。一つとして、彼女たちの稼得者としての地位の結果として、人生に生じたと本人たちが認識している肯定的変化と否定的変化について挙げてもらうように頼んだ。もう一つとしては、賃金労働へのアクセスの結果として、一般的に、人生に起こったであろうと本人たちが信じている変化を挙げてもらうように頼んだ。本章の議論の方向を考えると、多くの女性たちが人生に生じた変化について非常に肯定的に捉えていたことは驚くに値しない。附録二に要約されるように、インタビューをした六〇人のうち、四四人が全面的に肯定的な回答をし、一一人が肯定と否定が入り混じった回答をし、五人が概ね否定的な回答をした。後者二つの回答理由は、附録二で要約したとおり、工場労働に関連する不利な点に関するものだった。

一方で、縫製産業における賃金労働への女性のアクセスにたいする社会的影響という観点については、回答はかなり二律背反す

12　たとえば、バングラデシュにおける先行研究は、教育を受けた女性ほど家庭内暴力を被りにくく（Schuler et al., 1996）、世帯の意思決定において何らかの役割を持ちやすいこと（Newby, 1998）を示唆している。また、南アジアにおける先行研究は、一般的に、そのような女性は、自分自身の娘にたいして差別をする可能性がより低いことを示唆している（Dreze and Sen, 1995）。

るものだった。三四人のみが全面的に肯定的な評価をし、一六人は曖昧な見解であり、一〇人は否定的な評価だった。女性労働者によって報告された肯定的な社会的影響は、われわれが議論してきた個人的影響が集計された形で繰り返されていた。一連の回答は貧困問題の視点から縫製工場での仕事の重要性を強調し、経済的困窮の結果として過去において女性たちが就かなければならなかったよりきつい仕事や欠乏によってもたらされた家族におけるストレスに言及していた。

多くの女性たちが自らを助け、自立できていて、それは見捨てられた女性たちにさえ当てはまりました。縫製労働者として働かなければ、彼女たちは飢えたり、子どもたちを育てられなかったりしたことでしょう。

私が思うには、縫製工場は多くの女性たちに機会を提供しました。落ちぶれて路上を転々としていた女性たちでさえ自らの生計を立てられる機会を得るようになって、見苦しくなくなったのです。

縫製工場での仕事は女性たちへの虐待を減らしました。……一つの給料で家族が暮らしていると、普通は摩擦があります。一人が稼いでいたとして、彼が二シェル（seer）【訳注3：重量の単位。一シェルは〇・九三三一〇キロに相当】米を家に持ってきても、たくさんの人がその米を食べたいので、それぞれは少量しか食べられません。もし二人が家に米を持ってくるなら、それぞれもっと多い分け前を得て、事態は改善します。飢えがあるところに争いは生じるのです。

回答者の何人かは、女性たちの伝統的な保障の源泉が破綻し、また婚資の要求が親にのしかかって扶養家族としての娘たちにかかる費用が膨張していた時期にあっては、ある程度の経済的自立が重要であることを強調した。

以前は娘たちしかいないと、彼女たちを食べさせたり、教育させたり出来ませんでした。婚資を払えないので、彼女たちは苦しみました。いまでは、娘たちは縫製工場で働くことができ、そのようなルールは少し変わってきています。女性たちの価値は上昇しました。娘たちが親を支えることを手助け出来るようになり、親は幸せです。

私たちのような人びと、貧しい人びとは、恩恵にあずかってきました。もし父親が亡くなっても、私たちは縫製工場で働けます。もし夫が亡くなっても、私たちは縫製工場で働けます。父親や夫が生きているときでさえ、私たちは家計にお金を出すことが出来きるのです。

もし縫製産業がバングラデシュに来なかったら、非常に多くの女性たちが自らの名誉を犠牲にすることによって、あるいは彼女たちの兄弟に面倒を見てもらうことによって食べていかなければならなかったでしょう。これらの工場がなければ、彼女たちは名誉も持てなかったことでしょう。いまでは彼女たちの価値は上がっています。かつて親たちが呪った娘たち、彼女たちでさえいまでは敬意を得ているのです。夫が亡くなったり、妻の面倒を見なくなったり、もう一人の妻を連れてきたりしても、その女性はここに来て働くことが出来ます。縫製工場は非常に多くの人生を救ってきたのです。

また、他の回答者たちは、女性の地位が強化されたことと、自立する能力を強調した。それは特に増えつつあった不安定な結婚という文脈においてであった。

大いなる前進がありました。以前、女性は奴隷のようなもので、奴隷のように働き、何も言うことが出来ませんでした。いまでは、彼女たちには勇気がつきました。彼女たちが仕事を始めてから、社会は彼女たちにより大きな価値を見いだしています。法律は彼女たちの味方です。もし彼女たちの夫が不作法な行為をしたら、夫を裁判所に訴えることができ、裁判所がその問題を処理するでしょう。

女の子の価値は、働くと上がります。誰もがお金を持っている女の子を評価しますし、家族における女の子の価値も上がります。私の母親の時代には、女性たちはもっと大きな苦労に耐えなければならなくて、それは自立する手段を持っていなかったからでした。女性たちはいまのほうがもっと楽に暮らしていて、世のなかのことがわかっていて、教育を受けていて、働くことが出来るから、自立しています。彼女たちはより大きな自由を手にしています。

しかしながら、もし肯定的評価が、縫製産業の結果として生じたと見なされる重要な変化の幾つかを指し示しているとすれば、否定的評価の方は変化しなかったことを思い出させるものだった。否定的評価にしばしばともなう特徴的な一つの要因は、地位に関連する社会的価値と関わっていた。女性が男性の保護者によって守られ、養われるという考えが根強く残っている社会では、工場労働における女性の存在は、本人のみならず家族にたいしても悪影響を及ぼすとして考えられていた。さらに、非常にさまざまな階層から出自した女性たちを一緒に集めたことにより、縫製工場における全ての労働者が最も低俗な集団としてひとからげに見られてしまうことになった。縫製工場を性的に不適当とされるさまざまな形態と関連づける世論が根強くあるという自覚ゆえに、一部の女性たちの目において、その仕事の価値はさらに低いものとなっていた。

縫製工場での仕事を人びとが低く見るのは当然です。それは卑しい仕事で、スラム街から来た人びとも働いていますし、良家出身の人びとも働いていますし、誰もが必要に迫られてここにいるのです。誰でも、つまり、年をとっていても、若くても、既婚でも、未婚でも、雇い入れます。教育は必要ありません。賃金を拇印で受け取る人たちもいますし、自分の名前を署名するのがやっとだという人たちもいます。

女性の価値は、縫製工場にやって来たことで上がりませんでした。むしろ下がったのです。私たちは路上にいると大声で呼ばれることがあって、そういうことが私たちの価値を下げています。読み書きが出来ない女性たちと教育を受けた女性たちがみな一緒に働いていれば、そこにいる女性たちの価値はみな同じになるのです。

男性労働者の一人がこの問題について素っ気なく言った。「彼女たちの価値は上がったかもしれないけれど、彼女たちの地位は下がった」と。さらに、否定的な社会的評価はまた、バングラデシュにおける家父長的契約の根強い非対称性と、その非対称性が全ての女性たちに脆弱性をもたらすという状況の下でも、特に男性の支援を受けていない女性たちにとってその脆弱性が顕著であることを想起させるものだった。稼得機会へのアクセスは、これらの不平等を絶やすには不十分だった。そのような不平等は、部分的にしか経済的なものではなかったからである。

金銭欲のために縫製工場に来た人びともいれば、必要のために来た人もいます。誰だってプライドは犠牲にしたくありませんが、それは威信を失ったことを意味しているのです。社会的な意味では、ほとんど何も変わってきていません。夫というものは夫ですし、妻は夫と対等にはなれないのです。たとえ私が一〇万タカ稼いだとしても、私は決して小娘以上の存在ではありえません。私たちは決して同等たりえないのです。そういうものだし、これからもそういうものでしょう。

いま尊敬されている女性たちは、以前から尊敬されていた女性たちです。仕事をしているというだけで何が変わるでしょう？……夫を持たず、子どもたちを生きのびさせるために苦労しているとしたら、その女性はいったいどんな敬意を得られるというのでしょうか？　女性は、夫と子どもたちがいて、裕福な家庭の出身の場合に尊敬されるのであって、働いているかどうかとは関係ありません。女性が男性よりも稼いでいる場合でさえ、彼女たちはより少ない権利しか持たず、男性は女性よりも価値を持つのです。もし誰かが私に私が何者かときいたら、私は父の名前を告げるでしょう。誰も私の母の名前は知らないでしょう。

バングラデシュにおけるジェンダー的従属関係の著しい特徴の一つとして、女性の生活における男性による扶養もさることながら、男性の保護が持つ重要性がある。男性の支援なしには、女性は経済的に急速な落下のリスクにさらされるだけでなく、社会的にも脆弱で敬意を受けることを否定されており（さらには、本章で先に引用したファテマの事例のように住居を借りることまでもが否定されることがある）、さまざまな形の性的ハラスメントの危険にもさらされていた。これらの所感が示唆しているように、ジェンダー的従属関係は、女性が賃金へのアクセスを得たからといって急激に変化したわけではない家父長制の構造の一つの側面であった。また、そのような従属関係は、どのように女性が自らの賃金の影響を経験し、評価したかについても影響を与えてきた。

前章で議論したように、女性の側に結果として生じる一般的な不安定性、つまり女性が抱く懸念は、彼女たちが自らの有償労働に就きたいという願望をめぐって家族と面と向かって対立したがらないことを説明していた。本章における分析は、この点についての認識を確認するものであった。われわれが調査した女性たちの非常に多くが、自らの所得にたいする統制を実践しないことを選んだり、選んだとしても世帯内における男性の特権についての既存の規範や慣習を脅かさないように極めて意識的に自らの所得を使ったりしていた。対照的に、世帯内における権力のバランスに自らの賃金が何も変化をもたらさなかったと見せるために、とりとめのない、現実的な努力をした事例は、はるかに多く見られた。モノワラはこの戦略を簡潔に述べた。「理解している女性は自らの権力を見せませんが、理解していない女性は自らの権力を見せてしまいます」。それはまた、非常に多くの女性たちが、不満足な結婚から、たとえそれが極端に暴力的な関係をともなうものである場合でさえ、離れようとしないことを説明する。レヌはついには虐待的な夫をおいて出ていったが、夫の暴力というよりも稼ぎ手としての失敗こそが、彼女をこの決意に追いやったのだった。多くの女性たちが直面していると感じていたそれらの選択のわびしさは、ルミの言葉に要約されていた。「夫に殴られるくらい何の害があるでしょう。少なくとも、よそ者に殴られているわけではないのですから」。

必要、十分、不適切?――女性たちの賃金の影響に関する要約

本章における分析は、賃金労働に女性たちがアクセスを得たことによる影響が均一なものでないことを示唆していた。それは女性たちそのものが均一のカテゴリーではなく、単に、あるいは一義的にジェンダーによって定義されていたわけでなかったからである。むしろ、女性たちは階層、年齢、配偶者の有無、過去の歴史、現在の環境などによって多様であった。結果的に、彼女たちは、極めてさまざまな物質的観点、経験的観点から新しい機会に反応し、その新しい機会を極めて多様な形で利用していた。自ら

の統制が及ばない状況によって賃金労働に送り込まれた女性たちは、それを自ら機会の拡大として経験する可能性が最も低かった。彼女たちは、自らの稼得能力について、直接的な経済的含意以上にはほとんど意義を見出してない傾向があり、個人的次元と社会的次元の両方において否定的な影響を報告する傾向が最も強かった。彼女たちは、個人的次元では次のようなことを嘆いた。すなわち、文化的妥当性の規範にもはや留まることが出来ないこと、コミュニティにおいて一般的に、あるいは少なくとも自らが属する階層の女性たちにとってほとんど社会的地位をともなわない仕事で働かざるをえなかったこと、そして男性の保護者の支援や保護なしに自立しなければならなかったことである。また、彼女たちは、社会的次元では、家庭というシェルターの外で女性が有償労働を探さなければならないという事実を社会において女性の地位の脆弱性が増していることの象徴だと見なしていた。つまり、自らの生活は、社会的次元における家父長的契約の崩壊を鏡のように映しだしていると捉えていたのである。

しかし、われわれの分析はまた、縫製工場での就業が女性の生活にもたらした社会的影響の両義性にもかかわらず、圧倒的多数の女性たちは自らの人生におけるこの就業の意味をかなり肯定的に捉えていることを示唆していた。多くはそのような雇用に就くことを選び、初めて労働市場に参入し、そのために自力で都市へ移住してきていた。しかしながら、彼女たちの説明について特に注目に値することは、単に彼女たちが縫製産業に参入すると自発的に決意したことのみならず、家族のより権力のある構成員からのかなりの反対に直面しながらそのように決意したことであった。その意味で、女性の賃金と世帯内交渉との関係を分析しようとするさまざまな社会科学の試みにおいて通常では検討されないような早い段階で、女性に有利で重要な意思決定がすでに交渉されていたのである。つまり、先行研究において、意思決定における権限の実践を探究する上で注目されてきたのは、女性が稼いだ賃金の使途との関係であって、賃金労働に就くという最初の段階での決定との関係ではなかった。しかし、世帯内における権力と行為主体性を探究する方法として「統制点」という考えに立ち返るならば、女性がそれまでそのような機会を否定されてきた文脈において、工場労働に就きたいという願望についての交渉は、賃金労働が女性の生活にもたらす影響に変換される過程における、最初の、非常に決定的で重要な統制点となっていたことは明らかである。働くという意思決定がひとたび女性たちに有利なように交渉されると、賃金を稼ぐことと関連する全ての潜在力《ポテンシャルズ》が、女性たちにたいして開かれた、拡大された可能性《ポシビリティーズ》の一部となる。それは要するに、その時点でたとえ全ての潜在力を実現していようとしていまいと、彼女たち自身が引き起こした可能性の拡大だったのである。

個々の女性たちがその後の行動をどのように選択したかということは、家族における立場、他の構成員との関係の質、持っていた選択肢、必要、利益についての本人の主観的評価を反映していた。何人かの女性たちは、目標を達成しようとしても、それによって全体的な制約構造に挑戦するようなことはほとんどしなかったものの、その費用を軽減する方向に幾らか役立った。他の女性たちは、選択をする能力を拡大しようとした。ただし、それはあからさまな対立を避ける方法でなされ、私的な再交渉を選び、そのことにより男性の権威という表向きの顔《パブリック・フェイス》を無傷のままとした。ほんの数人だけが、自らの賃金を使って、はっきりと目に見える変化を世帯内関係にもたらした。このように、女性労働者たちによる家父長制にたいする幅広く劇的な挑戦がなかったにもかかわらず、彼女たちの語りは賃金労働へのアクセスが生活に変化を起こした重要なあり方を指し示していた。

賃金労働へのアクセスは女性たちにアイデンティティと自己価値の新しい感覚をもたらした。自力で生きていくことに慣れているより貧しい女性たちにとっては、彼女たちが以前に利用可能だった個人的で隔離された、他人に仕える雇用形態から得ていたものよりも、高い報酬、より良い労働条件、より高い尊厳をもたらした。これまで一度も働いたことのなかった女性たちにとっては、鍵となる変化は、自らの地位が経済的に依存する者から経済的行為者に変わったことだった。自己価値感覚の上昇は、次のようなことを彼女たちが強調したことから明らかだった。すなわち、自立していること、もはや扶養家族ではないこと、必要な物を必要な時に買うことが出来ること、夫や兄弟や他の世帯構成員にいつも嘆願しなくてすむことなどである。

こうした変化は、他の世帯構成員から女性労働者に付される価値がより大きくなったことにも明白だった。つまり、「認識された価値」である。女性たちの賃金が世帯における共同供託へと拠出されようと、世帯主に独占されようと、自らの管理下に維持されようと、彼女たちの個人的努力によってその賃金は稼がれたのであり、世帯の集合的な厚生への彼女たちの貢献は否定できなかった。多くの女性たちが収入と要求の間の直接的な関係については語らなかった――世帯内の配分過程はそのように露骨に作用することは稀である――一方で、彼女たちがきつい労働の結果として、評価され、愛され、尊敬されていると感じていることは、集合的な生活水準の上昇とともに、女性自身の福祉としてもまた評価されたのである。

最後に、その変化はさまざまな方法で女性の持つ後退のポジションを強化するという点に明らかだった。幾つかの事例では、この強化は彼女たちの行動の意図的結果であった。たとえば、われわれは個々の女性が結婚の破綻にたいしてとる予防措置について言及してきた。つまり、自分の名義の銀行口座を開設したり、信頼している親戚にお金を預けて貯蓄したり、宝飾品を購入したりすることなどである。しかし、女性の後退のポジションは、特定の個人の行動の結果としてよりもむしろ、工場労働の登場それ自体と関連するより広範な変化がもたらした意図せざる結果としてもまた強化されていた。具体的には、親と娘との経済的関係の変化、公的活動領域おける女性の存在がよりありふれたものになったこと、働く女性にたいする婚資要求の放棄という証拠、結婚年齢の上昇、結婚せよという圧力の弱まり、などである。

同時に、本章において議論してきたのは、特定の制約の多くの側面が引き続き根強く残り、女性にとって特定の種類のリスクを生み出していることが次のことを意味するという点であった。すなわち、彼女たちが自分自身の生活にたいしてより大きなコントロールを得ようとするとしても、それは滅多に、世帯内で男性の権威に直接的な挑戦をしたり、世帯内配分をめぐるあからさまな対立という形をとったりしない、ということである。むしろ、それが作用しているのは、可能性と潜在力のしばしば隠された拡大、配分上の優先順位の静かな再交渉、および彼女たちの後退のポジションを通じてのように思われた。しかし、われわれの調査対象者のなかには、彼女たち自身にとってよりよい結果のために交渉しようとして、自らの強化された、後退のポジションを使い、長い歴史を持つ慣習の性質に逆らった選択をした女性たちが十分な数存在した。このことは、彼女たちの立ち位置が真に強化されてきたことを示唆している。

本章では、こうしたより戦略的な人生の選択について幾つかの例を述べてきた。ある女性たちは、より大きくなった自立の感覚を用いて婚資に抵抗する立場をとり、彼女たち自身に価値を見出すような夫を見つけるまで結婚しないと決めていた。また、ある女性たちは、自らの結婚の前提条件として、結婚後、自分の親に金銭的援助を続ける権利を要求した。また、離婚した女性たちもいて、再婚という不愉快な保障と引き換えに子どもたちを放棄することなく、自分自身と子どもたちにたいする責任をとることが出来た。夫に殴られ、虐待され、裏切られ、無視された女性たちもいて、結婚を解消するという選択肢というもっともらしい信憑性を用いて、夫との関係の条件を再交渉したり――また幾つかの事例では、実際に結婚を解消するという選択肢を行使したりしていた。そして最後に、われわれは、自らの金銭的能力の増大を背景に、自分が与えられてきたよりも良い人生の機会を娘たちに与えようとする、女性たちのより重大な決意について述べてきた。

結論

レヌによる女性たちが持つ懸念の説明が雄弁に描いていたように、バングラデシュにおいて行為主体性を発揮し、選択を行う女性の能力は、経済力だけによってのみならず、彼女たちの社会的脆弱性によっても制約されている。もし彼女たちが、より権力のある他の構成員の手による暴力に耐えたり、従属的な構成員として自らに処せられた虐待や無視を受け入れたり、自らの福祉や尊厳にいかなる結果を引き起こそうと、悪化していく関係に留まろうとしたりするように見えたならば、それは、独りで生きていくという代替案を彼女たちがはるかに恐れていたためであった。賃金労働の潜在的変換力を実現し、家父長的制約に正面から挑戦した女性たちは、われわれの調査対象者では少数派であり、恐らく労働力全体で見てもそのような女性というのは少数派であった。しかし、彼女たちはバングラデシュにおいて女性たちが利用できるようになった新しい社会的機会を体現する先駆者として見なされ、新しい傾向の始まりとなった。彼女たちは、弱体化しつつあった「女性たちが持つ懸念」から完全に自由になったわけではないかもしれない。しかし、彼女たちに続いて未知なるものに踏み込む将来世代の女性たちにとってそのような懸念を減じさせるであろう。結局のところ、社会変容は、一回限りの個別に起こる過去との決裂としてではなく、新しい可能性の段階的な普及として生じるのである。より多くの個人がリスクを取り、物事の古いやり方に挑戦するようになるにつれ、そのような行為にかかわるリスクは減少し、他の人びとも先行者の例にならうことをよりたやすく考えるようになる。ジョリナの夫が、バングラデシュで作用している社会変化のモデルを次のように簡潔に要約してくれた。

女性たちはこの仕事に、必要に迫られて、胃袋の必要に迫られて、やって来たのです。そうでなければ、彼女たちはあれほどの勢いでやって来なかったでしょう。ショマジュもそのような必要があることを理解していました。恐らく初めは、人びとはこのような娘たちを軽蔑しがちで、彼らは彼女たちの行為を反社会的なものとみなし、人びとの考え方は疑い深いものでした。

しかし、人びとの考え方は変化しています。この国において、制約やルールがあるところではどこでも女性たちに関する制約やルールもあるように、女性がだんだんと抵抗し始めれば、女性がそうした挑戦において認められていけば、そのルールは消え始め、人びとの考え方も変わり始めるのです。

第六章　七つの海と一三の河を越えて[1]

ロンドン調査の背景

次に、この研究においてもう一つの事例であるロンドンについて考えよう。導入部分に当たるこの章では、調査の第二段階でインタビューをした女性たちとその家族に関する幾つかの背景的情報を提供する。二〇世紀後半の五〇年の間に、ロンドンのイーストエンドに定着するようになったバングラデシュ人の大きなコミュニティの軌跡をたどっていく。また、イギリスにおける衣料産業の歴史的発展も考察する。産業側の労働にたいする需要が何であったかを見出し、そこでのバングラデシュ人コミュニティの大きなかかわりを説明するためである。そして最後に、第一章で詳しく述べた搾取された労働力に関する論争において、バングラデシュ人労働者の労働条件が注目されてこなかった理由の幾つかを検討する。

1　この語句は、『おばあさんのバスケット』(タクルマエルジュリ [Thakur Ma-er Jhuli]) というベンガルの民話集に由来する。その物語の多くは、神秘的に創建された遠い国を取り扱っており、次のように物語が始まる。昔、「七つの海と一三の河」を渡るほど遠い国にある王子が住んでいました。

バングラデシュ人コミュニティとイギリスへの移民

他の南アジアと同じく、バングラデシュ人は、数百年にわたってイギリスに移住してきた。歴史的記録によると、東インド会社が設立して間もなくから船に乗っていたラスカー (lascars) と名づけられたインド人の船員が存在していた (Adams, 1987; Gardner, 1995; Visram, 1986)。カルカッタ港で採用された人びとはベンガル全域からの出身であったが、東部に当たるチッタゴン、ノアカリ、そしてシレットの諸県からは、常により多くの人びとが流れてきた。しかし、一九世紀半ばまでに、バングラデシュからイギリスへの移民の主要な流れはシレット出身者になっていた。調査が行われた当時、シレット出身者はイギリスにおけるバングラデシュ人人口の九五%を占めると推定された (House of Commons Report, 1986-87)。ロンドンのバングラデシュ人コミュニティの長老の一人、アシュラフ・フセイン氏は、キャロライン・アダムズ氏によるインタビューで、この移民の非常に選択的な過程について、次のような説明を与えている。すなわち、

> 海からはるか遠く離れているところに住んでいるにもかかわらず、シレットの人びとはなぜ船員になったか？　私はこう考える。シレットは「永住に関する同意」(Permanent Settlement) に影響されなかったため、存続した土地所有者は土地に投資し続け、比較的富裕な小地主の階級が存在した。彼らは、村の小ブ

ルジョアであり、土地所有者であったため、また聖人の子孫であり、元々農民ではなかったため、自尊心が高かった。これは、彼らが他人に見られて、恥ずかしく感じるところでは肉体労働をしようとはしないことを意味し、であるからこそ誰にも見られない外国に出かけようとしたことを示した。彼らは、きつい仕事を恐れたりはせず、実際にイギリスでは何でもしようしたが、しかし知人に見られたくはなかった。農民たちが出身地を離れて働きに出る必要があった理由は、部分的には土地が兄弟の間で細分化されたからであり、また経済状況によって没落したからであった。彼らは、自らの米に適正な価格を設定してもらうことができなかったし、商人は彼らを騙して一銭も払わないこともあった。彼らは、大量の米が出回るため低価になる収穫の時に売らなければならなかった。すると、商人は米を貯蔵しておき、高価格になる不足の時に売り出した。中には相当絶望的な家族もあり、しかし、事務職の仕事などがあったとしても、それらに就くことができるほどの教育をもちろん受けてはいなかった。だから、船の仕事が唯一であった(Adams 1987, 12)。

フセイン氏の説明におけるさまざまな要素について詳しく検討する価値がある。「聖人の子孫」であることへの言及は、聖なるアラブの宣教師の子孫であり、したがって彼らが他の人びとのために賃金労働者として働くことは品位を落とすことであるという多くのシレットの人びとの信念に基づいている。第三章で述べたように、国の東にあるチッタゴン管区(division)を構成する諸県が、チッタゴン港に来たアラブの貿易業者と接触した結果として、早くからイスラームの浸透を経験していたことは確かに事実である。今日においても、シレット県を含むチッタゴン管区の居住者は【訳注1:シレット管区は一九九五年にチッタゴン管区から分離されたため、調査期間においては、シレット県はチッタゴン管区に属していた。】、他の地域より保守的であると一般に見なされている。このような見方については、幾つかの統計的裏づけがある。一九八九年のバングラデシュの出生率調査によると(Cleland et al., 1994)、毎日お祈りをあげると答えた人は、バングラデシュの他県は三五%であったのにたいして、チッタゴン管区では被調査者の五九%であった。同時に、宗教的教訓を厳密に守っているとしたのは、バングラデシュの他の地域の一八%にたいして、チッタゴン管区では二七%であった。また、チッタゴン管区の諸県では、他のどの地域より、有給の活動における女性の割合は低く、出生率は高い。しかし、これらの地域では、アラブの影響に早くから曝されたことと現在のより高い信仰心が、類似した移民パターンをもたらすことはなかった。チッタゴンやノアカリがともに沿岸にある県であり、シレットがそうではないという事実にもかかわらずである。

フセイン氏の説明における二つ目の要素は、就業機会の縮小が進む中、仕事をめぐる激しい競争を作り出していた困窮化と土地の細分化の過程に関連している。この説明は、それ自体としては、これらの過程がシレットに固有なものではなかったという意味で不充分である。むしろ、シレットでは、バングラデシュの他県に比べると、それほど深刻ではなかった可能性がある。シレットは、現在でもそうであるが、昔からバングラデシュの他の多くの県に比べて人口密度が低く、イギリス植民地期には茶農園に就労する労働移民を、オリッサ【訳注2：インド、西ベンガルの隣の州】とその他の近隣地域から、最近においては人口密度がより高く隣接するマイメンシン県とコミラ県から受け入れ、歴史的に移民の純流入地域であり続けている。ダッカの縫製産業への女性移民のうちたったの〇・八％がシレット県から来ていること、それにたいして人口密度のより高いマイメンシン県、ボリシャル県そしてコミラ県はそれぞれ二〇％、二三％、一四％であることは、指摘するに値する (Newby, 1998, 表4.9)。

しかし、フセイン氏の説明における三つ目の要素として、土地の細分化と困窮化――シレットの土地所有のパターンの特徴――の過程は、地域の特徴的な移民のパターンを説明する上で説得力があるかもしれない。シレットは一八七四年[2]にイギリスによってベンガルからアッサムに移譲され、その土地の保有制度は、アッサムの税制制度の一部として再編された。これにより、シレットはベンガルの他県の土地所有のパターンとは全く異なるあり方を持つようになった (Gardner, 1995)。ベンガルの他県は、領主あるいは大地主によって分割され、無数の借地人や小作農たちに転貸される、少数の広大な地所で構成されていた。これにたいして、シレットは多数の自作農によって構成されていた。これらの自作農者は取り立ててお金持ちではなかったし、一部の所有者の土地は極めて小規模であったが、それにもかかわらず彼らは独立した農民であった。

土地所有は、シレットの人びとを、「知人の視線のなかで」他人のために品位を傷つけるような肉体労働を引き受けることにたいしてより抵抗的にさせただけでなく、彼らがより貧しくて、土地の無い世帯であれば一般的に負うことのできないある種のリスクをとることを許容した。土地の細分化によって所有する農場の規模が縮小すると、仕事を求めて出ていく移民は、これらの家族の一部にたいして開かれた明らかな選択肢となったが、それほど教育を受けていなかったことが彼らの職業選択を制約した。つまり、「船の仕事しかできなかった」のである。したがって、二〇世紀を通して絶え間なく、男性たちは、シレットの彼らの村を立ち去り、海軍、あるいはイギリスの海運会社に職を探そうとカルカッタに向かった。キャリーとシュクルが指摘したように、シレットを離れイギリスに移住したのは地域住民のなかで最も貧しい人びとからではなく、船賃の支払いが出来る小土地所有者出身からであった[3] (Carey and Shukur, 1985)。ある推定によ

2　シレットは、一九四七年の国民投票が行われた後、ベンガルに再び編入された。

3　これは、また、小規模地主により多く集中していたパキスタン人のイギリスへの移民にも見られ、より裕福なカースト集団であり、大半が持ち家に住んでいる人びとが国際移民の流れの主流を占める、インドのパンジャブ地域

ると、海外移民のわずか一四%のみが土地なし世帯の出身であった (Gardner, 1995)。ガードナーは、これらの「送り出し」村の地理的分布をたどって、シレットを流れる主な河であるクシャラ河が人びとの激しい通行量とカルカッタ港との活発な商取引によって特徴づけられるとした。シレット県内でこれらの貨物船のための主要な停泊地は、モウクリ、エナトゴンジ、シェルプル、モウロビ・バジャル、バリゴンジ、そしてフェチュゴンジであった。モウクリを除いて、これらの全ては、ロンドンのバングラデシュのコミュニティが形成される源となる、主要な「ロンドン」地域であった。

東ロンドン (East London) の埠頭付近にバングラデシュ人コミュニティが早期から集中したことを説明するのは、海運業との関係にある。小規模のシレット出身者のコミュニティは、実は東インド会社の時代から東ロンドンに定着していたが、ベンガル人の船員たちが、船の停泊した場所と関係なく、船から飛び降りて、東ロンドンに向かうにつれて、一九三〇年代半ばから成長し始めた。同胞から、仕事、宿泊施設等の便宜、そして融資についての助けと適切な助言が得られると期待したからであった。当時は彼らがイギリスに入国することを妨げるような移民法がなかったので、英連邦の構成員としてひとたび身分証明書を獲得すると、彼らは、望む限りイギリスに留まって働く資格が与えられた。船から「飛び降り」なければならなかったことは、彼らを探す二年間有効の捜索願を持っている海運会社との契約を破った事実を反映していた。そうだとしても、そうした者の数は少ないままであった。いずれバングラデシュに戻るという思いのもとで、バングラデシュにいる家族を支えるのに十分な金を稼ごうとする単身男性に限定されていたためである。

この状況は、一九六二年の英連邦移民法案の導入にともなって一転した。マスコミと議会のそれぞれの中で行われた議論のなかで高まる「人種問題」への関心に答えて、この法案は、保証人制度《バウチャーシステム》を導入した。労働省の承認する保証人を持った英連邦の市民だけが最初の移民としてイギリスへの入国を認められる制度であった。ガードナー (Gardner, 1995) が指摘したように、法案は、移民を抑制しようとしたが、逆の効果をもたらした。つまり、より高い賃金を稼ぐことができるであろうという見通しと、規制がより厳しくなるという懸念が相まって、許可のための申請の殺到を招いたのである。また一方で、「人種問題」をあおるような言説がさらに増えた。すなわち、イーノック・パウエルの「血の川」演説は、この時代の兆候を示している。一九六五年に、政府は、各年許可する保証人数に関する規制を導入したため、その数は、一九六三年の三万百三〇人から規制後約八千五百人に減少した。一九六八年の第二次英連邦移民法は、「新しい英連邦移民」について、かつては遠まわしで述べられていた移民制限を今回は目的として明白にし、より厳しい規制を導入した。一九七〇年代までには、新しい

の家族にも見られたパターンである (Ballard, 1983; Kessinger, 1979)。

移民は完全になくなり、既存居住者の扶養家族のみがイギリスへの入国を許された。

保証人制度は、バングラデシュからの移民の流れにおいて既に築かれていたシレットの優位性を強化した。親族や同村出身との繋がりを持っている人びとはイギリスにおいて何ら関係を持っていなかった人びとより、保証人になってもらえる可能性がより高いという傾向を持っていたためである。したがって、ネットワークは、引き続き移民を促進する重要な役割を果たした。イギリスにおいて早くから定着してきたシレットの「ロンドン」地域からの移民は、いまや同じ村の人びとが一旦イギリスに着いてから保証人を獲得するのを手伝い、援護や情報を提供するブローカーとして活躍した。一九五〇年代末から一九六〇年代初頭までに入国したバングラデシュ人は、仕事を見つけることができるところであればどこであれ仕事についた。多くは、かつてバングラデシュの船員たちが船から逃げた埠頭から遠くない、東ロンドンのタワーハムレットのスパイタルフィールズ行政区域に定着した。しかし、ある人びとは、家から離れ、仕事が得られる町や都市にとさらに遠くまでいった。仕事は場所によって多様であったが、しかし、未熟練、あるいは半熟練の肉体労働であった。たとえば、オールダムの紡績工場、シェフィールドとスカンソープの製鉄、リーズの重工業と鋳造所である。一九八六年に下院の報告書が説明するように、「今は閉鎖したスメスウィックのバーミッド工場のように、たった一つの工場があったことが、バングラデシュ人コミュニティが存在する主要な理由になる場合があった」(HMSO, 1986, v)。

パキスタン人コミュニティと同様に、イギリスに来たバングラデシュ人は、イギリスで富を作り、地位の高い金持ちとして帰郷することを望みながら、「定住者」としてではなく「一時的滞在者」として出発していた (Carey and Shukur, 1985)。一九六〇年代後半までには、これらの望みは次第に薄れ始めた。彼らは未熟練労働の仕事しか得ることが出来ず、そこで得た賃金は、帰郷するという夢をまかなうのに十分なものでもなければ、彼らを呼び戻すほどには故郷での経済状況も十分改善してはいなかった。彼らは、次第に妻と子どもたちをイギリスに呼び寄せ始めた。しかし、その過程は、高い旅費、適切な住宅の不足、面倒な移民手続きの厳しい適用、強まっていく人種差別的な嫌がらせ、女性たちが西洋の価値にさらされることとその影響にたいする男性の憂いなど、さまざまな要因によって、進展の遅いものとなった (Carey and Shukur, 1985)。多くの女性たちは一九八〇年代に入ってイギリスにいる夫たちに合流したが、それは夫たちがイギリスに最初に流入してから何年も経った後だった。一九八一年の国勢調査によると、タワーハムレット全体では女性一人当たり男性〇・九八人であるのにたいして、同区のバングラデシュ人コミュニティでは女性一人当たりにたいしておおよそ男性二人の比率であった。一九八五年までに、イギリスには、イギリス政府によると約一〇万人のバングラデシュ人が、バングラデシュ政府によると一六万人のバングラデシュ人がいた（HMSO, 1986）。最近の調査では、一九九一年に一六万二、八三五人いたことが明らかになった（Paul Barker, *Guardian*, 4 August）。東ロンドンには約五万人いると推定されている（Hilary Clarke, *Independent on Sunday*, 1998）。

一九七〇年代の景気後退の間、ミッドランドとノース地方の製造業から解雇されたバングラデシュ人の労働者たちが絶え間なく流入した結果、時間とともに、コミュニティへの集中の程度は弱くなるどころか、むしろ強まり、コミュニティは、常にロンドンのイーストエンドとのつながりを保ち続けた（Carey and Shukur, 1985）。タワーハムレットのバングラデシュ人人口は同地区全体の約九％を占めていたが、同地区は、単独で、イギリス全体のバングラデシュ人人口の五分の一を占めていた。ロンドンの他の地区では、全人口のおよそ一・五％をめったに超えることはなかった。コミュニティによる概算では、地域における総バングラデシュ人人口は約二万六千人であった。南アジア人が集中してくる他の諸地域と同じように、ブリックレーン、キャノンストリートロード、ヘッセルストリートに集中した八百屋、ハラル精肉の専門店、サリーショップ、旅行会社、そしてミニタクシー会社などのインフラは、コミュニティの必要を満たし、時間が経つにつれて発展した。

一方で、バングラデシュ人男性の大半は、わずか三つの部門に雇用されていた。すなわち、ケータリング業、小売業、そして製造業、その中でも大部分は衣料産業であった。イギリスの「インド」レストランにおいてバングラデシュ人労働者が目立つことは、カレーについてどうやら満足できないイギリス人の味の好みにたいする一つの対応であったらしいが、しかしその起源は彼らの移民史にさかのぼる。「シレットの人びとは、外国へ行くイギリスの船舶の料理人と厨房の手伝いとして独占的に仕事を得ており、上陸した後その特技を活かして、彼らの多くは海岸沿いにティーハウスやカフェを開くことで、そうした自身の専門を継続した」（Carey and Shukur,1985, 409 に引用された Ballard and Ballard,1977）。しかし、本書において特に関心があるのは衣料産業における彼らのかかわりであり、ロンドンのコミュニティにかんするわれわれの説明を中断し、イギリスにおける衣料産業の歴史的説明を要約したい。このため、筆者は、特にフィザクリーとモリスに依拠して叙述する（Phizacklea,1990; Morris, 1986）。後でみるように、ここで描かれた描写は、フィザクリーが指摘した点、すなわちバングラデシュ人のような移民集団をロンドンの衣料産業にかかわらせた諸条件は、過去の繰り返しというよりも、過去からの連続性があることを裏づけている。

過去の繰り返し—女性、移民、衣料産業

産業革命以前、イギリスにおける仕立屋というのは、独立して働く男性によって行われた手工業的職業であった。彼ら自ら、あるいは顧客が買ってきた生地を仕立て、家から家へ、村から村へ

と頻繁に渡り歩くものだった。一八世紀初期には、販売を目的とし衣料製品の製造に携わるために、材料を購入し、賃金を払って徒弟奉公を済ませた一人前の仕立屋職人を雇用する親方制度、または店主制度が発展した。そのシステムは、特定の顧客のために寸法を測って作る服ではなく、一つの型紙《パターン》が複数の衣料の裁断に使われる「既製」服市場の基盤を作った。仕立屋職人は、依然として、ほとんどの衣料製品を作ることに責任を持った熟練の職人であったが、しかし、彼らは、いまやたびたびボタンづけの作業やボタン穴のかがり縫いのような単純な仕上げの工程を、自身の家族のうち女性に引き渡した。既製服市場が拡大するにしたがって、下請け制度が発展し始めた。仕立屋職人は親方からの仕事を「内職」に基づいた下請けとして受け、自身の工房か自宅でその衣料製品を作った。

ミシンは一八五一年に発明され、一八五八年には、何枚もの生地が同時に裁断できるバンドナイフの発明が続いた。生産の機械化は、既製服市場の更なる成長につながり、生産工程を単純な各工程へと細分化することが出来るようになった。このような多様な変化が起こると、ある明確なカテゴリーの労働者たちが衣料産業と次第に結合されるようになった。彼らの存在は、同時代的観察によって指摘された衣料産業のある特徴に関連していた。一つは、ある種類の衣料の需要における著しい変動であり、そのため仕事が集中して労働が過重となる時期の後、しばらくは仕事のない時期が続くという特徴があった。二つ目の特徴は下請けの慣行の出現であり、これは仲介人にたいしてより多くの生産工程を外注する可能性の増加をともなうものであり、それらの仲介人は、これらの仕事をさらに外注しようとした。これによって、生産過程に一定の柔軟性を組み入れて、需要変動への対応が可能になった。前の二つの結果として起こる三つ目の特徴は、低賃金、長時間労働、そして非衛生な労働環境からなる、この産業にはびこっている「搾取労働」という状態である。「搾取」は、仕立業に特有のものではなかったが、イギリス医師会の雑誌『ランセット』(*The Lancet*)によって行われた、仕立業における「搾取」状態に関する一八八七年調査によると、人びとの考えのなかでは、かなり早い段階からこの職業に密接に関連している言葉であった(Morris, 1986, 80からの引用)。

衣料産業は、その生産過程において、仕立屋がほとんどの工程を一貫して作る手工業的生産から、生産工程が一連の簡単な工程に細分化されることが可能になり、主に小さい工房において、あるいは在宅でなされる段階へと変わっていった。そして、その進行とともに、より多くの女性や少女が労働力として引き込まれていった。新しい組織化の形態に関連して生じた、求められる技能の低下と臨時雇用への切り替えは、これらの活動を遂行する責任を負う労働者たちが、彼らに提供された報酬がどのようなものであれそれを受け入れなければならないほど、生産過程の分断化をもたらすものだった。なぜ女性たちが男性より脆弱な立場で低賃金の労働力となり、それゆえ彼女たちがこの形態の仕事に引き込まれていったかについては多様な理由があった。まず、男性の稼ぎ手と女性の扶養家族という対になったイデオロギーのイギリス版であるということと、そしてそもそも女性が家事労働と育児により大きな責任を背負っているという現実は、労働市場に参入する女性と男性の条件を異なるものとしていた。[4] 一般的に、男性たちは「家族賃金」を稼ぐために働くのにたいして、女性は単にそれを補充するために働くのだと考えられた。さらに、たとえばボタンづけや簡単なミシンがけのように、家庭に下請けに出される仕事の増加によって、雇用主は、女性労働力のなかでもより一層低賃金で不自由な人びとの利点を享受することができた。すなわち、「高齢者、病人、そして育児のため家庭に縛りつけられている若い母親たち」である (Morris, 1986, 40)。

　しかし、労働市場で搾取される労働者としての女性の地位に寄与していたという点で同様に重要なのは、労働組合の役割であった。高い技能と高い賃金の仕事がある全ての産業のように、衣料産業における職能別組合《クラフトユニオンズ》は、安価な労働との競争によって破壊されることなく自らの特権が守られるように闘争した。熟練した仕立屋たちは自らの特権を守るためにいち早く組織化し、未熟練労働者や女性労働者たちを締め出すために「閉鎖的な集団」を形成した。熟練労働者の地位へのアクセスは、見習い制度によって厳しく規制されており、女性には開かれていなかった。女性たちが参入することが、男性的技能を希薄化し、賃金を引き下げる主要なルートになると見なされていたためである。そのようなことは組合と雇用主の間の交渉であるべきだと信じて、組合は男性労働者の条件を法制化するほとんどの試みに抵抗したにもかかわらず、女性労働者の労働時間、条件、範囲を制限する手段にたいしては全て、強い支持を与えた。しかし、女性労働の全面的な禁止が非現実的であることが判明したため、彼らは、家内労働を完全に廃止し、既婚女性の雇用にたいする制約を課すという目的を持って、女性にたいする保護規制を導入させるという要求に専念した。この保護主義は、一八二五年一〇月一六日付の業界新聞に掲載されたイギリス人労働者からの次の手紙にみるように、度々、正直すぎる言葉で擁護された。

> この国の働く男性は……彼らが妻たちを養うというかつての良き方法と、彼ら自身の労働からの賃金というものに戻るべきである。そのために、彼らは充分高い賃金を要求しなければならない。……このことによって、資本家は、彼らがいま男性、女性そして子どもに渡しているのと同じ賃金を、男性たちだけ

4　女性の労働参加率が、一八八一年に全雇用者の二七%から一九四八年に三四%、一九八〇年に四二%へと (Dex,1985)、二〇世紀を通して上昇してきたにもかかわらず、女性は労働市場の特定分野、および相対的に低い賃金の職種という狭い範囲に圧倒的に集中したままであった。一八四一年から一九一一年においてもなお、イギリスの働く女性の七五%は、家事労働、織物、そして衣料産業に集中していた (Scott and Tilly, 1980)。一九七〇年代においてさえ、イギリスにおける二七の産業のうち五つの産業が、女性労働者の七〇%前後を雇用していた (Chiplin and Sloane, 1976)。

に渡すように強いられるであろう。私は同僚たちに勧める。賃金労働者の数を制限する他の全ての手段に優先して、まずは妻と子どもたちが労働市場で彼ら自身と競争して、労働の対価が値切られることがないようにすることを（Humphries, 1980, 157）。

しかしながら、労働組合員たちは、より頻繁に、彼らの要求を支持する多様な社会改革論者の言説に収斂する、家族、母性、そして国民の道徳心をめぐる言説を動員することができた。ロンドン労働組合協議会書記官（Secretary of the London Trades Council）のジョージ・シプトンは、王立労働委員会（Royal Commission on Labour）にたいし、賃金労働者における女性数の増加への反対は、男性が責任ある稼ぎ手として行動せずに、妻や子どもを家に引き留めておく代わりに、妻や子どもを仕事に行かせる時に起こる「大規模に堕落させるような影響」に関する懸念に基づいているとした。イギリス労働組合会議（TUC）の議会委員会（Parliamentary Committee）書記官のヘンリー・ブロードハーストは、男性の労働組合は子どもたちと国の将来を考えなければならず、「彼らの妻たちが、偉大で強い男性の世界に対抗して生存するための競争に引きずり込まれる代わりに、家庭の適切な領域にいるべき条件をもたらすために最善の努力をはらうことが、男性として、そして夫としての彼らの義務である」と主張した。

その保護法の大部分は、建前では既婚女性を対象としており、またなぜ二〇世紀初期の数十年の間、女性労働力のほとんどが地方からの若い未婚女性によって構成されたかを説明するものであったにもかかわらず、[5]全ての女性を市場において「特別」で従属的カテゴリーの労働者として定義することにつながった。全ての女性がこれらの制約の結果として不利になったわけではなかった。労働組合によって組織化された男性労働者を持つ家族の女性は、男性が家庭に持ってくる賃金水準の上昇を通じて間接的に利益を得た。他方で、この「家族賃金」にアクセスできない人びとが存在した。開かれた労働市場におけるこうした人びとの競争力に課せられた制約は、搾取的な条件によって特徴づけられる、低賃金で組織化されていない経済部門に彼らを集中させることとなった。[6]このカテゴリーには、ロンドンの文脈において、地方からの移民と衰退産業で失業者になった男性を主要な構成員とする臨時工の妻たちと子どもだけでなく、「扶養されていない女性」もいた。[7]建築業や埠頭での仕事でかろうじて生存する、潜在的

5　一九一一年のイギリスにおいて、未婚女性の六九%が労働力人口であったのにたいして、既婚女性のそれはわずか一〇%に過ぎなかった（Scott and Tilly, 1980）。イギリスの働く女性のうち既婚女性は、一九一一年には一四%、一九五一年に四三%、そして一九七〇年には五九%であった。したがって、第一次世界大戦後にみられる女性の労働参加率の上昇は、既婚女性の参加が大きく寄与したからである（Dex, 1985）。

6　一八四一年から一九一一年までの間は依然として、イギリスの女性労働力人口の七五%は、家事労働、織物、そして衣料産業に集中していた（Scott and Tilly, 1980 ;Morris, 1986）。

7　一九〇一年の国勢調査の分析により、ボウリーは、肉体労働者の世帯の約九%が稼ぎ手として女性のみに依存しており、四一%が男性の賃金のみに、

失業状態にある男性労働者の存在のために、そうした家族出身の女性たちは何らかの形の仕事を探し出さねばならなくなった。一九八一年までには、東ロンドンの仕立屋の六〇%の労働者は女性となっていた (Morris, 1986, 12)。

当時、衣料産業において大きな比重を占めるもう一つの社会的カテゴリーは、主としてユダヤ人の移民であった。ユダヤ人コミュニティは、一九世紀末までには、既に、イギリスの幾つかの大きな都市、とりわけロンドンだけでなく、リーズやマンチェスターなどにも存在していた。ユダヤ人は、一九三二年までは都市の自由市民にはなれなかったが、ロンドンの市境おいて、興隆する古着事業を立ち上げ、それにより後に既製服の卸売業に進出することになった。衣類の卸売業者は生地をさまざまなサイズに裁断し、「仲介人」の役割も果たしながら最低の入札価格をつける「搾取業者」に、それを渡した。それらの搾取業者の作業場は自宅にあり、そこでは彼らの妻と子どもたちが、埠頭や建築業で働く臨時工世帯の妻たちや子どもたちと一緒に働いていた。一八八〇年代と一九一四年の間にロシアとポーランドでおきたユダヤ人大虐殺を逃れて亡命するユダヤ人の新しい流れがイギリスに入ってくると、彼らは既に確立したユダヤ人の存在を基盤に、衣料のような分野に自然な流れで引き寄せられていった。フィザクリーが指摘したように、多くの移民は本国において仕立屋であったことから必要な技術を身につけていただけでなく、言葉の問題やユダヤ人排斥の問題に直面したため、彼らの同胞たちが既にニッチを作り出した産業に、その友人、親族そして同胞たちとして入っていくと見込まれた。多くのユダヤ人が東ロンドンに定着した結果、一九〇〇年には、ホワイトチャペルにおいて三人のうち一人、セントジョージ教区においては四人のうち一人がユダヤ人であった。

外国人移民としてのユダヤ人の労働者は、イギリス現地出身の労働者階級が直面したさまざまな問題の原因とされた (Morris, 1986)。流入する未熟練のユダヤ人の数を減少させることによって、「労働搾取的な職業」の条件が改善されると考えられたため、一八八〇年代まで「外国人移民」への規制を求めるイギリス労働組合会議 (TUC) にたいする広範な支持があった。「搾取」労働は最初から衣料産業の特徴であったにもかかわらず、世論においては外国人移民と結びつけられるようになっていった。実際に、それは、「搾取労働」の問題を観察するため一八八八年に立ち上げた上院特別委員会が動き出した時の最初の想定であった。しかし、委員会は、その後、労働搾取的な条件は移民者の不在のもとでも存在したことを認め、かわりに家内労働者の問題に注目するように

四八%が夫、妻、兄弟、子どもからの収入の組み合わせに依存していると推定した (Bowley,1921)。同時に、世帯の唯一の稼ぎ手である女性の比率は、総人口におけるそのような女性の比率に比べて、賃金労働に従事する女性においては高いものであった。チャールズ・ブースは、一九八一年、衣料貿易に携っている八万二千人のうち、三万人が世帯主と分類される女性であったと指摘した (Booth,1902)。この場合、女性が唯一の稼ぎ手であっても、依然として男性が世帯主と見える世帯は含まれていない。

なった。また、ユダヤ人が、イギリス人よりも低賃金で働くことで賃金を切り下げ、イギリス人労働者を臨時工の仕事に追いやっているという認識が広がっていた。王立労働委員会に証拠を提出したロンドンの埠頭の労働者は、「外国人」は厳しい仕事を嫌うために「より容易」な職業にひかれやすく、それゆえにイギリス人労働者が置き換えられると、主張した。

彼らは靴製造や仕立業、棚製造業に入っていく。それらは彼らにとってより容易で、清潔な仕事である。つまり、たとえば外国人一人がそうするために参入してくるのならば、どうみてもイギリス人一人は退出しなければならないようになるだろう。埠頭にいくことになるのは、そのイギリス人なのである。(Jones, 1971, 110から抜粋, Phizacklea, 1990, 26より引用)。

この問題に関する決定的な証拠がなかったにもかかわらず、外国人移民にたいする敵対心は、一九〇二年の外国人法に取り入れられた移民制限の要求に結びついていった。

ロンドンの衣料産業におけるジェンダーと人種

この女性と移民の突出した存在は、常にロンドンの衣料産業が持つ特徴であった。歴史的に、それは、幾分異なる形で発展してきた二つの部門によって構成されてきた。すなわち、女性の既成服とコート類、そして男性と子ども用のアウターウェアである。男性のアウターウェア、特に高級な「オーダーメード」ではなく低価格の既製服部門は、合理的に標準化された製品であり、多様な工程の細分化により容易に適したので、主に女性である半熟練の縫製工が、衣料産業のこの部門に早くから多く雇用されることとなった。新しい建物が必要とされたわけでも、利用可能であったわけでもなかったため、これまでと同じ地域において、一夜にして作業場が工場に変わり、電動ミシンが最初に導入されたのは、この男性既成服部門においてであった。これらの三百〜五百人の労働者を雇用する大きな工場の縫製工は、男性と女性両方であったが、男性たちは、一九世紀半ばにロンドンの仕立屋協会（Tailor's Society）によって定義された熟練に分類される作業に当てられ（Birnbaum, n.d.）、他方で女性は半熟練に分類された作業に組み込まれた。しかし、これらの定義のもとになる基準は、極めて曖昧であった。バーンボウムが指摘したように、幾つかの工程において女性が男性を代替した時、その工程が要する技能の内容はめったに低下しなかったが、その工程の作業そのものは熟練から半熟練に再分類されたのだった。

女性服の産業は、ロンドンにほとんど集中していた。女性のスーツとコート類は、元々はドイツから輸入されていた。イギリスにおける生産は、ロンドン、リーズ、およびマンチェスターに定住した、ロシアとポーランド出身のユダヤ人難民によって開始された。現在と同様に当時も、女性服は極めて差別化された製品であり、それは工程の細分化を限定的なものとし、季節的に変動し流行においても変化する傾向があり、小売り注文の規模とそれゆえに生産リードタイムを制約するものであった。ロンドンにおける女性服の産業はユダヤ人コミュニティに独占され、ユダヤ人家族が労働力を提供する源泉であった。また、ユダヤ人所有の小規模の工場は、ロンドンにおける下請け制度の発展において重要な役割を果たした。工房、あるいは彼らの自宅において仕立屋として出来高払いで働いていたユダヤ人男性は、女性のアウターウェアを製造する工場からの衣料生産のための契約を大量に請け負い始めた。

　この部門の工場はほとんどが小規模であり、一五〇人以上雇用していることは稀であった。縫製工が主に女性であり半熟練技能に分類されていた男性服部門とは対照的に、女性服部門においては全ての縫製工が男性であり、熟練に分類された。この違いの根拠は、女性のコート類が重く、女性服がより複雑であり、したがって縫製工の側において遥かに大きな「裁量」を必要とする、というものであった。技能にまつわる男性性は、少年を仕立屋の見習いとする慣行に明らかであった。この産業において女性たちは一般的に手仕事をする労働者《ハンドワーカー》として雇用され、通常ユダヤ人であった。典型的な工場における労働力は、その約六割が男性であった。

　イギリスの衣料産業は、両大戦間期に大きく変化した。小売業部門において集中が進行したことにより、より長期の運営と生産計画が可能になった。より大きな工場は、とくに流行の変動が稀である男性服の分野では、生産における縫製工程を異なる諸段階にさらに細分化する可能性から利益をうけることができたので、それぞれの縫製工は、衣料の全ての工程を担う（「一貫して作る」）代わりに、そのなかの一つの工程（「部分的な仕事」）を担当すればよかった。この期間は、より大規模な工場の成長と労働組合結成の進展によって特徴づけられた。そこには、より高賃金で熟練を必要とするパターン設計と裁断が男性の仕事として残る一方で、「半熟練」で低賃金の縫製工職に女性が大量に雇用された。仕立てられる女性服《テーラードの》の分野では、類似した変化が非ユダヤ人女性のこの分野への移動をもたらしたが、しかし性別比率においては、前者ほど劇的な変化は見せなかった。ユダヤ人男性の縫製工は工場に存在し続け、「熟練」に分類された。

　衣料産業は第二次世界大戦以来、広範囲にわたる再編を経験した。伝統的な大都市中心における工場の過度な密集、熟練労働者の不足、下請け工場への高い費用負担により、大規模工場は、たとえば、工場用地の費用がより低く、女性に選択可能な代替的な就業機会がないために、低賃金で、「未熟」ではあるが訓練可能な労働力の豊富な供給が確保される、ウェールズ南部のような新興開発地域に進出した。分散化はロンドンにおいてはとりわけ急速に進んだ。地価が高かったこと、ロンドン経済の他の部門の勢いによって増加していた女性労働者のための就業機会は、所与の賃金で利用可能な労働力の供給を減少させた。新しい地域において利用可能になるより大きい建物によって、工場は生産方式を再編し、更に作業を細分化し、工程の「分割化」を進めることができた。他方で、輸送手段の改善が、供給者とバイヤーたちとの取引関係を損なうことなく、この分散化を可能にした。

しかし、衣料産業の全ての部門が、移転にたいして同じ誘因を持っていたわけではなかった。むしろ、衣料生産の戦後の組織化は、二重構造の出現を引き起こした。男性服のように大規模の工場において行われる比較的標準化された製品の長期生産や、マークス&スペンサー（M & S）、バリー・ハーベスト・シーズン（BHS）、リトルウッド（Littlewood）のような複数の小売業向けの競争的価格で高品質の婦人服の生産が、この産業においてそうした新しい生産拠点が提供する規模の経済から最大の利益を得た部門であった。これらの部門こそが生産拠点を移転したのであり、最新の機械と、組織化された労働力を利用しながら、近代的で適切に設計された中規模の工場を始動させたのだった。しかし、婦人服の主要な部分は、ロンドンに残っていた。ロンドンの産業は、衣料市場における二つの対極的な部門による比較優位を維持していた。すなわち、一方では、デザイナー集団に近いところに小売業と輸出バイヤーたちが決定的な優位を維持する高所得層向けの高級商品があり、他方では、小規模のブティックや露店用に、またチェーン展開する小売業のため低級品衣料の一時的欠品を埋めるために、短期間でなされる低所得者向けの商品があった。

ロンドンの工場はこれらの部門における競争優位を維持するために、流行の頻繁な変化に対応し、注文に極めて速やかに対応しなければならなかった。彼らの成功の核心は、労働力の適応性、変動する注文に合わせて労働者を解雇したり雇用したりする能力、納入の期日に合わせて義務的な時間外労働を課す能力にあった。衣料産業は、依然として下請け関係の濃密なネットワーク関係に依存していた。自社工場を持つか、あるいは最終製品の供給に責任を持ち、生産を引き受ける下請け業者を探索することにおいて、単に卸売業者と小売業者の代理として行動する幾つかの大規模の製造業者が存在した。CMT型委託加工【訳注3：Cut-make-trim の頭文字をとってCMTとされる。CMT型委託加工工場は、裁断（cut）、縫製（make）、仕上げ（trim）の生産工程に限定した生産業務を行う（MT型は、縫製、仕上げ部門のみを担う）。製品企画やマーケティングなどの機能、生産工程はバイヤーなど元請が主導権を持つ】、あるいはMT型委託加工工場は、材料、パターン、そして時には建物と機械を提供する製造業者との短期の委託契約に基づいて動いた。彼らは、全ての製造工程を完遂させるか、あるいは他に予め裁断された衣料のパーツを縫製した。彼らは、自分たちの工場内に労働者を抱えるか（「インドア労働者」）、抱えない、あるいは工場労働者と工場外の労働者（「アウトドア労働者」）の組合せを持っていた。工場下請け業者は、自らの工場で生産を行うか、さらに家内労働者に下請けを出しながら、製造業者、あるいは元請との下請け契約に基づいて働いた。最終的に、下請けチェーンの末端においては、下請け業者あるいはCMT型委託加工工場からの注文に基づいて自宅で働く個人、つまり在宅で働く下請け労働者、あるいは家内労働者が存在した。

レイの叙述による次の説明は、ロンドンにおける戦後の衣料産業の一つの光景を描いている。

ここにある小規模で不便な比較的設備の衰えた数多くの工場は、戦前から始まっていて、現在まで維持されているだけでなく繁栄さえしている。その多くは下請け工場(outdoor factories)で、戦後すぐ下請け生産から自社工場内生産に転換する傾向があったとはいえ、ロンドンの下請け工場は戦前の重要な地位を再び獲得したようだ。そこにはロンドンが抱える(戦前における他の衣料の中心地と同様に)深刻な労働力問題があるが、彼らは、(多くが仕立屋として訓練された)キプロス島人とジャマイカ人の戦後の流入を含めて、利用可能な労働力資源を活用することによってそうした問題に直面することはなかった。ロンドンの衣料工場においては、人種、信条、肌の色に関連する障壁がほとんどない。ある製造業者、とくにブラウス製造業者は、家内労働者を巧みに利用している(Wray, 1957, 63)。

フィザクリーは、この説明の多くの側面が、三〇年の間、未だに維持されていることを示してくれた。二重構造は、戦後の移民の都心への流入とともに維持され、より明確になった。しかし、ある変化が起こった。自らの要求を指示する小売業者の権力が、一九五〇年代以降大きく増大した。戦後、新しい、より大規模な工場における長期的な標準化された生産は、ファッション性が高く高級な衣料というより競争的価格で良い品質の製品を求める小売業者たちによって奨励された。しかし、一九六〇年代に、台湾、韓国そして香港の低賃金経済の方向に眼を向け始めたのもこれらの小売業者たちであった。よく訓練され、労働組合に加入していない労働力によって、わずかな賃金でも同じ品質の製品を生産することができるからであった。

生産を発注するために低コストの地域が利用できることはイギリスの衣料産業にたいして否定しがたい影響を与えたが、しかしそれは単純なものではなかった。何より、第一章でみたように、輸入による脅威は、イギリスにたいするその影響が広範に認識されていたにもかかわらず、実際には、全てが第三世界の安価な経済からのものではなかった。一九八〇〜一九八六年の間にイギリスへの輸入は二倍になったが、その増加の約半分は先進国からのものであり、その多くは欧州経済共同体(EEC)内からであった。第二に、全ての部門が同じ影響を受けたわけではなかった。輸入の浸透は、ファッション性のある標準化されていない婦人服(二八%)においてより、男性のシャツ(七五%)のように標準化された衣料生産において、より進行した。労働生産性を向上させる技術革新は、国際市場においてイギリスの産業の競争優位を回復するための一つの選択肢であった。しかしながら、サイズ調整、印づけ、裁断などの前工程においてはマイクロエレクトロニクス機器の使用の普及が幾分かあったのにたいして、労働コストの八〇%、総コストの三〇〜四〇%に相当する縫製工程は、まだ手つかずのままであった。素材の柔らかさが労働集約的工程のほとんどにおける機械化を極めて困難にし、利用可能な安価な労働力が存在する限り、機械化は非経済的だったのである。

そのかわり、フィザクリーが指摘するように、「衣料製造業者は、エスニック企業家と労働力によって独占された多数の小さい都心にある工場にたいして国内での下請けを増加させたことによって、予測不可能な部門の需要（ファッション性の高い服）による高いリスクを押し付け、柔軟性を維持した」(Phizacklea,1990, 48)。ロンドンの衣料産業においては労働者だけでなく企業家の大多数も、エスニックマイノリティを出自としていた。一九七九年の労働力調査によると、ロンドンの衣料産業における六万人強の労働力の四三％は、エスニックマイノリティからであった。この推計は、大半が登録されていない、したがって公式なデータ収集から漏れている家内労働者を含んでいないものであった。

さらなる変化が一九八〇年代初期に起きた。総売上高に占める輸入の比率は、一九五四年の八％から一九七九年の三二％に漸次上昇し、そのため国内の製造業者は、海外の供給者にたいして、市場の大きな部分を失ってしまった。この背景にたいして、一九七九年の景気後退は劇的な影響を与えた。それは、縮小する市場を守るために戦う大手の小売業者の間における価格競争と、都心における工場閉鎖をもたらした。製造業者は、コスト削減の方法と、下請け生産関係にたいして自らの利益低下の影響を転嫁する方法を探さなければならなかった。下請け業者への依存の高まりは、こうした製造業者が後工程にいた小規模生産者に、流行変化のリスクを転嫁することにつながった。小規模生産者にとって、生き残りは、労働者の権利保護の回避と脱税など、開放経済を出入りする能力に依存していた。一九八四年のGLC報告書(Mitter, 1986, 50に引用)は、次のように述べている。

> 財務問題に対処する元請業者が利用する一般的な方法は、事業を清算し、その後すぐに別名で立ちあげることであり、そのことで債権者を避けることができた。これはたびたび同じ工場、同じ機械、そして同じ労働者でなされる。ロンドンにおける衣料労働者の一つのグループは、過去五年以上にわたって、一人の雇用主が経営する、少なくとも八つの異なる企業に連続して雇用された。

一九八五年初期のフィザクリーの調査によると、流行志向の二五歳以上を対象とした市場を狙う小売業者は、いまや一般的にはロンドン以外の工場から衣料を購入していた。この分野のための生産をロンドンに残している企業は、労働者を五〇人以上雇用する大規模の製造業者の二五社にすぎなかった。彼らは、通常、労働組合を組織しており、最低賃金以上の賃金を労働者に支払った。二つ目のグループも製造業者であるが、C&A、リトルウッド、テスコ、そしてアズダ(Asda)のような、低価格帯小売業のチェーンストア、スーパーマーケット、通販会社用のより価格競争の激しい衣料を手がけていた。これらは、外注の下請け業者とCMT型委託加工工場にたいする下請けにはるかに深くかかわっていた。彼らは、社内の労働者には休日手当とともに、少なくとも合意した最低賃金は支払った。最後のグループは、もっとも数が多く、またロンドンの産業として最も代表的であった。それは、自前の生産設備を持っていないか、あるいは製品を仕上げるために非常に細々とした労働者しか持っていない「生産者」、ならびに莫大な数のCMT型委託加工工場で構成されており、それらは下請け関係のなかでも非常に不安定な位置にあった。CMT型委託加工工場の多くは、エスニックマイノリティの企業家によって所有されており、民族的に同質な労働力を持っていた。彼らは、二五歳未満の年齢層を対象とした、高級ファッション、中級から低級品の衣料を製造した。仕立屋および縫製労働者の全国連合 (the National Union of Tailors and Garment Workers) と、そしてハックニー労働組合支援グループ (Hackney Trade Union Support Group) による報告書は、ロンドン経済のこの部門に関して生き生きとした描写を提供してくれる。

> 雇用主たちは無慈悲なまでに競争的な市場において操業しており……非常に不安定な産業において生計を立てようとしている。彼らは主に大企業からの下請けの仕事をしている。デザイン、マーケティング、将来の計画、技術訓練のような業務は、これらの工場の中には存在しない。彼らは極めて厳しい利ざやで操業し、いったん、製造業者によって要求された価格と納期で注文を完遂することに失敗すると、その製造業者からの将来の発注を失うことになるであろう。こうした雇用主たちの多くは、非常に冷酷であり、労働者の背後で取引する……。少数の(いわゆる「自営業者」、あるいは「帳簿に記載されていない」)労働者を直接に雇用しており、適切な税金と国民保険を支払わず、残業手当や休日手当を支払わず、労働法に定められた雇用と健康と安全基準を守らない。こうした全ての実践によって、最低限の水準の間接費が維持されるのである。こうした工場は、実際に、ブリティッシュホームストア、チェルシーガールとリチャードショップのような主要な衣料の小売業集団のために流行性のある衣料を製造している (NUTGW, 1983; Phizacklea, 1990, 6に引用)。

バングラデシュ人コミュニティとロンドンの衣料産業

ロンドンのイーストエンドに定着したバングラデシュ人コミュニティにとって、衣料産業は、主要な雇用の源であり、コミュニティ内の経済活動のパターンは、変動するその産業の繁栄に緊密に結びつけられていた。一九六〇年代初め以来、自力で移住する大勢のバングラデシュ人の男性は、コミュニティと産業の両方が集中するロンドンのイーストエンドの衣料産業に大量の労働力を提供した。その地域において、より大規模な製造業企業の大半はユダヤ人とキプロス島人の企業家によって所有されていたが、他方で、より小規模の企業はインド人やパキスタン人によって所有されていた。一部のバングラデシュ人がスエードや革など、衣料産業の新しい分野を発展させたにもかかわらず、彼らは他の南アジアのコミュニティに比べて、経営の方にはそれほど関与していなかった。その代わり、ほとんどのバングラデシュ人（約七〇％）は、未熟練あるいは半熟練の肉体労働者として働いていた。ロンドンの産業は、婦人服産業における縫製工の多くがユダヤ人男性である中、一九五〇年代に五〇対五〇の男女比率であったのが、一九六〇年代には女性の縫製工が六〇％を占める状況に変わった。しかし一九七〇年代には、バングラデシュ人男性が、この分野では最も大きな単一の縫製工集団を形成しており、衣料産業は、彼らのほとんどが居住するタワーハムレット地域で就くことのできる仕事の二〇％を提供していた (Phizacklea, 1990; Carey and Shukur, 1985)。

バングラデシュ人労働者は、小規模工場と、労働力が最も臨時的性格を帯びるといえる下請けユニットに集中していた。彼らは、出来高払い制に基づいて現金で支払われがちであった。これは、雇用主と被雇用者両方にして納税と国民保険の納付を回避した「クリアーマネー (clear money)」【訳注４：口語で使われる表現であり、現金で支払われることで、課税の対象となる正規の賃金・所得の形態の外におかれる】であった。ダフィによる報告書は (Mitter, 1986 に引用された Duffy, 1979)、一九七九年に白人所有の衣料工場における労働力編成と、その工場でのバングラデシュ人縫製工の不安定な地位に関して生き生きとした説明を提供する。

> 工場は、三つの部門に分けられ、それぞれ別の建物に入っていた。これらの建物のうち一つは、六人の白人裁断師がいる裁断室として使われていた。裁断師にたいしては、週給で支払われていた。約四〇から四五人の労働者がいるもう一つの建物では、特定の縫製工程、仕上げ工程、トッププレスの処理が行われ、発送に向けて衣料を生産していた。これらの労働者は人種的にはさまざまで、その半数が恐らくベンガル人であった。雇用主は、彼らは週給であるといった。
>
> 「縫製室」である三つ目の建物は、四五人の若いバングラデシュ人がいて、裁断室から届く裁断されたパーツを縫い合わせる業務が行われ、そこで仕上がった仕掛品は仕上げ室に渡された。建物は雇用主のものであり、機械も雇用主のものであり、仕事も雇用主のものであったが、ここで働くバングラデシュ人縫製工のうち誰も実際にはこの企業によって雇用されていなかった。
>
> 彼らは、幾つかの「ユニット」に分けられていて、そこには裁断室からの裁断済みのパーツの縫製作業を下請けとして請け負うことを基本として交渉する責任を持った、「監督者」としてのバングラデシュ人がそのユニットごとに一人ずついた。これらの縫製工へは、それぞれの監督者によって、出来高制に基づいて賃金が支払われた。「雇用主」は、これらの労働者にたいし

ては何の法的責任も持ってはいなかった。仕事がないときに何が起こるかと尋ねられると、「雇用主」は知ったことではないと答えた。「それは彼らの問題である」という具合であった。彼らは雇用主に雇用されたわけではなかったため、雇用主は彼らを余剰労働力として扱わなくてもよかったのである。仕事がなければ、そこには雇用もなかった (Duffy, 1979, 36)。

ダフィはまた、バングラデシュ人にたいする白人労働者の態度を書き記す。

> ……白人の裁断師は、バングラデシュ人がバングラデシュにいる自らの子どものために課税控除を主張することを非難した。いささかこの言及と矛盾するが、白人の裁断師のさらなる不満は、「彼らは税金を支払わない」というものであった……自家撞着に陥っているかのように、白人は「バングラデシュ人には会計士がついているが、その会計士もまたインド人である」と指摘した (前掲書, 37)。

しかし、これらの仕事さえ、多くの雇用主が家内労働部門に「外注する」ようになるにつれて、一九八〇年代初期には縮小し始める。ミッテルが指摘したように、利ざやにたいする圧力が厳しくなる経済状況において、電気代の間接費あるいは機械の賃借料は家内労働者への転嫁によって削減することができた (Mitter, 1986)。また、内国歳入庁および付加価値税を管轄する当局 (Inland Revenue and VAT officials) の調査を避けることも、特に一九八一〜一九八二年に「クリアーマネーとしての賃金 (clear wages)」の支払いと脱税を防ぐ内国歳入庁税務署 (Inland Revenue Fraud Squad) の活動が強化されたにもかかわらず、容易であった。相当数の工場は、多くの仕事が家内労働者に出されていくにつれて、廃業し始めた (Birnbaum et al., 1981)。その影響は、バングラデシュ人コミュニティにたいして破壊的であり、そこでは男性の失業率が六〇%から七〇%の間で変動した。家内労働への発注が増加するにしたがって、バングラデシュ人女性には家内労働を増加させる経済的要請と機会の両方が与えられた。多くの女性たちが家族のための主要な稼ぎ手となった。

「エスニック経済」の急成長は学問的研究の対象となり、メディアの関心の的となったが、この期間における実際の規模や成長率は、公式的にはほとんど認知されていなかった。衣料産業への投資が一九七四年以降劇的に落ち、一九八二年において底をついて低かったにもかかわらず、産業の生産性向上においては明確な低下が見られなかった、という逆説は、産業に関する主要な研究によると、労働者の人員削減、古い工場の解体の進行、そして労働節約的技術への投資を通じた労働生産性上昇の結果であった (Hoffman and Rush, 1985)。しかし、ミッテルは、この計算では衣料産業の総生産高にたいして公式に登録された雇用者数を用いて推定しており、「規制される経済と非規制経済の間の曖昧な領域」をもって操業するこの産業に関しての仮説としては不十分であると指摘した。そこでは、公式の経済から、より小さい、しばしば非合法な下請けユニットに生産を移譲するために、ますます増加する家内労働者に移したため、労働者がリストラされた可能性を考慮していなかった。実際に、ロンドンのキプロス島人コミュニティの小規模調査は、衣料産業の総労働力に占める家内労働者の比率は、一九七九年の四〇％から、一九八四年には六〇％に増加したことを指摘していた（Mavrouにたいするインタビューより、Mitter, 1986, 59）。

ホフマンとラッシュが都心で急増した小規模工場の広大なネットワークを考慮に入れることに失敗したことについては明白な理由があった。一九八五年まで、経済統計局（the Business Statistics Office）が二〇人未満の雇用規模の工場に関するデータを集めていなかったのである。データの収集方法が改善されたことによって、この産業についてのより正確な実態が得られるようになった。そのため、フィザクリーが述べたように、従来の調査方法では婦人と若い女性用の軽い上着、下着、子ども服部門には一、七〇七の工場があったとされていた。新しい調査方法では、一九八七年に、婦人用の軽い上着部門だけで雇用者数一〇人以下の工場が三、一七二軒あった（Phizacklea, 1990, 54）。一九八七年に、婦人服部門のうち七二％は、一〇人未満の雇用規模であった。産業のこの部門に注目して、ミッテルは、一九七八年と一九八三年の間に、一三、一〇〇の職が工場から移動し、労働搾取工場と家内労働者のために一七、〇三〇相当の職を創出した、と推計した（Mitter, 1986）。

都心で急増した小規模工場と下請けユニットが研究者や公的機関によって見落とされる傾向があったとすれば、縫製産業における家内労働者はいっそう見えにくいものであった。「われわれは、一人で携わる家内労働者がどの程度いるかについて知らない」と、この産業の労働組合の職員が断言したことが、一九八一年四月の下院雇用特別委員会の議事録に引用されている（Allen and Wolkowitz, 1987, 31に引用）。雇用局の家内労働に関する調査によると、製造業の家内労働は比較的珍しいものとなり、新しい情報技術に基づいたホワイトカラーの在宅勤務にかなり取って代わられたが（Hakim, 1984）、後の研究でハキームはエスニックマイノリティが家内労働の労働力として過小評価されていると主張した（Hakim, 1987a）。しかしながら、ハキームは、その後、一九八一年の家内労働者調査が、エスニックマイノリティたちの家内労働者の比率に関して、実際にはいかなる情報も提供していなかったことを明らかにした（Hakim, 1987b）。

フィザクリーは、ハキームの結論を生むに至った、方法論的欠陥の幾つかを指摘した。何よりまず、一九八一年の家内労働者調査では、家内労働の定義を、自営業者と独立契約者を含んだ、在宅で働くもの全てとした。この定義に基づいた家内労働者である調査対象者は、製造業の家内労働者に集中する傾向にあるエスニックマイノリティを過小評価してしまうかもしれない。さらに、それは、全国基準に基づいて無作為的に収集されたものであったが、製造業の家内労働者は、靴下や衣料生産に関連した諸地域に過度に集中していたのである。最後に、それらの研究は、家内労働に従事する移民女性たちを調査対象者として含めようとする際の妨げとなるかもしれない特別な要因を、考慮に入れることはなかった。すなわち、言語の障壁、多くの移民女性は見知らぬ調査員にたいして玄関の扉を開けることを恐れること、そして彼女たちが行っていることの合法性に関する懸念である。

　公式なデータの収集方法は、その多くが「規制される経済と非規制経済の間の曖昧な領域」において働きがちなエスニックマイノリティの経済活動の水準を恐らく過小評価し続けている(Mitter, 1986)。ほとんど疑う余地もなく、家内労働者の範囲は過小評価しているであろう。たとえば、次のことは指摘する価値があろう。一九七七年におけるバングラデシュ人とパキスタン人の女性の労働参加率は公式には一七%であったが、アンワルがほぼ同じ時期に行ったパキスタン人コミュニティの研究によると、女性の大多数は公式な統計から抜け落ちる家内労働部門で活動していた(Anwar, 1979)。それゆえに、それらの雇用状態にあった女性たちのうち製造業で働くものとして分類されていた者が皆無であったことを特に考慮するならば、バングラデシュ人女性の間での就業率が二〇%であるとした一九九五年の労働力調査はおそらく過小評価である。

　したがって、第一章の分析において、「不公正な《アンフェアー・》競争《コンペティション》」からの保護に関する議論でバングラデシュ人の家内労働者の状況に関して沈黙する少なくとも一つの理由は、一般に家内労働者のこの見えざる状態に関連していると提起することができる。しかし、同時に、ニック・チザムと筆者が世界開発運動(WDM)の活動期間中に行った調査から浮かび上がった、二つ目の理由も提示したい。これは、家内労働を「アジア人」のムスリム女性にとって合理的で文化的な選択として見るものであり、したがって必ずしも社会的関心を向けるべき問題ではないというより特定の観点に関連している。確かに文化的説明は、ニック・チザムと筆者が、一九八五年にロンドンのイーストエンド地域で労働組合員や雇用主にたいして行ったインタビューにおいて、最も前面に出された説明であった。労働市場における極めて狭く、特定のニッチ部門にバングラデシュ人コミュニティが集中していることと、自らの経済的周辺化とを、彼らが関連づけているという証拠はほとんどなかった。むしろ、そうした労働市場における集中は、移民の持つさまざまな文化の確認、一緒にいたいという欲望、そして実際に彼らができる仕事への選好として見られていた。

　調査の間、筆者は、一方では「文化」、他方では「経済性」という非常に対照的な言説に衝撃を受けたが、それはイギリスの労働者の異なるカテゴリーについての議論に関わるものであった。「文化」という概念は、男性であろうが女性であろうが、白人労働者の労働市場行動が議論されるときはほとんど現れなかった。その代わり、議論の論点は、相対的な技能水準、賃金格差、育児の費用、労働組合加入率、集団的交渉力などに当てられた。しかし、イギリスにおけるバングラデシュ人労働者、他のアジア人コミュニティ出身の労働者に関する議論においては、極めて人種色を帯びた差別的言説が、ほとんど例外なく紛れ込んだ。つまり、「彼らはいつも団結する」、「彼らは脱税する」、「彼らは女性を家庭内に引き止める」というようにである。

白人の雇用主は、自らのコミュニティから労働者を雇用し、夫と妻にたいして一人分の賃金を支払うことや無給家族労働者の使用のような、多様な「封建的」慣行を通じて搾取するアジア人の工場との競争には勝てないと不満を述べた。地元のメディアは、衣料産業において普及した搾取的条件と、その中の移民コミュニティの優勢とを結びつける世論形成の一因となる。シャーは、産業の「奴隷的」条件を移民のせいにし、イーストロンドンアドバタイザー紙（*East London Advertiser*）の見出しで「東ロンドンの仕立屋を激怒させているインド・パキスタン人の労働搾取工場システム」（一九七三年、六月）と指摘した。われわれがインタビューをした労働組合員は、アジアからの労働者は階級意識（class consciousness）に欠けているという見解を出した。ある労働組合員は次のように述べていた。すなわち、「全体として組合は過去に比べて弱くなったが、それは『伝統的な』労働者であったユダヤ人仕立屋が離れた後、新しい組合員メンバーが誰も入ってこないからだ。流入してくる若い人びとは、「有色移民の人びと」(ethnic people) で、彼らは労働組合には関心がない」。[8]

したがって、東ロンドンにある衣料産業における搾取的条件は、移民の文化的態度や実践と、世論において同一視される傾向があった。ここに、なぜバングラデシュ人が衣料産業に数多く携わっているかに関して、われわれがインタビューした一人の労働組合員が与えてくれた説明がある。

> 組合が結成されていた大きい衣料工場は、一九七〇年代に閉鎖し始めると、高度に熟練した技能を持った労働者が失われ、いまや技術水準を維持する方法がない。雇用主は、自らの工場の外で未熟練の仕事を済ませることで、直接雇用した熟練労働者が熟練の仕事に集中することができるように、生産過程における転換を行った。これは、下請けあるいは家内労働に基づく「シェル縫製【訳注5：shell making. 裏張り、ボタンづけ、襟づけなどの前の基礎的な縫製のこと】」を生んだ。一九七四年あたりから、ベンガル出身の移民集団は、この機能を果たす労働力予備軍を提供した。ベンガル人が、シェル縫製の部門に入っていき、半熟練工程に携わるようになった。工場は、ベンガル人に下請けの仕事を出し始めた。これは、自営業あるいは拡大家族ベースなどで働くことを好むベンガル人にとって都合がよかった。また、ベンガル人は女性が家庭で働くことを好む。それは雇用主に

8　ニック・チザムとナイラ・カビール（Chisolm and Kabeer, 1986）の聞き取り調査による。

とっても都合がよかった。なぜなら、仕掛品を自らの工場に持ち込み、熟練労働者に仕上げさせることでコストを低く保てるからで、それは低賃金ではなく、労働過程をより生産性を高めるように編成することによって実現していたからである。[9]

もう一人の労働組合員は、悪化する産業状況の結果として、バングラデシュ人は他のグループよりもひどい目にあっていたかという問いにたいして、次のように答えた。

ベンガル人に関しては、産業が衰退期に入っていくと、他の集団より悪い結果となる……起こりそうなことは、大量のパートタイムの仕事であり、朝七時に現れ、もし雇用主が望むならば、働くということだ。その状況は、一九三〇年代においてより、ある面では悪い。なぜなら、組織化されなかったからである。ベンガル人には自営業が適していると指摘すべきだと思う。

これらの信念からすれば、製品輸入への規制を求めるほどバングラデシュにおける労働条件にたいして強い非難があった最中に、他方でロンドンのイーストエンドのバングラデシュ人女性の労働条件に関する問題についてはあのような沈黙がなされたことは驚くに値しない。移民は悪条件の賃金と臨時雇用の形態で働くことを選択し、またそのことに満足しているのだという、その信念の根強さにたいして、シャーは、イーストエンドにおける衣料産業の研究において次のような否認をするに至った。

移民は……雇用を選択するという余裕もなければ、その産業の「イメージ」を実際に気にする立場にもなかった。彼女／彼は、労働需要があり、そこにおける技能の性質から、技能が低く、言葉の問題を持っている人びとでも容易に受け入れられることができるような産業に単に参入しただけであった。……疑う余地なく、移民労働者は、好んでそうしたというよりも、そうしなければならなかったから、ひどい労働条件に耐える覚悟があったのである。これらの条件は、イーストエンドの都市構造の一部であり、産業はそうしたところに立地される必要があった。移民がこれらの条件を創出したと示唆することは、一九世紀のユダヤ人に同じ主張をあてはめた時のように今でも同様に誤りである (Shah, 1975, 205)。

ジェンダー、労働者、エスニック経済

過去においても、そしていまもなお、ロンドンのイーストエンドのバングラデシュ人コミュニティに関する研究は少ないが、コミュニティの中にいる女性たちの生活の研究となると一層少ない。彼女たちについてのばらばらな論考は確かに存在するが、それら

9　ニック・チザムとナイラ・カビール (Chisolm and Kabeer, 1986) の聞き取り調査による。

は、より一般的な文献における、その行為は宗教と文化によって十分説明できるという「文化的なまぬけ」としての「アジア人」[10]女性という表象を再生産する傾向があった。たとえば、東ロンドンの衣料産業に関するある報告書は、バングラデシュ人女性に見る家内労働の優勢を文化的要因に帰した。すなわち、「タワーハムレットのムスリムコミュニティの大部分において、バングラデシュ人女性は、家の外にある主流の就業機会を極めてまれにしか探さない。家族の強い期待と、社会的、宗教的習慣は、彼女たちを育児の重圧とともに家庭に縛りつける」。タワーハムレットのバングラデシュ人人口に関して、人種平等委員会のためパトリック・ダフィが準備した報告書では、文化的テーマが繰り返された(Duffy, 1981)。すなわち、「男女の自由な混在は、イスラームにおいては一般に禁じられ、家の外での女性の役割は厳しく制限されている。ベンガル人女性にたいするこの制約は、彼女たちの孤立の一因となり、英語を学ぶ機会を制限している」。

このような分野の分析は、「アジア人」女性の受動的性質、家父長的家族制度、そして宗教の支配力に関する常識的なステレオタイプに頼っており、その再生産を助長したと批判されてきた。パルマールが指摘したように、「イギリスの社会構造に占めるアジア人女性の従属的地位について、文化的、宗教的、およびコミュニティの要因に帰することが容易になっている」(Parmar, 1982)。彼女は、文化と宗教がイスラーム教徒の女性に見られる家内労働の高い発生率を説明するのに役立つとしても、幼い子どもの存在、育児施設へのアクセス、あるいは代替的な雇用形態の欠如など、他の構造的要因を無視することは、これらの女性の生活を形成する複雑性を覆い隠す、未熟で短絡的な説明であると指摘した。類似した趣旨で、モロコヴァシックは、移民コミュニティの研究において一般的に見られる文化論者の理論的枠組みの限界を次のように指摘した(Morokvasic,1983)。

それは、限定された移民女性たちから観察された若干の特徴を選び取ることによって形作られた研究である。これらの特徴は通常、女性の「文化的背景」とされるものや一般的に「伝統」と分類されるものに起因すると言われている。言うまでもなく、特定の国や文化的出自に関係なく、このステレオタイプは全ての移民女性に作用する(前掲書,13)。

イギリスのエスニックマイノリティ集団に関する近年の幾つかの研究においては、異なるアプローチとして、パーマーによって言及された、狭い文化主義者の見方からより大きな構造的要因のうちの幾つかを考慮することや、そのような環境において、単なる制約要因ではなく「資本」としての文化により積極的な役割を見いだす方向への変化が明らかである(たとえば、Ward and Jenkins,1984の貢献をみよ。とくに、Ladbury, 1984。また、Westwood and

10 「アジア人」というのは、多くの場合、バングラデシュ、インド、パキスタンからの移民の略称である。

Bhachu, 1988を参照）。このことは、たとえばフィザクリーの研究に明らかであり、それは特定のエスニックマイノリティ集団の間で非常に高い自営業率についての説明をしようとするものであった（Phizacklea, 1990）。すなわち、アフリカ系カリブ人の自営業率が九％であったのにたいして、南アジアとキプロス島人のそれは二一〜二四％であった。フィザクリーは次のように指摘した。特定のエスニックコミュニティにみられる高い起業家精神は、ほとんどのエスニック集団を労働市場の限定された部門に閉じ込める人種差別と排他的行為および、これらの特定の集団の、家族やコミュニティの構成員、とりわけ女性労働力へのアクセスを与えるような、移民パターンという要因の組合せを反映している。エスニックマイノリティの雇用主はこれまでも、彼らが比較優位を持つ、労働集約的な企業や特定の形態の経済活動の実行可能性を保証する、親族とコミュニティの連帯的関係を動員することが可能であった。

　ラドベリーやミッテルは、エスニック企業は、南アジア人やキプロス島人のように、女性の名誉《イジョット》（'izaat' あるいは 'filotimo'【訳注６：ギリシャ語で「名誉」を意味する】）を重視するコミュニティにとって、一定の魅力を持ったものとなってきたかもしれないという（Ladbury, 1984; Mitter, 1986）。衣料産業におけるコミュニティに基盤をおいた企業の創出は、自宅であるいは家の外の「安全な」環境において女性が働く可能性を提供した。エスニック、そして家族のつながりによって、低賃金で労働組合に加入しない労働者が維持された。すなわち、「敵対的な白人の世界において、移民女性の多くは、自身のコミュニティの男性からの激怒を受けることを恐れた」（Mitter, 1986, 57）。しかしながら、ミッテルはまた、これらのコミュニティにおける労働搾取工場と家内労働の増加について、家父長的価値観だけが主因ではないことも強調した。エスニックマイノリティの労働者を最も低い賃金で最も望まれない職業に閉じ込めるような労働市場における人種差別は、自身のコミュニティ内における仕事の可能性を魅力的な選択とさせた。一九八二年に行ったロンドンのイーストエンドにいた九人のバングラデシュ人の家内労働者にたいするミッテルのインタビューでは、家族の中の男性は失業状態にあるか、週当たりの稼ぎが百ポンド以下であるような、衣料またはホテル／ケータリング業における臨時の労働者であったことを明らかにした。家内労働者の一人にたいするインタビューは、なぜエスニックマイノリティの女性が家内労働を選びがちであるかを説明しうる、ある種の恐怖感に焦点を当てている。

> ニューアムに住むと、選択肢はほとんどありません。アジア人の家が全焼したという話はもはやニュースにもなりません。それは、ロンドンのイーストエンドでは日常的に起きることとして受けとめられているからです……そんな状況で、どうして私が家の外で仕事なんか探すことができるでしょうか。私は、文字通り、見えないままでいたいのです。それに、私は未亡人だし、自分が本当にどのような法的地位にいるのかもわかりま

せん。私がカードや何かを申請しようとすると、この国を離れろと言われるかもしれません。いまのところ、私のおじがミシンがけの仕事を家に持って来ます。時給五〇ペンス、……良くはありません。でも、私はなんとか稼ぎ、自分の子どもを食べさせています。何より、私は、この白人世界の中で、人種差別主義者の虐待という恐怖に対処しなくてもいいのです（Mitter, 1986, 130）。

したがって、この分野の研究は、エスニックマイノリティの状況にたいする、狭い文化主義論者の単純化と静態的アプローチを超え、コミュニティの内在的な特徴が、どのようにしてそれ自体が埋め込まれているより大きな文脈と相互作用するかに関する、より広くより動態的な問いを投げかける方へ向かうことになる。イギリスのバングラデシュ人コミュニティに見られる労働市場の形態、とりわけ女性のそれに関する説明において、われわれが取り組む必要があるのは、内在的と外在的、選好と制約の間にある関連性である。他方で、コミュニティがイギリスの文脈において実に深刻な差別に直面したことは、全く疑う余地がない。[11] 下院の報告書では、彼らの一九八六年の状況を次のようにまとめている。

11　この不利な条件に関連する幾つか様相は、附録三にまとめられた統計に明らかである。

バングラデシュ人は、最近着いたばかりのイギリスの主要なエスニックマイノリティ集団で、圧倒的に最も不利な状況に置かれている人びとである。彼らの問題は、一般的に、他のエスニックマイノリティと種類ではなく程度において異なり、部分的には彼らが最近到着したことを反映しているが、しかし程度の差は時として本質的なものである。彼らは、最もひどい状態の、最も過密な住宅に住む傾向があり、彼らの失業率は例外的に高く（何人かは、在宅での商業活動から収入を得ることになるとしても）、平均所得は他のエスニックマイノリティより低く、彼らの子どもは学校での成績がかなり低く、そして他のエスニックマイノリティに比べて、ある程度の英語力を持っている人もわずかである（英語が話せる男性の比率の低さは、特に顕著である）。言語障壁と文化的要因は、彼らの健康と社会的サービスへのアクセスを制限し、彼らは人種的暴力から過度に影響を受けているように見える（iv）。

報告書は、バングラデシュ人の不利な点の根本的要因を三つの点にまとめた。第一の理由は、地方の農村社会から出て工業化された都市社会に到着したばかりであり、必要な技能に欠けているため高賃金の職業を見つけることができないことである。二つ目の理由は、乏しい英語力である。すなわち、一九八四年にバングラデシュ人の男性の五〇％と女性の七六％が、「わずか」であるか、あるいは「全く英語が話せない」のどちらかであった（最近の推計に関しては附録三を見よ)。そして、最後の理由は、もちろん、彼らが人種差別に直面していることであった。

しかし、労働市場におけるコミュニティのかかわりの分析を、単に不利な条件についての大きな物語に限定してしまうことは、その構成員にたいして、それぞれの歴史とアイデンティティ、そして抱負、忠誠心、価値観と資源を持って労働市場での意思決定と差別との交渉に影響を与えようとする積極的主体 (active subjects) としての役割を否定することになる。他方で、労働市場での地位を単に文化的アイデンティティと選好に関連させて説明することは、彼らの選択が形成される不利でより広い条件の含意を無視することになろう。それは、また、コミュニティ内で「文化」に関する見解が議論される可能性と、それぞれの構成員がイギリスにおいてバングラデシュ人であることについて異なる見解を持つかもしれないという可能性を排除するため、ロンドンのイーストエンドにおけるバングラデシュ人コミュニティを説明する上で、非常に一枚岩的な説明を生み出すかもしれない。最後に、当然ながら、こうした議論では、自国のバングラデシュの文脈においては、文化的選好が女性の外での就業への障壁を説明できなかったという事実について全く考慮されていない。明らかに、われわれは、どのような「内在的」要因と「外在的」要因との特定の配置《コンフィギュレーション》が、女性の労働参加率自体が特徴づける特定のパターンを説明するのに役立つかを見極めるため、ロンドンのイーストエンドにおけるバングラデシュ人コミュニティの生活に関するこれらの多様な要因の意味について、より詳細な分析を行う必要がある。しかし、そのような分析を始める前に、背景として、われわれの調査対象である家内労働者とその家族について概観しておこう。

家内労働者とは誰だったのか—概観

既に述べたように、ロンドンのバングラデシュ人の家内労働者に関してはほとんど情報がなかったため、ダッカの調査対象者であった女性労働者に関して収集したものと比較可能な統計的な情報を提供することが難しかった。附録三は、イギリスの文脈において、製造業の家内労働とバングラデシュ人コミュニティに関して、われわれが見いだした事項を含んでいる。またそれは、本研究における鍵となる問いにたいする回答率とともに、われわれの調査対象者から家内労働者のプロフィールを提供するものである。この章を締めくくるこの節においては、このデータのうち、われわれの分析に関連する側面に以下で注目しておこう。

バラードが指摘したように、バングラデシュ人とパキスタン人コミュニティを特徴づける移民過程は、インド亜大陸の他の地域の移民を含めて、他のエスニックコミュニティのそれとは異なる (Ballard,1983)。ほとんどのグループが「家族の再結集」を選択し、そのため、たとえばシーク教徒の妻たちは一九五〇年代末に夫たちに合流し始めたが、それにたいして、バングラデシュ人は、イギリスでは働きながら出来る限り貯蓄をし、故郷には長期の帰郷をする「国際的通勤者」の道を選択した。このパターンは何度も繰り返され、妻たちと子どもがイギリスにいる夫たちに合流するようになったのは一九八〇代初期に入ってからのことであった。附録三に収録された全国のデータが示すように、一九九〇年代半ばのイギリス生まれは、カリブ人が六〇%であったのにたいして、バングラデシュ人は四〇%であった。結果的に、若い世代の中ではそれほど大きな差はなかったにもかかわらず、英語が話せるバングラデシュ人の割合は、他のどのエスニックマイノリティ集団に比べてもはるかに低かった。

　バングラデシュ人コミュニティは、他の人口に比べてより大きな世帯規模を持っている。すなわち、バングラデシュ人の世帯当たりの構成員数は約五人であり、それにたいして白人人口においては約二人、インド人においては約四人である。バングラデシュ人はより高い比率で結婚している。すなわち、一六〜六四歳の年齢グループのうちの既婚率は、白人人口の約五七%と黒人人口の三三%に比べて、バングラデシュ人は六七%であった。世帯の多数派が結婚した夫婦と扶養児童で構成されていた。そして、シングルマザーは極めてわずかであった。

　バングラデシュ人コミュニティの失業率は高かった（また、高いままで推移してきた）(Spitalfields Working Party, 1983)。国家統計によると、一九九五年のバングラデシュ人男性は六六%のみが雇用されており、どのコミュニティにたいしても最低の比率であった(HMSO, 1996)。彼らの仕事は、他のエスニックコミュニティの男性よりもパートタイムまたは臨時雇用であることが多く、また最も高い自営業率を見せていた。すなわち、白人コミュニティにおいて一〇%を超える程度であったのにたいして、彼らは二二%であったのである。彼らは、また、熟練、半熟練の肉体労働において多く発見された。既に見てきたように、衣料、小売業、そしてケータリングの飲食業に多かった。バングラデシュ人女性の就業率も、また、他のエスニックマイノリティ、同様にマジョリティなど、どのようなグループの女性よりも低かった。すなわち、バングラデシュ人女性のたったの二〇%しか公式的に登録されていなかったが、それにたいして白人とアフリカ系カリブ人女性は約七〇%であった。彼女たちは、職業的カテゴリーにおいて「行政、教育、保健」に過度に集中していた。しかし、これらの雇用の統計には、製造業におけるバングラデシュ人女性の誰も含まれていなかったため、公式な統計が家内労働など、登録されていない経済(unregistered economy)における雇用を排除し続けていることは、明らかである。

　われわれの調査対象者において、家内労働者、および男性の衣料労働者へのインタビューはともに、このより大きな構図におけるさまざまな側面の繰り返しとなっている。女性労働者の父親および夫たちと同様に、インタビューを受けた男性労働者のほとんどは、女性よりも数年前にはイギリスに着いていた。彼らは、イギリスに既に居住している家族、親族あるいは同じ村の同胞の助けを持っていたとしても、基本的に自力で来た。その多くは、彼らが一九七〇年代の景気後退の時に解雇されるまで、ミッドランドのジュート工場や鋳物工場の仕事から始めた。彼らは下宿に、あるいは「雑居」('mess' arrangements)して暮らし、バングラデシュにいる家族にできるだけ多くのお金を送っていた。ある人びとは未婚のままイギリスにやってきて、結婚するために帰郷した。他の人びとは既に結婚していたが、しかし妻や子どもたちをバングラデシュに残したままであった。彼らは、数ヶ月か、一年くらいシレットに戻って家族と一緒に過ごし、それからまた再びイギリスに帰ってきた。したがって、家族は一度に何年も互いに離れており、ガードナーが指摘するように、バングラデシュとイギリスの両方に同時に「定住」していたとみることが出来る。ダッカ市への移民に関連して指摘した伸縮性を持った世帯の境界は、国際移民を通じて拡張され、いまや「七つの海と一三の河」によって隔たれている世帯構成員のつながりに対応しているのである。

われわれの調査対象の女性たちは、かなり最近に到着したばかりであった。われわれがインタビューをした五三人の女性のうちたったの三人のみがイギリス生まれだった。残りの女性たちは、バングラデシュのシレット県、その中でも主に田舎で生まれ育った。七人の女性たちが父親に会うために移住したのにたいして、四三人の女性たちは、夫たちに合流するためであった。三三人の女性たちが調査の一〇年ほど前に移住したが、一二人の女性たちは五年以内に流入した。たったの二七人のみが幾分英語が話せるといった。

人口統計学的には、われわれがダッカでインタビューをした女性労働者とは、対照性が存在した。ロンドンでもダッカでも女性を選択する際に、年齢の下限を一六歳としたため、どちらの調査対象者にもこれより若い女性が含まれていない。しかしながら、年齢の上限は設定しなかった。これは、ダッカよりロンドンの調査対象者において年上の女性がずっと多いという結果をもたらした。すなわち、四六人の女性は二五歳であるか、それより年上であった。明らかに、ダッカの縫製工場に雇用されたずっと若い労働力に比べて、家内労働は、ずっと幅広い年齢層の女性が従事することが可能となっていた。

われわれの調査対象者における大半の女性(四四人)は、調査当時、結婚していた。また国家統計を参照すると、バングラデシュ人コミュニティは、他のエスニック集団より高い婚姻率を示していたこと、女性が若い年齢のときに結婚していたことも、特筆すべきである。われわれの調査対象者において女性の婚姻率が高かったのは、彼女たちのほとんどは父親より夫に合流するためにくるという、イギリスへ女性が移住する過程も反映していた。誰も自発的に(カリブ人のパターン)移住したわけではなかった。全国的にみて、バングラデシュ人コミュニティの世帯は、主に夫婦と扶養児童のいる核家族で構成される傾向があった。コミュニティは、他のどのエスニック集団よりも高い扶養率を持っていた。われわれがインタビューをしたほとんどの女性たちは、全国的な状況と同じように、核家族の中で生活しており、調査対象者のうち結婚した経験のある多くの女性たちは幼い子どもがいた。末っ子の年齢の中央値は、二歳から三歳の間にあった。世帯規模は、また、イギリスの平均に比べて大きい傾向があった。すなわち、白人世帯の平均二人に比べて、ほとんどが五人以上の構成員を持っていた。

われわれの調査対象者は、全国のデータで発見されたバングラデシュ人コミュニティ、とりわけ女性の非常に限られた職歴を反映している。家内労働者の多くは家内労働しか経験したことがなく、半分以上が五年、あるいはそれ以上従事していた。何人かはミシンの操作方法を事前に知っており、他の何人かは、業界で働いている親戚、通常は夫より、あるいは既に内職をしていた隣人の他人より学んでいた。彼らは、主に、コートとジャケットの裏地と袖に「平縫い《フラット》」での縫製作業を施した。しかし、われわれの調査対象者のなかには、他の種類の仕事をする、家の外で働く女性たちも少数ながら存在した。

コミュニティにおいて男性、とくに、二〇年あるいは三〇年の間その地域にいた人びとの職歴は、幾分かは多様であった。既に指摘したように、彼らはロンドンの埠頭付近において、あるいはイギリスの他の地域において重工業の仕事を始めていた。しかしながら、景気後退によりこれらの仕事が失われると、これらの男性たちは、失業状態のままでいるか、または、衣料やケータリング産業の賃金労働やさまざまな起業家活動に入っていた。最近移民として入ってきた男性たちは、東ロンドンの皮革産業（革の悪臭のため衣料よりは好まれない職業）で働き始めるか、あるいは衣料産業で働き始めて、そこに残った。われわれの調査対象のうち一〇人の家内労働者たちは、縫製産業で働く男性の稼ぎ手がいると報告した。また、一一人はケータリング業に稼ぎ手がいると報告し、六人は主にミッドランドの他の工場において雇用されている、あるいは雇用されていた稼ぎ手がいると報告した。男性世帯主のうち一九人は失業中であった。

われわれがインタビューをした全ての男性労働者は、われわれの選択基準の理由により、衣料産業に携わっていた。大多数は、小規模工場、あるいは他の約二〇～二五人の労働者を抱える下請けユニットで縫製工として働いており、時には異なる国籍の女性労働者たち、あるいは全てバングラデシュ人で構成される下請けユニットで働いた。たったの一人あるいは二人が、衣料工場で働くバングラデシュ人女性を見たことがあると言い、当該の女性はおそらく未亡人であると推測した。彼らのほとんどは、女性や男性のための羊毛のコートのようなより重い製品に携わっていたが、ジャケットとスカートを作っている人もいた。家内労働者のように、ほとんどの男性は衣料産業に縫製の技能を持って働き始めたわけではないことは、指摘されてしかるべきである。一般的に、彼らは糸切り、フロアーを清潔に保つヘルパーとして参入し、自学で「ミシン操作」を覚えるか、あるいは他は「見習い」縫製工として参入してきたのである。

結論

イギリスの衣料産業、とりわけそのロンドンの衣料部門における女性、そして移民コミュニティの優勢は、長い歴史を持っている。バングラデシュ人は、単に、東ロンドンの衣料産業に引き入れられてきた近年最も重要なエスニック集団にすぎなかった。本章では、この関連性を説明する衣料産業に関する一般的な研究の幾つかを再検討してきたが、女性労働者にそれだけ重く依存する、そしてこれまでも常に依存してきた産業において、バングラデシュ人女性がなぜ家内労働部門に圧倒的に集中しているかについて詳細に調査している研究を見つけることは出来なかった。しかし、「アジア人」コミュニティに関するより広い研究は、あり得る理由に関して対立する幾つかの仮説を生み出した。

一つ目の説明は、コミュニティの文化とそれが女性の移動に課す制約に注目したものであった。二つ目の説明は、より広い労働市場における民族的に不利な条件、およびそれが当該のエスニックマイノリティの構成員の選択に課す制約があり、それらによって女性たちは生き残るために特定の労働市場のニッチに追いやられているとした。

本研究における分析上の挑戦は、二つの方向でなされている。バラードらが指摘したように、われわれはこれらの外在的な制約が、ある意味で、さまざまなエスニックマイノリティの内在的な選好より優先されることを認めなければならない（Ballard and Ballard, 1977）。そのような外在的な制約は、これらの集団がその中で活動しなければならない制限を設定する。しかしながら、さまざま集団が異なる道のりを経て、さまざまな資源、さまざまな制約、さまざまな文化的願望を携えて、イギリスにたどりついた。これらの集団とその中における多様な属性を持つ個人の特定の行動は、これらの制限の範囲内で人びとが行うことが出来る選択と、これらの制限について迂回したり、修正したり、挑戦あるいは変更したりするために利用できる多様な戦略という観点から説明されるべきである。本書が指し示してきた問いの文脈に置き直すために、われわれは、一連の共有された制約についての極端に単純化された表象から「読み取られた」イギリスの文脈におけるアジア人女性の地位に関する一般化を超えて、バングラデシュ人コミュニティについてのより状況に即した理解に向かう必要があるだろう。コミュニティの女性が行う労働市場への参加の意思決定がより大きな意味を持つようになるのは、全体としてコミュニティが直面している機会と制約に関する、より状況的な理解においてこそである。

第七章　構造の再構成

ロンドンにおける家内労働者の労働市場における意思決定

本章では、ロンドンの文脈におけるバングラデシュ人女性の、有償労働への参入の意思決定に注目する。なぜ、バングラデシュ人女性は、バングラデシュ人コミュニティの男性に続いて、もしくは他のエスニックマイノリティの女性と同じように、縫製産業以外の産業部門やより広い労働市場に参入せずに、出来高払いの家内労働者になろうとしたのであろうか。本章の構成は、第四章で採用したものに近い。分析は、検討対象になる意思決定の構成要素をめぐって行う。つまり、有償労働を始めた決定、外で働くよりも自宅で働くことを選んだ決定、外での就業にたいする一般的な態度と縫製工場で働くという特定の選択にたいする態度である。第四章と同じく、まずはこれらの問いに関して、女性たちの意思決定にたいする家族の他の構成員の選好を見る前に、女性自身の見解について検討することから始めよう。結論では、ロンドン側のストーリーが、女性の労働市場での諸選択における構造と行為主体性の相互作用の理解に関して付け加える点をまとめる。

就業に関する意思決定の脱構築——なぜ働くのか

最初に指摘すべき点は、ロンドンにおける公的な社会保障制度の存在が、非常に基本的なレベルにおいて、ダッカで現れた意思決定過程とは全く異なる環境を作っていることである。世帯内に就業者がいなくても、政府からのさまざまな支援を通じて、食糧、住居、衣類などの基本的必要は満たすことが出来る。失業手当、所得支援、児童手当、住宅手当、健康や教育制度にたいする公的支援である。結果的に、ロンドンの調査対象者の女性が有償労働を始める意思決定は、ダッカの女性労働者に見られたような、文字通りの基本的生存の緊急性によって動機づけられているわけではなかった。また子どもの教育費の支出の必要によって動機づけられているわけでもなかった。

さらには、ダッカでは、一番目、もしくは二番目に重要な、賃金労働を始める動機づけとして頻繁に登場していた婚資に関わる貯蓄は、ロンドンの女性の語りのなかからは出てこなかった。ロンドンの調査対象者のなかで未婚者はより少なくはあったが（ダッカにおいては、婚資《ダウリー》にまつわる動機づけが最もよく出てくるグループである）、ロンドンにおけるインタビューでは、母親が娘の婚資のために貯蓄をする必要があるというような語りも存在していなかったことから、ロンドンのバングラデシュ人コミュニティでは、婚資の慣行自体が特に広がっていないことを示しているのであろう。さらには、ロンドンの調査対象者の既婚女性のほとんどがバングラデシュで生まれ育ち、結婚していたにもかかわらず、誰も自身の結婚との関わりで婚資の話をしなかった。確かに、新郎と新婦の家族間で贈り物の交換はあったが、ダッカの労働者の語りやバングラデシュ一般で聞く要求のような、新郎側からの「要求」を特徴づける類いの物品や現金があるという証拠は全く出てこなかった。もっともらしい説明は、シレット県では、他の地域のようには婚資の制度は広く用いられてはいないというものだった。既に指摘したように、婚資はイスラームに由来する実践ではなく、バングラデシュのジェンダーの経済が変化するなかで登場したものだった。バングラデシュ内でもより宗教的で保守的な県であるため、シレットに伝わるのはよりゆっくりであったかもしれない。ちょうど本研究の実施期間の頃のシレット県の農村部の婚姻の慣行に関するガードナーの研究を読むと、バングラデシュのほとんどの地域で見られる婚資の「要求」は、この県ではごく最近になって登場し始めたということである (Gardner, 1995)。

結果的には、ダッカの文脈では重要な動機であった、基本的生存の必要、子どもの教育費や、婚資を準備するための貯蓄の必要は、ロンドンの労働者の語りのなかでは全く言及がなかった。いずれにしても、ロンドンで許容される生活水準は、公的支援のみに依存して得られる水準よりも一般的に高い。世帯内に就業している男性がいない場合や、女性が世帯主であるような世帯では、女性の内職活動は、生活水準に重要な差を生じさせた。調査対象者のなかでは、一六人がそのような世帯であった。他の家内労働者によって語られた動機には、貯蓄への要求、購買力の上昇、世帯の生活水準の向上、子どもに何かを買ってあげたいなどであった。したがって、世帯における女性の収入の経済的な意味は、確かに幾つかの多様性があったが、明らかにダッカの調査対象者で見られたほど幅広いものではなかった。

家内労働に関する意思決定

女性が家内労働を選択した理由は、労働供給の意思決定の正統派の経済モデルの範囲内で、一般的には説明しうる。すなわち、必要とされる人的資本の資質の欠如、育児や家庭内義務、そして「文化的制約」である。これらの理由は、相互排他的ではなく、何人かの女性は複数の理由をあげていた。一〇人の女性は、家内労働を選択した理由を、一義的には文化的文脈から説明した。その説明はしばしば、いかなる形態であれ、家の外で働くことを禁止するような厳格なパルダの規範に基づいていた。「一二歳以上の男性に凝視されることは、彼がベンガル人でも、ジャマイカ人でも、イギリス人でも、女性のパルダの規範に反しています」。このグループでは、家内労働への従事は外で働くことの拒絶であり、家内労働にたいして、積極的で長期的な選好を持っていた。

二つ目の、より多く観察された説明は、「人的資本」の不足の認識に関わっている。外での仕事は、ほとんどの女性が持っていない学歴と言語能力が必要であると考えられ、この二つは女性の語りのなかで頻繁に一緒に論じられた。一六人の女性は言語能力が主な問題であると指摘し、六人は学歴について言及した。

私は学歴が全くありません。なので、外での仕事を探したことはありません。どのような仕事を探していても、読み書きが出来る必要があります。

私は家の外で働いたり、工場で働いたりしようとしたことはありません。なぜならば、他人と話したり、理解したり、一人で出歩いたりすることが出来ないからです。

私の言うことを理解してもらったり、一人で出歩いたり出来ないので、外で働こうと思ったことがありません。

引用が示すように、コミュニティ外部の人びとと流暢にコミュニケーションを取る能力の欠如が、外における雇用との関わりだけでなく、コミュニティの外の人びととのより頻繁な接触の可能性にたいしても、主な障害となっていた。とはいっても、コミュニティ内の全構成員から見れば、教育や言語能力の欠如は、必ずしも外での雇用に従事する資格の不適合とされるとは限らなかった。われわれがインタビューを実施した男性の縫製労働者の多くもまた学歴がとても低く、実際、学歴の欠如を自身が縫製工場で働いている理由として述べていた。

私がここに到着した時、私の家主の息子は、私にたいして、縫製工場では学歴を問わないので、仕事を得られるだろうと言いました。

私たちは、わずかな教育しか受けていないので、このような仕事に従事しています。

多くのベンガル人は縫製工場で働いています。もし学歴がないのであれば、単に肉体労働を要求されるような仕事に就かなければなりません。

英語を話すことが出来ないことも、コミュニティ内の女性に限ったことではなかった。前章でみた通り、イギリスにおいて英語が第一言語ではないエスニック集団では一番大きなグループである南アジア出身者の中では、バングラデシュ人は、男性もまた、女性と同様に英語を話すのを最も苦手としていた。ところが、調査対象者である多くの男性労働者はほとんど英語の知識を持たずにイギリスに到着したにもかかわらず、そのことが外での仕事を探すことの制約にはならなかった。一部の人は、ほとんどの労働者がバングラデシュ人であるような状況で働いており、したがって、英語力の欠如はさほど問題にならなかった。他の人も、人種が混ざった環境のなかで普段の会話にさらされることを通じて、時間が経つにつれ、インフォーマルに英語が上達していった。

ここに来てから、私は試行錯誤を通じて英語を学んでいきました。到着後、「第二言語としての英語」教室に参加しました。しかし、すぐに辞めねばなりませんでした。書きながら学ぶことは、私には無理だったからです。その代り、他の人の話を聞いて、話しかけられた時には答えるようにしました。

最後に、三つ目の理由は、最もよく触れられたものであるが、女性の家庭内役割にたいする要求に関わるものであった。二九人の女性が、特に育児にたいする責任について言及した。

もしオフィスや工場にあなたが行ってしまえば、誰が子どもの面倒を見るのでしょうか。問題になるでしょう？　未婚の人や、一人の子どもしかおらず、幼稚園に行かせている人は問題ありません。工場で働く人は未婚であるべきで、そうでなければどうやって幼い子どもたちを持ちながら働けるのでしょうか。

もし家で働けば、最も大きな利点は同時に子どもたちの面倒を見られることです。そして子どもたちはいつも母親が家にいることで安心します。子どもたちは母親が家にいることをよりよく思います。もちろん、子どもたちと一緒にいながら家で働くことは大変ですが、それが私がフルタイムで働かない理由です。

二〇人の女性は、家内労働になぜ従事しているかの理由について、より一般的な家庭内責任についても触れた。リジュ夫人が言うには、「私は夫が家に帰ってきた時、彼に連れ添っていなければなりません。彼が顔を洗えば私は彼のタオルやサンダルを見つけなければならないですし、彼のお茶を作り、何か食べる物を準備します。彼はミシンの使い方を知りません。それでも、お客さんが来る時は私を手伝ってくれますし、私はお客さんのために調理します」。彼女の発言は、何人かの家内労働者の語りのなかに出てきた幾つかの追加的要因にたいして注意を向けさせる。他の南アジア人コミュニティと同様に、バングラデシュ人はホスピタリティの強い伝統のなかで育ってきた。友人や親戚との頻繁な往来が、社会生活の主要な部分を占めているのである。また、このような社会生活の維持において、女性の労働は中心的なものである。女性が、客のためにお茶や軽食、食事を用意したり、もてなしたりすることの主な責任を担っているからである。このような育児の責任、家族の世話、家事、ホスピタリティの義務の遂行の組み合わせが、女性の選択にたいして明らかに制約的な効果を与えていた。

私は外での仕事を探したことはありません。私には二人の子どもがいます。誰が面倒を見るのでしょうか？　私は子どもの面倒を見なければなりません、家のことをして、お客さんをもてなさなければなりません。

定期的な仕事は出来ません。一二時までに子どもの食事を作らねばならないのです。そして頻繁に訪問者によって中断もされます。そして、夫のためにお茶も用意せねばなりません。

女性が提示した家内労働に従事する決定の幾つかの理由は、したがって、コミュニティに特有のものであった。たとえば、言語能力の欠如とパルダの認識である。しかし、他の理由はより一般的であった。家内労働と女性の義務の両立可能性は、イギリスの一般的な女性とわれわれの調査対象者の女性が共有する理由であった。ホープらによる初期の研究では、民族的に多様であるがイギリス人を主な対象としたロンドンの家内労働者に関する研究について以下のように結論づけている。「なぜ内職に従事するのがほとんど女性なのかに関してのいかなる説明も……これらの女性の家族における役割については無視できない。われわれの調査対象者の全ての女性が、家事と育児は自身の責任だと考えており、夫からの手助けは、寛大な譲歩だとみなしていた」(Hope, Kennedy and de Winter, 1976, 98-9)。ヨークシャの、同じくイギリス人の家内労働者を主な対象とする他の調査でも似たような結論に達していた。つまり、「幼い子どもの育児を強調する説明は、女性が生涯を通じて経験することになることの意味、つまり他人に無給で提供するサービスということの意味を曖昧にしてしまう」(Allen and Wolkowitz, 1987, 79) と言うのである。家内労働者の全国グループ (National Group for Homeworking) によって出版されたより最近の研究では、インタビュー対象の家内労働者の九五%が女性であり、四〇%がアジア系の女性であり、七五%が就学年齢の子どもを持っていた (*Guardian*, 一九九四年九月一三日に引用された *Home Truths*, より引用)。

ただし、アレンとウォルコヴィッツは、興味深い違いを指摘する。異なるエスニック集団の女性たちが、何が家庭内義務であるかという点の共通項として表現することの違いである。彼らの調査対象者の白人女性は、彼女たちの夫は、彼女が家で働くことを「好む」と言い、パキスタン人女性は、彼女たちが外での雇用に従事することを「許可」してくれないだろうと言う (Allen and Wolkowitz, 1987, 82)。彼らは、これが言語の使い方の些細な違いであろうと、男性の権力にたいする見解の大きな違いであろうと、夫の願望の影響は、女性の就業選択の明白な制約効果であることを指摘している。

外で働くことにたいする態度

既に指摘した通り、ごく少数の女性しか、女性が外で働くあらゆる可能性を完全に妨げるようなパルダの解釈には追随していない。多くの女性は、ジェンダー的妥当性の認識が女性の就業への選好を形作ることを受け入れながらも、ロンドンのコミュニティの一部で唱えられているより厳しいバージョンのパルダの規範に関しては拒否する。彼女たちのパルダの規範の理解は、イギリスの異なる生活の現実を考慮したものであった。

もし私が自分自身のパルダの規範を持っていれば、何千人もの人が周りにいたとしても、誰も何も出来ません……。この国で、もし男性が妻に自宅にいて、パルダを保って欲しいと思うのであれば、イギリスに連れて来るべきではなかったのです……。もしそうであれば、彼は妻をバングラデシュにおいてくるべきでした。

バングラデシュでは、私はブルカ【訳注1：第四章八一頁を参照】を着ます。ここでは私たちは、カーディガン、コート、ジャンパーを着ていて、ブルカと同じような役割をしてくれます。バングラデシュでは、コートやジャケットはありません。それがブルカを着なければならない理由です。パルダは一つしかありませんが、皆がいろいろな流派を作ったのです。多くの人にとっては、それは心のなかで神を信じることです。しかし、何が書かれているかを読めば、もしそのバージョンを信じていたら、私たちは自宅で働いていても、パルダを破っていることになるでしょう。なぜなら、私たちはそれでも病院や買い物に行かなければならないからです……。私は読んだ内容に同意しています。しかし、この時代にはその基準を維持することは出来ません。私たちは、決してパルダを、最初にあったような形では見ていません。心が問題なのです。

このようなパルダの規範の再公式化は、外での仕事の許容度に関する見解を表し、この点は、ダッカの女性労働者が前面に出していた、パルダについて書かれている文章よりも、道徳と精神にたいする従順さへの個人的責任を強調していた点と共鳴する。

もし私が外に働きに行ったからといって、パルダの規範が失われるような理由はありません。私のパルダは私の心のなかにあります。

どうやったら、働くことでパルダが失われるのでしょう……。全ては心の問題です。もしブルカを着ながら路上で男性を見かけて、彼がどれほどハンサムかを考えたとしたら、パルダは打撃を受けていると言えるでしょう。でももしあなたの彼にたいする視線があなたの兄弟や父親にたいするようなものならば、パルダは失われてはいません。

パルダはあなたが何を着ているかについてではなく、あなたの心のなかにあるものです。外で働きながら、パルダを維持することは可能です。

実際に、家内労働者の大部分が頭のなかでは外で働くことを検討していただけではなく、一部は既に外での就業を経験していたり、積極的に探していたりした。しかし、ジェンダー的妥当性の規範は廃止されておらず、女性が自身の選好として表現する外での就業先の種類には、それが色濃く現れていた。ある職業の「世間体（respectability）」と育児にたいする義務との両立可能性が、彼女たちの語りのなかで登場する就業への選好のパターンを説明する主要な要因である。

もし私が保育所で仕事を得られれば、子どもを一緒に連れていけるでしょう……。もしそのような仕事を得ることが出来れば、私は従事するでしょう。しかし、何も見つけられません。私は、工場労働以外であれば、どのような仕事でもしたいと思っています。そして、お店では働きたくありません。そのような仕事は好きではありません。もし保育所に男性がいても気にはなりません。彼らは私を見てはいないでしょう。彼らは単なる経営者か事務員です。

サリーショップであれば働いても良いかもしれません。私のような女性に、そのような仕事は適切だと思います。もしくは、子どもにベンガル語を教えるか、ベビーシッターなどです。給料もとても良いはずです。私が外で働くに値するには、少なくても、一週間に手取りで八〇～百ポンドを稼ぐ必要があります。私は一度、ホワイトチャペルにある新しい女性組織に名前を連ねたことがあります。子どもや女性にベンガル語を教えたかったのです。

私は保育所の先生として働くのは好ましいと思っています。子どもが大きくなったらそうしたいと思います……。子どもと一緒にいられますし、一緒に遊んで世話を焼くことも出来るので、関心を持っています。外部者は入ってこないですし、どこにも行く必要もありません。自分の子どもも預けることが出来ます。お店では働きたくはありません。カウンターの後ろに立って、顧客に仕えないといけないからです。

世間体と育児に関する認識の両方が、好まれる職業の種類がある種の一致を見せることを導いた。つまり、保育所、幼稚園、学校、クリニック、そしてサリー店など、どれもが「コミュニティ」に根差しているような職業であった。しかし、さらには、ごく少数の女性のなかには、既に指摘されたような職業の選択肢の狭い範囲を超えた選好を持っている人もいた。彼女たちは相対的に若い女性で、より高い水準の教育を受けている傾向があり、自分の道を見つけることにより自信を持っていた。「私は英語を書く能力を向上させるために大学に行っています。オフィスで働きたいと思っています」。

縫製工場での就業にたいする態度

いままでの議論で既に明らかにしたように、女性の実際の就業への選好は、「顕在化した」選好のみを検討することによって示されうるものよりも、実際にはより広く幅があるといえる。しかし、ロンドンのこの産業を構成している衣料工場や下請けユニット(outdoor units)での就業は、インタビューを実施した全ての女性からはほぼ拒否されていた。彼女たちが語る消極性の理由からは、ジェンダー、文化、階層などの境界に関連するさまざまな不安が、工場での雇用において結晶化されていることが分かる。一部の女性にとって、その不安は、工場の職場に他の文化的集団の男性と女性が存在していることから発生していた。彼女たちの不安は、ジェンダーによる分離の破壊や文化的アイデンティティへの考えうる脅威に関するものであった。

私は工場では働きません。あらゆるタイプの男性がいるからです。工場で働くという考えは好きではありません。イスラーム的ではありません。工場で働くことは、パルダの規範の外にあることです。もし働きながらパルダの規範を保てるのであれば、問題ないのかもしれません。しかし、イギリス人の女性と混じって、彼女たちのように行動し、自身の文化を変えてしまった女性は多くいます。バングラデシュで、村の人はある行動の仕方をして、町の人は異なる行動の仕方をするようなことと同じです。ベンガル人とイギリス人の文化は異なります。彼女たちと混ざることは、自分の文化を失い、彼女たちのそれを認めることです……。他の人がそのように行動するのは構いませんが、私はそのようにはしたくはありません。

私は男性と一緒には働けませんでした。私たちの宗教から禁止されていますし、ここのコミュニティには、悪い噂を広めたい人が多くいます。それに、外にはたくさんの悪い女性と男性がいます。彼と彼女が恋に落ちたとか、男性が女性に悪い言葉を投げかけたというような事件をたくさん聞きました……。もしあなたが美徳を持った女性であっても、そして美徳を持った男性に話しかけているとしても、他人はあなたのことを悪く言います。彼らはあなたを責めるでしょう。もしそのようなことが私に起こったら、私は自分を恥じます。

二つ目のグループの女性にとっては、問題は異なる文化に属する男性や女性の存在ではなく、工場に非常に多くのベンガル人男性がいることだった。彼女たちが工場労働に従事することをためらう理由は、宗教的、もしくは文化的な非難に関わるものではなく、むしろ職場におけるバングラデシュ人男性からの予想される態度や、コミュニティ内で広がるであろう噂にかかわっていた。また女性の語りからは、このような不安を家族の他の構成員も共有していたことが明らかになった。特に男性構成員は、自身の家族の稼ぎ手と保護者としてのイメージにたいする打撃を懸念していた。

工場では働きたくありません……。工場には、イギリス人やベンガル人の男性が働いています。私は恥ずかしく思いますし、ムスリムの女性にとってのパルダの規範が侵されてしまい、それは罪なことなのです……。イギリス人男性はあなたを無視してくれるかもしれませんが、あなたがどれだけきちんとしていても、私たちのコミュニティの男性があなたに関するスキャンダルを広めます。あなたの前では言いませんが、どこか他の所に行って、それを言います。この地域のことはよくわかりませんが、あなたもバングラデシュではどのような様子であるか知っていると思います。彼らは話を作り上げます。

一部の女性は恥であると感じるでしょう。彼女たちは、自身がどのようにして人前で働けるのかと思うでしょう。彼女たちが恥を感じるのは、バングラデシュでは男性の前に出ていくことはないですし、ここでは見知らぬ人の前に出ていかなければならないからです……。しかし、その他の問題は、一部の男性が、自分の妻を他の人の前には出さないと言うことです……。彼らは他のベンガル人の前で恥ずかしく思うでしょう。なぜなら、人びとは彼が自分で養えないから、自分の妻や子どもを働きに出したと言うからです。人びとはそのように考えるのです。もし私が外で働けば、彼らは、彼は自分の妻を養えず、だから彼女を工場に送りこんだのだと言うでしょう。

私たちは、注文を受け取るためだけにも工場には行けませんでした。そこには何千人ものベンガル人がいるからです。女性はそこには行けません。恥ずべきことです。男性は、お腹を満たせないからだと言うでしょう。彼らは、バングラデシュでは一人の人が稼いで一〇人を養っているが、ここでは夫が働いているにもかかわらず、妻まで働きに出て、それでも彼女は自分のお腹を満たすことが出来ないと言います。彼らはたくさんのことを言います。その他の人は誰も悪くは言いません。われわれのコミュニティの人びとだけです。それにベンガル人がいない工場はイギリスにほとんどありません。四人ぐらいは良い人がいるでしょう。それでも、二人は、見ろ、彼女が来たぞ、自分のお腹を満たせないからだ、という人がいます。男性を恐れてはいません。私が恐れているのは私の評判です。

最後に、工場労働への反対が、直接的に地位の問題であった女性のグループがいる。ショナが説明した通り、「ある女性は、工場に行って働いたりはしません。なぜなら、そうしたくないからです。彼女たちは、わざわざ工場で働くためにロンドンに来たの？　と言います」。地位にたいする認識は、工場でベンガル人男性の横で働くことについてのとまどいの中にも垣間見えた。バングラデシュの村落共同体（village community）で高い社会的地位にいた家族の出身者は、イーストエンドのコミュニティにおいてもこれを維持しようとする。

> 縫製工場では働きたくありません。ありとあらゆる異なるタイプのベンガル人男性がいるからです。結局の所、私たちは同じではありません。工場ではいろいろな人が混ざりすぎています。私たちのコミュニティからあらゆるタイプの男性が通っています。もしある男性がリキシャしか引いたことがなく、本を手に取ったことがないのであれば、どこにいてもどのように行動すべきかを知らないはずです。悪く見えるのはこのようなタイプの男性ですが、彼のせいではありません。彼は教育を受けることが出来なかったのです。それに多くのベンガル人の少年は、私たちの周りでどのように行動すべきかを理解していません。大学にも行っていなくて、この国の文化に沿って大きくなったからです。

ここで、調査期間中にインタビューした男性の縫製労働者が与えてくれた、これらの職業におけるバングラデシュ人女性の不在に関しての説明は、女性の説明と非常に近かったことを指摘しておくのは役に立つだろう。真実がどうであれ、ある男性は、「工場で働くベンガル人女性が少ないのは、多くの理由がある。全てのベンガル人家族は、なぜ女性を外の工場で働かせないかについて、それぞれの理由を持っているだろう」と指摘した。それにもかかわらず、多くの男性の語りでは、女性が触れたのと同様にジェンダー的妥当性の規範について言及し、女性たちが工場労働に従事することでなされるであろう、ある種の道徳的判断にたいする女性の不安を裏付けている。

> ベンガル人の女性が工場で働かない理由はたくさんあります。彼女たちの夫はそうして欲しくないと思っており、もし彼らが働いて欲しいと思ったとしても、コミュニティが許さないでしょう。われわれのコミュニティの人びとは、女性が工場で働くことを恥だと思っています。なぜなら工場は男性だらけだからです。他人は女性が工場で働くことに関して悪く言うでしょう。友人や親戚はそのような女性を好みません。われわれの社会と文化は女性を働くことから遠ざけます。ベンガル人の女性にとっては自宅で働くのが最適です。収入は少し減りますが、プライバシーは守れます。もしくは子どもの面倒を見る仕事であれば働くことが出来ます。もしくはそうしたいのなら、学校給食係《ディナーレディ》の女性になることが出来ます。

> 私はベンガル人の女性を工場で一度だけ見たことがありますが、彼女は何とか極限状態に対応しようとしていた未亡人でした。私たちのコミュニティの女性は、宗教と文化的理由で、工場で働くことを好みません。私たちの宗教は、女性が男性と一緒に

働くことを許していません。文化も同じくです。特に多くの男性がいる場所ではそうです。人びとはそのような女性のことを悪く考えます。夫や父親は、このようなことが起こるのを許しません。いずれにしても、私たちのコミュニティの女性は子どもの世話をしなければなりませんし、家事も全てをせねばなりません。家でやるべきことはたくさんあるのです。

私が働いてきたこれまでの間、工場でベンガル人女性を見かけたことはありません。それは多分、彼女たちが外で働くには大人しすぎるのかもしれませんが、いまは女性も良い教育を受けて仕事を得る傾向が出てきています。それでも彼女たちは工場には行きたがりません。夫や父親が働くことを許さないのは本当です。それは男性が、働きに出る女性のことを悪く言うからです。そのために、両親や夫は恥を感じますし、女性を外に出したがりません。私自身は女性が働きに出ることに反対はしません。この国では、全ての女性が外で働こうとしています。

さらには、多くの男性が、女性が異なる道徳基準を持つ他の文化と交わることで、自分たちのコミュニティの女性に望ましくない影響があることにたいする不安を口にする。

工場では、アフリカ人やインド人、アイルランド人の女性が働いています。彼女たちの文化は私たちのものとは大きく異なっています。彼女たちは女性が外に出て働くことを悪く思っていません。しかし、私たちの文化はこの点には強く反対しています。もし私の妻が外に働きに出たら、私たちは家族の名声を失います。女性を止めるのは宗教ではありません。パルダは、女性が髪と体をきちんと隠している間は失われません。私たちの宗教が反対しているわけではありませんが、文化が反対しているのです。

私たちのコミュニティの女性は工場で働かないのが最善です。なぜならば、工場では男性と女性が一緒に働いており、自由に交じり合い、会話をして、一緒に笑っています。私たちのコミュニティの女性はそのようなことを好みません。トルコ人の女性はムスリムですが、とても異なっています。とても西洋化されています。

したがって、まとめると、衣料産業における工場労働は、ロンドンの文脈では、ダッカのそれとはまったく異なる状況で構成されており、したがって、ロンドンにおけるバングラデシュ人女性にとってはとても異なる意味合いを持った。ロンドンの文脈におけるそのような仕事にたいする女性の嫌悪感は、男性の横で働くことに関する不適切さの認識に大きく関わっていた。特に男性の中でも自身のコミュニティ出身の男性と一緒に働くことについてであり、また、他の文化からの影響に屈してしまう可能性への不安でもあった。さらには、これらの語りが編み出したのは、繰り返される次のようなテーマである。コミュニティの「人びと」がそのような仕事に女性が従事することについて何と言うか、である。言いかえれば、工場は同僚が存在する非個人的な労働環境としてみなされるのではなく、コミュニティの延長で、その代表者たちがいる場所であるとみなされる。バングラデシュ人女性は、文字通り、コミュニティの凝視の下にあり、特に男性の凝視にさらされており、彼女たちの社会的不安は、性的不安からなっている。

就業に関する意思決定の脱構築—世帯内における合意、対立、交渉

女性が内職を選んだ幾つかの理由や、外部での雇用形態にたいする態度を、特に縫製関連の就業を中心に検討してきたが、次に内職を選んだ決定の過程に関する説明に目を向けよう。私はこの過程を、ダッカの工場労働者の分析で行ったように、女性がその決定を行うために持ち込んだ行為主体性の種類と、その意思決定の結果がどの程度、世帯内の対立や合意によって具体化されたかを基礎に、カテゴリーごとに分けた。ただし、女性の労働供給の意思決定に関わった行為主体性の本質を確認するのは、ダッカで行われたように文化的性質（cultural grain）に挑戦することが必然的にともなう場合よりも、ロンドンの文脈のようにその決定自体が、女性の行動を統治する文化的規律（cultural prescriptions）と共振しているときには、より一層複雑になる。その理由を次節で説明しよう。

受動的な行為主体性、合意的な意思決定

ロンドンの調査対象者のうち、六人の女性は、家内労働に従事することの決定を「受動的」な形で決めた行為主体性である。なぜならば、彼女たちは他人の選好に完全に同化しており、したがって、彼女たちの語りの中では、「選択」と「制約」の区別がつかないからである。時には、問題になっている「他者（others）」は、コミュニティ一般を指している。なかには、家内労働に従事する決定を、文化的／宗教的規範と価値が具現化されている「メタ選好」から説明した女性もいた。一二歳以上のどの男性からの凝視でも、パルダの規範を侵していることになると語った女性のような場合である。他の事例では、問題とされる「他者」は家族の支配的な構成員であった。そのような場合は、女性は彼女にたいして権力を持っている人の選好に完全に同化しているため、決定の理由における「選択」と「制約」が同じものとして現れてくる。それゆえに、女性が「私は外で働きたくありません。いずれにしても、夫も私が外で働くことを許してはくれません」と言う時、彼女の選好なのか、それとも彼からの制約が先にあるのかを判断するのは非常に困難である。彼女は外で働くことにたいする自身の

積極的な嫌悪感を表現したのであり、夫の希望は単にそれを補強したに過ぎないのか。それとも、彼女が外で働くことを夫は許さないであろうことを知っていて、それにたいして自身の選好を適応させたのであろうか？

筆者はこれらの決定を、育児の義務や適切な資格の欠如、もしくは自身の主観的選好によって決定をした女性の選択の形態からは質的に異なっているということをもとに、「受動的」であると説明した。重要な違いは、最初の場合では、女性の就業するという選択は、文化的規範や家族の支配的な選好によってあらかじめ定義されており、自宅で働くこと以外のあらゆる有償労働の職種にたいする関心は、仮説的にでさえも、排除されていた。それにたいして二つ目の場合は、外で働くことの可能性が、原理的には、差し控えられる前に考慮されていた。

抑圧された行為主体性、対立的な意思決定

行為主体性をめぐる問いは、次のような女性の場合はより容易に確証できる。つまり、本人自身は原則的には外で働くことにたいして異論は持っていないが、世帯内の支配的な選好に従って家内労働を選択したと説明する女性の場合である。対立する選好を報告した事例は一三人であった。ただし、対立にたいしてどのように対応したかはさまざまである。これらの事例のうち、五人の事例では、対立は隠されたままだった。そのうちの一人の事例はマリアム・ビビの場合である。彼女の夫は二人が結婚してすぐ、二五年前にイギリスに来ており、イギリス北部の製鋼工場で、その工場が閉鎖されるまで働いていた。彼女は四五歳になった七年前に夫に加わるためにバングラデシュからイギリスにやってきた。彼女たちは現在、彼の兄弟の家族とロンドンに住んでいる。生計を立てるのが大変であるため、彼女の夫はマリアム・ビビに兄妻の例を提示し、家内労働に従事することを勧めた。ただし、彼女の決定に至るまでの様子の説明では、彼女自身は外で働くという選択肢に関して考え始めていたことが明らかだった。ただし、その可能性についてさえも言及しようとしていなかったのは、家族からの反応がどのようになるかがわかっていたからであった。

夫の家族は、実際には私が外へ働きに出ることを禁止していたわけではありません。しかし、それでもある意味ではそうでした。彼らは、女性が働きに出るのを好みません。女性のパルダが侵されてしまうので彼らにとっては恥となるからです。私は、外に出るだけでパルダが侵されるとは思っていません。パルダは、あなたがすることによってのみ侵されるからです。私には、なぜ彼らが禁止しようとするのかわかりません。私には外でどのような仕事が可能なのかもわかりません……。いずれにしても、私は外には働きに出たくはありません。私の考え方はそのような方向に向いてはいません……。私は可能な限り、自宅で働くつもりです……。私はもし夫が許してくれるのであれば働

きに出ることが出来ますが、彼が許可してくれないのであれば行きません……。

マリアム・ビビの語りには、先のグループの語りの中で登場した「選択」と「制約」の間のずれが明示されている。ただし、彼女の自宅で働くことの決定が、外の仕事にたいする自身の嫌悪感というよりも、外での就業に反対するであろう家族内の支配的な選好にたいしての妥協であるという点において、彼女は先のグループとは異なっている。

女性の労働供給の意思決定における他人の選好による支配は、ミア夫人の事例にさらに明確にあらわれる。彼女は二二年間結婚していたが、二年前にイギリスにいる夫の所にやってきたばかりであった。彼女は現在、四〇歳である。彼女の語りからは、彼女の夫は、妻を家の外に定期的に連れ出すいかなる形の活動にたいしても非常に強い見解を持っていたことが明らかであった。

私の夫はあまり私を外には出してくれません。私が悪いことを学ぶからです。彼は私にこう言います。なぜ外に出ないといけないのか、もし市場にいけば一〇人もの人に見られる。おまえは、バングラデシュにいた時にしていたのと同じように振る舞わなければいけない。この地域には、イギリス人よりもベンガル人の方が多くいるのだ。彼らは、誰誰の妻が路上を歩いているのを見かけたと言うだろう。

彼女自身のパルダの規範にたいする見方は、それほど制約的なものではない。

パルダは私次第です。私が良ければ、私の世界も良くなるでしょう。私が悪ければ、私の世界も悪くなります。パルダは、家の中でも外でも侵すことが出来ます。悪い人間は、どこに行ってもパルダとともにはありません。逆に外に出かけたからといって、すべての人が悪くなるわけではありません。あなたの手のひらの五本の指は、どれも全部同じではないでしょう？

それにもかかわらず、彼女には夫の禁止に従う以外の選択肢はほぼなかった。彼女の行動にたいする彼の制限は、彼女自身に多くの時間を与えたため、彼女が内職を始めることを決めたのは、部分的には退屈していたからだった。

私は家では料理をするぐらいしかすることがありません。私は外での仕事を探したことはありません。夫が許してくれないのに、どうして探せるのでしょうか？　私が内職することを思いついたのは、どこにいっても、ミシンで縫っている人を見かけたからです。皆、自宅ではミシンを持っています。もしミシンを得ることが出来れば、私も働くことが出来ると考えました。これは私自身の決断でした。自宅でただ座っているのに飽きてしまっていたのです。

隣に住んでいた彼女の義理の娘もまた内職をしており、彼女にミシンの使い方を教え、注文の調達の段取りをしてくれた。夫は彼女にミシンを買ってくれたが、家事をおろそかにしないようにと注意した。「彼は、もし私が内職をしたいのであれば、私次第であると言いました。ただし、彼はあまり好んではいませんでした。子どもたちの世話や、家のことと仕事を一緒にするのは難しいだろうと言いました。いまは、彼も慣れたようです。ただし、たまに同じようなことを言います」。

イスラム夫人は、彼女の就業の決定に関するよりあからさまな対立について語ってくれた。それは、より広い対立的な性質を持つ彼女の結婚生活の兆しでもあった。ミア氏のように彼女の夫も、彼女に悪い影響を与えそうな活動に関して管理しており、最初は英語教室への参加だけは許可したが、それさえも、「彼女が悪い人間になる場合を考えて」、その許可をひっこめた。同じ理由で彼女が外での仕事を探すことを禁止していた。彼女は時間を持て余していたので、内職を始めることにした。「私には子どもがいないので、料理をする以外、何もすることがありません。もし私が働けば、自分を忙しくすることが出来ますし、自分の欲しい物を買うお金を持つことが出来ると思いました。自分の時間をどのようにかして使わないといけませんし、他の人の所をいつも訪ねているわけにもいきません」。彼女は内職をするという考えを、大家の女性からミシンの使い方を習ったことで得た。彼女の夫は、彼女が家の外に出ないという条件によって、その考えに同意した。「私は結婚した女性ですし、夫はこう言います。もしお前を養えないのであれば、注文を取ってくるので家でやったら良いと」。最初は、彼自身の友人である元請けからの注文の調達を調整してくれたが、この取引は元請けの家族が引っ越したことで終わりになった。そこで彼は、自分自身でその責任を担うことにした。

ラビアの場合は、彼女の家内労働の決定を形作ったのは、両親の選好だった。彼女の父親は約三〇年前にイギリスに移住した。妻と子どもたちはバングラデシュに残しており、時間がある時に訪問していた。最終的に彼女たちが父親の所に加わったのは、調査の二年前のことであった。彼女の村には高等教育機関があったので、彼女はイギリスに来る前に中等教育を終えていた。彼女は勉強を続けて機会を広げ、良い仕事に就きたいと思っていたが、彼女の両親はそのことに反対していた。

私は言語センターに英語を学びに行って、そして良い仕事を得たいと思っていました……。私は学歴を必要とするような仕事をしたいと思っていました。人びとはそのような仕事を尊重します。しかし、私の両親は許可をしてくれませんでした。私を管理できなくなるのを恐れていたのだと思います。

その代わりに、彼女は家族から、母親が従事していた内職の注文をさばくのを手伝うようにと勧められた。時間をつぶすことも出来るからである。ただし、ラビアは自分の就業への選好が他にあることを明らかに自覚していた。

私はミシンがけが好きではありません。工場やお店で働くことにも興味がありません。私は地元のカレッジに行って何か課程を一つ履修したいと思っていましたが、誰も一緒に行く人がいないからと言って両親は反対しました。私は課程に関して自分で見つけ出し、両親に許可を得ようとしましたが、全く取り合ってくれませんでした。誰がお前を送っていくのか、と聞かれました。私の父は、私がミシンをかけるのもそれほど好んではいません。彼は若い時にそれほど働く必要はないと考えています。それでも、カレッジにも行かせてはくれません。

ところが、彼女の就業の選択肢について諸選択を行うラビアの能力の直接の制約が両親の権力だったとしても、彼女の両親は拡大家族やより広いコミュニティからの制約にたいして反応していることを、彼女は認識していた。

私の両親は、私をカレッジや言語センターに行かせてあげたいと思っていたかもしれないのですが、私たちの村出身の年配の親戚や人びとが、両親に、学校に通った娘たちは、より奔放になり、男子と一緒に逃げたり、宗教を忘れたりすると言ったようです。私の両親は、私が既に大きくなっているので心配になり、その圧力に従うことにしたようです。だけれども、両親は私のことを信じていないと思います。もし信じていれば、私をカレッジに行かせてくれたでしょう。

交渉された行為主体性、対立的な意思決定

いままで見てきた対立した意思決定過程の事例はどれも、家族内の支配的な意見に従って家内労働を選択した女性の事例であった。また数人の女性のみであるが、異なる対立のカテゴリーでは、外で働くという考え方だけでなく、家内労働そのものにたいしても反対を受けた女性たちの事例が報告された。多くの女性は、外で働くことにたいする家族の反対の元になっている懸念の妥当性を認めていたため、その認識を必ずしも共有していないとしても、挑戦するのは難しいと考えていた。それにたいして、家内労働への反対は、たいていは夫からのものであったが、より正当性に欠けるとみており、したがってより挑戦されることになった。多くの場合は、夫の反対は、妻が家庭内責任を軽視するであろうことについての不安であった。「夫は、私に外で働いて欲しいとは思っていません。彼は私が自宅で働くことさえ嫌がります。彼は私が子どもの面倒を見るべきで、勉強の手伝いをして、家の中をきれいにしておくべきだと言います」。女性たちは通常は、家庭内責

任を内職よりも優先させることを約束することで、夫の反対に立ち向かうことが出来た。「夫は、私が子どもの世話を軽視し、時間通りに食事をさせないのではないかと心配していましたが、私は自分が両立できることを示しました。子どもの世話をして、家を掃除して、調理をしながら、内職からお金を得ることは難しくないですよね（笑）？」。

家内労働にたいする女性の欲求の条件的な支援は、インタビューの後半で登場した夫たちのコメントにもつながってくる。「私の妻のミシンの仕事は、家事や料理の邪魔にはなりません。見ての通り、私の家の中はきれいです」。

ところが、タハミナは、家内労働を始めたいという彼女の欲求にたいする夫の抵抗にたいして、かなり異なる方法を採用した。彼女と彼女の夫は、お互いに結婚して一年も経たない内にイギリスに到着した。彼女が家内労働に従事するという考えを得たのは、近所の多くの女性が従事しているのを見かけた時であった。しかし、彼女の夫は他の人がしているからといって、自分の妻がそのような仕事をする必要がわからないと言って強く反対をし続けた。タハミナの戦略は、単に彼の反対を無視し、自身の選好の実行を、自らが主導することであった。

> 最初は、夫は私に働いて欲しいと思っていませんでした。ミシンを買うことを拒否し、工場に電話することも嫌がったので、自分でかけねばなりませんでした……。私は語学教室に行ったことはありません。英語は他の人の会話を聞いている中で学びました……。そして、ミシンを週に二ポンドか三ポンドで借りることにしました。私の夫はミシンの使い方を知らなかったので、私は自分で端切れを使って練習しなければなりませんでした……。結果的に、私のミシンの腕は友人たちよりも数段上になりました。私の最初の雇い主はギリシャ人とユダヤ人でした。イギリスの工場のための洋服も縫いました。必要な時に電話して、彼らのためにドアを開けました。コミュニケーションの難しさは特になく、一週間もすれば、良い関係を保てるようになりました。

彼女の戦術は最後にはうまくいった。彼女の夫は、彼女が内職に従事するという考えに慣れただけではなく、外で働くという点についても、以前のような反対をしなくなった。われわれが彼女にインタビューした時には、彼女は外での仕事を探し始めていた。

マスダはより不幸な結末を話してくれた。彼女の第一選好は、外で働くことであった。「外で働くことは全く間違いではありません。パルダはあなたが何を着ているかについてではなく、あなたの心のなかにあるものです。外で働きながら、パルダを維持することは可能です。私の個人的な意見では、仕事は健康に良く、また何らかの経済的安定性を与えてくれます」。実際に、彼女は一度、短い間だけ隠れて工場労働に従事したことがあった。「皆、外で働かない理由はいろいろと持っていると思いますが、私自身の経験をお話します。私は工場で働きたかったのですが、夫が許してくれませんでした。しかし、私は三日だけ、誰にも言わずに工場に働きに行ったことがあります。その時は、仕事が何かさえわかっていませんでした」。この出来事の後、彼女の夫は内職をすることは許可し、ミシンを買ってくれた。その他のことは自分で準備した。上達するまでミシンの練習をし、毎週、内職の募集が広告に出ているハックニー・ガゼット【訳注2：*Hackney Gazette*：ハックニー地区で発行される地元誌】を購入し、工場に問い合わせの電話をかけた。ところが、マスダにインタビューする数か月前に、彼女の夫は、彼女が家事と内職を満足の出来るレベルでは両立していないとして、内職は辞めるべきだと決めてしまった。われわれがインタビューをした頃はちょうど、彼が彼女のミシンを売り払ってしまった時であった。

積極的な行為主体性、合意的な意思決定

　家内労働者の意思決定に関する最後のカテゴリーは、女性がいかにうまく時間を使うかに関して、家族の構成員の間で積極的な合意に達した事例である。このカテゴリーに該当する女性は、調査対象者の中で約三四人である。何人かの事例は、この合意は男性世帯主の不在を反映しており、したがって、自身の時間の配分に関して、一方的に決定する能力を持っていた女性であった。ザヘダの事例は、男性世帯主の不在による事例というわけではないが、彼女の主な稼ぎ手としての位置づけが反映していた。インタビューした時に、彼女は四三歳であった。彼女の父親は三〇年前にイギリスに移住してきていたが、彼女は人生のほとんどをバングラデシュで過ごしてきた。彼女はバングラデシュで結婚し、子どもを生んだが、夫による絶え間ない虐待によって、その結婚は終焉を迎えた。そこで彼女の父親は、イギリスに一七年間住んでいてザヘダよりも三〇歳も年上の自分の知人との二度目の結婚を準備した。彼女は、娘を一緒に連れていけないため、バングラデシュを離れることに抵抗したが、最終的には家族の圧力に屈した。彼女は一二年前に夫の元にやってきた。

　彼女の夫の年齢と病気は、ザヘダにとっては、彼女が家族全体の主な稼ぎ手となる責任を担うことになっていくことを意味していた。「家賃や税金やその他の支出を支払うことが出来ないことがわかった時に、私は仕立ての仕事を始めました……。収入の必要性が私をこの仕事に向かわせました」。ところが、彼女の職業の選択肢は、彼女の学ぼうとする努力にかかわらず、英語力の問題から限定されていた。年配の夫と、夫の以前の結婚からの四人に子どもの世話をするという役割が重なり、外で働くというという考えは出てこなかった。

> 私は家の外や工場で働こうとしたことはありません。なぜなら、周りの人に理解してもらうことが出来ませんし、私は一人では出歩けません。それに私は夫の面倒を見て、彼にお茶を出した

り、そのようなことをしたりしなければなりません。彼は健康な人間ではありません……。彼は何日か、機械【訳注3：何らかの医療機器と考えられる】につながれていました。神の加護によって、彼はいまも生きているのです。私が外に行くことなど出来ましょうか？

しかし、彼女が事実上世帯主と稼ぎ手の役割を担っていたとしても、それは彼女が積極的に求めたというよりも、夫の状態によって彼女に強制されたものであった。彼女の語りは、彼女の諦めの思いで満ちている。「たとえ、私の夫が結婚した時には既に六〇歳を過ぎていて、いまは八〇歳を過ぎているといっても、私はあなたに話すような不満や後悔は持っていません。私は全てを神に話します。私の人生は、忍耐の実践です。それが恐らく私の運命なのです」。

その他の事例では、女性は意思決定において、より積極的な行為主体性として、家族の支援を受けながら、現実的な理由で内職を選んでいた。タヘラ・バヌの夫は、地元の縫製工場の縫製工であり、家内労働に従事するという決定を単に支援しただけではなく、彼女がそのことを考えついた時に、始めるのを積極的に手伝ってくれた。彼女は、当時の近所の人から苦情を受けたため、ミシンの仕事をしばらく中断していたが、その後、タワーハムレット地区に引っ越してから再び働き始めた。彼女はその理由を、子どもたちが大きくなり、追加的経費がかかるようになってきたからだと説明した。

以前は、私たち家族は小さくて、一人が稼いでいれば十分でした。しかし、いまは家族も増えて、子どもは大きくなり、支出も増えました。ズボンや靴は二週間も持ちません。もし靴を買うなら、私はそれぞれに二、三足を買わねばなりません。二、三日でダメにしてしまうからです。彼らの服にもたくさんのお金をかけねばなりません。安い物は着ませんし、彼らは高い服を欲しがります。一人の稼ぎでは十分ではないのです。

彼女の夫は縫製工場で働き続け、工場からの帰宅の途中で注文を受け取り、仕上がった仕事を持って行くことを通じて手伝ってくれた。原則的には、彼女も彼女の夫も、彼女が外で働くことにたいして反対意見はなかった。実際、彼女は外での仕事を探すことにかなり前向きであった。より収入をもたらしてくれるからである。彼女の主な制約は、彼女が認識している限りでは、彼女の「人的資本」の欠如であった。

私は英語が全く話せません。ベンガル語を教える資格もありません。もし、高校を卒業していたか、より学歴があれば、家庭教師や学校で教えることも出来たかもしれません。しかし、資格を満たしていないので、そのような仕事は考えたことがありません。もし私が英語を話せて、外での仕事を見つけたとしたら、私は働き始めたでしょうし、夫も反対はしなかったでしょう。それは喜ぶべきことだと思います。私は外で働きたいのですが、どこに行っても英語が必要です。私はもっと稼げたはずですし、私みたいな人間は、より収入が欲しいことだってもちろんありうるのです。

家内労働からの退出—ルールを誰が決めるかの例外？

家内労働を始める動機に関する女性たちの語りと、彼女たちが遭遇した家族の他の構成員からのさまざまなレベルでの対立と合意は、次のようなことをわれわれに教えてくれる。つまり、女性の意思決定は、女性の行動についてのパルダの規範による制約にたいする均一な対応というよりも、その決定にはさまざまな考慮があることを表しており、それぞれに異なる意思決定過程を経て到達したものであるということである。この意思決定過程の多様性は、インタビューをした女性の多くが外で働くという考え方に原則的には好意的であったことだけでなく、何人かの女性は実際に従事したことがあったり、もしくはわれわれがインタビューをした当時に外での仕事に従事していたり、積極的に探していたという事実によってさらに強調される。

第六章で指摘した通り、公式な推計では、バングラデシュ人／パキスタン人コミュニティの女性の七％が「失業中」であると報告されていた。このことは、これらの女性が積極的に仕事を探していたことを示している。また、公式統計によれば、コミュニティ内のごく少数の働いている女性は、主に「行政、教育、保健」に区分される職業で働いている。調査対象者によって表現された選好に基づけば、これらの仕事はコミュニティを基盤とした社会サービスであることが多い（附録三を参照のこと）。外で仕事を始めた、もしくは積極的に探していたこれらの女性たちの語りについて検証することの意義は大きいだろう。つまり、これらの女性がコミュニティの残りの女性たちと異なる選択をすることになったのは例外的な何かがあるからなのか、それとも、コミュニティの文化は、しばしば描写されるよりも実際には柔軟なのかを理解するための検討である。

このカテゴリーでは、大きくは女性を二つのグループに分けることが出来る。最初のグループは、男性の稼得能力の喪失か、男性の稼ぎ手自体の喪失にたいして対応をした女性たちである。男性の稼ぎ手の不在は、彼女たちにより賃金が良い職業を探す経済的誘因を与えたが、そのことは同時に、彼女たちがそのような職業を探す能力にたいする制約の主な源泉が不在であることをも示していた。ゾハラ・カヌンは四五歳で、子どもがいなかった。夫と義理の息子の両方が縫製工場で働いており、彼女に注文を持ってくることが出来たので、彼女は一五年前に家内労働をいつの間にか始めていた。

私は時間を持て余していたので、ミシンの仕事を始めました。

自宅にいながら少しお金を貯めることが出来ると思ったからです。私は他の人が内職について話しているのを聞きました。私には子どもがいなかったので、人びとはミシンを買って、自分を忙しくするために仕事を始めたらと言いました。私はここから少し離れた場所に住んでいる女性に、ミシンの使い方を教わりました。

彼女は仕事を楽しんではいなかったが、当時はあまり選択肢が無いと思っていた。なぜならば、バングラデシュ人コミュニティ界隈にも、あまり「コミュニティ」関連の仕事は多くなく、また当時の人種差別的暴力にたいする大きな恐れがあったからである。「以前はこの地域にはそれほど多くのベンガル人はいませんでしたし、職業訓練用の施設もありませんでした……。内職は、時間をやり過ごすことを手伝ってくれました。好きではありませんでしたが、大事なことは、何もせずに家の中にただ座っていたくはなかったのです。しかし、外出については大きな恐れもありました。人びとは、頻繁に暴行を受けていたからです」。

われわれのインタビューの一年前に、彼女の夫はバングラデシュに戻ってしまい、彼が戻ってくることを考えていないことは、彼女には明らかだった。彼女は、保育士として訓練を受けることを決め、幾つもの地元の学校に自分の名前を登録した。彼女は、家内労働を辞めたかった理由は部分的には実務的な不都合であるが、同時に孤独感のためでもあったと説明した。

私はミシンの仕事を辞めました。私の身体がこれ以上受け入れなかったことと、仕事も不定期だったからです。保育士として、収入が増えても減っても関係ありません。子どもの周りに一日中いることが出来るし、自分の子どもがいないので、自宅に一人でいると悲しくなるのです。もし子どもと一緒に働けば、気持ちはリフレッシュして、時間を使うこともできます。私の体は新鮮な空気を吸って、運動をすることもできます。もし外で働けば、私の健康にも良いと思います。そして、税金と政府の社会保障費も支払うので、DHSS【訳注4：Department of Health and Social Securities. 一九六八年から一九八八年まで存在したイギリスの省庁のひとつ】や医者の所に行かなければならない時も、自分自身を誇りに思うことが出来ます。

ファテマ・ベガムの事例においても、彼女の夫のバングラデシュへの帰還が、外での仕事を始める決定のきっかけを与えていた。彼女は五〇歳前半で、五人の娘と、四人の息子の九人の子どもがいた。四人の娘と一人の息子は既に結婚していた。下の子どもたちは彼女と一緒に住んで、学校に通っていた。彼女は結婚生活のほとんどを夫の村で過ごし、最終的には一〇年前に夫の元へとやってきたのであった。彼女の夫は身障者で政府から手当てを受給していたが、それもある日支給されなくなるのではないかと恐れていたため、彼女は追加的な安定源を得るために家内労働を始めた。彼女の夫は、彼女の仲介人として行動した。しかし、数年前に、彼は彼女の元を去ってバングラデシュに戻って行った。しばらくの間、彼女は工場への電話や仕事の送り迎えを子どもに頼っていた。そして、彼女は地元の学校で用務員としての仕事を始めた。しかし、これは長くは続かなかった。

ロンドンで孤立感を感じていたため、彼女はバングラデシュの自分の村に幼い子どもたちを連れて帰ることに決め、子どもたちを地元の小学校に入れた。しかし、子どもたちは、彼らにとって新しくよく知らない文化になじめなかった。

> 彼らが好きになるかどうか見たかったのです。しかし、彼らはおかしくなってしまいました。彼らはリキシャを呼び続け、ロンドンの家に連れて行って欲しいと頼みました。もし私たちがどこかにリキシャで行って、自宅の前で下ろしてもらうと、彼らはリキシャを再び呼んで、アルゲートイーストの家に連れて帰って欲しいと言いました。リキシャの運転手は、彼らが何の話をしているのか理解できませんでした。子どもたちはここに戻って来たかったのです。授業にも出ようとせず、自分たちだけでイギリスに戻ると言いました……。なので、私は戻って来ました。母親は、自分の子どもの幸せを考えなければなりません。

彼女は内職を再び始めたが、唯一の稼ぎ手として、家族を支えるにはその収入は不定期すぎることを理解した。そのため、外での仕事を探すことにして、主に女性が働いている近隣の縫製工房で縫製工になった。ところが、そこでは彼女は唯一のバングラデシュ人女性だった。彼女の英語は貧弱で、彼女は他の労働者から孤立していると感じ、彼女たちの敵意にさらされたと思っていた。

> 彼女たちは一緒に座っておしゃべりしていますが、私は会話に加わることが出来ませんでした。私は彼女たちよりも歳上でしたし、他の心配ごとも抱えていました。もし蛇にかまれたことがなければ、どのようにして蛇にかまれた痛さを理解できるのでしょうか？　私は自分自身のなかに炎を抱えていました。子どもたちの父親が彼らを置いて去ったとしても、私はこの世にいる限りは、子どもたちの元を去るわけにはいかず、彼らは私を母として、そして父の両方として見なさなければなりません。私は子どもたちになぜ私がそれほどに悲しいのかについて説明はしていません。彼らは理解するには幼すぎます。

最終的に彼女は工場での仕事を断念した。同僚の敵意を理解することも、対応することも出来ず、自分のことを説明することも出来なかったからである。

> 私が理解できなかったのは、私の隣にいたイギリス人の女性が私と競争しようとしたことです。彼女たちはお茶を飲みながら

おしゃべりしていましたが、私はミシンから離れたことはありませんでした。頭のなかに別のことがあったからです。私は三〇着のズボンを一日で縫い、その支払いを受け取りました。彼女は心のなかで私と競争していて、私を負かすことが出来ませんでした。最後には、彼女は私を何かについて責め、皆は彼女の味方をしました。私は、世界の全てはごまかしに満ちていて、私のための正義は無いのだと思いました……。なので、私は黙って立ちあがり、その場を去って、二度と戻りませんでした……。私に何が出来たのでしょうか。彼女たちは英語で話すという力を持っています。この国の人は皆、話す力《スピーキングパワー》を持っています。彼女たちは、私の前では話しませんでした。人びとは考えを共有するものですよね？　しかし、あそこではそれが全くなく、彼女たちは私を人間だとも見なしていませんでした。もし人として扱われないのであれば、どうやって私の子どもは人として育つのでしょうか？

彼女はしばらくの間仕事を探し続けたが、この一年は、既婚の娘の一人が彼女の夫がバングラデシュに帰国したため、同居するために戻って来ていた。ファテマ・ベガムにわれわれがインタビューした時には、娘が薬局で働いている間、自宅で孫の面倒を見ることが出来るため、彼女は家内労働に戻っていた。

メヘルンの事例は、外で仕事を始める意思決定は、彼女の、結果的には離婚に至った極めて対立的な結婚の文脈から起こっていた。彼女は両親と一緒に一三年か一四年前にイギリスにやってきた。その時彼女は一二歳で英語も良く話せた。新婚の頃、彼女の夫はバングラデシュを訪問したが、彼が再び結婚しようとしているという噂を彼女は耳にした。当時彼女は最初の子どもを妊娠しており、地域の居住委員会から彼女に割り当てられた住宅の登録を、用心して自分の名前ですることにした。税金や経費を支払うために、彼女は小さな、女性のみが働く下請けユニットでパート労働者として働きだした。

私は隣の人が工場を経営していたのを知っていました。経営者をダダ(Dada)（おじぃさん）と呼んでいました。私は問題を抱えていて、支払いが溜まっていっていることを彼によく話していました。彼は、恐らく私の夫は私が家を失ってしまうのを望んでいるのだろうが、そうすれば全ては終わってしまうと言いました。しかし、私は失いたくはありませんでした。私はそれまでの人生で、その家と二人の子どもたち以外には、何も自分のものを持ったことがありませんでした。自宅は私が持っている唯一の安心でした。

彼女の夫は、バングラデシュから戻ってからも、家賃を支払うことが出来るため、彼女の工場労働に関しては反対しなかった。彼女は赤ん坊が生まれた時に工場労働を辞めた。しかし、二人目の子どもが生まれた時には、結婚は壊れ始めていた。夫の家計にたいする貢献は、いっそう気まぐれなものになった。子どもを支えることが出来ず、彼女は外での仕事を見つける必要に言及したが、彼は、この時は強く反対した。結婚生活は悪化し続け、最終的には、彼女は彼の要求をのみ、離婚を受け入れた。彼女は家内労働を再開したが、より良い仕事を探すまでの間のつなぎであった。「内職はこれ以上したくはありません。つまらないですし、子どもの世話や料理をしたり、食べさせたり、学校に連れて行ったり、服を洗ったり、とても多くの家事をこなす必要があるので、自宅では集中して働くことが難しいのです。ミシンの仕事がなくても、全てをやるのは難しいことですから」。

家内労働からの退出—ルールへの例外？

ところで、男性からの支援の不在に対応して外での仕事を探し始めた女性以外にも、二つ目のカテゴリーに属する女性たちがいる。これらの女性は、男性の支援の存在にもかかわらず、積極的な選好を示した女性である。この女性のグループの一つの突出した特徴は、育児制約の不在であった。彼女たちは未婚であるか、自分の子どもがいないか、子どもが就学年齢に達していた。外での仕事を探すことへの彼女たちの意思は、コミュニティの規範は単一のものとして解釈されたり強制されたりしていないことを示している。これらの規範の印影は、依然として、彼女たちが探していた仕事の「コミュニティに根差した」特徴のなかで認識することができる。コミュニティの境界の外で仕事を探した数人の女性の経験は、人種差別が、彼女たちの労働市場における選択のさらなる制約として立ちはだかっていることを思い出させてくれる。

タリアは三六歳でイギリスに三〇年前に工学を勉強するためにやってきた。彼女の夫は、イギリスには一四年間住んでいた。彼は、自動車工場で働いていた。タリアによれば、彼は自分の学歴に見合う仕事を、非常に単純な理由から見つけることが出来なかった。「経営者は黒人を差別するので、彼は良い仕事を得ることが出来ません。彼はより良い仕事を求めて、とても多くの工場に応募しましたが、成功していません」。彼女自身は八年前に家内労働を始めており、それは部分的には追加的収入のためのであり、部分的には退屈であったからであった。「私は自分で学ばなければなりませんでした。内職を始めたのは、主婦でいることに飽きていたからです。子どもたちは学校に行き、夫は一日中職場にいました。私は家庭の助けにもなると思いました。一人の収入で家族を支えるのはとても大変なことだからです。夫は、私が家事と子どもの世話を両立できる限りは反対しませんでした」。ところが、われわれがインタビューした他の女性と同様に、彼女は一日中家のなかにいることに満足できなくなり、他の女性が外で働いていることに勇気づけられ、別の仕事を探すことにした。

最初は内職を楽しんでいましたが、いまは飽きてしまいました。以前は外での仕事を探したことはありませんでしたが、いまはとても多くの女性が外で働いていますし、この七カ月の間、私は外での仕事を探し続けています。内職よりも私にとって好ましいのが分かっているからです。だいぶ前に、おじには家事に飽きてしまい、仕事が欲しいと言いました……。夫は、私が本当に退屈であることをわかっていて、子どもも大きくなったので、応援してくれました。

コミュニティの境界の外での仕事を探す彼女の意思は、労働市場における選択肢の人種的に規定された限界と彼女がみなすものによって妨げられた。「私は一度、食品の梱包の仕事の面接を受けましたが、彼らは私の英語が不十分であると言いました。私には、あのような単純な仕事のために、なぜ高い英語力がいるのかわかりません。彼らは単に人種差別的で、黒人を雇いたくなかったのだと思います」。彼女はその後、地元の学校でヘルパーとして雇われ、一週間に二〇ポンドを得ることができ、働き始めたことをとても喜んでいた。「この仕事をとても楽しんでいます。時間が過ぎるのを手伝ってくれるし、少し余分に稼ぐことが出来ます。たくさんの新しいことも学びました。イギリス人と混ざると英語も上達します。外で働くことは健康にも良く、通勤は身体を丈夫にしてくれます。私は徐々に内職を減らしています。学校の仕事があるからです」。

モルジナとその夫は、調査対象者のなかで最も学歴が高く、二人ともイギリスに来る前に高等教育を終えていた。彼は二〇年前に到着し、彼女は八年前に合流した。子どもたちが幼かった頃は、彼女は、近所の人がさばき切れない注文を分けてもらって、不定期に家内労働をしていた程度だった。しかし、彼女はイギリスに来てからすぐ英語の教室に通った。なぜなら、家内労働の不利な点ゆえに、他の仕事に移りたかったからである。「内職には頭痛の素が多いですし、公共住宅でするのに適切な仕事でもありません……。それに家中のあちこちに糸くずが散らかっている状態になってしまいます……」。そして部分的には、外での仕事の利点と見なされるものへの対応として、「私は外で働くことを好みますが、言葉の問題があるので、それが語学教室に通った理由です。私は言葉を正しく学びたかったのです……。私は時間を使うことが出来るので、外での仕事が好きです。自宅にいて一人で座っていることは好きではありません。外に出かければ、子どもたちと一緒に遊び、時間を過ごせます」。

彼女はまた、自身の職業の選択肢を広げるために、さらなる資格取得に意欲的だった。子どもが学校に通い出したことによって、新しい情報網を持つことが出来た。「学校の先生が、私に学校のボランティアをしてみないかと声をかけてくれました。ただ、私は彼に考えてみると伝えました……。私はいままで外で働いたことはありませんでしたが、先生が私にそのような考え方を与えてくれました。以前の私にはそのような考えがありませんでした。子どもが学校に行っていなかったので、私は何も知りませんでした」。そして、彼女は学校から、親に向けて出された女性用保育訓練の講習に関する出欠確認の連絡をもらい、それに彼女は反応した。

母親と幼児のための講習を六週間受けましたが、何も資格は与えられませんでした。私たちはそのようなことでは役に立たないと言いました。もしどこかに働きに行くなら、資格がなければなりません。私たちは九月にまた講習を受けますが、今回は彼らが良いと判断した人には資格を出すようです……。私は全てを夫と話し合いましたが、夫は続けるように言ってくれました……。もし外に働きに出るなら、将来したいことのために良い資格と良い記録を得るべきです。

アミーナは三〇歳でイギリスには一〇年以上前に夫に合流するためにやってきた。夫は自分で衣料の下請けユニットを営んでいた。彼女は家内労働を始めたが、それは彼女が選好した選択肢ではなかった。

この国では皆働いているのに、私はただ家に座っていることはしたくありません。私たちは、失業手当を申し込んだりはしたくありません。申し込んでいない人は内職をしていますし、申し込んでいる人は、内職はお金に見合うものではなかったと言います。夫は働くことを勧めてくれました。彼は全く反対しませんでした……。私はコミュニティでの仕事を見つけました。ベンガル語を学校で教える仕事です。ただその仕事は子どもがいるため出来ませんでした。子どもたちはまだ小さく、この国では他に面倒を見てくれる人もいません。

子どもが大きくなるにつれて、彼女は他の職業の選択肢を探すことを決めた。彼女は、シティアンドイーストロンドンカレッジの英語とコミュニティ活動のコースを二年間受講した。「私は英語をとても学びたいと思っていました。全ての場所に夫について来てもらうわけにはいきませんよね。言葉を自分で話せなければなりません。私は何かしたいと思っていましたが、英語さえ話せれば、全てのことが出来るのです」。彼女はコースを終えた後で、コミュニティ関連の仕事か保育士の仕事を始めたいと思っていたが、そこで得られた資格は職を保証するものではないと知った。われわれがインタビューした時、彼女はまだ家内労働に従事していたが、自身の就業の可能性を広げるために自動車の運転を学び始めたところであった。

もし運転できれば、何かをすることが出来ます。以前は三人の小さな子どもがいましたが、いまは大きくなって、一番上の息子は既に一〇歳です。自分たちで学校に通うことも出来ますし、家に残っているのは一人のみです。私はいまなら、何か出来るという自信を持っています。自分の英語がそれほどうまくないのは知っていますが、あちこち出歩くのには十分なものになりました。コミュニティ活動や保育士は出来たかもしれません。もし工場で働きたいのであれば、自分たちの工場に行くことも出来るでしょう。何も私を止めるものはありません。ただ、残りの人生をミシンがけで終えたくはありません。何か他のことをしたいのです。ただ家で座っているよりは良いと思います。

コミュニティの保守的な人びとが持つ女性が外で働くという問題にたいする見解と、それが生み出す噂話を考慮するならば、男性の稼ぎ手の無能さやその喪失に対応して外での仕事を探す女性は、誰がそのルールを証明するかについての「例外」事例であったと言いうるかもしれない。つまり、男性による支援は、女性の家庭内役割を前提としている規範であったからである。ところが、男性の稼ぎ手に支えられているにもかかわらず、外での仕事を始める準備が出来ている女性も存在しているという事実は、コミュニティの規範が、コミュニティの保守的な人びとが望んでいたり、外部の観察者が信じていたり、公式統計が示していたほどには、柔軟性に欠けているわけではないことを示している。また、コミュニティ全体から全く単一的に解釈されるわけでもない。アミーナの女性の側の行動についてのコミュニティの反対にたいする挑戦は、普通ではないとされた適切な事例である。

私はなぜ私のコミュニティの女性が働きに出ないのかわかりません。それは部分的には個人的な選択です。そしてまたベンガル人社会に由来することでもあります。なぜなら、私は運転免許の講習を受けていますが、多くの女性がありとあらゆることを言います。もし私がベンガル系の雑貨屋に行けば、人びとは何かを言います。もし今日外で仕事を得たら、一部の人は認めてくれますが、一部の人は認めないでしょう。このムスリム女性は、イスラーム法典《シャリーア》(*Shariat*)に従っていないと言うでしょう。しかし、私は自分の子どもたちのために働いており、自分の幸せのために働いています。もし私が自分のパルダに従いながら働けば、何も法を犯してはいません。もし自宅で何か間違ったことをすれば、誰もそれを見ることはありませんが、家のなかでさまざまな悪いことが起こります。それでも、ベンガル人は理解しようとせず、そのような考え方をします。もしそれほど美徳を大事にするなら、なぜロンドンに来たのでしょうか？

さらには、われわれの議論では、女性の経済活動人口比率におけるライフサイクルによる変動の重要性を指摘したい。それを軽視することは、女性が外での就業の意思を持たないことを意図的に誇張することになるからである。若い未婚の女性や子どもを持たない女性、もしくは子どもが既に大きくなってフルタイムでの母親がいなくても大丈夫な歳に子どもがなっているような女性は、外での仕事に従事しようと考える傾向が最も強く、子どもが幼稚園に通っている女性ではそのような傾向はほとんど見られない。この点は、イギリスの、女性の労働参加率に関する公式統計データからも部分的には読み取れる。一九九一年の労働統計によると(HMSO, 一九九六年の表四・四から引用)、全てのエスニック集団において、経済活動人口比率は若くて未婚の女性ほど高かった(一八~三四歳)。しかも、この年齢層のバングラデシュ人女性の場合も、なんと八五%であるという。ただし、全てのエスニック集団の同じ年齢と婚姻地位の女性たちに比べればそれでも低い。また、バングラデシュ人コミュニティの女性は他のエスニック集団の女性よりもかなり若くして結婚しており、イギリスにおけるバングラデシュ人の平均結婚年齢は二一歳であったため、他のエスニック集団に比べると、そもそも未婚の女性というカテゴリーに当てはまる女性の比率がより低かったのである。われわれは結果的にこのカテゴリーに該当する、コミュニティにおける非常に数の限られた少数派の女性に関して議論していることになる。

バングラデシュ人女性の経済活動のパターンを、他のエスニック集団の女性と最も大きく隔てるのは結婚である。[1] バングラデシュ人以外のエスニック集団では、一八~三四歳の年齢層の既婚女性でも子どもがいない場合は、経済活動人口比率の変化はほとんどなかった。具体的には、白人の女性の場合は九五%のままであるが、バングラデシュ人女性になると二〇%にまで下がる。五歳以下の子どもがいる場合は、他のエスニック集団でも変化が出てくる。白人女性の経済活動人口比率は四六%まで下がるがバングラデシュ人はさらに変化が大きく、経済活動人口比率は九%にまで下がってしまう。子どもが大きくなるにつれ、全ての既婚女性で上がり始める。経済活動人口比率は、年長の子どもが一〇歳以上のバングラデシュ人女性の場合は三〇%まで上がり、白人女性の場合は七六%まで上がる。最後に、本章で示した実態と関わってくるが、バングラデシュ人コミュニティにおいては、扶養している子どもがいない(もしくは子どもがいないと推定される場合)、より年配の女性(三五~六〇歳)の場合は、経済活動人口比率は相対的に高く三六%である。このカテゴリーにおける白人女性の経済活動人口比率は、六七%であるが、バングラデシュ人女性のような上昇は見せない。これらのデータから、イギリスの全てのグループの女性にとって、育児責任が女性の労働参加率の制約になっているが、パキスタンやバングラデシュなどの南アジア系ムスリムコミュニティの女性にとっては、結婚が追加的な、そしてむしろ優先的な制約となっていることがわかる。

選択の理論の再検討—世帯の統合されたモデルと交渉モデル

女性の家内労働の選択を規定する意思決定過程のさまざまなカテゴリーを検討すると、ダッカで働く女性の意思決定過程に現れた要因と多くが共鳴する。しかし同時に重要な異なる点もある。ロンドンにおける意思決定過程で作用した規範的認識は、ダッカ

1　パキスタン人コミュニティを例外として、その他の南アジア系の主要なムスリムの場合は、どこもバングラデシュ人コミュニティと同じような女性労働力のパターンを示していた。

の文脈で表現されたものにとても似ていた。この点は、どちらのグループの世帯も、家族内のジェンダー役割と、そして女性と男性の適切な行動形態に関する、類似の文化モデルに属していることを考えれば不思議ではない。さらには、われわれが説明したロンドンにおける意思決定過程は、ダッカと同様にさまざまなレベルの行為主体性と受動性、合意と対立によって特徴づけられていた。一部の人は容易に世帯の複合的厚生の最大化モデル (joint welfare maximizing model) に適合しており、統合された諸選好 (unified preferences) に基づいていた。諸選好の統合性 (unity of preferences) は、女性の時間の代替的な利用にたいする相対的な見返りについての、共有した評価を反映していた。[2] ところが、世帯内で対立する選好を引き起こしているような異なる意思決定過程も見られ、それらは交渉モデルによってより適切に捉えることが出来た。この対立はさまざまな状況から起こっており、ダッカの文脈と同じように、利己心と利他的な動機を解きほぐすのは容易ではなかった。

2　ただし、文化的制約は、異なる効用を持つ「財」にたいして模範的な選好順序 (well-behaved preference order) を前提としている新古典派の合理的選択理論を複雑にすることは指摘しておくべきであろう。パルダの規範ゆえに自宅で働くことへの選好をともなう選好関数は、結果としての放棄所得の額に無関心であるように見えるものであり、「模範的」とは言えないが、世帯の観点からは合理的かもしれない。もし外での仕事が非常に大きな収入をもたらすとすれば決定が再検討されると議論することも出来るが、「辞書式選好関数」('lexicographic preference functions') は合理的選択理論の予測力にたいする挑戦を示している。

たとえば夫の場合は、外での就業にたいする反対と、数人の事例では家内労働自体にたいする反対は、しばしば、子どもの福祉や母親の健康に関する懸念という形を取った。[3] しかし、われわれが指摘した通り、夫はさまざまな方法で自身の快適さのために妻からの献身を直接得ていたため、多くの語りから明らかなように夫の反対は、夫自身の福祉が危うくなることへの懸念でもあった。結果的に、夫からの反対に関するより皮肉に満ちた解釈は、女性が外で働くことが自身の福祉に与える影響にたいする男性の恐れであった。このことは、なぜバングラデシュ人女性の経済活動人口比率が、最初の子どもを産んだ時ではなく結婚後に最も急激に下がるのかを説明する。妻にたいしてこのような要求をする男性の能力を担保する「婚姻契約」は、フスナ・カナムによって描写されている。彼女の夫は家事を手伝うのを拒否し、彼女が家庭内責任をおろそかにする可能性を考えて家内労働を始めることにたいして思いとどまらせようとした。彼は、自身の家庭内での快適さのための妻の貢献は、明らかに自身の世帯主としての貢献にたいする見返りであると見ていた。「彼は何も家事が出来ません。どのようにするか知りません。もちろん、手伝ってくれるべきですが、やったことがなく、自分が食べた後でも食器さえ洗いません。私がしなければなりません。私は何回も彼に言いました

3　しかし、少なくても一つの事例では、利他主義が女性の健康を心配するという形を取ったのであるが、その心配とは、妻が健康を壊すと自分が妻の面倒を見る側になることを夫が不安に思っていたというのものであった！

が、彼は決してやりません。彼は言います。何のためにおまえを養っているのだ？　と」。

しかし、女性の稼得への願望にたいする男性の反対を支えている実践的認識を超えて、ダッカの労働者の語りにあったような、ある種の象徴的な認識の証しがロンドンの場合にも存在していた。多くの夫にとっては、女性が働きに出ることは、自身の稼ぎ手としての役割を満たす能力に関して、コミュニティの人びとの目からの非難にさらされることであった。再び、フスナ・カナムは彼女の語りのなかでこの点を非常に明確に発言していた。「ほとんどの女性は外で働こうとしません。彼女たちの夫もそれを奨励はしません。夫は、もしおまえが働きに行けば、他人は、彼女の夫は彼女を養えないのだと言うし、俺の男としての立場が落ちてしまう、という風に言うでしょう」。家のなかで女性が所得を得ることにたいする反対は、外で働くことよりも騒ぎにはならなかった。その仕事の配置に関する大きなプライバシーの存在と、女性の家庭内役割の中に包摂できるからであった。妻の外での就業に関する夫の反対の別の要因は、性的不安に関わっていた。その恐れはしばしば、「彼女たちが悪いことを学ぶ」と表現され、コミュニティ内の自身の地位にたいする影響についての恐れであった。スフィアが指摘した通り、「ベンガル人のコミュニティは、外へ働きに出かける女性にたいして噂を広めることで罰します。人びとは、誰それの妻は男と一緒に働いていて、彼女は悪いことをしているだろうなどと言い、夫は影響を受けます」。

外で働きたいとする娘にたいする親の反対は、――家内労働にたいして親が反対した事例は無かったが――コミュニティにおける娘と、その延長として自分たちの評判に関する懸念として表現された。ここでは再び、女性の評判に関する問題は、性的な問題と頻繁に結び付けられた。スフィアによれば、「人びとは一〇代の娘を働きに出した親を批判します。男性と一緒に逃げてしまうと思っているのです。両親にとっては恥ずかしいことです。彼女たちが自宅で働けば、親は彼女たちを監視できます」。しかし、親は自分たちが、娘の選択を制限することで家族の利益のために行動していると思っていても、全ての娘たちがそれに同意していたわけではない。多くは、親がするほどにはコミュニティの意見にたいして重きを置いていなかった。ルクサナの語りはこれを明らかにする。彼女は結婚によって、両親のより保守的な権力の下から、夫のより柔軟な権力の下に移動したという事実により、家内労働からパートの青少年関連の仕事に移ろうとしていた。「両親と一緒に住んでいた時は、両親が許してくれなかったので、あまり外出できませんでした。しかし、結婚してからは、わたしは自由で、夫は……私が出来るどのような仕事でも始めることを応援してくれました」。

彼女は、その評判によって女性の結婚の可能性が決まるとする文化における、娘との関係にみられる親の権威の厳格さを非難する。

ここに来た他の国出身の女の子が外で働ける理由は、親がそのように育てたからで、彼女たちには自由があります。しかし、私たちのコミュニティでは、親は女の子たちが甘やかされ、結婚が難しくなると言って、外で働くことを許してくれません。でも、もし娘を信じることが出来れば、大丈夫なはずです。もし娘が外で働きたがるなら、そうさせるべきです。実際の問題は、信頼です。親として、自分の娘を信じられるかどうかです。

彼女は、彼女のコミュニティの文化的価値と両親からの娘にたいする信頼の欠如が、ミシンがけ以外の、市場的価値を持つ技能の習得の機会を奪ったことを悔やんでいる。「私は両親と同居している間は何の機会も持てませんでした。私はミシン以外のことも学べたはずです。でも両親はそうさせてくれませんでした。私に何が出来るのでしょうか？　彼らは女の子たちだか何だかを信じないのです」。

ところで、ダッカの文脈では、交渉に関する狭義の経済的な見解は、意思決定過程を形作る幾つかの要因を捉えるのに失敗していた。特に、捉え損ねていたのは、世帯内の物質的アクセスをめぐる対決が、しばしば意味をめぐる対決の形を取ることであった。女性から報告された、職業の選択肢と関わる対立の多くは、コミュニティにおける家族の名声と評判の見方をめぐって起こっていた。家族の全ての構成員の行動がその社会的地位に影響を与えるのではあるが、本章での女性の語りはダッカの文脈における知見と共通性を示しており、特に公的領域《パブリック・ドメイン》における女性の存在と行動が、男性の場合はそうならないが、家族の名声の脅威になることを示している。女性の就業への選好をめぐる、本章で報告された対立は、結果的に、女性の外での就業が実際にどの程度、家族の名声を脅かすかについての対立する評価という形をとった。

ダッカにおいては、世帯内における明確な解釈的権力のヒエラルキーがあり、したがって、世帯厚生と家族の名声に関する幾つかの解釈は、他の解釈よりも重点を持っていた。なぜなら、バングラデシュ人家族のヒエラルキーは、年齢、ジェンダー、ライフサイクルに沿って作られており、ほとんどの場合、女性にたいして権力を持つ位置を占めているのは、そのヒエラルキーにおけるひとつのカテゴリーとしての男性である。したがって、女性は自分たちの選好に従って行動する前に、より権力のある男性構成員から合意を得るための交渉をしなければならなかったからである。解釈的な特権は、部分的には男性の物質的優位に由来しており、しかしどちらも、社会的制約の規範と義務に埋め込まれており、それが家族の構成員の間の関係を規定していた。特権と責任は相互に密接に結びついていて、そのため世帯厚生にたいする男性の責任は、世帯の集合的な厚生を定義する権威をともなっていた。この点は、なぜ自分の妻を外で働かせないかについて説明する、ある男性労働者の語りからも明らかである。

私は外で働く女性が好きではありません。女性は自宅にいて子どもの面倒を見て家事をしているべきです。もし外に働きに出れば、誰が子どもと家の面倒を見るのでしょうか？　いずれにしても、女性は働き始めると変わります。夫を支配しようとします。これはとても悪いことです。女性は家計が危機に陥っている時にだけ働きに出るべきです。その場合は、ブルカを着て、外に働きに出ることが出来ます。

したがって、世帯内の権力者は「複合的な厚生関数（joint welfare function）」を定義する位置にあるが、自身の利益を優先するだけでなく、その利益を脅かすであろう競合する定義を退かせることもした。それゆえに、既存の労働分配と責任から離れるような妻の試みについて恐れを感じる夫は、解釈的権力に頼ることでそのような妻の選択を排除するような形で世帯の集合的な利益を定義していた。解釈的特権の実践を通じて他の構成員の選択を占有することを認められたある世帯構成員の権力は、結果的に、開かれた対立ではなく、許容できる選択と許容できない選択に関する家族の構成員間の暗黙の理解によって運用されるような形の権力へとつながった。このような暗黙の権力の行使は、以前に引用したマリアム・ビビの発言に明らかだった。「夫の家族は、実際には私が外へ働きに出ることを禁止したわけではありません。しかし、それでもある意味では禁止していました」。それはまた、彼女自身は家族内で支配的なパルダの規範の見方に完全に同意しているわけではないにもかかわらず、なぜ義理の家族にたいして外で働く可能性を提起しなかったのかを説明する。彼らが何を言うかを先に予想してのことであった。

それゆえに、われわれは、ダッカの文脈とロンドンの文脈に現れた女性の労働供給の意思決定に見られるある種の認識に関してさまざまな共通項を見出すことが出来る。いずれの文脈でも、バングラデシュ人世帯において実践される家族の役割やジェンダー的妥当性に関する類似した言説があり、女性は自身の労働供給の意思決定について家族の同意を得ることを非常に重視する。ただし、このストーリーにはまだ説明されていない側面がある。二つの文脈におけるバングラデシュ人女性の労働供給の意思決定に関する家族とジェンダーのイデオロギーに関する類似性にもかかわらず、そのイデオロギーは、ダッカよりもロンドンの文脈で、はるかに限られた労働市場における選択肢として定義され、現れていたことである。ロンドンの女性が、バングラデシュ人男性労働者によって占められた衣料工場で働くことを拒否した理由は理解できるとしても、ダッカの女性よりもロンドンの女性の方が、外で働くことの欲求をほとんど表さなかったことに関しては興味深い。ロンドンにおいて外で働くことに関する選好を示した女性の多くは、他の世帯構成員からの強い抵抗に遭遇しただけでなく、最終決定の結果を左右したのは、たいてい自分自身の選好ではなかった。これはダッカの文脈とは対照的である。ダッカでは、最後の結論は、女性自身の選好が優先される傾向があった。

もちろん、外で働くことにたいする合意を得ることに失敗した女性が含まれていないダッカの調査対象者のように、ロンドンの文脈では家内労働者にのみ注目しているため、われわれの調査対象者は外での就業に関する家族の抵抗を乗り越えた女性については調査対象に含まれていないという偏りがあるだろう。ただし、ダッカの文脈とは異なり、ロンドンでは大規模の女性が、知られてはいないが在宅での有償労働に携わっており、イギリスの公式統計が示す通り、バングラデシュ人コミュニティの女性で外で就業している人は実際には少なく、たった一二%しかフルタイム雇用に従事していなかったのである。われわれは言うならば、調査対象者の定義という人為的《アーチファクト》な影響ではなく、むしろ二つの文脈における選好や制約の実際の違いを検討しているのである。

この違いを説明するだろう点を理解するために、家内労働者の語りを再検討したい。つまり、女性の語りから、ロンドンの文脈における女性の家内労働にたいして示されるより大きな選好、家族内の女性が外で就業することにたいする男性のより強い反対、そして対立の状況における男性の権威にたいして女性の挑戦がより少ないことが何を表しているかを検討するのである。私はここで、二つの文脈における女性の行動と選択を形作る際に、「コミュニティ」にたいして非常に異なる重点の置き方がされていることに、この問いの回答を理解するための重要な点が含まれていることを提示したい。これは意思決定の対立の状況だけでなく、より合意的な過程においてもである。ダッカの文脈で見た通り、女性労働者は工場労働への参加にたいするコミュニティからの批判に関してよく認識していたが、それにたいする彼女たちの姿勢は、無関心、憤慨や敵対的なものでさえあった。またこのような姿勢は、しばしば家族の他の構成員からも共有されていた。対照的に、「コミュニティ」と、そこでの規範と信念は、ロンドンの家内労働者の語りのなかでは、実に存在感あるものとしてあり、彼女たち自身とその家族のいずれからも明らかに考慮されていた。

コミュニティが、ダッカよりもロンドンの女性と家族にとってそれほどに大きく織り込まれているというのは、直ちに自明なことではない。結局のところ、国際移民とは、潜在的に中心から離れる過程であり、自身が移民した先の「ルール」に照らして、自身が去った場所の「ルール」を再交渉する機会を提供してくれるものである。[4] バングラデシュ人女性にとっては、ロンドンへの移住は、公的領域における移動性にたいする社会的管理が厳しく、有償労働への参加率も非常に低い国から、女性が公的領域において大きな自由を持っており、そして家庭の外で有償労働に従事する長い伝統を持つ国への移動であった。しかし、バングラデシュ人コミュニティでは、新しい環境において、「古い」ルールを再構築することになり、それは公的な雇用の機会を得る女性の能力に

4　たとえば、次はイザベル・ヒルトンの記事から引用された、オーストラリア人女性の移民として語っているジャーメイン・グリーアの発言からの引用の一部である。「移民とは、自身が生まれた国での不平等や制約の制度を打ち負かすため、見知らぬ所を探求する勇気を持っている特別な人びとである」(*Independent on Sunday*, 1993年十月一七日)。

たいするあらゆる制約となっていた。ロンドンの文脈で特徴的な「コミュニティ」とは何であるかを理解するために、分析の焦点を世帯の意思決定過程への注目から、これらの決定がなされたより広い文脈に移したい。特に、「時間」と「空間」の要因が、ロンドンにおいて、ダッカに現れたものとても異なった制約と機会の配置《コンフィギュレーション》を作り出し、したがって非常に異なる意思決定環境を作り出したことを明らかにしたい。

コミュニティを作る時間と場所

最初に、「時間」の問題を検討しよう。ロンドンの調査対象者で検討した男性と女性は移民の第一世代であるということは頭に置いておくことが重要である。われわれはロンドンの語りから、世界の最貧国の一つの、変化の緩やかな農村社会から、より豊かな国の、変化の早い都市生活へと適応しようとする際に生じるストレスの実態を見てきた。国際労働移動に含まれる通常の移行過程は、二つの非常に異なる文化的環境の対照による衝撃のために、さらに計り知れないほど困難なものとなった。また同じく重要なのは、バングラデシュ人移民のコミュニティは、バングラデシュ内においても、最も宗教的で保守的だと見なされている県の出身であったことである。多くは成長過程をバングラデシュで過ごしており、その間に身につけた規範や価値は通常、後の人生においても自身と他の人に関する定義に強い影響を持っている。そして女性も男性のいずれもが、新しい環境に定住する際にもそれを持ってきているのである。

第二に、ジェンダーの違いが異なる移住過程を作り出している点を考慮に入れる必要がある。コミュニティにおける多くの男性が一〇年、もしくはそれ以上前にイギリスに移住しているが、われわれの調査対象者を含むコミュニティのほとんどの女性は、つい最近にイギリスに到着しており、一部の人はこの五年以内であった。他の南アジア系移民の女性と同じように、彼女たちは、移民法の保証人制度の下で「扶養家族」として定義されている。彼女たちは、ダッカの調査対象者の移民女性がしばしばしていたように自分自身のイニシアティブでやってきたというよりも、「送られた」、もしくは「〜のために送られて」やってきていた。多くは、自分自身が育った場所での家族と社会的ネットワークを後にし、接触したことがないか最低限しか会ったことがなかった夫や父親の元へと合流していた。族外婚と父方居住の実践が、婚姻後のバングラデシュ人女性を、出生地の家族のネットワークと子ども時代の友人から伝統的に引き離すことになっているのであるが、その孤立感は当然のことながら、結婚が遠い国への移住を含んでいる時は特に大きいものになった。遠く離れた村なのではなく、「七つの海と一三の河を越えて」いるからである。

本章で注目した意思決定過程の「場所をめぐる問い」に目を向けると、イギリスにやってきたバングラデシュ人の移住過程の特徴が地理的な居住パターンを説明することをまずは指摘できるだろう。既に述べた通り、イギリスに住むバングラデシュ人の大部分は、バングラデシュの特定の県出身なだけではなく、その県の特定の村や、シレットとカルカッタの間の河川交通の上陸地点の周辺に集まる特定の地区からであった。同じく既に指摘したことであるが、保証人制度が、既に定住した人びとの親族とコミュニティを中心とするような、選択的な移民の本質を強化することにつながった。この引き寄せ効果(shipping link)が、多くのバングラデシュ人が主にロンドンの、埠頭に近いイーストエンドに定住した理由である。定住パターンの「経路依存性」は、時間をかけてコミュニティの地理的な集中の、低下ではなくむしろ上昇をもたらした。一九七〇年代末に、バングラデシュ人工場労働者がイギリスの別の地域で多く解雇されたが、彼らもまた、同胞を頼って東ロンドンに集まってきた。

　出自とその結果としての定住パターンの両方の観点からのコミュニティの地理的密集性は、ロンドンの文脈の中で、バングラデシュ人自身が強くローカル化したコミュニティを再構築したということを意味していた。それらのコミュニティはイーストエンドの幾つかの区(boroughs)に集中していた。それゆれに、これらの地区はギデンズの言うところの、実践のロカール(*locale*)である(Giddens, 1979)。つまり、物理的に境界線が引かれており、顔見知りの他者が社会生活で遭遇する全てのことに影響を与える主要な要因であるような空間である。バングラデシュのさまざまな県からダッカに移住し、都市において地理的に拡散した居住地に流入した際の匿名性は、シレットの出身コミュニティまで遡れる個人的ネットワークに関連づけられた、地理的に集中した「対面式(face-to-face)」コミュニティを構築したロンドンの移民には見られない。

　ところで、この定住過程の求心的な特徴に貢献している他の重要な要因は、バングラデシュ人が他の黒人やアジア系民族と同じくイギリスで遭遇する、差別と公然とした人種差別主義であった。それらが、バングラデシュ人を国内の貧しい都心地域に集中させることを招いたのである。イギリスにおけるバングラデシュ人コミュニティは、ロンドンのイーストエンドにあるタワーハムレット区に単に集中しているだけでなく、また、バングラデシュ人の最初の居住地域であったスパイタルフィールズ、そしてその近隣のセント・メアリー、セント・キャサリンとシャドウェルにも多くが住んでいた。バングラデシュ人の大部分は、人種的に敵対的な白人家主がほとんどの物件ではなく、この地域の「安全」な近隣地にある公営住宅(council housing)に住んでいた(附録三も参照のこと)。一九九四年にはバングラデシュ人の六〇%が公営住宅に住んでおり、それにたいして白人のコミュニティではその比率は一〇%であった(Office for national Statistics, 1996)。多くの白人所有の物件は、バングラデシュ人が事実上、立ち入ることの出来ない地区にあった。キャリーとシュクルは、そのような物件の一つでは、一九八四年に地元の青少年からの深刻な暴行事件が続いた後、バングラデシュ人家族九家族のうち七家族はより安全な住居へ移動させられたことを指摘する[5](Carey and Shukur, 1985)。

この時期には、当該区において、イギリス国民戦線《ナショナル・フロント》【訳注5：イギリスの極右政党】は特に活動的であった。最もバングラデシュ人が集中しているタワーハムレットの三つの選挙区では投票の二〜四%を占めるにすぎなかったが、周辺の一一の選挙区では九〜一九%を占めていた。それゆえに、コミュニティ自身が区内の小さな地域に取り囲まれていた。この地域を東や北に動くには、国民戦線の領域に足を踏み入れなければならなかった。より良い居住地を探してタワーハムレットから出て行った数少ない人びとは、他の南アジア系住民が住んでいるイーストハムやウプトンパークなどの「安全」な地域で家を探す傾向があった。

極右組織による強固な人種差別主義以外では、労働市場と公的サービスの制度による、より隠されてあまり知られていない人種差別主義があった。既に指摘した通り、バングラデシュ人の就業機会は、大きく衣料産業とケータリング産業に限定されており、一般的にバングラデシュ人か他の南アジア人雇用主のために働いていた。また、これらの区の社会サービスは、国内でも最も貧相なことで知られていた。前述の通り、バングラデシュ人は他のエスニック集団に比べると公営住宅や低所得地域に住んでおり、バングラデシュ人家族の六七%は密集した住宅に住んでいるとされた。それにたいしてタワーハムレットにおける他の住民で密集した住宅に住んでいるのは一〇%のみであった(HMSO, 1986)。貧しい都心の大部分の学校と同じように、地元の学校は非常に貧しい教育水準であるという評判であった。このような不利な点は、一九九〇年代初期のリベラル派の区自治体による地域住宅政策の強い差別的特徴によって悪化された。公営住宅にたいするこれらのコミュニティの住民のアクセスを排除しようとしたのである。リベラル派の住宅政策への姿勢は、この地域における最も人種差別的搾取の例となり、一九九三年には、極右のファシスト政党のメンバーが、この地域の歴史上初めて、地区の議員になるという結果をもたらした。

これらの人種差別的排除の深刻な諸形態の重なりが、自分たちの経済的、社会的資源に依拠したコミュニティを生みだし、バングラデシュ版の「エスニック経済」を作り上げたのである。コミュニティの社会的ネットワークの重要性は、女性と男性の両方の語りのなかで継続的に登場し指摘された。新しく移民として到着した人びとは、ロンドンに既に住んでいる親戚や知人を通じて情報や支援を得ており、そのことによって渡航が可能になった。最初に到着した時は、これらのネットワークに依存して住む場所を見つけ、地域の社会サービスとつないでもらい、そして就業機

5　英国犯罪調査によると、犯罪の犠牲になったか、犯罪に脅かされていた(暴行、恐喝、暴力と盗難である)南アジア人の約半分が、その犯罪は人種的な理由によると信じていた。それにたいして、黒人の被害者がそのように信じていた比率は三分の一以下であった。インタビューを受けたバングラデシュ人の三六%が人種差別的攻撃を恐れていた。同じ質問にたいして、インド人は三九%、黒人は二八%、そして白人は七%であった(Office for National Statistics, 1996)。

会へと導かれた。さらにこの支援のネットワークは、最初の定住するために重要な時期を経た後も、情報、さまざまな契約や機会へのアクセスを供給し続けた。ゆえに、われわれがインタビューした男性縫製労働者の大部分は、バングラデシュ人が経営している下請けユニットで働いているか、工場で働いている別のバングラデシュ人から工場の仕事の情報を入手したか、コミュニティの口コミで情報を得ていた。ある男性労働者の表現によれば次の通りである。

> ある仕事から他の仕事に移るのは、友人か親戚の助けがあって初めて可能になります。新しい欠員(openings)の話もこれらの人から聞くしかありません。工場を訪ねて経営者に直接聞いても雇ってはくれません。内部の人の紹介が必要です。これが、多くのベンガル人が、トルコ系やギリシャ人系の工場で仕事を見つける方法です。

コミュニティの結束は象徴的価値と同時に物質的資源を提供した。敵対的な民族的多数派からの経済と社会の主流からの排除は、コミュニティが独自の宗教、規範と慣習に沿ってその文化的アイデンティティを再是認し、「与件的な」集団としてのアイデンティティを「選択的な」ものへと効果的に変換する。地域のモスクは、コミュニティの社会的、政治的生活に重要な役割を果たす。地域の起業家は、バングラデシュから有名な芸能人を連れて来て文化的イベントを企画し、地域のコミュニティ組織は定期的にミュージカルやドラマを催した(Carey and Shukur, 1985)。民族的多数派集団からの敵意がより小さい所では文化的異質性の相互の探求が起きたであろうが、実際に生じたのは、より厳格な「彼ら」と「われわれ」をめぐる言説の異質性の定義であった。キャリーとシュクルが当時指摘した通り、「白人の青少年と英語力では区別がつかず、かつ余暇の過ごし方は地元の白人(と黒人)の労働者階級の若者の文化から吸収したようなバングラデシュ人の子どもたちでさえも、皮膚の色と『アジア人』に関する否定的なステレオタイプが、交流における打ち破れない障壁となっていることを感じていた」(Carey and Shukur, 1985, 416)。

「皮膚の色と否定的なステレオタイプ」の現実は、われわれがインタビューした女性と男性の語りの両方に現れた。ただし、その現れ方はジェンダー間で異なっていた。国家統計では、バングラデシュ人/パキスタン人コミュニティの女性のおよそ三分の一が夜中に出歩くのを危険であると感じると回答しているが、他のエスニック集団では五分の一程度に過ぎなかった。それでも、インタビューした女性たちの中で人種差別的態度からの直接的な経験を、彼女たちの不安の理由だと回答した者はほとんどいなかった。また通常は暴力的な形態では起こっていなかった。

> ある日私はイギリス人の女性にバスについて聞きました。彼女に向かって歩いて行って、彼女から五, 六歩離れた所で、「す

みません」と声をかけました。私がそう言ってすぐ、彼女は振り返って去って行ってしまいました！　私が黒人だから私と話したくなかったのです。私が話しかけようとしている時に、去って行ってしまうのはショックなことです。

私はスリにあったりなどしたことがあるわけではありませんが、一度だけ、一九八二年か一九八三年に、アルゲートで白人の少年が鞄を私の手から奪っていきました。またバスに乗っている時に一度、白人の運転手が、「くそ黒人（bloody black）」と言ってきました。私は女性ですし一人でいたので、何も言い返しませんでした。ただバスを降りようとした時、小声で「くそ国民戦線（Bloody National Front）」と呟きました。私は彼らが黒人を猛烈に攻撃する人びとだとテレビで知りました。

さらに多くの女性が、家族やコミュニティの構成員にたいする人種差別の可能性のより一般化した不安を表現する。

イギリス人が外出する時は、ベンガル人が自分たちを攻撃することなど考えたこともないでしょう。彼らは午前二時や三時まで外にいても、ベンガル人が自分たちをぼこぼこにするだろうなどと考えたりはしないでしょう。しかし、もし私の息子や親戚の帰りが遅ければ、何かが彼らに起こったのではないかと心配せねばなりません。

一部のイギリス人は私たちのことが好きではありません。そうでなければ、私たちが外出した時に危害を与えたりしないはずです。それが私の目の前で起こったことがあります。彼らは唾を吐いて、スラングを使い、私たちのことを「パキ」と呼びました。私の息子は学校でイギリス人の子どもたちからしばしばそう言われるそうです。

年配のイギリス人は、私たちの歴史を知っていて、過去に何が起こったのかをわかっているので問題はありません。しかし若い人は、なぜここに勉強をしに来たのだ、自分の国に学校はないのか、私たちは他の国に行ったりしないのに、なぜおまえは来るのだ？　などと言います。私の娘の学校の女の子たちは、そんなことを娘にたいして言うのです。

概して、女性たちの自分自身の身の安全のための恐怖とは、家族やコミュニティとは対照的に、想定外の状況への対応が中心であり、路上のセクシャルハラスメントやしばしば起こるようなひったくりにかんする恐れや、人種差別的暴力に遭遇する可能性であった。

夕方は大丈夫ですが、夜は怖いと感じます。私は女性なので、何かが起こることを恐れています。自分の評判のためです。国民戦線は怖いですし、私はアジア人なので何かしてくるかもしれません。彼らはお金をせびり、暴力をふるうと聞きました。日中でも、静かな通りは怖いですし、若い男性は怖いと思います。私はベンガル人男性も、路上でハラスメントをしたり、何か言ったりするので怖いですし、イギリス人も殴ったりお金をせびったりされるかもしれないので恐怖を感じます。

私は外で怖い思いをしたことはないですが、他人からいろいろと聞いたことがあります。ただし、何か起こるほど、頻繁には外に出ません。他人が悪いことをしてくるのは、あなたが一人で夜道を歩いているのを見つけた時だけです。

人種差別的暴力を直接経験することから女性が守られてきた一つの理由は、本章で議論してきた女性の行動にたいする制限であった。その制限は、一人で近隣地域よりもどこまで遠くに行くかという点、および一日のなかでどれだけ遅い時間まで路上にいるかという点の両方にたいするものであった。この保護は、コミュニティの男性にたいしては可能ではなかった。なぜなら、彼らは働かねばならず、地域自治体と交渉したり、コミュニティの社会生活へより参加したりせねばならず、そのため彼らは常日頃、また遅い時間帯にも路上に出なければならなかったからである。結果的に、女性にくらべて男性の語りに見られた顕著な特徴は、職場や学校、路上でどれほど頻繁に人種差別の暴力的な形態に、直接的、間接的に遭遇するかであった。

最近のイギリス人の大半は人種差別的です。マイノリティは中立的です。これは私の個人的経験から言えることです。一九七九年に私の父親と私はポプラで攻撃されました。人種差別的な名前でわれわれのことを呼び、殴って来ました。人種差別による暴力を通報しても警察は何もしてくれません。

一〇年ほど前にブリックレーンの通りの端で攻撃されました。晩の九時頃で親戚の家から自宅に戻る途中でした。一〇人か一五人ほどのイギリス人の若者が私に飛びかかって来ました。彼らは私を何回も殴り、けり飛ばしました。私はあまりに怖くて、やり返そうにも一人でした。近くの店や家から騒音を聞いた人びとが出てきてやっと、彼らは私を離してくれ、逃げ出しました。その晩、友人たちを連れて戻ってみましたが、彼らを見つけることは出来ませんでした。

私がまだ学校に通っていた一九八〇年、白人の学生はアジア人をいじめていました。大体がスキンヘッドの学生でした。いつでもその白人のスキンヘッドはチャンスがあると、アジア人の学生を殴りました。彼らはトイレでベンガル人の男の子が一人でいるのを見つけ、とてもひどく殴りました。いまは違います。多くのこもっと気をつけていますし、一緒に立ちあがります。

の地域の白人は問題ありませんが、一部の非常に悪いやつらがいまでも頻繁に攻撃をしてきます。

夜は九時までには自宅に戻るようにしていました。夜遅くに外にいたことはないので、一度も攻撃を受けたことはありません。ほとんどの攻撃は夜遅くに起こります。昨年、真夜中に私の友人はひどい暴行にあいました。何日も入院していました。彼の傷は治りましたが、精神的には決してその経験から立ち直っていません。恐怖心でバランスを失っています。私たちに起こっていることは恐ろしいことです。

たまに私は遅くまで仕事をせねばなりません。ベンガル人が攻撃された話を頻繁に聞きます。ある夜、地下鉄で家に戻ろうとしていました。地下鉄に乗っていた三人の白人男性が私をひどく殴りました。私は白人が好きではありません。彼らはわれわれを憎んでいるからです。

私は二度ほど攻撃にあったことがあります。最初はバス停でした。白人のイギリス人の若者が、ガラスの瓶で私を殴りました。お金のためでもありませんでした。人種差別的な暴行でした。この国の白人は人種差別主義者です。そう言わないですが、いつも彼らの頭のなかにはそういった考えがあります。

ルールと資源の伝達者としてのコミュニティ

筆者は、ロンドンのバングラデシュ人コミュニティの女性と男性が生活を営む上で日常的な背景となっている人種差別的暴力の脅威を詳細に説明した。なぜならこのことは、なぜ「コミュニティ」がその構成員にとって、強度、安全性と連帯の源としてそれほど重要なのかを説明するからである。多くの女性が私たちに語ったように、彼女たちは近隣地域を移動するのは恐れていなかった。なぜならそこは主にベンガル人の地域だからである。定住過程のより早い段階で到着した女性たちは、コミュニティもまだ小さかったので、それに対応して彼女たちの公的領域における移動もより制約されていたと語る。ジョホラ・カナムが最初にイギリスに到着したのは一九七〇年代半ばであったが、彼女は初期の頃、人種差別的暴力とコミュニティからの支援の欠如が、いかに彼女の家の外での移動を制約していたかを話してくれた。彼女が家内労働を始めた理由は、前章で引用したミッテルがインタビューをした女性のそれと共鳴する (Mitter, 1986)。

最初にここに到着した時は外での仕事を探しませんでした。当時はあまり周りにバングラデシュ人の女性もおらず、怖かったのです。まだ余り人もいなかったですし、技術訓練のための施設もありませんでした。内職は、ひまをつぶすのには役立ちました……。私は家で何もせずに座ってはいたくなかったのです。

外に出ることには大きな恐怖がありましたし、攻撃される人も多かったのです。

ところが、コミュニティ内で価値のある資源を分配することを通じて起こる日常的な社会的接触と経済的交換は、同時にコミュニティをルールと規範の伝達者として再構築する一因にもなった。ジェンダーは、再構築の過程の重要な側面だった。ジェンダー規範の遵守はコミュニティ内の家族の社会的地位の規定にもつながるためである。しかし、既に詳細を示したように、ジェンダー規範は中立なものではなかった。それは男性よりも女性の選択を明らかに大きく制約するものであった。幾つかの事例では、女性はこれらの社会的行動規範による制約を十分に内在化しており、その制約を自身の「選択」として経験している人もいる。ただし、他の事例では、「他人が言うかもしれないこと」を恒常的に確認していたことや、密接に編みこまれたコミュニティのなかでゴシップや噂が広がることによる打撃を懸念していたということが、コミュニティが、公認のジェンダー的妥当性の規範を女性やその家族が遵守することを強制する相当な力として働いていることの証拠となっていた。

しかし、公認の規範から逸脱したのが自身のせいではないメヘルンのような女性は、コミュニティの生活のより消極的な側面にとても精通していた。離婚した女性として、彼女は自分が地域の噂話の対象であることを知っていた。彼女の対応は果敢なものであった。彼女はこの近隣地区を出て、コミュニティの監視から逃れたいと思っていた。

彼らは私が外出するので、パルダを守っていないと言いました。私には夫がいなかったので、自分のための日用品を買う必要があり、買い物に行ったり、子どもを学校に送って行ったり、医者に行ったり、一人で郵便局に行く必要がありました。全てが自分次第で、自分に頼らなければなりませんでした……。私にはたくさんの物は必要ありません。夢は自分の家を持つことです。この家は支援組織からのもので、平和に暮らしていますが、この地区を出て行きたいと思っています。

コミュニティは女性の日常生活の他のさまざまな面においても制約要因となっていた。コミュニティの物理的な存在は、女性にたいしてそれがなければ享受できなかったような公的領域でのより大きな安全性を与えてくれたが、それゆえに女性の移動が高度にジェンダー特有の形態をとることを保証するものでもあった。ミア夫人の夫の場合はその極端な事例である。彼は非常に厳しい制約を彼女に課しており、彼女が何か用事で外出する必要があっても、彼に伝えずに出かけることは出来なかった。しかし、われわれはその他にもこれほど極端な事例ではなくても、コミュニティの男性が多く集まっているような所に行くのは避ける傾向があるという女性のジェンダー特有の制約の事例を見てきた。彼女たちは、男性が毎週支給品を取りに行く地元のバングラデシュ系雑貨屋よりも、セインズベリーのような大きなスーパーなどの「中立的」環境の方を好む理由を説明する際に、しばしばコミュニティの「男性による凝視」が居心地の悪さを与えるのだという説明をした。

この地区の雑貨屋には行きません。どの雑貨屋もコミュニティの男性のよって営まれているからです。これらの店では居心地の悪さを感じます。中に入ると、男性が見てきます。もし彼らが何かを言うと、自分の評判を守れません。セインズベリーに行く方が好きです。誰も私を眺めてきたりしません。

買い物は夫がします。私ではありません。私は雑貨屋には行きません。それらの店はベンガル人の男性で一杯です。私たちは同じ国から来ていますが、私たちの規範では女性が男性の前には出ることは出来ません。私はいまも同じように感じています。イギリス人の前では恥ずかしくはありませんが、彼らは私を二度も見たりはしません。しかし、コミュニティの人は、理由も無く噂話を広めたりもします。なぜ知っているかと言うと、他人のことを言うのを聞いたからです。もし彼らがそうするなら、私のことも言うでしょう。サリー店は気になりません。女性の方が多いからです。

コミュニティからの意見にたいする不安は、女性の物理的移動を制約するだけでなく、経済的機会へのアクセスも縮小させた。本章の前半で既に見た通り、ラビアの場合は、所得の良い事務職などの仕事に就きたいという彼女の希望にもかかわらず、イギリスに来た後、教育を受け続ける彼女の能力は狭められた。彼女の拡大家族の影響と両親の決定に影響を与えた「他人」についての彼女の説明は既に紹介した。これは彼女の母親の意見にも支えられていた。彼女の母親が説明するラビアに教育を続けさせない理由の中には、ラビアの評判と「他人」が言うであろうことに関する不安への懸念が反映されている。

私たちは娘を学校に行かせませんでした。なぜなら彼女は既に成人だからです。私たちは彼女に結婚して欲しいと思っていました。ある人は、彼女は既に一六歳なのだから、どの学校にも入れるのは難しいだろうと言いました。それに、私たちは彼女を一人で学校に行かせたいとは思っていませんでした。周りの人びとは、この国では大きくなった子どもを学校に行かせるのは適切ではないと助言してくれました。何人かの親戚は、オフィスで働くわけでもないので、彼女は勉強する必要はないと言いました。私たちは家族の評判が気になりましたし、娘を一人で学校に行かせる気にはなりませんでした。もし誰か友人がいれば一緒に行かせることも出来ましたし、考え直す可能性はありました。しかし、彼女の評判と尊敬は一瞬で無くなる可能性がありますし、学校に一人で行かせることによってそのようなリスクを冒すことは出来ませんでした。大きくなった娘を持つ全ての母親がこのような不安を持っていると思います……。彼女の子がだめになる方法はたくさんあって、そのような状況にはしたくありません。自身の想像力を使ってみて下さい。この国の女の子たちはどんな男性とでも出歩いて、男性は女の子たちが通るだけでみだらなことを言います。

最後に、本章の主題との関わりでは、コミュニティの規範は、家庭における特定のジェンダーによる役割分担と責任を再生産する効果を持ち、それゆえに、労働市場での機会における特定の分断をも再生産していた。家内労働を選択した理由を、育児と家事にたいする自身の責任、学歴と語学力の欠如、そして支配的な世帯構成員の選好への服従という観点から説明していた。さらには、パルダの規範とジェンダー的妥当性の一般的な考え方に従いたいという欲求が、なぜ女性が家で働くことを好むか、もしくはコミュニティ生活の境界のなかにあるごく限られた職業に従事するのかを説明する。コミュニティの外でのより広い職業選択について検討することを躊躇するのは、部分的には、自分たちは必要な資格を持っていないと信じていることによっていた。しかし、彼女たちの工場労働に関する考え方が具体的に示したように、それはまた、女性や家族の側による、歓迎されない影響を招くこと、慣れない方法や敵対的な態度に接することに関する不安を反映していた。

家内労働部門における女性の集中を説明する要因の組み合わせがどのようなものであろうと、それはコミュニティの男性と直接競争することを防ぐという実践的な効果を持っていた。つまり、家内労働部門は、女性が仕事を見つけられる数少ない部門の一つであった。また部門内での技能のジェンダーヒエラルキーを再生産する効果も持っていた。一般的な白人人口からは衣料産業の条件はあまり好ましくないと認識されているにもかかわらず(Shah, 1975)、われわれがインタビューしたバングラデシュ人男性には他の選択肢はあまりなかった。実際に、彼らが選択可能な他の職業よりは、衣料産業の条件の方がまだ好ましいと言っている。皮革製品の縫製工場で働いていた男性はそこでの不快感を語る。「革の匂いはひどいものです。工場中、ひどい匂いがします。私はいつも気持ちが悪く、何日も食べられないこともありました」。またケータリング産業も特に好ましいとは思われていなかった。週に最低でも一日は夜遅くまで働く必要があった。さらに、ケータリングはしばしば、非常に退屈な仕事の形態であった。

対照的に、衣料産業はより良い賃金、定期的な就業時間と熟練労働にともなう地位を提供した。実際に、男性と女性は、技能面におけるジェンダー的差異があるため、縫製産業にそれぞれ異なる関わり方をしていると語る。一九六〇年代半ばに縫製工の訓練生として縫製産業に参入したグラム・ミアは、縫製産業での長い経験の後、自身の技能は「トップ」の縫製工の水準であったとして次のように語る。

トップの縫製工は、コートを作るのに必要な全ての工程に関わる技術を習得している必要があります。多様な異なるデザインのコートを、一人で最初から最後まで作ることが出来る必要があります。通常は、「側面」縫製工と、「裏地」縫製工がいますが、何らかの理由で彼らが休んだ場合は、トップの縫製工なら彼らの仕事を出来なければなりません。それゆえ、一人で、コートを最初から最後まで作れないといけません。仕事には非常に多くの責任があります……最も大事なことは、仕事にミスがないことです。

経験のある熟練工の技能は、女性が普段している仕事の類と好ましくない形で比較される。ヌルル・アミンは女性のコートとジャケットの縫製工として、一九八一年から働き続けていた。彼は、自身が働いていた衣料工場における女性の仕事について、次のような見解を説明する。

女性は誰も縫製工ではありませんでした。彼女たちは誰も学びたがらなかったので、ミシンのかけ方を教えてもらっていませんでした。他の仕事をしたがりました。たとえばボタン縫いです。工業用ミシンで働くのは簡単ではありません。彼女たちはこのような仕事は出来ず、出来たとしても、それは時間の無駄になったでしょう。どういうことかというと、彼女たちは仕事が遅いのです。女性が四着のコートを作る間に、男性は一〇着作ります。女性にとっては難しすぎるのです。私の工場の女性は、「仕上げ」の仕事をしていました。ボタン穴をあける特別のミシンがあるのです。ボタン穴をあけることは出来ましたが、コートを最初から最終工程まで縫うことは出来ませんでした。コートを作るにはたくさんの工程があります。ボタン穴をあけたり、ボタンをつけたりするのは簡単な仕事です。

家内労働は、通常は簡単な、裏地やベルトの「平縫い」のミシンがけであり、未熟練労働と見なされており、女性の仕事であると見なされていた。男性労働者の幾つかの語りから明らかなように、男性にとっては、自身の雇用の不安定性にもかかわらず、家内労働を始めるという考え方は論外であるとされていた。それは、ダッカの語りで観察されたような内部／外部の線引きと同じ延長にあるものである。

現在、私の工場は全く注文がありません。恐らく八月と九月は注文が来るでしょう。クリスマスも仕事がないかもしれません。友人は私に自宅で縫製工になるようにと助言してくれました。しかし男性にとっては、自宅に座って一日中ミシンがけの仕事をするなど不可能なことです。どうやって自宅で働くことなど出来るでしょうか？　私にはそんなことは出来ません。

家内労働者の一人のアベダ・スルタナはこの見解に同意する。「バングラデシュ人男性は自宅では働きません。出来るわけはありません。彼らは男性です。男性は外で働かなければなりません」。

男性は、工場や下請けユニットなどで仲介人や労働者として可視的でより賃金の良い役割を独占し、女性はより隠された賃金の低い家内労働部門に残存するという、衣料産業におけるバングラデシュ人コミュニティのジェンダー化された関与は、それゆえに、家族とより広いコミュニティにおける慣習的なジェンダーヒエラルキーが再生産する分業を維持するものとして機能した。労働市場においてバングラデシュ人男性が直面したさまざまな形態の差別と彼らの就業における選択肢の制約にもかかわらず、彼らは自身のコミュニティの文脈のなかでは、男性としての地位のおかげで特定の特権を得ることが出来た。たとえば、フスナは次のように語った。

男性はより高い賃金を得る必要があります。彼らは恐らく、週に八〇、一〇〇、もしくは一五〇ポンドを支払われない限りは働きません。それより少なければ、働かないでしょう。彼らはコートを縫っていて、裏地貼りには支払いがありません。より難しいにもかかわらず、収入はより少ないのです。それでも人びとは、女性はもし一日五ポンドでも内職から得られるのであれば、彼女は子どもに何かを買ってあげたり、夫のお金を貯めたりすることが出来ると言います。私の夫は工場でコートを縫っていますが、彼は裏地貼りはしません。彼はコートを一ポンドか二ポンドで作っていて、一〇着も縫えば良い収入になりますが、彼が裏地を一〇ペンスで縫うことは、時間と労力の無駄なのです。

バングラデシュ人コミュニティにたいして開かれている限定された労働市場における機会への男性の特権的なアクセスは全体として、重要な象徴的価値を持っていた。つまり、路上における人種差別、主流の労働市場における機会からの排除と公的サービスにおける差別によって恒常的に脅かされている彼らの男性としてのアイデンティティという文脈のもとでも、男性の稼ぎ手としてのアイデンティティを維持することを可能にしたのである。これによって、バングラデシュ人コミュニティにおける労働市場での実践は、バーンバウムの説明にあったような、ユダヤ人コミュニティの女性と男性が本世紀の初期の頃、つまり、彼らが社会的に孤立した集団で、「コミュニティの外で代替的な雇用を見つけることへのわずかな希望や欲求」(Birnbaum, n.d., 7)しか持てなかった時代に衣料産業に吸収されていったことと共通している。当時は、男性を熟練工、女性を半熟練工として分けるような技術的な理由は存在していなかった。その代り、「ロシア系、ユダヤ系、ポーランド人系コミュニティの男性労働者からは、彼らが移民で無ければ従事したであろう『熟練』の仕事から移民という地位ゆえに排除された場合でも、家族の中での自身の社会的地位を維持するための葛藤が生まれていた。通常は、『半熟練』労働として女性によって担われていたミシンがけの仕事をするように強制されたため、彼らはその仕事を『熟練労働』であると定義することによって、自身の男性性を維持しようと試みた」(Phillips and Taylor, 1980, 85より引用)。バーンバウムが指摘した通り、この産業では家族の単位が鍵となる役割を果たし、「そして、一つの家族のなかに技能と収入に関する大きな差異があるのは社会的に困難なことであったかもしれない」(Birnbaum, 前掲書, 7)。

結論

バングラデシュ文化にあるジェンダーの不平等は、イギリスの文脈の中で再生産された。それは部分的には、移民過程自体のジェンダーの非対称性が理由であったが、また同時に、コミュニティが形成されたより広い環境の本質によっていた。調査対象者の女性は主に移民の第一世代であり、新しく異なる生活に適応しようと試みていた。バングラデシュにおける自身の親戚関係と出身村の外に出て結婚するという文化的実践の結果として女性がしばしば経験する孤独と孤立は、農村社会から、「七つの海と一三の河」を隔てた敵対的な都市文化へと移動するという状況によっていっそう深刻なものとなった。公的には、家族の男性構成員の被扶養者として移民してきた女性たちは、現実にはダッカの女性よりも、直接的な家族のネットワークに強く依存していた。家内労働は、家庭での母親、妻、家族の名声の伝達者としての役割を強調するイデオロギーを基礎に、親戚とコミュニティのネットワークによって組織されていた(Westwood and Bhachu, 1988, 5)。彼女たちはコミュニティ生活の制約の側面にたいする反抗心を頻繁に表現はするものの、コミュニティ規範の公的な解釈に真剣に挑戦しようとする人は少なかった。なぜなら、コミュニティにおける受容によって利益を享受しており、その検閲に引っ掛かることの代償は大きいからであった。

女性労働者から与えられた語りと男性から補強された発言にたいする筆者の解釈は、労働市場における意思決定に影響を与えた選好は、さまざまな異なるレベルで作用しているという結論を導き出した。彼女たちのロンドンの縫製産業における家内労働部門への集中は自由に選択された選好を例外なく「表している」と見なすことは、ここで示された多くの語りの内容に明確に反するであろう。数人の事例では、自発的選択と見なすことが可能かもしれないが、それは女性の労働における「適正性」に関するメタ選好に基礎があるか、もしくはより実践的な育児責任に関する懸念に基づいていた。幾つかの事例では、それは交渉された結果であったが、女性が家庭内責任を優先するという約束を夫と交わすという妥協によっていた。しかし、他の事例では、家族内の女性が外で働くことを許可することは出来ないと認識する家族の支配的な構成員の明白な権力行使を反映していた。

　ところが、女性と男性の両方の語りから明らかだったように、家族の支配的な構成員の選好自体も、より大きな構造的要因によって形作られていた。男性は女性の労働供給行動を形作るのに不均衡な影響を持ったかもしれないが、しかし彼ら自身の選好は、イギリス文化と実践における人種差別に対応したコミュニティの保護的社会関係によって形成されていた。特に、主流の労働市場からの彼らの排除と、その結果としての限定された部分への閉じ込めは、自身のコミュニティの女性たちをこの部門の仕事から排除し、直接の競争にさらされないようにするという強い利害意識を与えた。バングラデシュ人移民が、より多くの職業を選べるような道が開けた、より開けて歓迎的な社会に自身を置いていたら、コミュニティの女性も恐らくは、労働市場においてより多くの選択肢を選べるようになっていたはずであろう。

第八章　仲介されたエンタイトルメント

在宅の出来高賃金労働と世帯内権力関係

本章の目的は、女性が在宅の出来高賃金労働 (home-based piece-work) から稼ぐ所得が世帯内関係に与える影響を探究することである。つまり、第五章で女性の工場賃金の影響について検討した問いと同じ問いを問う。第五章と同じように、筆者は、女性の収入が出来高賃金として世帯に入ったところから、さまざまな使途に支出されるまでをたどり、アクセス、管理、統制 (control)、選択の問題について調べていく。筆者が特に注目するのは、こうした過程における重要な介入のための諸点 (intervention points) である。そのような介入の諸点では、女性の収入の使途の統制をめぐって、意思決定に影響を与える能力が、重要な異なる結果をもたらす可能性が高かった。さらに、女性が家内労働から稼得する能力を得たことによって利用可能になった選択肢の種類 (kinds of choices) についても検討する。

まず初めに、女性が工場で稼ぐ賃金と家内労働から稼ぐ収入との間にある、わかりやすく客観的な違いを指摘しておきたい。この二つの違いは、女性たちが二種類の稼得機会をどのように経験したのかに影響を与えている可能性が高い。第五章で述べたように、工場における雇用は、社会科学者たちが、女性たちが人生を変えるような影響を得ようとして、有償労働にアクセスするために必要だと考えてきた特徴の多くを備えていた。つまり、工場労働は家の外に立地し、社会的にはっきりと目に見え、十分な大きさで規則性もある所得を生み出しており、それが世帯の経済において経済的な重要性を持つのは明白であった。

家内労働は非常に異なった類の活動だった。何よりもまず、それは家庭という隔離された場所で行われていた。実際、一部の家内労働者やその家族にとって家内労働が魅力を持つことを説明するのは、この「ヴェールに隠された」特徴だった。次に、家内労働からの報酬は、不規則でしばしば大変低いという二つの傾向を持っていた。以下で確認するように、これら二つの特徴は互いに無関係ではなかった。在宅で働くという本質ゆえに、家内労働では家族の他の構成員が介入する余地は工場労働の場合よりも大きかった。それゆえに家内労働からの収入は、工場労働からの所得に比べて、はるかに家族の他の構成員が調整したり統制したりしやすかった。こうしたことにより、多くの女性たちが報告した収入は不規則であり、また金額も少なかったのである。

時間と賃金についての交渉

一つの介入点は、女性が家内労働の活動に使う労働時間に関係していた。工場主との契約によって合意された、分割できない、ひとかたまりの時間として一日の労働時間が定められ、月単位で支払われる工場での雇用とは異なり、女性たちが家内労働に使う時間は、注文がある限りにおいて自らの裁量で決めることが出来た。したがって、家内労働への時間配分は、世帯にとって内生的であり、世帯内における交渉を受けやすいものだった。それゆえに、女性の収入に関する重要な統制点（point of control）の一つは、これらの収入が家庭に入る前の時点にあった。また、その統制点は、彼女たちが幾ら稼ぐかを決定する、家内労働の活動に使う時間の長さに関係していた。女性が実際にある活動に配分する時間の長さは、本人の選好と、それが家族の他の支配的な構成員の選好と重なり合う程度を反映していた。

女性の時間の最適な使途に関する世帯内の対立は、家庭における役割の優先度をめぐる対立的見解として表現されるのが一般的だった。それゆえに、これらの対立を理解するためには、ライフサイクルという視点を必要とした。これは、女性の家庭内役割に与えられる優先度というものが、女性の人生の段階により異なるからであった。こうした対立は、若い、未婚の女性たちの間で最も起こりにくかった。彼女たちは家事を手伝うことを要求されるかもしれないものの、家事について最大の責任を負うとは思われていないからだ。彼女たちは、通常、どのくらいの時間をミシンがけに使いたいか自分で自由に決められた。また、女性が世帯主である場合には、家事にたいする責任を最優先しながらも、自らの時間を家事と家内労働の間でどのように配分するか自分で決めることが出来た。

したがって、既婚女性たちによって最も頻繁に報告されたのが、女性の時間配分をめぐる対立であった。明らかに、既婚女性のうちでも、家庭内役割が最重要であるという考え方に同意する女性は、ミシンがけに使う時間について何らかの対立を報告するという傾向が低かった。彼女たちはまた、家内労働からの収入に関する限り、家内労働者全体の収入の分布でみると少ない方に位置する傾向が強かった。家内労働は、既婚女性たちが最優先している家庭内義務を果たした上での、その日の残余的な活動として位置づけられていた。

> 彼らは私が空き時間に出来るように仕事をくれます。時間が許す範囲の仕事を引き受ければ良いだけです。家族の面倒を見て、家事をするのに都合を合わせられるので、この仕事は便利です。もし外で働いていたとしたら、これら全てをすることは出来ないでしょう。私にとって、この仕事は都合が良いのです。子どもたちが学校に行っている間、私の時間を埋めてくれますから。

家庭内役割についての支配的なジェンダーイデオロギーに必ずしも同意しない既婚女性たちもいた。しかし、ジェンダーイデオロギーに抵抗しうると感じられないため、黙従していた。こうした女性たちの一例が、マリアム・ビビだった。彼女は外で働く可能性を夫にたいして持ち出したことは一度もなかった。夫がそれに決して同意しないであろうとわかっていたからである。彼女はまた、次のような事実について仕方がないと述べた。すなわち、一義的に、かつ事実上、彼女のみが家事の責任を負っていること、家事の責任は家内労働からの収入が持つ価値とは関係なく、また夫が数年間、失業中だという事実とも関係ないということである。

家事は自分自身でやります。夫はときどき掃除機をかけるのを手伝いますが、他のことは何もしません……。ときどき男性たちが洗濯したり、料理を手伝ったりしているのを見ることがありますが、私の夫はそういう人ではありません。(何かを)やりたくない人(たち)に強制することは出来ません。もちろん、男性たちはもし外に働きに出ていないのなら女性たちを手伝うべきですが……でも、やりたいと思わないからやらないのです。

ミア夫人は、家庭内義務を疎かにしないことを条件に、家内労働に就くことへの夫の合意を得ていた。彼女の言い分から、ミシンがけにより多くの時間を費やせないことへの不満だけでなく、子どもたちの必要を何よりも優先することへの容認を見てとれた。

三日前、仲介人が私に仕事をくれましたが、まだ始められていません。お客さんが来たので、ミシンの前に座ることが出来なかったのです。料理をしたり、子どもたちの世話をしたりしなくてはなりません。いつ仕事をする機会があるでしょう？……幾らかの仕事は昨日やっておくべきでしたが、出来ませんでした。あの人が来たり、この人が来たりして、お茶やビンロウジュ《シュパリ》の種【訳注1：shupari、キンマの葉に包んで噛むもの。いわゆるパーンの中身になる。】を出さなければならないし、料理して食事をさせなければならないし、ミシンに向かうことなど出来るでしょうか？

タヘラ・バヌは夫とのかなり円満な関係を述べたものの、彼を説得して、より多くの家事を分担してもらうことはかなわなかった。

夫は買い物をするだけです。私が洗濯、料理と掃除をします。……何かする必要のあることに気づいたら、もちろん男性は家事を手伝うべきです。そういうことは妻だけの責任ではないですよね？　私には男性がなぜ家事をしようとしないのかわかりません。何か理由があるはずです。コーランで禁じられているわけでもあるまいし。

また、ザヘダは、夫が何年も前に退職していたが、ベンガル人男性が一般的に妻にたいして家事の手伝いをほとんどしないことについて、次のように説明した。

ベンガル人の男性たちは、自分たちの宗教が、妻を助け、妻を家庭の外に送り出さないようにと、命じていることをわかっていないのです。われわれの預言者【訳注2：ムハンマドをさす】は、重要な仕事を社会で行ったあと、家に戻り、妻を手伝いました。でも、ベンガル人の男性たちは、自分たちを妻よりも優れていると思っていて、自らの責任を理解していないのです。

これらの女性たちは、家事が女性だけの責任であるという考え方に同意していないものの、その稼得能力は夫たちが全く家事を手伝わないことにより狭められていた。とはいえ、このグループには、ミシンがけに費やす時間を最大化できるように日常の家事を計画的に行っている、数人の進取の気性に富んだ女性たちがいた。ハジェラ・ベガムは、家事の責任をないがしろにしていると いう夫の非難を招くことなく、うまくそれをやっていた。

私は二日分料理し、さらに予備の数品を作ります、多分、野菜や肉とかダル（dal）【訳注3：豆のカレー。さまざまな豆を使った多種のダルがあり食事には必ずダルが添えられる。】とか。昼食のために料理をしたら、それで次の日の夕食まで十分です。そういう風に計画するようにしています。朝、台所を片づけたら、子どもたちを学校まで送ります。それから、二時間くらいミシンに向かいます。そして、昼食のために子どもたちを迎えに行って、子どもたちには何か読むものか遊ぶものを与えます。子どもたちは私の傍らに座り、私は仕事をし、子どもたちに話しかけます。夫が仕事から帰宅する五時か六時には、私はミシンの仕事を終えます。さもなければ、私がミシンをやりすぎて子どもたちの行儀が悪くなったと、夫は私を叱りつけるでしょうから。

最後に、三番目のグループとしておよそ一六人の既婚女性がおり、夫から家事の支援を得ており、家内労働に使う時間について何らの対立も報告しなかった。こうした女性たちは収入の分布においてより高い位置にあり、それは家内労働のための時間により多くの時間を配分できるからだった。ナスリンは、子どもが大きくなったら保育士として職を得たいと望んでいたが、しばらくの間は家内労働を通じてお金を稼いでいた。夫はウェイターとして働いていたが、インタビューした時は失業していた。彼は家事を進んで手伝うようにしており、それは彼女がミシンを使い始める前からでさえそうであった。しかし、いまでは彼は、彼女をミシンに集中させてあげるために、より多くの家事を分担していた。

私がミシンの仕事を始める前から夫は家事を手伝ってくれたものです。いまはもっと手伝ってくれて、彼は以前に料理をしたことは全くなかったのに、いまでは料理もしなければなりません。というのは、私の仕事が多すぎてミシンを止めることが出来ない時があるからです。彼は他には何もしていません。彼は失業しているし、私は時間がないので、彼が私を手伝っているのです。私たちの国では、男性は料理を手伝ったりしないでしょう？　全くね。でも、そうすべきです。なぜそうしないのか、私には理解できません。

ルクサナの夫は家事を手伝うことについて、いつも素直に応じてくれたというわけではないが、一つの変化が生じたことを報告した。

夫は買い物をし、子どもたちをお風呂に入れてくれます。彼は大して家事はしません。家事は私がやります。それは私の務めですから。夫に頼んだりしません。彼は料理をよくしますが、それは彼の気分次第です。私は部屋を片づけ、掃除機をかけます。私から頼むことは決してありませんが、彼は料理だけはしてくれます。私がミシンの仕事を始めた時、彼はほとんど手伝ってくれませんでしたから、私は何でも自分でやらなければならなかったのです。でも、家事と子どもの世話は男性の責任ではなく、女性の責任です。男性たちがこれらの務めを分担するように最初から教えられていたとしたら、彼らは同意するかもしれません。「あなたはこれをして、私はあれの責任を持つから」と言うでしょう。日が経つにつれて、夫は良い意味で変ってきていて、より多くのことを進んでやってくれています。

仲介されたエンタイトルメント──管理、相談、統制

世帯内関係に家内労働が「埋め込まれている」ことと、より広いエスニック経済が持つ諸関係にその世帯が埋め込まれていることは、上述した以外のさまざまな統制点を生み出していた。そのような統制点は、世帯構成員による介入が、稼得機会への女性たちのアクセスが世帯内における彼女たちの地位に与える影響をいっそう薄めてしまうという効果を持っていた。こうした効果は、注文のために仲介人や工場主と交わす契約、注文を集めたり配達したりする手配、対価の支払いにおいて、男性の世帯構成員が果たす役割によりもたらされていた。

バングラデシュ人コミュニティの男性の大半は衣料産業とつながりを持っていた。それはそこで働いているという直接的な理由によるか、そこで働いている人びとを知っているという間接的な理由のいずれかによるものだった。これにより、男性たちに生まれた余地は、ミシンがけの注文に関する情報へのアクセスのみならず、自らが非公式な仲介人として振る舞うということだった。多くの世帯において、男性構成員、ほとんどの場合には夫が、ミシンの購入や借用を手配したり、工場や仲介人から縫製に必要な材料を受け取ったり、完成品を配達したり、支払いを取りに行ったりしていた。一八人ほどの女性たちが、夫が工場や仲介人と彼女たちとの最初の契約を手配したと報告し、また九人が他の男性の親戚が手配したと報告した。他の女性たちの場合は、自ら手配したか、他の家内労働者を頼っていた。九人ほどの夫たちが材料の受け取りや完成品の配達などでいまだに直接的にかかわってい

た一方で、その他の夫たちではいまでは知り合いの仲介人に頼っていた。

女性たちの注文へのアクセスを仲介するこうした余地ゆえに、明らかに、家族のなかの支配的な構成員はさまざまな形態の統制を行使する潜在性を持っていた。そのために、女性たちが公的領域で行動することを問題視する人びとは、女性たちがそのような行動をとる必要を最小化することが出来た。エイシャは、夫が認めてくれなかったために外で働く可能性をなくした女性の一人であった。縫製工場の縫製工として、夫はエイシャの家内労働の活動のために必要な全てを手配することが出来た。「夫は週に一、二回、家に仕事を持ってきます。糸を含む全ての材料が提供されます。仕事のために何も買う必要はありませんし、出かける必要もありません。私はほとんど外出しませんし、外出する必要もないのです」。イスラム夫人は夫と深刻な対立関係にあり、夫が全ての段取りを管理する限りにおいて家内労働に就くことを許してもらっていた。当初、仕事の手配は、夫の友人である仲介人が請け負っていたが、引っ越した時にそれが難しくなり、夫が自らその責任を引き受けることとなった。

男性が家内労働の過程に介入することは、女性が自らの努力で得ている収入にたいして持つエンタイトルメントを「曖昧にする」効果があった。それは、女性自らが請け負う活動というよりも、世帯内で女性と男性とに連続的に共有された労働過程となっていたため、その仕事からの報酬へのエンタイトルメントもまた、共有されるものと見なされていた。労働過程における男性の仲介はまた、女性の収入へのアクセスに男性が仲介しうることを意味していた。男性はしばしば女性の給料袋の最初の受取人であった。男性が女性の代わりに工場で賃金を受け取るからである。男性の世帯構成員が女性の給料袋を直接受けとらない場合でさえ、仲介人の大部分は男性の社会的ネットワークから選ばれていたため、女性の稼ぎに関する情報を得ることは十分に容易なことだった。したがって、家内労働者にとって、ダッカの工場労働者が報告したような、自らの収入についての秘密の統制を実践することは困難であった。管理と統制についての公定的な説明と事実に基づく説明とが、ロンドンの文脈では一つにまとまっていく傾向があった。

このように、在宅という家内労働の場所は男性に戦略的な立ち位置を与え、そこから男性は女性の家内労働の諸条件にたいしてさまざまな形態の統制を行っていた。この構造的な優位性は、世帯主という立ち位置にあることにより全ての男性について成立していた。しかし、個々の男性が自らの優位性を実際に実現しようとする程度や、個々の女性がそれに異議を唱えようとする程度には、有意なばらつきがあった。そのばらつきは、女性が自らの収入がいかに扱われ配分されるか統制を行っている程度に関係していた。

幾つかの場合では、女性の家内労働からの収入へのエンタイトルメントはほとんど認められておらず、明らかに、彼女たちは賃金が支払われる過程で完全に無視されていた。そうした女性たちは、一般に年齢が高く、学歴が比較的低かった。彼女たちは家内労働者全体の収入の分布において必ずしも低い方に位置するわけではなかった。また、彼女たちは、夫が失業や退職をしていれば、自らが実際に当該世帯の唯一の稼ぎ手かもしれなかったが、自分自身の世帯への貢献にほとんど重要性を見出していないようだった。

> 親方は金曜日に私にお金をくれますが、それはいつも給与明細書と一緒です。夫にお金を渡して、必要なときに彼からお金をもらいます。このことについて言い争ったりしません。彼が私たちの家族の主たる稼ぎ手なのです。誰のお金を何に使ったかなんて本当に言えないのです。収入は一つにまとめているので。

予想しうることとして、賃金の支払い手続きで完全に無視されていた女性たちは、その使途についても知らないと述べた。彼女たちは、賃金の使途の決定において、自らがほとんど役割を果たしていないことをはっきりと確認するか、あるいは暗黙のうちに報告した。

> 私が支払いを受け取る時もあれば、金曜日に工場から夫が私の賃金を受け取ってくることもあります。夫は買い物をするためにそのお金が必要なのです……、夫は仕事をしていないので、そのお金を食料品に使います。

> 子どもたちが私の仕事の注文を受け取っていました。賃金についてはよくわかりません。子どもたちの父親がお金を受け取っていました。夫にお金が欲しいと頼んだことは一度もありません。そのお金でどうしてよいかわかりませんし。彼がそのお金を家計に使います。

このカテゴリーの大半の女性たちは、これらの取り決めに怒りを全く示さず、示したとしてもそれは稀なケースに限られていた。そのため、彼女たちが積極的にこれらの取り決めに同意していたのか、あるいは単にそれらに従っていたのか、立証することが出来た。これらの例外のうちの一人は、マリアム・ビビだった。彼女の語りは、自らの収入がどのように使われるかについて発言権が全くないことについて、幾ばくかの怒りを確かに抱いていることを明らかにした。

> 私の仕事からのお金は夫に支払われることもあれば、私に支払われることもあります。工場主が私にお金を支払う時は、私からお金を夫に手渡します。もし夫が家にいれば、工場主はときどき夫に直接、お金を渡します。夫はそのお金を家族の必要なものに使います。私の収入からのお金が余れば、夫がそれを銀行口座に預けます。私は銀行口座を持っていません。私自身の

口座が欲しくても、夫が許してくれないでしょう。なぜなら彼は自分の口座にそのお金を振り込んでいるからです……それがどういう風に使われているか、私は知りません。夫は私に銀行口座を開設する機会をくれません。私からお金を持っていった後、夫がそのお金をどのように使っているのか把握できないことを、確かに残念なことだと感じています。

二番目の女性たちのグループは、自らの収入を管理し、ときには世帯として共同供託された収入全体も管理していた女性たちであった。このグループの女性たちは、一般に、自らの収入へのエンタイトルメントを家族が承認していることをわざわざ強調した。家族の他の構成員が工場から給料袋をもらってきたり、彼女たちに代わって自宅でそれを受け取ったりしていた場合でさえ、慣例としては女性本人に給料袋が手渡されるということであった。このグループの女性たちによる語りは、彼女たちがエンタイトルメントについてのこの承認に付している象徴的な重要性を強調していた。

工場主は夫の友人です。彼は仕事を届けにきます。お金は常に夫に渡されます。でも、夫はそれからそのお金をいずれにしても私にくれるのです。

工場主の夫人がふだんは私に賃金を手渡しますが、私が家にいないときは夫に渡し、夫はそれを私のためにマントルピースの上に置きます。

私は現金で支払いを受け、それは私に渡されます、夫にではなくて。私が仕事をして、その対価を手元において、好きなように使います。でも、必要だったら夫に幾らか渡します。

このグループの女性たちはまた、自らの収入の使途についても何らかの役割を担っていた。それらの役割は、個々人の気質や家族の支配的な構成員との関係の質に応じてさまざまであった。たとえば、タヘラ・バヌは、共同供託された世帯収入を管理していた。彼女は夫にたいして彼の賃金の使途を説明していたが、自らが家内労働で毎週稼ぐ二五ポンドの使途について説明する必要性は感じていなかった。

たとえ私が夫のお金を預かっていても、夫はそのお金が幾らあって、幾ら使われたか知っています。彼は常に自らのお金に何が生じているのか知っているのです。もし私が私たちにとって必要なものを夫のお金で買ったとしたら、私は夫に告げるでしょう。でも、もし私自身のお金でそれを買ったとしたら、夫には告げません。

しかしながら、われわれの調査対象者の女性たちの多くが、家内労働から不規則に、かつ特に多くもない金額を稼いでいたという事実は、彼女たちの多くがこれらの収入を実際に統制することには特に関心がなかったことを意味していた。代わりに彼女たちが強調したのは、その収入を管理しているのが誰であるかにかかわらず、彼女たちがある種の配分的決定について相談を受ける権利を持つことであった。彼女たちの語りからわかったのは、こうした女性たちが、共同での相談(joint consultation)が必要とされる「例外的な」決定と、それが必要のない「通常の」決定とを区別していることであった。通常の決定は、予測が出来る日常的な支出と関連していた。つまり、日常的な必要や、住宅ローンの返済、地方税のような、定期的で「まとまった」支出であった。それらについては、誰であれ収入を管理している者が一元的に決めることが出来た。「例外的な」支出は、より裁量的で高価な項目が多かった。そのような支出のために相談することにより、他の構成員の選好を考慮に入れることが出来た。パルビンは次のように言っている。「夫の合意なしには高価な物は買いません。夫も何であれ高価な物を買う前には、私に相談します」。

例外的な決定と通常の決定という区別は、他の世帯構成員から尊重される限りうまく機能した。また、それは、男性が女性よりもそのような区別に制限されにくいという、公式の世帯主としての男性が持つ権力の証拠でもあった。フスナは、自分の選好を表現する機会を持つべきだったと感じる支出について、夫が一方的に決定してしまう傾向についての怒りを詳細に述べた。

私は夫に相談することなく外出したり、家のために何か大きな買い物をしたりしたことは一度もありません。どうしたらそんなことが出来るでしょう。これまで夫が物を買ってきました。彼は自分が望むことを出来るのです。ある日曜日、彼はショーケースを持って帰宅しました。私は自分たちが棚を一つ買うことはわかっていましたが、どの日に買うのかは知りませんでした。私は夫が買ってきた棚を少しは気に入りましたが、いずれにしてももう買ってしまったのですから、何の違いがあるでしょう。またある日には、夫はソファー・セットを買ってきました。こういうものは必要な物ではありますが、二人の好みが違うので、夫は自らの好みに従って買ってきたのです。夫が何か買ってしまった後では、もう何も口出しすることも出来ません。それが夫の習慣で、何も言わずに物を買ってくるのです。

したがって、配分を決定するにあたり女性たちが「声」を行使する能力は、世帯収入の管理や彼女たち自身の収入とは弱くしか関係しておらず、世帯内関係とはより強く関係しているように見えるであろう。家族の構成員の間に信頼がある状況においては、収入の管理や統制という論点は、あまり妥当性を持たない。それゆえに、前章で見たように、タハミナは家内労働に就くために夫に抵抗し、自らの収入への明確なエンタイトルメントを表明し、自らの優先順位にしたがって自らの収入を使っていた。同時に、彼女はまた、そのようにする自らのエンタイトルメントに関して、婚姻関係を構成する相互の権利と義務に埋め込まれているものと見なしていた。

夫と私はともに賃金の稼ぎ手です。……夫と妻の両方が働けば大きな助けになり、家族全体の暮らしが良くなります。……イギリス人は異なる文化を持っていて、夫と妻は相互に独立していて、でも一緒に住んでいて、別々にそれぞれの賃金を使います。そういう生活様式は私にはよくわかりません。私は自分の文化に慣れているからです。何か欲しかったら、自分で買いますし、必ずしも夫に聞く必要はありません。それに、夫が何か買って、私がそれを気に入らなければ文句を言います。そのようなことについて、私たちはあまり議論をしないのです。

対照的に、イスラム夫人の結婚においては信頼が明らかに欠如しており、彼女の収入の統制をめぐる対立は、夫との関係を特徴づける深い確執を象徴していた。初めて家内労働を始めた時、彼女は、自らの収入についての密かな統制をある程度維持していた。彼女の夫はふだん仕事で外出しており、彼女の賃金は仲介人によって彼女に直接届けられていたからだった。「こうして、私は夫に知られることなく貯蓄し、それを安全な場所に隠していました。そして、もしも五百ポンドを稼いだとしたら、二百ポンド稼いだと言うのです。夫には真実を知る手段はありません。夫はタクシーの運転手で一日中外にいるからです」。

しかし、引っ越した時、夫が仲介人の役割を引き受け、イスラム夫人に代わって縫製のための注文品を取りに行ったり配達したりするようになり、彼女が自らの収入について密かに統制したり、実際に幾ら稼ぐか決定したりする余地は急激に狭まってしまった。

他の人たちは仕事に必要な材料を自らのところに直接届けてもらっています。もし私もそうできれば、年間を通じて定期的に働けるでしょう。でも、夫以外の人間が私に仕事を持ってくることに夫が反対しているのです。夫は、私が仕事をするのは彼次第で、私が稼ぐ必要などないと感じています。彼にたいしてお金を隠すことはもう出来ません。彼はタクシーを持っていて、自分で私の賃金を受け取りに行くので、私が幾らもらっているのか常に把握しているのです。

彼女は、夫は彼女の賃金を渡すものの、彼が彼女にそれをどう使って欲しいのかについては常に対立すると報告した。「夫はバングラデシュに送金したいのです。私が最近終えた仕事から三百ポンド得たことを彼は知っています。彼はそれを取りあげたいのです。もちろん、私が貯めたわずかなお金を彼が持っていってしまう時、嫌な気持ちになります。……でも、私は何も言いません。

あまりにも怖いからです」。

女性たちの賃金の影響の評価—個人の状況

ここまでの分析が意味するのは、労働過程としての家内労働は、複数の介入のための諸点の対象にされやすいということであった。つまり、もし他のより権力のある世帯構成員が望むなら、家内労働からの女性の収入の大きさ、規則性、管理、使途を決定できる介入の点が複数あった。しかし、これらの統制がしばしば実践されていたという証拠にもかかわらず、女性たちは家内労働者として働き続けていた。実際、何人かの女性たちによって報告された対立は、ミシンがけに費やす時間の長さだけではなく、幾つかの事例では家内労働をしたいという彼女たちの望みそのものをめぐる対立であった。そのような対立は家族の構成員、特に夫と妻が、女性の収入から引き出せる効用に全く異なる評価を下していることを示唆していた。男性たちは、妻たちが家内労働から得ている収入よりも、彼女たちが家事に費やす時間から、より大きな効用を得ているように見えた。その一方で、女性たちは既にある世帯収入源では扱われることのない必要、欲求や関心を持っているように見えた。そこでわれわれは、これらが何であるかを評価するために、女性たちの収入の配分、およびそれが持つ彼女たちの生活への影響を取り上げることにした。

われわれは、まず何よりも、ほとんどそうした影響はないと報告した女性たちを対象に分析を始め、なぜそのような事態になっていたのか検討する。予想できるように、これらは賃金の支払い過程で完全に無視されていたか、さもなければ、自らの収入への統制を完全に夫に渡していた女性たちであった。彼女たちは、恐らく世帯の集合的支出を満たそうとしていたのである。彼女たちは大抵、あまり稼いでおらず、配分的意思決定においてほとんど役割を果たさず、自らの稼ぎがどのように使われているかほとんど考えが及ばず、自らの収入に大きな価値を付していないようだった。マリアム・ビビは自分自身で、外で仕事をすることはあり得ないと決断した。夫や夫側の親族が反対するであろうことがわかっていたからであった。彼女はこう言った。「私は働くことにあまり多くの利点を見いだせません。たいした得とか損とか、ないのです。私たちはただ私たちがやっているようにやっているだけですから」。

自らの収入にあまり重要性を付していないことを明らかにした女性たちは他にもいた。

私はたくさん働いたことは一度もないですし、たくさんお金を稼いだことも一度もありません。……それは、たいした影響力を持たないのです。……自分のお金だからといって、要求できることは何もありませんし、私はそれほど稼いではいないのです。

自分のお金の使われ方をたどることはありません。必要な時、夫が私からお金を取っていきます。……私たちには貯蓄は全くありませんし、その日暮らしです。

家庭における役割の優位性に自ら同意しているか、あるいは家庭における役割が最重要だと主張する夫に従っているか、そのいずれかであると答えた家内労働者たちもまた、家内労働からの自らの収入にあまり価値を付していなかった。彼女たちは、自らの活動を、空き時間を使う一つの方法として説明する傾向があった。シャリファ・ベガムは外で働くことは考えなかったという。「なぜなら、自身がそれを望まなかった」し、「夫がそれを許さなかったであろうから」である。彼女は、家庭内義務を果たすとお金を稼ぐ時間がほとんど残らないことに気づいていた。「お金のために家内労働をするわけではありません。……もしお金が欲しいなら外に出て働かなくてはなりません。子どもたちが側にいる家のなかで働くことは難しいのです」。ミア夫人の行動範囲もまた、夫によって著しく制限されていたが、彼女は家内労働を一日中家にいるという退屈をしのぐ方法として説明した。「ただ座っているよりも仕事をしている方がましだと思いますし、それが楽しいのです。家にいるのは末っ子だけで、彼女が泣き出したら仕事を止めます」。ミラは、ミシンの仕事を「臨時の支払いなどに当てます。お金はそれほど良くないけれど、時間をつぶせます」と説明した。スフィアもまた、差し迫った経済的必要のためというよりも、むしろ時間をつぶすために働いていた。「ミシンの仕事を始めたのは退屈していたからです。……幾らか稼ぎましたが、ミシンがけでたくさん稼いだとは思いません。……お金のために働いているわけではなく、ただ自分が時間をやりすごすのに役立つ何かが必要というだけです」。

驚くに値しないが、このように家内労働をあまり重要でないと見なしていた女性たちは、自らの収入を同じようにあまり重要でないものとして表現した。そして、男性の収入から支払われる生活必需品と、自らが家内労働で得た稼ぎによって可能になった裁量的な支出とを区別して描写する傾向があった。彼女たちの語りの多くについて衝撃的だったことは、自らの稼ぎの使い道を説明するのに使った、「へそくり」(‘pin money’)、「臨時的なもの」(‘extras’)、「細々したもの」(‘bits and pieces’)、「半端なもの」(‘odds and ends’)という語彙であった。彼女たちが一般的に稼ぐ限られた金額を考えると、この説明は恐らく客観的事実に幾らかの根拠を持つものであった。

私が稼いだお金は貯蓄するには十分な額ではないので、子どもたちのための服やお菓子、スナック類に使っています。夫がお金をねだることはなかったですし、そもそも大した額ではないという感じだったので。私は子どものための食べ物や服に使ったのです。

そのお金は、子どもたちのためのお菓子や物に使います。この国で一〇ポンドを使って他に出来ることがあるかしら。金《ゴールド》は買えないですし。

私が稼いだお金は私自身に渡されることもあれば、夫に渡されることもありました。私は自分の必要なものにそれを使いました。貯蓄は全くしていません。少額すぎて貯蓄なんて出来るでしょうか。サリーやバングルを買いましたが、大したものではありません。

夫が家族の主な稼ぎ手ですし、彼は私よりもたくさん稼いでいます。私の収入は、細々としたものの支払いに使われています。

しかし、これとは違った語りをする家内労働者たちもいた。そのなかには前述のグループよりもさほど多くの金額を稼いでいたわけではないのに、自らの稼得能力について、むしろ異なった、はるかに積極的な解釈をしている者もいた。このグループは、三つのサブカテゴリーに分けられる。一つ目のサブカテゴリーは、自らの収入が、ある程度の生活水準を確保するための世帯の取り組みにもたらした変化を強調する女性たちである。彼女たちは、自らの収入がなければ家族が差し控えざるをえなかったであろう消費のさまざまな形態を指摘している。

私が稼げれば家族は何かを得ることが出来ますし、もしも私が稼げないとしても、家族は何も失ったりはしません。私が働けば、家族が美味しいものを食べられます。夫の稼ぐお金で支出の大半をまかなっています。それに加えて、彼は車を持っていて、その車に毎月二百ポンドを費やします。……私が働いている時は、さまざまな請求書や子どもたちの服にときどきお金を出したり、さまざまな種類の食べ物がわが家にあるように心がけたりします。子どもたちがいつも食べ物と着る物に困らないようにすべきです。食べ物と着る物がときによってあったりなかったりしてはいけません。ある週にはたくさん食べ物を与えたのに、翌週にはそれより少なかったというのはだめなのです。

タリア・ベガムの夫は自動車工場で働いていたが、彼女は家内労働からの自らの収入を「わが家にとって必要な全ての物……カラーテレビ、ビデオ、洗濯機、車を買うため」に使ったと言い、さらに「もし私が働いていなければ、こういう生活水準は維持できないでしょう」と付け加えた。ヒラは、自らの収入が子どもたちの福祉(well-being)の水準を変えたことを評価していた。

うちの家族は成長して、子どもたちは必要な物が増えました。私自身が働けば、子どもたちにもっと食べ物や着る物を与えられるのではないかと思いました。多分、私たちのうち一人しか働いていなかったとしたら、子どもたちのための家庭教師代を払うことは出来ないでしょう。いまのところ、子どもたちはベンガル語とアラビア語を家で勉強しています。私が働いているので、もし子どもたちが望めば、追加的に英語の授業を受けることも出来ます。

ヒラ・ベガムの夫は失業していた。彼女は家族がどれほど自らの収入に依存しているのか非常によくわかっていた。「私が働いていない時は、私たちはより注意深くお金を扱います。食べ物への支出は減らせなくても、服やその他の物についての支出を減らします」。サケラは、自らの収入を補完的な意味を持つものとして説明した。「夫が主たる稼ぎ手です。彼は常勤で、私は働いたり働かなかったりの臨時です」。彼女もまた、自らの収入によって自分たちの生活水準にもたらされた違いについて意識していた。「私が仕事を辞めれば、うちのお金は少なくなるので、慎ましく暮らさなければなりません。私が働いていれば、そうする必要はありません」。

二つ目のサブカテゴリーは、自らの収入が独立した購買力の源となっていた女性たちである。彼女たちは、それが自らにもたらした能力、つまり、夫にいちいちお金を頼まずとも自分自身の要求と選好の幾つかを満たせる能力を評価していた。フスナ・カナムは、夫の度々の反対にもかかわらず家内労働の活動を続けてきたのだが、次のように語っている。

もちろん一所懸命に働けば、幸福が見つかるでしょうし、少しお金を稼いで、良い物を食べたり、お金をうまく使ったりするでしょう。誰かが二〇ポンド稼げば、それは良いことです。そうではないでしょうか。家族のためになります……。もし夫があなたに何かについてしてはいけないと言うのなら、あなたは自分でお金を稼いでそうすることが出来ます。あなたの夫がいつもお金を渡せるとは限らないでしょう。彼自身、お金が必要だからです。もしあなたが働けば、あなたが望むことが出来るし、だからこそ女性たちは働きたがるのです。

ルクサナの夫は家内労働に就くという彼女の決意に最初は反対したが、結局は同意した。彼女も自らの収入が自分自身にもたらした独立した購買力を評価していた。「私は夫から使うお金をもらっていました。でも、もし自分自身の収入があったら、自分で自由に使えると思ったのです。これは夫を助けることにもなるでしょう。そうなれば、彼は貯蓄できるでしょうし、それは私にとってもより良いことだからです」。

ルクサナは、稼ぎ手という自らの新しい地位に慣れるにつれて、どのように自分自身がだんだんと「大胆」に意思決定を行うようになっていったのか述べた。

自分で稼ぎ出して以来、最初に夫には告げずにたくさんのものを自分で買うようになりました。衣装ケースを手に入れて、そ

> れから夫に伝えたら、夫が後でその支払いをしてくれました。私はそれをバークレイカード【訳注4：イギリスで最初に導入されたクレジットカード】で手に入れたのですが、彼はそれを気にしませんでした。それで家の見映えが良くなったからです。私はビデオ・レコーダーも夫に言わずに手に入れました。いったん始めてしまうと、どんどん大胆になってしまうのです。

他の多くの女性たちによって同じような所感が寄せられた。

> お金のためにミシンの仕事を始めました。自分で幾らか稼げると、自分の好きなようにそのお金を使うことが出来ます。夫のお金ではそれは出来ません。

> 働いている女性たちは、コミュニティにおいてより尊敬されるものです。彼女たちは自由に動き回れるし、自分の欲するもの何にでも自分のお金を使うことが出来ます。彼女たちは、お金のために夫に依存しなくても良いのです。

> 私が思うに、もし私が働けば、自分自身の暇を持て余すこともないですし、自分の欲しいものを買うために幾らか稼ぐことも出来ます。彼を困らせなくてすむ方法なのです。彼は彼がそうしたいときだけ、私にサリーを買ってくれます。もし私が働けば、私は自分が欲しいものを欲しい時に買うことが出来ます。

最後に、三つ目のサブカテゴリーとして、自分自身の将来のために、あるいは家族の将来の保障のために投資しようと自らの所得の一部をとっておく女性たちがいた。こうした女性たちは、前章で述べたように、稼得機会を得る際にかなりの主導権を行使しており、しばしば夫の抵抗に直面していた。ヒラはこうした女性たちの一人であり、家庭内責任をうまく計画的に行い、家内労働に費やす自らの時間を最大化していた。彼女の所得は世帯のなかにある程度の経済的な自律性をもたらしただけでなく、彼女は自分自身の名義で銀行口座を開設することも出来た。

タハミナは、家内労働にたいする夫の当初の反対を覆して、ミシンを買い、自分の仕事の仕掛品の配達や完成品の納品を手配した。彼女は自らの収入の一部を家族の共同的な消費ニーズに使った。しかしそれだけではなく、自らの収入から幾ばくかの金額を母国バングラデシュの土地や宝飾品（バングラデシュにおける伝統的な保障の源泉）への投資にも使った。

> お金はとても役に立ちました。子どもたちや自分のために色々なものを買うことができました。ダッカに幾らかの土地を購入し、金製の宝飾品をたくさん買いました。夫から幾ら稼いでいるのかとわざわざ聞かれたことはなく、私のしたいようにさせてくれました。私はベッド、家具、棚、その他の私たちが必要とするものを購入しました。

トゥリは若い未婚の女性で両親と暮らしていた。彼女は縫製からの報酬を貯めて、自分の妹と共同購入するつもりのアパートの頭金として支払った。タリア・ベガムは自らの収入の一部をバングラデシュにいる姉に送金することが出来た。彼女は、夫の所得からお金を使いたいと要求することが減り、それにより彼が貯蓄する能力を高めたと信じていた。それは、世帯の集合的利益にかなうことだった。

私が稼いだお金の大半は子どもたちの服に使います。自分のための宝飾品や幾らかのサリーも買いました。夫はこういうことに全く反対しません。結局、それはたいした額のお金ではないのです。そのお金をさまざまな請求書の支払いに当てることもありますし、またときにはバングラデシュにいる姉への送金にも使います。夫も私に使うためのお金を渡してくれます。でも、私はもし自分自身のお金があれば、自由に使えると思ったのです。それは夫を助けることにもなるでしょう。というのは、そうすれば夫は幾らか貯蓄できるし、それは私にとってもより良いことでしょう。

最後に、ジャミラ・ベガムの場合には、夫の体調がすぐれず、彼女自身の稼得能力が彼女に将来の安心感を与えていた。

子どもたちが大きくなれば、家族のためにもっとお金が必要です。それに、夫の具合が良くないのです。娘と私は二人で仕事をおぼえたので、危機の時に頼るための幾らかのお金を得られています。……もし私が今日働ければ、私は将来のために幾らか備えることが出来ますし、ビジネスが出来ます。もし私が働くことが出来れば、私は夫を助けられるのです。彼は一生を通じて私を食べさせることは出来ないでしょう？　もし彼が今日病気になれば、私たちを養うことが出来なくなるでしょうし、政府から受け取るお金では十分ではないでしょう。

女性たちの賃金の影響の評価—より大きな構図

女性たちが自らの稼得能力に付した非常に複雑な評価を考えれば、自らの稼得能力が持つより大きな潜在的変換力に関する彼女たちの見解が同じように複雑であったことは、驚くに値しない。明らかに、自らの稼得能力にほとんど価値を与えていなかった女性たちは、自らの役割を伝統的な家庭的な意味に限っていた。それゆえに、彼女たちは、自らの稼得能力に関する質問自体を非常に不適切なものと見なしがちであった。その他の女性たちのなかには、女性にとって本当に価値があることとは関係性の質、特に夫との関係の質であって、それは自らの稼得能力とはほとんど関係ない、という見方に同意する人も数人いた。フスナ・カナムは、自らの収入がもたらした購買力を評価しているにもかかわらず、次のように語った。

もしあなたが家族のなかで尊敬を得ているのなら、それはあなたが働いているかどうかには関係ありません。何もわからないまま、夫から全てのお金を与えられ、「私たちは何でも一緒にします」というたくさんの女性たちがいます。そして、何十万ポンドを稼いでいるのに、妻に何も聞かず、好きなことだけをする男性たちもいるのです。

しかし、ロンドンの調査対象者における女性たちの大半は、自分自身の稼得能力は家族のなかで自分が得られる敬意にとって極めて重要であると考えていた。タリア・ベガムはこう言った。「お金はあらゆるものの根本です。働けば女性たちは独立した所得を得ますし、それを自由に使う権利を持つべきです。……夫は彼女たちをもっと敬意をもって扱いますし、そのお金は家族にとって役に立ちます」。こうした女性たちの間の違いは、家内労働からの収入がそのような敬意をもたらすに十分かどうかという点にあった。サケラは、家内労働からの収入が敬意をもたらしたと信じていた。彼女が指摘したのは、女性たちの家内労働からの収入が、倹約や節約をする必要を家族から予め取り除くだけでないということだった。それは、女性たちに自ら稼いだお金をどのように使うのかについて発言する資格と、家族の問題について相談してもらう権利をもたらした、と述べた。

女性たちは、自らが欲するように自らの収入を使う権利を持つべきです。彼女たちはそれを自分たちの両親にあげたいかもしれないですし、それは彼女たち自身のきつい労働の対価なのです。彼女たちは稼いだお金を浪費しませんし、どのように使おうとそれは彼女たちの家族のためになるのです。全ての女性たちが同じというわけではありません。ある女性たちはそれを住居にかかわる費用に使い、ある女性たちはそれを貯蓄します。……家内労働は女性たちに恩恵をもたらします。彼女たちは稼げるからです。女性たちが仕事をすれば、夫たちは妻たちの稼いだお金を使いたい時には相談するでしょう。ある女性たちは稼いでいるという理由で尊敬されるでしょう。尊敬に値する女性たちというのは敬意を受け取るでしょうが、何も言わない女性たちは無視されるでしょう。私が働けば、夫に十分なお金がなくても私が支払いをすることが出来ます。そしてその時は、私は発言力を得るでしょう。もし仕事をしていなければ、そういう発言力を私は得られないでしょう。

マスカは、夫の病気のために家族のなかで主要な稼ぎ手となった。彼女もまた、家内労働が世帯内における女性たちの地位を強化したという見方に同意していた。「家族のために稼ぐことによって、その女性の地位は向上します。家内労働をしているバングラデシュ人の女性たちは、家族からより多くの敬意を得ています。そして、彼女たちは自分のお金を持っているので、自分自身の好みにしたがってお金を使うことが出来るのです」。ラジュナは、家内労働が彼女にいざという時にいつでも頼れる技能を与えたという事実を評価していた。しかし同時に、彼女は自立しているという感覚をさらに得るためには自分が持つ就業の選択肢を多様化する必要があるとも感じていた。

さまざまな種類の仕事を知っていることは良いことだと思います。何が起こるかわかりませんし。もし何か起きてしまったら、私は働いて自分で暮らしを立てていくことが出来るでしょう。私には一つ技能がありますから、それを使うことが出来るでしょう。もし他のことを知っていたら、さらに良いでしょう。もちろん、女性たちは仕事をすれば男性たちからより多くの敬意を得ます。……かつてはベンガル人の女性たちは全く役に立たないと考えられていたのですが、いまでは女性たちは頭が良く、何かを達成することが出来ると考えられています。……そして、もし彼女たちが一つのことをするなら、他のことも出来るだろうと望めます。

しかし、他の女性たちは、自らの家庭において、あるいはより広いコミュニティにおいて、家内労働が女性たちの地位の源泉としては不適格であるような、家内労働が持つ特有の性質について指摘した。その仕事にまつわるさまざまな不利な条件とともに、多くの女性たちは単純に、家内労働をまともな仕事としてではなく、単に、時間をつぶす方法と見なしていた。リジュ夫人はこう語っている。「家内労働を始めた日のことをおぼえていません。……それはまともな仕事とは違っていましたし、記録をつけておくのが役立つというようなものでもありませんし、全て家庭内でのことにすぎませんから」。

ジョホラ・カナムは、女性の稼得機会へのアクセスの持つ影響は、彼女たちそれぞれの個性と夫の個性によって異なると主張した。ジョホラはまた、家庭でする仕事というのは社会的に隔離されているので、女性たちの自信を強化するのにほとんど効果がないとも信じていた。

家内労働から恩恵を受けられる女性たちもいますが、そうでない女性たちもいます。ある女性たちの夫たちは彼女たちのお金をとって使いますが、他の女性たちは自分たちの使いたいように使います。女性たちは恩恵を受けています。というのは、彼女たちはより多くの食料品を買えるし、土地を買えるからです。でも、家で働いているなら、彼女たちがより自信をつけるということはありません。もちろんそれは人それぞれなのですが、もしも彼女たちが外に出て働いていれば、十人の異なる人びとに出会い、役立つことを学ぶでしょう。

スルタナ・ベガムは、家内労働の恩恵について複雑な判断を下していた。一方では、スルタナは、家内労働が自らに与えた独立した購買力を明らかに評価していた。「私がミシンがけをすれば、お金を自分の手に出来ますが、そうでなければ出来ないでしょう。そこから得られる恩恵がなければ、女性たちは在宅でミシンがけをして働こうとはしないでしょう。もし夫だけが働いているとしたら、その女性は自分が欲しいものを買うために彼にお金を頼むことは気が進まないかもしれません。自分自身のお金を持っていれば、それを自分で買えるのです」。しかし一方で、彼女は家内労働から稼ぎうる金額がわずかであることが、その影響を抑制していると信じていた。「在宅で働いているからといって女性たちが敬意を得られるとは、私は思いません。そのようなお金から貯蓄することは不可能です」。

次に、家内労働は、家庭においてもコミュニティにおいても、女性の地位を向上するためにほとんど役に立たなかったという見方を明白にする女性たちがいた。彼女たちによれば、「きちんとした」仕事だけが、家族やコミュニティのまなざしにおいて、女性たちに何らかの意味のある特権や価値をもたらす。そのような仕事とは、家の外で就業し、ある程度の所得が稼げる、所得税を払うような仕事のことである。ロウション・カナムの場合、夫がバングラデシュに恒久的に帰国してしまった。そのために彼女は自分自身で子どもたちの面倒を見ることになった。彼女は家族にとって唯一の稼ぎ手でもあった。彼女は教育を受けておらず、英語をほとんど話さず、外で仕事を探す気持ちも自信もなかった。彼女は定期的に祈り、娘たちもまたそのように育てた。息子たちはコンピューターにより強い関心を持っていた。しかしながら、彼女は家の外での「きちんとした」仕事だけが、コミュニティからの敬意を女性にもたらすと信じていた。「在宅で働くことは女性に地位を与えません。外に出てオフィスで働く女性はコミュニティから敬意を得ます。家で座っていて裏地を量産することから、どんな地位が得られると期待するのですか」。

ルクサナは、最近、家内労働を辞めて、金額は減るものの定期的に稼げるパートタイムのユースワーク【訳注5：青少年支援の仕事】に就いた。彼女は、女性が稼ぐという地位から得られる多くの無形の利益を見てきた一方で、それらの利益は家の外での仕事についての方がより実現されやすいと信じていた。

> もし女性が働けば、彼女は自由になれますし、彼女は自分でそのお金を使えて、自分自身で選んだ物を買うことが出来ます。彼女は誰にも依存していません。彼女はより良い暮らしを送れます。私は、働く女性たちは自らが必要としないものにお金を使ったり、浪費したりすべきだとは思いません。でも、彼女たちには自らのお金を自由に使ったり、貯蓄を持ったりする権利があります。在宅で働くことの唯一の強みは、お金をちょっとだけ貯められることですが、それだけのことです。

トゥリは、自分の姉妹と共同購入した家の頭金を払うのに十分な金額をミシンの仕事から貯めた女性だった。彼女はパートタイムのユースワークに移り、自分の収入を自動車運転の教習代を払うのに使っていた。彼女の野心は、フルタイムのユースワーカーになることだった。トゥリは家族内で女性が依存状態にあることと女性の声が欠如していることには強い関係があるとした。しかし彼女は、家内労働では賃金が低すぎて、そのような依存状態を変化させられないとも感じていた。

もし夫が彼の給料でその家族を切り盛りしているなら、彼は、「彼女が何者だというのか。自分が全てだ」と思うでしょう。しかし、お金やその他の全てのことについてパートナーシップと平等の権利があるとすれば、彼がどのようにそのお金を使っているのか聞くことが出来ます。さもなければ、彼はこう考えるでしょう。「自分だけが働いている。自分が全ての責任を負っている」と。そして、彼は心が狭くなるでしょう。もし人びとが自分たちの生活のために何もしないとしたら、そのときは、それらの人びとが教育を受けていたとしても、心が狭くなるものなのです。女性は働くと尊敬されますし、夫は何かをする前に常に彼女に聞くでしょう。「これは君のお金でしょうか、それとも僕のお金でしょうか」と聞くでしょう。働いていない人は、常においてきぼりにされるように感じるでしょうが、働いていれば、彼女の意見は尊重されるのです。というのは、彼女はお金を稼いでいるからです。持つ者により多く与えられるのです」。

最後に取り上げるメヘルンは、われわれの調査対象者のうちの離婚した女性たちの一人である。彼女もまた、女性は自分自身の所得を必要としているけれども、女性が自立することを学ぶのは家の外で働く経験を通じてのみであるという見方に同意していた。実際、彼女は、結婚生活が悪化し始めた時の、家の外で働きたいという彼女の望みにたいする夫の抵抗を、彼の側にあった、そうした見解に帰していた。

彼は私に外で働いて欲しくなかったのです。私が何でもわかるようになるからです。家にいたときは、私は何もわかりませんでしたが、もしわかるようになったら、彼がそれまでしてきたような方法で私を虐待することに甘んじる代わりに、私は自立し始めたでしょう。私は外で働く多くの可能性を見つけだしました――工場における仕事や、妊娠した女性たちに付き添って病院に連れて行くような仕事――でも、彼は私を働かせてくれなかったのです。私はずっと働きたかったのです。なぜなら、夫は私にお金を全く渡さず、私は自分や子どものために物を買う必要があったからです。夫は私に外で働いて欲しくなかったのです。彼が言うには、彼の評判にかかわるし、彼は家内労働を私にやらせたくなくて、それは、私が子どもたちや家事をおろそかにするから、という理由からでした。

ついに夫が彼女と離婚したとき、メヘルンはコミュニティ内で孤立し、一人で生活している孤立した女性としての彼女の立場が噂話の的となっていることに気づいた。インタビューした時、彼女は家内労働を断続的に行っており、他に地元の託児所でもパートタイムで働いていた。また、地元のカレッジに応募し、オフィスで働く資格を得られるように、速記、タイピング、コンピューターのコースに出席することになっていた。彼女は、そのコースを取ることで新しい生活を始め、家内労働が決してもたらすことのなかった経済的自立を手にすることを期待していた。

それは私自身の考えです。カレッジに行こうと思います。コースをとって、良い修了書を得れば、良い仕事に就けるだろうと思いました。私はタイピングをして、事務の勉強をして、コンピューターについて学ぶつもりです。——コースは週に五日、九時半から四時なので、下の息子が学校に通い始める時にしか始めることは出来ません。……外で働くとき、女性たちが評判を落とすとは私は思いません。誰もが自立すべきです。

選択のより広い条件

ここまでで明らかなように、個々の女性たちが家内労働に就くという意思決定と、それが彼女たちの生活に与える影響をどのように経験するのかを決定していたのは、女性たちの家内労働に就く理由、収入の大きさ、その使途において発言できる程度、自らの稼得能力に付与する意味など全ての組み合わせであった。

上記のように、女性たちが家内労働から得る収入が持つ価値の重要性を、事例の多くにおいてそれらがいかに小さく見えようと、過小評価しないことが重要である。その一方で、本章における分析から得られる総合的な結論は、女性たちの家内労働の活動は、世帯内において、また、より広いコミュニティにおいて、ジェンダーの関係性にたいしてはかなり限定的な影響しか持たなかったというものである。そのような結論を支持するであろう、本章における実証結果から幾つかの点を要約させて欲しい。

本章において、筆者は、女性たちの家内労働からの収入が、世帯内における影響へと変換される過程に見いだされるさまざまな「統制」点について、指摘してきた。これらの統制点において決定に影響を与える能力は、家内労働の機会への女性たちのアクセスから最終的に生じる影響の本質を形成するために重要であった。これらの統制点の幾つかは階層的に組織されたいかなる世帯関係においても一般的なものであった。しかし、他の統制点は、在宅という本質を持つ労働過程ゆえに生じる、非常に特殊なものであった。世帯の支配的な構成員は、これらのさまざまな統制点において介入する機会を持つことにより、女性たちの労働時間を調整し、収入を記録し、家庭内責任が有償の活動よりも優先されることを確認しうるようになっていた。

女性の稼得能力についてのこれらの制約は、一つの統制点としての、収入の使途についての実質的な権力行使を遥かに弱めていた。女性が自らの収入の使途について権力を持ち、個人的な購買力が増加したと報告している場合、それはしばしば、前もって存在していた「統制」的決定によって設定された変数だけに限られていた。ただし、世帯の支配的な構成員による介入の最も重要な点は、家内労働に就くという意思決定そのものと関係していた。換言すれば、女性が代替的な雇用形態、つまり家内労働よりも恐らく相対的に大きい潜在的変換力のある就業への選好を表明していた事例において、優先されていたのは世帯の支配的な構成員による選好であった。また、そのような選好は世帯内の権力関係にほとんど対立しないような雇用形態に彼女たちを縛りつけていた。つまり、そのような雇用形態とは、報酬がわずかで、残余の時間で行う活動と位置づけられており、女性を家族の監視の下におき、そしてコミュニティ内においては社会的に隔離したままに保つものであった。なぜこのように支配的な選好が圧倒的となるのかということは、家族の崩壊が生じた時に女性がとりうる後退のポジションの弱さと関係していた。

イスラム夫人の事例は、次のような点を明らかにする上で示唆に富んでいた。つまり、一つには、女性たちの交渉上の立場を変化させるためには家内労働には限界があり、もう一つには、そのような制約された潜在的変換力しか持たない就業へ彼女たちを縛りつけてしまう彼女たちの交渉上の地位の弱さがあり、それら二つの事情が相互に強化し合う関係にあるということだ。既にわれわれは、ロンドンの調査対象者において対立的な婚姻関係について率直に報告した、たった二人の女性のうちの一人として、イスラム夫人について取り上げてきた。インタビューした時、彼女はイギリスで暮らし始めてちょうど三年目であった。夫との関係は結婚後まもなく悪化し始めた。それは彼が以前の結婚について嘘をついていることに気がついた時だった。妻に先立たれた男性だという彼のきっぱりとした言葉とは対照的に、最初の妻が生きていてバングラデシュに暮らしているという事実が判明したのみならず、彼は前妻と定期的に連絡もとっていたのであった。夫が暴力的で嫉妬深い男性であることが明らかになってきた。彼はイスラム夫人が英語を上達させるために語学の授業に出席することを阻み、いかなる形での外での就業も、彼女が「悪く」なるといけないからと禁じた。そして、ミシンの仕事に就きたいという彼女の望みに、その仕事が、最初は彼の知り合いによって、続いては彼自身によって、彼女に取り次がれるという条件でしぶしぶ承諾したのだった。

イスラム夫人は自らの状況の重苦しさを説明した。「もし私が誰かの家に出かけて、私を家のなかで見つけられなければ、彼は悪態をつき始めます。私は家に長く居すぎると窒息しそうです。私があるとき、私の置かれた状況を見た義父が、彼らの家に私を数日連れていきました。私は五日間滞在して、そこには子どもたちもいて、人びとと賑わいに囲まれることを楽しみました」。彼女は、夫から離れてバングラデシュに戻りたいと決意した。働くことにおける彼女の目標は、故郷への旅費をまかなうに足る貯蓄をすることだった。しかし、彼女はそうすることは難しいと感じている。既に見てきたように、彼女は最初、注文した仲介人に頼って注文のやりとりをしていたので、自分が幾ら稼いでいるかを夫に隠すことが出来た。彼女はそれをバングラデシュへの最終的な帰国を準備するための資金源として使い始めていた。

ときどき私はバングラデシュにいる兄弟に送金します。彼らはとても貧しくて、土地を耕して生計を立てています。このことについて夫と口論し、送金は私自身が必死に稼いだお金であって夫とは何の関係もないと言っています。そういうわけで、バングラデシュに帰国する時に頼るべき何かが私には必要だということとは別に、私は彼に告げることなく、バングラデシュにあるショナリ銀行に口座を開設したのです。私はこの国に遠い親戚があり、私への郵便には全て彼の住所を使っています。バングラデシュに帰る時にこのお金が必要となりますし、自分の貯蓄とこの金製の宝飾品があります。口座を開設したもう一つの理由は、バングラデシュに帰国すれば家内労働を続けられないですし、他の何かをする資格もないからです。だから、自分の貯蓄を頼りにしているのです。

しかし、自らの収入を統制するイスラム夫人の能力は、夫が仲介人の役割を引き継いだ時、ますます損なわれた。彼女は、どのように自分が稼いだお金を使うかをめぐる夫との絶えざる対立を報告した。夫は、妻の稼ぎにたいして自分に発言の権利があると明らかに感じていたからである。彼女は、自分が最近到着した移民女性であり、イギリスで自分自身のネットワークを持たないという無力な状態にあることと、いかなることであっても夫とのあからさまな対立という危険を冒すことには気が進まないこととは、明らかに関係していると述べた。

夫はいつも口論につながるようなことについて話します。夫はバングラデシュに送金したいのです。……私が最近終えた仕事から三百ポンド得たことを彼は知っています。彼はそれを取りあげたいのです。もちろん、私は、彼が私の蓄えたわずかなお金を持っていってしまう時、嫌な気持ちになります。……でも、私は何も言いません。あまりに怖いからです。もし口論になれば、私には他に行くところはありません。……今回、夫はまだその三百ポンドを取りあげていませんし、私はそれを彼に渡すつもりはありません。彼のことが怖いので、私は何も言っていません。もし私がそうしたら、本格的な口論になってしまうでしょう。私は彼と暗黙の口論をしていて、彼にそのお金を渡さないと決めたのです。もし私が何か言えば、口論になって、彼は私を殴るでしょう。そうしたら、私は彼を殴り返せませんよね。泣くだけです。この国には親戚は誰もいないし、私のグスティ(gusthi)【訳注6：グループ、コミュニティあるいは家族をさす。ただしこの場合の家族とは核家族ではなく、一族ほどの意味となる。】のなかでは、ここにやってきたのは私だけなのです。

カーン夫人の語りは、われわれの調査対象者の女性たちの幾人かの脆弱性を想起させる。しかしそれはまた、経済的脆弱性というよりも社会的脆弱性という、彼女たちが持つ脆弱性の根拠へ注意を向けさせる。実際、国家が保証する社会保障制度の存在、賃金がより良い雇用を外で利用できる機会、さらに出来高払いの仕事でさえより多くの時間を投入することでより多く稼ぐ可能性があることなどを考慮するならば、バングラデシュ人の女性たちはロンドンの文脈において自力で経済的に生き残れただろうと議論しうるかもしれない。彼女たちの交渉上の立場の弱さは、万一、家族から拒絶されたら、彼女たちの状況は社会的に孤立したものになるという恐れに由来していた。既に指摘してきたように、彼女たちはイギリスへの移民第一世代であった。多くは比較的最近に到着し、英語を話せないことにより、より広い社会からいまだに遮断されていた。また、前章までに確認したように、彼女たちは自らの文化によってのみならず、移民法によっても「扶養家族」という性質をもたされていた。家族とコミュニティという社会的ネットワークは、彼女たちのような肌の色の人びとにたいする敵意と暴力に特徴づけられる環境において、彼女たちにとって主な社会的支援の源泉であった。家族とコミュニティの保護と支援の外側で独立した生活をすることは、多くの女性たちにとって魅力的なものではかったし、彼女たちは、家長の望みに逆らい、自分の立場を危険にさらすことで得られることはほとんどないと考えていた。

したがって、ロンドンの文脈における女性たちからの語りは、ダッカにおけるそれらよりも、明示的な対立がずっと少ないことが特徴だった。家の外での仕事を考えて準備してきたかもしれない女性たちであっても、家族が反対すれば、外で働こうとはしなかった。ダッカでインタビューをした女性たちの多くが家の外で働くという自分たちの望みにたいする家族の抵抗をなんとか克服していた。しかし、ロンドンでは、そのように交渉が拡大されているという証拠をほとんど見いだせなかった。さらに、ダッカの女性たちの幾人かが、暴力的、無責任あるいは不誠実な夫を離れることにつながった、世帯内での男性の権威へのあからさまな対立の証拠は、さらに少なかった。実際、一人を除き、結婚経験があり夫がなかった女性たちのなかで、自らの責任でそのような状態になったという女性は一人もなかったことがロンドンの調査対象者の際立った特徴の一つだった。彼女たちは、見捨てられたか、離婚されたか、死別されたのであった。これらの女性たちはしばしば、外での就業を選んだ女性たちであり、その理由は、一つには、男性の支援がない状態である程度の収入を稼ぎたいという願いからであった。もう一つには、彼女たちの就業選択を制約している重要な源泉がこれらの事例では当てはまらなかったからであり、さらには、家内労働にともなう社会的孤立から逃れるため、というものであった。

結論

本章における分析は以下のことを示した。すなわち、家内労働を通じての収入への女性たちのアクセスとその世帯内関係への影響は一様ではないが、家内労働に就くことに女性たちを向かわせた動機、彼女たちの収入の大きさ、および彼女たちの望みにおいて直面した対立や協力の程度に依存しているということである。女性たちの就業の動機はさまざまであった。家内労働は暇な時間をつぶす単なる方法であり、それゆえにほとんど影響がなかったという女性たちも存在すれば、金銭的報酬にこそ意味があり、それゆえに自分たちの時間の使途にたいして一定の価値を付していた女性たちも存在した。後者のグループでは、お金を稼ぎたいという動機――世帯の厚生に貢献したい、購買力をある程度行使したい、貯蓄したい、独立した資産を得たいなど――は、家内労働からの収入がもたらす影響が形成される上での追加的な要因であった。しかしながら、われわれはまた、その労働過程におけるさまざまな「統制」点についても指摘してきた。その多くは家内労働が組織される特定のあり方から生じており、それは支配的な構成員が彼女たちの労働時間を調整し、収入を統制できる余地を与え、それゆえに、世帯における彼女たちの地位に及ぶ家内労働の収入の影響を薄めていた。

結果的に、家内労働からの報酬の結果として、幾人かの女性たちが疑うことなく獲得した収入の重要性にもかかわらず、われわれは、バングラデシュの工場の女性たちが、自らの新しく確立した稼得能力の結果として行使しえたような類いの戦略的選択の証拠をほとんど見いだせなかった。女性たちの収入の乏しさ、収入へのエンタイトルメントが仲介されるという性質、労働条件の社会的な隔離などの全てが、家内労働への女性たちの参加が世帯内権力の不平等においてもたらしたいかなる重要な変化についてもその程度を抑制するほうに作用してしまった。しかしながら、家内労働が世帯内における女性たちの交渉力を改善するのにほとんど役立たないとしても、この分析から引き出される最も重要な点は、彼女たちにそもそも交渉力が欠如していること、そして後退のポジションにおける社会的な脆弱性が、彼女たちが選好する選択肢がいかなるものであったかにかかわらず、そのような限られた潜在的変換力しか持たない雇用形態に彼女たちが就いていることを説明していた、ということである。彼女たちの娘たちが同じような不利な条件に苦しむとは考えにくい。彼女たちはこの国で学校に通うだろうし、英語を学び、自分自身の社会的ネットワークを創り、母親たちよりも広い価値判断や行動の枠組みを持つだろう。これが実際に労働市場における機会の改善につながるか否かは、そのとき、より広い社会が彼女たちの親に与えたよりもより広い活動空間《スペース》を与える準備がどの程度であるかに依存するであろう。

第九章　労働市場における排除と経済学

逆説の説明

本研究の出発点は、バングラデシュ人女性たちが一九八〇年代末のダッカとロンドンでそれぞれに極めて異なる形態で縫製産業に包摂されていくのを観察したことにあった。このふたつが非常に異なる文脈であったことを考えると、その違いが見せた逆説的な形態こそが、その事実そのものよりもさらなる研究に値するように見えた。換言すれば、次のような問いとなる。ダッカの女性たちは、公的領域での彼女たちの存在を制約する強力な規範が過去にあった場所にいた。それにもかかわらず、なぜ彼女たちは、以前にやっていたような家内労働の形態を続けるのではなく、工場での雇用という新しい形態の利用可能性にたいしてあれほど急速に反応する準備が出来ていたのだろうか。そして、なぜロンドンの女性たちの大半は、女性の公的領域における移動が広く受容されている文脈のもとでありながら、出来高払いの家内労働を選んだのだろうか。こうした問いゆえに、本書の最初の目的は、はっきりと実証的なものであった。すなわち、この逆説を説明することである。

既に指摘したように、選択に関する経済学のさまざまな理論から、ダッカの工場労働に参入するという女性の意思決定を、経済的誘因への反応という観点で説明することはたやすい。しかし、それらの理論で、ロンドンで家内労働をするという女性の意思決定をうまく説明することはそれほど容易ではない。一方で、文化主義者によるさまざまなパラダイムを用いれば、ロンドンの文脈で家内労働に女性が集中することはパルダの規範の継続を示しているのだと説明できる。ところが、このパラダイムでは、ダッカの文脈でそのような規範から女性の行動が明らかに逸脱することを説明することは難しい。本研究でわれわれが採用した比較分析の枠組みが持つ強みの一つは、これらふたつの文脈を同時に検証するうえで、ロンドンとダッカという二組の労働市場における意思決定に共通する主題を見いだせることのみにあるわけではない。この枠組みを用いることで、この二組の労働市場における意思決定により生じた、われわれの直観に反するような形態をも説明しうるような、ありうる両者の差異というものも見いだせるのである。

われわれはいまや、ここまでの各章からの事実発見をまとめ、それらが労働市場における逆説の理由について語ることを要約できる。唯一の要因や、明らかに優勢な何らかの要因というものが説明として現れることはない。その代わり、われわれの分析は、相互に矛盾しないさまざまなメカニズムの一群を提示する。そうした一つひとつのメカニズムは、パズルの一つのピースをなす。それらを統合すれば、一つの説明を構成するのに幾らか役立つであろう。ここでの関心の対象は、女性の就業のパターンの集団的次元での差異であり、個人の差異ではない。そのことを考えれば、その説明をなすさまざまな因果的メカニズムもまた、個人的次元での差異を通じてというよりも集団的特徴と構造的文脈における差異を通じて作用するということである。

集団的特徴と選好の差異

われわれの説明を特徴づける差異の一組目は、二つの女性たちの集団の間にありそうな集団的特徴の差異と、それらの差異が彼女たちの選好の種類にたいして持つ意味合いに関連している。最初に指摘すべきなのは、ロンドンでインタビューした女性たちは多くの点において、より同質的であったことである。既に指摘したように、ロンドンのバングラデシュ人コミュニティの大多数はバングラデシュのたった一つ県の出身で、実際にそのなかの特定の村々の出身であった。第二に、彼女たちはそれらの村落のある特定の経済的階層の出身であり、小規模な土地を所有し、イギリスへの渡航費用を負担できる世帯の出身であった。彼女たちが移住した状況は、その集団にいっそうの同質性をもたらした。男性たちの多くはかなり早くに単独で移住しており、しばしば一九六〇年代の「保証人制度」の下でイギリスに入国していた。大部分の女性は、後からやってきた。彼女たちはバングラデシュで育ち、通常は夫、ときには父親と暮らすためにイギリスにやってきた。多くの場合には、われわれがインタビューを行うほんの数年前に移住していたのだった。そのような移民の状況によって、われわれの調査対象者の女性は、そのコミュニティ全般における女性がそうであるように、大部分が既婚者だったことを意味していた。

ダッカの調査対象者の女性たちはロンドンよりもずっと不均質だった。何よりも彼女たちの出身はずっと多様であった。ダッカで生まれた者もあれば、人生の早い段階で若い時期にダッカに移住した者もあった。より最近にやってきた者もあって、その場合はしばしば、縫製産業が提供する機会に反応したものであった。ダッカ市へ移住した女性たちは国中のあらゆる県からやってきていた。ただし、より貧しく、相対的に人口稠密なフォリドプル、ボリシャル、コミラ、およびマイメンシンなどの県に偏ってもいた。これらの県はまた、男性移民の多くを供給し、国内の他県よりも高い土地なし率を特徴としていた。縫製産業の女性移民たちの出身は、土地なし世帯やわずかな土地しか持っていない世帯に偏っていた。ただし、彼女たちは均質的に貧しいわけではなかった。多くが初等教育修了者だった一方で、中等・高等教育まで進んでいた者もいた。ダッカ市に、そして縫製産業での就業に女性たちを至らせた多様な状況は、結婚歴にもかなりの差異があることを意味していた。未婚女性が唯一最大のカテゴリーであったが、この産業にはかなりの数の既婚女性と、少数とはいえ無視しえない数の以前に結婚歴のある女性が存在した。

二つの女性の集団の特徴に見られるこうした差異は、彼女たちの労働市場への参加のパターンの差異を説明するのにどのように役立つだろうか。まず、バングラデシュ内の出身地域の差異は、「選好」が社会的に構築される上での幾らかの差異を、特に女性たちにとって許容できると考えられている行動との関係において、説明していたかもしれない。ロンドンの文脈では女性たちの大多数、そして彼女たちの家族が、バングラデシュで最も宗教的な諸県の一つからやってきていた。それらの県では女性の労働参加率が低いことを考えると、ロンドンの女性たちは、本人が許容できる有償労働の形態を評価する際に、女性の有給活動への参加率がより高く、あまり保守的ではない地域からやってきたダッカの女性たちとその家族に比べて、より保守的になる可能性がかなり高い。

しかし、二つの女性の集団の語りに関するわれわれの分析が示唆するところによれば、彼女たちのパルダの解釈は、雇用形態の差異についての唯一の説明、あるいは最も重要な説明となるほどには十分に分岐してはいなかった。ロンドンの調査対象者の少数派は、家内労働に従事するという意思決定を自分自身による、あるいは家族によるパルダの遵守で説明した。しかし同時に、われわれはダッカの文脈で公的領域に姿を現すことでパルダの規範を破っていると信じている女性たちにも出会ったのである。この二つの集団の他の女性たちの間には、パルダの解釈について注目に値する類似点があり、そうした類似点には、外での就業における、ある種の形態とパルダの規範との適合性についての彼女たちの見解が含まれていたのである。

二つの集団の女性たちの人口学的な構成の差異もまた、彼女たちの雇用形態の差異を説明するのに一定の役割を果たしていた。第七章で指摘したように、イギリスでの家内労働に関する一般的な先行研究は、育児責任との適合性が、あらゆるエスニックコミュニティ、つまり黒人、アジア人、白人のコミュニティから、女性たちが大規模に家内労働に参加していることを説明する主要要因であると示唆している。ロンドンに移住したバングラデシュ人女性たちの多くは、夫に合流した妻であった。そのため、彼女たちはダッカで工場に就職した女性たち——彼女たちの多くは未婚であった——に比べて、子どもを持っている可能性が高かった。さらに、バングラデシュの他地域に比べて、シレットでは出生率の低下がより緩慢であった。したがって、育児という制約が有意に寄与している程度における差異は、ロンドンとダッカの女性たちによってなされた労働市場での選択における差異のもう一つの源泉であるかもしれなかった。

確かに、ロンドンの調査対象者の女性たちはダッカの既婚女性たちよりも多くの子どもがいると報告していた。彼女たちの末子の年齢はより若い傾向があった。しかし、より大きな統計的構図が示唆するのは、育児という制約がロンドンの文脈でのバングラデシュ人女性の家内労働への集中を部分的にしか説明しないということである。第七章で指摘したのは、経済活動人口の水準の大幅な低下が小さな子どもの存在と関係している他のあらゆるエスニック集団の女性たちとは対照的に、ロンドンのバングラデシュ人コミュニティの女性たちの労働参加率がより劇的な低下を示すことは結婚と関係しているように見えた、ということだった。ダッカからの証拠は、この「結婚」の効果が際立ったものではないことを示唆していた。一般的に、現に結婚している女性や小さな子どもがいる女性は、以前に結婚歴のある女性や未婚女性よりも労働参加率が低かった (Zohir and Paul-Majumder, 1994)。しかし、縫製産業における労働力調査は、三分の一から二分の一の女性たちは現に結婚していることを示している。その上、フォーマルな製造業で雇用されていた女性たちの半分以上、およびインフォーマルな製造業部門で雇用されていた女性たちの四〇％は、一九八三／八四年時点で結婚していた。この比率は一九九五／九六年には大幅に上昇した (Zohir, 1998)。

　このことは、ロンドンのバングラデシュ人女性たちの生活において結婚が持つ意味が、ダッカの女性たちの場合とは異なっていたことを示唆している。結婚の解釈におけるこうした差異は、パルダについての彼女たちの言説の差異に関連しているというよりも、二つの女性の集団が持つ異なる地理的来歴に関連していることの現れであった。われわれが既に指摘した、結婚が持つ意味に関する一つの側面は、婚資の慣行はシレットではかなり近年になってから出現したものであって、バングラデシュの他地域に比べてまだまだ普及していなかったということである。

　二つの女性の集団の経済的背景の差異もまた、彼女たちの労働市場における選択に含意を持っていた。われわれが見たように、ロンドンのコミュニティの女性たちは、ダッカの調査対象者であった女性たちに比べて、小規模な土地を所有する家族の出身である可能性が高かった。そのような家族は一般的に、女性が有償労働に従事することに慣れておらず、いかなる場合においても、職業選択における身分へのこだわりがずっと強かった。イギリスに来る前に有償労働に従事した経験があったのは、ロンドンの調査対象者の中でも非常にわずかな少数派の女性たちのみだった。対照的に、かなりの割合のダッカの調査対象者の女性は、より貧しく、土地なし世帯の出身であり、つまりバングラデシュ人女性の賃金労働の大半を供給していたカテゴリー集団に属していた。女性たちの多くは以前に雇用されていたことがあり、それは主に家事使用人であったが、工場や家庭栽培や手工芸品の製造などに雇用されている場合もあった。

　われわれの研究で対象とする二つの女性たちの集団が持つ一般的特徴におけるさまざまな差異は全て、彼女たちの労働市場における意思決定に関して観察された差異を説明するのに部分的には寄与しているであろう。しかし、まだ一つ、説明していない要素がある。ここまでわれわれが議論してきた差異は、ロンドンの女性たちとその家族の構成員たちが、ダッカの場合と比べて、なぜ家内労働という就業をより好むのかという説明においては適切であった。換言すれば、それらは、二つの文脈における焦点が、合意された意思決定である限りにおいて、労働市場における意思決定の差異を説明するのに役立つ。しかしながら、意思決定が対立的な状況に目を向けると、そこでは外での就業にたいする女性たちの選好、あるいは外での就業を検討してみたいという意志は、世帯において権威を持つ構成員の選好からは分離していた。そのため、ロンドン調査の女性たちは自らが好む雇用形態についてうまく交渉できない傾向がより強いということを指摘できた。換言すれば、女性が選好する労働市場における選択をめぐる対立はロンドンとダッカの両方で生じていた一方で、そうした対立は異なる結果をもたらしていた。つまり、ダッカでの結果においての方がロンドンに比べて、女性の選好がより優勢になりやすかったのである。

われわれは既に、これらの点を調査対象者の選択方法による人為的結果であるとして単純に却下できないことを指摘してきた。こうした結果は、選択を行い、家族契約の条件を交渉する女性たちの能力の実際の差異を反映していた。したがって、われわれは次に、二つの文脈における女性たちの交渉力の差異を説明するのに役立ちそうな要因を特定するため、女性たちが意思決定を行う文脈の差異を調べることにする。

地域労働市場と仕事をめぐる競争

ロンドンとダッカという二つの文脈における差異の主要な部分は、二つの女性たちの集団が直面している労働市場の機会の違いに関係している。いずれの文脈においても、衣料部門は女性の鍵となる雇用の源泉として重要である。そのことを考慮すれば、縫製産業それ自体が持つ特殊な性質が、われわれの分析の労働市場に関する点における重要な構成要素となっているであろう。既に見てきたように、縫製産業とは、その生産過程のさらなる細分化、大規模な未熟練労働者の集中的な使用、製品需要における季節的変動や流行に関連する変動、低賃金で、衣料品への需要水準の変動に対応するために柔軟に管理しうる労働力への歴史的依存などによって特徴づけられる。異なる時期や場所において衣料産業に雇用された労働力の特徴に関する分析は、したがって本質的には、異なる状況の下で労働市場においてどのように「不利な立場」が構築されるかに関して検討を行うことであると言えるだろう。本書の目的に関わる限り、そのような分析は、ロンドンとダッカという文脈におけるバングラデシュ人女性が持つ特定の不利な点を明らかにする。また、そのような不利な立場ゆえに、二つの文脈において彼女たちが衣料産業に組み込まれたことと、その編入が特定の雇用形態をとったことを探究する。ただし、われわれの関心は、これらの二つの労働市場での女性たちの地位の違いが、彼女たちの労働市場における選好についての世帯内対立にたいする異なる結果について何らかの影響を及ぼしえていたのか否か、という点にもある。

調査した二つの文脈ではともに、労働市場において際立った分断と不利な集団の周縁化が特徴として見られた。それと同時に、これら二つの文脈は、労働市場における不利な立場の基礎を形成する社会的不平等の性質においては異なっていた。ジェンダー不平等はどちらの文脈にも共通しており、女性たちを主流の機会から排除し、限られた数の職業や活動に縛りつけることにつながっていた。二つの文脈での女性たちの労働市場における選択に関する制約は、イデオロギー的な規範と排除の仕組みの組み合わせを反映していた。しかし、それらは明らかに文化的に異なる形態を持ち、女性の労働参加率の水準を異なるものとしていた。バングラデシュ人女性はイギリス人女性よりも労働参加率がずっと低かった。しかし、われわれの分析にとってより重要なことは、不利な労働者としてのバングラデシュ人女性の地位が、二つの文脈でむしろ異なる社会関係の組み合わせに埋め込まれているという事実であった。この事実は、関連するさまざまな部門の男性労働力と彼女たちが競争している程度について、さまざまな含意をともなうものであった。

バングラデシュでは、長期に渡る構造的制約の結果、女性は主流の雇用形態から排除され、その活動は非常に限られた低賃金活動に制約されてきた。そこでは女性は経済における不利な労働力の主要な源泉であり、非常に競争的な産業の需要を満たすため雇用主が必然的に求める選択を構成するものでもあった。また、縫製産業への女性の採用は、男性労働者との直接的な競争にはつながらなかった。それは新しい産業であり、むしろ女性労働者への新たな需要を創出していたのであって、男性を職から追放するものではなかったのである。いずれにせよ、男性には他の選択肢があったため、工場での規律の要求、長時間の労働、義務的な時間外労働や国際的に競争的な産業に一般の搾取的な条件に従う心構えがなかった。さらに、「女性」部門としての縫製産業の構築がいっそう進むとともに、この産業で男性たちが雇用を探す誘因はさらに小さくなっていたのである。

他方で、イギリスの文脈では、バングラデシュ人女性が衣料産業の家内労働部門に集中していることは、労働市場の分断とも関係していたが、それは二重の「閉じ込め」(Parkin, 1979) によって生じていた。それは部分的には、労働市場のジェンダーによる分断に関係していた。この産業の労働者の八〇%以上は女性であった。概して白人の男性労働者は、ミシンの仕事は「女性の仕事」であると認識していた。ただし、労働市場のジェンダーによる分断は人種的な分断によってさらに階層的に分断されていた。多くの研究者が指摘してきたように、この産業はエスニックマイノリティの女性たちが多数を占め続けていたにも関わらず、そこで普及している劣悪な労働条件、その「労働搾取工場」との関わり、出来高賃金払いの実践や賃金そのものの低水準は、白人女性労働者の多くのみならず、キプロス島人たち (Shah, 1975; Josephides, 1988) のような初期の移民の第二世代の一部の者たちさえが、この産業を避けることにつながっていた。

しかしながら、労働市場の人種的な分断のもう一つの側面は、それがエスニックマイノリティの男性、この場合はバングラデシュ人男性に不利な労働者としての特徴を与えていた。つまり、人種的に不利な地位が男性労働者としての彼らの有利さを弱めることになっていたのである。一般的に、人種に基づく閉じ込めの形態は、必要な言語や教育上の資格に欠けることにより増幅され、主流派の労働市場の機会からバングラデシュ人コミュニティの構成員を広く排除することにつながり、彼らを非常に限られた範囲の職業に縛りつけていた。ロンドンにおける衣料産業の立地はバングラデシュ人コミュニティの主要地域と一致していた。衣料産業は、バングラデシュ人コミュニティが縛りつけられている主要な産業の一つであった。しかし、コミュニティの内部では、ジェンダー規範を中心に展開する二番目の閉じ込めがあり、それがコミュニティ出身の女性たちにとって利用可能な機会の範囲をさらに制限するように作用していた。それは、コミュニティの男性構成員のために、外での衣料産業の雇用を幾分かよい形で効果的に維持していたが、一方で女性を出来高払いの家内労働にとどめていたのである。

したがって、労働市場のより広い構造が、われわれが調査した世帯にとって利用できる可能性の分布を形成していた。同様に、その構造は、これらの世帯内で個々の女性が行うことが出来た選択をも形成していたのである。ダッカでわれわれが発見したことは、以前に全く働いたことがないか、そうでなければほとんど自宅で仕事をしていたという多数の女性たちが新たな機会の出現につれて外での仕事に就く準備があったということであった。他方で、ロンドンでわれわれが発見したことは、一般的にバングラデシュ人コミュニティにとっての就業機会は乏しく、労働市場の限られたニッチに限定されており、女性を家内労働の出来高払いの仕事に縛りつけるよう作用していた家庭生活、結婚、ジェンダー的妥当性に関するイデオロギーが動員されていることであった。そして、それらは女性たちが、衣料産業において相対的に賃金の高い仕事をめぐって、彼女たちの家族である男性、あるいは同じコミュニティ出身の男性と直接的に競争する可能性を回避させていた。しかし、それ自体は、二つの文脈における女性の交渉力の違いを説明しない。それは、なぜ、バングラデシュでの女性たちのように、ロンドンの女性たちが外で就業するという望みにたいする男性の抵抗を克服できなかったのかを説明しない。それはまた、バングラデシュ人コミュニティでの男性失業率の高水準を前提とすれば、女性がより賃金の高い仕事を探すという逆の誘因が広がらなかったのかについても説明していない。

政府の役割と女性を扶養する費用の負担能力

したがって、われわれは、ロンドンとダッカの文脈で、女性労働者とその家族が直面していた労働市場の選択肢における差異の幾つかを説明するのに関係がありそうな、次の重要な違いを取り上げる。それは政府の役割に関係している。ダッカでは女性たちの語りにおいて、政府については非常に断続的にのみ語られ、かつ直接的な物質的援助の源泉としてはほとんど語られなかった。多くの女性たちが縫製産業における自らの仕事を政府による介入の結果であると直接的に帰した。しかし、それはおそらく、歴代の政府指導者たちが常に女性と開発について表明してきた成果であろう。一方で、他の女性たちは、一九七〇年代半ば以来の政府による言説を特徴づけてきた女性の平等や女性の権利への言及について、より広く口にした。しかし、こうしたことを別にすれば、政府の役割への言及はほとんどなかったのである。対照的に、ロンドンにおける女性の生活では、政府は、さまざまな形でより存在感を持っていた。女性たちは、政府の負の側面、特にコミュニティにたいする人種的な攻撃への警察の無関心などについて話した。その一方で、彼女たちが直接的、間接的により多く語ったのは、福祉的側面、つまり失業者へのセーフティネットの供与、児童手当、および健康と教育制度にたいする補助金などに関することであった。

政府の不在／存在は、二つの国での女性の労働供給に関する意思決定に重要な背景を与えていた。ダッカでは、いかなるセーフティネットも不在であることが、多くの世帯にとって地位への配慮よりも基本的な生存上の要請が勝ったことを意味していた。しかし、より豊かな世帯の間でさえ、世帯の生活水準、および子どもたちの教育という未来を確保するという必要があった。それが重要であったために、女性たち自身は慣習に逆らう雇用形態を考慮するようになり、男性たちも最初は躊躇していたにも関わらず、そのような女性たちの就業に関して同意するようになったのであった。対照的に、イギリスの文脈における福祉国家の存在は、それ以下には世帯が転落しえないような経済的下限を設けていた。それは、女性が働くことを決定する上での一つの要素としての経済的困窮や、女性たちをさほど伝統的ではない雇用形態に強く駆り立てたかもしれないような動機を予め取り除いていた。また、政府による補助で支えられた教育制度が利用できることも子どもたちの教育費のために貯蓄するという必要を除去するものであった。しかし、ダッカでは教育費のための貯蓄は、より豊かな世帯出身の女性たちが就業する動機として重要な要因であった。このように、福祉国家の存在／不在は、ロンドンとダッカの女性たちの間で観察された、外で就業することへの選好とその動機の強さにおける違いについて、さらに幾分かを説明していそうである。

ただし、付け加えるならば、セーフティネットが利用できることはまた、男性たち自身が失業しているという状況とは関係なく、男性たちの持つ、女性たちの外で就業したいという望みに抵抗する能力をも補強していたかもしれない。それは、女性が外での就業から持ち込みうる、いかなる収入にたいしてよりも、世帯内における男性の地位と、それが変わることによるコミュニティにおける家族の名声の問題についての配慮を優先させる余地を生んでいた。こうした可能性は、イギリスの一般的な人びとについてのより広い先行研究においても繰り返されている。モリスが指摘しているように、アメリカとイギリスの両国において、世帯内の男性が失業している状況では、ジェンダー役割があまり明白に再交渉されることがないという事態には福祉国家の存在が影響していると考えられている(Morris, 1990)。それは、そのような状況のもとでも女性たちが有償労働に就くことが稀であることや、女性が就業することへの期待にたいして男性が抵抗するという事実によって明らかであった。実際、どちらの社会でも、雇用されている男性の妻たちに比べて、失業している男性たちの妻たちの方が失業率は高いように見えた。

たとえば、一九八六年のイギリスでは、失業している男性の妻の二五%が就業していたことに比べて、雇用されている男性の妻の六七%が就業していた。一九八三年のアメリカでは、それぞれ二〇%と六五%であった(Morris, 1990, 69に引用されている)。イギリスの給付金制度の[1]「負の誘因」効果は、部分的には、労働人口における、稼ぎ手が二人の世帯と稼ぎ手がいない世帯の間のこうした分極化に寄与している。一方で、制度がこの負の誘因効果を持っていないアメリカにおいてもそのパターンが繰り返されることは、一般的に、なぜ夫が失業している時に女性が主たる稼ぎ手とならないのかという説明において追加的な要因があることを示している。ジョシによって一般的な集団について考えられたさまざまな要因には、次のようなものがイギリスのバングラデシュ人コミュニティにとって特に共鳴するものとして含まれている(Joshi, 1984)。すなわち、家庭に夫がいることによる女性の仕事量の増加、主たる稼ぎ手という役割を奪う女性という考え方への抵抗、男性にとって職を見つけることが難しい場所では女性にとっても職を見つけることは難しいという可能性などである。

「コミュニティ」の存在と同調圧力

最後に、女性たちが、自らの選好が世帯の支配的な構成員の選好と異なってしまった時に、自らの選好を主張する能力における差異はまた、二つの文脈に位置づけられたコミュニティのタイプの差異に関係している可能性がある。エルスターが指摘しているように、地方から都市への移動というものは、「匿名性の海」において、規範を対面的に強制する効力が薄らいでいくという特徴を

1　イギリスとアメリカはともに、雇用期間中になされた支払いによって労働者がイギリスでは一二ヶ月の、アメリカでは二六週間の失業期間に給付金を受け取れるという拠出制の社会保障制度を持っている。結果的に生じることは両国でかなり異なっている。アメリカでは、各州の間で資産調査に基づく追加給付金の利用に幾らかの差異があるにも関わらず、ひとたび失業給付金の受給資格が尽きてしまうと、長期失業者の多くは他の金銭的な支援手段を持っていない。一方で、イギリスでは、一般的に、労働者の個別状況を考慮する資産調査に基づく追加給付金により失業給付金は補完される。失業給付金の期間が終了したとき、補完的な給付金あるいは「所得支援」の支払いが続く。通常それは、より大きな額である。ただし、失業給付金受給者の妻が有給で雇用されている場合には、妻の所得(五ポンド以上の全ての所得)のかなりの部分が給付請求から差し引かれる。

持つ。つまり、人びとは、自分自身が生活の大半を見知らぬ人びとと過ごしており、それらの人びとは自らにたいして規範を効果的に強制できる立場になく、いかなる場合も規範を強制したいとも思っていないということに気づく、ということだ。

ダッカへの移住の話は、このパターンに一致していた。ダッカの女性たちが身を置く都市コミュニティは、分断され、拡散し、非人格化されたコミュニティであった。そこでは、近隣というものは、血縁関係のない住民だけではなく、バングラデシュの他県からの移民で構成されていることが多かった。そのようなコミュニティが女性たちの行動に関して制裁を課したり、非難したりする能力は、非常に限定的であった。確かに女性たちは隣人たちの不必要な注意を引き起こさないように気をつけていたが、彼女たちがこれらの隣人を、村落社会の親族や社会的仲間がなしえたような選択を制約するような権力として見なすことはなかった。女性が外での仕事に就く許可を自らの家族の保護者から得るべく交渉しようとした時、女性本人もその保護者も、その交渉においてより匿名性が高く、拡散したコミュニティからの意見をほとんど重視しなかったのである。

一方で、ロンドンへのバングラデシュ人コミュニティによる移住の過程は、非常に異なったものであった。バングラデシュ人女性たちは、多くの点において背後に残してきた農村社会の「対面的」コミュニティの一つの形態として構成されているコミュニティの構成員として、自身を見いだしたのである。われわれは、この過程を助長してきた要因の幾つかを指摘してきた。すなわち、バングラデシュの一つの県における限定された数の村落の出身者からコミュニティが構成されていたこと、保証人制度が既にイギリスに定住している人びとの家族と親族のネットワークからの移民を奨励し、移民の潮流における選択性を強化したこと、東ロンドンのコミュニティへの地理的集中、またそれがイギリスの他の地域で働いていた人びとの不況に関連した失業とその後のロンドンへの流入によって時間をかけて強化されてきたこと、そして最後に、地理的集中というこれらの過程に追加的に拍車をかけた、イギリス社会の制度化された人種差別、である。

したがって、二つの文脈で観察された対立の解決における状況のさまざまな変化という観点から、なぜ女性やその家族の生活におけるコミュニティの存在が、一つの変数として最終的な結果の形成において追加的な役割を果たしているのか理解できるであろう。どちらの文脈でも男性は女性の労働供給行動に不釣り合いなほど影響を与えている一方で、男性もまたいかなる意味でも自律的な行為者ではなかったのである。女性と同じように、男性も、自らの家族もその一部であるより広い社会関係から影響を受けていた。これらのより広い、さまざまな関係が、彼ら自身が、そして彼らの家族が利益を追求できる選択の範囲に影響を及ぼしていたのである。ロンドンとダッカでの違いは、後者では、コミュニティそのものが資源の供給源や制裁の源泉として生活のなかにあまり効果的に存在していなかったために、コミュニティの意見がそれほど重んじられなかった点にある。要するに、女性の労働供給の意思決定をめぐる対立は、私的な配慮をめぐる私的な交渉に基づいて決定される可能性がずっと高かったのだ。

　他方で、ロンドンでは、コミュニティは個々人が生活する基盤となっていたのみならず、その日常生活という編物《ファブリック》に編み込まれていた。そのネットワークは、支援、雇用、社会生活の源泉として決定的に重要であっただけではなく、その規範がコミュニティに属する人びとの行為の基盤を形成していた。それゆえに、女性自身と彼女が属する世帯の支配的な構成員との選好をめぐる交渉は、当該の個人が持つ制約条件だけではなく、それらを超えて、コミュニティによる制約条件とも折り合いをつけなければならなかったのである。

結論

　結論として、われわれが世界の二つの非常に異なる場所における、そしてそれらのコミュニティの歴史における特定の時点において、二つの女性の集団を調べてきたことを繰り返しておくことは重要である。ダッカでわれわれが語りかけた女性たちは、大規模に工場労働に就いたバングラデシュにおける女性たちの最初の世代であり、そうするためにしばしば単独で田舎から街へ移住してきていた。一方で、ロンドンでわれわれが語りかけた女性たちは、バングラデシュのある農村地域から世界最大の都市の一つへ大挙して移住してきた第一世代であり、通常は父親か夫の扶養家族であった。いずれの文脈でも、次世代の女性たちは、これらの女性たちが直面したのに比べて、むしろ異なる制約の組み合わせに対峙することになると考えられるだろう。

　したがって、われわれの分析が当てはまるのは、ある特定の歴史的な組み合わせにある局面であり、二つのコミュニティでの生活におけるこれらの変化の瞬間を仲介した、市場、政府、コミュニティの特定の配置《コンフィグレーションズ》である。それは次のようなことを示唆する。われわれが取り上げた二つのコミュニティにおける女性たちの労働市場行動の意思決定は一見したところ直観に反するように見えたかもしれない。しかし、それらの意思決定がなされた理由とそれらの理由の背後にある理由のより深い、より文脈特定的な探究は、二つの文脈における経済的、社会的な諸力の結果として、それらの意思決定が論理的に導き出されたことを明らかにする。社会科学における多くの逆説と同じように、説明が純粋に経済学的もしくは純粋に社会学的な術語に限定されてしまうと、それらはあたかも逆説のように見えてしまう。しかし、ひとたび両者が一つの分析に統合されれば、逆説的要素は消えてしまうのである。

第一〇章　選択の力と「見えない事実の確認」[1]

構造と行為主体性の再検討

本書のための研究を実施した筆者の第二の目的は、理論的探究であった。それは、労働市場における意思決定に関する女性自身による説明が、理論的な社会科学の先行研究で述べられているさまざまな説明とどの程度まで整合するのかを探究するものであった。第二章で見た主流派の経済学は、人間の行動パターンを説明する上で選択の重要性に注目しているものの、権力そのものや、権力がいかにして人びとの選択する能力を不平等を創り出すのかについてはほとんど何も語っていなかった。一方で、構造主義理論は、個人の選択の範囲を制限する社会的制約の重要性を強調してきたが、その制約の範囲内で、いかにして個々人が巧妙に立ち回り、その過程において、そうした制約を変容させていくのかについては認識してこなかった。これらのアプローチはともに、いかに社会が機能するのかについて価値ある洞察を提供しつつも、それぞれ社会的現実の異なる次元を取り上げている。つまり、経済学者たちが自らの説明を直接的に観察できる経験の次元に位置づけている一方で、構造主義理論はより深い、しばしば隠された、諸力（forces）を扱っているのだ。本書における分析的アプローチは、その中間的な次元に自らを位置づける。すなわち、行為主体性を否定せずに構造を認識し、それにより女性の労働市場における意思決定が実際に形成される際の、構造と行為主体性の相互作用を見ようとするものである。

このアプローチによって見いだされた女性労働者たちは、新古典派的分析の、自由に浮遊する原子化された個人でもなければ、ある種の社会学的描写である「構造的まぬけ」にも似つかなかった。むしろ、彼女たちは、「関係性のなかの人びと」(Nelson, 1996, 68)であり、彼女たち一人ひとりの経歴と主観を反映した選好と優先事項を持つ個人であった。彼女たちはまた、一人ひとりが所属する社会関係や社会におけるそれぞれの場所を決めている社会関係の複合体という刻印を身にまとっていた。同様に、これらの女性たちの語りで説明された「世帯」というものは、慈悲深くあろうがそうでなかろうが、全権を握る世帯主によって統制される共同の組織についての社会科学による記述とはほとんど共通点はなかった。またそれは、相互利益の計算に基づいて協調したり、相手に脅威を与えうるポジションに基づいて交渉したりするような、本質的に自律した個人から構成されてもいなかった。その代わりに、それらの世帯は、一般的に、同じ家族の構成員により構成されていた。そうした構成員たちは、血縁か結婚で互いに結びつけられており、互いの面倒を見て、プロジェクトを共有する。しか

1　聖パウロによるこの言葉は、ロバートソン・デイヴィスの『デットフォード三部作』から引用したものである。

し、選択を行い、集合的意思決定に影響を与える一人ひとりの能力は、契約的に定義された役割、資源、責任、および家族やより広いコミュニティにおける「場所」によってはっきりと形作られていた。以下、本章においては、筆者は、このより状況づけられた個人と家族に関する分析が、女性の労働市場における意思決定におけるジェンダー、選択、権力に関するわれわれの理解に貢献するかもしれない鍵となる幾つかの洞察を結びつけ、それらが構造と行為主体性の問題群へのさまざまな社会科学的アプローチの説明力に何を追加できるのか検討したい。

権力、選択、選好—個人への焦点

選好、つまり選択をめぐる経済学的な諸理論の中心的概念でありながら最も無視されてきた概念から始めよう。主流派の経済学では選好に関する記述は少ない。このことは、経済学が、人間の行動の理解において文化とイデオロギーをめぐる問いたいして、一般的に周縁化された役割しか与えていないことをよく示している。本書の分析では、個人の選好は選択の重要な側面であることを確認する。また、個人の選好は、より広い社会的文脈——そして、そのような社会的文脈がしばしば具現化する不平等——が、人びとが行う意思決定において「内生化」される一つの主要な経路でもあることも裏づける。イデオロギーや文化は、人びとの選択において単に外部から課される制約として作用するわけではない。それらは欲望そのものの内容に織り込まれているのである。それゆえに、人びとが必要としたり欲したりするもの、人びとが自らのアイデンティティや利益をいかに定義するかは、ある程度は一人ひとりの経歴や主観性を反映するのだが、それはまた、顕著かつ体系的に、人びとが所属する社会の規範と価値によっても影響されているのである。

ある個人が直面している決定は、価値に規定された連続体という観点から概念化できる。その連続体の一方の端では、純粋に主観的な選好、つまり当該個人の固有の選好によって影響される決定をともなう。もう一方の端では、より価値を負荷された決定、つまりメタ選好が関わる傾向を持つ決定をともなう。こうしたメタ選好は、選択の評価において「当然考慮すべき」要因であり、不変ではない。しかし、しばしばある社会の信念や価値を集合的に表現するため、個人化された選好よりもより緩慢に変化する傾向がある。それらが長期間にわたり確実に再生産されるように、かなりの社会的努力が注ぎ込まれてきた。多くの社会におけるジェンダーとジェンダー化された諸関係の規範と価値について観察されるレジリエンスは、たとえば、これらの集合的な社会的努力の産物である。そうしたレジリエンスは、女性、男性にとっての「在ること、行うこと」('being and doing')の適切な方法を構成する事柄への共有された理解を通じて、個人の次元で作用している。社会的価値と信念がより広い社会の構造的不平等を具現化するために、個々人が表現する選好はそれらの内容や含意において中立的ではなさそうである。

たとえば、本研究で取り上げた何人かの女性たちは、世帯の資源にたいしてより少ない要求しかしないことを受け入れていた。このことは、女性は男性よりも劣る存在であり、それゆえに権利も少ないとしてきた社会の集合的価値が個人の次元で表現されたものと見なすことが出来る。そのような信念は、女性の仕事の実際の価値とは何ら論理的な関係を持たず、したがって、女性の生産性の変化とともに必ずしも変化するわけではない。ダッカ調査でロジア・スルタナはわれわれに次のように言った。「縫製工場での仕事はきつい仕事かもしれません。でも、だからといって、他の人よりもよく食べられるという意味ではありません……。わが家では、男性によりたくさん食べさせるのです。私の兄は年上で男性ですから、彼により多く与えなければなりません。女性が少なく食べていたとしても、問題にはならないでしょう。もし私自身に十分に食べ物がなくても、私は文句を言いません。でも、もし兄に十分に食べ物がなかったら、私にとってそれはひどいことなのです」。

社会的価値と信念の内面化はまた、ジェンダーごとの労働供給の意思決定に関わるような、非常に異なる考慮すべき点においても表れていた。われわれの調査において男性と女性がともに同じような家族のイデオロギーにしたがっていたという事実は、家族の異なる構成員ごとに何が時間の最適な使途を構成するかについての共通認識を分かち合っていたことを意味していた。それらの共通認識とは、ジェンダーによって、および当該の構成員の家族関係の固有性によって顕著に影響されるものであり、換言すれば、それらの構成員が男性なのか女性なのかということのみならず、その家族内において一義的に、父親なのか母親なのか、夫なのか妻なのか、息子なのか娘なのか、義理の息子なのか義理の娘なのか、などに影響されるのである。世帯構成員の時間配分における「自分では動かないこと《イナートネス》」(inertness)、あるいは「決定しないこと」は、「比較優位」の計算が生じるような、これらの優先される規範的な考慮を反映していた。それに加え、家族内の関係とそれらが具現化する契約上の義務は、家族がより大きな社会的階層に組み入れられていることも反映していた。結果的には、時間の最適な使途に関する構成員の見方は、その家族の階層的地位によっても影響を受けていた。またそれは、その家族が構成員の間の分業に関する支配的な規範を、世帯の内外において価値づけた、あるいは価値づけえた程度によっても影響を受けていた。

「在ること、行うこと」の適切な方法についてのこうしたメタ選好は、有償労働にたいする態度にジェンダーの非対称を持ち込んだ。多かれ少なかれ、一家の主たる稼ぎ手の役割は、男性たちの男性としてのアイデンティティにあまりにも統合されているため、有償労働に就くという意思決定は一般的に自明なものとされていた。つまり、彼らの労働供給の意思決定は、働くかどうかよりもむしろ、いつ働き始め、何の種類の仕事をするかに焦点が当たっていた。主たる稼ぎ手として、男性のジェンダーアイデンティティについてのさまざまな考慮は、男性たちが選好を表現した仕事の種類において認められた。また、われわれは、そうした考慮について多岐にわたる例を指摘してきた。それらの考慮は、二つの調査の文脈で、男性にとって「受容可能な」さまざまな形の仕事を構成する内容を決定していた。バングラデシュで縫製工場での就業が「女性たちの仕事」として構築されているというコインの裏側として、縫製工場での仕事は男性労働者にとって魅力を欠いており、その労働力構成において男性労働者は少数であった。われわれがインタビューした男性たちの多くは、多数の女性労働者にたいして、そのような通常ではない近接性のなかに自分たちがいることへの不快感を表明していた。工場における仕事のジェンダーによる分離にもかかわらず、男性たちは「女性」産業で働くという考えが、彼らの男らしさの感覚を傷つけていると見なしていた。他方、イギリスでは縫製産業は、バングラデシュ人コミュニティの女性と男性にとって数少ない仕事の源泉であった。縫製産業では、女性と男性はともに縫製工として働いていたという事実にもかかわらず、主たる稼ぎ手としての男性のアイデンティティは、少なくとも部分的には、この産業における「外」での仕事を独占することと、女性の「内」での仕事への閉じ込めによって、保護されていた。それに加えて、われわれが指摘したのは、男性の縫製工が自ら行う仕事の熟練的性質を家庭で女性が行う未熟練な「平縫い」のミシンがけに対比させることであった。

　女性たちに関しては、労働供給の意思決定において一連のさまざまな考慮が作用していた。家族内での契約上の義務、特に妻や母親としての立場における義務が、家族の世話と家事労働を彼女たちの第一の責任として定義していた。結果的に、有償労働に就くという決定は、彼女たちの時間にたいする優先的な要求と、どの程度それが対応したり、再交渉したりできるのか、また、時間の異なる使途にたいする比較収益について、より伝統的な計算に沿って考慮しなければならなかった。したがって、女性たちにとって労働供給の意思決定は、有償労働にそもそも就くか否かと同時に、いつ、どんな種類の仕事に就くのかという問いを含むものだった。換言すれば、女性と男性の間の適切な役割と責任の分担を構成する内容についての共有された理解が、有償労働に就くという考え方にたいする態度の観点から、ジェンダーにより差異化されたメタ選好を、そして、労働市場への参入に関するジェンダー非対称な条件を生み出していた。

　合理的選択の計算は、女性の就業に関する意思決定を形成する諸要因が持つ相互作用を把握できなかったであろう。なぜなら、それは純粋に、あるいは主に、経済的考慮に焦点を当てるが、一方で、彼女たち自身の語りが示していたのは、限界生産性という基準はしばしば、さまざまな非経済的基準にたいして副次的なものでしかないということだった。それらの非経済的基準とは、問題となっている仕事のジェンダー的妥当性、彼女たちの階層や文化的背景にたいするその仕事の適切さや、その他の社会的に課されている、家庭内における彼女たちの時間への要求との整合性などを指す。彼女たちのメタ選好は、限界生産性の考慮がかかわる以前に、女性にとって規範的に許容できる雇用の選択肢の集合——彼女たちの「選好可能性集合（preference possibility sets）」——を定義することに本質的に役立っていた。自宅における有償労働は、少なくともメタ選好の観点から困難が最も少なかった。というのは、それは彼女たちの家庭内役割の周辺に組織しうるだけでなく、女性の隔離に関する規範とも一致するものだったからである。われわれが見てきたように、そのような考慮は、かなりの程度、ロンドンの女性たちの語りにおいてより特徴的であり、彼女たちが在宅での出来高払いの仕事に圧倒的に集中していることを説明していた。

家庭の外での有償労働に就くという意思決定は、稼ぎ手としての男性および女性の隔離というイデオロギーとともにそれが表しているようにみえる公的なブレーキのために、大半の女性たちにとってより困難だった。それは、二つの文脈においてむしろ異なった理由のためではあったが、それまで工場労働が一般的にそうであったように、雇用が伝統的に男性と結びついてきた労働市場において女性を就業させるようになった時にこそ、女性たちにとっては困難であった。しかしながら、ダッカの文脈でのわれわれの議論は、工場での雇用という新しい形態が存在するようになった時に始まっていた。われわれが分析した諸理由、およびその諸過程を通じて、それは「女性」産業として構築されていったのである。その出現は、工場労働という選択肢を、伝統の重さによって考慮から排除されており、多くの女性たちにとって非意思決定的な領域にあるものから、受け入れ可能な選択の領域にあり、したがって労働供給の意思決定の領域へと転換するという効果を持っていた。

外での就業が女性たちの選好可能性集合としてひとたび承認されると、合理的選択の計算は、われわれの調査における女性たちの何人かが工場労働を選んだという意思決定を十分にうまく把握するかもしれない。しかし一方で、それは、他の女性たちの意思決定についてはは非常に乏しい理解しか提供しないであろう。特に、その意思決定が自らの資源と願望とのギャップへの反応、つまり結果的に真の選好への反応だったという女性たちと、自らの資源と必要とのギャップに反応しており、「選択」という問いがそれほど明確ではなかった女性たちとの区別に失敗したであろう。われわれが見たように、これら後者の事例において実践される行為主体性の程度は、問題となっている必要の性質に応じてさまざまであった。われわれの調査対象者におけるより貧しい女性たちにとって、働くという意思決定は生存にかかわる問題であった。そうした女性たちの多くは、以前、自らの選好順序において工場労働（いったんそれが利用可能になれば）よりも低位にある生業に従事していた。つまり、そうした生業は、苦役の要素がより大きく、努力への収益がより低いか不規則か、労働条件がより単調で品位を落とすものだったかもしれない。彼女たちによる固有の計算がどのような形であれ、工場労働は、これらの女性たちに目に見える経済的利益だけではなく、契約的に定義された労働関係というより見えにくい便益と「正規の《プロパー》」労働者という新しいアイデンティティを与えたのであった。

結果的に、工場労働に就いた女性たちの何人かの意思決定は経済的必要への応答であったにもかかわらず、それは必ずしも労働の「投げ売り」('distress sale' of labour) ではなかった。われわれの調査における労働の「投げ売り」の事例は、一般的に、貧困とはあまり関わりがない一方で、男性による支援の喪失とより強く関係していることが多く、それは普通、夫の支援の喪失であった。保護された生活を送ること、そして夫や子どもたちの世話をし、その見返りに世話をされ、守られることを期待して育ったというのに、その代わりに、独り身になっており、夫に放棄されたり、死別されたり、離婚されたり、だまされたりしたことに気づいた女性たちにとって、「家父長制のリスク」は、厳しい現実として姿を現わしたのであった。彼女たちは、自身の選択の拡大ではなく、選択の認識された縮小への応答として工場労働に就いていた。結果的に、彼女たちの「困難」を定義するものは、本来の意味でいう貧困ではなく、ジェンダーの不利 (gender disadvantage) によって仲介された経済的必要なのであった。

ある種の願望《アスピレーション》を達成するために働く気になった女性たちの語りからは、全く異なった図式が浮かび上がった。これらの女性たちは、自らの選好に基づいて行動する行為主体《エージェント》という経済学のモデルに近く、自らの効用、あるいは世帯の複合的な厚生を最大化していた。しかし、ここでも、純粋な経済的計算は、彼女たちの選択の重要な側面を把握できなかったであろう。彼女たちの願望のうちの幾つかは、従来通りの経済的願望で、購買力の向上、たとえば、世帯の生活水準の上昇、子どもたちの教育を賄うこと、婚資やさまざまな不測の事態に備えるための貯蓄などと直接的に関係していた。しかし、その他の願望は、経済的利益をあまり反映していなかった。それらは、家庭内における彼女たちの扶養家族としての地位に関係する、公然とした、かつ、より隠された屈辱から逃れたいという、多くの女性たちにとっての欲求を含んでいた。頻繁に、意思決定についてのより詳細な調査を通じて、最初は経済的願望への反応であるとして説明されていた意思決定が、家族内で何者かとして価値ある存在として「重きをおかれる (count)」ために、経済的な行為主体性をある程度持ちたいという強い欲求を含んでいることが明らかになった。さらに、前回の結婚で得た子どもたちを手元におくために、二度目の結婚という経済的な安全保障を諦めることを決意した女性たちの間では、感情的な優先事項が物質的利益に優先したと言えるかもしれない。これらの無形の利益は、家計所得の水準や変化する限界生産性とはほとんど関係がなかった。むしろ、それは、家族内の従属的な地位が持つ含意を脱却したいという女性側における欲求を反映していた。ここでいう従属的な地位とは、彼女たちがそれを認めるか認めないかに関わらず、また彼女たちの階層的出自の差異にも関わらず、われわれの調査対象者における全ての女性に当てはまっていた従属関係《サブオーディネーション》のことであった。[2]
　したがって、われわれの分析は、選択を形成する上での選好の重要性を確認するものであった。それとともに、選好が時間の経過とともに変化しないという考え方や、個人にとって選好とは純粋に主観的なものであり意思決定過程にたいして外生的に扱いうるという考え方を否定する。その代わり、階級、ジェンダー、人種、社会的な成育歴などは全て、選好における体系的な差異をもたらすことを示しており、どのように人びとが自らの選択肢を認識し、意思決定を行うのかを形づくっていた。そのような要因はまた、異なる選好順序につながるため、全ての意思決定が等しく「選択」の反映であるとは限らなかった。生存上の要請が意思決定の結果を規定していた場合、選択の余地はほとんどなかった。それらは、真に代替的な選択肢に基づいてなされた意思決定とは質的に異なっていた。レヌが家族の基本的必要に足るだけをやっと稼いでいた状況で飲料水を買うために自らの給料を使うことと、デロワラが自分の両親のために贈り物を買おうと自らの所得を使うことは、明らかに非常に異なる順序の「選択」であった。

　生存上の要請がもはや問題ではなくなり、真の選択を実践する幾分かの余地があるとき、われわれは、主観的でその個人に特異で「理不尽な（wanton）」第一の選好順序と、「価値」により通じる第二の選好順序とを区別した（Hirschman, 1985）。さらに、われわれの分析はまた、より長期の社会化過程において発達し、それゆえに当然視されている「ドクサ的な性質」（'doxa-quality'）を前提としたそれらのメタ選好と、個人の状況に関する意識的反省や内省の産物としてのメタ選好との区別を提案した。前者の「獲得された」世界観においてのメタ選好、つまり個々人の生活における社会的な成育歴、階層的背景や文化的アイデンティティなどを含む複雑な一連の諸力が、さまざまな行動パターンの繰り返し、要するに社会秩序の安定性の顕現を説明していたのである。そして、後者のメタ選好こそが、より意識的に採用されたものとして、社会変化の可能性をもたらすものなのであった。

　どちらのカテゴリーのメタ選好も、女性たちの労働供給の意思決定についてのわれわれの分析において重要な役割を果たしている。そのどちらも、彼女たちをして、ある種の就業の選択肢を他の選択肢よりも好むようにさせ、さらに他の選択肢については意思決定しない《ノン・ディシジョンメイキング》ことという領域に位置づけさせていた。特定の種類の有償労働に就く意思決定に関する説明において、これらの女性たちが明らかにした複雑でさまざまな熟慮は、意思決定というひとつの連続体において、より価値を負荷された一端に属する選

2　彼女たちがそれを認めるか認めないかにかかわらずと筆者が述べたのは、次のような理由に拠る。われわれが話した女性たちの多くはそのような欲求を説明するのに明白なフェミニスト用語を使わなかったが、彼女たちはラディカルなフェミニストが認識するかもしれないさまざまな感情を頻繁に表現した。たとえば、レヌはすでに夫のもとを離れていたが、われわれが彼女に彼がなぜ女性たちにたいしてあれほど虐待的だったのかと問うと、こう苦々しく答えた。「男というものはそういうものなのです」（'Chele jet jat'）（換言すれば、男性の生まれつきの性質）。

択のカテゴリーであることを明確に示唆していた。それらの熟慮は、選択の持つ純粋に個人的というよりもむしろ社会的な含意に彼女たちが気づいていることを示していた。しかし同時に、特にダッカの文脈においては、彼女たちの熟慮はまた、多くの女性にとって、過去において彼女たちの時間配分の選好を律してきた価値が、彼女たちの選択においてもはや当然視できなくなっており、批判的反省と再評価の過程の対象となっていることを示唆していた。これらの女性たちの生活におけるメタ選好の構造は、変容《トランスフォーメーション》の過程を経験しているところであった。

権力、選択、対立―世帯への注目

したがって、女性たち自身の価値と選好は労働供給の意思決定を説明する上で重要な要因であった。それらは、それぞれの文脈において許容できる選択肢と許容できない選択肢を区別し、これらの選択肢にたいする彼女たちの選好順序を見分けるのに役立っていた。しかし、女性たち自身の価値と選好というものは、彼女たちの意思決定で問題となった唯一の選好でもなければ、必ずしも最も重要な選好でもなかった。世帯主が持つ公認された権威によって、世帯という共同組織と、その世帯の厚生が定義され、その利益が強化されるということは、女性が自らの労働の使途に関する意思決定を孤立して行うことはほとんどないことを意味していた。多くの場合、女性の意思決定は、家族のより力のある他の構成員との相談をともなっていた。その力ある家族の他の構成員の選好は、女性自身が好む労働時間の使途と、最終的に実現した時間の使途との間にくさびを打つことが出来た。言い換えれば、意思決定は、主流派の経済学者によって前提されるような選択としては必ずしも現れなかったのである。

女性の労働供給の意思決定がなされる過程には、完全な合意と完全な対立の間に、さまざまな妥協的解決が分布していた。直観的な解釈は、世帯の意思決定における合意を女性側の選択の可能性と結びつけ、対立を男性による権力の行使と結びつけるかもしれない。しかし実際には、その方程式はより複雑であった。なぜそうなのか、そのことが家族内における合意と対立の本質について何を明らかにするのかについて理解するために、まず言葉の一般的な意味において、家族を基盤とする世帯を社会における他の集合体と差異化するものが何であるかに関して、われわれの分析から明らかになったことを要約する必要がある。その上で、本研究におけるさまざまなタイプの、家族を基盤とする世帯を相互に区別するものが何か分析する必要がある。

総じて、われわれの分析から立ち現れた世帯は、ある特殊な種類の不平等な相互依存という関係によって特徴づけられていた。世帯内の相互依存は、部分的には感情的なものであった。これは驚くに値しない。家族として人びとを結束させる血縁や結婚による紐帯や、長期間に渡って生活を共有してきた人びとの間で発達する愛《ラブ》、情愛《アフェクション》と忠誠が、世帯構成員たちに互いの福祉におけるある種の権利や利害関係《ステイク》をもたらすからである。われわれは、ロンドンとダッカいずれの調査対象者においても、女性労働者の多くが語りにおいて、共通の目的という意味でのこうした感情的な相互依存についての証拠を表明することを見てきた。特に、そして恐らく最も心を動かされるものとして、彼女たちが経済的逆境の時期や社会的差別に直面している時に世帯構成員によって共有された努力という形で、そのような感情的な相互依存を説明するということがあった。世帯構成員間の相互依存はまた、物質的基盤を備えていた。それは、家族内における役割と責任の分業と、それが要求する交換と協調の形態から生じるものであった。ここでいう協調とは、しばしば自発的、つまり家族関係という情愛的基盤から自然と湧き出てくるように見えるかもしれない。しかし一方で、それはまた、互いに異なる構成員の相互請求や相互義務を定義する暗黙的な、しかし社会的に容認された家族の契約によって裏書きされたものであった。結果的にまた、これらの契約は、これらの定義にもとづいて、資源、活動、エンタイトルメント、特権などを配分していた。

世帯内の不平等、権力と対立の可能性は、家族内における資源と責任の分配が、ランダムでも対称的でも公平でもなく、必ずしも効率的でもないという事実を反映していた。むしろそれは、明らかに階層的だった。このヒエラルキーを構造化する上で、権威と責任は緊密に結びついていた。つまり、世帯の複合的な厚生に責任を持つ者はまた、そのような厚生をいかに定義するか決定する権威も与えられていた。さらに、家族内の階層制は、年齢、ジェンダー、ライフサイクルなどの線に沿って融合する傾向がある。そのため、ほとんどの場合、そのような権威を持つ者は男性であった。彼らは父親、夫、兄弟や息子としての立場において、娘、妻、姉妹や母親としての女性の立場にたいして、権威的な地位を占めていた。ここまで述べてきたように、家族内の男性の優位性を裏書きするものは、男性の、家族の構成員の利益を代表するという社会的に課せられた責任、そのような利益が何であるか定義する権威、彼らが責任を果たし権威を発揮するために必要な物質的資源への特権的アクセスであった。女性は家のなかのことを引き受け、家庭と家族の面倒を見て、世帯内の最も重要な意思決定に関しては男性の権威にしたがっていた。その代わりに、彼女たちは、養ってもらうこと、公的領域において彼女たちの利益が代表されること、コミュニティにおける彼女たちの名誉が保護されることを期待することが出来た。

したがって、家族内における権力の行使は、人生の他のどの領域における権力とも異なっていた。他のいかなる権力関係も、権力を奪われた人びとにたいして、家族関係が提供するようにみえる誘因も補償も提供せず、愛、情愛と相互依存のイデオロギーを同じような方法で深く染み込ませたものはほとんどない。しかし、これらのいずれも、そのような権力が合意のみに依存せず、原理的には合意の撤回により変更できるという事実を覆い隠すべきではない。それはまた、家族関係を律している社会的に課された契約によっても裏書きされていた。その契約は議論の余地なく目的と効果において家父長的であり、われわれが調査した両方のコミュニティにおいて、機会においても結果においても著しいジェンダーの不平等を引き起こしていた。一方で、家父長的契約の高度に非対称な条件ゆえに、多くの観察者たちは家父長的契約を世界において最も交渉不可能なものの一つとして特徴づけてきたが、時間の経過とともに、家父長的契約そのものの変化の種が、契約の核心を構成する権力と責任の非対称性のなかにまさに存在していたことが明らかになってきた。ケインらが指摘したように、この非対称性は、男性の責任という規範的性質と一体となった男性の権威の物質的基盤から派生していた（Cain et al., 1979）。家父長制のリスクへの女性たちの脆弱性は、規範的責任は説得的でありながらも物質的権力ほどの重みを持っておらず、経済的要請に直面したときにはより融通がきくものであるという事実にあった。

しかし、ケインらが看過したことは、女性の依存を裏書きしている規範が不変的でもなければ絶対的なものでもなかったということである。女性の依存は、男性の責任にたいする同じコインの裏側であったし、原理的には男性の責任放棄が生じた時に再交渉の余地があった。実際、それはわれわれの調査の主な事実発見の一つで、特にダッカの文脈において顕著だった。ダッカでは、男性の責任が変化しているという文脈において、依存性の規範を再交渉することが見られた。具体的には、何人かの男性による実際の責任の放棄、それが生じるのではないかという多くの女性たちによる不安、さらに、他の女性たちが直面した問題ではパートナーである男性の稼ぎ手が義務を果たすことを困難だと明らかに思っている場合などがあった。同時に、社会的保護を求める女性による男性への継続的な依存や、さまざまな種類のリスクと脅威にたいして男性による支援を欠く女性の脆弱性は、家父長的権威という規範に公然と挑戦して家族崩壊の危機を冒すことにたいして女性が消極的であったことを説明していた。代わりに、彼女たちは、世帯内で確立された階層制を出来る限り脅かさないような方法で、自らの行動範囲を拡大するように、規範の再交渉をしようとしていた。

家族内における権威と責任のイデオロギー的な関係、それが創りだした不平等な相互依存、それがもたらした世帯の意思決定過程における協力と対立への矛盾した誘因を理解することは、われわれの調査において女性たちの語りから明らかになったさまざまな労働供給の意思決定を理解するのに役立つ。それはまた、なぜ、一方で合意か選択か、他方で対立か権力か、という単純な二項対立的枠組みにおいて労働供給の意思決定を分類することが困難であると判明したのか説明する上でも有用である。見かけ上、似たような労働市場の結果が、それらの根底にある意思決定過程についての非常にさまざまな事情《ストーリー》を隠蔽していただけではない。合意的な意思決定過程と対立的な意思決定過程との両方それ自体が、女性の労働供給の意思決定という文脈における、選好、権力、選択の実践についての極めて多様な事情を隠蔽してしまっていたのである。

まず、女性の労働の配分について合意的な意思決定を報告した世帯について考えてみよう。このカテゴリーをさらに分解すると、その合意が積極的に合意された結果である世帯と、反対の不在を単に反映していたにすぎない世帯を含んでいたことがわかる。明らかに、これらは世帯内における権力、権威、選択についてのジェンダーによる分布についてのさまざまな事情を暗示している。幾つかの世帯においては、たとえば、合意は、当該の女性が明らかに世帯主であるという事実を反映していた。彼女は、世帯内の他の誰にも相談する必要がなかった。というのは、彼女にたいして権威を持つ者は誰もいなかったからだ。他の世帯では、合意は、女性労働者と彼女にたいして権威を持つ人びととの間の積極的な相談の過程を通じて達成された。その合意が結果として、ダッカでは工場労働、ロンドンでは在宅での出来高払いになっていたにしろ、労働の配分について世帯内で積極的な合意があった女性も反対が不在であった女性も、その意思決定が家族の最善の利益にかなっているという共通の信念を反映していたが、それらはまた世帯内におけるジェンダーと権威の非常にさまざまな配置《コンフィギュレーションズ》から生じたものであった。

それに加え、また一方では、形式上その見た目は合意的な意思決定の事例が他にも多数あった。しかし、こうした事例では、権力、選択、行為主体性のさまざまな問題を立証することが困難だった。たとえば、既に論じた女性たちで、本人にとって工場労働に就くという意思決定が自らの労働の「投げ」売りを示していた女性たちは、工場労働に就くという自らの意思決定へのいかなる反対にも直面することはほとんどなかった。しかし、この反対の欠如は彼女たちの社会的孤立の反映であった。彼女たちを十分に気にかける人や、十分に世話する余裕のある人や、責任をとってくれる人が誰もいなかったのである。彼女たちは工場労働に就くという意思決定において行為主体性を発揮したと言いうる一方で、それは彼女たちが男性の支援を失ったことにより彼女たちに押しつけられた行為主体性であり、彼女たちが経験した喪失を象徴しているものとして見られた。しかし、工場の仕事に就く上で、彼女たちは女性の労働についての古い因習に抵抗し、多くの事例では、成長過程で課されてきた期待にも反していた。その限りにおいて、われわれは、その行為主体性がいかに消極的なものであったとしても、彼女たちを「積極的」な行為主体性を行使していたと評したのであった。

行為主体性の問いは、ロンドンの文脈における事例ではさらに立証することが困難だった。そこでは、分析において、女性たちは「受動的」な形の行為主体性を行使していると分類した。というのは、当該の意思決定が女性たちに属すると見なされる伝統的な役割に一致するように見えたからではない――これは、われわれのロンドンの調査対象者における大半の女性たちに当てはまってはいたが。そうではなく、意思決定にたいして彼女たちが与えた理由によるものだった。これらは、より権力のある「他者」の選好が、女性自身の選好にあまりにもすっかり同化しているように見えるので、在宅で働くという意思決定が真の選択行動なのか、内面化された制約の表現なのか、立証することが難しくなった事例であった。ここでいう「他者」とは、彼女たちの世帯の支配的な構成員か、あるいはより広いコミュニティにおけるより一般化された「他者」であった。われわれは、彼女たちの意思決定を「受動的」と説明することで、それらの意思決定を、家内労働に就くという意思決定が育児の責任との両立性、あるいは他の種類の仕事のための資格に欠けるという認識からなされたというロンドン調査における他の女性たちの意思決定とは区別した。いずれの意思決定も労働市場においては同様の結果に結びついており、いずれも「制約された選択」の例として説明されうるかもしれない。しかし、これら二つは質的に異なっていた。一方の事例では、外での就業の可能性はそもそも女性たちの選好順序に入っていなかった。つまり、外での就業の可能性は文化的理由や宗教的理由によって予め否定されていたのである。もう一方の事例では、外での就業の可能性は少なくとも女性たちの選好に入ってはいたものの、彼女たちの時間の他の使途と比べ非常に低い優先順位しか与えられていなかったか、さもなければ、客観的制約から彼女たちにとって実現可能な（許容可能というよりも）機会集合の外にあると考えられていた。

　女性の労働供給の意思決定がある程度の対立により特徴づけられていた世帯は、「協調的な対立」により特徴づけられたさまざまな関係における権力、選択、行為主体性の作用を見るための異なる視点を与えてくれた。強制、脅迫、暴力が女性の語りにおいてときどき浮かび上がる一方で、女性の労働供給についての対立的な選好という文脈で権力の行使が自己利益の露骨な表現という形や、暴力の行使となることは稀であった。むしろ、それは、何が家族の集合的利益を構成するか、そしてそれを達成するためにどのように女性の時間を最善に配分するかについての会話を通じて曖昧な次元で行われていた。男性は戦略を公式化することに訴えることがよりしやすく、世帯の厚生という言説を通じて自己利益を隠蔽していた。男性は、世帯の厚生を決めるという社会的に課された権威があり、彼らによる決定は正当性を持っていたからである。つまり、権力は、解釈的権力の階層制という意味において、世帯内交渉に明示されていた。それは、最終結果を決定する点で、集合的な厚生が他のものよりも大きな重みを持っているというある種の解釈をともなっていた。したがって、われわれの分析は、ムーアが世帯内交渉に関して次のように指摘した点を裏づけた。

　権力の不平等は、契約条件の解釈において明白にされる。そして、……、これらは女性たちと男性たちとの間に具体的な《マテリアルな》対立を生じさせる。結婚のさまざまな契約条件に関して、あるいは実際に規範的実践や理解のいかなる組み合わせに関しても解釈を与える能力は、言うまでもなくある種の政治的能力である。それが政治的なのは、条件の定義、規範的実践と理解の解釈が、原理的に再定義され、争われるからである。こうした、定義、再定義、論争の諸過程は、常にさまざまな物質的な結果をもたらすであろう（Moore, 1994, 91）。

われわれは、自らの選好を正当化し、「公定化《オフィシャライジング》」するために、そして自らの特権へのいかなる潜在的脅威をもなくすために、世帯において権威を持つ人びとが集合的な厚生を引き合いに出すことを試みる、このような曖昧な闘いのさまざまな例を見てきた。特に、主要な稼ぎ手および世帯主としてのジェンダーアイデンティティが、妻が働くこと、少なくても妻が外で働くことによって脅かされると感じていた夫たちは、主要な稼ぎ手や世帯主として彼らに付与されたまさにその権威を引き合いに出して、妻たちが就業するという選択を妨げることが出来た。そうすることで、彼らの権威にたいする潜在的な脅威を取り除くだけでなく、あたかも家族全体の利益かのようにそれを行っていたのである。われわれは、なぜブルデューの公定化戦略という概念が、ある特定の権力関係の分析に価値ある貢献をなすのかがわかる。

したがって、この意味における権力は、あからさまな対立がなされることを必要としなかった。それは主に、どちらの形の行動が受容可能なのか否か、どちらが許可されうるのか否か、どちらが正当性を持って禁じられるのか否かなどについて、家族の構成員の間の社会的規範や慣習に関する暗黙の理解を通じて作用していた。こうしたより暗黙的な権力の作用は、先に引用したマリアム・ビビの発言を説明していた。「夫の家族は、実際には私が外へ働きに出ることを禁止したわけではありません。しかし、それでもある意味では禁止していました」。それはまた、彼女自身が家族内におけるパルダの支配的見解に完全に同意していたわけではないという事実にもかかわらず、彼女が彼らにたいして外で働くという可能性さえ提起することがなかったのはなぜなのかを、説明していた。つまり、彼女は、自分が外で働くことについて彼らが問題外と判定するであろうことを事前に予見していたのであった。

女性たちが家族内における男性の権威にあからさまに反抗することに消極的なのは、部分的には、彼女たちがこの権威の正当性を受容していることの反映であった。しかし、それはまた、彼女たちが家族の構成員であることから引きだしていた便益《ベネフィット》、つまりその暗黙の契約に刻み込まれている当然の要求で、そのようなあからさまな反抗により危険にさらされたかもしれない便益をも反映していた。実際、彼女たちが意見の不一致をあからさまな反抗へと推し進め、その結果として暴力の悪化や結婚の破綻を受け入れる準備があったのは、これらの暗黙の要求が明らかに尊重されていない世帯においてであった。女性の労働供給に関する選好についてのあからさまな対立は、ロンドンの文脈においては報告された頻度がより少なかった。そこではわれわれの調査対象者の女性たちの大半は、女性たちの場所と家庭内の役割の優先について、既存の規範の範囲で調整できる仕事の形態への選好を報告した。

対照的に、ダッカでは、女性の労働供給に関する選好は、既存の慣習に逆らい、主要な稼ぎ手としての男性たちを脅かす形態の就業に向かう状況だったゆえに、あからさまな対立がより高い比率で発生することが予測された。より予測しにくかったことは、これらの対立の結果であった。幾つかの他の事例では、男性は女性の選好を覆してしまった。一、二の事例では、既に指摘したように、男性は稼ぎ手としての責任を放棄してしまっており、男性の権威のあからさまな否定において女性は自らの選好を主張していた。しかし、対立の事例の大半においては、それがときに長引いた交渉の後であったとしても、最終的な結果として優先されたのは女性の選好であった。

このことは、世帯権力の経済学的モデル、文化的モデルのいずれによっても容易には説明されない困難な問題をわれわれにつきつけた。家族のなかでより権力がある構成員である男性が、女性、つまり従属的な構成員に、われわれの調査対象者の男性労働者だけではなく、社会科学の理論家の多くが、それが女性の交渉力を強化し、世帯内での男性自身の権威と特権を弱体化しうると信じている形態の雇用へのアクセスを許したのは、なぜだろうか。そのような結果は、世帯内の権力配分の二項対立モデルにおいては意味をなさない。むしろ、われわれは、不平等な相互依存性の諸関係としての世帯、および協調的な対立の過程としての世帯の意思決定という含意を真剣に取り上げなければならない。

女性たちが、対立的状況において外での就業を選びたいという自らの願望への男性たちの合意をなんとか取りつけた戦略は、概して、家族の協調的な本質と交渉していた相手についての親密で共感的な知識から派生していた。そのような戦略は、彼女たちが、効果的に、工場労働から得られる極めて現実的な物質的便益を「大げさに話し」、その潜在的変換力を「控えめに話す」ことを狙いとしていた。こうした戦略は部分的には曖昧で、家庭内での協調を裏づける鍵となる概念の「定義、再定義、論争」をともなっていた。つまり、具体的には、子どもたちの福祉、家族の利益、経済的逆境の共有された結果、および、それらにともなう物質的責任を取ることなしに女性たちの行為を取り締まろうとする「道徳的共同体」の空虚な権威への集合的抵抗などである。

それらはまた、部分的には実践的でもあり、他者にたいして自分たちの選好を「行使する」ために、ある種の問題について「譲歩する」という戦略であった。特に、女性たちは、工場における自らの就業が、世帯内における慣習的な物事のやり方を極力脅かさないことを保証するという対策を講じていた。つまり、彼女たちの家庭内責任のあり方が家族の男性構成員の権利を侵害しないように保証し、自らの賃金を世帯主に渡し、路上での行為や立ち振る舞いの控えめさを身につけ、仕事からの行き帰りを除けば努めて家を空けないようにしていた。

したがって、女性たちの語りに関するわれわれの分析は、世帯内における権力と選択の性質についての幾つかの一般的な洞察を与える。何よりもまず、それは個々の構成員の行動を形成し、制約する、家族の暗黙の契約の一側面としての規範の役割を示している。規範は、価値が内面化されるようには必ずしも内面化されないという点において、価値とは異なっている。規範は、行動の方法についての共有された理解、つまりフォルバーが言う分権化された社会的権威の一つの形として機能する。それらは、ある家族や社会の全ての構成員によって何の異論もなく遵守されているわけではないかもしれないが、それでもなお、行動の社会的類型化を再生産することが十分広く観察されるのである。これらの規範が自らの利益や家族の利益に反するように見える時、それを拒否することが持つ社会的な含意のために、女性たちは規範を放棄しなかった。しかし、彼女たちの行為によって、規範は、経済的制約、物理的制約、法的制約とは非常に異なる制約の秩序であることが示された。経済的制約、物理的制約、法的制約は、エルスターが「ハードな」制約と説明した例である(Elster, 1989)。つまり、これらは、実行可能な行為とそうでない行為とを明確に区別する。それゆえに、「ハード」な経済的制約が意味するのは、豊かな個人と貧しい個人はいずれもパリの橋の下で眠ることを選べるが、豊かな個人だけがリッツ・ホテルで眠ることが出来る、ということである。

他方で、規範は、「ファジー」な制約と呼びうるものである。それらはさまざまな解釈を受け入れ、さまざまに可能な行為の範囲を許容する。そして、女性たちの語りがしばしば示していたように、規範は、かなりの程度の解釈の創造性を許容していた。われわれは、女性が自らの変化する必要や選好を順応させるために、さまざまな規範の意味を再構築しようとする方法の幾つかを指摘した。そのようにして、世帯内のかなりの交渉は、規範の意味をめぐる論争という形をとっていた。特に、母親と子ども、妻と夫、娘と親との関係を定義づける規範についての論争であり、女性たちはしばしば自らの解釈を裏づけるために想像力に富んだ方法で宗教的な聖典の権威を引き合いにだしていた。[3] こうして、ダッカの女性たちの多くが、「例外的な必要」が生じている状況においては女性が働くために外に出ることをコーランが認めていることを根拠に、自らが外で就業することを正当化していた。ロンドンの未亡人は、もしある女性が男性の世帯構成員を持たないならば、その女性は自分自身で買い物をしても良いとコーランに書いてあるとわれわれに語った。また他方で、別の女性は、男性は家事を「しない」という夫の主張にたいして、「世のなかにおける彼の全ての重要な仕事のあと、われわれの預言者は家に戻り、妻を手伝った」ということを根拠に争った。

第二に、われわれの分析は、世帯内の男性の権力が世帯の資源にたいする彼らの支配と世帯構成員にたいする彼らの承認された権威に基づく一方で、それが絶対的な権力ではなく、家父長的交渉の目的の遂行を条件としていることを指摘してきた。男性の権

3　もちろん、個人的利益や集団的利益を正当化するために、男性が宗教的な聖典の想像的解釈へ訴えることは、多くの社会においてずっと昔からの実践であることを指摘しておくべきである。

力は男性の責任に基づいていたのである。女性の仕事に関する選好をめぐる対立は、男性が主たる稼ぎ手としての責務を果たせていないと認識された時に、女性側においてあからさまな抵抗として最も現れてきやすかった。この例はダッカにおいてより頻繁に生じ、父親よりも夫にたいしてより直接的に向けられていた。それは、契約的要素が親子関係においてよりも夫婦関係においての方がずっと強いことを示唆していた。ダッカの文脈において、このような抵抗が生じた一、二の例に出くわしたものの、父親が娘を無視したり、娘が父親を見捨てたりすることは比較的起こりにくかった。あからさまな抵抗はロンドンの文脈では稀であった。それは部分的には、失業した夫たちがそれでも失業手当を得られるからであり、主要な稼ぎ手として言及され続けていたからであった。その程度には、彼らの権威は保たれていたのである。

　われわれの分析から生じる最後の一般的な点は、経済的過程の形成において「声」にさらにいっそうの重要な役割を与えてほしいというハーシュマンの抗弁を支えるものである。ハーシュマンによれば、正統派経済学の経済的な行為主体《エージェント》は「静かに精査する人《サイレント・スキャナー》」であった。つまり、自分の持つ全範囲の選択肢を調べ上げ、息をのむほど複雑な計算に従事した上で意思決定を行うのだが、一見したところ全てが一言も発することなしになされる。意思決定が集合的になされる場合でさえ、それは本質的に無言の行為として示された。何人かの構成員が持つ優位な交渉力の暗黙の承認は、意思決定の結果において彼らの選好により大きな重みが沈黙のうちに円滑に与えられることにつながっていた。意思決定のそのような描写では、なぜ意思決定の結果が、当該の二人が対立にある時に、より権力のある構成員にたいして、より弱い世帯構成員の選好により大きな重みを与えることがありうるのか説明が困難になってしまう。

　他方で、もしわれわれが、経済的な行為主体は「経済的過程に影響を与えられるような言語的、非言語的コミュニケーションと説得というかなりの才能」を持っているというハーシュマンの指摘を組み込むならば、この見た目上は変則的な結果も理解しやすくなるだろう。一般的に、女性たちが持つ、家族のより権力のある構成員との交渉において頼みにする物質的資源は比較的少ない。しかし、彼女たちはそれでも世帯のルールと関係についての暗黙の理解に基づき、自ら使える相当の量の無形の資源を持ち、文字通りの意味としての「声」を持つ。われわれの分析は、かなりの部分、彼女たちの説得する力、反対の立場を共感的に理解すること、共有された言説を巧みに解釈して自分自身の選好を支持すること、世帯構成員の集合的利益を喚起することなどに焦点を当ててきた。しかし、われわれはまた、何人かの女性たちが性的交渉を使う例にも遭遇しており、たとえば第四章のハシナは、それによって夫の合意を得ようとしていた。その一方で、イスラムは、ダッカの都市スラムでの自ら調査において、女性たちがしばしば対立的状況で自らの好きにしようとして使っていた、男性であることが何を意味するかという本質的な理解に依拠しながらの、冷笑的行為と愚弄という武器を指摘した(Islam, 1998)。

権力、選択、後退のポジション―世帯を超えて

ダッカの文脈における女性の労働供給の意思決定についての交渉過程のわれわれの分析は、世帯の意思決定において単に合理的選択の計算を強調するアプローチの限界、ならびに文化的規範の不変性を強調する社会学的アプローチの限界を強調している。しかし、世帯内関係だけに焦点を当てると、なぜロンドンの文脈における対立がそのような異なる結果をもたらしていたのか説明できないだろう。このことは、交渉力の分析を世帯内分析のみに限定せずに、意思決定のより広い環境におけるさまざまな種類の非対称性を考慮に入れるべきことを示唆していた。

既に指摘したように、男性の選好とコミュニティの規範とが調和する雇用形態を女性たちが好む確率の高かったロンドンの文脈では、対立が報告される頻度はより低かった。それらの女性たちの圧倒的多数がバングラデシュの最も保守的な県の一つの出身だった。この事実は、さまざまな地域の出身者を含み、かつその多くが有償労働への女性の参加率が平均よりも高い諸県の出身者だったダッカの事例に比べて、選好における違いの幾つかを説明していたかもしれない。しかし、選好の対立は、ロンドンにおける女性たちの語りでも完全に不在だったわけではない。幾つかの事例では、選好の対立は抑圧されていた。その他の事例では、それらは曖昧な形態をとっており、選択と制約を融合させていた。さらに、あからさまな対立の事例もあった。それらは、時には外での就業を選びたいという女性たちの願望、時には家内労働をしたいという女性たちの願望をめぐる対立だった。概して、女性たちは家内労働をしたいという願望への反対と争うことがより多かった。というのは、それらはより正当性が薄いと認識されていたからだ。こうした多くの事例において、女性たちは、家庭的な責任をおろそかにしないと夫たちを安心させることにより、自らの選好を満たすことが出来た。一方で、われわれは、女性たちがミシンに時間を使いすぎていると判断して、夫が妻のミシンを売り払ってしまった事例も指摘した。

しかし、外で働きたいという女性たちの願望が支配的な構成員の選好と対立した事例においては、彼女たちのそのような願望は、ほとんど例外なしに覆された。外での仕事に就いたり、積極的にそれを探したりしているような、ロンドンの調査対象者における少数の女性たちは、自らの選好に反対するような男性の権威者が世帯内にいなかったか、あるいは、家族の支援を得てそれを行っていた。われわれがダッカで見たような、あからさまな対立や、長期化した交渉の例はなかったのである。

対立の発生率および対立解消の結果におけるロンドンとダッカの違いは、個人の選好における違いという観点だけでは説明することが困難であった。実際、二つの集団の女性たちの地理的な出自の違いにもかかわらず、いずれの文脈においても家族は、ジェ

ンダーとジェンダー役割について驚くほど似たような見解にしたがっており、外での就業への制約としてのパルダについての女性たちの見解も驚くほど似ていた。また、ロンドンの調査対象者における女性がダッカの調査対象者における女性たちよりも雄弁でなかったとか、はきはきしてなかったとか、思考において戦略的でなかった、と信じるようないかなる理由もなかった。むしろ、われわれが自らの事実発見のこの側面にたいする説明を探したのは、選択をする際の広い環境の差異であった。このより広い文脈は、さまざまな意味で、世帯内対立の外枠を形成する上で決定的に重要な意味を持っていた。一方で、より広い文脈は、女性たちが文化的規範の性質に反して行動したいとか、意見の相違を表明したいとか、自らの選好を達成するための交渉をしたい、という程度を形づくっていた。他方では、より広い文脈はまた、支配的な構成員が、家族のなかで女性が従来の役割から逸脱し、彼ら自身の選好が女性の選好と対立した場合に、女性の選好に譲歩すると生じるさまざまな費用を自らが受け入れてもよいとする程度に影響を与えていた。

われわれは、対立の発生率および対立解消の結果における差異の説明において重要かもしれない、ロンドンとダッカにおける国家、市場、コミュニティの配置《コンフィギュレーションズ》の特定の側面を指摘してきた。前章で示唆したように、二つの文脈で国家が持つ異なる役割は、それらの文脈において女性の依存性にかかる費用の負担能力を差異化させる、明らかに一つの要因であった。しかし、それは女性たちの語りではあまり直接的な特徴ではなく、むしろ世帯の経済のさまざまな側面について意思決定がなされる背景としての役割を果たしていた。より中心的な役割は、女性たちの生活において集団的行為のその他の兆候に与えられており、これらが二つの文脈における彼女たちの交渉力の差異についての、より直接的な説明を構成していることを示唆していた。特に関連性があったのは、男性および女性にとっての労働市場での機会の外形を決める集団的行為の効果、男性の労働市場の機会と、女性の労働市場の機会の中身の重なりとずれの程度、「選択的な」あるいは「与件的な」コミュニティにおける両者の埋め込みなどであった。

もしわれわれがどのように規範的な制約を本調査における女性たちが「生きられた現実」として経験したか説明しようとするならば、それは「他者」という考えにおいて要約されうるかもしれない。既に指摘したように、規範というものは社会的権威の分権化された一つの形であり、あるコミュニティの他の構成員と共有され、彼らの承認と拒否によって維持されている(Elster, 1989, 113)。女性の語りに現れた「他者」は、時には当該女性に非常に近く、その女性の家族の構成員やすぐ近くの隣人であった。またある時には、より広範囲で一般的なカテゴリーであり、全体としての「コミュニティ」であった。

女性の側、そしてその家族の側において、ある種の行動形式を促進し、また他の行動形式を抑止したのは、こうした関係ある他者が言ったことや行ったことであった。実際、幾つかの事例において女性の行動を制約したのは、より一般的なカテゴリーの「他者」の意見や行為であった。それゆえに、ロンドンとダッカという二つの文脈において、関係する「他者」、つまり個々の女性の意思決定に関わる限りその意見と行動が「無視できない」人びとについて分析することは、女性たちの経験にしたがってそのような制約の構造を把握するのに有益な方法である。また、同様に、これらの「他者」が、自らの承認や拒否、そしてわれわれがインタビューした女性たちに引き起こすことが出来た喜び、恥や不名誉、罪悪感などの感情をいかに効果的に表現できたかについて分析することもそうするために有益な方法である。

われわれは、これらの集合的行為の効果を見てきた。それらは、時には、「選択的な」集団が行い、時には「与件的な」集団が行い、異なる文脈において労働市場における分断の性質を形成する上で効果を持っていた。イギリスの文脈における、保護的ないし保護主義的な法律、さまざまな不利な集団にたいする排他的な形の行動と徹底的な差別を通じて労働市場における自らの特権的地位を守ろうとして白人が行う男性優位の労働運動という努力は、より特権の乏しい人びとにたいして社会的閉鎖という戦術を使う、権力を持つ「選択的な」集団の明確な例を提供していた。彼らの行為の重大な効果の一つは、たとえばイギリスにおけるバングラデシュ人コミュニティのような、排除された集団内部の分断原理としてジェンダーの原理を変更し、その男性構成員と女性構成員が直接的に対峙しうるような競争に巻き込んでいくことだった。バングラデシュの文脈では、労働参加率のより低い水準のみならず、労働市場の特定の部門《セグメンツ》に彼女たちを閉じ込めることにつながっている、親族という「与件的な」集団とショマジュ【訳注1：本書第三章五九頁を参照】によって女性の労働市場での選択に課された、非公式ではあるが同じように強力な制約の例を見てきた。そこでは労働市場における差別的要因として人種は関係がなく、労働市場において男性の部門と女性の部門との間にはもっと分かりやすい境界があった。

さらに、もう一方では、二つの文脈における女性たちの後退のポジションもまた、機会の形成における労働市場での文化的アイデンティティと密接な人間関係の作用により異なっていた。したがって、ロンドンにおける外での就業の多くの形態をダッカのそれらと異化させていたのは、雇用主と被雇用者が同じ文化的集団に属しているかどうか、そして職場における行動規範について似たような見解を共有している程度であった。ダッカの工場では雇用主と被雇用者がともに、出来るかぎりジェンダー的妥当性の規範を維持するという関心を共有し、工場の現場においてジェンダーの分離という原理を守り、就業時間中の男性と女性との接触についての厳しい規則を維持していた。工場労働の妥当性について、女性とその家族の双方に再確認し、ダッカの文脈においてより広い範囲の外での就業を利用可能とさせたのは、この共有された規範の遵守であった。

職場における道徳的秩序の維持についてのこれらの再確認は、

一般的に雇用主がバングラデシュ人コミュニティの規範や価値を共有していなかったロンドンの文脈では、女性とその家族にとっては利用できるものではなかった。結果的に、コミュニティの領域の外にある職場は、さまざまな理由から女性たちにとって「安全ではない」と考えられていた。まず職場の文化の問題があった。つまり、彼女たちは男性たちと並んで、あるいは異なる道徳的価値を持つコミュニティ出身の女性たちと並んで、働かなければならないという事実である。また、文化的アイデンティティの喪失に関わる女性たちの懸念があり、それは彼女たち自身の成育歴とはかけはなれた服装や行動様式を採用することを強制されるということであった。それに加えて、女性の英語力の不足によって課された労働市場への参加における障害ももちろんあったが、これはダッカの文脈では当てはまらない要因であった。また、われわれが指摘したのは、人種差別の経験であった。それは、われわれの調査対象者のうちの一人、ないし二人の女性が報告したもので、彼女たちは先に述べたような境界の外での仕事を求めながらも、自らには「声」がなく、他のエスニック集団出身の同僚との接触において「言語の権力」を行使できないと訴えた。

最後に、二つの都市の労働市場における包摂と排除の異なるパターンに部分的に関連しているのは、女性の後退のポジションにおけるコミュニティとロカールの異なる意味であった。ダッカでは、ロンドンの文脈を特徴づけていた類いの社会における明確な人種的分断がないため、縫製労働者とその家族は都市を横断して分散していた。彼女たちは、すぐ近くの隣人を越えては誰も自分たちのことを知らない近所と、自らがいっそう匿名であるより広い都市部のコミュニティについて説明した。自己設定的なコミュニティのさまざまな道徳的な人びとが女性の労働市場行動にコントロールを課そうとする試みはあったものの、そのような試みは物質的制裁と道徳的権威をともに欠いているため無視できた。女性は、公的領域、特に自らの近所では過剰な関心を引かないように予防策を講じていたが、彼女たちにとって大切なのは、直近の家族や親族、つまり彼女たちの「与件的な」集団との私的な交渉であった。国際移民が関わる場合ほど劇的には結婚が彼女たちを自らが生まれた家族から切り離さないため、結婚が破綻した時に自らの家族のもとへ戻る可能性は物理的により可能であり、彼女たちの稼ぎ手としての新しい地位はそれを経済的により受け入れやすいものとした。

コミュニティの構成はロンドンでは非常に異なった形をとっていた。というのは、バングラデシュ人のコミュニティは、親族ネットワークを通じてロンドンに到着し、多数派の文化に対抗して自分たち自身を定義しなければならない敵対的な環境に自らを見出した人びととの集団として成り立っていたからである。コミュニティそれ自体がそれらの人びとによって選択された集団となった。つまり、縫製工場におけるバングラデシュ人労働者は「くっついている《スティッキングトゥギャザー》」のだと、われわれがインタビューした労働組合員の人びとが語った連帯とは異なった種類の連帯としてしばしば描写された。しかしながら、そのようなコミュニティの連帯、つまり主流派社会からの排除を前にした自己選択的な性格によって、女性の選択は非常に制限的に定義されることになった。コミュニティ出身の男性が相対的に賃金の高い外での就業の形態を独占する一方で、女性は家庭内で出来るような有償労働にほとんど閉じ込められていた。地方自治体のコミュニティの仕事は女性にとって受容可能と考えられていた。しかし、これらの仕事は一般的に限られており、女性は、言語的制約や文化的懸念により阻まれて、コミュニティの外での仕事から自らを排除していた。さらに、稼ぎ手としての男性の役割に脅威を与えることやコミュニティの他の人びとにたいして面子を失うという恐れから、夫は妻が外で働くことを好まなかった。自分たちの名誉を危険にさらすという恐れのために、親たちが娘を働かせたがらないことも多かった。

より若いバングラデシュ人の女性、特に比較的最近到着し、バングラデシュである程度の自由を享受してきた女性にとっては、ロンドンでの生活は、故郷に残してきた生活よりもはるかに「閉鎖的」なものになった。われわれがインタビューしたとき二五歳で、一七歳のときにバングラデシュを離れたトゥリは次のように言及した。

ダッカやチッタゴンの大学で女性たちを見ると、こちらの女性たちよりも進んでいるように見えます。ここでは私たちは時間通りに帰宅し、入ったらドアを閉めなければなりません。バングラデシュでは全てが開放的で、兄弟やいとこが往来しますし、人びとはたくさんのことが出来ます。

したがって、コミュニティの閉鎖性、対面的性質、社会的および経済的資源としてのネットワークの重要性が、コミュニティからの離脱にかかる費用を個々人とその家族にとってダッカに比べて高くしていた。ロンドンの文脈における男性は、家族における女性の労働供給行動の形成において不釣り合いな影響力を実際に持っていたかもしれない一方で、彼らも決して自律的な行為者ではなかった。男性もまた同じように、自らが埋め込まれているより広いさまざまな関係や、そのような諸々の関係が公的領域と私的領域において彼らに許す行動範囲によって影響を受けていたのである。

デロワラとラビア―ダッカとロンドンの娘たち

二つの女性たちの集団の労働供給の意思決定において「コミュニティ」の概念に与えられていた非常に異なる重みは、これまでの章においてわれわれが出会った女性たちのうちの二人の語りを一緒にすることで描き出すことが出来る。彼女たちは多くの点において似ていた。二人とも若く、未婚で、教育を受けていて、はきはきと話し、二人とも新しい機会へのアクセスを得るため親と交渉したがっていた。しかし、一人はダッカに暮らし、もう一人はロンドンに暮らしていた。デロワラはマイメイシンのある村で生まれ育った。彼女は九年生のあと就学を諦めさせられた。彼女は学び続けたかったのだが、家族に経済的損失があったためである。彼女はいとこたちから縫製工場について教わった。いとこたちは縫製工場で働いており、村に彼女の家族を訪ねにきていたのであった。当初、彼女の両親は工場で働くためにダッカに彼女を移住させることに断固として反対した。われわれは既に、彼女が最終的に両親の許可を得るに至った長期間に渡る交渉について指摘した。ここで、彼女の両親が示した懸念と、彼女の反論の幾つかをくり返しておこう。

しかし、私の両親は、他の人が言うであろうことを心配していましたし、私が行ってしまって誰かと恋を落ちたりするなど、そのような類いのことが起こるのを恐れて反対していました。私は、ここでただ座っているよりもましであると言いました。少しは稼ぐことが出来ますと。父は、名誉と貞操が失われることについて言うので、私は父に向かって言いました「お父さん《アッバ》、もし私が自分の貞操を捨ててしまうなら、ここに座っていてもそう出来るのです。もし、たとえ外に働きに出ても、私が貞操を捨てないのであれば、私は自らの面倒を見ることが出来ます」。……、両親は、私が他の男性と接触することを主に恐れていました。他にも心配事はありました。たとえば、私はまだ一度も町に行ったことがありませんでした。新しい環境のなかで、自分自身の面倒を見ることが出来ないかもしれません。ダッカに行ったことがなかったため、両親はそのことも心配していました。両親はこう言いました。「いまは良い時代ではない。何が起こるかわからない。安全ではないかもしれない。何か悪いことが、お前に起きるかもしれない」。

ラビアは、われわれがインタビューする二年前にロンドンにやってきた。彼女はバングラデシュを離れる前に十年生を修了し、「きちんとした」仕事に適するようにさらなる資格を得るため大学進学を望んでいた。しかし、彼女の両親は許可しなかった。代わりに、彼女は暇つぶしのために、母親の在宅労働の仕事を手伝うことをその他の家族から「勧められた」。ラビアは両親の懸念について、次のように説明した。

私は、よい仕事が得られるように、英語を学ぶため、言語センターに行きたかったのです。……私は学歴を求める仕事がしたくて、人びとはそういう種類の仕事を尊敬しますし、でも両親が許してくれませんでした。両親は、私が制御不可能になることを恐れたのだと思います。……、私はミシンがけが好きではありません。工場やお店で働くことにも興味がありません。私は地元のカレッジに行って何か課程を一つ履修したいと思っていましたが、誰も一緒に行く人がいないからと言って両親は反対しました。私は課程に関して自分で見つけ出し、両親に許可を得ようとしましたが、全く取り合ってくれませんでした。誰がお前を送っていくのか、と聞かれました。私の父は、私がミシンをかけるのもそれほど好んではいません。彼は若い時にそれほど働く必要はないと考えています。それでも、カレッジにも行かせてはくれません。

ラビアの仕事の選択肢を選び取る能力にとって親の権威は直接的な制約であった。しかし、彼女はまた、両親自身が拡大家族とより広いコミュニティによって課せられた制約に反応して行動していることも認識していた。

私の両親は、私をカレッジや言語センターに行かせてあげたいと思っていたかもしれないのですが、私たちの村出身の年配の親戚や人びとが、両親に、学校に通った娘たちは、より奔放になり、男子と一緒に逃げたり、宗教を忘れたりすると言ったようです。私の両親は、私が既に大きくなっているので心配になり、その圧力に従うことにしたようです。だけれども、両親は私のことを信じていないと思います。もし信じていれば、私をカレッジに行かせてくれたでしょう。

これらいずれの説明においても、両親の側の娘の評判について、そして、外の世界で彼女たちがさらされるかもしれない誘惑についての同じような恐れの証拠が見てとれる。いずれの語りにおいても、娘の側が両親の側における信頼の必要を強調していることがわかる。しかし、より広いコミュニティの意見、そして、未知なるものへの恐れはラビアの両親にとって明らかにはるかに重要であったし、文化的アイデンティティの喪失についてのさらなる懸念もあって、それは「自分の宗教を忘れること」ということであった。既に指摘したように、デロワラの両親は結局、彼女の懇願に譲歩した。ダッカでインタビューした時、彼女は村を離れて、いとこたちと共用の部屋を借りて暮らしていた。家主が彼女たちのために目を光らせ、保護者代理のように振る舞っていた。休日には、彼女が村に戻るか、村から兄が彼女を訪ねてきて、最近、彼らは映画に行き始めたところだった。

一方で、ラビアは、地元の大学で一つの課程を受講することを考慮してもらうことすら、両親を説得出来なかった。インタビューした当時、彼女は在宅学習をしており、家内労働をパートタイムでやっていた。それは彼女を退屈から解放するのにほとんど役立たず、その語りにおいて、彼女は自分がどんなに孤独でホームシックにかかっているかを口にした。

いま家で勉強しています。ときどき書きます。短いお話を書いています。新聞にそういうものを載せてみたいのですが、どうやったら出来るのかわかりません。ミシンがけは暇つぶしには役立ちますが、背中が痛くなるのでいつもはやりません。……、やるべき仕事がないとき、ただ座って考えます。考えることはとてもたくさんあります。バングラデシュについて、この国に来た理由について、考えます。故郷での自分の勉強や友人について考えます。

権力、選択、構造化—連続と変化

最後に、本書におけるこの分析は、「構造化」過程の諸側面、時間の経過にともなう社会構造の再構成にも、二つの異なる文脈において光を当てる。いずれの集団の女性たちも、家族とともに、大きな社会変化が起こっている時代を生きてきた。いずれの集団の家族もバングラデシュにおける貧困の増加と土地無し層の増大をじかに経験し、いずれも伝統的農業部門からその他の部門、しばしば都市に基盤を置く形態の生業への、農村人口の移動を目撃した。しかし、一つ目の集団がバングラデシュの国境内部において経済的な選択肢を多様化させようとしたのにたいし、二つ目の集団はイギリスへの移民を選んだ。第一印象では、海外移住という行為は、より突然で劇的な形の変化を構成しており、その変化は家族内におけるジェンダー関係の主要な再交渉のための潜在性を提供した。ただし、本書が立証してきたように、実際には、イギリスへのバングラデシュ人移民は、ロンドンの文脈において、家族およびジェンダー関係を彼らが過去に馴染んできたモデルに出来るだけ近い形で再構成しようとした。ジェンダーの制約の過去のパターンにたいしてより破壊的だと判明したのは、国境内部のダッカへの移民であった。二つの文脈における女性の雇用のパターンは、そうした文脈を特徴づける非常に異なった構造化過程の成果物であると同時に、そのような構造化過程自体に寄与するものでもあった。

ギデンズが説明するように、構造化過程は、社会的行為者による活動の連続的な流れと、そうした活動が生起する文脈を特徴づける、それらの活動が持つ習慣、慣習、ルーティーン（および資源分配）にたいする影響《インプリケーションズ》によって生み出される。本書では、特定の一連の活動、つまり女性の労働供給の意思決定の活動に関心を払ってきた。われわれは、二つの文脈においてこれらの活動がとった形態が、単に異なるだけではなく逆説的であることも指摘してきた。われわれは、女性が自らの日常生活をなす諸活動の連続的な流れから、有償労働という異なった形態に就くという行為を「凍結」したり「除外」したり出来た程度について驚くべき差異を見出してきた。それらの差異は、彼女たちがその決定に付す意味と意義における差異、および、その決定が持つ社会的連続性と変化にたいする影響が持つ差異についての、説得力のある指標であった。

家内労働者の大半は、在宅労働を始めたと言える日を特定するのに困難を感じていた。参入過程はあまりにもぼんやりと散漫的だった。通常、彼女たちは自宅にあるミシンで、あるいは隣人のミシンで、練習に幾らか時間を費やし、徐々に、そしてほとんど気がつかないうちに、報酬のために二、三の注文を取るようになり、そして時間の経過とともに、ミシンを使う速度を、また恐らくは受け取る注文の数も増やすのであった。彼女たちはその活動自体を自らの日常的なルーティーンからはっきりとは区別できないものとして説明した。それはしばしば、余剰として存在し、家庭内義務の周辺に組織化されていた。多くの事例における彼女たちの収入の貧弱さは、彼女たちがその収入がいかに使われるか常に記録しようとしているわけではないことを意味していた。「それはきちんとした仕事とは違うのです」ということだ。世帯内関係に家内労働過程が埋め込まれていること、多くの家内労働者が家族の男性構成員たちが代わりに注文を受け取ったり配達したりすることに頼っていることはまた、その仕事からの収益へのエンタイトルメントを不明瞭にしていた。家族の他の構成員たちが、彼女たちの仕事へのアクセス、そしてしばしばその収益へのアクセスを仲介し、幾つかの事例においては支払い過程において彼女たちを完全に迂回していた。

対照的に、工場労働に就くという決定は、ダッカの女性たちの多くにとって過去の生活との明確な断絶を成していた。それは、きちんとした仕事だった。参入過程は非常にはっきりと思い出された。つまり、多くの女性たちは、その考えが自らに生じた、まさにそのときではないにしろ、少なくともいつ働き始めたか、面接で何を聞かれたか、仕事の初日に誰が付き添ってきたのかを特定できた。その仕事それ自体、明らかに了解された諸条件をともなっており、契約の形になっていることが多かった。具体的には、それは、一日当たりの固定的な労働時間に合わせて、認められた残業時間をともない、家庭と家族から離れた、明確に境界の引かれた場所で実行されるものであった。在宅労働者によって説明された、仲介されて不明瞭になったエンタイトルメントの代わりに、工場労働者の自らの賃金へのエンタイトルメントは直接的で明瞭で個人化されており、そのことは女性にたいして毎月手渡される給料袋に象徴されていた。女性がどのように自らの賃金を使おうと、彼女の家計への貢献と彼女の労働者としての地位は否定できなかった。最終的には、女性の家庭内義務がほとんど損なわれないままでありながら、家内労働者の場合のようにその家庭内義務をめぐって女性の有償労働が組織されるのではなく、むしろ女性の労働時間をめぐって家庭内義務が再組織されていた。

二つの文脈において女性が自らの有償労働への参入をどのように表象したかにおけるこうした衝撃的な違いは、これらの決定が持つ物質的現実における差異を象徴していた。われわれは既に、制約の根本的なパターンにおける差異の幾つかについて探究してきた。その制約の差異は、異なる文脈で異なる行為者が利用しうる可能性の分布を形成しており、女性の労働市場における意思決定を決定していた。ここで筆者が探究したいのは、これらの労働市場における意思決定が、それらがその内部で生じた制約の諸々の構造にとって持つ含意であり、それを過去との関係のみならず、将来におけるそれらのパターンの再構成という観点の両方から見たい。

ロンドンの文脈において自宅で働くという女性たちの決定は、彼女たちの側では一つの選択として説明され、自らの家庭内義務、育児による制約および外での仕事に必要な資格の不足への反応、さもなければ、家族の支配的な構成員の選好への反応であった。しかし、彼女たちが家内労働を選択するように導いたそのような直接の諸動機の背後には、利用できるさまざまな可能性の幅を制限する働きをしている、より大きな構造的諸力があった。それらは異なる文化的文脈への彼女たちの移民の結果として生じると期待しえたかもしれない制約のパターンにおける変化への推力を相殺していた。既に述べたように、ロンドンの家内労働にバングラデシュ人女性が集中して多いことを説明するのは、文化的価値に柔軟性が欠けるからではなかった。このことは、われわれに、本研究のダッカの事例において文化的規範が不変でなかったことを思い出させる。

またそれは、彼女たちの新しい環境の人種差別主義、そしてそれが持つエスニックマイノリティの人びとの人生のさまざまな機会における制約的効果に主として帰することも不可能だった。人種差別主義は、他の幾つかのエスニックマイノリティの女性たちが外での就業という形態での雇用に就くことを妨げてはおらず、それはロンドンの衣料工場における雇用を含めてのことである。むしろ、バングラデシュ人コミュニティ内部の労働参加のパターンにおけるジェンダーの差異を説明するのは、文化的規範と人種差別主義との相互作用であった。バングラデシュ人コミュニティの固有の信条や価値観は、バングラデシュ人コミュニティが置かれている敵対的で人種差別主義的な環境によって増強および強化されていた。その制約的な文化的規範は、ダッカの女性たちにとってよりも、ロンドンのバングラデシュ人女性たちにとって、よりいっそう制約的に強化されていた。したがって、人種差別主義はロンドンのバングラデシュ人女性たちにとっては、保護的であると同時に制約的であるコミュニティの存在によって仲介されていたのである。

ロンドンの調査対象者において少数の女性たちのみが家内労働に就くという自らの意思決定を、純粋に、パルダの命令に従いたいという自らの望みの観点において説明した一方で、コミュニティの規範は多くの異なる経路を通じて彼女たちの説明に入っていた。多くの女性たちにとって、家内労働への選好は、ある特定の文化的に構築された、結婚と母親であることについての見解に基づいていた。実際、バングラデシュ人（そしてパキスタン人の）女性を際立たせていたのは、結婚後、外で就業するバングラデシュ人女性が顕著に減少することだった。他のエスニック集団出身の女性たちの間では、既婚女性の労働参加率における幾らかの下落はあったものの、それは彼女たちが子どもを持った後に限られていた。

コミュニティの規範は、自らが所属するコミュニティにおいて「他者」に比較的受容可能と考えられている事柄についての自己評価を通じて、女性の意思決定に入っていた。われわれは、コミュニティにおける一般化された「他者」の見解を、女性たち、また彼女たちの家族が重要視するのを見てきた。またこの懸念が、コミュニティの規範に出来る限り従うという必要を常に思い出させるものとしての役割を果たし、どのように生活のさまざまな側面における彼女たちの行動を形成し、制限するのかを見てきた。外での就業を選びたがっている女性たちでさえ、コミュニティ内部で、女性にとって適切であると考えられている諸活動で働くことに自ら制限していた。これに関連して、彼女たち自身のような他の女性たちの行動は、何が受容可能な行動で何がそうでないかについての自己評価の根拠となる一つの重要なモデルを提供していた。つまり、多くの女性たちによって説明された家内労働への一般的な経路は、隣人や親戚を観察したことであった。モルジナによる所感は、工場労働への女性の参入の制約における過去の慣行《プラクティス》の重みを明らかにしていた。「われわれの女性たちは工場では働きません。……彼女たちは大いに恥じ入るでしょうし、彼女たちは以前にそれをやったことは一度もないのです」。

　これらのさまざまな制約は、ロンドンにおけるバングラデシュ人女性たちをこうした過去の慣行を効果的に再構成する形態の仕事に大規模に送り込むことを確実にし、将来の変容のための余地をほとんど与えなかった。第八章で議論したように、また、ミッテルも指摘しているように、在宅労働を通じて稼ぐ女性たちの能力は、実際に家族内における権力のバランスを変化させたかもしれないが、「しかし、わずかにのみ」(Mitter, 1986, 60) であった。それがいかなる新しい、そして戦略的な意味であれ、女性の選択の領域を広げたという証拠はほとんどなかった。実際、彼女たちの保護者が在宅労働を許容することを説明したのは、まさにその潜在的変換力の欠如であった。解放が文化的アイデンティティの喪失につながりえたり、その道徳性や歴史的慣習が彼ら自身のそうしたものとはあまりにもかけ離れている文化への同化に結びついたりしうる社会の文脈のもとでは、女性がさらに解放されるという可能性は、多くの家族の保護者にとって心穏やかでない展望であった。それは特に夫にとって脅威であった。そうした同化はまた、この多数派の文化が持つより大きな性的寛容と結びついていたからである。

　一方で、バングラデシュにおける女性たちは、根本的な構造的変化が、家父長的交渉の条件に挑戦するための動機とその可能性の両方を創り出している文脈で、自らの労働市場の選択を行っていた。こうした変化の幾つかは経済的なものであった。すなわち、われわれは、過去数十年間に渡って増加していた窮乏化と土地なし層について、そしてその結果生じた職業の多様化と都市への移民について指摘してきた。こうした変化の幾つかは社会的なものであった。具体的には、パトロン・クライアント関係の古い形態の衰退、コミュニティの紐帯の崩壊、家族の規模と出生率の低下、女性の更なる経済的周縁化などであった。

　われわれは、ケインらが示した意見、すなわち物質的基盤に根ざす男性的権威のレジリエンスに比べて、規範によって定義された男性の責任の可変性ゆえに、女性にとっての家父長的交渉の条件の更に悪化したところでは家父長的制約の緩和は起こりそうにはないという見方について紹介した(Cain et al.,1979)。しかし、この予想は、女性の依存における男性の利害が一枚岩な性質を持つという過度な推定に基づいていた。全ての男性が家族の女性を経済的な依存状態に維持しておくことから等しく便益を得ていたわけではなかった。つまり、多くの父親は家計への娘の貢献から便益を受けており、特に息子がいない場合にはそうであった。多くの夫は妻の貢献から便益を受けており、特に自分たちの稼ぐ力が明らかに不十分な場合はそうであった。多くの兄弟たちは、父親の死あるいは別居や失踪に際して世帯にたいする責任を負うことになり、姉妹の経済的貢献によって自らの重荷が軽減されることに気づいていた。

さらに、ケインらは、ちょうど男性の責任という規範が経済的困難に直面すると変化しうるとわかったように、女性の服従という規範もまた、男性の無責任に直面すれば変化しうると示される可能性を看過してしまっていた(Cain et al., 前掲書)。女性は、自らの行為を正当化するために、コミュニティの規範と経済的な現実の間にある非常にリアルな分断を指し示すことが出来た。具体的には、結婚における不安定性の高まり、男性一人の所得の不十分さ、家族の生活水準や子どもたちの教育への高まる期待、都市での生活費などである。最後に、ロンドンにおいてのように、他者の行為にたいする頻度依存効果があった。ロンドンでは、そのような頻度依存効果は家庭という境界内で女性を働き続けさせていたのにたいし、ダッカでは、女性が就業機会の集合について再定義を行い、自らが工場で働く可能性を認めることにつながった。都市から訪れていたいとこたちから縫製の仕事について知ったあと、デロワラが言ったように。「もし彼女たちが出来るのであれば、なぜ私がしてはいけないの?」。

過去の慣行の変容がバングラデシュで生じたのは、一つには、新しい機会への反応としてであり、また一つには、これらの新しい機会にともなう女性の時間への比較収益が変化したことへの反応としてであった。さらに、われわれによる女性の語りの分析はまた、彼女たちのメタ選好における変化、つまり方法論的個人主義者および構造主義者の両方によって軽くあしらわれてきた変化を指し示すものでもあった。これらの変化は、多くの社会科学者により指摘されてきた、自らの直接的環境およびそれらの環境と関連した選好から一歩離れて見てその含意を問うという、人間に固有な能力が持つ可能性の産物であった。つまり、「自分がこれらの欲求を本当に欲しており、これらの選好を本当に選好するのか、自分自身に問うこと」(Hirschman, 1985; McCrate, 1998; and Folbre, 1994)という能力の産物だったのである。

われわれは、ダッカの文脈で女性たちの多くがこれをまさに行っていたという証拠を見てきた。過去において、家族とコミュニティにおける女性の依存的地位は、人生における最も重要な出来事の幾つかにおいて彼女たちを受動的な傍観者にしてきた。具体的には、いつ誰と結婚するのか、どこに誰と暮らすのか、いつ子どもを持つのか、誰が子どもたちを食べさせ、そして誰の権威の下に自分たちを置くのかなどである。しかしながら、女性による工場労働に就くという意思決定は、それが示した過去の行動の形態からの逸脱ゆえに、多くの女性にとっては、自らの人生におけるコントロールを手に入れることであった。それは、その言葉の些細な意味における嗜好や選好の単なる一つの変化ではなかったのである。生じていたことは価値の再考であり、それは過去において維持してきた慣行が非効率で、持続不可能で、あるいは単に不正義なものとして、ますます認識されるようになってきたことにともなうものだった。

　結果的に、ダッカの文脈では家父長制との大規模で劇的な対立はなかったものの、われわれの分析が明らかにしたのは、賃金へのアクセスは女性労働者の生活を、重要な、恐らくは根本的な点において、変容させたことであった。それはまた、そこに含まれている社会変容 (social transformation) の本質への注意を喚起する。社会変化 (social change) は、過去との決裂の一つの確認できる瞬間、つまり、女性が工場に参入したという瞬間に生じたわけではない。むしろ、女性の工場への参入は、彼女たちが大量に家庭から出てくる先行条件を生んだ構造的変容 (structural transformation) というより大きな過程における一つの重要な瞬間として見なしうるものであった。しかし、それはまた、社会変化の他の諸力が発動した瞬間としても見なしうるものでもあった。

　われわれが見てきたのは、変化のこれらの諸力が、個々の労働者が工場労働に就くという自らの意思決定を実施するためにとった、町への移住、非伝統的な居住の取り決め、自らの結婚年齢の延期などのさまざまな実際の行為によって発動されることだった。変化の諸力はまた、新たな稼得能力を通じて女性が達成しようとした目標から生じた影響によっても発動された。つまり、既存の家庭内関係においてより中心的な位置を得ようとしたり、子どもたちにより良い生活や娘たちにより良い機会を確保しようとしたり、不満足な関係の条件を再交渉したり、受け入れがたい方法で自らの行為主体性を損なっていた関係から離れたり、そのような関係に入ることを拒否したりする試みなどである。そして、最後に、変化の諸力はまた、これらの個々の行為の意図的および意図的ではない結果が構造的な次元での変化として統合されるにつれて生じていた。つまり、労働市場における可能性の新しい配置《コンフィギュレーションズ》、新しい家計管理の取り決め、変化する結婚の慣行や移民の流れ、公的領域において女性がますます日常的な存在になることなどである。[4] これらのさまざまな変化はともに、女性が将来において自らの選択を行う社会的景観《ソーシャル・ランドスケープ》により大きな多様性をもたらした。

4　そして、もちろん、バングラデシュのGNPと外貨稼得の構成と成長率において。

結論

コーネルによれば、「構造を説明することは、その状況において実践の策略《プレイ》を制約するものが何かを特定することである。実践の結果は、新しい実践の目的である変容した状況であるゆえに、『構造』は実践が（時間をかけて）実践を制約する方法を特定する」(Connell 1987, 95)。実践は常にある状況への反応であり、それはある特定の方向にむけてのその状況の変容である。本書では、ロンドンとダッカで、女性とその家族が自らを見出した、異なる状況を特定しようとした。つまり、時間を経てこれらの状況の再構成にとって非常に異なる含意をともなう社会的実践の形に彼らを導いた状況の違いについてである。ここで、これらの社会的実践の形成における行為主体性の役割と、個人の次元での行為主体性と構造の次元での連続性と変化のパターンとの間の対応について、短く所感を述べて結論としたい。

ロンドンの文脈におけるバングラデシュ人コミュニティでの文化的規範の再構成は、伝統に縛られたコミュニティ内部における、「慣行で動いており変化が生じない（inertia）」諸力の反映と外からは見えるかもしれない。しかし、これは幾分、単純化しすぎであろう。全く新しい、しばしば敵対的な文脈において、古いやり方を再構成することは、習慣、ルーティーンや慣性《イナーシア》などの力として解釈することは到底できない。国際移民という行為は、バングラデシュ人の側、その多くは旅費を負担するのがやっとという家族の出身であったような側でリスクを負うという、相当の努力、資源、意志《ウイリングネス》をともなっていただけでなく、全く新しい環境で「在ること、行うこと」のより古いやり方を再主張することをも、ともなっていた。それは「ただ生じた」わけでもない。それが生じた理由は、部分的には、不慣れなものへの無意識の反応で、一連の古いやり方が与える、安心を提供する確実性を再確立するという理解しうる必要であったかもしれない。また部分的には、差別に直面して、エスニック経済を築こうとする意識的な戦略だったのかもしれない。しかし、それがどのように生じたかは、コミュニティの個々の構成員の側での相当の努力と行為主体性の産物であった。したがって、バングラデシュ人コミュニティがロンドンのイーストエンドで行った、「バングラデシュという故郷《ホーム》」が持つさまざまな側面の再創出は、過去の伝統の受動的遵守というよりもむしろ、そのアイデンティティの積極的な再主張、特定の制約に直面したなかでの選択行為として見なされるべきであろう。

ダッカでは、その一方で、われわれが議論してきた理由のために古いやり方は新しい物質的現実から挑戦を受けていたが、これらのより古い規範と意味はこの挑戦がとった形を創り出し、また説明し続けていた。ダッカの文脈においてわれわれの研究がもたらした興味深い問いの一つは、拡大しつつあるさまざまな実践の幅を確保するためになされる規範の再交渉は、いつ再交渉としての過程をやめて新しい一連の規範の出現となるのだろうか、ということである。既に指摘したように、規範は、何が可能で何が可能でないかを明確に区別しないという点において「ファジー」な制約である。結果的に、どの時点において、常に拡大し続ける行為の領域を確保するためにパルダの規範を再交渉することが、再交渉の過程であることをやめ、質的に異なる一連の制約の構成となるのかを証明することは困難であろう。

われわれがバングラデシュで目撃しているように思われるのは、女性労働者の現在の実践が、その言葉の推論的な意味と物質的な意味の両方において、古い構造の境界を押し上げ、より可能な方法でそうした境界を再構成することを促している状況である。彼女たちは文化、つまりパルダのイデオロギーや妥当性が彼女たちの選択肢に影響を与え、彼女たちの行動を形成し続けるものから逃れられないかもしれない。しかし、彼女たちはそれらを恐らく急進的な方法で再定義する過程にある。女性労働者たち自身の声に耳を傾けるならば、彼女たちは自らが一翼を担ってきた主要な社会変容をバングラデシュが経験しているという幻想は全く抱いていない。「それぞれの出来事は、古いやり方をますます覆しつつあります。古いやり方の四分の一は残り、四分の三は消えました。変化のリズムと歩みを合わせながら動いていかねばなりません」。そのような環境において、工場労働への女性の参入は、過去の変化への反応と将来の変容のための手段の両方として見なすことが出来るのである。

第一一章　弱い勝者、強い敗者

国際貿易における保護主義の政治学

最後に、第一章で提起した問題関心に立ち返ると、本書の分析は次の点に関する一連の回答を与えるであろう。つまり、衣料産業における搾取的状況が明らかになったことによって課されたバングラデシュからの衣類の輸入の割当を支持した北の労働運動家たちは、イギリスの衣料産業においても明らかになった同等に搾取的な状況についてはなぜ沈黙を保っているのかという点である。バングラデシュの女性労働者は、その貧困ゆえに無慈悲な経営者の搾取にたいして脆弱な存在であり、注目されるべき正当な対象であると見なされた。他方で、イギリスにおけるバングラデシュ人女性は、たとえ労働条件が同じぐらい搾取的であっても、自宅で働くことを自ら選択することで文化的選好を表現していると見なされた。いずれの説明にも真実の一端は含まれているが、それでもなぜいずれの文脈においても、女性の生活の現実のごく一部に関する説明しか提供できていないのかを検討しよう。本章では、本書の三点目であり最後の目的に目を向けたい。それは、国際貿易における倫理的な基準は、労働者、特に第三世界で働く女性たちの視点を考慮した時には、どのように見えるだろうという点である。

ロンドンとダッカの女性労働者—一〇年を経て

本研究のための現地調査を実施してからの一〇年の間、国際的に展開する衣料産業の再編に伴う変化は逆戻りすることはなかった。イギリスの衣料産業は縮小を続けている。一九九〇年代末の不況は、一週当たり、五百人の仕事を失わせたと推計されている（*Guardian*, 一九九八年一二月二日）。運輸一般労働組合（Transport and General Workers Union）は、一九九八年だけで約二万五千の職が失われ、さらに二年間の内に六万以上の職が失われることが予想されるとした。一九九八年末には、イギリスの衣料産業における被雇用者はたったの二一万五千人になった。そのうちの一四万人は、海外との競争にたいして最も脆弱なミシンによる縫製部門に従事していた。ところが、地下経済に関するデータは依然として十分ではなかった。ある推計によると、イギリスには約五〇万人の家内労働者がいるという（Shaw, 1997）。また他の推計では、百万人とされていた。[1] さらには、約二万人の労働者が、ロンドンにある千近くの労働搾取工場で働いていると見積もられていた（*Observer*, 一九九六年六月二三日）。

東ロンドンのバングラデシュ人コミュニティでは、幾つかのこ

1　*Home Truth*, National Group on Homeworking, 1994.

とが変化した。イギリスで生まれ育ち、教育を受けた世代の比率が上昇し、その世代は親に比べて、より広い社会とのコミュニケーションを図る能力と自信を持っている。イーストエンドの通りから人種差別が完全に消えたわけではなかったが、一九八〇年代を通して繰り返されたような身体的な攻撃の脅威は減少した。この地域の在野の歴史家で反人種差別運動家としても四〇年以上活動するケン・リーチ牧師が捉えた通り、「ユダヤ人は失敗したが、バングラデシュ人は成功した。彼らは、ベスナルグリーン（Bethnal Green）の立ち入り禁止地域の境界を打ち破った（*Independent on Sunday*, 一九九八年五月二四日）。

　コミュニティの状況の改善を示すその他の指標は、コミュニティ内の女子学生の学校での成績である。タワーハムレットにあるマルベリー女子高の九七％の学生はバングラデシュ人コミュニティの出身であり、家内労働者へのインタビューのなかでは、この学校の話題が頻繁に登場した。家内労働者の娘の多くが通学していたからである。この学校は、一般的には窮乏化した都心の典型的な「停滞」した学校であると見なされていた。ところが、全国統一試験制度（GCSE）【訳注1：General Certificate of Secondary Education、義務教育を修了する時に受験する統一試験制度。成績は、AからGで評価され、AからCまでの成績を五科目以上取ることが高等教育進学の資格条件となる】の結果を見ると、常に同地域の他の学校よりも高い成績を記録し続けており、一九九七年のGCSEでは、A～Cを五科目以上で取得した学生は、区全体の平均が二六％であるのにたいして、この学校では三八％であった。オブザーバー紙（*Observer*）日曜版（一九九八年一二月六日）によって実施された全てのイギリスの公立学校の調査によると、マルベリー女子高はGCSEの平均点から見ると第二位であった。この計算は、学生全体の大部分を占めるバングラデシュ人の女子生徒にとっては、英語は第二言語と見なされること、また七四％の生徒は、給付対象の家族の子どもたちであるという事実を考慮して調整を行ったものである。とはいえ、オブザーバー紙の調査がその他どのようなことを提示しようとも、またタワーハムレット議会のサンプリングの手続きに問題があったとしても、調査結果は、この世代のバングラデシュ人の女子は、母親世代と比べるとより広い社会に対応する能力を確実に持っていることを示している。

　ところが、コミュニティ生活の他の側面は変わっていなかった。エスニックマイノリティの男性と女性は、白人世帯よりも低位の経済活動人口比率を見せ続けており、その違いは特にバングラデシュ人に顕著であった。ほとんどの推計は、バングラデシュ人コミュニティにおける非公式な経済活動までは把握していないが、それでも、主流の雇用形態における人種的分断が根強いことは明らかであろう。男性の経済活動人口比率が低いままであることは既に言及したが、他のエスニック集団に比べると、特にバングラデシュ人コミュニティの女性の比率の低さは顕著であった。一九九七年初頭に実施された最新の労働統計によると、バングラデシュ人とパキスタン人世帯の三一％は「職なし（workless）」であった（*The Asian Age,* 一九九八年八月一五日）。言い換えると、有職者がいない状態である。同項目の白人世帯の推計に関しては一七％であった。タワーハムレット地域における一般的な失業率は一七％であるが、バングラデシュ人の若者に限ると三八％に跳ね上がる（*Independent on Sunday,* 一九九八年五月二四日）。多くの若年失業者が、包摂の代替的な形態を模索しても不思議ではない。ある者はイスラームへ「回帰」し、他の者はドラッグやギャングに目を向ける。バングラデシュ人ジャーナリストのガファール・チョウダリーが最近の記事で言及したように、「今日のタワーハムレットでは、人びとはヒジャブかヘロインだけを気にかけている」。

対照的に、バングラデシュでは、輸出志向的な衣料産業が興隆した。一九八〇年代中ごろには約七百の工場で八万人から二五万人の女性労働者が雇用されていたが、一九九五〜一九九六年の間では、工場は約二千四百カ所に増え、労働者は百二十万人に増えた。それでもその大部分は女性であった。もちろん、この推計には、一九九一年のある推計で提示された、この産業の発展の結果、間接的に恩恵を受けたと見なされる約五百万人の人びとは含んでいない（*Daily Ittefaq,* 一九九一年一一月二五日、Jackson, 1992, 24から引用）。さらには、衣料産業の輸出収益への貢献は、一九八二年の一％から、今日の六四％程度にまで伸びてきた。

しかしながら、その成長経路は、MFA の実施形態によって制約を受けてきた（Bhattacharya, 1995）。バングラデシュ側の衣料輸入の割当にたいする激しい抗議は、一九八六年にイギリスとフランス政府による撤廃につながり、それ以来、ヨーロッパ市場における割当はなくなった。ところが、アメリカ市場向けの既製服はほぼ全品目が割当によって規制され、カナダへの輸出も同様であった。海外開発機構（Overseas Development Institute）【訳注2：イギリスのシンクタンク】による注意深い推計によると、貿易障壁の低下はバングラデシュの輸出収益を一三％ほど伸ばすことが出来るのである（Page et al., 1992）。

保護主義の現代の顔—児童労働について

逆戻りすることのないもう一つの傾向は、北における保護主義的感情の増大である。保護主義者のロビー活動は、彼らの要求を精巧に人道主義者の関心へと結びつけることで得た世論の支持から莫大な恩恵を受けてきた。この戦略の中では、恐らく児童労働問題が、特に卓越したものであったであろう。バングラデシュは、このことを一九九三年にアイオワ州のハルキン上院議員が児童労働防止法案を上院に提出した時に知った。法案の目的は、児童労働によって一部分、もしくは全部が作られた外国製品はいかなる物も、アメリカへの輸入は禁止するといった内容であった。この法案の登場によってバングラデシュでどのような展開があったか、概要を紹介しておくことには意味があるだろう。なぜなら、それは近年、国際的な舞台で行われる保護主義の政治の縮図として捉えることが出来るからである。以下の説明は、ビッセルとソブハーンの研究とバタチャリアの研究に大きく依拠している（Bissell and Sobhan, 1996; Bhattacharya, 1995）。

児童福祉に関する人道主義的な関心は、ハルキンの法案が集団横断的にアメリカの世論の広い支持を得た理由を説明する。ところが、これは同時に、より利他的ではない形での支持からも恩恵を得た。ワシントンを拠点にする消費者連合である児童労働連合（Child Labour Coalition: CLC）はハルキンの法案を非常に積極的に支持したが、縫製労働者国際連盟（International League of Garment Workers）とその会員を招き入れ、アメリカ合衆国最大の労働組合であり、アメリカ労働総同盟・産業別組合会議（AFL-CIO）の国際的な連携組織であるアメリカ―アジア自由労働機構（American-Asian Free Labour Institute: AAFLI）とも密接に協働した。

これらの組織の努力は、NBCデータラインの番組によって明らかに後押しされていた。その内容は、多くのバングラデシュ人から見れば、縫製産業で働く子どもの状況について「非常にバランスを欠いており、センセーショナルな説明」をしていた（Bissell and Sobhan, 1996）。この番組はただちにアメリカの消費者やバイヤーに影響を与え、人びとはCLCのバングラデシュの縫製製品をボイコットしようという呼びかけに応じた。番組のもう一つのメッセージは、アメリカの著名な労働組合運動家によって視聴者に明確に伝えられた。「バングラデシュの縫製工場で働いている子どもの一人ひとりが、アメリカの成人の仕事を奪っている」。

バングラデシュの縫製産業の製品はおよそ半分がアメリカ向けであり、このようなアメリカにおける非歓迎的な世論は、産業全体を揺らがせた。雇用主は、恐らく法案が意図としていた効果の通り直ちに児童労働者を一斉に解雇した。しかしながら、縫製工場における即座の児童労働者の解雇は児童労働を根絶したわけではなく、むしろ、子どもたちをより危険で搾取的な形態の労働へと押しやったことが、バングラデシュの諸開発機関にとってまもなく明らかになった。解雇された子どもたちのその後について関心を持つ国際児童基金（UNICEF）や地元の多くの非政府組織は、早急な解雇に代わる何か十分な代替案が見つかるまで、何らかの「猶予的」対応をするようにと呼びかけた。国家児童労働ワーキンググループ（A National Child Labour Working Group: NCLWG）は、バングラデシュ縫製製造者・輸出業者組合（Bangladesh Garment Manufacturers and Exporters Association: BGMEA）、UNICEF、国際労働機構（ILO）、政府代表、労働組合と地域の非政府組織を集め、雇用局の管轄の下に、「全ての児童労働の形態を段階的に廃止するための対応策」を検討するために設置された。そのような対応がどのようなものであり得るのかを検討するために、長期に渡る交渉過程が動き始めた。

AAFLIとCLCは、これらの交渉過程の結果に影響を与えるのに積極的な役割を果たした。AAFLIは元縫製労働者を、バングラデシュからアメリカに連れて来て、上院委員会（Senate Committee）で児童労働について証言させた（US Senate, 1994にあるアメリカ議会でのナズマ・アクタルの証言を見よ）。そして、AAFLIの代表は交渉過程においてより直接的な役割を担うために、ダッカにやって来て地域事務所を開設した。AAFLI の重要な目的は、NCLWG からモニタリングの部門を引き継ぐことを試みて、縫製工場への戦略的なアクセスを可能とするような役割を担うことであった。しかしながら、これは地元の NGO からの抵抗にあった。その国で特定の地位も歴史も持たない外国の組織がそのような機能を担うのは不適切であると考えられたのである。

長い交渉過程の末に、了解覚書（Memorandum of Understanding: MOU）の素案が作成され、BGMEA、AAFLI、UNICEF、開発調査センター・バングラデシュ事務所（the Center for Development Research, Bangladesh）、およびアメリカ―バングラデシュ経済フォーラム（the American-Bangladesh Economic Forum）によって署名が準備された。ところが、BGMEA の特別会議（Extraordinary General Meeting）が、協定の支持を拒否することを検討するとして招集された。特に、アメリカ大使館が AAFLI に担わせようとしていた、NGO が工場監査を行うことを認める条項に関して反対をしていた。当然ながら産業界は、本心では地元の産業の繁栄よりも他のことに関心があることがそれまでの活動から明らかであるような組織から監視されることは望んでいなかった。BGMEA の決定にたいする反応として、AAFLI と CLC はアメリカ市場におけるバングラデシュの縫製品のボイコットの呼びかけを進めると宣言した。

ビッセルとソブハーンが指摘したように、CLC は児童労働を廃止するのには賢明な関与をしたかもしれないが（Bissell and Sobhan, 1996）、一般的なバングラデシュの経済状況と、彼らの行動が持つ示唆に関しては充分に理解していなかった。ボイコットが成功すれば、残りの働き続けていた子どもたちの解雇を急速に進めただけではなく、縫製産業に雇用されていた百万人の女性労働者の仕事をも脅かしたであろう。そして、それらの女性の生計手段を奪い、恐らくその結果として、より多くの子どもたちが仕事に送られる可能性を高めたであろう。さらに、AAFLI と CLC のいずれもがしっかりと認識していなかったのは、実際には BGMEA のメンバーには MOU を提携する義務がなかったことである。実際、全ての児童労働者を解雇するという縫製工場の雇用主たちの即座の行動は、ハルキン法案へ従うことを確実にし、ボイコットの脅威を防ぐものだったのであろう。彼らは、UNICEF からそのようにすることを止められた。UNICEF は、解雇された子どもたちが、単に、都市経済の周辺で生計を得る「どこにも行き場のない子どもたち（Nowhere children）」として消えていくことを防ぐことに関心があった。

AAFLI と CLC による交渉過程の道筋を作る試みは、バングラデシュ内で活動する国内組織や国際機関の怒りを誘発した。これらの機関は、地元の状況に関する浅い知識や理解しか持たないにもかかわらず、バングラデシュの子どもたちの最適な利益を規定する地位にあろうとする、「外部者」の適正性について疑問を投げかけた。特に、AAFLI にたいする不信感は大きかった。AFL-CIO 下の別の提携機関であるアメリカ自由労働開発機構（American

Institute of Free Labour Development: AIFLD）と同様に、この組織は「冷戦」時代に共産主義と闘うアメリカ政府の闘いのなかで設置されたものであった。いずれも、それぞれの活動地域において、CIA と深くつながっていると考えられていた。多くのバングラデシュ人は、AIFLD が中央アメリカにおいて反共産主義作戦に果たした破壊的な役割を知っており、バングラデシュ人の縫製労働者にたいして心から関心を持っているとは思っていなかった。セーブザチルドレン（イギリス）の地域ディレクターは、「それは誰なのか、どこから来たのか、そして活動資金はどこから得ているのか……。私には彼らの使命は不可解であり、UNICEF がなぜ AAFLI のような組織と一緒にやろうとしているのか理解できない」と疑問を呈しているのを地元紙に引用されている。オックスファム（Oxfam）の地域代表は、同じく AAFLI の動機について疑問を投げかけている。「これはむき出しの保護主義だ。もしこれが本当に子どもたちを救うためであったら、子どもたちを路上に押し出すようなことはしなかったであろう……。BGMEA がここで何をしようとも、結局のところ、アメリカにはバングラデシュからの衣料製品は一切受け付けたくない諸団体のロビー活動があるのが明らかだ」（*Daily Star*, 一九九五年五月二四日）。

バングラデシュにおけるほとんどの NGO の児童労働問題にたいする立場は、アメリカの子どもの権利に関するロビー活動が取った立場よりも、はるかに白黒が明確ではなかった（Bhattacharya, 1995）。子どもの権利に取り組むバングラデシュの七〇の NGO 団体の連合であるシシュ・アディカル・フォーラム（Shishu Adhikar Forum）は、児童労働の増大を促した状況にたいして批判的であり、政府が児童労働法を執行しないことについても批判的であった。しかし、彼らは、急激な変化よりも、徐々に児童労働をなくしていくことを提案しており、より良い選択肢が見つかるまでの間、軽度の労働に従事することを認める可能性を許容していた。

BGMEA は交渉のテーブルに再び戻ることに同意したが、AAFLI を排除することが条件であった。交渉は、BGMEA、ILO、UNICEF の間で再開された。ところが、最終的に署名された協定は、実際には、署名した三つの組織全てが同意したものではなかった。より望ましかった案は、一二～一四歳の児童に関しては学業と両立させながらも、パート労働などの決められた形で軽度に工場労働に従事することを許可するものであった。もしそれが許されていれば、生計手段の喪失にたいする支援は必要ではないからである。しかし、この時の了解覚書（MOU）の素案は、西欧のバイヤーによって拒絶された。彼らは、「西欧の消費者の考え方」というべきものでは、仕事と学業の両立を図る解決策のメリットは充分に理解されず、工場から完全に児童労働の排除がなされなければ、消費者は満足しないであろうというのである。一九九五年に最終的に署名された協定では、BGMEA 下の工場から一四歳以下の全ての児童を排除することが宣言されており、それらの児童は、教育分野で実績のあるバングラデシュの NGO による教育プログラムに参加することが定められていた。これにともなう所得喪失の見返りとして、学校の教育プログラムに参加している児童労働者にたいしては、月々三百タカの給付金が支給された。当時、まだ一万人の子どもたちが工場で働いていたため、給付金だけでも月々五万ドルの経費が必要であった。ILO は、MOU の内容を確実にする責任を担っていた。

誰が子どもの最適な利益を決定するのか

児童労働をめぐる議論は、労働基準のより一般的な議論ではなく、非常に感情的な形で国際貿易における倫理的問題の複雑さを具体化した。ストーカーは、児童労働は、「政治的、経済的、人道主義的な多くの論点や見解を、強く、憂慮すべき一連のイメージの下に混ぜ合わせ、本来なら技術的で自身に関係のないと見なされたであろう問題を、劇的で個人的な問題へと転換した」と指摘する (Stalker, 1996)。ホンジュラスの小さな男の子が、テニスボールを縫いながら疲れきって居眠りをしている一九九七年の UNICEF の報告書の表紙の写真や、アメリカの輸入品への児童労働の使用についての『子どもの汗と苦労によって』と題されてアメリカ政府に提出された一九九四年の報告書、そして、世界の遠いどこかで、子どもが薄暗い工場や労働搾取工場で機械に覆いかぶさるようにして働いているテレビ放送のイメージなどは、子どもが働かされることについて、なぜそのような広く、心情的な反応があるのかを痛烈なほど力強く説明している。多くの人にとって子どもたちが無垢で脆弱な存在として象徴化されるだけでなく、自身で選択を行うには若すぎるため、彼らの利益は集合的な社会的責任であり、したがって、さまざまな異なる社会集団による定義づけに開かれていると考えられている。[2]

ところで、子どもの権利に関わる運動家の行動への呼びかけが影響力を持っているにもかかわらず、児童労働に関してどう対処すべきか、明確な合意は存在していない。テレビやさまざまな活動家のキャンペーンからイメージを作り上げてこの問題に関心を持った人びとと、現実の草の根のレベルでの理解に影響を受けて関わっている人びとの間には、大きな隔たりが存在している。実際に、UNICEF のバングラデシュ事務所が、縫製工場から全ての子どもたちを一夜にして解雇するような試みを停止させようとしたのは、草の根レベルの現実に近い対応だったのである。ハルキン法案 (Harkin Bill) がもたらした結果にたいする UNICEF の対応の理由と、そして、多くの地元の NGO や労働組合の対応を理解するためには、これらの子どもたちが誰であり、なぜ工場で働いていて、工場の外ではどのような選択肢を持っていたのかを理解す

2　北の労働組合が南の女性と子どもにたいして用いた、両刃の家父長主義における特定の類推がある。国際自由労働組合総連盟（ICFTU）に関する限りでは、南の女性労働者は、多国籍企業によって強制された劣悪条件で働かざるを得ない「国際資本の下層」を構成していた。このような描写は、北の労働組合が、たいていは自分たちの自己利益と一致する形で南の女性と子どもたちの福祉を追求する責任を自分たちが担っていると思い込むことを導いた。

る必要がある。

縫製工場における児童労働の発生に関する推計は、世論の注目が大きく高まる前の二〇万人から、MOUの署名機関が独自の調査を実施した一九九五年の一万人まで、大きな幅がある。子どもたちは主に、使い走りや糸を切ったり、手縫い、アイロンがけ、ボタン付けや仕上げをしたりする「ヘルパー」として働いていた。不思議ではないが、大部分は、より貧困な世帯の出身であった。父親が失業中であったり、日雇い労働者として働いていたり、または家族を捨ててしまったりしたケースである(Paul-Majumder and Chowdhury, 1993)。母親は、低賃金の家事サービスや縫製産業、時としては子どもたちと同じ縫製工場で働いていた。約八〇％の児童労働者は、同じ工場で働く親戚がいた。実際のところ、雇用主は、母親が子どもを一人で残して留守番させることを心配する必要がなくなったため、彼女たちの生産性が上がったと主張した。これらの女性の多くは、子どもたちが解雇された時に、自宅で子どもの世話をする人がいないため、一緒に辞めざるを得なかった。

つまり、工場における児童は二つのカテゴリーに分けることが可能である。より幼い子どもたちは、自宅で子どもの世話をする人がいないため、工場にやってきたのだと言えるだろう。働く母親や兄弟と一緒に工場にやってきて、ヘルパーや梱包係などとして単純労働に従事し始めたのである(Bissell and Sobhan, 1996)。より年齢が高い子どもたちは児童労働の「中核」であり、家族の貧困によって就業に追い込まれた者である。工場で働き始める前にも何らかの形のインフォーマルセクター職種に従事していた者がほとんどであり、工場から排除された場合にはこれらの職種にもどる子どもたちである。

他の仕事とはどのようなものであったか？　一九九四年に実施されたUNICEF/ILOの調査によると、バングラデシュ都市部の子どもたちは約三百種の異なる職業に従事していた(Stalker, 1996からの引用)。ダッカだけでも、二〇万人から百万人ほどの子どもたちが働いているとされ、特に女子が家事サービス業に従事していると推計された。世論の注目は、一二～一四歳の子どもたちが多い縫製工場における児童労働にたいするものであったが、家事使用人として働く子どもたちは六～七歳の若さであった。また、女子は廃品回収業にも多く、ダッカで働いている十万人の子どもたちの三分の一をこの職業が占めていた。女子にとってのその他の代替的な選択肢は、売買春か物乞いであった。男子は、零細な商売や零細な工場、レンガ割りやリキシャ引きとして働いていた。都市においてフルタイムで働く子どもたちは、自営業者は大体月に七九七タカを稼ぎ、零細工場では四九二タカを稼いでいた。ラマーンによると、一〇歳以下の女子の家事使用人は食料と住まいを提供されるが、給料はもらっていなかった。一〇～一二歳は月に百タカほど、一三～一五歳の子どもに関しては二百タカを受け取っていた。売春婦は、独立して働いている女子の一日あたり千五百タカから、売春宿のために働いている無収入までさまざまであった(Rahman, 1992)。

したがって、金銭的な観点のみ見れば、縫製工場の給料は相対的には良く、月々七百〜八百タカであった。ただし、その他の理由からも、子どもたちにとってはより好ましい選択肢であると見なされていた。既に本書の議論で触れた理由である。つまり、労働時間の問題であった。縫製工場の労働時間は、否定するまでもなく長時間であった。子どもたちへのインタビューから分かる標準的な労働日は八時間労働であったが、超過労働によって子どもたちは時々、一二〜一四時間も働くことがあった（Bissell and Sobhan, 1996）。しかし、その他の職業における労働時間はさらに長いものであった。この点に関しては、家事労働に従事する子どもが最も劣悪な状況にあった。どの職業よりも長く働き、一週間に七日、しばしば朝六時から夜中までほとんど休憩なしで働いていた。

さらには、それぞれの職業に関連づけられる尊厳や尊敬の問題があった。働く子どもたちは、彼らを雇う大人からの身体的、心理的、性的虐待にたいして脆弱であった。この点に関しても、家事使用人は最も劣悪な条件であることが報告されている。家事使用人である子どもは、しばしば雇用主によって、その家族が外出する際には家に幽閉される。七一人の家事労働に従事する女子にたいしてブランシェットが行ったインタビューによると、平均年齢は一一歳であり、二五％は雇用主から性的なハラスメントを受けており、七人はレイプされたことが判明した（Blanchet, 1996）。家事労働者の子どもは、その他の働く子どもたちよりも社会的に地位が低くおかれていることをただちに、そして日々確認させられる。

雇用主の態度に幅広い違いがあることを認めたとしても、児童の家事使用人は、疑うまでもなく子どものなかで最も虐げられていた。これは、調査者の評価によるものだけではなく、子どもたち自身がそのように考えていた。調査対象者全体のなかで、約半分の女子と三分の一の男子が、雇用主によって身体的に虐待されていると認識していた。自分自身の「失敗」に見合わないと感じるほどに、叩かれ、竹や鉄の道具で殴られていた。彼らは、雇用主が自分の子どもを罰する仕方と自分たちへの行為を比較し、階層の差を感じるのである。彼らへの罰は、親が自身の子どもにするような、叱った後に愛情をもって接するようなものではなかったと言う（Blanchet, 1996, 118）。

このような仕事の形態と比べると、縫製工場は、子どもたちや親、さらには地元の労働組合運動家にとってさえ、比較的安全で規律の取れた環境であるとみなされた。特に若い女子にとっては、自身の家族も含めた数百人の他の女性と一緒に働く工場では、他の就業可能な雇用形態に比べて、性的なハラスメントが起こる可能性が非常に低かった（Delap, 1998）。最終的に、ILO/ACPR の調査では、縫製工場で働く子どもたちは他の職業に従事する子どもたちに比べて、より高い賃金を得ているだけでなく、よりきちんと食事をして多品目を摂取しており、自身の健康に関する支出が相対的に多いことが明らかになった（Paul-Majumder and Chowdhury, 1993）。

縫製工場からの一斉解雇にたいして反対する世論の高まりは、働く子どもたちにとって利用可能であった選択肢というこのような背景を考慮して理解されねばならない。そのような懸念は、チャーンノビッツのような労働基準の推進者からは、欺瞞があるとして批判された。「たとえば、もし一一歳の女の子が、じゅうたん工場で働いていなければ、彼女は路上に出るか、ホームレスになるか、売春婦として働くことになるのだと言う。このような児童労働の使用の増大にたいする弁護は倫理には反していないが、独りよがりである」（Charnowitz, 1995, 176）。ただし、前述したような懸念は結局のところ児童労働に関する自己欺瞞に陥るのだという示唆は、不正確であるとともに、この議論の二極化した性質を示している。そのような問題関心を持っている人は誰も、子どもたちが工場で働くことが最も理想的な結果であるとは議論しないであろう。そうではなくて、より良い代替の選択肢が実現するまでは、どのように想像力を働かせても子どもたちを路上に追いやることが彼らの福祉に取って良い結果をもたらすことはまずないであろう、と議論しているのである。

MOU で認められている、学校への部分的参加と給付金の支給をともなった段階的な工場労働からの排除が認められたとしても、最も困窮している子どもたちへの衝撃を和らげることは出来なかった。ハルキン法案の時代に縫製工場で働いていたと推計される二〇万人の児童の内、MOU によって設置された非公式教育プログラムに参加したのはたった一万人であった。これらの多くの子どもは、通学と何らかの賃金労働とを組み合わせていた。もちろん、工場以外の仕事である。ところが、一九九八年までには、参加児童数は五千人にまで減少した（Bissell, 1999）。子どもの収入なしには、家族が生き抜いていけなかったのである。MOU の枠組みでは、アメリカの不買運動が勃発した際や MOU が署名された直後に、[3] MOU との関わりを制限したい雇用主によってただちに解雇された何千という子どもたちのその後を把握できていなかった。

前述の通り、MOU をめぐる交渉では、さまざまな国内的、国際的なアクターの児童労働の問題に関する利害が明らかになり、その利害は道徳的、経済的、政治的、社会的側面に渡っていた。しかし、第一章で見た通り、MFA の割当をめぐる議論と同様、ここでもまた、国際的な議論の中では、当事者、ここでは工場で働く児童労働者自身の声が著しく欠如していた。もし政治的なご都合主義や、ナイーブな普遍主義が挑戦されるべきであるならば、当事者の声は必要不可欠である。ダッカで発行されたある UNICEF の報告書は次のように指摘する。

アメリカ合衆国やヨーロッパでは、社会的、道徳的問題として成人に自明なことが、アジア、アフリカやラテンアメリカで

3　Bhattacharya (1995) によると、解雇されたのは四万人以上であった。

働く子どもたちの目からはとても異なって見える。たとえば、バングラデシュの工場で働く若い女の子は、彼女独自の見解を持っている。もし彼女の唯一の代替的な選択肢が極貧生活や売春婦であれば、彼女はシャツを縫うことを禁止されたくはないだろう。……むしろ、搾取から救出されることを待ち望むことよりも、自身が路上に出ざるを得なくなったり、仕事を失ったりすることの方がよほど怖いであろう (Stalker, 1996, 4)。

ところが、アメリカ人消費者のためにキャンペーンを展開している人びとは、働く子どもたちによる見解は探究しなかった。CLC によってアメリカの世論が、バングラデシュの工場における児童労働の使用に反対して活発化された際に、アメリカの消費者は、何千ものバングラデシュの子どもたちが仕事を保障して欲しいと政府にたいして要求したことは知らされなかった。同様に、アメリカの消費者は、地元の新聞に掲載された児童労働者の請願文のコピーを目にすることもなかった。「もしあなたが、危険で重労働に携わる児童労働者を見つけたら、あなたは彼らをより軽度の仕事に連れていくことが出来る。あなたは、縫製工場の新規雇用を止めることも出来る。けれども、既にわれわれのように軽度の仕事に従事している子どもたちを路上に追いだすことはしないで欲しい」。また、アメリカの消費者は、工場を追い出された子どもたちの大部分が MOU 下の教育制度には参加せず、他の何千もの子どもと同様により危険で搾取的な雇用形態の仕事へと参入して行ったことを知らされなかった。例えば、レンガ割り、リキシャ引き、ゴミの選別、自身の体を売る、物乞いなどである。その代り、アメリカの一般消費者にたいしては、CLC の介入は雇用主の強欲にたいする消費者の良心の勝利として示された (Ross, 1997)。

最終的には、ハルキン法案は、アメリカ上院議会における自由貿易推進者の抵抗にあい失敗に終わった。縫製工場における児童労働の使用の終焉を目指して戦ってきた人びとは、その目的が達成された後は、子どもたちのその後の運命には一般的に関心を持たなかった。彼らは、解雇された子どもたちがその後どのように過ごしているのか、また縫製工場での労働よりも危険で搾取的形態の仕事に従事している子どもたちが働いている理由についても追及しようとはしなかった。これらの仕事は北の先進国の仕事を脅かすような部門の外部にあり、したがって、同程度の水準の道徳的侵害であるとして国際的な議論にのせるには魅力がなかった。文字通り、ビッセルとソブハーンが指摘したように、視界の外にある問題は意識の外にあった (Bissell and Sobhan, 1996)。

この興味深い例外は AAFLI であった。組織名を連帯センター (Solidarity Center) と変え、USAID の助成を得て、バングラデシュ独立縫製労働者組合 (Bangladesh Independent Garment Workers Union: BIGWU) の一九九六年の設立を支援した。この新しい組合はほとんどが女性、それも元縫製工場労働者によって運営されていた。そのなかには、アメリカの上院議会で児童労働について証言した女性も含まれていた。連帯センターとBIGWUによる初期の活動は、ダッカの個人から資金を集め、解雇された子どもたちのために学校を作ることであった。パンフレットによると、それは無慈悲な雇用主から投げ捨てられた子どもたちであった。AAFLIのパンフレットには、このような解雇を策略したことにおける自らの役割に関しては、何も記入がなかった。

BIGWUは、労働者の権利の分野において建設的な役割を果たした。連帯センターを通じてのUSAIDからの潤沢な助成によって、バングラデシュ女性弁護士協会のサービスを受けることが可能になった。この協会は、労働者にたいする法的教育と、労働者の経営側に関する訴えを裁判に持ち込むことを手伝っていた。しかし、これらの活動は高額であり、市内の他の運動組織が支払えるようなものではなかった。AAFLIがもし手を引いたら、BIGWUはどのように運営を続けていくのかは明らかではなかった。会費収入だけでは充分ではないが、AAFLIは現在に至るまでBIGWUが他の収入源を探すことについては良い顔をしなかった。当面の間は、BIGWUは、他の労働組合のようにバングラデシュの主要な諸政党の党派であるようなことはなく、政党から独立した組織であると自身を正しく描写することが出来た。しかし、AAFLIの庇護の下にあると広く見なされており、国内の他のNGOや労働組合からは、ある程度の疑いの目が向けられていた。いずれにしろ、雇用主の規律づけようとする努力の数々にもかかわらず、女性労働者は自身の自律性の領域を開拓できるのと同様に、AAFLIの意図が何であれ、BIGWUもバングラデシュの女性労働者の本当の諸利益を擁護することは出来るかもしれないであろう。

国際貿易における戦略の「公定化」――人間の顔をした保護主義

筆者がバングラデシュの縫製工場における児童労働に関わるキャンペーンについて詳細に立ち入ったのは、一九八五年のバングラデシュの縫製品輸出にたいするMFAの割当を支持した労働運動が筆者にたいして喚起した論点と響きあうからだけではなく、また、労働基準をめぐる現代の諸論争のなかで何が問題なのかをより強力に捉えるからである。アムスデンが指摘したように、労働基準をめぐる問題がかなり単純であった時代もあった（Amsden, 1994）。雇用主と、主流の経済学者を中心とする保守的な社会科学者は労働基準に反対し、労働組合や左派はそれらを支持していた。前者は、早すぎる労働基準の導入は、市場に経済的歪みを生じさせ、雇用や所得を抑制するとした。後者は、労働者の動機と身体的能力を改善し、それが生産性向上につながるとした。

ところが、二〇世紀も終わりを迎えて、労働基準の問題はより「理解しがたい」ものとなった（Amsden, 前掲論文）。保守主義者は抵抗を続けていたが、地理的分断が生じつつあった。その分断は、特にアメリカを中心とした北の「新制度主義者」や「国際主義者」の労働運動家と、南の国々との間であったが、南については単に諸政府だけでなく、多くの労働組合と非政府組織であった。興味深いことに、アメリカ政府は、この分断の両側で主導的な役割を果たした。自由貿易の世界で最も強力な勝者として行動し、貿易障壁を行使しようとする国々にたいして制約を課し、そして国際的な金融機関への影響力を行使し、国際的な資本のために世界経済を開放するようにと圧力をかけた。アメリカ政府は、アメリカの労働運動の支持の下、貿易と労働基準を結び付けるためのさまざまな試みを一斉に実施し、他国の低賃金労働との競争からアメリカの雇用を保護することを試みた。[4]

国際的な労働基準の推奨者によって使われた共通の戦略は、「ウィンウィン」《双方にとって有利な》という表現で示された。かつて、ILOの最初の局長は、国際的な経済政策を議論する一九三〇年の会議でこの点を明白に説明している。

なんと奇妙なアイディアだろう。国際労働機構の「労働保護主義」と国際連盟の立場である自由貿易、もしくはより自由な貿易の理論との間に矛盾を見つけようとするのは……。労働保護主義の話をしよう。確かに国家主義的な労働保護主義の試みは、われわれがここで追求している共通の労働基準を保障する試みとは矛盾する (Charnowitz, 1987, 581より引用)。

一九八六年に、GATTの準備委員会へのアメリカの派遣団は、GATTの中で労働者の権利問題を扱う諸方法の検討は重要で、「それは拡大した貿易の恩恵が全ての国の労働者に行き渡ることを確実にする」と議論した (Charnowitz, 1987)。北の労働運動家もまた、このウィンウィンという見方を支持した。国際的な労働の連帯にかんする取り組みと、南にたいするより厳しい労働基準の要求の間には何も矛盾がないと考えたのである (Amsden, 1994)。彼らは、そのような諸基準は、北と南の両方に利益をもたらたすと議論した。北の労働者は、その基準によって後発工業国からの輸出品の価格が上昇し、そのために北の投資家にとって低コストの生産拠点の魅力が下がることにより恩恵を得るとされた。南の労働者は、より高い賃金とより良い労働条件を享受できるようになり、それが、集合的な需要と雇用を増大させることによって恩恵を得るとした。この議論の一部の見解は、全米縫製・繊維労働組合 (UNITE)、アメリカの縫製労働者組合と国家労働委員会 (National Labor Committee: NLC) によって始められた労働搾取工場にたいする「搾取をなくす (No Sweat)」キャンペーンとの関連で一九九六年にニューヨークで開かれた会議において、カヴァナフによって展開

4　一九五三年までは、この問題に関する国際的な協定において、不公平な労働基準は自由貿易の利益を無効化したり減じたりする可能性があるとして但し書きを含めることが検討されていた。一九六〇年には、主にアメリカからの要請により、工業化を進める新興の低賃金経済によって引き起こされると考えられた「市場の混乱」を避けるための方法を探すためにGATTの作業部会が設置された。この見解は、定義されるよりも早く、作業部会によって強引に推し進められた (Jackson, 1992)。MFAはこのような関心の一つの成果でもあった。

された。彼は、アメリカの組合によって衣料貿易における労働搾取工場にたいする闘いが宣言されたのは、次のような認識の高まりのためだと指摘する。つまり、「組合自身の利益は、いまや他地域の労働者を助けることにあるからである。エルサルバドルやインドネシアに労働搾取工場が存在する限り、アメリカの企業はそれらの国に生産を外注することが出来るという自身の能力を用いてアメリカにおける賃金と労働条件を労働搾取工場のレベルにまで下げようとするだろう」(Cavanagh, 1997, 40)。

表象の政治(politics of representation)がウィンウィンのアドヴォカシーの促進のために前面に出てくることになった。なぜなら、北の労働運動にとって、消費者の良心が最も強力な武器であると見なされていたからである。チャーンノビッツが提示した通り(Charnowitz, 1995)、アメリカの世論は児童労働を使用した輸出品を制限する考えを強く支持した。この主張は各調査によって支持されており、たとえばワシントンのメリーモント大学が行った調査によると、搾取的労働をともなっていない洋服にたいしてより高い価格を支払ってもよいと考える消費者は七八%であった(Ross, 1997, 29より引用)。UNITEの活動家による、このような「消費者の良心を盛り上げる」戦略の成功に貢献した一つは、バングラデシュの縫製工場における児童労働にたいするキャンペーンであり、児童労働連合(CLC)が、子どもたちを縫製工場から学校へと移動させることで「二万五千人の子どもの向上」に貢献したと称賛された。このような数字は、実際には不正確であるかもしれないが、人道主義的な消費者を彼らの不買運動の成果であるとして説得するのには役に立った。ビッセルは、最初に実際に入学した子どもの数は一万人を超えていなかったとする(一年以内に五千人に減少した)(Bissell 1999)。また、UNICEFによる独自の推計も最大で八千二百人であった。[5]

まさにその本質ゆえに、不買運動は切れ味の悪い手段である。彼らの成功は、第三世界の工場を、「児童労働、賃金奴隷、残酷な経営者が無数に存在する、グローバルな自由貿易経済によって労働の悪用が是認された恐怖のショーケース」であると描くことが出来るかどうかにかかっている(Ross, 1997, 10)。低賃金諸国の草の根レベルでの現実に関する微妙な差異、バランスのとれた異なる見解は、ほとんど表現されることはなく、また問題の大部分は貧困と低開発にあるという状況と、基本的人権の深刻な侵害が必然的に起こっている状況とが区別されることもなかった。確かに、CLCのバングラデシュ製の縫製品にたいする不買運動を組織するという警告は、BGMEAによって真剣に受け止められた。なぜなら、どちらの組織も、たった一つの好ましくない暴露が簡単にアメリカの世論をバングラデシュの縫製品から遠ざけることを知っていたからである。依然として明らかではないのは、もしアメリカの消費者が、子どもや女性の雇用に生じたことや不買運動が何千という貧しい家族の生計に与えた結果を、より広い文脈で

5　UNICEFの推計は、バングラデシュにおいてBGMEAとILOの協力の下、UNICEFによって一九九七年四月に発行されたパンフレットによっている。

きちんと知らされていたら、彼らはどのように反応したであろうか、という点である。

それでも、そのような情報がアメリカの消費者に届くことは稀である。CLCのような組織が「単純な真実」は、労働搾取工場にたいする闘いの最大の武器であると宣言しても(Krupat, 1997, 51)、西欧の消費者に届く「真実」は極度に部分的なものであり、彼らの道徳的怒りをかき立てる形に作りかえられたものであった。このような真実にたいする単色的《モノクロマティック》なアプローチの典型的な例は、UNITEのメンバーであるスピルバーグの、バングラデシュの縫製産業における児童労働問題への貢献のなかにも見いだせる。彼女は極端な断言から始める。「バングラデシュのスラムに住む女の子の間で伝わる言い習わしがある。もしあなたが幸運であれば、あなたは売春婦になるだろう。もしあなたが不運であれば、あなたは縫製工場の労働者になるだろう」(Spielberg , 1997, 113)。そして彼女は、バングラデシュで出会った、一一歳の時に売春宿に売られ、一三歳の時に縫製工場にたどり着いた女の子の話をする。

> ライン管理者（foreman）は常に彼女の所にやってくる。疑いもなく、彼は彼女の過去を嗅ぎ付けている。それが違いは生まない。縫製工場にいるかわいい子にとっては違いを生まないのである。単に解雇をちらつかせれば、彼女たちを自分の手中に出来る。女性が労働力として参入することは、彼女たちが保護されていないことを意味する。家族が彼女を捨てたか、家族のなかの男性が非常に貧しく、何か問題を起こしそうな時である(Spielberg, 前掲論文 , 112)。

ところで、スピルバーグの説明の最も極端な側面は、以下の他の若い女性の縫製労働者の足の状態に関する記述に見られる。彼女は、縫製工場の労働条件とごくわずかにしか関係がないようなものを含めて議論する。

> 幼い頃の栄養状態の悪さが、彼女の結婚の機会にたいしてどのような影響を与えていたとしても、衣料貿易がそれを完成させた。最初の数秒の間、見る者の心はそれを理解することが出来ない。これらの付属物が、地面をまっすぐに立って歩く動物のためにくっついているものであるとは。それは伸ばされ、水のなかを進む生物により適しているのではないかと思うほどに広がっている。魚のひれのようである。ヒラメのようだが、互いに向き合って曲がっている。捕まって、腎臓型の平鍋のなかで飼育された底魚類のようである。見る者の心は、より崇高な何か、もしくは科学的なことを捉えようと試みるが、自分の新しいプラスティックの腕輪を気に入り、自身の持つ最上の服の裾上げをする子どもがなぜ、歩くための足をそのように呪われてしまったのか……。代償、これは科学的な言葉である。彼女の足の骨は体の重みを支えるのは弱すぎるため、床に放り出されている(Spielberg, 前掲論文 , 114)。

まず、バングラデシュの都市のスラムで調査や活動する研究者や運動家が、売買春を工場労働よりもより好ましいとするスピルバーグの主張を支持したことは全くない。実際、その主張は懐疑的な反応にさらされた。近年実施された都市のスラムに関する調査が明示的に指摘した通り、女子や若い女性にとって縫製工場はよりきちんとした選択肢であり、就業の可能性があるのであれば賄賂を払ってでも参入したいとされていた (Islam, 1998)。セックスワーカーを含む児童労働に関するUNICEFが支援した調査のインタビュー結果もまた、縫製工場で仕事を見つけることは、「評判と賃金条件が良い」ため「切望されている」ことを同じく指摘している (Chalwa, 1996)。より最近の研究では、親は、娘に縫製工場で働くことを望んでいることが明らかになっている。なぜなら、女子に開かれているその他の仕事よりは、性的なハラスメントを受ける可能性がより低いからである (Delap, 1998)。

若い縫製労働者の足の状態についてのスピルバーグの恐れに満ちた興味に関する限りその説明の妥当性は弱いものの、それでもその記述は、思いやりのある道徳的存在としての彼女自身の信認を築く効果は持っていた。同時に、若い女性の地位を、同情に値するだろう「他者」へと貶める一方で、アメリカの労働者が立ち向かい闘っている非人間的な状況の生き証人とした。このように相互に絡み合った事実とフィクションは、労働基準をめぐるポピュリストの言説の大きな特徴であり、NLCのある代表的な活動家は、「自分は専門家ではなかった。訓練を受けたオーガナイザーではなく、経済学者でも研究者でもなかった」(Krupat, 1997, 74より引用）という事実をもって開き直る。その代り、NLCは消費者の支持を得るために、「人びとのストーリー……逸話的な事例やアクセス可能な言語」に頼ろうとする。第三世界の工場の若い労働者は、NLCに最適な資産と見なされており、かれらのキャンペーンにおいて証言するためにしばしば飛行機で呼び寄せられた。「われわれが探しうるなかで、最も本物で、直接的で、かなり素朴な労働者を欲していた。これらの若い子どもたちは真実を語るだろうと信じていたし、研究者が語るどんな言葉よりもより破壊的であるからである」。それでも、そのエッセイが引き続き明らかにしたように、NLCは、単純で、自然発生的で操作されていない真実を扱ったのではなく、「集中的な教育的技術」と表現されたものによって、彼らにとっての「最も本物で、直接的で、かなり素朴な」労働者を「雄弁な証言者」に仕立て上げた。

> 彼らはわれわれのアパートに滞在していた。常に一緒に行動し、話し、お互いに学びあった。個人的な意見では、中央アメリカから若い労働者を連れて来て、「これがスピーチだ。どうぞ」というだけでは品がなく失礼だろう。彼女は、「私たちは抑圧されている。これはどういう意味？」と聞く。誰も彼女にその内容を定義するように聞いたりはしない。なぜ？どのように？名付けて。われわれがそうしたのだ。われわれがそれ

らを絞り込んで特定化した。「彼らは私に怒鳴ったの」「彼らは何と言ったの？」「どのように？　彼らは私を鶏の頭と呼んだ。私のことを売春婦から生まれたと言ったの。彼らは私を叩いたの」。「あなたをどのように叩いたの？」「頭を」「どのように？」「げんこつで」。われわれはそれを書きとめて、彼女たちの演説が上手になるまで練習させた。彼女たちは、誰かが彼女たちに自身の声を上げる機会を与えたことや、全ての同僚の話をする機会を喜び、自身の内面を掘り下げ、留まることを知らない（Krupat, 1997, 75より引用）。

ある人はこれを、真実を生む「集中的な教育的技術」と見なす。もしく国家労働委員会（NLC）は明らかにそのように信じている。もしくは問題となっている労働者がその証言において「正しい」ストーリーを作ることを確実にする方法であると考えている。さらには、NLCによって作り出された「事実」は、ロサンジェルスタイムズ（「改革運動をともに縫う《スティッチング・クルセード・トゥギャザー》」）やニューヨークタイムズ（「『労働搾取工場』のホンジュラス人は機会を見つける」）などの記者によって異議を唱えられた。それらの記事では、NLCが対象としたまさにその工場で働く多くの労働者は、NLCが投げかけようとした一側面に偏った見方とはむしろ異なった形で、自身の仕事を評価しているとした（Krupat, 1997の注18を見よ）。もちろん、このことは、本書でインタビューを行った多くの女性労働者の語りの要点でもある。

「ウィンウィン」戦略の脱構築—労働基準をめぐる論争にたいする反論

第三世界の労働者が直面する搾取的状況に関して示された多く関心の元来の性質を理解することで、北の政府と労働組合が提唱した労働基準のための正の総和の獲得という、仕事に関する「公定化」戦略の強力な証拠を見ることが出来る。貿易と労働基準の問題を結び付けるための試みの複雑な歴史は、この「ウィンウィン」論争が完全には成功していないことを示している。なぜそのようなことが言えるのか、幾つかの理由がある。

まず何よりも、貿易と労働基準を結び付ける実際の利益は、実証的には確立されておらず、国によっても異なっていた。アムスデンが指摘した通り、たとえばインドのような賃金主導型経済は、労働基準の条件がしばしば促進される事例の一つであるが、賃金と生産性のリンクはそれほど効果的ではない（Amsden, 1994）。インドのような国では国内市場が大きく、輸出部門はそれほど重要ではない。他方で、多くの発展途上国は小さく（人口やGDPで測定すると）、国際貿易に依存してより広い市場へのアクセスを確保しようとしており、規模の経済の恩恵を得ようとしている。そのような国における輸出部門での賃金上昇と生産性向上の関連性は、国内需要を拡大させるかもしれないが、他の世界からの価格感応的（price-sensitive）な需要の低下を相殺するものではないだろう。むしろ、輸出部門で上昇する諸々のコストは、利潤と、間違いなく長期的成長を低下させるであろう。たとえば、シンガポールでは、一九八〇年代に資本集約的、技術集約的産業への移行過程で、高賃金政策を試したが、国際的な競争力の低下に直面しその政策は停止された。

二点目には、労働基準をめぐる論争であまり注目されないが、貿易の制限は消費者にとっても、特に貿易の制限を課そうとしている国の低所得者層の消費者にとって、コストを生じさせる。より安い輸入品ではなく、より高い国産品を買うことを強要することになるからである。イギリスの国家消費者委員会（National Consumer Council）は、低コストの衣料品の購買可能性を制限することによって、イギリスの最貧層グループ、特に一人親世帯がMFAから最大の打撃を受けることになると指摘する。貿易制限はこの層にたいして逆進的税（regressive tax）のように機能する。貧困層は、より裕福な層よりも、所得における衣類への支出比率が高いからである。イギリスの消費者は、平均で可処分所得の七％を衣類と靴に使うが、低所得の一人親世帯では一二％である（National Consumer Council, 1990）。シルバーストーンによると、MFAの廃止は店頭価格を五％低下させるが、イギリスの消費者が負担するMFAの年間の総費用は一九八八年価格で一〇億ポンドにもなると推定される（Silberston, 1989）。言い換えれば、平均的なイギリスの消費者は、第三世界からの輸入品を締め出すために年間四四ポンドを余分に衣料費として支払っているのである。繊維と衣類への貿易制限は、豊かな国にたいして年間で二二〇億ドルものコストを課しているという（Trella and Whalley, 1990）。

さらには、海外の安価な商品との競争の制限は、国内産業の効率性の向上にたいする誘因を削ぎ、豊かな国々が明らかに競争優位を持っている、より高品質で技術集約的な生産の形態への移行を阻害する。実際、イギリスやアメリカでは、労働コストをめぐる競争を持続できた理由は、国内のエスニックマイノリティにたいする超搾取によってであった。社会的排除による賃金の切り下げは、彼らの比較優位の基盤を築いてきた。一九九六年にオブザーバー紙（*Observer*）（六月二三日）は、次のような見出しと共にドレスの写真を掲載した。「四五ポンドで、ネクストからこのサマードレスを買うことが出来る。これを作った女性は一時間に一ポンドを得た。香港、それともバングラデシュ？　いや、ロンドンのイーストエンドだ」。この記事は、Oxfamがイギリスの高級店にたいして供給している海外の縫製工場の搾取的労働条件について世論を喚起しようとして始めた衣類に関する規範キャンペーン（clothes code campaign）に言及しながら、イギリス国内でも、縫製工はたった一時間一ドルしか支払われておらず、基本的健康と安全基準を満たせないような条件で働いていると指摘した。古い機械、混雑、閉ざされた非常口、不十分な換気、男女共有のトイレ、そして契約書もない。さらに時間外労働は強制であり、病気の時でさえ、三日以上休んだら解雇されるといったような状況なのである。

ロンドンの被服産業のそのような状況に関して言及する人は、

第三世界の状況になぞらえることを好んでいた。実際に、オブザーバー紙の記事を見た衣類工場の元経営者は、「政府は、極東にたいして価格競争力を維持させるために、イギリスの製造業の中に第三世界を作り出した」と発言している。このような発言をした者たちはそれでもまだ、彼らが第三世界の「労働搾取工場」と呼ぶ工場が、ニューヨークやロサンゼルス、ロンドンに見られる地下経済に比べると、より近代的なモデルであるという事実にまでは気づいていない。それらの工場は、秩序立っており、換気もしっかりしており、広々としており、近代的な機械設備と、西欧の基準からは暴利をむさぼっていると見られるとしても、働いている人の基準からはそのようには見なされない賃金が支払われる。さらには、第六章で議論した通り、いわゆる「第三世界」の状況と呼ばれるものは、イーストエンドの衣料貿易の常に一部であり、その繁栄は、より広い労働市場から排除された人びとの脆弱性を、衣料産業が資本化する能力を持っていたことによってもたらされた。時間を経て変わったのは、労働力のプロフィールだけである。オブザーバー紙の記事の大まかな言及によると、一九九六年の時点でイーストエンドの労働搾取工場で働いている人びとの出自は、驚くことではないが、トルコ人やクルド人の難民や、ギリシャ系キプロス島人やアジア系移民であり、ほとんどが女性であった。

　ただし、国際貿易のルール上で、労働基準を制度化する試みがほとんど進展しない主な理由は、そのような運動にたいする南の多くの人と一部の北の人びとの懐疑心にあった。[6] 南は、いかに力を持つ国々がルールを提示し、選択的に定義し、そして自身の利益にとって沿う時はそのルールを歪曲したり破ったりするかについて、数々の事例を見てきた。実際に、繊維・衣料産業は、そのような行動の歴史の典型例であった。イギリスは、自国の繊維産業と縫製産業を、産業革命の開始時点で保護主義的な制度を作り上げることで育成してきた。われわれが見たとおり、バングラデシュの繊維産業は、イギリスが略奪的な植民地主義から植民地的保護主義へと移行する過程の結果を受ける側であった。やがて、アメリカは輸出代替を振興するために独自の保護主義の制度を作り、効率的な関税制度と出入港禁止制度を一九世紀を通じて作り

6　倫理的関心は、常に政府によって、相手国との貿易関係に関する限り選択的に行われてきた。アメリカでは、一八九〇年に囚人による労働によって生産された海外製品の輸入を禁止する法律が制定され、一九三〇年には、「強制」労働と「契約」労働にまでその範囲が拡充された。にもかかわらず、国内生産が消費者の需要を満たしていない場合は例外が認められた。その結果、アメリカ政府は、アメリカ炭鉱労働者連盟（United Mine Workers of America）からの、刑事上の処罰の下での契約労働によって生産を行っている南アフリカの低硫黄の炭の輸入を禁止するようにという要求をはねのけることができた。なぜならば、国内の資源では、アメリカにおける必要を満たすには不十分であると計算されたからであった。イギリス議会もまた、このような倫理に関する選択的な見解を推奨し、一八九七年には、海外の牢獄、牢屋、更生施設、そして刑務所で製造された製品の輸入を禁止した。ただし、そのようなタイプの製品がイギリスで製造されていない限りにおいてである。南アフリカも一九一三年に、類似の「倫理的」な法律が通され、アパルトヘイトの時代を通じて維持された。

だした。その後すぐに、一九四〇年代には日本の繊維輸出にたいして自主規制を促すために政治的権力を行使した。

後にヨーロッパの生産者が加わり、より貧しい国との間の将来的な競争に直面しそうな製造業の領域である繊維と衣料貿易において全ての輸入関税を適用しないという「紳士協定」を共有し、そしてGATTの基本的ルールから外されることになった。ロスは次のように指摘する（Ross, 1997, p.19）。

> 一九四七年の始まりから一九九四年のウルグアイラウンドまで、差別（最恵国待遇）、関税保護主義や輸入にたいする量的制限について反対してきたGATTのルールは、繊維とアパレルに関しては全てが緩和された。また一九七三年の多国間繊維協定で盛り上がりを見せた一連の国際的な合意は、発展途上国から西欧の市場への貿易のフローをコントロールし、輸入割当と貿易ルートに関して二国間協定の制度を作っていくとされた。

言い換えれば、MFAは衣料と繊維の国際貿易の七〇%をコントロールしており、貧しい国が豊かな国にたいして何を輸出するかについては厳しい制限を課したが、豊かな国が互いに貿易を行うことには何の制限も課さなかった。GATTの繊維部会の委員長であるマルセーロ・ラファエリが一九九二年にMFAについてこう言っている。

> 最初からこれは過去の結果とのゲームであった。綿製品協定と多国間繊維協定のどちらも経済的な概念をめぐってのものと思われていた。つまり、市場の混乱である。ところが、発展途上国にとっては不運なことに、ほとんどすべての先進国は、これらの取り決めを経済的にではなく政治を念頭に適用し、発展途上国は報復することが出来ないので、保護主義のロビー活動を静めるために犠牲を払った（1990, 263-264）。

もちろん、これは繊維と衣料部門だけがそのような規制を受けるという、偶然の出来事ではない。これらの部門は、かつて主要な工業国の産業革命を先導したのであり、現代のより貧しい国が競争力を持ちうる鍵となる部門であった。ジャクソンは、問題を簡潔に要約している。MFAは「富裕国が、衣料と繊維をめぐる一般的な自由貿易のルールを変更させることを許した。なぜなら、それらが、彼らにとって貧しい国に負ける可能性があると思われる部門だったからである」（Jackson, 1992, 10）。

グローバルに労働基準を設定することにたいするアメリカの要求を擁護して、チャーンノビッツは「国際的な商業が可能にしたさらなる労働の分業はあらゆる地域の労働者の利益となるとしても、自由貿易は、貿易相手の労働慣行の公正性《フェアネス》に関して貿易相手の誰かが疑問視した際には挫折する」（Charnowitz, 1987, 581）。しかし、南の政府、労働組合と運動家のグループは、何が「公正」だと誰が決めるのかと同様に聞くであろう。第三世界ネットワーク

（Third World Network）は、次のように問うことで、これに関する点を明白にする。「もしそこに、貿易と社会の条項につながりがなければならないのであれば、世界貿易機構（WHO）におけるアメリカ合衆国にたいして（もしくはイギリスにたいして）、誰が反対行動を取れるのか。そこでは、理論がどうであれ、強者のみが、弱いパートナーにたいして報復できるが、逆はできない。現代の世界の権力構造と関係の下では、このような機構は強者と支配者にとってのみ有利に働き、世界をより抑圧的な場所にする」（Third World Network, 1996）。

国際貿易のゲームをめぐる大量の規制が、南のネットワークにも制約を与えたことは認識されなかった。Oxfam[7]の最近の報告書によると、シアトルでの貿易に関するラウンド会議の準備では、北の諸政府は、貧しい国々にたいして自国の市場を開放するために、これまでの過去の取り組みを体系的に破棄した。貿易交渉のウルグアイラウンドの間、彼らは貧しい国々よりも少ない幅で関税の削減を行い、それは一九九三年に終わった。結果として、発展途上国が直面している関税は、工業国が直面しているそれよりも三分の一程度高い。このような貿易障壁は、今日の世界の貧困層に年間七千億ドルの負担を強いており、援助から受け取る金額の一四倍にもなる。[8]報告書にたいして、インディペンデント紙日曜版の編集者は以下のようにコメントをした（*Independent on Sunday*, 一九九九年一一月七日）。

> 諸政府によって採用され、WTOのキャットウォークにおいて自由貿易の正当性を見せびらかしている二重基準は、信じがたいほど奇妙だ。アメリカはラテンアメリカからの鉄鋼の輸入にたいして割当を課したが、同時により貧しい国々にたいして、膨大な補助金に支えられて生産されたアメリカの農業製品の輸出にたいして門戸を開くように要求した。EUは納税者のお金をアフリカの農村開発のために使っている一方で、同地域にたいしてアフリカの地元市場にヨーロッパの食品を山のように放り込むことによって、大規模に生計の破壊を引き起こしている。……自国の貿易障壁を取り除く話になると、豊かな国はその対応ののろさを芸術的な水準にまで高めた。五年前に、発展途上の国にとっての、単独では最も大きな輸出製造業となる繊維への制約を課す、多国間繊維協定（MFA）の段階的撤去を取り決めた。しかし、まだ何も実施されていない。

7　'Loaded against the poor', Oxfam, 1999 に依拠。
8　世界における繊維・衣料貿易のメカニズムに関するより初期の計量分析によれば、多国間繊維協定（MFA）のみで第三世界に一年当たりおよそ二六〇億ドルのコストを生み出しており、また一九八六年の数値を用いれば、この部門における貿易制限の全てを合わせると同様に三二〇億ドルのコストを生み出していた（Trella and Whalley, 1990）。この貿易全体の成長とともに第三世界への潜在的利益が成長したと仮定すると、そうした貿易障壁は一年あたり約四千五百億ドルのコストを第三世界に強いていたことになり、これは西側諸国の援助の合計額に近い額であった（Jackson, 1992）。

同じような指摘は、ガーディアン紙でも指摘された（*Guardians*, 一九九九年一一月八日）。

国家間の専門化された労働の分業の問題は、ウルグアイの歴史家のエドアルド・ガリアーノが書いた通り、特定の国を勝たせて、その他の国を敗北させる。彼はさらに、勝者はルールを固定することに通じており、敗者が現在の地位に留まり続けることを確実にしようとするだろうし、それがより実効性があるのは国際貿易をおいて他にはないと付け加えたかもしれない。

第三世界の製造業輸出の五分の一を占める繊維製品の事例を取り上げよう。ウルグアイラウンドの際に決められた合意によれば、工業国は、現在までに輸入制限の三分の一を廃止せねばならないはずだった。実際には、EUとアメリカは、五％程度しか廃止していない。世界の最貧国にたいする保護主義のコストは、広くは正しく評価されていない。世界の四八の最貧国は、世界貿易の中でたった〇・四％しか占めておらず、そのシェアさえも縮小しつつある。もし豊かな国がその市場を開放すれば、発展途上国は全体として年間で七千億ドルの輸出収入を増大させることが出来るはずである。GDPも一二％上昇するだろう。これは発展途上国が受け取る全援助の一〇倍にもなる。

世界銀行やIMFなどの強力な国際機関の助言に従って、自由貿易レジームにたいして経済を開放してきた国々は、そのような機関をまさに支配している国々によって、自国の貿易製品が制約を受けることに直面し、苦い思いをしている。実際に、このような調整政策が、南の多くの国における労働基準の一般的な破壊の原因となってきたと議論された。したがって、これらの労働基準を貿易協定のもとで罰するのは、「二重に差別的である」(Shaw, n.d)。MFAの条項は、先進的な工業国にたいしては、第三世界からの新しい競争に晒される工業部門において、適応するために三〇年ほどの特別な猶予を与えた。IMFが拠出する構造調整プログラムでは、第三世界や東欧の債務国は、経済全体の痛みある改革に関して、二年も猶予をもらえないことがほとんどである。

歴史を振り返って――「成長の黄金時代」から「失われた開発の時代」へ

もし、保護主義の偽装形態だと言って、南の国の大部分が国際労働基準の適用を拒否し続けたら、規制されない貿易と、容赦ない「底辺への競争」が唯一の選択肢なのだろうか？　筆者は、グローバルな労働基準を現在促進している人びとの、正の総和の利益というのは大きな欺瞞であることを議論してきた。そのような基準に基づいて貿易条件を決めることは、多くの北の労働者とごく一部の南の労働者を利することにはなるが、しかし、世界の貧困層、特に南の貧困層のより大部分を周辺化することになる。国際貿易のウィンウィン解決策はそれでも可能であるが、国ごとの許容能力（capacity）の違いを考えず、その場限りで断片的な、また利己的な要求からでは、普遍的な労働基準を実現することは出来ないだろう。同時に、現在の貿易ルールをめぐる交渉において支配的なゼロサムの政治からも距離を置かなければならない。そして、より豊かな北の国々の労働者は、なぜ貧しい南の低賃金で未熟練の労働者と自分たちが競争にさらされるようになったのか、より歴史的な観点から考えるべきである。

戦間期の経験が、国際的、国内レベルの両方で、戦後組織の設立を重要とした。世界不況に関わらず、西欧諸国は、市場の「均衡」メカニズムに頼るという古典的なレッセフェール信仰がいまだ支配的であり、一層の競争的な切り下げ、デフレによる支出削減と保護主義的戦略を進めたが、ほとんど成功せず、単にさらに景気を悪化させ、大量の失業を付け加えただけだった。世界貿易の価値は、一九二九年から一九三三年の間に六五％縮小した（Singer, 1989）。戦間期の経験は第二次世界大戦の惨事とともに、完全雇用のために国家が経済を運営する必要を考えるケインジアンの影響の拡大を説明する。

戦後のアメリカとヨーロッパ経済において組織化されたのは、労働者と経営者、そして政府の間の「社会契約（social compact）」の形態であった。労働者の組織は、賃金の制約を引き受ける代わりに、経営者から技術変化と生産性向上からの果実の共有と、福祉国家の普遍的な社会保障制度への貢献を得た。政府は、財政・金融政策を通じて、高い投資率を奨励し、完全雇用を維持することに力を注いだ。国際的なレベルでも、アメリカのリーダーシップの下で、ブレトンウッズ条約の枠内で、貿易と金融政策の協力があった。

一九四五年から一九七三年の間は、工業国にとっては「黄金時代」であると言われた。非常に高い投資率、生産性の向上、それに伴う実質賃金の上昇を享受した。この時期の成長率の推移は年五％前後であり、過去百年に比べると約二倍であった（South Centre, 1996）。経済成長のエンジンは、世界貿易の拡大であった。発展途上国との単一貿易（monopolistic）の比較優位に基づいて、より豊かな国が得られた「レント」は、福祉国家の分配システムを通じて、国内のさまざまな利益集団に共有された（Jordan, 1996）。

しかし、長年に渡る、戦後の継続的な完全雇用と繁栄は、自己崩壊の種を含みもっていた（South Centre, 1996）。労働供給の不足が大きくなり、これらの経済圏での賃金コストが上昇し、利益が低下した（Kindleberger, 1967）。それでも労働者は賃金と給付の増大が続くと期待し続けていた。一九六〇年代後半に向かって、生産性向上のスピードが鈍化し始め、そして一九七〇年代の石油と商品価格の上昇が起こった時、労働者は利益率の縮小と同等の実質賃金の低下を受け入れようとはしなかった。労働組合による団体行動を通じて「仕事のレント（job rents）」を守ろうとする争議行為の高まりは、より一層の利益圧縮とインフレーションの悪化を招いた。先進工業国の資本は海外に、より利益を得られるような投資機会を探し始める。これは、新しい技術の登場、コミュニケーション手段の発達、新しい組織制度と、南・東アジアの政府からの外国資本にたいする歓迎的な雰囲気によってますます実現可能となった。

一九七〇年代末には、ケインジアンの需要管理型政策が終焉を迎えた。完全雇用の実現は、インフレーションへの闘いのために廃止され、制限的な金融政策、財政、商品と労働市場の規制緩和に基づく自由市場モデルが新しい主流となった。一九七三年に戦後の繁栄が終焉を遂げた理由は、それでも十分には説明されなかった。しかし、北の国々の緊縮的なマクロ経済政策が、解決よりも、問題を作り出す方に貢献していたのは疑う余地もない。マディソンが指摘したように、

> （一九七三年以後の）低迷の厳しさを強化している（もの）は、経済政策の目的の「確立された見解（establishment view）」の基本的な変化である。出来事に対応するための新しい合意が登場したが、これは型にはめることにもなった。インフレーションによる打撃、新しい支払い問題の波、そして投機的な可能性が、需要管理と完全雇用というケインジアン型の姿勢からの完全な切り替えをもたらした。多くの国は、インフレーションの抑制と収支バランスを保障することに、過剰な優先を与えてきた。失業は、戦前の水準にまで上がってしまった。石油価格が下落しても、そして一九八〇年代初期にインフレーションが一段落しても、新しい主流派は広がる失業と強い支払い能力にもかかわらず、拡大政策の危険性に関して忠告を続けた（Maddison, Amsden, 1994, 35より引用）。

力強い経済成長が続いているにもかかわらず、ほとんどのOECD諸国では一九八〇年代から、失業率が上がり始めた。異なる国々の間の国際収支不均衡に対応するブレトンウッズ体制下で作られた、デフレに偏った多国間協定は、「雇用なき成長」のパターンに貢献したと思われる一つの要因であろう。IMFが、赤字国と黒字国の両方に同じようにプレッシャーをかけようとしたとしても、日本やドイツのような黒字国にたいしては圧力をかけることは出来なかった。調整のための負担はほぼ全て赤字国にかかり、黒字国が自国の需要を拡大することで調整過程に貢献するようにと要求するような同等の圧力をかけないまま、デフレ政策を取るようにと要求された。赤字国の間でも圧力は選択的であり、IMFは、当時国際収支が最大の赤字であったアメリカ合衆国にはほとんど影響力を行使しなかった。

ブレトンウッズ体制のデフレ対策への偏りは、戦後ブームの黄金時代には深刻な結果をもたらさなかった。アメリカの経済政策は、主にマーシャルプラン下での支出、そして軍事的支出と海外投資を通じて、国際経済に適切な流動性を与え、世界の需要の拡大と、それによる工業国におけるより早い成長と完全雇用を実現した。国家間の収支バランスの問題は、衰退を伴わず解決される

ことが出来た。実際に、一般的に赤字国への圧力は、世界経済のインフレ圧力を管理するという利益のために正当化された。

しかし、アメリカの産業の相対的な競争力の低下、多くの工業国間の深刻な国際収支赤字の発生、経済の「過熱」に関する懸念の拡大は、ブレトンウッズ体制の崩壊をもたらした。一九七一年にニクソン大統領が、国際的に合意した固定価格でのアメリカドルと金の自由交換を停止すると決定したのは、その象徴である。一九七三年のOPECの石油パワーの台頭に続く成長が緩やかで、失業と不況の時代には、IMFは望ましくないデフレ効果を緩和するために黒字国に圧力を与えることをしなかった、もしくは与えることが出来なかった(Singer, 1989)。

　雇用なき成長を生みだした二つ目の要因は、国際的な金融市場の規制緩和と、その実物経済への影響である。一九八〇年代まで、グローバルな金融市場での総取引高は、貿易量の総額とほぼ同じであった。今日、ソリダー・キャンペーン[9]によると、年間の資本のフローは、財とサービスの実際の貿易で動く金額の三〇倍近くになる(Solidar, 1998)。ところが、これは非常に異なる種類のものである。一九八〇年代以後の世界の資本市場の利潤率と株価は大きく上昇したが、資本の長期的コストも上昇していたのである。主要なOECD加盟国の多くでは、アメリカも含めて、長期実質利子率は一九五六年から一九七三年の間は平均が一・七%であったが、一九八〇年代以降は五%以上へと上昇した(South Centre, 1996)。これは、貿易とインフラストラクチャーにたいする長期的な投資の「ファンダメンタルズ」に反応する、国際的な資本のフローにネガティブな影響を与えた。その代りに、国際的な金融のフローは短期的な投機的投資に支配されるようになり、為替レートと利子率に大きな変動性を与えることになった。外国為替市場の取引は今日、一日一・二兆ドルであり、国際貿易の五〇倍の水準であり、国際貿易と直接投資からのフローを縮小させた(Gray, 1998)。

　これら全てがOECD諸国の労働市場と労働者の生活に破壊的な結果を与えた。短期的利益のために通貨が取り引きされる高いレバレッジ化されたバーチャル経済は、基礎にある実物経済を不安定化させる大きな可能性を持っていた(Gray, 1998)。OECD諸国において経済活動の中心が製造業とサービス部門から金融資産の取引へと移行したことによって、工業部門の労働者階級の規模と経済的重要性の縮小がもたらされた。しかし、パート労働者、契約労働者、間接雇用の増大は、専門職に従事する中間層の多くの生活にもまた、不安定性を生じさせた。一九八〇年代以後の時期のアメリカ合衆国は、西ヨーロッパ諸国に比べれば低い失業率を見せてはいたが、それは部分的には、アメリカでは市民にたいする公的社会保障の給付水準がずっと低く、したがって労働者はどのような仕事にでも従事しなければならないという現実を反映していた。不思議なことではないが、アメリカの労働者は生産部門

9　開発、人道主義的援助、社会福祉関連のNGOのヨーロッパ連盟であり、労働組合運動と社会民主主義政党と連携していた。

の低賃金職種を探そうとする傾向がはるかに強く、したがって、より直接的に低賃金競争の影響を受けた。

アメリカの労働者の実質賃金は、二〇年近く平均的には上昇せず、ブルーカラー労働者に関しては、実際、一九七三年から下がり始めた。アメリカの公共政策は、別の方法で国内の格差を拡大させた。国内の人的資本への投資の失敗は、なぜシーメンス社（Siemans）がアメリカ人労働者よりもドイツ人労働者にはるかに高い賃金を払うかを説明する。ドイツの労働者の生産性はアメリカの実に二倍だった。同時に、アメリカの租税政策と財政政策が、アメリカの最高経営者（CEO）たちが、アメリカの労働者の一九九〇年の平均賃金の約一五〇倍を稼ぐことを支えていた。この違いはドイツでは二一倍程度であり、日本では一六倍でしかなかった（Gray, 1998）。

ただし、他の国の労働者の状況も悪化した。一九七八年から一九八九年の間に、製造業における実質賃金は工業国二〇カ国のうち六カ国でしか上がらず、アジア以外の発展途上国三三カ国の中では二六カ国で下落した。製造業の付加価値構成における賃金の比率は、先進国二一カ国の内の四カ国、アジア以外の発展途上国四〇カ国のうち二〇カ国では、上昇するか横ばいであった（Amsden and van der Hoeven, 1994）。世界のより貧しい、石油依存国では最も状況が悪化した。一九八〇年代はさまざまな状況の連鎖から始まり、それらの状況が互いに負の影響を与えあったのであった。すなわち、輸出能力を低下させ、そして不況が起こり、北は保護主義を互いに強めた。石油価格の上昇と、北から輸入される工業品にたいするその他の商品の相対価格の低下は、貿易の状況を不利なものとした。民間部門の貸し渋りと実質利子率の上昇、そして高いサービス支出と低い輸出からの収入の結果として負債の増大も起こった。一人当たりGNPはほとんどの発展途上国で低下し、産業と投資の比率も同様だった。それに対して、債務返済のサービス支出はGNPの四・三％ほどに上がり、サブサハラアフリカにおける輸出の三〇％を吸収していた（Singer, 1989）。不思議ではないが、多くの世界の貧しい国にとっては、一九八〇年代は開発の「失われた一〇年」であったと言われている。

相互依存する世界におけるウィンウィン政策──経済的競争と社会的協力

明らかに、グローバル化の進展の下で、諸機会の最大化とさまざまなリスクの最小化という挑戦への単純な解決策は存在しない。それでも、ラテンアメリカ、より最近では東アジア、そして多くのサブサハラアフリカ諸国で続く金融・経済危機を経て、現在のグローバルな規制緩和に重きをおく戦略に代わる、代替的な諸戦略の模索が始まった。一つの提案は、需要に基づいた成長戦略のために、先進工業国における過度なインフレ操作を廃止することであった（South Centre, 1996, Amsden, 1994）。ただし、そのような提案の推奨者は、過去のようなインフレ的な分配をめぐる闘争を避けるためには、そのような成長戦略は、国際的なレベルでの国家間の協力枠組みの下で行わなわなければならず、また国内でも経営者、政府、労働者の協力が必要であることを認識していた。当時、初期のネオリベラリズム派による政府への敵意は徐々に、積極的な国家がグローバルな諸力とローカルな市民の間を仲介することが重要であるという認識へと取って代わられつつあり、したがってその提案はそれほどユートピア主義的には思われなかった。

実際に提案されたのは、国家、市民社会と企業部門の間の新しい社会契約を必然的にともなっており、賃金と利潤の間のバランスを保証し、危機や移行期の敗者への影響は社会保障制度の供給によって緩和するというものである。いずれにせよ、これらの政策を実施する各国の能力は他国で実施される政策と強く相互依存的であるため、グローバルなレベルでの調整の拡大が必要であるという合意が大きくなってきていた。グローバルな統治の体制は、国際的な金融のフローを規制し、黒字国と赤字国の両方が国際収支問題のバランスに取り組むことを保証し、労働と環境に関する基準についての交渉による協定に基づいたグローバルな社会政策のレジームに向けた取り組みに着手するために、必要不可欠であると考えられた。

グローバルな社会政策をめぐる交渉は、諸責任と同時に諸権利の問題を含む可能性が高い。再分配政策への一定のコミットメントは非常に重要である。国内の全ての市民にたいする基本的な社会的セーフティネットがなければ、人びとはどれほど搾取的であろうともどのような形態の仕事でも選ばざるを得なくなり、その状況にたいして挑戦したり問題をなくしたりすることは難しくなる。いずれの場合でも、世界の富裕国は、より貧しい国々が労働基準を適用することを可能とするために責任の一端を共有する必要があるが、それにはコストが伴う。それでも富裕国はこれらの「国際的な公共悪」(ʻinternational public badsʼ)の廃止から利益を得ることにもなる(Lee, 1997, Deacon, 1999)。もし児童労働が国際的な公共「悪」の一つであるという合意をグローバルに得ることが出来れば、その段階的廃止は、教育サービスの供給の拡大や改善にたいする投資をともなっていなければならず、同じく影響を受ける家族にたいする何らかの補償も必要である。そうしなければ、世界の豊かな国の倫理基準は、貧しい国の子どもたちと家族にたいする直接的な罰となるのである。

主要な工業国による協調的なマクロ経済の拡大は、その推奨者によって提示されたように、真のウィンウィンの結果の可能性にもっとも近いところまで来るであろう。そうすれば、雇用を再び優先事項にすることによって、豊かな国の労働者と消費者を利することが出来る。またそれは、より貧しい国の労働者と消費者にも利するだろう。援助とは異なり、貿易は、貧困の削減に必要な自立的な成長、雇用と投資を促す。アムスデンが呼ぶところの「労働搾取的」成長から「労働親和的」成長レジームへと移行することによって、豊かな工業国の労働者が貧しい国の労働者との賃金競争を行うことは不合理になるだろう(Amsden, 1994)。ワークが指摘した通り、第三世界の労働搾取工場にたいする「第一世界によるキャンペーン」は、それが、過度に発展した世界における衣料と繊維産業の調整を永遠に先延ばしできるものではないという率直な認識と合わさることによって、より信頼性を得ることが出来るであろう。高い技術を必要としない、労働集約的、低付加価値工業における雇用は、高賃金国では将来はないのである（Wark, 1997, 230）。

労働基準に関する議論が、南の「弱い勝者」との国際貿易からの利益を取り戻そうとする北の「強い敗者」の連合によって支配されることが終われば、われわれは、グローバルな貿易の利益を、多国籍企業による独占ではなく労働者の間でより平等に分配することを保障するために必要になる規制の形態を検討するためにより適した立場を得ることが出来るだろう。国際資本と国内資本はこれらの産業における投資を推進するためのさまざまな特権から利益を得てきた。これらの資本も、労働者の最低限の諸権利を保障するための特定の責任を負う必要がある。それらはどんな諸権利だろうか？

「先進工業国と発展途上国の間には深い不信の溝がある」（Lee, 1997, 177）という事実にもかかわらず、世界における大部分の国は、ILOが労働条約の「核」と呼ぶ三つの条約に既に署名している（Mehmet et al. 1999）。これには、結社の自由、団体交渉権と強制労働の禁止が含まれている。これらの諸権利は、経済発展と社会発展のバランスを考慮して選ばれたものである。もし貿易制裁の指標が撤去されたら、ILOによって核となる基準が拡充される。そこには、同一職種同一賃金の原則、差別からの自由と児童労働の搾取的形態の廃止が含まれている。この三つの核となる条約が特徴的なのは、これが基準ではなく、権利に注目していることである。その実施に特定の発展段階を想定しないが、国内的にも国際的にも、労働基準を改善する闘いを民主化するために根本的なものである。これらは、各国の労働者がそれぞれの優先事項について検討し、そのために闘い、そしてそのような闘いにともなうだろうリスクを受け入れるものである。

大きな不均等発展に特徴づけられる世界では、自身のための決定をする際に他者の権利をも尊重するように仲介するような、普遍的な人権に関与する国際的（国家間 :inter-national）制度の構築は非常に困難である。エドワーズは、それぞれの社会が異なる方法で発展したことを指摘する（Edwards, 1997, 32）。それぞれの社会が、そこでの経済的、政治的、社会的目的の間のトレードオフに対応しなければならなかった。世界経済は各国にとって公平な条件ではなく、グローバルに合意された労働基準の改善は依然として各国の国内状況に依存している。「柔軟性が正当ではない唯一の場合は、最も基本的な人権が否定されている時である。それは、人間の尊厳への権利であり、諸権利を持つことへの権利であり、そうした権利の適用に関する平等な声である」。

女性労働者と労働基準──国際的議論に不在の声

最後の論点として、もちろんフェミニストが指摘し続けている点であるが、労働基準をめぐる交渉において代表される諸利益は、北に支配されていただけでなく、ほとんどが男性によって決められてきたことを認識しなければならない。世界中どこを見渡しても、公式に組織化された工場生産の外部にいる労働者たちの必要にたいして敏感である労働組合は存在していない。それでも、労働組合こそが、各社会の貧困層や不利な集団の多くが基礎としている場である。

歴史的には、家内労働にたいするイギリスとアメリカの労働組合の対応は、廃止を訴えるものだった。その始まりから、アメリカの国際婦女「縫製労働者」組合（International Ladies 'Garment Workers' Union）は、家内労働を非合法化することを維持し、勝ち取ってきた（Howard, 1997）。その消極性は今日でも見られる。レーガンによる、婦人服産業における家内労働の五〇年間の禁止を解除するという試みは、労働組合から成功裏に抵抗されてきた。イギリスでは、労働組合の家内労働にたいする反対はそれほど絶対的ではなかったが、それでもその姿勢は著しく懐疑的なものであり、家内労働の組織化は不可能であると確信していた（Rowbotham, 1993）。今日においても、家内労働は、複雑な法律の制約の下で従事され続けている。

それでも、労働の家庭内分業によって重荷を背負わされていたり、公的領域における機会において規範により制約を受けたり、もしくはそのような諸機会が存在しないことにより制約を受けたりする多くの女性にとって、家内労働は唯一の、もしくは最も選好された選択肢であるかもしれない。労働者にとってより良い条件を勝ち取るための労働運動の試みからこの部門の労働人口を無視することは、労働者の連帯と社会的正義という観念にたいして望ましくない効果を持つ。東ロンドンのバングラデシュ人女性を含む、イギリスの縫製産業における家内労働をほぼ独占しているエスニックマイノリティの多くの女性にとって、人種差別によって生まれたコミュニティ内の不安定性は、従来型の労働組合の敵対政治に関わることにたいする抵抗心も生みだした。女性たちにとってより機能してきたのは、コミュニティに根差した組織であり、単に労働生活にかんすることだけでなく、女性が直面するあらゆる問題を取り扱うようなものである。

しかし、家内労働を脇においたところで、組織化された生産部門内部でさえも、労働者は常に一様な関心を共有していたわけではない。ジェンダーに特有の制約と責任は、女性労働者が常にフルタイムで終身雇用の工業労働者の規範に従うことを求めているわけではないことを意味する。つまり、過去において労働組合が闘ってきた伝統的な規範であり現在もそうであり続けているような規範を求めていないことも多い。女性は男性よりも柔軟性に価値をおく傾向があり、社会保障の問題を異なる形で定義し、異なる需要の組み合わせを優先しやすい（たとえば、Razavi, 1999, Chhachhi and Pittin 1996, Elson 1996を見よ)。

　われわれはバングラデシュの女性労働者の間で新しい形の組織が徐々に登場するのを目のあたりにしている。これらの組織は、伝統的な政党支配的な労働組合の政治とは異なる形である。BIGWUによって提示された新しいモデルに加えて、多くのその他の組織が、女性労働者とともにコミュニティに基礎をおいた諸活動に取り組み始めた。職場ではなく居住地で活動を行い、勤務時間中の会議を求めるのではなく、休日に接触するなどして方法を探求しつつある。縫製産業における女性と働いた長い歴史を持つ労働組合活動家のシリーン・アクタルは、彼女が縫製産業について働き始めた頃よりも、女性労働者は自身の苦情について経営側に立ち向かおうとする意思をはるかに強く持つようになってきたと確信している。ただし、散発的なストライキ、「道具を下に置くこと《ダウニング・オブ・ツールズ》【訳注3：争議行為としての怠業】」や、経営側との団体交渉、その他の形態の団体行動（たとえば、Dannecker, 1998）は増えているにもかかわらず、バングラデシュの縫製産業の女性労働者を大規模に組織化するのは困難なままであった。彼女たちは、当該産業における男性を女性に置き換えるような対立的な戦術よりも、労働の場における諸権利を増加させることをはるかに支持する傾向にあった。

　大規模な組織化の問題の一部は、元々わずかな機会しか持っていない労働力過剰の経済において、仕事を失ってしまうかもしれないという女性たちの恐れであった(Dannecker, 1998)。また部分的には、より良い賃金を求めて工場から工場へと移動する女性の高い離職率によるものであった。また部分的には、多くの女性は有償労働に従事してから日が浅い、農村から出てきたばかりの移民労働者だったからである。労働への権利にたいする信念は、そして言うまでもなく労働の場での権利は、一夜で実現するものではなく、徐々に進展していくものであった。そして最後に、それは部分的には、女性が職場の状況に関して苦々しく不満を言ったとしても、工場労働へのアクセスは彼女たちの生活に積極的な何か、つまり何を得られるかについての明確な考えがなければ危険にさらしたくないような何かをもたらしたという事実によるものだった。

　本書のための現地調査を行っている際に、バングラデシュの縫製産業における女性労働者に関する他の研究が多く出て来ていた。それらの研究は本書のさまざまな所で参照された。これらの研究は、基本的には工場の労働条件は依然として低く、長時間労働や不規則な支払い、雇用主からの不当な扱いなどの実態が、女性労働者にたいするインタビューの中で頻繁に登場し続けることを報告している。これらの研究は同時に、大部分の女性労働者は、それでもなお自身の工場労働を概ね積極的な表現で評価したことも確認している。それらは仕事にたいする満足度、新しい社会的ネットワーク、世帯内の意思決定におけるより大きな発言権、身体的なもしくは言葉の暴力からのより高い自由、そして拡大された自尊心と自立性、そしてより大きな個人的自由と自律性に関する評価を含んでいた（Newby, 1998; Amin et al., 1998; Zohir and Paul-Majumder, 1996; Kibria 1995 and 1998; Dannecker 1998）。

この消極的な客観的状況と積極的な主観的評価の逆説はバングラデシュ人の女性労働者に固有なものではない。これはヨーロッパやアメリカにおける女性労働者の工業化の経験の特徴でもあった。フレイザーが指摘する通り、初期の資本主義的雇用を「賃金奴隷」と見なしたフェミニストは、バングラデシュの縫製産業における女性労働の負の側面にのみ注目する現在の運動家と同じく、これらの労働が労働者の生活にたいして持つであろう、矛盾した、ジェンダー特有の示唆を見落としていた。

確実に、一九世紀初頭のプロレタリア化した（男性の）職人と自作農にとって、道具や土地などの有形の資産を失うだけでなく、自身の労働にたいするコントロールを失うことは苦痛のともなった経験であったであろう。しかし、彼らの対応は文脈特定的であり、ジェンダー化されていた。対照的に、農場を去った若い未婚女性は全く異なる経験をした。農場では、労働時間には終わりが無く、両親の監視下にあり、個人的な生活の自律性はほとんどなかったからである。炭鉱の町では、炭坑における強い監視は外部における相対的な監視からの自由と組み合わさり、現金獲得によって個人生活の自律性の向上をともなっていた。彼女たちの観点からは、労働契約は自由への道であった（Fraser, 1997, p.230）。

結論

労働基準と第三世界の労働者の関心の関係の真実がどのようなものであろうと、そしてこの問いにたいする明確な合意はないのであるが、労働基準をめぐる闘いは、表象、言説と意味の領域で闘われてきた、本質的に仕事をめぐる闘いであったことは非常に明確である。保護主義者は、消費者の良心を、彼らの目的のための強力な資源、言語はそれを動員するための強力な武器であると見なした。ある活動家が指摘した通り、「『労働搾取工場』という言葉に付着した反感は道徳的権力を動かし、それは奴隷制にのみ比類するような、集団的な嫌悪の発作のなかに世論を作り出す」（Ross, 1997, 11）。しかし、労働搾取工場や奴隷というような言葉の並置によって、その間の重要な違いが曖昧にされてはならない。筆者や他の者がバングラデシュの縫製産業でインタビューした多くの女性が表現したような形で、奴隷制を機会であり、個人の自律性の拡大への道であると表現する奴隷はほとんどいない。

縫製産業は歴史的に、第一世界であれ、第三世界であれ、社会から排除された集団の労働の搾取によって利益を生みだしてきた。しかし、この二つの集団の状況には大きな違いがあった。ロンドンにおいて自宅で内職をして働くバングラデシュ人女性は、ニューヨークやロサンゼルスの縫製産業で働くエスニックマイノリティの女性と同じように、社会的に排除された集団の一員として、この仕事に従事していた。これらの仕事は、その国のより特権的な労働者階級から拒絶されたものであり、これらの仕事におけるエスニックマイノリティの女性の集中は、仕事として見向きもされないという地位と従事者の排除された地位の両方の象徴でもあった。対照的に、バングラデシュの工場で働くバングラデシュ人女性は、そのような仕事を切望していた。なぜなら、これらの仕事は、彼女たちを労働市場の周辺的地位から、労働市場のより中心へと移動させたからである。そして、より良い賃金と、経済における可視化された場所へと移動させたのである。彼女たちの仕事は、新しい、もし問題を含むとしても、包摂の表現として見ることが出来る。

附録一　研究方法に関する覚書

　はしがきで指摘したように、本研究の最初の目的の一つは、「実際の」意思決定過程と、そのような意思決定の公式な新古典派的描写との間の整合性を、とくに女性の労働供給の意思決定に焦点を当てながら評価することであった。それに続いて、この目的は、女性の行為に関する文化的制約の重要性を含むよう拡張された。本研究で採用された方法は、「語りに基づく」仮説検証として説明することが出来る。換言すれば、女性の労働市場行動について社会科学の文献によって投げかけられる諸仮説を支持したり棄却したりするために統計的相関に頼るというよりもむしろ、筆者は女性たちに、どのように彼女たちの労働市場における意思決定がなされたのか、それは彼女たちの生活にどのような影響を与えたのかについての説明を求めた。これらの説明を用いて、女性の就業に関する意思決定や彼女たちが選んだ仕事の種類に影響を与えたさまざまな配慮が、社会科学の諸理論において提案されているそれらと重なる程度について検証した。

　これらの個人による説明（accounts）は、女性たちが知っていることと、彼女たちが自らの意見をどのように認識しているのかということに基づいて、説明の直接的な次元として受けとられた。筆者が関心を持っていたのは、機会や制約についての彼女たちの認識が価値や信念、意思決定の文化的次元に依拠している程度と、それが実証可能なデータによって支持される程度であった。しかし、これらに加え、「彼女たちの説明を説明すること」（Lawson, 1997）、つまり女性労働者たちが重要と見なす機会や制約を生み出した諸要因の配置《コンフィギュレーションズ》を探究したかった。結果的に、女性の個人的な語りとともに、これをより深い分析で照らし出すのに役立つ二次的情報を統合した。調査活動の流れは次の通りである。

・調査される二つの文脈における、縫製産業の構造、労働力のパターンと傾向、女性の労働供給行動の既存の諸説明について可能な限り、全体像を得るための文献調査。
・雇用戦略に関する雇用主の見解を得るためにダッカ全域に散在する縫製工場で一二名の雇用主にたいしてインタビューを実施した。同等の調査をロンドンで実施することはより困難であった。なぜなら、家内労働者と雇用主の関係ははるかに希薄だったためである。実際、女性たちはしばしば雇用主が誰なのか知らなかった。しかし、ロンドンのイーストエンドの何人かの雇用主は本研究に先立って、世界開発運動のキャンペーンのための調査の一部として既にインタビューを受けており、その資料を本研究でもある程度利用した。インタビューは双方の文脈において労働組合についても実施された。
・ダッカでは六〇名の女性との、またロンドンでは五三名の女性との、綿密なインタビューを行った。これら二つの文脈で女性たちを特定するために採用されたアプローチは必然的に異なっていなければならなかった。ダッカでは、われわれはインタビューした雇用主に頼んで彼らが雇っている労働者についてのファイルを提供してもらった。彼らが提供してくれた情報を用いながら、われわれは、貧困世帯とより裕福な世帯の両方から、既婚、未婚、および離婚したか放棄されたか死別したという女性の調査対象者を目的に沿って抽出した。これらのインタビューは工場内で行われた。つまり、雇用主が、使われていない事務室や、ときには倉庫などのプライベートな空間を提供してくれた。ただし、インタビューはしばしばそれらの労働者の自宅においても続けられた。他方で、ロンドンでは、さまざまな方法を用いた。すなわち、家々のドアを叩いて機会を探し、われわれの調査の回答者にその建物内で他の家内労働者を見つける手伝いをしてもらったり、そのコミュニティでのさまざまなインフォーマルな情報網に頼ったりもした。これらのインタビューは当然のことながら労働者の自宅で行われた。ロンドンでも六〇名の女性たちにインタビューするつもりだったが、家内労働者を見つけ出すことがより困難だったことから、所与の時間でそれを行うのは不可能であった。

・女性労働者の家族の鍵となる構成員とのインタビュー。ダッカでは、自宅を訪問して家族の他の構成員にその見解をたずねるために話をしてもよいかと、女性たちに聞いた（もちろん、これは単身で暮らす女性には該当しなかった）。誰も拒否せず、多くは家庭を訪問されることに乗り気であった。原則として、それが誰であれ、世帯主と見なされる者にたいしてインタビューをしたかったが、そのように手配することは複雑すぎるとわかった。代わりに、それが誰であれ、訪問を予定した時間に家にいた家族の成人構成員にインタビューを実施した。結果的に、インタビューに応じた家族の構成員には、母親、父親、夫、兄弟姉妹が含まれていた。ロンドンの家内労働者の事例では家族の他の構成員にインタビューすることははるかに困難であった。多くは核家族の世帯で暮らしており、インタビューできそうだったのは一般に夫であった。しかし、男性は家内労働についてインタビューをうけている妻を非常に懐疑的に見ており、大抵は自らがインタビューされることを拒んだ。結果として、ロンドン調査では家族の他の構成員の声のうちの幾つかを得たものの、それらはかなり少なく、また一般に家族の女性構成員のものである。

・それぞれの文脈において、三十名の男性労働者にインタビュー。これらは女性たちとのインタビューよりも短かったが、同じような領域を含んでいる。

インタビューは全て被調査者の許可を得て録音され、その後、文字に起こされた。女性労働者とのインタビューが調査の中心をなしているため、彼女たちのインタビューに採用したアプローチについて説明しておきたい。

初期の段階から明らかだったのは、「労働市場における意思決定」を調査しようとして、女性労働者たちにそれに関する直接的な質問をするのは、あまり実りの多いアプローチではありえず、誰が決定し、なぜそうだったのかについて「規範的」な回答を引きだしてしまう可能性が高いであろうということだった。そこで、われわれはライフヒストリー・アプローチを選択し、自由な会話形式を用いつつも、その会話の過程において、事前に作成しておいた鍵となる論点のチェックリストをカバーしているか確認するようにしていた。われわれはいつも成功していたわけではないため、附録二と附録三に報告されている女性労働者たちの統計の要約は欠損値を含んでいる。

われわれはインタビューを、女性たちに自分自身について少し話してくださいと頼むことから始め、どこで生まれ、どこで育ち学校に通ったかなど、現在に至るまでをたずねた。その上で、彼女たちの人生における仕事の意味を含む多くのことについて見解や意見について質問した。これは明らかに、われわれに、本調査に直ちに関連するとはいえないような多くの情報をもたらしたが、どのように彼女たちの労働市場における意思決定がなされ、それらの含意が何であったのかを解釈するために欠かせない、それぞれの女性の背景やそれまでの歴史への幾らかの考察をもたらすのに確かに役立つ情報だった。それはまた、女性たちの人生と意思決定における「構造」の作用への考察をもたらすのに有用であった。

われわれが確保した論点のチェックリストは、工場に就職する、あるいは家内労働に就くという意思決定に主に関連したものであり、われわれと女性たちとの会話の流れにおいて網羅されていた。その内容は、意思決定の三つの段階に分割されていた。

参入前情報

1) その女性が属する世帯の現在の経済的地位を説明するかもしれない、当該世帯の歴史における主な出来事（移住史を含む）。
2) 世帯のライフサイクルのなかでの労働戦略の変化
3) 以前の家事分担
4) 過去の職業経歴と、現時点での有償労働へ参入した理由、あるいは参入しない理由。

参入情報

1) 誰が有償労働という考えを最初に持ったのか、誰がそれを支持し、誰が反対したのか、それぞれについて何が理由だったのか。
2) そのような意思決定につながった何か特定の出来事があったか。
3) 該当する有償労働についての情報はいかに獲得したのか、そしてその情報が行動を引き起こした過程は何であったのか。工場労働の場合は、どのようにしてその仕事に応募したのか、面接の過程、訓練と職務についての質問も含んでいた。家内労働の場合には、どのように家内労働の取り決めが設定されたのかについての質問を含んでいた。

参入後情報

1) 女性が工場／家内労働に就いた結果によって引き起こされた世帯構成と構造の変化
2) 家事分担における変化
3) 世帯収入のフローの管理と女性の収入の配分
4) 自らの有償労働の結果として生じた世帯内関係の変化についての認識、ならびに他の世帯構成員の認識
5) 女性の有償労働についての社会的認識

本調査における「意思決定」という関心は、出発点から、個々の女性だけというよりも、より広範な世帯構成員との関係を含むものであると認識されていたので、われわれは他の世帯構成員とのインタビューを、女性の労働市場における意思決定のさまざまな側面への家族の鍵となる構成員による複雑な反応を探究するために用いた。男性労働者とのインタビューは、ダッカでは工場で、また、ロンドンでは家庭で実施され、男性の雇用に関する意思決定において作用しているさまざまな要素の幾つかと、女性の有償労働についての彼らの見解に光を投げかけるために用いられた。

分析は多くの技法を用いて行われた。第一に、かつ最も重要なことは、その分析が女性労働者が述べたこと、および彼女たちの家族が述べたことをよく読むこと《クロース・リーディング》と読み返すことを含んでいたことである。この過程において自分自身の好む解釈を承認し、そのような声を「聴く」とともに、そうでないものを無視してしまうという罠にいかに自分が陥りやすいのか気がついた。ダッカとロンドンの女性たちの非常に異なる働き方のパターンにつながった要因がはっきりわからず、関心を持ったため、この調査に入っていったのだが、同時にまた、「たかが」賃金を稼ぐだけでは世帯における女性たちの従属的地位を変えることはほとんど出来ないと示唆するフェミニスト研究の文献の幾つかに深く影響されていたのである。しかし、ダッカの女性たちのインタビューを繰り返し読むことで、彼女たちが語ってくれた自らの新たな稼得能力と彼女たちの人生へのその影響の内容には、そのような既存研究の見解が反映されてないことを確信した。同様に、ロンドンの家内労働者とのインタビューでは、家内労働は家庭内における女性の構造的地位を変容させるにはほとんど役に立っていないものの、見逃してはならない重要なこととして、彼女たちの稼得能力は個人の次元で確かに重要な含意を持っていることもまた明らかになったのである。

本書の理論的中核をなす構造と行為主体性の二重性という観点からは、筆者はその連続体《スペクトラム》の「構造主義者」という端により近い立場の者として執筆を始めたのだが、結果的には、「行為主体性」という端にむしろ近づくことになった。女性労働者たちとの会話は、筆者にとって初めて経験する調査方法であった。それは

学術研究と政策討論においてしばしば消音されているような人びとの「声」を聴くことの重要性を筆者に確信させ、その後の筆者の研究に大きな影響を与えてきた。同時に、本書を書くという経験、およびその過程において、自分自身の先入観に基づく説明が話を聴いた人や事柄についてどれほどのバイアスをかけていたかに気づいた。そのことはまた、そのように小さくて目的にかなうように抽出された調査対象者にたいしても、「重きをおくこと(counting)」の重要性を筆者に思い出させてくれることにも役立った。

女性労働者によって与えられたさまざま回答によって明らかになったことは、いずれの文脈においても、就業するという意思決定であれ、就業の持つ含意であれ、単一の説明では十分ではないということであった。代わりに、そうした説明は、女性の属する世帯のそのときの状況や、その女性自身の個人的特徴、とくにライフサイクルの状況、そして最終的には、それぞれの女性にユニークな何か、つまり自らの選択についての主観的な解釈ならびに、自らの人生のさまざまな側面に影響を与えるべく発揮した行為主体性の程度というものを反映していた。

基本的な統計的記述を手に入れるために女性労働者についての基本的な社会経済的事実の幾つかを予めコーディングしておいた。同時に筆者は、主たる研究上の問いにたいして入手しつつあった回答を分類し数えた。異なる回答の発生率を「数える」ことにより、少数派の女性の状況や意見を反映した回答とより一般的な回答を見分けることが出来た。また、筆者自身の先入観や政治的《ポリティクス》な立場によって、これらの回答に不適切な重要性を与えてしまうことを警戒することも出来た。ダッカの女性労働者たちの基本的な社会経済的特徴の記述は、本調査の鍵となる質問への彼女たちの回答とともに、附録二で紹介しており、附録三はロンドンのコミュニティの統計の要約と家内労働者の調査上の鍵となる質問への回答を提供している。

本調査で採用した方法論の最後の側面は、労働市場行動についての女性たちの説明が依拠する前提が、どの程度まで他の資料やデータによって裏づけられるのかを調べることであった。女性たち自身が知っていることに基づいて自らの労働市場における意思決定を説明できることを疑わない一方で、人びとは一般に自分がその中で暮らしているより広い意思決定環境について完全な情報を持たずに動いているというのもまた事実である。したがって、ロンドンの女性労働者たちの何人かは教育の欠如や英語が話せないことを理由に家内労働に就くという意思決定を説明したものの、男性労働者とのインタビューからは、その同じ要素が彼らにとっては家庭の外で仕事を見つけることを妨げていないことが明らかであった。明らかに、それは個々の女性たちの意思決定を説明したのかもしれないが、説明のほんの一部にすぎなかった。彼女たちが過ごす人生や生活のなかにおける「構造的制約」という見解をわれわれが得たのは、女性労働者たちによって与えられた直接的説明を超えて、こうした説明の背後にあるものを徹底的に調べようとしたことと、より広い文脈に彼女たちの説明を位置づけたことによってであった。しかし、これらの構造の影響は単に間接的に観察できただけではなかった。われわれはまた、女性たちの説明の多くにおいて、そのような構造の影響が言及されていることを確認できたのである。

もちろん、守秘義務の理由から、本書に登場する女性たち男性たちの名前を変えてある。とくにロンドンではコミュニティがずっと小さくその構成員を同定することがずっと易しいために、そうすることが極めて重要であった。しかしながら、そうすることは簡単ではなかった。インタビューは既に一〇年ほど前に行ったものであるが、現在も筆者は彼女たちの声をテープに持っている。彼女たちが言ったことを繰り返し読み直しており、彼女たちはそれぞれのアイデンティティと歴史とともにリアルな人びととして現在もある。彼女たちの名前は彼女たちのアイデンティティの重要な部分であり、筆者がしぶしぶそれらを変えたのは最後になってからだった。

附録二　ダッカ調査の統計的背景

この研究のねらいとそのために採用された方法論は、統計的に一般化できる発見を提示することよりも、むしろ特定の行動の意味と動機について説明することが目的であった。しかしながら、バングラデシュにおける女性の縫製労働者については、サーベイデータによる分析だけでなく、より質的なアプローチを用いた他の研究が行われている。そのさまざまな調査が広く類似あるいは矛盾した議論を語っている程度について立証することに役立つため、そうした調査結果は、本書のさまざまな箇所で引用されている。したがって、そうした調査結果は、より小さなスケールで綿密な筆者の研究を、よりしっかりした実証的な基礎に位置づけることを助けるものでもある。この附録では、本研究の背景として、他の量的研究によって報告された、ダッカの女性労働者の社会経済的特徴に関する幾つかの基本的なデータを提供したい。加えて、調査対象者《サンプル》の女性に関する情報を集計した表を、本書の分析の焦点に関わる、彼女らの回答のさまざまな側面に関する頻度とともに掲載した。これは、統計的有意性を示すというよりも、単純な集計結果の照合を意図している。

一九八五年に行われたダッカの縫製産業における千人の女性労働者についての初期の調査 (Commission for Justice and Peace, 1985) では、労働者の約一〇%が一六歳未満、六〇%が一六歳から二〇歳、二三％が二一歳から二五歳、約七％が二六歳以上であると示した。結婚歴に関する限りでは、女性の七八％は独身だが、既婚女性（二〇％）という重要なマイノリティがあったことを、この調査は示している。多くの労働者は幾らか教育を受けていた。すなわち、一七％が初等教育レベル、五〇％が中等教育に達しており、三一％が高等教育に達したか、または高等教育を終えていた。大多数の女性（九二％）にとって、これが初めての仕事であった。就業経験のある残りの八％の女性のうち、大多数は以前に他の縫製工場で働いており、残りの回答者は家事使用人だった。

四二八人の女性と二四五人の男性を対象とした後の調査は、一九九〇年にゾヒールとポール＝マジュンデールによって行われた（Zohir and Paul-Majumder, 1996）。この研究では、回答者の七〇％は二四歳よりも若いという若年労働力の存在についても発見した。二〇女性労働者は、男性労働者の平均よりも若い傾向にあった。二〇歳未満の労働者の比率は、男性が二六％であるのにたいして、女性は約四五％であった。男性の六六％と女性の五四％は未婚であった。しかし、既婚者は男性労働者の三四％と比較して、女性が三八％と、前述した調査よりも高くなっていた。女性の七％にたいして、男性の一％未満が配偶者と死別、離婚、放棄されたというカテゴリーに入る。男性の三〇％と女性のわずか七％は、男性は単純労働者や零細商人として、女性は家事労働や縫製業／仕立業で、就業経験があった。教育の点では、ただ自身の名前を署名できるという程度において、読み書きが出来るだけであった者は、男性の一〇％と比べ、女性は三分の一が該当した。また、女性の三五％は初等教育レベル（男性は一四％）、二七％が中等教育レベル（男性は三九％）、九％が高等教育レベル（男性三六％）であった。後に行われた調査では、教育を受けた女性がほとんどなく、監督者のポストを埋めるために教育を受けた女性を見つけることが雇用主にとって難しくなっているというゾヒールとポール＝マジュンデールの指摘は注目に値する。

最後に、この調査は、女性の七〇％と男性の八三％が地方出身者だということを明らかにした。男性移民の未婚率は六〇％であるのにたいして、女性移民の未婚率は六五％であり、単独での移住は、男性の四〇％にたいして、女性では移住した女性のうちの一七％であった。女性の単独での移住率は男性と比べてはるかに低いが、伝統的に女性は家族とともにのみ移住してきたという国にとって、この比率は非常に高いものである。驚くに値しないが、多くの移民労働者は、人口密度が高く、土地なし層が多い県（ダッカ、ボリシャル、フォリドプル）の出身であったが、これらの県は一般的にダッカ市に住む移民人口を供給している地域でもあった（Paul-Majumder andChowdhury, 1993）。

一九九七年にニュービーによって行なわれた近年の調査では、一五歳から一九歳のグループが最も多く、それに二〇歳から二四歳のグループが続くといったように、縫製労働者の七八％が二五歳未満であった（Newby, 1998）。約五〇％は結婚経験があり、そのうちの大多数は調査時点で婚姻状態にあった。大多数は土地なしか、またはわずかな土地しか持たない（land-poor）世帯の出身であった。わずか一四％が五年以上の教育を受けていた一方で、四八％は全く教育を受けたことがなかった。このように、この最新の調査対象者では、教育を受けた女性はさらにずっと少なかった。縫製労働者の大多数は移民として分類された。六四％は仕事を探して移住し、六三％はダッカに到着して一年以内に縫製産業に参入した。縫製産業での仕事を探すために移住したと答えた回答者の八〇％は、ダッカ到着後一年以内にそのような仕事を見つけた。またニュービーの研究は、縫製労働者は、非伝統的な世帯に住んでいる約四〇％も含め、さまざまな世帯構成において生活しているということを示した。

ここで、本研究でインタビューした女性の調査対象者の主な社会経済的特徴について、幾つか述べておこう。世帯規模は、一人から多くて一三人、最も多いのが二人から五人の範囲であるということが、回答者の女性たちによって報告されている。世帯の組織形態は多岐に渡った。一七世帯は核家族からなっており、他の八世帯は、核家族と他の一人の構成員というように、核家族を補う形態だった。三世帯は女性自身だけで暮らす単身世帯であった。残りは、女性世帯主の世帯（六世帯）、「雑居」して（'mess' arrangements）住む女性（四世帯）、そして最後に、約一六世帯は親戚との混合で成り立っており、カテゴリー分けを難しくしている。これらは、幾らか近いまたは遠い親戚と住むためにダッカにやって来た、村落出身の若い少女であることが多かった。

本研究ではインタビュー対象とする労働者の最低年齢をいずれの調査においても一六歳にしたという事実により、ダッカの調査対象者については、より大きな母集団を対象にした調査で見られる労働力の一〇％かそれ以上に当たる一六歳未満を捕捉できなかった。それにも関わらず、われわれの調査は縫製労働力の若さを明らかにした。彼女たちは独身、既婚、「離婚・夫に放棄された・死別の女性」というカテゴリーから等しく代表性を持つように抽出されたので、これら三つのカテゴリーにおける女性の数は、おおよそそれぞれ三分の一ずつになっている。同様に、調査対象者は、目的にかなうよう、貧困世帯出身の女性と非貧困世帯出身の女性の数が等しくなるよう分けられた。

この調査対象者のなかの、四三人の結婚歴がない女性たちのうち、一一人は子どもがいないが、残りの女性たちは一人か二人の子どもを持っていた。七人の女性だけは、三人以上の子どもを持っていた。子どもを持つ女性たちの約半数は、最も一番下の子どもの年齢が五歳以下であると報告した。残りの女性たちの一番下の子どもの年齢は五歳から一〇歳の間だった。われわれの調査対象者において、約一六人の女性は調査時点から見て過去五年以内にダッカに移住していた。合計三五人は一〇年以内に移住していた。しかしながら、五人がダッカの近隣地域出身である一方、一一人のみがダッカ市生まれだった。人生におけるある段階でダッカに移住した四五人の女性のうち、一二人はとりわけ縫製産業の仕事を求めての移住、六人は仕事を求めての移住、二七人は家族に同行した移住であった。

世帯の主たる稼ぎ手を男性であるとした女性労働者たちの父親と母親の職業は、彼女たち自身の職歴とともに、本研究の重要な論点、すなわち労働市場のジェンダーによる分断をもっぱら強調するものだった。三〇人の男性の稼ぎ手は調査時点において二一種類の異なったタイプの仕事に従事していると報告された。父親の職業を明らかにした女性は五四人であり、その職種は一八種類に及んだ。一方で、過去に就業していた、もしくは調査時点で就業していた一七人の母親の職業は、わずか七種類であり、そのうちの四つは在宅での労働であった。三七人の女性は七種類のみの異なる活動で在宅での有償労働に以前従事しており、一〇人が五つの異なる活動において外での仕事に従事していた。最後に、女性たちが好む職業は、文化的要因が、彼女たち自身が選好する就業機会の集合をどのように形成するかについて幾つかの証拠を提供する。この質問に答えた三五人の女性が好んだのは、働かないこと（六人）、在宅での仕事（五人）、または政府関係の仕事であった。

調査対象者における二七人の女性は、一家の稼ぎ手の収入源は不規則であると報告しており、これらの事例では、少なくとも、女性の収入は世帯の生計の安定した構成要素となっていることが示唆された。われわれの調査対象者の三八人は調査時点において縫製工であって、二九人がヘルパーとして、他の一六人は作業実習生《トレイニーオペレーター》としてその仕事に初めは就いた。三一人の女性労働者は一年から三年間その工場にいて、残りはそれ以上の勤続年数であった。調査時点での彼女たちの平均月給は八四〇タカであったが、平均初任給は月間三百タカであったと報告されている。

われわれは目的にかなうよう、貧困世帯と非貧困世帯からの女性をほぼ等しく抽出した。主たる分析において頻繁に浮かび上がる、貧しい女性とそうでない女性の間にある非常にゆるやかな差異を考慮するならば、この二つのグループ間における女性たちの他の特徴は注目に値する。

- われわれの調査対象者において、わずか五年しか教育を受けていない三五人の女性のうち、二七人の女性は「貧困」世帯の出身であった。
- 読み書きが出来ない父親を持つ二二人のうち、一七人は貧困世帯出身であった。
- 調査対象者において、家事使用人として働く母親を持つ八人の女性全員は、貧困世帯の出身であった。
- 調査対象者において、かつて家事使用人だった九人の女性は全て、貧困世帯の出身で、他の工場労働（エビの梱包や陶器）に従事していた三人は貧困世帯の出身であった。
- 縫製労働者である彼女たち自身が主たる稼ぎ手となっている一四世帯のうち、一〇世帯は「貧困」世帯に分類される。

表1：世帯構成人数

1	3
2	13
3	5
4	12
5	7
6	9
7	6
8以上	5

表2：世帯形態

単身	3
準核家族	6
女性世帯主世帯	6
核家族	17
拡大家族1)	8
雑居	4
その他	16

訳注1)：原語はsupplemented nuclearであり、核家族に付加構成員が加わった形の世帯の形態である。

表3：女性労働者の年齢分布

16-19	10
20-24	22
25-29	14
30以上	2
不明	12

表4：女性労働者の結婚歴

未婚	17
既婚	17
離婚	6
夫に放棄された	5
別居	4
未亡人	5
一夫多妻制	6

表5：結婚歴がある女性が産んだ子どもの数

0	11
1	10
2	11
3	4
4	4
5	3

表6：女性労働者のダッカおける居住年数

1-5年	18
6-10年	12
11年以上	19
ダッカ生まれ	11

表7：父親の職業

農民	12
行政事務員	6
衣類商人	3
行商（食料品）／野菜売り	4
医療助手	1
仕立業	1
米商人	3
カート引き	1
自営業	4
工場労働	2
契約労働	1
農業労働者	6
警備員 / 警察	4
石工	3
動物販売	1
運輸業	1
臨時労働者	1

表8：母親の職業

家事使用人	8
在宅の農業	1
在宅の手工芸	3
在宅の仕立業	2
事務所	1
農業労働者	1
生活必需品の政府配給カードを巡る（不法な）商売	1
無職	32
無回答	11

表9：男性世帯主の主な職業

リキシャ引き	1
行政事務員	5
家庭教師	2
衣類商人	1
薬剤師	1
仕立業	1
米商人	2
カート引き	1
自営業	2
工場労働者	2
契約労働者	1
農業労働者	6
ウェイター	2
臨時労働者	1
整備工	1
バス運転手	1
警備員 / 警察 / 軍人	4
石工	1
動物販売	1
運輸業	1
無職 / 無回答	24

表10　縫製産業が登場する前の女性の仕事の典型例

家族計画 / 巡回保健師	6
家事使用人	12
看護師	2
行政補助職	1
在宅の農業	5
その他の工場労働	2
在宅の手工芸 / 出来高払い労働	12
在宅の仕立業	4
行政事務職	1
物乞い	3
事務所／銀行	3
レンガ割り	1
農業労働者	2
訓練 / 教職	2

表11：女性労働者の有償労働の前歴

家族計画 / 巡回保健師	2
家事使用人	9
行政補助職	1
その他の工場労働	3
仕立業	2
事務所	2
在宅の農業	4
在宅の手工芸 / 出来高払い労働	11
在宅の仕立業	6
訓練 / 教職	4
農業労働者	1

表12：女性に好まれる職業

家族計画 / 巡回保健師	6
行政補助職	6
看護師	3
在宅の農業	1
在宅の手工芸	2
在宅の仕立業	2
行政事務職	4
教職	3
事務所 / 銀行	3
非就業	6

表13：女性労働者が就業する理由 *

基本的な生存の維持	18
特定の出来事	16
男性の賃金が不規則 / 不安定	14
生活水準の改善	2
娘の婚資	3
養育費 / 教育費	14
自分の婚資 / 自分の将来のため	13
両親への援助	4
自分自身の消費のため	8
自分自身の貯蓄のため	6
家族との不和のため	6
稼ぎ手の収入に関するその他の要求	3
インフレーション	1
働くことが好きだから	1

* 複数回答。

表14：縫製工場での就業の利点 *

工場内でのジェンダーによる分離 / 女性の優勢	4
高賃金	9
昇進 / 昇給の可能性がある	4
友人関係	3
祈りの場所がある	2
家からの近接性	8
整備されたトイレ／洗濯設備	1
名声	1

* 複数回答。

表15：縫製工場での就業の欠点 *

工場内に男性がいる	2
時間外労働	12
就業条件	2
賃金（低すぎる、不安定、昇給しない）	9
健康問題	2
異なる社会階層の混在	1
仕事がきつい	4
パルダの破戒	6
良くない評判	5
家から遠い	2
不適切なトイレ / 洗濯設備	3
子どもの世話が出来ない	1
休暇 / 給付金がない	1

* 複数回答。

表16：縫製産業での就業機会についての情報

血縁関係のない縫製労働者	5
血縁関係のある縫製労働者	6
路上で会った縫製労働者	1
家族の友人	5
工場経営者の親戚	1
一般情報 /「みんな既に知っている」	4
隣人	5
村の人びと	5
同じ村出身である縫製工場労働者（女子）	3
新聞	5
その他	

表17：労働市場における意思決定のカテゴリー

消極的 / 合意	7
積極的 / 対立なし	18
積極的 / 合意	14
積極的 / 交渉	10
積極的 / 対立的	9

表18：収入の使途：選択の分類

基本的な生存の維持	10
世帯の複合的な厚生の最大化	13
現実的なジェンダー上の必要	14
戦略的なジェンダー上の利益	23

表19：個人的な次元で縫製産業での就業が与える影響力の評価

肯定的	44
どちらでもない	11
否定的	5

表20：縫製産業での就業が女性一般に与える影響力の評価

肯定的	54
どちらでもない	16
否定的	10

附録三　ロンドン調査の統計的背景

本研究のロンドンのバングラデシュ人家内労働者のデータについては不足があるため、何らかの統計的背景を提供するために、二種類のデータを示す。すなわち、イギリスにおける衣料関係の家内労働者に関するデータと、バングラデシュ人コミュニティに関するデータである。ただし、両者とも情報源は極めて不完全である。イギリスにおいて製造業の家内労働の発生率に関する信頼できるデータは、ほとんど存在しておらず、現在もほとんどない。一九八一年の労働力調査によれば、イングランドとウェールズには六六万人の家内労働者がいると雇用局は結論づけているが、これには販売員や在宅で働く専門職も含まれている（GLC, 1985）。一九八四年に出版された低賃金ユニット（The Low Pay Unit）による報告書『低賃金労働（*Sweated Labour*）』では、販売員や専門職を除くとすれば、二五万一千人の家内労働者がいて、そのうちの七万二千人が製造業に従事しているだろうと推計している。自らの権利についての無知と、自らが被るかもしれない不利益にたいする恐れから多くの家内労働者は自身について申告したがらなかったであろうことを考慮すると、これは過小評価である可能性が高いと、報告書はつけ加えている。

今日の研究における家内労働とは、通常、出来高払いで、自宅の建物内部で個人によって行なわれる縫製工としての仕事の供給を指している。本研究が行なわれた時には（そして現在も）、ロンドンにおける家内労働者数についての公的な統計はなかったが、イギリスの他地域と比べて、企業内雇用にたいして家内労働者の割合が高いことが知られており、さらに、家内労働は、エスニックマイノリティ、とりわけ南アジアや南ヨーロッパ（主にキプロス）から来た女性の間に、偏って集中していた。ロンドンにおけるキプロス島人の衣料産業についての一九八四年のある研究では、家内労働者はその労働力において六〇％を占めていた。この値は、衣料産業の他の部門においても同程度か、それよりも高かったようである。一九八一年において、ロンドンの縫製産業に登録されている雇用は二万九千人であったが、ここには家内労働者と多くの小さな工場の被雇用者は入っていなかった。この統計では、ロンドンの衣料産業だけでも、少なく見積もっても三万から四万人の家内労働者がいるだろうと推計している（GLC, 1985）。

低賃金ユニットの報告書では、製造業の家内労働者の四分の一は一時間につき五〇ペンスかそれ以下を稼いでいたが、一九八四年における時給は、七ペンスから四ポンドの間であったと推計している。当時の法定最低賃金は一・五〇ポンドであった。家内労働者は、工場内で同等の作業をする労働者よりも、受け取る支払いが少ない傾向があった。雇用主は最低賃金の規制を単に軽視したばかりでなく、間接費を回避したのである。家内労働者に被雇用者としての地位を与えないことによって、雇用主は国民保険（National Insurance）や病気・産休手当を支払う責任から逃れることが出来た。家内労働者は彼女自身でミシンを購入、または借りなければならず、ミシンを駆動するコストや光熱費を自ら払わなければならなかった。

一九九四年に行なわれた、さまざまな種類の製造業や事務職における家内労働に関する調査では、状況が大きく変わっていないことが示された。女性たちは中央値で見て一週間で三三時間、病気手当や年金受給資格なしに、一時間につき平均一・二八ポンドで働いていたが、一時間につきわずか三〇ペンスの収入という場合もあった。彼女たちは「自らが搾取されている方法にたいして行動するには、最も少ない時間、最も少ない機会、そして最も少ないお金しかない」人びととして描かれた（Jean Lambert, 一九九四年九月一三日のガーディアン紙における引用による）。その調査はまた、家内労働者の九〇％以上は女性という傾向があり、四分の三には就学年齢の子どもがいたことを指摘した。調査対象者の四〇％はアジア人であった。金銭的困難と、子どもたちと家にいる必要が合わさって、家内労働を始めることに繋がっている、と多くの回答者は報告した。仕事の供給が不規則であるので、締め切りに間に合わせるために、たびたび週末も働いたり、夜通し働いたりといった、非常に不規則な時間で働く傾向がある。彼女たちは職の保障がなく、仕事を失う恐れから、給料や仕事量について問うことをはばかっていた

しかしながら、衣料産業における搾取工場の労働者の状況も、それほど良いものではなかったということにも注意しておくべきだろう。一九八四年末の出来事によって、多く行われていた危険な状況が注目された。多くの報告書はこの分野における違法な低賃金にたいする注意を促したものではあったが、その状況が注目されたのは、東ロンドンのある搾取工場における火災で、五人の労働者が死亡した時であった。当時のトーリー党政権は、工場と賃金の監査官によって行われる「反搾取工場キャンペーン」を宣言していたが、政権についてから、彼らは適切な監査官を三分の一まで減らしたため、全ての工場は一九年に一度、監査官が来ると予想することが出来た（Phizacklea, 1990）。

ロンドンのコミュニティのデータに関する限り、主な情報源はHMSO(1996) の最新の報告であったが、筆者は、可能な限り、一、二の他の情報源を用いてその報告を裏付けるようにした。バラードは、パキスタン人のコミュニティ（主にブラッドフォードに集中）と同様に、バングラデシュ人に特徴的な移民過程は、インド亜大陸の他の地域からの人びとも含めた、ほとんど他のエスニックコミュニティにおける移民過程とは異なっていることを明らかにしている（Ballard 1983）。たとえばシク教徒の妻たちが一九五〇年代後半に彼女たちの夫に合流し始めたように、多くのグループは「家族の再統合」という選択肢を選んだが、バングラデシュ人たちは、「国際的な通勤者」となることを選んだ。すなわち、イギリスで働き、お金を貯めて、祖国に長い帰省をした。このパターンは何度も繰り返され、彼らの妻がイギリスにいる夫たちに加わり始めたのは、一九八〇年代に入ってからに過ぎなかった。

一九九〇年代中盤からのHMSOのデータでは、このパターンがはっきりと確認された。第一に、バングラデシュ人はイギリスにおけるエスニックマイノリティの人口においてはその割合は比較的小さく、依然としてロンドンに大きく集中している、ということをわれわれに思い出させる。エスニックマイノリティ人口のなかで、インド人は約二六%で、最大の割合を構成している。パキスタン人とカリブ人はそれぞれ約一五%を占めている一方で、バングラデシュ人は約五%である。インド人のグループが、東アフリカからの人びとを多く含んでいることは、初期の頃よりも、移民人口の異質性を高めており、注目するに値する。たとえば、バングラデシュ人女性の八五%(男性ではわずか七%)は、出身国の服を常に着ていると言ったが、インド亜大陸から来たインド人女性では四三%であり、東アフリカ系アジア人では二七%であった。

イギリスにおいてもう一つの主要な移民民族集団であるカリブ人移民は、一九六〇年代初期がピークであったが、南アジアからの移民は、一九七〇年代初期までピークにはならなかった。その結果、バングラデシュ人コミュニティは、一六歳未満がちょうど半分以下であり、三五歳未満が約四分の三といった若年人口を持っている(一九九一年算出)。パキスタン人と合わせると、高齢従属人口比率が低い(白人の二六%に比べ、五%)一方、若年従属人口比率は多くの民族集団よりも高い(インド人コミュニティにおける三七%、白人における三三%にたいして、七二%)。一九九五年には、エスニックマイノリティの人口のうちのほぼ半分がイギリス生まれだが、カリブ人の六〇%と比べ、バングラデシュ人の数字は四〇%であった。若い世代の人たちの間では、違いはずっと少なくなるが、他のエスニックマイノリティよりも、そのコミュニティにおいて英語を話す人の割合はより低かった。英語が第一言語ではなかった最大の民族集団である南アジア人だけに単純に注目すると、九〇年代半ばでは、インド人男性の九二%やパキスタン人の八八%にたいし、全ての年齢を通してバングラデシュ人男性はわずか七四%のみが英語を話す能力があると報告した。一六歳から二九歳の男性では、バングラデシュ人の九二%、インド人の九六%、パキスタン人の九五%が英語を話す能力があると報告した。女性では、インド人の七七%やパキスタン人の五四%にたいして、わずか五九%のバングラデシュ人女性のみが英語を話した。一六歳から二九歳の女性では、バングラデシュ人の六八%、インド人の八九%、パキスタン人の七八%が英語を話した。

バングラデシュ人コミュニティでは、一世帯当たりの構成人数がより多く、白人住民の約二人、インド人住民の約四人と比べ、平均世帯規模が五人以上であった。白人の二七%にたいして、バングラデシュ人/パキスタン人世帯のわずか七%が、単身世帯である。一六歳から六四歳のバングラデシュ人住民の六七%が既婚で、二五%が独身、四%が別居や離婚であった。白人では、五七%が既婚、二六%が独身、七%が別居や離婚であり、黒人住民では、三三%が既婚、四五%が独身、一三%が別居や離婚であった。バングラデシュ人女性の平均結婚年齢は、二一歳で、どの他のコミュニティよりも低かった。ちなみに、パキスタン人では約二三歳、白人では約二七歳であった。

バングラデシュ人コミュニティにおける世帯の六〇%は、扶養家族としての子どもを持つ夫婦からなっており、黒人世帯ではその比率は二〇%、インド人世帯では五〇%であった。一六歳未満のバングラデシュ人の子どものうち、八九%は結婚した両親と住んでおり、白人の子どもでは、その比率は七八%であった。バングラデシュ人コミュニティにおける母子世帯（全世帯のうちわずか八%）の母親の大多数は、既婚者であり（すなわち、彼女たちの夫は海外にいる）、残りが配偶者と離婚または死別した母親である。

六三%のパキスタン人／バングラデシュ人の家族は、公営住宅や、低所得地域に集中している。黒人住民、インド人住民ではそれぞれ四二%と四〇%である。白人は、裕福な郊外地域や農村地域（二〇%）、また整備された持ち家地域（二七%）に住むことがより多いようであった。インド人のわずか八%、白人の二二%にたいして、五九%のバングラデシュ人家族は、ソーシャルセクターから貸借される住宅で暮らしていた【訳注１：イギリスの非営利組織から供給される住宅。社会住宅といわれることもある】。三六%のバングラデシュ人は、住宅ローン返済中、もしくはこれ以上支払い義務のない持ち家を所有していた。これは、インド人においては八三%である。バングラデシュ人の五二%はアパートに住んでいた。それに比べ、大多数が一戸建て住宅や準一戸建て住宅に住んでいた白人では、アパートに住んでいたのはわずか一六%である。黒人住民の二〇%、白人住民の八%にたいして、四〇%のバングラデシュ人は住居に不満を示している。

バングラデシュ人コミュニティでは、一九九五年における経済活動人口比率が六六%と、他の民族集団に比べて、かなり低かった。アフリカ系カリブ人コミュニティと、インド人コミュニティの男性の経済活動人口比率は、どちらも八〇%である。バングラデシュやパキスタンの男性は、多くは熟練および半熟練の肉体労働であり、これは、専門的な職業に従事する傾向が高いインド人とは異なっている。他の南アジアの女性のように、パキスタン人やバングラデシュ人の女性たちは、主に半熟練の仕事に就いていた（しかし、これは家内労働における女性たちは含まないようである）。バングラデシュ人男性もまた、他のコミュニティの男性よりも、臨時雇用（バングラデュ人コミュニティの約一三%。白人コミュニティでは七%）や、自営業（同二二%。白人コミュニティではわずか一〇%）であることが多かった。バングラデシュ人コミュニティにおける女性の経済活動人口比率は、さらに低かった。全国統計を用いて、スミスは、アフリカ系カリブ人女性の七四%は一九七〇年代初期に就業しており、白人コミュニティの女性では四五%、アジア人女性では四三%と推計した(Stone, 1983 に引用されている Smith, 1977)。しかしながら、ムスリムのアジア人女性（多くはバングラデシュおよびパキスタンの出身）では、その比率は約一七%であった。

前述した国家統計局の報告書によると、これらの数字は大きく変化していないようだ。一九九五年の数字では、バングラデシュ人コミュニティの女性のわずか二〇％が経済活動に従事しており、それは一九七七年以来、三％というわずかな上昇を見せたに過ぎなかった。対照的に、この分布においてもう一方の端にあったアフリカ系カリブ人女性と白人女性における経済活動人口比率は、七〇％であった。一二％のバングラデシュ人／パキスタン人女性は、フルタイム労働者で（アフリカ系カリブ人女性では三七％）、六％がパートタイム、七％が「失業中」、すなわち求職中と分類された。労働者として登録されているバングラデシュ人女性の圧倒的多数は、「行政、教育、健康」、すなわち地方政府の社会サービスに従事していた（HMSO, 1996, 表 4.6）。しかしながら、重要なことは、製造業部門で働いていると分類された者は誰もいなかったので、その公式統計は、明らかに家内労働者を捕捉しそこなっていたという点である。

全国統計で報告されたバングラデシュ人コミュニティの主たる特徴の多くは、本研究のロンドン側に含まれる家内労働者とその家族である調査対象者と重なっている。本研究のいずれの調査においても女性の抽出にあたって一六歳未満は対象外としたため、どちらの調査対象者にも、これより若い女性は含まれていなかった。ただし、年齢の上限は設けなかったので、それがロンドンの調査対象者ではダッカの調査対象者よりもより多くの年配女性が含まれたという結果をもたらしたが、女性のより広い年齢分布の影響は、ロンドンにおいては、一般に家内労働分野への従事として現れた。これに比べて、ダッカでは、縫製工場により若い女性たちが多く集中していた。ロンドンの調査対象者における五三人の女性のうち、七人が一六～二四歳、一八人が二五～二九歳、二一人が三〇～三九歳、約七人が四〇～五〇歳であった。

われわれの調査対象者において、五三人の女性のうち四四人は既婚者で、四人が独身、四人が離婚／別居、一名が未亡人であった。調査対象者に含まれた四九人の結婚経験がある女性のうち、三人は子どもを持たず、三三人が二人から四人の子どもを持ち、一三人が四人以上の子どもを持っていた。一番上の子どもの平均年齢は一〇歳から一一歳の間で、一番下の子どもの平均年齢は二歳から三歳であった。世帯構成は五三人中四二人ということからもわかるように、主に核家族であった。わずか四人が何らかの形の拡大家族であり、七人が準核家族（sub-nuclear）であった。コミュニティの残りの人びとのように、われわれの調査対象者における女性たちによって報告された世帯規模は、イギリスにおける標準に比して大きかった。一〇世帯が三人か四人の構成員、一八世帯が五人、そして一九世帯が五人以上であった。多くの世帯（四〇世帯）は調査対象者の夫が主たる稼ぎ手となっており、九人は家内労働者をしている女性自身、残りは彼女の父親や息子が主たる稼ぎ手となっていた。

そのコミュニティが最近、出現したことを念頭に確認してみると、家内労働者のわずか三人がイギリスで生まれていた。残りの家内労働者はバングラデシュのシレット県で生まれ育ち、主に農村出身だった。四三人は夫に加わる形で移住し、七人は両親と一緒に移住した。調査対象者の女性のうち一二人がここ五年以内の移住者で、二一人が一〇年以内の移住者であった。対照的に、世帯主となっている四七人の男性のうち、四二人は一〇年以上イギリスに住んでおり、三二人は二〇年以上イギリスに住んでいた。

女性たちは通常、彼女たちの夫よりもより教育水準が低かった。調査対象者における女性の二〇人は、五年または五年以下の教育しか受けておらず、二四人は六年から一〇年の間、八人は一一～一二年の教育を受けていた。対照的に、既婚女性の夫のうち五人が、五年以下の教育、一四人が六年から一〇年の教育、一一人が一一～一二年の教育であった。若い女性は年上の女性よりも幾らかより良い教育を受けている傾向があった。二九歳以上の女性二六人のうち一二人が初等教育以下の学歴であったが、二九歳以下の女性では、二五人のうち初等教育以下はわずか八人であった。

次の一連の表は、このコミュニティにおける男性と女性に見られる雇用形態についての概要を提供する。二五人の世帯主は就業中、一九人は失業中、残りは退職者、または求職中であった。世帯主の職業分布（女性自身と、彼女たちの父親や夫も含まれる）を見てみると、世帯主二三人にとって縫製産業が、また一一人にとってケータリング産業が、雇用源であったと思われる。六人は当時、または以前他の工場で雇われていた。彼女たちの父親の職業は、彼らの多くが依然としてバングラデシュにいる、またはバングラデシュで仕事を始めてそれからイギリスに来た、という事実が反映されていて、より多様性があった。また、女性の圧倒的多数は家内労働しかしたことがなかった。彼女たちが好む職業という点でいえば、回答者の間においてばらつきがあるというはっきりとした証拠があった。七人は仕事を辞めたがっており、三人は家内労働を続けたがっていた。他の好まれる選択肢としては、教師、店、会社／銀行、託児所、コミュニティ関連の仕事、そして「外での仕事」が含まれていた。インタビューした女性の半数以上が、五年かそれ以上、家内労働に従事していた。

表1：世帯構成人数

1	1
2	3
3	5
4	5
5	18
7	4
8以上	7

表2：世帯形態

単身	1
準核家族	1
女性世帯主世帯	4
核家族	42
拡大家族2)	4
その他	1

訳注2)：原語は supplemented nuclear であり、核家族に付加構成員が加わった形の世帯の形態である。

表3：家内労働者の年齢分布

16-19	2
20-24	5
25-29	18
30-34	15
40以上	7

表4：女性労働者の結婚歴

未婚	4
既婚	41
離婚	3
夫に放棄された	1
未亡人	1
一夫多妻制	3

表5：結婚暦がある女性が産んだ子どもの数

0	3
1	0
2	8
3	11
5	5
6	2
7-9	6

表6：ロンドンにおける居住年数
：男性の世帯主

1-5年	3
6-10年	2
11-20年	16
21年以上	26

表7：ロンドンにおける居住年数
：家内労働者

1-5年	12
6-10年	21
11-15年	18
16-20年	2

表8：父親の職業

農民	10
行政サービス	2
衣料関係の事業	1
銀行の管理職	4
セメント業	1
イスラームの神秘主義的修行僧 (Fakir)	1
家具業	1
船内料理長	1
雑貨店	5
工場労働	6
契約労働	1
農業労働者	6
警察	1
レストラン業	2
船員	2
学校の用務人	1
教員	1

表9：男性世帯主の職業

リキシャ引き	1
縫製労働者	22
その他の工場労働	5
ウェイター／料理人	7
家内労働者	1
雑貨店	1
教員	1
運転指導員	1
レストラン経営者	4
事務所	2
コミュニティサービス	1
現在、就業中	25
現在、失業中	19
退職者	2

表10：家内労働者に好まれる仕事

家内労働	3
教職	4
店	3
事務所／銀行	4
託児所	6
ボランティア／コミュニティ関係の仕事	3
仕事をしない	7
無回答	23

表11：家内労働者の教育水準

なし	7
1-5年	13
6-10年	24
中等教育修了以上	8
無回答	1

表12：有償労働に従事する理由 *

貯蓄するため	5
自分自身の購買力を得るため	11
養育費	9
生活必需品のため	5
世帯の生活水準を改善するため	4
さもなければ世帯収入が不十分	6
より大きな安全性	4
稼ぎ手の収入に関するその他の要求	3
インフレーション	1
働くのが好きだから	1

* 複数回答。

表13：家内労働の利点 *

家事との両立	13
育児との両立	29
夫が外での仕事を禁止	11
余暇時間の消費	15
みんながやっているから	11
仕事の柔軟性	5
祈ることが出来る	1
評判を無傷に保てる	2
他の仕事が見つけられない	2
他の仕事を探している	5

* 複数回答。

表14：外での仕事を求めない理由 *

言語の問題	16
教育	6
育児による制約	15
パルダ	4
家族の反対	12
家庭内義務	5
外での就業を考えたことが一度もない	1
外での就業をしたことがある	4
外での就業の準備中である	2
外での就業を積極的に探している	7

* 複数回答。

表15：外での仕事の利点（在宅労働の問題点）

健康に良い	8
人に接する	6
より良い賃金	9
中断されない	5
仕事はいまよりも厳しくないだろう	2
仕事として認められている	1
仕事がより定期的	2
より地位を得る	2

表16：家内労働についての情報源

隣人	35
大家の妻	2
新聞広告	3
夫	2
訪問	1
親戚	6
みんながやっているから	4

表17：誰が仕事の手配をしたか

夫	18
工場の経営者 / 仲介人	4
親戚	8
他の家内労働者	5
息子	1
娘	1
隣人	6
自分自身	10

表18：意思決定のカテゴリー

受動的な行為主体性 / 合意的な意思決定	6
抑圧された行為主体性 / 対立的な意思決定	5
交渉された行為主体性 / 対立的な意思決定	8
積極的な行為主体性 / 合意的な意思決定	34

表19：収入の使途—選択の分類

基本的必要	9
個人の諸選好	21
夫への依存を減少させた	9
世帯の複合的な厚生	7
将来の安心のため	6

表20：女性個人にたいして家内労働が与える影響力の評価

否定的に評価	10
どちらとも言えない	43

表21：一般に女性の地位にたいして家内労働が与える影響力の評価

積極的に評価	8
影響は小さい	45

略語一覧

AAFLI American-Asian Free Labour Institute アメリカ－アジア自由労働機構

AFL-CIO American Federation of Labor and Congress of Industrial Organizations アメリカ労働総同盟・産業別組合会議

AIFLD American Institute of Free Labour Development アメリカ自由労働開発機構

BGMEA Bangladesh Garment Manufacturers and Exporters Association バングラデシュ縫製製造者・輸出業者組合

BIGWU Bangladesh Independent Garment Workers Union バングラデシュ独立縫製労働者組合

CLC Child Labour Coalition 児童労働連合

DIFD Department of International Development イギリスの国際開発庁

EEC European Economic Community 欧州経済共同体

GATT General Agreement on Tariffs and Trade 関税及び貿易に関する一般協定

ICFTU International Confederation of Free Trade Unions 国際自由労働組合総連盟

ILO International Labour Organization 国際労働機関

IMF International Monetary Fund 国際通貨基金

MFA Multi-Fiber Arrangement 多国間繊維協定

MOU Memorandum of Understanding 了解覚書

NCLWG A National Child Labour Working Group 国家児童労働ワーキンググループ

NLC National Labor Committee 国家労働委員会

Scottish TUC Scottish Trade Union Congress スコットランド労働組合会議

TUC Trades Union Congress イギリス労働組合会議

UNDP United Nations Development Program 国連開発計画

UNICEF United Nations Children's Fund 国際児童基金

UNITE Union of Needletrades, Industrial and Textile Employees 全米縫製・繊維労働組合

USAID United States Agency for International Development 米国国際開発庁

WID Women in Development 開発における女性

WDM World Development Movement 世界開発運動

Wray, M. (1957), *The women's outwear industry,* London: Duckworth Press.

Wright, P. (1985), *On Living in an Old Country,* London: Verso.

Zohir, S.C. (1998), "Gender implications of industrial reforms and adjustment in the manufacturing sector of Bangladesh", Economics and Social Studies, University of Manchester: PhD thesis.

Zohir, S.C. and P. Paul-Majumder (1996), "Garment workers in Bangladesh: economic, social and health conditions", Report of Bangladesh Institute of Development Studies, Research Monograph 18, Dhaka.

Standing, H. (1991), *Dependence and Autonomy,* London: Routledge.

Stigler, G.J. and G.S. Becker (1977), "De gustibus non est disputandum", *American Economic Review,* Vol. 67, No. 2, pp.76-90.

Stone, K. (1983), "Motherhood and waged work: West Indian, Asian and white mothers compared", in A. Phizacklea (ed.), *One Way Ticket: migration and female labour,* London: Routledge & Kegan and Paul.

Stree Shakti Sanghatana (1989), *We were making history. Women and the Telangana Uprising,* London: Zed Press.

Third World Network (1996), "Barking up the wrong tree: trade and social clause links", Personal communication.

Townsend, J.H. and J. Momsen (1987), *Geography of Gender in the Third World,* London: Hutchinson.

Trella, I. and J. Whalley (1990), "Internal quota allocation schemes and the costs of the MFA", Report of UNCTAD.

UNDP (1996), "A pro-poor agenda: poor people's perspectives", UNDP's 1996 Report on Human Development in Bangladesh.

UNICEF/ILO (1995), "Rapid Assessment Survey", ILO and UNICEF: mimeo.

US Senate (1994), "Child labor and the new global market place: reaping profits at the expense of children?", Report of the US Senate Committee on Labor and Human Resources, Hearing before the Subcommittee on Labour (mimeo): September 21.

Van Schendel, W. (1981), *Peasant Mobility: the odds of life in rural Bangladesh.*

Villareal, M. (1990), "A struggle over images: issues on power, gender and intervention in a Mexican village", University of Wangingen: PhD thesis.

Viramma, J. Racine, and J-L. Racine (1997), *Viramma: Life of an Untouchable,* Verso: London.

Visram, R. (1986), *Ayahs, Lascars and Princes: the story of Indians in Britain 1700-1947,* London: Pluto Press.

Wallerstein, I. (1990), "Culture is the world system: a reply to Boyne", in M.Featherstone (ed) *Global culture, Nationalism, globalisation and modernity,* London: Sage Publications, pp.63-66.

Ward, R. and R. Jenkins (1984), *Ethnic Communities in Business: strategies for economic survival,* Cambridge: Cambridge University Press.

Wark, M. (1997), "Fashion as culture industry", in A. Ross (ed.), *No Sweat: fashion, free trade and the rights of garment workers,* London and New York: Verso, pp.227-248.

Westergaard, K. (1983), *Pauperization and Rural Women in Bangladesh: a case study,* Comilla: Bangladesh Academy for Rural Development.

Westwood, S. and P. Bhachu (1988), *Enterprising Women,* London: Routledge.

Whitehead, A. (1981), "'I'm hungry, Mum': the politics of domestic budgeting" in K. Young, C. Wokowitz and R. McCullagh (eds.), *Of Marriage and the Market: women's subordination in international perspective,* London: CSE Books, pp.88-111.

Whitehead, A. (1985), "Effects of technological change on rural women: a review of analysis and concepts" in I. Ahmed (ed.), *Technology and Rural Women,* London: George Allen and Unwin, pp.27-61.

Wilson, G. (1991), "Thoughts on the cooperative conflict model of the household in relation to economic method", *IDS Bulletin,* Vol. 22, No. 1, pp.31-36.

Wolf, D.L. (1992), *Factory Daughters: gender, household dynamics and rural industrialisation in Java,* Berkeley: University of California.

World Bank (1983), "Bangladesh: current trends and development issues", Washington DC: World Bank Country Study.

World Bank (1990a), "Bangladesh strategy paper on women and development", Washington DC: Asian Country Department.

World Bank (1990b), "Bangladesh strategies for enhancing the role of women in economic development", Washington DC: World Bank.

World Food Programme (1979), "Women in food-for-work: the Bangladesh experience", Report of World Food Programme.

Rowbotham, S. (1993), *Homeworkers Worldwide,* London: Merlin Press.

Safa, H. (1990), "Women and Industrialisation in the Caribbean", in S. Parpart and J. Stichter (eds.), *Women, Employment and the Family in the International Division of Labour,* Macmillan International Political Economy Series (Ed.: T. Shaw), London: Macmillan, pp.72-97.

Safilios-Rothschild, C. and S. Mahmud (1989), *Women's roles in Agriculture: Present trends and potential for growth,* Dhaka: UNDP/UNIFEM.

Salaff, J. (1981), Working Daughters of Hong Kong: filial piety or power in the family?, New York: Cambridge University Press.

Samuelson, P.A. (1956), "Social indifference curves", *Quarterly Journal of Economics,* Vol. 70, No. 1, pp.1-22.

Sanghatana, S.S. (1989), *We Were Making History: women and the Telengana Uprising,* London: Zed Press.

Sapsford, D. and Z. Tzannatos (1993), *The Economics of the Labour Market,* Washington DC World Bank.

Sattar, E. (1974), *Women in Bangladesh: a village study,* Report of the Ford Foundation.

Schuler, S.R., S.M. Hashemi, A.P. Riley and A. Akhter (1996), "Credit programs, patriarchy and men's violence against women in rural Bangladesh", *Social Science and Medicine,* Vol. 43, No. 12, pp.1729-1742.

Schultz, T.W. (1973), "The value of children: an economic perspective", *Journal of Political Economy,* Vol. 81, No. 2, Part II: S2-S13.

Scott, J. (1985), *Weapons of the Weak: everyday forms of peasant resistance,* New Haven: Yale University Press.

Scott, J.W. and L.A. Tilly (1980), "Women's work and the family in nineteenth-century Europe" in A.H. Amsden (ed.), The *Economics of Women and Work,* Harmondsworth: Penguin: pp.91-124.

Sen, A. (1982), Choice, Welfare and Measurement, Cambridge, MA: Cambridge University Press. (アマルティア・セン ［1989］大庭健・川本隆史訳『合理的な愚か者――経済学＝倫理学探求』、勁草書房)

Sen, A. (1990), "Gender and cooperative conflicts" in I. Tinker (ed.), *Persistent Inequalities,* Oxford: Oxford University Press, pp.123-149.

Shah, S. (1975), "Immigrants and employment in the clothing industry: the rag trade in London's East End", Report of The Runymede Trust, September.

Shankland Cox and Partnership (1981), "Dhaka Metropolitan Area Integrated urban Development Project", Report of the Planning Commission, Government of Bangladesh.

Shaw, L. (1997), "The labor behind the label: Clean Clothes Campaign in Europe" in A. Ross (ed.), *No Sweat: fashion, free trade and the rights of garment workers,* London and New York: Verso, pp.215-220.

Shaw, L. (n.d.), "Global labour standards and trade", Report of One World Action.

Silberston, Z.A. (1984), "The Multi-Fibre Arrangement and the UK economy", Report of HMSO.

Silberston, Z.A. (1989), "The future of the MFA: implications for the UK economy", Report of HMSO.

Singer, H. (1989), "Lessons of the post-war development experience: 1945-1988", IDS Discussion Paper No. 260, Sussex: Institute of Development Studies.

Smith, D.J. (1977), *Racial Disadvantage in Britain: the PEP Report,* Harmondsworth: Penguin.

Smith, H. (1989), "Integrating theory and research on institutional determinants of fertility", *Demography,* Vol. 26, pp.171-184.

Solidar (1998), "Workers' rights are human rights: the case for linking trade and core labour standards", Report of Solidar.

South Centre (1996), "Liberalisation and Globalisation: drawing conclusions for development", Geneva: South Centre.

Spielberg, E. (1997), "The myth of nimble fingers" in A. Ross (ed.), *No Sweat: fashion, free trade and the rights of garment workers,* London and New York: Verso, pp.113-122.

Spitalfields Working Party (1983), "A short report on the Asian population of Tower Hamlets", Report of London Borough of Tower Hamlets.

Stalker, P. (1996), "Child labour in Bangladesh: a summary of recent investigations", UNICEF, Education Section Occasional Papers.

Nelson, J. (1996), *Feminism, Objectivity and Economics,* London: Routledge.

Newby, M.H. (1998), "Women in Bangladesh: a study of the effects of garment factory wor on control over income and autonomy", Department of Social Sciences, University of Southampton: PhD thesis.

Office of National Statistics (1996), *Social Focus on Ethnic Minorities,* London: Government Statistical Office.

Ong, A. (1987), The Spirits of Resistance and Capitalist Discipline: factory women in Malaysia, Albany: SUNY Press.

Osmani, S.R. (1990), "Structural change and poverty in Bangladesh: the case of a false turning point", *Bangladesh Development Studies,* Vol. 18, No. 3, pp.55-74.

Oxfam (1999), Loaded against the poor: The World Trade Organization, Oxford: Oxfam.

Page, S. et al. (1992), "The GATT Uruguay Round: effects on Developing countries", Report of Overseas Development Institute.

Pahl, J. (1983), "The allocation of money and the structuring of inequality within marriage'", *Sociological Review,* Vol. 31, No. 2, pp.237-262.

Parkin, F. (1979), *Marxism and Class Theory: a bourgeois critique,* Oxford: Tavistock Publications.

Parmar, P. (1982), "Gender, race and class: Asian women in resistance" in Centre for Contemporary Cultural Studies (ed.), *The Empire Strikes Back: race and racism in 70s Britain,* London: Hutchinson University Library, pp.236-275.

Parpart, S. and J.L. Stichter (1990), "Introduction" in S. Parpart and J.L. Stichter (eds.), *Women, Employment and the Family in the International Division of Labour,* Macmillan International Political Economy Series (ed. T.L. Shaw), London: Macmillan.

Paul-Majumder, P. and J.H. Chowdhury (1993), "Child workers in the garment industry of Bangladesh", Associates for Community and Population Research: mimeo.

Pearson, R. (1992), "Gender issues in industrialization" in T. Hewitt, H. Johnson and D. Wield (eds.), *Industrialization and Development,* Oxford: Oxford University Press in association with Open University, pp.222-247.

Pearson, R. (1998), "'Nimble fingers' revisited: reflections on women and Third World industrialisation in the late twentieth century" in R. Pearson and C. Jackson (eds.), *Feminist Visions of Development: gender analysis and policy,* London: Routledge, pp.171-188.

Phelan, B. (1986), *'Made in Bangladesh'? Women, garments and the Multi-Fibre Arrangement,* London: Bangladesh International Action Group.

Phillips, A. and B. Taylor (1980), "Sex and skills: notes towards a feminist economics", *Feminist Review,* Vol.6, pp.79-88.

Phizacklea, A. (1990), *Unpacking the Fashion Industry: gender, racism and class in production,* London: Routledge.

Raffaelli, M. (1990), "Some considerations in the Multi-Fibre Arrangement: past, present and future" in C.B. Hamilton (ed.), *Textiles Trade and the Developing Countries: eliminating the MFA in the 1990s,* Washington DC: World Bank.

Rahman, R.I. (1986), "The wage employment market for rural women in Bangladesh", Bangladesh Institute of Development Studies Research Monograph No. 6.

Rahman, H. (1992), "Situation of child domestic servants", Report of UNICEF: mimeo.

Rahman, Z.H., M. Hossain and B. Sen (1996), "1987-1994 Dynamics of Rural Poverty in Bangladesh", Bangladesh Institute of Development Studies Final Report of the Analysis of Poverty Trends Project.

Razavi, S. (1999), "Export-oriented employment, poverty and gender, contested accounts", *Development and Change,* Vol. 30, Nos. 3, pp.653-684.

Rosenzsweig, M.R. (1986), "Program interventions: intrahousehold distribution and the welfare of individuals: modeling household behavior", *World Development,* Vol. 14, No. 2, pp.233-243.

Ross, A. (1997), *No Sweat: fashion, free trade and the rights of garment workers,* New York and London: Verso.

Ross, A. (1997), "Introduction" in A. Ross (ed.), *No Sweat: fashion, free trade and the rights of garment workers,* New York and London: Verso, pp.9-38.

pp.173-189.

Lily, F.B. (1985), "Garment industry and its workers in Bangladesh", *ISIS Women's Journal,* Vol. 4, pp.41-47.

Lim, L. (1978), "Women workers in Multinational Corporations: the case of the electronics industry in Malaysia and Singapore", University of Michigan Occasional Papers No. 9, Michigan: Women Studies Program.

Lim, L. (1983), "Capitalism, imperialism and patriarchy: the dilemma of Third World women workers in multinational factories", in M.P. Fernandez-Kelly and J. Nash (eds.), *Women, Men and the International Division of Labor,* Albany: State University of New York Press, pp.70-92.

Lim, L. (1990), "Women's work in export factors: the politics of a cause" in I. Tinker (ed.), *Persistent Inequalities: women and world development,* Oxford: Oxford University Press, pp.101-122.

Lindenbaum, S. (1981) 'Implications for women of changing marriage transactions in Bangladesh', *Studies in Family Planning,* Vol. 12, No. 11: 394-401.

Maddison, A. (1994), 'Explaining the economic performance of nations, 1820-1989', in W. J. Baumol. R.R. Nelson and E.N.Wolff (eds), *Convergence of productivity: cross-national studies and historical evidence,* Oxford: Oxford University Press.

Mather, C. (1985), "Rather than make trouble, it's better just to leave", in H. Afshar (ed.), *Women, Work and Ideology in the Third World,* London: Macmillan, pp.153-177.

McCarthy, F.E., T. Abdullah and S. Zeidenstein (1979), "Program assessment and the development of women's programs: the views of action workers", in R. Papanek and H. Jahan (eds.), *Women and Development: perspectives from South and South East Asia,* Dhaka: Bangladesh Institute of Law and International Affairs.

McCarthy, F. and S. Feldman (1984), "Rural women and development in Bangladesh: selected issues", Report from NORAD: January.

McCrate, E. (1988), "Gender difference: the role of endogenous preferences and collective action", *American Economic Review,* Vol.78, No. 2, pp.235-239.

McCrate, E. (1991), "Rationality, gender and domination", Working Paper (mimeo), Women's Studies Program and Department of Economics, University of Vermont.

McElroy, M.B. (1990), "The empirical content of Nash-bargained household behavior", *Journal of Human Resources,* Vol. 24, No. 4, pp.559-583.

Mehmet, O., E. Mendes and R. Sinding (1999), *Towards a Fair Global Labour Market: avoiding a new slave trade,* London: Routledge.

Mernissi, F. (1975), *Beyond the Veil: Male-female dynamics in a modern Muslim society,* New York: John Wiley and Sons.

Miranda, A. (1982), "The demography of Bangladesh", Report of Chr. Michaelson Institute, DERAP Publications No. 144.

Mitter, S. (1986), "Industrial restructuring and manufacturing homework: immigrant women in the UK clothing industry", *Capital and Class,* Vol. 27, Winter Issue, pp.37-80.

Mohanty, C.T. (1991), "Under western eyes: feminist scholarship and colonial discourses" in C.T. Mohanty, A. Russo and L. Torres (eds.), *Third World Women and the Politics of Feminism,* Bloomington and Indianapolis: Indian University Press.

Moore, H. (1994), *A Passion for Difference: essays in anthropology and gender,* Cambridge: Polity Press.

Morokvasic, M. (1983), "Women in migration: beyond the reductionist outlook" in A. Phizacklea (ed.), *One Way Ticket: migration and female labour,* London: Routledge and Kegan Paul, pp.13-32.

Morris, J. (1986), *Women Workers and the Sweated Trades: the origins of minimum wage legislation,* Aldershot: Gower.

Morris, L. (1990), *The Workings of the Household,* Cambridge: Polity Press.

Moser, C.O.N. (1989), "Gender planning in the third world: meeting practical and strategic gender needs", *World Development,* Vol. 17, No. 11, pp.1799-1825.

Mukherjee, R. (1974), *The Rise and Fall of the East India Company,* New York: Monthly Review Press.

Group, pp.265-284.

Joekes, S. (1982), "Female-headed industrialisation: women's jobs in Third World export manufacturing - the case of the Moroccan clothing industry", IDS Research Report No. 15, Sussex: Institute of Development Studies.

Joekes, S. (1987), *Women and the World Economy,* Oxford: Oxford University Press.

Jones, G.S. (1971), *Outcast London,* Oxford: Oxford University press.

Jordan, B. (1996), *A Theory of Poverty and Social Exclusion,* Cambridge: Polity Press.

Josephides, S. (1988), "Honour, family and work: Greek Cypriot women before and after migration" in P. Bhachu et al. (eds.), *Enterprising Women: ethnicity, economy and gender relations,* London: Routledge, pp.34-57.

Joshi, H. (1984), "Women's employment in paid work", HMSO: Department of Employment Research Paper 45.

Kabeer, N. (1985), "Do women gain from high fertility?" in H. Afshar (ed.), *Women, Work and Ideology in the Third World,* London: Macmillan, pp.83-108.

Kabeer, N. (1988), "Subordination and struggle: the women's movement in Bangladesh", *New Left Review,* no.168 (March/April).

Kabeer, N. (1994), *Reversed Realities: gender hierarchies in development thought,* London and New York: Verso.

Kabeer, N. (1996), *Gender, Demographic Transitions and the Economics of Family Size: Population Policy for a Human-centered Development,* UNRISD Occasional Paper no.7.

Kabeer, N. (1998), "Ideology, economics and family planning programmes. Explaining fertility decline in Bangladesh", mimeo.

Kabeer, N. (1998), "Money can't buy me love'? Re-evaluating gender, credit and empowerment in rura Bangladesh", IDS Discussion Paper 363, May.

Kandiyoti, D. (1987), "Women, Islam and the State", Richmond College, May: mimeo proposal.

Kandiyoti, D. (1988), "Bargaining with patriarchy", *Gender and Society,* Vol. 2, No. 3, pp.274-290.

Kaye, A. (1994), "'No skill beyond manual dexterity involved': gender and the construction of skill in the East London clothing industry", in A. Kobayash (ed.), *Women, Work and Place,* Montreal and Kingston: McGill-Queens University Press.

Kessinger, G. (1979), *Vilyatpur 1848-1968: social and economic change in a north Indian village,* Berkeley: University of California Press.

Khan, A.A. (1982), "Rural-urban migration and urbanization in Bangladesh" *Geographical Review,* Vol. 72, No. 1, pp.379-394.

Khor, M. (1998), "The WTO and the south: implications and recent developments", Third world Network Briefing Paper.

Khor, M. (1999), "Issues and positions for the (1999) Ministerial Process", Speech at the Seminar on the WTO, Developing Countries and Finland's EU-Presidency, Parliament House, Helsinki, May 28th.

Kibria, N. (1995), "Culture, social class and income control in the lives of women garment workers in Bangladesh", *Gender and Society,* Vol. 9, No. 3, pp.289-309.

Kibria, N. (1998), "Becoming a garment worker: the mobilization of women into the garment factories of Bangladesh", UNRISD Occasional Paper no. 9.

Kindleberger, C.P. (1967), *Europe's Post-War Growth: the role of labour supply,* Cambridge, MA: Harvard University Press.

Krupat, K. (1997), "From war zone to free trade zone", in A. Ross (ed.), *No Sweat: fashion, free trade and the rights of garment workers,* New York and London: Verso, pp.51-78.

Ladbury, S. (1984), "Choice, chance or no alternative? Turkish Cypriots in business in London" in R. Ward and R. Jenkins (eds.), *Ethnic Communities in Business: strategies for economic survival,* Cambridge: Cambridge University Press, pp.105-124.

Lawson, A. (1997), *Economics and Reality,* Economics as Social Theory Series (Ed.: T. Lawson), London: Routledge.

Lee, E. (1997), "Globalisation and labour standards: a review of issues", *International Labour Review,* Vol. 136, No. 2,

Hakim, C. (1987a), "Homeworking in Britain: key findings from the national survey of home-based workers", *Employment Gazette,* Vol. 95, pp.92-104.

Hakim, C. (1987b), "Home-based work in Britain: a report on the 1981 National Homeworking Survey", Report of Department of Employment, Research Paper No. 60.

Hartmann, B. and J. Boyce (1983), *A Quiet Violence: a view from a Bangladesh village,* London: Zed Press.

Hashemi, S.M., S.R. Schuler and A.P. Riley (1996), "Rural credit programs and women's empowerment in Bangladesh", *World Development,* Vol. 24, No. 4, pp.635-653.

Hirschman, A.O. (1985), "Against parsimony: three easy ways of complicating some categories of economic discourse", *Economics and Philosophy,* Vol. 1, No. 1, pp.7-21.

HMSO (1986), *Bangladeshis in Britain,* Report from House of Commons, Volume I.

HMSO (1996), *Social Focus on Ethnic Minorities,* London: Government Statistical Office.

Hodgson, G.M. (1988), *Economics and Institutions: a manifesto for modern institutional economics,* Cambridge: Polity Press.

Hoffman, K. and H. Rush (1985), "Microelectronics and clothing", Report of Science Policy Research Unit, Sussex.

Hope, E., M. Kennedy and A de Winter (1976), "Homeworkers in North London" in D. I.Barker and S. Allen (eds), *Dependence and exploitation in work and marriage,* London: Longman Press, pp.88-108.

Hossain, M.M. (1980), "The employment for women", Proceedings from Conference on "Thoughts on Islamic Economics", Dhaka: Islamic Economics Research Bureau.

Hossain, H., R. Jahan and S. Sobhan (1988), "Industrialisation and women workers in Bangladesh: from homebased work to the factories" in H. Heyzer (ed.), *Daughters in Industry: work, skills and consciousness of women workers in Asia,* Kuala Lumpur: Asian and Pacific Development Centre.

Hossain, H., R. Jahan and S. Sobhan (1990), *No Better Option? Industrial women workers in Bangladesh,* Dhaka: University Press Limited.

Howard, A. (1997), "Labour, history and sweatshops in the new global economy" in A. Ross (ed.), *No Sweat: fashion, free trade and the rights of garment workers,* London and New York: Verso, pp.151-172.

Humphries, J. (1980), "Class struggle and the persistence of the working-class family" in A.H. Amsden (ed.), *The Economics of Women and Work,* Harmondsworth: Penguin, pp.140-165.

Huq, J. (1979), "Women in the economic sphere: rural" in Women for Women (ed.), *The Situation of Women in Bangladesh,* Dhaka:Women for Women, pp.139-182.

ICDDR, B. (1992), *Demographic Surveillance System, Matlab. Vol.16. Registration of Demographic Events 1985,* International Centre for Diarrhoeal Disease Research: Bangladesh.

Islam, F. (1998) Women, employment and the family: poor informal sector women workers in Dhaka city, Social Anthropology, University of Sussex, PhD thesis (in progress)

Islam, F. and S. Zeitlin (1989), "Ethnographic profile of Dhaka bastes", *Oriental Geographer,* Vol. 31, No. 1-2.

Islam, M. (1979), "Social norms and institutions" in Women for Women (ed.), *The Situation of Women in Bangladesh,* Dhaka: Women for Women, pp.225-264.

Islam, M. (1982), "Anthropological Approach to Study of Rural Women in Bangladesh: Experience of a Female Researcher" in S. Islam (eds), *Exploring the Other Half: Field research with rural women in Bangladesh,* Dhaka:Women for Women Research Group, pp.106-116

Islam, N. (1996), "From city to mega city", Report of Urban Studies Programme, Department of Geography, University of Dhaka, Bangladesh Urban Series No. 1.

Islamic Economics Research Bureau (1980), *Thoughts on Islamic Economics,* Dhaka: Islamic Economics Research Bureau.

Jackson, B. (1992), *Threadbare: how the rich stitch up the world's rag trade,* World Development Movement.

Jahan, R. (1979), "Situation of women deviating from established social norms", in Women for Women Research and Study Group (eds), *The Situation of Women in Bangladesh,* Dhaka: Women for Women Research and Study

Edwards, M. (1997), "The future of foreign policy: promoting international cooperation for development and human rights", Proceedings from Conference on "Foreign Policy in the Twenty-first Century", London: One World Action.

Elson, D. and R. Pearson (1981), "The subordination of women and the internationalisation of factory production" in K. Young, R. McCullagh and C. Wolkowitz (eds.), *Of Marriage and the Market: women's subordination in international perspective,* London: CSE Books.

Elson, D. (1983), "Nimble fingers and other fables" in W. Enloe and C. Chapkis (eds.), *Of Common Cloth: women in the global textile industry,* Amsterdam: Transnational Institute, pp.5-14.

Elson, D. (1996), "Appraising recent developments in the market for 'nimble fingers'", in A. Pittin and R. Chhachhi (eds.), *Confronting State, Capital and Patriarchy: women organising in the process of industrialisation,* Basingstoke: Macmillan.

Elster, J. (1989), *Nuts and Bolts for the Social Sciences,* Cambridge: Cambridge University Press.

Enayet, F. (1979), "Women in the economic sphere: urban" in Women for Women' (ed.), *The Situation of Women in Bangladesh,* Dhaka: Women for Women, pp.183-224.

Farouk, A. (1976), "The vagrants of Dhaka city", Report of Bureau of Economic Research, Dhaka University.

Feldman, S. (1993), "Contradictions of gender inequality: urban class formation in contemporary Bangladesh" in A.W. Clark (ed.), *Gender and Political Economy: explorations of south Asian systems,* New Delhi: Oxford University Press.

Fernandez-Kelly, J. and M.P. Nash (1983), *Women, Men and the International Division of Labor,* Anthropology of Work Series (ed.: J. Nash), Albany State: University of New York Press.

Folbre, N. (1986), "Hearts and spades: paradigms of household economics", *World Development,* Vol. 14, No. 2, pp.245-255.

Folbre, N. (1994), *Who Takes Care of the Kids? Gender and the structures of constraint,* London and New York: Routledge.

Fraser, N. (1997), *Justice Interruptus: critical reflections on the "post-socialist" condition,* London and New York: Routledge.

Freeman, R. (1998), "What role for labour standards in the global economy?", Report from Harvard University and LSE: mimeo.

Gardner, K. (1995), *Global Migrants, Local Lives: travel and transformation in rural Bangladesh,* Oxford: Clarendon Press.

Gerard, R. (1979), "Foreward" in Women for Women (ed.), *The Situation of Women in Bangladesh,* Dhaka: Women for Women.

Giddens, A. (1979), *Central problems in Social Theory: action, structure and contradiction in social analysis,* Contemporary Social Theory Series (ed.: A. Giddens), : London: Macmillan. （ギデンズ、アンソニー[1989]、友枝敏雄・今田高俊・森重雄訳『社会理論の最前線』、ハーベスト社）

Goetz, A.M. and R. Sen Gupta (1996), "Who takes the credit? Gender, power and control over loan use in rural credit programs in Bangladesh", *World Development,* Vol. 24, No. 1, pp.45-63.

Government of Bengal (1940), "Report of the Land Revenue Commission", Bengal: Bengal Government Press.

Gray, J. (1998), *False Dawn: the delusions of global capitalism,* London: Granta.（グレイ、ジョン [1999]、石塚雅彦訳『グローバリズムという妄想』、日本経済新聞社）

Greenhalgh, S. (1985), "Sexual stratification: the other side of 'growth with equity' in East Asia", *Population and Development Review,* Vol. 11, No. 2, pp.265-314.

Haddad, L., J. Hoddinott and H. Alderman (1997), *Intrahousehold Resource Allocation in Developing Countries,* Baltimore: John Hopkins University Press.

Hakim, C. (1984), "Homework and outwork: national estimates from two surveys", *Employment Gazette,* Vol. 92, pp.7-12.

Chalwa, N. (1996), "In search of the best interests of the child: a first step towards eliminating child labour in the Bangladesh garment industry", Report from UNICEF.

Charnowitz, S. (1987), "The influence of international labour standards on the world trading regime", *International Labour Review,* Vol. 126, No. 5, pp.565-584.

Charnowitz, S. (1995), "Promoting higher labour standards", *The Washington Quarterly,* Vol. 18, No. 3, pp.167-190.

Chaudhuri, Z.S. and P. Paul-Majumder (1996), *Garment Workers in Bangladesh: economic, social and health conditions,* Dhaka: Bangladesh Institute of Development Studies.

Chaudhury, R.H. and N. R. Ahmed (1980), *Female Status in Bangladesh,* Dhaka: Bangladesh Institute of Development Studies.

Chen, M. (1986), *A Quiet Revolution: women in transition in rural Bangladesh,* Cambridge, MA: Schenkman Publishing House.

Chen, M. and R. Ghuznavi (1979) Women in food-for-work: the Bangladesh experience, Report from the World Food Programme.

Chhachhi, A. and R. Pittin (1996), "Multiple identities, multiple strategies" in A. Chhachhi and R. Pittin (eds.), *Confronting State, Capital and Patriarchy: women organising in the process of industrialisation,* Basingstoke: Macmillan (with ISS, The Hague).

Chiplin, B. and P.J. Sloane (1976), *Sex Discrimination in the Labour Market,* London: Macmillan.

Chisolm, N and N. Kabeer (1986), *Linked by the Same Thread: the Multi-Fibre Arrangement and the Labour Movement,* London: Tower Hamlets International Solidarity and Tower Hamlets Trade Union Council.

Cleland, J. et al. (1994), *The Determinants of Reproductive Change in Bangladesh: success in a challenging environment,* Washington DC: World Bank.

Connell, R.W. (1987), *Gender and Power,* Cambridge: Polity Press.

Coyle, A. (1982), "Sex and skill in the organisation of the clothing industry", in J. West (ed.) *Work, Women and the Labour Market,* London: Routledge and Kegan.

Dannecker, P. (1998), "Between conformity and resistance: women garment workers in Bangladesh", Faculty of Sociology, University of Bielefeld: PhD thesis.

Deacon, B. (1998), "The impact of globalisation on social policy: the deregulation temptation", Report from the Globalisation and Social Policy Programme (GASPP), University of Leeds: mimeo.

Deacon, B. (1999), "Globalisation, social policy and social development at the end of the 1990s: new economic and intellectual conditions undermine the future for equitable social welfare", Proceedings from Conference: Revisioning social policy for the 21st century: challenges and opportunities, Institute of Development Studies, Sussex.

Delap, E. (1998), "The determinants and effects of children's income generating work in urban Bangladesh", Report from Centre for Development Studies, October: mimeo.

Dex, S. (1985), *The Sexual Division of work: conceptual revolutions in the social sciences,* Brighton: Wheatsheaf Books.

Dreze, J. and A. Sen (1995), *India, Economic Development and Social Opportunity,* Oxford: Oxford University Press.

Duesenberry, J.S. (1960), "Comments" in National Bureau of Economic Research (ed.), *Demographic and Economic Change in Developed Countries,* Princeton: Princeton University Press, pp.231-234.

Duffy, P. (1979), "Bengali Action Research Project, Tower Hamlets", Report of the Commission for Racial Equality: unpublished.

Duffy, P. (1981), "The employment and training needs of the Bengali community in Tower Hamlets", Report of the Commission for Racial Equality.

Dutt, R.P. (1940), *India Today,* London: London Left Books.

Dyson, T. (1996), "Birth rate trends in India, Sri Lanka, Bangladesh and Pakistan: a long comparative view", Proceedings of Conference "IUSSP Seminar on Comparative Perspectives on the Fertility Transition in South Asia", Islamabad, Pakistan.

(ed.), *Between Two Cultures,* Oxford: Basil Blackwell.

Bangladesh, Commission for Justice and Peace (1986), "Women garment workers' study", Report of the Catholic Bishop's Conference, Commission for Justice and Peace, mimeo.

Becker, G.S. (1976), *The Economic Approach to Human Behaviour,* Chicago: The University of Chicago Press.

Begum N.N. (1988), *Pay or Purdah: women and income-earning in rural Bangladesh,* Dhaka: Winrock International Institute for Agriculture Development and the Bangladesh Agricultural Research.

Begum, S. and M. Greeley (1983), "Women's Employment and Agriculture: extracts from a case study", Seminar Papers, Dhaka: Women for Women.

Beneria, L. and M. Roldan (1987), *The Cross-Roads of Class and Gender,* Chicago: The University of Chicago Press.

Berry, S. (1984), "Households, decision-making and rural development: do we need to do more?", Harvard Institute for International Development, Report No. 167.

BGMEA (1992), *The garment industry: looking ahead at Europe of 1992,* Bangladesh Garment Manufacturers and Exporters Association, March.

Bhattacharya, D. (1995), "International trade, social labeling and developing countries: the case of Bangladesh's garments exports and use of child labour", Bangladesh Institute of Development Studies, December: mimeo.

Birnbaum, B. (n.d.), "Women, skill and automation: a study of women's employment in the clothing industry, 1946-72": mimeo.

Birnbaum, B. (1981), "The clothing industry in Tower Hamlets: an investigation into its structure and problems", Tower Hamlets Council: mimeo.

Bissell, S. (1997), "Working children in Bangladesh", University of Queensland: October (unpublished report).

Bissell, S. (1998), "'I go to school': a child-centred assessment of MOU implementation", mimeo.

Bissell, S. (1999), "Concepts and constructs of childhood in South Asia: a perspective from Bangladesh", Proceedings from a Conference on 'Needs versus rights: social policy from a child-centred perspective', New Delhi.

Bissell, S. and B. Sobhan (1996), "Child labour and education programming in the garment industry of Bangladesh: experience and issues", Report from UNICEF: September.

Blanchet, T. (1996), *Lost Innocence, Stolen Childhoods,* Dhaka: University Press Limited.

Blei, T. (1990), "Dowry and bridewealth presentations in rural Bangladesh: commodities, gifts or hybrid forms?", Chr. Michelsen Institute DERAP Working Paper 10.

Blood, R.O. and D.M. Wolfe (1960), *Husbands and Wives,* New York: Free Press.

Bolts, W. (1772), *Considerations on India Affairs.*

Booth, C. (1902) *Life and Labour of the People in London,* London: Macmillan.

Boserup, E. (1970), *Women's Role in Economic Development,* New York: St Martin's Press.

Boserup, E. (1982), "Introduction" in T. Abdullah and S. Zeidenstein, *Village Women of Bangladesh: Prospects for change,* London: Pregamon Press.

Bourdieu, P. (1977), *Outline of a Theory of Practice,* Cambridge Studies in Social Anthropology Series, Cambridge: Cambridge University Press.

Bowley, A. (1921), "Earners and dependents in English towns in 1911", *Economica,* Vol. 2.

Buchanan, J. (1988), "Contractarian political economy and constitutional interpretation", *American Economic Review: Papers and Proceedings,* Vol. 78.

BUP (1990), "A study on female garment workers in Bangladesh", Bangladesh Unnayan Parishad: mimeo.

Cain, M., S.R. Khanam and S. Nahar (1979), "Class, patriarchy and women's work in Bangladesh", *Population and Development Review,* Vol. 5, No. 3, pp.405-438.

Carey, S. and A. Shukur (1985), "A profile of the Bangladeshi community in East London", *New Community,* Vol. XII, No. 3, pp.405-417.

Cavanagh, J. (1997), "The global resistance to sweatshops" in A. Ross (ed.), *No Sweat: fashion, free trade and the rights of garment workers,* London and New York: Verso, pp.39-50.

参考文献

Abdullah, T.A. (1974), *Village women as I saw them,* Dhaka: The Ford Foundation.

Abdullah, T. and S. Zeidenstein (1982), *Village Women of Bangladesh: prospects for change,* London: Pergamon Press.

ACPR/ILO (1993), "A survey of economically active children in Bangladesh", Associates for Community and Population Research: Dhaka, mimeo.

Adams, C. (1987), *Across Seven Seas and Thirteen Rivers,* London: THAP Books.

Adnan, S. (1988), "'Birds in a cage': institutional change and women's position in Bangladesh", Proceedings of Conference on 'Women's Position and Demographic Change in the Course of Development', Asker, Norway, 15-18 June.

Adnan, S. (1990), *Annotation of Village Studies in Bangladesh and West Bengal: a review of socio-economic trends over 1942-88,* Comilla: Bangladesh Academy for Rural Development.

Agarwal, B. (1997), "Bargaining" and Gender Relations: within and beyond the household", *Feminist Economics,* Vol. 3, No. 1, pp.1-51.

Ahmad, A. and M.A. Quasem (1991), *Child Labour in Bangladesh,* Dhaka: Al-Afser Press.

Ahmad, R. and M. S. Naher (1987), *Brides and the Demand System in Bangladesh,* Dhaka: Centre for Social Studies.

Ahmed, M., P. English, S. Feldman, M. Hossain, E. Jansen, F. McCarthy, K. de Wilde and R. Young (1990), *Rural Poverty in Bangladesh: a report to the Like-Minded Group,* Dhaka: University Press Limited.

Alam, S. (1985), "Women and Poverty in Bangladesh", *Women's Studies International Forum,* Vol. 8, No. 4, pp.361-371.

Alam, S. and N. Matin (1984), "Limiting the women's issue in Bangladesh: the Western and Bangladesh legacy", *South Asia Bulletin,* Vol. 4, No. 2, pp.1-10.

Ali, M.M. (1985), *History of the Muslims in Bengal: vol. 1A and 1B,* Imam Muhammed, Riyadh: Ibn Saud Islamic University.

Allen, S. and C. Wolkowitz (1987), *Homeworking: myths and realities,* Women in Society Series (ed. J. Campling), Basingstoke UK: Macmillan.

Amin, A.T.M.N. (1986), "Urban informal sector: employment potentials and problems" in R. Muqtada, and M. Islam (eds.), *Selected Issues in Employment and Development,* New Delhi: ILO-ARTEP.

Amin, S. et al. (1998), "Transition to adulthood of female garment factory workers in Bangladesh", *Studies in Family Planning,* Vol. 29, No. 22, pp.185-200.

Amsden, A.H. (1994), "Macrosweating policies and labour standards" in W. Sengenberger and D. Campbell (eds.), *International Labour Standards and Economic Interdependence,* Geneva: IILS, pp.185-193.

Amsden, A. and R. van der Hoeven (1994), "Manufacturing Employment and Real Wages in the 1980s: labour's loss till century's end", Report of ILO.

Anwar, M. (1979), *The Myth of Return,* London: Heinemann.

Ariffin, J. (1983), "Women workers in the manufacturing industries" in CAP (ed.), *Malaysian Women: problems and issues,* Penang: CAP Publications, pp.49-62.

Arizpe, L. and J. Aranda (1981), "The 'Comparative Advantages' of Women's Disadvantages: women workers in the strawberry export agribusiness in Mexico", *Signs,* Vol. 7, No. 2, pp.453-473.

Arrow, K. (1990), "The Pioneers", in R. Swedberg (ed.), *Economics and Sociology: redefining their boundaries,* Princeton: Princeton University Press.

Arthur, B. and G. McNicoll (1978), "An Analytical survey of population and development in Bangladesh", *Population and Development Review,* Vol. 4, No. 1, pp.23-80.

Ballard, R. (1983), "The context and consequences of migration: Jullunder and Mirpur compared", *New Community,* Vol. 11, No. 1/2, pp.117-136.

Ballard, R. and C. Ballard (1977), "The Sikhs: the development of South Asian settlements in Britain", in J. L. Watson

講演録

「女性のエンパワーメントに関する調査研究の回想録：旅路、地図、そして道標」

（ロンドン大学東洋アフリカ研究学院・ブルネイギャラリー・レクチャーシアター、二〇一三年一月二四日）[1]

今日の講演のタイトルに「旅路」という言葉があるのは、恐らく皆さんの何人かは既にお気づきかもしれないですが、二つのことに関わっています。女性のエンパワーメントという考えが旅路のようなものであるというのは、このトピックに関わる文献では常に使われる比喩です。実際に、私自身も参加した五年間の調査プログラムのタイトルにも使われており、プロジェクト名は、「女性のエンパワーメントの経路（pathways）」というものでした。また、今日の講演での旅路の比喩は、それぞれが置かれている異なる文脈において、エンパワーメントという概念は女性たち自身にとってどのような意味を持っているのかを理解しようとする、私自身の研究の歩みも表しています。

1 "Reflections on Researching Women's Empowerment: Journeys, Maps and Signposts", Inaugural Lecture, Brunei Gallery Lecture Theatre, SOAS, 2013.01.24. 講演はアーカイブ化されており、以下のリンクから動画が視聴可能である（http://www.soas.ac.uk/about/events/inaugurals/24jan2013-prof-naila-kabeer-reflections-on-researching-womens-empowerment---journeys-maps-and-signpo.html）

後者の旅路に関しては、研究者としての動機と個人としての動機がありました。「女性たち自身」というのは、このテーマについて研究する他のフェミニスト研究者によって書かれた二次的文献の中で取り上げられた女性たちのことであり、また私が、主にバングラデシュで実施した、自らの調査で出会った女性たちのことでもあります。エンパワーメントに関する研究において、私自身がバングラデシュでの現地調査に深く引き寄せられたのは不思議なことではありません。バングラデシュは、イギリスを除いて私が最もよく知っている場所であり、英語ではなく、私が話しかける相手と同じ言葉を使ってコミュニケーションを取ることができる場所であるからです。私は、良く知っている文脈の中で、直接にやり取りすることによってこそ得ることが出来る、特定の洞察があると信じています。

同時に、女性のエンパワーメントを研究する私自身の関心は、日常的にも、そして構造的なレベルでも女性の価値を低く見るような文化の中で育ってきたという個人的な経験によっても動機づけられてきました。これもまた、個人的なものです。ジェンダーの不平等は、世界の特定の地域や国に固有なものではないですが、異なる形態をとり、したがってその結果も異なっています。私は、「古典的な家父長制ベルト地帯」と呼ばれるところで育ってきました。アフリカから中東、そしてインド北部からバングラデシュまで、また東アジアの一部（中国、台湾、韓国）を含む地帯です。その地域では、相続と家系の原則は父系で、男性が重要なのです！

女性のセクシュアリティと公的領域における移動にたいする厳しいコントロールは、女性たちを単に再生産役割、もしくは自宅内かその周辺で行えるような生産的活動に留めさせていました。これらの地域は、東アジアに関しては経済成長が例外を作り出しましたが、世界で最も女性の労働参加率が低いところでした。女性は結婚したら、多くは自身の出身地から遠く離れた夫の側と同居するために、故郷を離れなければなりません。彼女たちの地位は、子どもを産むことで上昇しますが、それは特に息子を産んだ場合です。この地域は、息子にたいする強い選好に特徴づけられる地域なのです。

この地域はまた、セン（Sen）が「失われた女性という現象」と呼んだ現象が顕著に集中しており、積極的なジェンダー差別と悪意ある形態での否定の組み合わせによって、男性よりも女性の高い死亡率が必然的に起こっているところでもあります。「失われた女性（missing women）」とは、もしそのような極端な形の差別がなかったら生き残っていただろう女性や少女を指しています。人口における失われた女性の比率の推計は素っ気ない統計による計算に基づいているかもしれませんが、そのような現象を引き起こしたものは、この地域の男性と女性の日常に存在し、当たり前の側面として広く普及しています。死亡率におけるジェンダー格差は全体としては縮小してきているにもかかわらず、一部の国では、失われた娘という現象に置き換わりつつあるのです。つまり、娘の場合の選択的中絶と〇―五歳の女児の死亡率の高さが見られます。

私は一人っ子であったため、「息子」を尊重する文化の中で娘であることがどのようなものかを経験することはありませんでしたが、母親からはその話を聞きながら育ちました。祖母は、何人子供がいるのかと聞かれるたびに、とても誇らしげに「六人の愛しいダイヤモンドがいるわ」と答えたそうです。それは六人の息子を意味していました。三人の娘を数にいれることはなかったそうです。私は、広く社会が女性をより劣っている存在として扱うだけでなく、女性自身が、自身をより劣っていると見なし、そのように扱う文化の中で育ってきました。私が女性のエンパワーメントについて研究するのは、それをどのようにして変えうるかについて答えを見出したいという私自身の関心のためでもありました。この個人的な経験は、私がなぜ、女性自身の変化、つまり、女性のジェンダー化された主観性（subjectivities）に関心があるのかの理由です。つまり、デニス（Deniz K.）が言う、「認識が作られたところのもの」です。彼女が指摘したように、男性と女性のいずれもが、自身が埋め込まれた様々な社会関係のアンサンブル全体を通じて、自分が何者かについてのジェンダー化された認識を獲得します。また、この認識は、これらの諸関係を構成する規範、価値、実践の理解と解釈を通じて獲得されるものです。デニスが書いた中東の事例におけるジェンダー化された主観性は、「女性のセクシュアリティにたいする、もっとも制約的で抑圧的な管理の副産物」であるという点は、南アジアにも当てはまります。ただし、それらは必ずしも、制約的、抑圧的なものとして経験されるとは限りません。単に、ある特定の文化の中で男性として、もしくは女性として育つことがどのような意味を持つか、ということとして体験されるのです。

シリーン・ハク（Shireen Huq）は、バングラデシュの活動家としての彼女自身の経験から、その意味することを、「女性として差別されている経験から、人間としての尊厳にたいする対等な扱いと尊敬を求めることにつながりました。そして、その次にようやく、市民としての諸権利とエンタイトルメントの要求がくるのです」と述べています。自身の研究においてジェンダーの問題に着手しようと最初に考えた頃は、私は社会科学における二つの極から影響を受けていました。一方で、大学で学んだ新古典派の合理的選択理論があり、もちろん、われわれは処分できる消費力を持っている程度の範囲内で、全ての行為は、自己利益の合理的な計算に基づいていると見なしていました。もう一つの極には大きな構造の物語がありました。開発学において激論を交わしていたマルクス主義者や近代化論者の諸理論だけでなく、非常に多くの社会で見られる女性の従属的な地位を説明する「家父長制」という考え方を導き出した、同じく大きな観点からの先行研究の蓄積です。ただし、ジェンダー化された主観性にかんする問いにたいしてはほとんど関心が払われていませんでした。人びとの考えは、文化や伝統に規定されており、生産手段との関係や家父長制の序列の中での立ち位置によって決まると考えられていました。

これらの二つの極のなかでどのように自身の方法を舵取りするかにたいする試みは、バングラデシュの農村で女性の出産行動について一八ヶ月の現地調査をすることを決断したときから始まりました。この決断は、奇妙なものとして思われたかもしれません。なぜなら、学部と修士課程では、私は新古典派経済学を勉強してきており、新古典派経済学者は通常は、独自の現地調査を行うことはないからです。しかし、私はベン・ホワイト（Ben White）やミード・ケイン（Mead Cain）のような、出生率の研究に従事する文化人類学者に影響を受けており、彼ら、彼女らがやったことをやってみたかったのです。

現地調査は、都市の中間層出身の女性であり漠然とした知識しか持っていなかった自身にとって、世界と、そして人びとと直接に接する最初の経験となりました。同時に、コーネル（R.W. Cornell）が言うところの「文化的目録を収集する」というプロジェクトにも着手することになりました。バングラデシュの文脈における女性の従属性の特定性を説明するのを助けるであろう、さまざまな交わりあう規範、価値、関係や実践について正確に指摘することを試みるということです。それは、地域的に差異化された家父長制の概念だということが出来るかもしれないですし、もしくはナンシー・フォルバー（Nancy Folbre）の言葉を借りれば、ジェンダー化された制約の構造です。ただし、それは、私が読んできたフェミニスト研究よりも、草の根の現実が教えてくれたものでした。いずれにしろ、バングラデシュに関する先行研究が一般的に不足しており、当然のことながらバングラデシュの女性に関する研究は非常に限られている中で、そのような文化に関する現状調査は重要な出発点になりました。

私の分析における試みにおいて、依然として不足していたのは実際の人びとでした。当時はまだ、構造に注目していて、構造的原理から人びとの行動と動機を「解読」しようとしていました。博士論文には、現地で行った調査でインタビューした男性たちや女性たちの見解や声は含まれていませんでした。私の研究人生で、その後の自身を位置づける、非常に異なる分析領域の地図をまとめるのを可能にしてくれたのは、私の研究軌跡の重要な転換点となった、博士論文の提出後にサセックス大学の開発学研究所に着任したことであったように思います。サセックス大学での仕事は、アン・ホワイトヘッド（Ann Whitehead）のような批判的人類学者の影響を受けました。彼女は、民俗誌的な現地調査の豊富な伝統を分析手法として用いながら、自らのディシプリンに支配的な植民地主義的な発想に挑戦するだけでなく、私が習ってきたような経済学にたいしても、代替的な理解を構築しようと挑戦していました。つまり、男性や女性を個人やカテゴリーとして注目するよりも、より両者の関係性やその立ち位置などに注目するという研究です。

独立した研究者としての最初の研究プロジェクトではそのような研究手法を取ることになり、それが後に出版された『選択する力』につながります。この研究は、私のその後の研究全てにおいて重要な影響を持つことになりました。研究自体は、逆説のように見えたものによって動機づけられていました。当時の先行研究の中ではバングラデシュは極貧国であり、保守的で、パルダの規範に支配されており、家の外で女性が働く伝統を持たない女性隔離の国であると描かれていました。しかし、現地調査を行っているたった数年の間に、バングラデシュにおいて興隆しつつあった輸出主導型の縫製産業の工場に通勤する非常に多くの女性たちが、主要な都市の路上を行き来している様を見聞きするようになりました。これらの女性は、グローバルな市場においてイギリスの衣料産業で働く女性たちと職を巡って競争することになりました。イギリスの衣料産業は多くがロンドンのイーストエンドに立地しており、そこではバングラデシュ人コミュニティが多くの労働者を輩出していました。ロンドンにおける労働者の多くはバングラデシュ人女性であったものの、逆説は、これらの女性の誰も、ロンドンにあった縫製産業の工場や工房では働いていなかったことです。そうではなく、女性たちは明白にパルダの規範の順守によって、自宅で出来高賃金による仕事をしていました。他の多くの逆説と同様に、この逆説も、より詳細な検証を行えばそれほど不可解なものではなくなったのですが、いずれにしろ、それが研究プロジェクトの最初の動機でした。

この逆説を理解するために、私はライフヒストリー・アプローチを用いることを決めました。人びとの、自身の人生についての説明（accounts）を、社会的ヒエラルキーにおける彼女たちの位置の観点から概念化するために用いることにしました。また、現在の仕事を始めるまでの過程における異なる瞬間に関する詳細な質問もしました。それは、女性労働者の状況をより綿密で詳細に理解するためでした。つまり、自身の選択をどう見ているか、選択と見なしているのか、そしてその結果をどのように経験しているのかに関してです。言い換えれば、私は、有償労働に従事する経験によって彼女たちがエンパワーされたと感じているかどうかを聞いていました。

　エンパワーメントの概念は、私が調査プロジェクトを設計していた当時、ちょうどジェンダーと開発の分野で登場し始めた概念でした。それは、男性の支配という文脈で権力に注目してきたフェミニスト研究の、権力分析の既存の形態にたいする重要な追加になりました。エイミー・アレン (Amy Allen) が言及したように、それは、家父長的社会の中で男性が女性にたいして支配的立場にあるという見識を否定するものではありませんが、権力に関して異なる理解の仕方をすることを選んだ議論でした。つまり、権力とは、エンパワーする能力であり、自身、他者と世界を変容させる能力であるという理解です。その変化の過程がどのように起こり得るのか、どのように女性はエンパワーするための能力を得ることが出来るのか、そして自身、他者と世界を変えることが出来るのか。それらを理解するためには、そのような変化を妨げている、諸制約の本質について、実際の、そして確固な理解が必要になります。同時に、何が変化を可能にするのかについても捉える必要がありました。変化の経路は、言い換えれば、経路依存的なものです。最初の一歩を特徴づける初期条件を反映しています。

　人びと自身に、なぜそうしたのか、何をしたのか、そしてそれが自身にとってどのような意味を持ったのかについて説明を求めることは当たり前の調査法のように見えるかもしれないですが、論争にならないわけではありません。主流派である新古典派経済学者は、選好と動機に関して、人びとの説明に依拠することを極端に嫌いました。なぜなら、新古典派が人びとのものだとする狭い意味での自己利益の類を、人びとは白状したがらないであろうと考えたからです (Arrow, 1991)。社会学者の多くもまた、人びとの行動の「本当」の理由を見つけるために、人びと自身による説明を考慮に入れずに、説明を始めました。ギデンズが指摘した通り、制度や構造は社会的行為者の「背後」で作用していると想定されているからです。そこでの社会的行為者は、自身の行為の背後にある環境や状況について十分な理解をしていないと考えられていました。他の社会科学者もまた、もし人びとが支配的価値を内在化しており、それゆえに従属的な地位に「同意」しているかのように見えるのであれば、従属的な集団によって述べられた認識は必ずしも真実ではないとしてそのような調査法にたいして疑問をなげかけました。センは、恐らく私が読んでいた中でこの点について触れた最初の経済学者です。センは、人びとがどのようにして、可能であると認識できる範囲の中で、望ましいとされる認識に無意識に順応してしまうかを指摘しました。

これらの諸理論どれもが、エンパワーメントの主観的側面の理解に関する私自身の関心と関わっていました。ライフコースを通じて女性が男性に経済的に依存している文化の出身として、私はジェンダーの物質的側面の重要性と、女性が何らかのレベルでの経済的自立性を発揮することの重要性に重きをおいてきました。ただし、既に述べたように、変化の前にはそれ以外のものが立ちはだかっているようにも感じていました。それは、女性自身による、社会における劣位な地位の明らかな許容でした。この許容が、戦略的な計算によるものであって事実であるというより見かけ上のものであっても、もしくは順守しないことのコストや家父長的保護から与えられる安心や補償に関する女性の側の無意識な自覚であってとしても、私は、多くの文化において、実際には同じ文化内でも、自身の劣位を女性が内在化しているであろうことが多くあり、それを疑うことさえ出来ないような可能性があるということについて、取り上げなければならないと感じました。

縫製労働者に関する調査は、私に様々な方法で光を与えてくれました。検討していた逆説の中にある難問に焦点をあてることは次のようにして進みました。もしバングラデシュの家族や親族関係における女性の従属的な地位が、男性の稼得者への依存から来ているのであれば、独立した収入へのアクセスは、世帯内の男性の支配的地位を揺らがす可能性があるでしょうし、したがって常に男性の抵抗に直面するでしょう。実際に調査対象者の男性の多くは、そのような見解に賛同しており、お金を稼ぐ女性は反抗的になると考えていました。

ロンドンで見られたように、出来高賃金に基づいた在宅の仕事で稼ぐことを、男性が女性からの脅威であると感じることは、それほどありませんでした。所得フローは小さく不定期で、主要な家庭内責任を果たしたうえで従事されるものであったからです。しかし、ダッカで見られたように、女性が定期的な収入を得るために工場に働きに出ることは、別の問題でした。もし夫によって禁止されていなかったら、バングラデシュではもっと多くの女性が働きに出ていたであろうことは明らかでした。

したがって私にとっての難問は、もし女性の賃金労働が男性の権力を実際に脅かしたのだとすると、私のダッカの調査対象者における多くの女性が、どのようにして男性の合意を取り付けたのか、ということでした。調査によって見えてきた答えは、それを可能にした過程の、複雑で矛盾した本質を浮き彫りにしました。しかし同時に、それ以前には私が十分に理解していなかったエンパワーメントの旅路の幾つかの側面を照らし出してくれました。

それは男性や家族との親密な関係の性質ゆえに女性が用いることができた、とりとめのない諸資源に光をあててくれました。多くの夫、父親、そして時には母親もが、彼女たちが工場に働きに出ることを禁じようとしました。女性たちは、時として非常に長引く交渉を経て、自身の道を確保しました。それは、家族との親密な関係の中にあることで、彼女たちは、家族の抵抗の根底にある地位に関連した懸念と個人的な懸念の類の両方を、明確に知っていたからでした。彼女たちは、自身のパルダが傷つくことはないと反論しました。つまり、公的領域では謙虚に行動し、常にパルダと共にあり、学校のような女性によって占められた環境で働き、工場にいる男性は兄弟や父親のようであり、そして家族の福祉や子供たちの将来のためには自身の稼ぎが重要であると主張したのです。夫にたいしては、家庭内義務をおろそかにしないと約束しました。多くの女性は、賃金を夫に渡し、「彼が私を働きに行かせてくれているのに、私が自分の賃金をもし渡さなかったら彼はどのように感じるでしょう」と言いました。

この研究からは、多くの重要な発見を得ました。一つは、家族の中で起こることを形作る外的環境の重要性です。ロンドンとダッカにおけるバングラデシュ人の家族と親族の関係の性質や、女性にとって選択可能な賃金労働の実態についてはそれほど違いはありませんでした。むしろ、異なっていたのは労働市場の性質でした。そして、男性にとっての労働市場における機会の構造、それらの仕事における文化的組成と、女性がコミュニティから出て文化を共有しない他人と接触することよりもバングラデシュ人の家族が置かれたヒエラルキーを再生産する程度であり、福祉国家の存在や不在などでした。

調査から得たその他の知見は、主観性の問題に戻ります。ダッカの文脈では、工場労働を始めたという客観的な事実だけが女性の生活への影響の異なる結果を隔てたのではなく、その仕事を選択した際に自らが置かれていた状況と自身の選択をどのように解釈するかによって異なっていたことが明らかでした。男性の稼得者の死や責任の放棄、離婚などによって有償労働を始めざるを得ない状況に追い込まれた女性にとっては、そのような生活は望んだものでもなければ、そのような生活を送ることを想定せずに育ってきたのでした。彼女たちにとっては、工場労働に従事することは、私の言葉では「選択肢なき選択 (an option-less choice)」でした。しかし、その他の女性にとっては、工場労働は選択肢の拡大を表していました。多くの女性は、これらの仕事を得るために闘わねばならず、家事をおろそかにしないことを夫に約束することで彼らを説得していました。結果として、女性は非常に長時間の労働に従事することになりました。権力関係のシフトは、世帯において水面下で進んでおり、女性は、何も変わっていないというフィクションを維持することに務めていることさえありました。特にわれわれは、娘たちに教育を受けさせることを強調する女性たちの増大を目にしました。もし結婚が破たんしても、教育は彼女たちの娘たちに自身の足で立つ能力を与える道であろうと考えられたのです。

現在、経済学者が認めているように、世帯が「協調的対立」の場であるとすれば、家族の構成員間での交渉を形作ったのは協調的側面であり、他を得るために、何かを譲歩するような、「譲歩と行使」の戦略を引き出しました。幾つかの事例で、対立が本当に見える形で現れたのは、女性が退出のオプションを持っていた時であり、そこには重要な権力関係のシフトがありました。このオプションが最も行使されたのは、しばしば夫が二人目の妻を持っていることを結婚の前か後に女性が知った時や、夫が扶養者としての役割を果たせない時などでした。興味深いことに、家庭内暴力は、女性が自身の結婚から立ち去る十分な理由にはなっていませんでした。

バングラデシュの世帯内における権力関係は、明示的な交渉過程を通じてまず作用するわけではなく、多くの場合は、協調や相補性に関して共有されたイデオロギーの文脈における、より静かな変化の承認を通じて作用していました。つまり、そのことが意味するのは、エンパワーメントに関する、非常に個人化された理解に基づいて権力関係における変化を捉えようとする試みは、しばしば重要な点を見落とすということでした。この点は、女性を対象にしたマイクロクレジットのプログラムにおいて女性のエンパワーメントを測ろうと試みている、増えてきていた調査研究の中で明らかに見られる傾向でした。

例えば、ある研究では、女性をターゲットにしたプロジェクトの貸付を実際は男性が利用しているということを根拠に、女性は貸付にたいするいかなる統制力も持っていないと結論づけていました。他の研究では、マイクロクレジットにたいしてアクセスを持っていた女性はその他の女性よりも、変化の兆しとして男性支配的な意思決定からより集合的な意思決定を報告する傾向にあるという見解を、退けていました。なぜなら、バングラデシュの文脈では、集合的な世帯の意思決定は、単に本質的に男性支配的な意思決定の偽装に過ぎないと議論したのです。

しかし、マイクロファイナンスの受益者である男性と女性にたいする私自身の詳細な質的なインタビューでは、外部者がエンパワーメントの証拠だとして評価するものを、女性自身が高く評価しているとは限らないことが明らかになりました。彼女たちが大きく価値を置くのは自身の文化との適合性であったものの、それが全てではありませんでした。個人化されたコントロールによって切り開ける可能性が制約されている文脈では特に、個人化された形態での資源のコントロールの程度にたいして、人びとはわれわれ外部者と同じようなレベルの価値を置きません。彼女たちは、都会に住む縫製労働者のようには、自身の結婚生活から退出できませんでした。何人かの女性は貸付の一部を自身で活用する方法を探したものの、また何人かは借入金を夫に渡すことを強制されたものの、彼女たちにとっては、夫や息子と借入金を共有することが、その統制の喪失を含意しているわけではありませんでした。重きが置かれていたのは、借入金がいかに使われるかの意志決定であり、さらに重要なのは、貸付からの収入が使われる際の意思決定が集合的になされたものかどうか、という点でした。女性が世帯の意思決定において大きく周辺化されている社会で、そして資金へのアクセスを持たない世帯であり続ける場合、男性中心の意思決定から女性のそれに、一夜で変化するようなことはありません。むしろ、起こり得るのは、男性支配的な意思決定から、集合的な意思決定への移行であり、女性自身もその移行を評価します。われわれは、女性が様々な形での戦略的な個人的行為を実践しているという十分な証拠を多く見つけましたが、それでも、政治的な潜在能力 (capabilities) の拡大を示す証拠はありませんでした。

ホーエルベット (Hoelvet) は、インドのアーンドラ・プラデーシュ州で注意深く設計した研究において、女性支配的な意思決定、男性支配的な意思決定、規範追従型の意思決定、そして交渉型の意思決定を区別しました。彼女は、個々人の女性よりも、女性のグループにたいして貸し付ける方が、実質上、女性支配型と交渉型が、男性支配型や規範追従型よりも増加する可能性が高いことを発見しました。さらには、女性のグループを通じて起こる組織の規範追従型から交渉型への移行は、グループの潜在能力 (capabilities) の構築に重点を置いている組織ほど顕著でした。例えば、頻繁に会合を持ったり、グループの形成に投資したり、密度の濃い訓練を行ったりするなどです。これらのグループは、同時に、グループの存続期間が長いか短いかに関わらず、具体的な変化をより起こす傾向にありました。

女性のエンパワーメントに関する幾つかの研究で顕著に取り上げられた自律性という用語は、私自身の調査に参加したバングラデシュの女性たちの生活において、いかにエンパワーメントの過程が展開するのかを捉えるには特に不適切に見えました。自律性に関する探求がより意味をなすのは、恐らく西欧のより個人化された社会においてであるように見えました。パウラ・イングランド (Paula England) は、一九五〇年代以降の女性の雇用へのアクセスの増大は、離婚や未婚での出産の結果としてシングルマザーの比率が増大したことと無縁ではないことを指摘しました。「この物語を短縮すれば、雇用は不幸せな結婚を去る自由を女性に与えたのです」(England, 1997)。

しかし、世帯がより集合的な形で組織化されており、「共同性 (togetherness)」の強力なイデオロギー、もしくはスワーダ・ジョセフ (Suad Joseph) が言う、家父長的接続によって、男性世帯主の支配の下で、家族の諸活動と資源が結び付けられているところでは、前述のような自律性に関する問いはほとんど響かないのです。そのような文脈では、既に触れたような女性の雇用と賃金が上昇する状況においても、女性は、男性から分離したユニットを設置する機会を積極的に探すわけではありません。そのような自主的なユニットは、社会的に認められるものではなく、個人的にも欲しているものではないからでした。その代わり、このような不平等な依存関係の状況の中で、女性が求めていたのは、高い独立性よりも、高い平等性でした。

UNRISD から依頼された、女性のエンパワーメントを測る方法を検討する報告書の作成は、これらの考えをまとめる機会を与えてくれました。エンパワーメントを概念化する私自身の試みでは、自律性ではなく、選択という用語を選びました。権力は、選択を行う能力であると定義しました。そうすると、エンパワーメントとは、その能力を否定されてきた人が、戦略的な人生上の選択を行う能力を拡大することを示しています。人びとは人生の中で様々な選択を行います。その諸選択の影響が他者にも及ぶようなものもありますが、しかし、その選択はとても権力的なものでありえても、ここでいう意味で、エンパワーされたとは言わないのです。なぜなら、それらの場合は、元々、権限を奪われていた(disempowered) わけではなかったからです。

私は選択を、三つの相互に関連する側面から構成されていると考えました。行為主体性、資源、そして達成です。行為主体性という概念は、選択という考えを操作するのに役に立ちました。その概念は、常に構造的制約を前提としていますが、最も男性支配的な文化においても、合目的な行動の許容範囲に注目します。行為主体性は、観察可能な形態での個人的、もしくは集合的な行動の範囲を超えて広くに及びます。例えば、意思決定、投票行動、キャンペーン、葛藤や意味をめぐっての抵抗、内省、動機、そして人びとをその行為に至らせる目的、人びととの「行為主体性の認識」などです。集合的な行為主体性（collective agency）は、フェミニストによるエンパワーメントの概念化においては、特に重要な役割を持ちます。なぜなら、個々人の女性が諸制約にたいして挑戦するという重要な役割を果たすことができるとしても、構造的な不平等は、個人ひとりで立ち向かえるものではないからです。女性個人で規範に対峙することはできますし、反する行為を行ってもいます。しかし、そのような自律性を実践することで高い対価を払うことになるかもしれませんし、女性一般の状況にたいする影響力も限定されたものになります。個人のエンパワーメントは、もし集合的なエンパワーメントの関心によって動員できなければ、もろい成果にとどまります。女性のエンパワーメントのプロジェクトは、個人の私的領域における自己主張のみならず、公的領域における集合的行為（collective action）に依存するのです。

諸資源とは、様々な範囲での物質的、人的、社会的資源のことであり、目的の達成や行為主体性の発揮のために用いるものです。例えば、土地や賃金、資金、知識、技能や教育から、さまざまな形での社会関係への参加まで含みます。社会関係とは、「与件的な（given）」もの、つまり、家族、親族、コミュニティの関係のように受け継がれてきたものから、「選択的な（chosen）」組織、つまり、労働組合、女性組織、母親の交流活動からその他までを含みます。エンパワーメントという課題を考える際には、資源そのものだけでなく、人びとが資源にアクセスするための条件が重要になります。アクセスは、依存関係の形態が非常に従属的な時や、仕事の条件が極端に搾取的な場合は限定的になります。または、尊厳と自尊心を高めてくれるような方法で達成されることもありえます。

エンパワーメントにおける達成の側面は、人びとが行おうとした事柄をどの程度達成したのか、選択によって確立した結果に注目します。達成は、人びとの行為主体性としての認識に影響を与えると同時に、現在の達成が、将来の行為主体性の実践の基礎を提供するという両方の点において重要です。人びとが達成しようと目指したものと、実際に達成した物事には一対一の対応があるわけではありません。ある状況では、その試みにおいて、何かを成し遂げようという意思自体が、実際の成功と同じぐらいの意義を持ちます。この点は、タイのナット織物工場で働くミャンマー人で女性の工場労働者であるマ・ワイの言葉に表れています。「私は勝利が意味することを学びました。勝利とは成果のことでなく、諸権利のために闘うことを始めようという勇気を持つことなのです」。目的の達成における絶え間ない失敗は、権力に挑戦するという意思にたいして、明らかに気持ちを消沈させ、権限を弱めることになるかもしれないですが、諸権利にたいする闘いは、実際の成果が何であれ、ある種の達成を示しているのです。つまり、そこでの、意図に反した結果や予期していなかった影響という達成は、将来の変化の基盤を提供することになるかもしれないのです。

　最後に、選択という概念と行為主体性という概念を、基礎をなしている諸制約の構造と関連づけて幾つかの条件づけをしなければなりません。選択と行為主体性は、この諸制約の構造の中で発揮されます。エンパワーメントの過程を、単に果てしない選択の拡大として、「地図なき旅路」のように扱うのではなく、幾つかの道標を立てる必要があります。それは、われわれが最終的な目的地を知らないとしても、少なくても大まかな目指す方向を知っているからです。もしくは、少なくても、何が行き止まりや後退する動きを作るかを知っているからです。

　最初の条件づけは手続的なものです。選択の諸条件には関わりますが、選択の中身にたいしては中立的なものです。社会科学では広く知られているように、意味のある選択は必ず代替案を伴っていなければなりません。良く知られているように、選択には物質的側面があります。なぜなら、人びとが使用することが出来る諸資源は、可能な代替的なものを形づくり、それは可能性の領域となるからです。同様に重要なのは、選択の認知的側面です。一連の行為において、何が可能であり、望ましく、想像しうるのかについての認識は、自身が生活し、その社会秩序の中に位置する社会において、重要な方法で形づくられます。何が選択として現われるかの大部分は、可能性の範囲の中で、一連の他の行為を想像できないという事実を単に反映しているのです。

　全ての行為主体性と選択の形態が、権力の分析に適用できるわけではありません。実際のところ、全ての個人は、日々の生活において、行為主体性を発揮し、さまざまな諸選択を行っています。したがって、われわれの分析おいて有用な幾つかの方法で、選択の概念を条件づけなければなりません。これらの条件づけは、行為主体性がその中で発揮される、基礎にある制約の構造にかかわっています。それによって、個人のエンパワーメントの過程とより広い社会変化に関する問いの間に、分析的な接合を提供できます。最初の条件づけは、行為主体性が発揮される下での諸条件に関わります。選択が意味あるものとなるには、そうでなければ選択しえたであろう、代替的な選択肢がなければなりません。代替的な選択肢には物資的な側面があります。つまり、その他の方法で行うための必要手段が無かったため、ある方法で行為を行うというその範囲です。そのような必要手段とは、土地へのアクセス、資金、収入、所得移転などが例ですが、その他の有形、無形の資源、つまり知識、技能や社会的ネットワークも含まれます。

代替的な選択肢という問いについては、主観的側面もあります。つまり、与えられた文脈の下での可能性の範囲の中で、何が想像しうるのかの程度にも関連しているのです。所与の社会秩序の中で何が可能なのかの諸概念は、覇権的な考えによって重要な方法で形づくられます。それは、その社会秩序に伴うであろう不平等を含め、秩序を説明し、正当化することを助けます。従属集団による不承認の不在は、自身の側における退出のオプションの弱さに関する戦略的な自覚の反映であるか、または不承認の無用さや現状にたいする断念という受動的な順応を反映しているかもしれません。もしくは自身の劣位な地位を内在化し、認めることを通じて、自身の地位に関する覇権的な考えにたいする従順を反映しているのかもしれません。より批判的な認識への移行は、物質的、そして文化的な可能性として、「在ること、行うこと (being and doing)」の競い合う幾つかの方法が可能になった時に、可能になります。そうすることで、文化の「常識」としての命題が、その「自然化」された特徴を失い始め、与件的な社会性の恣意性が明らかになってくるのです。代替的な選択肢の選択可能性が広範囲に及んだ時、つまり、異なる選択を行う可能性を最も想像するのが困難であった範囲にまで及んだ時は、批判的な認識の出現にとって重要になります。人びとが、社会秩序を不問で受容していた位置から、それにたいして批判的な見解を持つ段階へと移行する過程になるからです。

二つ目の条件づけは、本質的により実質的なものです。それは選択の内容と、行為主体性の社会的な諸制約との関わりでの選択の結果に関連しています。それは、全ての社会的行為者が、社会秩序における自身の地位にかかわらず日々の生活で行う、無数の、ありふれた選択と、人生の方向性と質を決める戦略的な人生における選択を区別します。戦略的の意味が何であるかは社会によって異なります。有償労働に従事することを選択した女性や自身の選択で誰かと結婚することを選んだ女性は、そのような諸選択を女性が行うことを否定されていた文脈の下で、戦略的な形態での行為主体性を発揮したと言えます。これらの諸選択が元々当たり前と見なされている社会の文脈では、これらはそれほど戦略的な意義を持ちません。

三つ目の条件づけもまた、本質的に実質的なものであると同時に、根底にある諸制約にたいして選択がもたらすより長期的な結果に関わります。行為主体性の戦略的実践は、必ずしもより広い構造的な不平等を不安定化するとは限りません。さらに、ある女性が戦略的な行為主体性を発揮することで、他人の権利を侵害することもありえます。社会的ヒエラルキーの中でのその人の立ち位置は、その女性にたいして、自身のアイデンティティとそこでの特権や抑圧に関する男性と共通の利益をもたらします。そのことが、ヒエラルキーの底辺にいる人びとが、ジェンダーにおける対立に目をつぶり、階層や階級に沿った連帯を生み出すことにつながることもあります。同様に、一部の女性が、自身の特権的地位を共有しない他の男性や女性の人間としての尊厳や諸権利を否定することを導くこともあります。

バルティワラとダナラージは、インドのヒンドゥーの原理主義的政党が、地域内の伝統的な女性性の規範から決定的でありながら破壊的に離れるという、カーストの上層と下層の女性のいずれも含む女性の集合的行為の形態を引き出すことに成功したと指摘しました（Baltiwala and Dhanraj, 2004）。この政党の女性党員たちは、宗教的なマイノリティにたいする攻撃の先頭に立っていました。一九九二年におけるバーブリ・マスジド【訳注1：マスジドは、ムスリムの礼拝場を指す】の破壊や、一九九三年のボンベイでの集団暴力、二〇〇二年にグジャラート州で起こった反ムスリムの大虐殺などがそうです。これらの女性は、非常に戦略的な形態での行為主体性を発揮しているかもしれませんが、その行為は、宗教的なマイノリティの男性と女性の人権を侵害し、それゆえに、社会的正義の基礎原理に反します。

したがって、行為主体性の戦略的な結果に注目することだけでは、行為主体性が自身や他人に危害を与える方法で発揮される可能性を除外することは出来ません。もしわれわれが、個人のエンパワーメントと社会的正義の明白な接合を作りたいのであれば、われわれは一歩進めて、既存の不平等の構造を再生産するような行為主体性の形態と、それにたいして挑戦するような行為主体性の形態とを区別しなければなりません。言い換えれば、われわれは、戦略的な行為主体性の潜在的変換力に関心を持っているのであり、それが、社会的不平等にたいして問いかけ、挑戦する可能性を切り開くことができる能力に関心があるのです。

女性のエンパワーメントの概念は、主な開発目標の達成において、女性の行為主体性を発揮する能力と交渉力が主な原動力になりうることが明らかになってくるにつれ、開発学における学術的、政策的な研究の主流となってきました。最近では、開発業界における聖杯である経済成長戦略においても注目されるようになっています。しかし、これらの研究の多くは、どのような女性のエンパワーメントが、大抵は所得、土地や教育などの諸資源へのアクセスによって表現されるのですが、出生率の低下や、幼児の生存、農業の生産性や成長といった主流派の開発目標の達成に貢献するかについて議論しているにすぎません。その諸資源がどのように、もしくは本当に、女性自身のニーズと優先事項に取り組む能力と、より大きな構造的制約にたいして集合的行為の形態を追求するような意味で、女性をエンパワーしたのかどうかについてはほとんど関心が払われていません。

「女性のエンパワーメントの経路」に関する調査プログラムでは、このような研究におけるギャップを埋めようとしました。私が取り上げたテーマについてここではお話したく思います。われわれは特に、有償労働の影響に関心を持っていました。これは、女性の労働市場への参加は、女性のエンパワーメントを促しているのか、それとも搾取的なものなのかという、今も長く続く議論の一つの側面です。私たちはまた、家族の支援や組織の所属資格のような関係的な資源を含む、その他の資源の潜在的変換力に関しても関心を持っていました。例えば、教育やメディアとの接触度、女性の居住地や住宅の所有の有無などです。われわれは、エジプト、ガーナとバングラデシュでこれらの諸資源の影響を、既に述べたエンパワーメントの概念化に基づいて、測ろうとしました。

「本調査で用いるエンパワーメントの概念化は、女性の人生における変化のさまざまな側面に触れるものであり、それぞれが重要性を持っているが、同時にその他の側面との相互関連性においても重要性を持っている。それは、女性の自尊心や社会的アイデンティティに関わっており、自身の生活を戦略的にコントロールする能力の発揮、そして彼女たちにとって重要な他者との間での関係性を再交渉する能力を与え、そして自身が住む社会において、権力と可能性のより公平で民主的な配分に貢献する形での社会の再形成に男性と同じ条件で参加できるような能力を与えるものである」(Kabeer 2008, p.27) という定義です。

われわれはこの広い意味でのエンパワーメントを捉えるために、多くの指標を用いました。多くの指標は、三カ国の文脈に共通するものでしたが、一部は固有の文脈に由来するものでした。われわれの指標には、第一に、世帯内における経済的行為主体性がありました。女性が自身の収入の使途や健康に関して意思決定を行うことができるか、そして自ら耐久的資産を購入したことがあるかどうかでした。第二には、移動の自由です。これは、エジプトとバングラデシュの事例で、世帯の外での移動の自由度について聞いたものでした。市場や医療クリニック、また実家への訪問を付き添いなしで行くことを女性が気楽に行えているかどうかです。第三には、フォーマルな資金や貯蓄の可能性という金融資源へのアクセスがありました。第四には、家族とコミュニティ内における女性たちの地位です。家族の構成員によって女性たちの仕事が価値を置かれているかどうかを測り、コミュニティにおいて敬意を払われているかどうか、他人に助言や情報のために相談されることがあるのか、といったことです。また政治的行為主体性として、最近の地方や国政選挙で投票に行ったかどうか、そしてもし投票したのであれば、誰に投票するかを自らが決めたのかどうかです。そして、最後には、女性の価値と態度についてであり、自身の人生にたいする何らかの程度のコントロールを自身が持っていると考えているのかどうか、ガーナでは自身がエンパワーされたと感じているかどうか、そしてバングラデシュとエジプトでは息子を選好する程度についても聞きました。

ここでは、われわれの発見の詳細な説明は行いません。調査結果の報告書は最近、ジェンダー平等と女性のエンパワーメントのための国連機関（UN Women）のウェブサイトで閲覧可能になりました。幾つかの重要な点だけ紹介しましょう。最初の点は、われわれの指標によると、有償労働は、専業的な家事や公式な労働力調査が「非経済活動」と呼ぶものよりも、一貫してエンパワーメントにつながっていることが明らかになりました。二点目は、自宅での仕事よりも、家の外での有償労働や農場外労働の方がよりエンパワーメントにつながっていました。三点目に、どの国の文脈においても、よりフォーマルな有償労働は、それ以外のいかなる仕事よりも、よりエンパワーメントにつながっていました。われわれは、仕事によるエンパワーメントの潜在力を、収入の定期性、労働条件の安全性などによって順位づけることが出来ます。新しい考え、経験や関係に触れる潜在性や、収入にたいする自身の統制の度合いによっても順位づけることが可能です。しかし、もちろん、これらの発見の背後には、最もエンパワーメントを促す形態である仕事がまた、三カ国全てで、経済の自由化と労働市場の規制緩和によって縮小しているという背景がありました。唯一、バングラデシュのみが、私の以前の研究でもあった、縫製工場での就業という形で、民間部門によって創出された新しい、半フォーマルな仕事に女性が入り込むことが出来ていました。教育もまた、雇用と同じぐらい、三カ国全てで重要でありました。われわれの分析において、雇用を要因としているという条件のもとでは、教育のエンパワーメントにたいする影響は、職業へのアクセスという経路において作用していることを示しました。恐らくは認知的経路を通じてです。土地や住宅にたいする所有権は、バングラデシュ以外では特に重要であるという証拠は見出せませんでしたが、それをどのように測るのかということにもよるのかと思います。

私がここで強調したいのは、雇用や教育のような個人的資源の影響は、コミュニティの中における尊敬や投票行動の拡大などの形で確かに公的領域に染み出すものの、三カ国のいずれの文脈においても、集合的行為の増大にはつながってはいなかったことです。集合的行為への関与があまりにも低いので、これらの指標を最後の推計の際には落としたぐらいです。バングラデシュを例外として、組織のメンバーとなることは、特にはエンパワーメントとは結びついていませんでした。バングラデシュにおいても、NGO のメンバーであることが、集合的行為を促してはいませんでした。言い換えれば、態度や行動の変化が、目に見えない形や意図していない形での社会変化をもたらすとしても、われわれが調査の指標に含めた、関係的、物質的、認知的な諸資源のいずれもが、女性のエンパワーメントの多くの定義で言及されているような変化をもたらすであろう、合目的な集合的コミットメントに結びついていなかったのです。

三つの文脈での、組織への所属の影響における差異は興味深いものでした。バングラデシュの開発系 NGO によって組織化されたグループへの所属は、ほとんどがマイクロファイナンスを中心として組織化されていましたが、エジプトで見られたような国家管理型の組織への所属や、ガーナに多く見られる信仰に基づく組織よりもエンパワーメントにつながっていました。では、何がバングラデシュにおける開発系 NGO のこのような影響を説明するのでしょうか。一つ指摘すべき点は、いずれもがドナーによって資金を提供されており、したがってドナーにたいする説明責任を負っていたとしても、バングラデシュの場合は、エジプトの事例よりもはるかに独立した活動を行う余地が与えられており、またガーナの教会に基盤をおく組織に比べると、われわれの指標に付随したある種の価値を促進する傾向があったからでした。にもかかわらず、なぜ全く影響を持たなかったのでしょうか。一つの点は、バングラデシュの調査からの知見に関して個別に公表した研究の中で触れましたが、NGO への所属とある種のインフォーマルな自営業に関する変数を制御すると、資金へのアクセス自体は女性のエンパワーメントにたいしてほとんど影響を持たないことをわれわれは発見したのです。このことは、組織への所属に関連する異なる何かが、影響を説明しうることを示唆しています。つまり、NGO が提供した資金ではなく、助成が提供された経済活動でもない何かです。もちろん、これらの活動が何らかの変化をもたらしたとしてもです。

さらなる洞察は、私も参加した別の調査プロジェクトからもたらされました。それは、バングラデシュにおける開発系 NGO のまさに政治的影響に注目するものでした。この研究では、開発系 NGO をその連続体において、異なる観点から分類することを行いました。その連続体の一方の端は、われわれの分類ではミニマリストなマイクロファイナンスの機関であり、グラミン銀行や ASA のような組織に代表されるグループでした。これらの組織は、ほぼ金融サービスに特化し、主に貸付を中心に行っていました。もう一つの端には、社会的な動員を図る組織があり、構成メンバーの集合的な政治能力の促進に主に注目しており、いかなる形でも、サービスの直接の提供という機能は避ける組織でした。その二つの中間には、BRAC やプロシーカ (Proshika) のような中間的なカテゴリーに属する組織がありました。これらの組織は、マイクロファイナンスの提供と、権利に基づいた教育や法的支援を組み合わせて行っていました。これらの組織の五〇%以上の構成員は女性でしたが、マイクロファイナンス型組織においては、ほぼ女性が百%でした。

われわれの調査が明らかにしたのは、社会動員型の組織は、皆さんが期待する通り、最も政治的な影響力を持っているということです。男性にたいしてよりも女性のメンバーにたいしての影響は弱かったと言えますが、それでも、メンバーではない女性に比べればずっと大きなものでした。他の点で指摘しておくべきことは、これらの組織は、他の組織に比べてより高い水準の集合的な行為を報告した点でした。BRAC のような中間的組織は一〇%、ASA が二%なのにたいして、これらの組織では九〇%以上でした。さらに興味深いのは、これらの組織の幾つかにたいする詳細なケーススタディの結果でした。女性よりも、男性の方がより集合的な行為に参加する比率が高かったのですが、男性と女性の両方において、最も頻繁に組織化されたのはジェンダーに関わる問題に関してでした。特に女性にたいする暴力などの問題に関してです。したがって、フェミニスト関連のアジェンダについて男性にもっと積極的になってもらいたいと当時のわれわれは感じていたのですが、これらの組織はその目標を達成することが出来ていました。

社会志向的な諸組織に関するより詳細な調査は、女性のエンパワーメントを探求するための、集合的な経路の異なる側面を明らかにするのを助けてくれました。まず、物質的側面がありました。これらの組織は、通常は貸付を提供しませんが、貯蓄活動の実践やグループで定期的に会合を持って管理することを促進しようとしていました。他にも様々な生計活動に関する訓練を提供したり、またメンバーにたいして、自身の労働にたいする対等な見返りを要求することが出来るように、取引と交渉に関する訓練を実施したりもしていました。経済的な収益はわずかだったかもしれないですが、女性たちは生計をより安全な基盤に確保し、男性の世帯構成員の稼得への圧力を低下させ、世帯において彼女たちの声をより高めることになりました。また、ある程度の安全を確保するために、自身を軽視するような形でパトロン・クライアント関係に依存することからは自由になりました。

次に、変化の認知的な諸側面がありました。これらの全ての組織は、パウロ・フレイレ (Paulo Freire) の業績の影響を受けていて、日常生活における実践的な関心から自身が住む社会における本質まで、幅広い課題について対話的な訓練とグループでの議論を通じて、批判的認識を探求しました。これらの幾つかの組織は、審議的な民主主義の種を植えていたといえます。そのことは、地域レベルでの紛争の解決や、正義と不正義を区別することなどにおける論証の実践などを強調する女性の語りの中に現れていました。

これらの組織が構成員の生活にもたらした、その他の根本的な変化は、人びとにたいして開かれた社会関係の拡大でした。物質的な動機は、グループに人びとを集める最初のきっかけを提供したかもしれないですが、しかし、既に説明したようにグループとして共にあり続け、実践のためのコミュニティを形成したのは、人生における経験を共有し、共通の課題にたいする解決を模索することを通じてでした。コミュニティは長い時間をかけて、様々な目的のための、グループの構成員の定期的な対面での相互交流を通じて構築されました。例えば、貯蓄活動や、訓練、紛争解決やさまざまな形態の集合的な行為です。グループを形成する前からお互いを知っていた者の間でも、この集合的な経験は、お互いの関係の性質を変化させました。

BRAC のシャンティは、次のように言いました。「一本の枝は折れるかもしれませんが、束になった枝は折れません。一人では何も達成することは出来ません。一人だけでは何の価値もありません。もし私が今、病気になっても、他のメンバーたちが面倒を見てくれます。自身の諸権利を確立するためには、あなたは闘わなければならず、そのためには連帯する必要があります。もし私が選挙に出たかったら、私を支持し、私に投票し、キャンペーンを手伝ってくれる人が必要です。自分自身だけで、私自身を価値あるものと出来ますか？　それは出来ません。あなたが自分自身をどれほど偉大だと思っていたとしても、他の人の支持を得ないといけないのです」。

われわれの調査対象者の中で、労働組合が影響を持ったケースはありませんでした。おそらく、多くの女性がインフォーマルな労働者だったからだと思います。バングラデシュの社会動員型組織は、インフォーマル経済に従事する女性たちの集合的行為を促進することを目的にして組織されたものでした。その戦略は、メンバーの人生における、物質的、認知的、関係的変化を組み合わせることを試みており、バングラデシュの農村の文脈で女性のエンパワーメントの経路を阻害している諸制約に関する理解に基づいていました。そこには幾つかの教訓があります。まず、組織形態の戦略的な重要性です。労働組合、協同組合型、NGO、自助組織など、どの形態であるかということです。次に、労働者に共有されるアイデンティティの形成過程があり、それはカースト、移民歴、エスニシティやその他に横断して築けるかどうかが大事になります。そして、伝統的な労働組合の強い権力が不在の下では、ソフトパワーである諸資源が大事になります。さらには、日々の生活における経済的な要請への対応、そして社会保障の重要性があります。法律が、女性労働者のために、再分配や女性を認知するために機能することや、政治や政策に携われること、そして、ローカルやグローバルなレベルで、連合を築いていけることが重要です。これらの調査の経験から見いだせることは、変化の速度を強制したり、変化のための優先事項を一方的に命じたりすることは出来ない、ということです。

戦略は時間とともに進化し、変化します。ジェンダーの不平等の構造的側面に取り組むための試みに必然的に伴う「長いフィードバックの輪（long feedback loop）」が意味するのは、最初の段階から女性たちをそのために集めることは出来ないだろう、ということです。しかし、女性たちが日常生活のより実践的関心のために集まってくるようになり、そして集合的なアイデンティティが育ち始め、それが強化され、そしてこれらのより政治的な課題へも取り組む意思を持つようになります。したがって、最初の諸戦略は、弱者の武器を用いた、継続する親密な関係性の下で、対立的なものではなく、より温和なものであるでしょう。しかし、時間を経て、そのグループが自信と確信を持つようになって初めて、われわれは開かれた対立や、彼女ら、彼らの諸権利を侵害する権力にたいして法的措置を取り、自身の組織を通じて政治的、政策的過程に影響を与えることを試み、自らも市民であると強く主張するようになるのです。周辺化された集団、特に女性にとっては、周辺化された地位から人間へ、そして市民へとなる道筋は、その地域の諸制約と優先事項を反映した速度で進められなければならないのです。

参考文献

Arrow, K. (1990) 'The Pioneers', in R. Swedberg (ed.) *Economics and Sociology: redefining their boundaries,* Princeton University Press: Princeton.

Batliwala, S. and Dhanraj, D. (2004) 'Gender Myths that Instrumentalise Women: A View from the Indian Frontline', IDS Bulletin, 35.4: 11–18.

England, P. (1997) 'Conceptualising Women's Empowerment', paper presented at the Seminar on Female Empowerment and Demographic Processes (Lund, 20~24 April).

Kabeer, N. (2008) 'Paid Work, Women's Empowerment and Gender Justice: Critical Pathways of Social Change', Pathways Working Paper 3, Brighton: Institute of Development Studies.

解説にかえて

遠藤環

本書は、二〇〇〇年に出版された *The Power to Choose: Bangladeshi Women and Labour Market Decision in London and Dhaka* (Verso, 2000, 464ページ)の邦訳である。著者のナイラ・カビール (Naila Kabeer) は、ジェンダー研究、および開発研究の世界的な第一人者であり、現在はロンドン・スクール・オブ・エコノミクス (LSE) ジェンダー研究所の教授を務める。二〇一五年にジュネーブの国際・開発問題高等研究所から発表された世界のジェンダー専門家に関する報告書では、「世界で最も影響力のあるジェンダー研究者」と「国際機関や国際 NGO に雇用される、最も影響力のあるジェンダー専門家」のいずれの項目でも第一位に選ばれている[1] (Thompson and Prügl, 2015)。本書は、カビールの代表的な著作であり、ジェンダー研究、開発学などにおける必読書として欧米の大学院のリーディングリストに入っているのみならず、その学際的な知見と貢献から、移民・エスニシティ研究、グローバリゼーションの研究や産業分析、都市研究、階層・格差研究などの分野で幅広く参照されてきた。筆者が把握しているだけでも一八本の書評が出ており、その反響の大きさが分かるであろう。現代においても深く示唆に富むと同時に、古典としても読み継がれていくであろう書物として扱われている。また、日本語版序文に述べられている通り、モニカ・アリ(バングラデシュ系イギリス人)は本書からインスピレーションを得て、小説『ブリックレーン』(二〇〇三年)を執筆した。アリは、その処女作でブッカー賞の候補に残り、二六カ国で翻訳が出され、二〇〇七年には映画化もされた[2]。カビールは筆者との会話の中で、小説化について、「学術書にたいする最も予期していなかった反応であり、とても嬉しい反応でもあった」と語っている。

カビールの研究の歩み、その中での本書の位置づけと貢献については、本書に収めた講演録をまずは読んで欲しい。二〇一三年

1 「ジェンダーとグローバルな変化」研究プログラム(二〇一二年五月—二〇一四年八月)の下で実施された、ジェンダーの専門家にたいするアンケート調査による。

2 Monica Ali (2003), *Brick Lane*, Black Swan. 見合い結婚のため、一七歳でバングラデシュからロンドンのイーストエンドに移住してきたナズニーンと、バングラデシュに残りダッカの縫製工場で働く妹のハシナを巡る物語。ブリックレーンは、イーストエンドの有名な通りの名前である。各国で広く読者を獲得する一方で、度々論争の的にもなっており、映画上映の反対を求める運動が、バングラデシュ人コミュニティの一部で起こったりもした。なお、カビールとアリの二冊を事例として取り上げて、学術書と小説という異なる媒体による女性の表象や開発を巡る議論への示唆に関する興味深い考察を行っているものとして、Lewis, Davis, et al (2005) "The Fiction of Development: Knowledge, Authority and Representation", Working Paper Series No.05-61, Development Studies Institute, London School of Economic and Political Science. や Marx, John (2006), "The Feminization of Globalization", Cultural Critique, 63, Spring, pp. 1-32. など。

一月、当時教えていたロンドン大学東洋アフリカ研究学院（SOAS）の公開セミナーで行われた講演は、筆者も居合わせていたが、約三百名分の座席では全く足りず、ホールの階段や通路の床にも聴衆がぎっしりと座っているほどの盛況ぶりであった。女性たち自身の語りを用いたカビールの研究方法に倣うとすれば、彼女の研究の動機、意図や意味づけの軌跡もまた、本人の語りによる説明（accounts）に優るものは無い様に思われる。この示唆に富んだ講演は、開発分野におけるより広い論点、つまり、ジェンダーとエンパワーメントを巡る議論を理解するのにも役に立つだろう。以下、ここでは、講演録では展開されていない点について、幾つかの補足を試みたい。

1. 略歴と研究史

カビールは一九五〇年にバングラデシュに生まれ、一九歳の時に博士号取得を目指して渡英した母親に連れられてロンドンに移住した。母親のロキア・ラマーン・カビールは、ダッカ大学で歴史学を二二年間教えた後、一九七〇年代後半からバングラデシュの農村で開発NGOを立ち上げた、女性の自立支援活動の草分け的存在である。カビールは、バングラデシュで取得した高校卒業資格が認められなかったため、Aレベル（イギリスの高等教育卒業資格）を修めた後、ロンドン・スクール・オブ・エコノミクス（LSE）に入学する。一九七四年に学士号（経済学）、一九七六年にはユニバシティー・カレッジから修士号（経済学）、一九八五年にはLSEから博士号（経済学）を取得している。その後、一九八六年から二〇〇一年までサセックス大学開発学研究所（IDS）のリサーチ・フェロー、二〇〇一年から二〇〇九年まで、同研究所プロフェッサー・フェロー、二〇〇九年から二〇一三年にロンドン大学東洋アフリカ研究学院（SOAS）開発学研究科の教授を経て、二〇一三年一〇月に現職に着任した。フェミニスト経済学会理事など多くの役職を兼任し、各国際機関のアドバイサーも務めている。二〇一三年には、英国社会科学ナショナル・アカデミーのアカデミー会員として受賞をしている。

カビールは、ジェンダー研究、開発学、南アジア研究者としてだけでなく、時として社会経済学者と評されることもある。学生時代より培った綿密なフィールドワークと、経済学、および社会学、文化人類学の諸理論に裏付けられた分析により、優れた実証研究としてのみならず、理論的貢献を生み出す、その独創性が高く評価されてきた。博士論文は、バングラデシュの農村における出生率と出産行動に関する量的分析が中心であったものの、講演録にあるとおり、フォリドプル県の一つの村で一八カ月に渡る現地調査と女性への聞き取りを実施している。この村は、当時、彼女の母親がNGO活動を展開していた村の一つでもあり、そこでの経験が後の研究に生きているのは確かであろう。大学院在籍当時は、ベッカー流の議論にたいしては疑問も抱き、経済学の諸理論では出産行動を十分に分析できないとして、人口学部に教えを請いに行ったりもしたという。学生時代は新古典派経済学をディシプリンとして習得しながらも、本書の第二章や講演録からも分かるように、自身の研究アプローチを形づくる初期の段階では、経済学者ではセン、社会学者ではブルデュー、ギデンズ、人類学者ではベン・ホワイト、ミード・ケイン、後のサセックス大学の同僚となるアン・ホワイトヘッドの研究などに刺激を受ける一方で、フェミニストでありながらも当時のジェンダー研究の特定の流派に属するようなスタンスは取っていなかった。ただし、本格的に分野横断的に、さまざまな学問的系譜からの知見を総合し、それを自身の研究視角に反映させるようになったのは、サセックス大学着任以降であった。カビールの最初の単著は、一九九四年に出版された『逆転した現実：開発思想におけるジェンダーヒエラルキー』(*Reversed Realities: Gender Hierarchies in Development Thought*. Verso, 1994) であり、現在もジェンダーと開発の分野の教科書として広く参照されている。本書は主流の開発理論と政策アプローチをフェミニズムの観点から批判的に検討し、マクロな観点からは経済学的見方と構造主義的見方のそれぞれを整理した上でその限界も指摘しており、『選択する力』で理論的アプローチとして用いた中間的立場を導く基礎となった議論が展開されている。また、ミクロな観点からは、主流派の開発理論による貧困や世帯に関する伝統的な概念や見解の脱構築を試みており、権力関係が作られる場として世帯を捉えなおし、既存の議論の二元論を乗り越える必要性を指摘している。個人と構造、経済的なものと文化的なもの、量的分析と質的分析など、それぞれの二元論的アプローチの限界、また関係性への注目の重要性が指摘されており、カビールのアプローチが開発理論、政策の現場にたいして持った示唆とそれを支える理論的背景を知りたい人にはわかりやすい案内書になるだろう。

　彼女の二冊目の単著であり、後に代表作となる『選択する力』は、長期調査に基づいた実証研究を主な内容としつつも、理論的貢献も大きい作品となった。『選択する力』で、個人の選択と意思決定の分析から始まった研究の問題関心は、その後も、経済と文化的規範に関する理論的、実証的研究、女性の行為主体性とエンパワーメントの研究として引き継がれているが、同時に個人から社会的次元へと分析の視野を広げ、集合的行為、社会正義（社会保障と社会排除の問題などを含む）、シティズンシップの研究など、それぞれにおいて多くの優れた業績を出している。現在は、よりマクロな視点から、バングラデシュの労働市場分析の国際プロジェクトの代表や、縫製産業の国際バイヤーに関する調査にも着手している。論文、編著書ともに非常に多く、その業績は、ホームページ (www.nailakabeer.net) からアクセス可能である。

2.　『選択する力』の意義と貢献

　本書の魅力は、まさに二つの異なる文脈を、同じ分析の遡上に乗せたことである。分析のどちらか片方が欠けていても、行為主体性と構造の相互作用とそのダイナミクスを本書のように説得的に描き出すことは出来なかったかもしれない。そこには、バングラデシュとイギリスという二つの国で育ち、異なるコンテクストの中での生活を実体験してきたカビールならではの着眼点と眼差しがある。「文化的制約とジェンダー役割に関して恐らく似たような見解を持つ女性労働者の二つのグループが労働市場の機会にたいして一見直感に相反する方法で反応」(p.5) したその逆説に注目し、そのような結果を作り出している諸要因を、個人、世帯内関係、社会へと分析の視点を広げながら、また制約や変化が作用している諸過程を捉えながら、緻密に明らかにしていく。マクロ、メゾマクロ、ミクロレベルを架橋して丁寧に文脈を描きつつも、客観的分析と主観的評価の分析を統合し、かつ理論化を図ることで、個人の選択と制約というミクロな観点から出発しながらも、都市の階層性、文化的規範と経済構造の相互作用、グローバル化の本質などを描き出すことに成功しているのである。

一一章と三つの附録からなる本書は、ダッカとロンドンの事例を実証的、理論的なレベルでも比較できるように対照的な構成になっているのが特徴である。逆説を巡る三つの主な問いに答えるため、マクロな背景(第一章)、理論的検討と分析枠組みに関する検討(第二章)を経て、第三章以降が実証部分となっている。第三—五章のダッカの事例と第六—八章のロンドンの事例は、衣料・縫製産業と労働市場の外観と歴史的背景(第三、六章)、女性の労働市場への参入の選択過程とその意思決定の要因分析(第四、七章)、選択の結果、世帯内関係、および文化的規範の変化の有無(第五、八章)を明らかにしている。第九章以降では、三つの問いにたいして、一章ずつ用いて実証分析の知見を用いながら理論的な検討にも立ちかえっている。第九章では、異なる労働市場行動の逆説の説明として、実証分析の結果をまとめている。その差異の説明は、個人的次元ではなくむしろ労働市場の特徴、政府の役割、階層構造とコミュニティのあり方など集団的次元から説明できるものであった。第一〇章では構造と行為主体性の相互作用を、個人、世帯、より広い二つの都市の文脈において理論的に捉え直し、第一一章では、国際貿易と労働基準を巡る政治と、本書の政策的な示唆を総括している。

本書の学術的意義と実践的意義は多岐に渡る。研究の動機、経緯、主な知見は講演録に詳しいためここでは省略し、学術的貢献について以下、三点だけ触れておきたい。

第一に、理論的、方法論的貢献である。グローバル化が進む中、個人と構造の相互作用をいかに理解するかが学問上の大きな課題となっている。一部の地域研究や文化人類学は、ある事例を特定のディシプリンから集中的に紹介することによってその課題に答えようとするが、しかし総体的、重層的な構図を描き出すのは容易ではなかった。二つの方法論を正面から架橋することにより、女性たち個人の選択や制約を描きながらも、その背後にある歴史やマクロな環境条件、階層構造を描き出したことで、グローバル化時代の理論的、実証的研究のパイオニア研究としての地位を得ることになった。ジェンダー研究のみならず他分野に示唆を持ったのはそのためである。また、サンプル数は少ないといえども量的調査と質的調査を組み合わせる一つの方法を提示した。具体的には、前述の通り、分析単位に「個人」「世帯」、そして「地域（コミュニティ、都市）」の三つを設定し、それらの相互作用を実態分析から丹念に読み解いていく方法を取った。特に重視しているのは女性たちの語りである。これは、「当事者の声に耳を傾ける」というような倫理的な関心というよりも、当事者の語りから、選択と可能性についての促進・制約条件に関する仮説を検証していくという、より積極的な実証的研究における方法論上の意義を提示したものである。またその語りを、背景についての深い理解（歴史、環境条件などの検討）に基づき、文脈に沿って解釈することを試みている。

第二の貢献は、前述のような経済学と社会学・文化人類学を架橋する方法論を通じて、完全に経済合理的でもなければ、完全に構造や規範に拘束されているわけでもない、新しい人間像を提示したことにある。本書の「はしがき」にも述べられている通り、新国際分業の進展以降、労働者として市場に包摂された女性に注目した研究は増大したが、先行研究は企業側のジェンダーバイアスや過酷な労働条件に注目しがちであり、また女性たちは一方的に搾取される安価な労働力であり、受動的な存在として描かれることが多かった。そのような見方に批判的な立場からは、当然のことながら、女性の多様性を描こうとする試みが多く出てきた。開発経済学や社会学などのアプローチであれば、労働者として括られている女性たちの内部にも異なる属性と階層があることを示したかもしれないし、文化人類学であれば、共通の属性にも関わらず、様々な異なる主観や価値を持つ女性たちの存在を指摘し、一様に扱うことの政治性を批判したかもしれない。

しかし、カビールの分析は、経済的・社会的な客観的条件、もしくは主観的評価や認識のどちらかが多様であったり、共通であったりすることを単に示したわけではない。むしろ、その相互作用に注目していた。カビールが描く個々人は、社会関係や環境条件から完全に独立した個人でもなければ、構造に一義的に支配されているわけでもない人間である。つまり、歴史や自身の持っている制約を背負いながら、持てるリソースを動員することで選択していく、能動的な主体である。その分析は、ひとつは、労働市場への参入や職種の選択、収入の統制といった、異なる重要な瞬間や過程における行為主体性の発揮の状況、制約条件の所在を突き止めていくこと、ふたつには意思決定過程を分類化し、選択がなされた際の女性を取り巻く状況などを明確にすることで、比較の根拠を提示しつつ進められる。女性を取り巻く状況の分析では、マクロレベルの大きな構造だけではなく、文化的規範に規定されたメタ選好や世帯内の権力関係のあり方など、メゾマクロのレベルでの相互作用をも捉えることにより、女性たちが集団的次元で共通して持つ諸制約と、そこでの個々の異なる経路や結果を説明しようとする。そこで捉えられたのは、「合理的な愚か者」でも「文化的なまぬけ」でもない人間であり、構造的な大きな制約の中でも、全員ではないにしろ、少しずつ自身の人生を切り開く女性たちが存在することである。二項対立的な議論を超えて、二重性を捉えた上でのこのような人間像に基づいた行為主体性と構造の相互作用の分析の含意は、これらの条件や個人は相互作用の中で可変的であるということである。個人の選択の結果、世帯内関係がどう変わったのか、女性が果たしてエンパワーされているのかどうかは、本書の分析の重要な関心であり、分析に動態的な視点を持ち込んだ。

第三の貢献は、新しい社会変化の理論、つまり、構造と主体の二項対立を超克し、その相互作用の中に変化の契機を見出したことにある。変化とは、漸進的であり、一夜で大きな構造が変わることもなければ、西洋的な人間像に基づく個人化された意思決定が可能になることが女性たちの望む変化であるとも限らない。変化はどのレベルで起こるのか、何を変化として捉えているのか、どのようにして進むのか。ここでも、中間的立場からのアプローチによって、既存のディシプリンが捉えきれなかった幾つかの側面を捉えることが試みられている。労働市場に参入した、という等しく共通な一つの行動と見られるものの背後にも、異なる条件にかなり規定された、女性たちの様々な意味づけと主観的な評価があり、その結果は次なる行動や世帯内関係の交渉における違いを生み出すからである。また、より大きな制約の中では、目に見える形での対立を避ける傾向があったとしても、様々な取りとめのない戦略の行使や解釈による対応は、直接的にメタ選好や構造を転換させてはいないが、女性の労働市場への参入などのように目に見える形での行動の変化にはつながっている。それは長期的に見れば、結果的に少しずつ間接的な変化を起こす土台を提供しているのである。変化の契機は、個人の積極的な働きかけによるものだけではなく、構造と行為主体性の間の相互作用におけるさまざまな「ずれ」や「ほころび」の中でも生じてくる。労働市場に参入している女性が、「不本意」な意思決定に基づいた、「消極的」な行為主体性に限定されている場合は、支配的な規範の観点からは「例外」事例として扱われるに留まる。したがって、個人的次元で鍵になるのは、ダッカで見られたような「積極的」な意思決定を行使した行為主体性の登場であり、その意思決定を可能にした理由の検討である。ただし、「ずれ」や「ほころび」は、マクロな次元で起こっていることもある。つまり、マクロな経済、政治、社会の変化の方向性や速度と、人びとの生活をミクロに拘束する文化的規範の変化の間にずれが起こっている場合である。そのずれゆえに、必要にかられた「例外」的存在がまとまった規模で登場せざるを得ず、緩やかな変化の一つの契機を提供するかもしれない。どのような条件が揃った時に、世帯内関係、そしてその背後にある規範や文化が変化する兆しが見えるのか。重層的な相互作用と複雑に絡み合う諸現象を、様々な位相を行き来しながら、丹念に、じりじりと読み解いていく論理性と実証性、その複眼的な視点が本書の強みでもあり、同時に、開発の現場に、より文脈に即した現実的なアプローチの重要性を示唆することにつながったのである。

本書は、安易にさらさらと読むことが出来ない難解な本である。安直に読めば、ネオリベラル派からは、本書の議論の一部を強調することで、当事者の自己責任論と親和的であると解釈されたり、社会保障制度の充実を否定するような使い方をされかねない。ロンドンの文脈では、ダッカのように女性労働力を志向する資本の登場のようなマクロレベルでの変化も、社会保障制度の不在により必要に迫られた女性たちが労働市場に参入せざるを得ないという状況もなかった。しかも、一般的には女性の労働市場への参加にたいする社会的障壁は低く、より自由な場所であると見なされているロンドンでの文化的規範の再生産と強化は、個人と世帯のレベルにのみ視点を留めれば、「例外」的事例を必要としない安定した状況がもたらした、静態的な、移民労働者の文化的規範の特殊性の問題としてのみ解釈されうる。ここでも、既存のアプローチは、女性労働者の選択行動を、文化的要因に偏った説明か、逆に経済合理性に偏って説明することが多く、その限界が見えてくる。ロンドンの文脈でより生きてくるのは構造的な視点であり、コミュニティの置かれている文脈の特定化であった。バングラデシュ人移民は、ロンドンというグローバル都市の階層構造の中でも最底辺に位置し、その社会の中では男性さえもが差別されていた。そのような中で限られた労働市場における就業機会を男性は、女性に明け渡すことはしない。また外で失われた威厳を家庭内で保ち、外部からの人種差別への反応として、また自分たちのコミュニティを守るために、内部での文化的規範を再強化する。これは、カビールが指摘した通り、女性には二重の意味を持つ。差別的な社会の中で、それらの文化的規範は自身を守ってくれるものでもあり、同時に制約の強化でもあるからである。このような理解をすれば、イギリスの多数派からバングラデシュ人コミュニティに注がれるかもしれない「眼差し」も再び問い直す必要が出てくるだろう。移民の文化的な特殊性だと解釈している限りは、われわれ外部者の側が問われることはない。しかし、「いまだに」強い文化的規範にたいして、「ジェンダー差別である」「遅れた文化である」とレッテルを貼る際に無意識に含まれているかもしれない蔑視が、遠からず、これらのコミュニティが文化的規範を再強化せざるを得ない原因の一因につながっているかもしれないのである。一方、ダッカの文脈でも同様に、一部を恣意的に引用すれば、ダッカへの多国籍企業の進出と縫製労働者の労働市場への参入はウィンウィンであり、なんら問題がないと安直に結論づけることも可能である。

実際、幾つかの書評ではこれらの懸念を指摘している。例えば、シーブルックは、カビールの意図に反して、グローバル化は万人の利益であるとする無邪気な推進派がその主張を正当化するのに本書の議論を使用する可能性を指摘しており (Seabrook, 2002)、ヘンスマンはより直接的に第一一章の議論を批判している。本書にたいする批判や今後の課題の指摘があったとすれば、主に三点に集約できる。第一に、女性のエンパワーメントに関わる点である。女性の解釈による規範の再交渉などの諸戦略は彼女たちの労働市場への参入や家庭内での発言権の拡大に寄与したかもしれないが、女性が負う二重の負担からの解放はいかに可能か(Gannage, 2001)。つまり、稼ぎ手として、そして主婦としての二重の役割を担い続け、男性よりも労働時間が長い状況はいかに変えられるのか、という点である。第二に、女性たちの諸戦略と、職場の環境、つまり労働条件の改善などの間をつなぐものは何か。第三は、縫製産業の労働基準や国際的な取り組みと関わる点である。ヘンスマンは、児童労働や女性の劣悪な労働条件の実態を指摘し、例え先進国の労働基準の改善に関する要求が偽装された保護主義だったとしても、女性の行為主体性の発揮は、搾取的な雇用主の利害と一致する中でしか可能とならないのか、それは「底辺への競争」を助長することにならないか、と問う(Hensman, 2002)。特に二〇〇〇年一一月に、五〇人の死者と二〇〇人の負傷者を出したチョウダリー・ニット工場の火災の事例など、毎年のように相次ぐ事故がその懸念の大きな理由でもあった。

本書の全体を注意深く読めば、またその後の集合的行為や社会保障に関するカビールの研究を見るならば、本書の主眼は、グローバル化の中で労働者と資本の幸福な一致が起きていると主張するような安易なものではなく、他方で求められる政策的含意のために、一面のみを強調するわけでもなかったことが分かる。彼女のアプローチは、あくまで実証的に、論理的に、複雑な網の目となっている現実の中に分け隔てて入り込んでいく、現実主義的なものであった。それは、局所的な見方ではなく、個人と世帯を主に分析の対象としながらも、グローバルな連関の中での、固有の地域の論理とダイナミクスの現状を描こうとする試みでもあった。ただし、前述の諸課題にたいしては、本書のみから答えが出るわけではない。特に、二〇一四年のラナプラザの工場崩壊事故は、グローバル産業としての縫製産業の実態に関してのみならず、女性労働者の労働と生活についても重要な問題を提起していると言える。次に、カビールのその後の研究を念頭におきながら、二つの都市の現在にたいして幾つかの追加情報を提供したい。

3. 『選択する力』から四半世紀を経て

『選択する力』は、ダッカで縫製産業が興隆し女性労働者の本格的な雇用が始まる最初の時期、またロンドンで再編される衣料産業にバングラデシュ人女性が移民の第一世代として携わった、一九八〇年代中旬から一九九〇年代初頭のある歴史的瞬間を捉えていた。その後の二五年の間、縫製産業はますます激しいグローバルな競争にさらされる一方で、女性労働者を取り巻く状況も変化しつつある。ダッカでは、縫製産業で働く女性は少なくても珍しい存在ではなくなり、ロンドンでは既に移民の第二世代、第三世代が育ちつつある。とはいえ、構造と行為主体性との相互作用の様相、女性のエンパワーメントの実態を考える際に本書の問いの幾つかは今もなお重要であり続けている。

カビールが日本語版用序文で触れたとおり、バングラデシュは低開発諸国の中では、健康や教育などの社会開発指標が顕著な改善を見せたことで、国際的にも注目されてきた（山形 2005、なども参照のこと）。女性の社会参加も少しずつ進展しており、労働参加率は、他のアジア諸国に比べれば相対的には低いものの、一貫して上昇しており、二〇一三年は三三・五％に達した（男性は八一・七％）（BBS, 2013a）。経済発展は主に労働集約的産業の成長によるものであり、その主要な産業は今も縫製産業である。ミクロには、女性への暴力問題が依然として深刻であることや女性の社会的地位に関しての根強い規範があることも指摘されているが、筆者では詳細な議論を十分に紹介できないため、以下、縫製産業の現状に特化して紹介したい。

バングラデシュの縫製産業は順調に成長してきた。二〇一四年現在、縫製産業はGDPの約一〇％、輸出の約八〇％を占めている。[3] 国際市場では、二〇一一年にはイタリアを抜き中国に次いで、世界第二位の輸出国となった。[4] 日本では、ファーストリテイリング（ユニクロ）が二〇〇八年に、中国からのリスク分散のためにバングラデシュへの進出を発表し、生産国として注目されるようになった。BGMEAの資料によると、二〇一四年では労働者数は四百万人を超え、その八〇％が女性である（Kathuria et al, 2016も参照のこと）。また、一〇人以上の被雇用者を持つ事業所を対象にした二〇一二年の製造業調査では、既製服関連（Ready made garments: RMG）の企業数は六、九八四社であった。これらの企業で働く労働者の約二七六万人のうち、五四・五％の約一五〇万人が女性である。同調査における製造業で働く女性は全体で約一九五万人であるため、縫製産業だけで約七七％を占めていることになる（BBS, 2013b）。以上のデータを見れば、縫製産業が依然としてバングラデシュの主要産業であり、女性の主な雇用源であることが分かるであろう。[5]

国際バイヤーにとってのバングラデシュの縫製産業の競争優位は、豊富な労働力の存在と安価な賃金である。例えば、ある衣料産業の賃金調査では、少し古いデータであるが、二〇〇七年で

3　バングラデシュ中央銀行の数値より。また、製造業だけに限ると（二〇一二年）、既製服生産（縫製産業）が付加価値の三五・六％を創出しており、最も大きな産業である。第二位は繊維産業の一四・〇％であり、この二つで過半を占めている（BBS, 2013b）。

4　二〇一四年の衣類製品の輸出は、中国が三六・八％を占めており首位に立っているが、第二位がバングラデシュの六・〇％である（HSコード六一、および六二の合計値。国際貿易センターのデータベース Trade Map より計算（http://legacy.intracen.org/marketanalysis/TradeMap.aspx)。バングラデシュからの輸出は、約六〇％がEU、約二〇％がアメリカ市場向けであり、日本向けは二・六％である（BGMEA, 2015b）。

5　バングラデシュにおける縫製産業の発展の歴史と特徴については、山形（2014）、Yunus and Yamagata（2014）などを参照のこと。また日系縫製企業の事例に関心のある人には、長田（2014）が参考になる。女性の縫製労働者の労働の実態に関しては、少し前になるが、MFA撤廃直後の影響を見たものとして Murayama (2006) など。

は中国が一時間当たり〇・八五ドル（二〇一一年に二・一〇ドルに上昇）、タイが一・七五ドル、ベトナムが〇・四六ドルにたいして、バングラデシュは約二〇カ国で最も低く、〇・二八ドルであった。[6] ただし、後述の通り、最低賃金は近年、何度か上げられており、賃金水準の向上が見られるが、一方で、工場の安全管理や労働条件には多くの問題があるとされる。「バングラデシュにおけるバングラデシュ人の縫製労働者は、今日における最も搾取的なグローバル産業の一つにおいて労働条件を改善する国際的な試みの最前線であり続けている」（p.vii）というカビールの指摘は、国際的に注目されたラナプラザ（Rana Plaza）の工場崩壊事故とそれ以後の動向に集約されている。ダッカの女性労働者の縫製産業への参入は、グローバルなバリューチェーンへの包摂の過程でもあった。この事故は、国内問題を越えて、労働者の安全や権利の問題に関して国際的な議論を喚起しており、重要な転換点となりつつある。以下、やや長くなるが、少し詳しく事故の概要とその後の対応について紹介したい。[7]

二〇一三年四月二四日、ダッカの北西に位置するシャバールで、ラナプラザという八階建てのビルが崩壊した。このビルは商店などが下の階に入居し、上階を工場として使用している、バングラデシュに多い形態の雑居ビルであり、欧米市場向けの製品を製造する五つの工場が入居していた。この事故は、死者一、一三六人、負傷者約二、五〇〇人を出す大惨事となった。ビルは二〇〇七年に建設された新しいものであったが、上階を不法に建て増しした違法建築であった。崩壊の前日に壁に亀裂が入っているのが発見され、ビルの所有者と専門家による状況検分と翌日の休業の必要性が確認されたにもかかわらず、納期を遅らせたくない縫製工場は通常通りに操業した。被害の甚大さと、これらの工場で製造されていた商品が、約三〇の有名ブランドのヨーロッパ市場向けのものであったため、国際社会に大きな衝撃を与えることになる。ただし、縫製工場における火災や事故は、これが初めてではない。二〇一二年一一月には、タズリーン・ファッションズ工場の火災で一一二人が亡くなっており、[8] それまでも毎年のように事故が

6　ワーナー・インターナショナルによる各国の企業へのサーベイに基づいた調査（Werner International "Labour Cost Comparison 2011"）より。なお、JETROによる日系企業の調査によると、「製造業・作業員」にたいする基本給（月額、二〇一四年）はバングラデシュが調査国一九カ国の中で最も低く一〇〇ドルであった（中国は四〇三ドル、タイ三一三ドル、ベトナム二四三ドル、ミャンマーは一二七ドルである）（JETRO, 2014）。

7　特に明記がない限り、インタビュー調査による情報は、二〇一五年八月二二―二四日のダッカにおける筆者の調査による。聞き取りを行ったのは、BGMEA副会長、ILOダッカオフィス、ラナプラザ補償機構の中立審査担当者である弁護士、NGOはAin o Salish Kendra (ASK)、BLAST、BRAC、Naripokkho、バングラデシュ労働研究所（BILS）の信託基金および補償問題の担当者である。

8　ウォルト・ディズニー社の商品を下請けとして生産していたが、直接取引関係があったわけでなかった。その後、二〇一三年三月に、ウォルト・ディズニー社はバングラデシュの縫製工場との取引を打ち切った（山形 2013）。

報告されていた。[9] 先立って、政府は労働者の不満を抑えるために、二〇〇六年から、二〇一〇年、またラナプラザの事故の後、二〇一三年末には五、三〇〇タカへと三度に渡る最低賃金の上昇を実施してきた。[10]

事故直後の国際的な非難の高まりから、一時は取引停止などの措置が懸念されたが、一方でファイナンシャル・タイムズ紙（五月二日版）やウォール・ストリート・ジャーナル紙（七月一日版）などの国際メディアが、グローバル・アパレル産業はバングラデシュから撤退するのではなく、むしろ同国との取引を続けつつ、労働条件や安全管理の改善に努めるべきであるとし、多くの企業はボイコットではなく留まることを選択した（山形 2013）。その後、BGMEA、ILOなどの国際機関、政府、国際NGOと国際バイヤーによる会合が開かれ、工場の安全管理や労働条件の改善、補償問題に関する取り組みが開始された。主な対応は次の三点である。

第一に、全ての工場は、建築基準や安全管理に関する工場査察を受けることが基本的に合意された。ヨーロッパ企業の動きは早かった。二〇一三年五月には、プライマーク（Primark）、H&Mや

9　ヒューマン・ライツ・ウォッチの報告書によると、二〇〇五年四月には、六四人の死者を出したスペクトラム工場の崩壊事故があり、火災に関しては、二〇〇六―二〇一〇年の間に起こった事故で少なくても合計五〇〇人の死者が出ている。また、タズリーン・ファッションズ工場の後も、六八の工場で火災が起こり、三〇人の死者と八〇〇人の死傷者が出ていたことが把握されているという（Human Rights Watch, 2015）。

10　一タカ＝約一円である。

インディテックス社（Zara）などヨーロッパのブランド企業を中心に「バングラデシュにおける火災および建築物の安全に関する協定（アコード）」が設立された。訴訟による紛争処理などについて法的な拘束力を持つことを懸念したウォールマート社やGAPなど、アメリカの主要ブランドはアコードに参加しなかったが、七月になって「バングラデシュにおける労働者の安全のための連合（アライアンス）」を設置した。[11] 二〇一六年二月現在、アコードの会員企業は二〇〇社以上、アライアンスは二七社である。国際バイヤーとBGMEAなどの定期的な会合も開かれるようになった。

第二に、アコード、アライアンス、またいずれもがカバーしていない工場に関してはILOの協力のもとで国家イニシアティブ（National Initiatives）として政府が、それぞれ工場の建築基準の確認、安全性、火災対策などに関する査察を、二〇一五年一〇月末を期限として実施した。査察実施期間の間に、査察官も大幅に増大され、ILOや海外援助機関によって訓練が実施されてい

11　アコードの正式名称は、Accord on Fire and Building Safety in Bangladesh（http://bangladeshaccord.org/）であり、ILOを座長として、二〇カ国より二〇〇以上のアパレルブランド企業が参加している。また、二つの国際労働組合、八つの国内労働組合、四つのNGOが立会人として参加している。アライアンスは、Alliance for Bangladesh Worker Safety (http://www.bangladeshworkersafety.org/) である。日系企業はこれらの議論には加わっていなかった。ただし、欧米のメディアにてファーストリテイリングが協定に参加しないと表明したと大きく報道され、批判にさらされることになる。ファーストリテイリングは八月にアコードに加盟した。

る。[12] 改善や修繕の必要に関する勧告を受けた工場は、改善行動計画 (Corrective Action Plan: CAPs) を作成し、対応しなければならない。二〇一六年二月現在、三、六六〇工場の査察が完了した。アコードにより一、三五六工場、アライアンスによっては八二九工場が査察された。それを受けてアコードの下では、一、四二七工場がCAPsに取り組んでおりその進捗状況の詳細がホームページで常にアップデートされている。また、一三社には閉鎖勧告がなされた。アライアンスは、約六五〇工場のCAPsの計画がホームページに掲載されている。また三一社は閉鎖、三社は縮小が命じられた。政府による国家イニシアティブでは、労働雇用省の工場および事業査察局が担当機関となり、一、四七五工場が査察され、三七工場が閉鎖された。現在の問題は、CAPsを審査、モニタリングするチームが編成されていないことであり、ILOの協力のもと、一四工場ではCAPs作成のパイロットプロジェクトが実施されている (ILO Bangladesh 2015、各組織のホームページより)。

第三に、補償問題である。事故後、ラナプラザのビル所有者や工場経営者は逮捕されたものの、国家法の下で労働者の補償問題に対応することは出来なかった。その後、ILOが議長となり、二〇一三年九月にはラナプラザ調停委員会 (Rana Plaza Coordination Committee) が設立され、ラナプラザ協定 (Rana Plaza Arrangement) が取り決められた。[13] 二〇一四年一月には、被害者にたいする補償金の提供を目的としたラナプラザ信託基金 (Rana Plaza Donor Trust Fund) が設置され、国際バイヤーや諸機関の寄付を募るようになる。支給対象は死亡者の遺族、および負傷者であり、中立者についてはILOの第一二一号 (業務災害の場合における給付に関する条約) にしたがって補償金の金額が算出された。[14] 支払いに必要とされた三、〇〇〇万ドルの寄付はなかなか集まらず、補償金は三度に渡って分割して支払われた。[15] 寄付額が目標に達したのは二〇一五年末であり、最終的に補償金を受け取ったのは約三、五〇〇人であっ

12　例えば、労働雇用省では、査察に関する部署が二〇一四年一月に「工場および事業所査察局 (Department of Inspections of Factories and Establishment: DIFE」(http://database.dife.gov.bd/) として独立した局に改変された。労働査察官も、二〇一五年三月までに新規で約三〇〇名が採用された。消防安全局 (Fire Service and Civic Defence Department: FCD) も、査察官を五五名から二六五人に増強した (ILO 2015, 2016)。

13　調停委員会のメンバーは、バングラデシュ政府 (労働雇用省)、業界組織 (BGMEA、バングラデシュ経営者連盟:BEF)、国際、国内の労働組合、国際ブランド企業 (El Corte Ingles, Loblaw, Primark)、バングラデシュ労働研究所 (BILS) やクリーン・クローズ・キャンペーン (Clean Cloth Campaign) などの国内、国際NGOである。支給の状況や寄付を提供した企業の一覧は、次のホームページに掲載されている (Rana Plaza Arrangement http://www.ranaplaza-arrangement.org/)。

14　中立の審査は、ラナプラザ補償機構 (Rana Plaza Claim Administration) が担い、金額の算出には主に、事故当時の賃金水準、就業年数、年齢の三つの基準が加味された。負傷者は障害や怪我の程度と三つの基準によって金額が決定された (ラナプラザ補償機構にたいする二〇一五年八月二三日のインタビューによる)。

15　例えば、ウォールマート、マンゴー、ベネトンなどは寄付への貢献が小さいと国際NGOからの批判にさらされ続け、ベネトンは最終的に二〇一五年四月に一一〇万ドルを拠出した (*The Guardian*, 2015.04.23)。

た（そのうち、五つの工場の一つであったニューウェーブボトム工場と取引関係のあったプライマークは六三〇万ドルを用いて、信託基金と協力しつつも、直接六三〇人に補償金を支給した）（ILO, 2016、など。各ホームページにも詳しい経緯が掲載されている）。

バングラデシュ政府は、国際機関や業界組織の動きに比べると諸々の対応を主導しておらず、二〇〇六年に制定された労働法も十分に力を発揮したとは言い難いものの、労働法の一部改正による労働組合の増大など、連動した諸対策が進みつつある。労働組合は、二〇一四年七月の労働法改正を経て、その数は二〇一二年の一三二から二〇一五年の四三七まで増大した（ILO 2015）。

もし多くのブランド企業がかつての児童労働を巡る対応と同様にバングラデシュ産の衣料製品のボイコットを選択していたら、恐らく見えない形で他の国の労働者にリスクを転嫁したに過ぎなかったであろう。現在の一連の動きは、国家が依然として弱い国で、労働者の諸問題をめぐって、国際バイヤー、業界組織、国際・国内NGO、国際機関などの各アクターがどのように取り組むかを巡る新しい挑戦でもある。グローバル産業としての縫製産業は、典型的なバイヤー主導型バリューチェーンを持つ。多くの主要ブランド企業は、自社工場を持たず、新興国、発展途上国の企業に生産を委託している。従来、下請け企業の労働条件や安全に関しては、発注元は責任を持たないとされてきた。法人としては別組織であり、道徳的な責任や消費者にたいするブランドイメージの維持の問題はあったとしても、法的な労使関係はないからである。実際、それまでの火災事故では、大手ブランド企業が補償金の支払いを拒否する事例も見られた。

このような事例を見るたびに思い出すのは、筆者の調査地であるタイで遭遇した、スポーツシューズ大手ブランド企業の生産拠点移動に伴う解雇や、大手下着ブランド、トリンプの下請け生産を行う工場からの労働組合員の解雇の事例である[16]。いずれも復職を求めて労働省前で座り込みをする数百人の女性たちがいた。聞き取りでは、夜勤で眠らないようにとアンフェタミンを処方された事例など、厳しい労働条件についての話が続き、一つずつに衝撃を受けている筆者を尻目に、女性たちの要求は仕事を返して欲しい、ということであり、子どもの教育費や諸々の出費の必要を訴えるものであった。労働者自身を取り巻く制約やより広い構造における権力の非対称性を不問にすれば、ヘンスマンが懸念したように、仕事を欲する労働者と安価で勤勉な労働者を欲する雇用主の幸福の一致という見方が成り立つのであろう。しかし、日々の生活に精一杯の労働者が、圧倒的な経済力を持つブランド企業が統治するバリューチェーンの中で、その政治的影響力を行使するのは容易ではなく、時として異議申し立ては自身の生存基盤をも脅かす。とはいえ、下請け企業もまた、バリューチェーン

16　後者の事例は、二〇〇八年に労働組合の代表者が解雇され、その復職を求めて約四千人がストライキを起こしたことが発端であった。企業側と交渉を始めたが、タイにおける生産規模縮小の方針と時期が重なったため、二〇〇九年にはその内の一、九九五人が解雇された（遠藤 2012）。

の中で、様々なリスクを負担し、納期やコストを切り詰める圧力を受けざるを得ない。[17] 労働者による集合的行為が労働条件の改善につながってきたのは確かである。それでも、労働条件の改善は、構造を規定している他のステークホルダーのコミットメントがなく、当事者の肩に負わせているだけでは簡単には進まないのである。国連人権理事会では、二〇一一年に『ビジネスと人権に関する国連指導原則』が承認された。この類の取り決めは、数十年の間議論されながらもなかなか実現しなかったものであり、その内容の画期的な点は、企業が責任を持つ範囲が、法人格や企業グループからサプライチェーン全体へと拡大しつつある点である（加賀谷 2014）。つまり、企業の社会的責任（CSR）や道徳的な対応としてではなく、バリューチェーン全体を通してビジネスの活動の中に、人権への尊重を組み込むことを重視するものである。バングラデシュでは既に、「適正な労働基準」を求める議論だけではなく、国際バイヤーにたいして「倫理的な価格」を求めるような議論も出てきているという（絵所 2015）。ラナプラザの崩壊事故が国際的な注目を浴びたのは、それまで無視され続けた事故に比べて規模が大きかったことだけでなく、このような、バリューチェーンに沿って各ステークホルダーがどのような役割と責任を持つかを巡る新しい議論の活発化が起こっていることとも無縁ではないだろう。

　試行錯誤で進む事故後の様々な取り組みは多くの示唆を内外に与えている一方で、今後に向けて幾つかの諸課題も抱えている。第一に、閉鎖を命じられた工場や修繕を必要とする工場は必ずしもその費用を負担できるわけではなく、特に中小企業への打撃が懸念されている。体力の弱いこれらの企業は通常の銀行から融資を受けるのも容易ではなく、現在、海外からの資金援助を元に、金利の低い貸付制度の設計が議論されている（Uddin, 2015）。また操業停止期間や閉鎖した工場の賃金補填問題については、一部補助を出してきたアライアンスと（Alliance, 2015）、雇用主に最低でも六ヶ月の通常通りの賃金の支払いを要求するものの直接的な補償は行わないアコードなど対応は分かれている。第二に、一点目と関わる点として、インタビューにおいてBGMEAや幾つかのNGOが同様に懸念として指摘したのが、コスト負担を回避する企業がさらなる下請け化やインフォーマル化を図る可能性であり、「底辺への競争」が見えない形で進む可能性である。中には、アコードから閉鎖を命じられた工場が、アコードに加盟していないバイヤーに発注元を切り替え、操業を続けている事例も報道されている（*The New York Times,* 2014.06.25）。第三に、CAPsの実施状況のフォローアップ、モニタリングの体制の整備などの重要性も指摘

17　縫製産業のグローバルな展開と、バリューチェーンに沿って再配置されるマクロな諸制度や、ミクロな労働者の連関のダイナミクスを知る良書として、Tシャツの事例を取り上げたリボリ（2007）など。中国のジーンズ工場を取り上げたドキュメンタリー『女工哀歌』（2005）では、労働者、下請け企業やバイヤーのせめぎ合う関係が見えてくる。また、『ザ・トゥルー・コスト：ファストファッション　真の代償』（2015）は、ラナプラザのニュースをきっかけに制作されたドキュメンタリーである。

される。バングラデシュにたいする最大の発注企業であるH&Mは、工場の修繕計画の遅れをNGOやメディアから批判されたが[18]、それはアコードが実施状況の関する報告書を積極的に公開しているためでもあり、透明性の高まりと他のステークホルダーからの監視機能が高まっていることでもある。第四は、アコード、およびアライアンスがいずれも五年の時限付きのものであり、その後の定着状況にたいする懸念である。これにたいしても幾つかの取り組みが存在している。法的サービスも提供するNGOであるBlastは、補償問題や労働者の権利保護が国内法の下で履行されることの重要性、またそれらの法的枠組みが抑止効果も持ちえることを指摘し、ラナプラザ事故に関しても経営者やビル所有者の責任を問う裁判を提訴している[19]。BLASTのサラ・ホサインは次のように言う。「見舞金と補償金は違う。補償金は事故の直接的責任を持つビルの所有者や雇用主が負担すべきものだ。今回のケースでは国際的な支援で見舞金が支払われたが、次もそうとは限らない。チャリティはチャリティでしかない。解決法が国内になければならない。国内の制度が必要だ」。また、BGMEAと政府のイニシアティブにより、全ての輸出企業が輸出による収入の〇・〇三%を拠出し、労働福祉基金として積み立てて、それを将来の事故などの事後処理に使用する構想が発表された(BGMEA, 2015a)。年間八百万ドルが集まる予定だという。さらに、ILOのバングラデシュ地域オフィスも、BRACの協力を得て「より良い仕事(Better Work Bangladesh)」というプロジェクトを開始し、今後も安全基準や労働条件が優良な企業にたいして何らかの証明書を付与し、国際バイヤーとつなぐ方法を模索している(ILO, 2016)。

以上の取り組みの全てが、ミクロには女性の労働と生活の向上につながりうるが、一方で、現在のアコードなどによる取り組みは建物の安全基準や火災の予防が中心であり、労働基準そのものに関する介入や対応は限定的である。労働雇用省が実施した二〇一四年の労働条件に関する査察によると、査察を実施した縫製工場の二、二八一工場のうち、一、二五〇工場で四、七九五に及ぶ問題が発見されている[20](DIFE, 2015)。

18 クリーン・クローズ・キャンペーンなどによる報告書によると、H&Mはバングラデシュで二二九の工場に発注をしており、その中でも特に五六工場とは長期的な関係を築いている。そのうち、三六工場がアコードの下でCAPsに取り組んでおり、一七工場がアライアンスのCPAsに下にあり、三工場は実施していなかった。本報告書では、アコードのホームページに掲載されているCAPsの実施状況の報告書を検討し、半分以上の工場で進捗状況が遅れているとして批判した(Clean Clothes Campaign et al, 2015)。アコードは進捗状況に関する情報を随時公開しているため相対的には透明度が高い。それにたいしてアライアンスは工場の査察結果やCAPsに取り組む工場の一覧は公開しているが、その後の実施状況の詳細に関しては公開していない。

19 BLASTやASKは、ラナプラザ崩壊事故以外にも、二〇〇五年のスペクトラム工場の事故、二〇〇六年のKTSテキスタイル、二〇一二年のタズリーン・ファッションズに関する裁判を続行中である。

20 内訳は、雇用契約・条件に関するものが一、二五〇事例、安全問題が一、二一一事例、職業上の健康に関する問題が五〇三事例、妊婦の保護にかかわるものが二二二事例、その他の問題が一、六九九事例である(DIFE, 2015)。

以上をふまえて『選択する力』の問題意識に立ち戻れば、ダッカの縫製産業に従事する女性労働者のその後に関しての研究課題は、第一に、ラナプラザ以後の対応を巡る国際的な動向と、ミクロな労働者の労働や生活の議論を理論的、実証的にいかに架橋するか、である。第二は、よりミクロな点であり、女性労働者のより長いスパンでのライフコースの検討である。タイの筆者の調査地では、縫製産業に従事した女性の多くが三〇代後半にレイオフされ、インフォーマル経済に参入することを強いられていた。その過程では、上手く対応できた女性とそうでない女性の間で階層化が進み、その影響は世帯の厚生水準の変化に直接反映していた（遠藤 2011）。タイとバングラデシュは異なる労働市場の構造を持つが、縫製産業に参入した女性たちがリスクに対応しながらもその後の職業経験をどのように歩み、またそれに伴って世帯内関係がどのように変化しているのかは、労働市場への参入や就業経験と女性のエンパワーメントの関連性を考える上で、追加的な知見をもたらすであろう。

さて、ダッカの状況に比べてロンドンは、衣料産業が縮小し、もはやダッカの縫製労働者と比較することは可能ではない。ただし、移民を巡る状況は現在も大きく注目されており、時事問題でもある。カビールは、バングラデシュ人移民の多いタワーハムレット地区の行政機関から、雇用戦略の元になる基礎調査を委託され、二〇一二年に報告書が公表された。現在のバングラデシュ人移民の状況や追跡調査の結果を、簡単に紹介しておこう。

現在のバングラデシュ人移民は、イギリス生まれの二世代目が過半を超えている。二〇〇四―二〇〇八年の人口センサスを用いたプラットの集計によると、イギリスに在住するバングラデシュ人移民のうち、イギリスで生まれた者は五二%であり、一四歳以下でイギリスに到着した者をあわせると六八%となる。ただし、世帯主に限れば、男性世帯主では九%、女性世帯主では一四%のみであるのにたいして、扶養家族の児童の九四%がイギリス生まれであり、イギリス生まれの二世代目、三世代目が増大していることが分かるであろう（Platt, 2011）。二〇一一年の人口センサスによれば、バングラデシュ人移民は全人口の〇・七%、移民の中では五・九%を構成しているに過ぎず、必ずしも大きいとは言えない（ONS, 2013）。

労働市場への参入状況はどうであろうか。移民の中で最も失業率が高いのは、バングラデシュ人とカリブ人の男性であることが指摘されている。女性の失業率はイギリスの平均とさほど変わらないが、そもそも労働参加率が他の移民に比べて格段に低かった。二〇〇七／八年の就業状況を見ると、移民の就業率は男性ではバングラデシュ人移民は六九%であり、女性ではバングラデシュ人とパキスタン人が最も低く二三%であった（Platt 2012）。ただし、フルタイムで働く者に関しては、平均賃金は白人とさほど変わらない。時間当たりの平均賃金（二〇〇七年）は、女性では、白人イギリス人が一〇・八四ポンドなのにたいして、バングラデシュ人は一〇・六三ポンドであり、男性は白人が一二・九四ポンドなのにたいしてバングラデシュ人は一〇・二四ポンドであった (Platt, 2011)。その他、顕著な特徴として、世帯構成ではバングラデシュ人が最も家族と同居している比率が高く子どもを有する核家族での居住は白人が二〇%、その他の移民の二〇―三〇%程度にたいして、バングラデシュ人移民では約五〇%であった。貧困率は最も高く五〇・一%である(それにたいして白人一五・五%、インド人二二・九%、カリブ人二二・二%、パキスタン人四五・九%である)。特にバングラデシュ人女性は五一・九%、子どもは六四・三%にもなり、移民の中でも最も貧困率が高い (Platt, 2012)。

本書の舞台であったロンドンのイーストエンドはバングラデシュ人移民の主な集住地域であった。その中心であるタワーハムレット地区の雇用戦略作成のための実態調査として、前述の通り、カビールは「女性の就業と非就業 (Women Work and Workless)」に関する調査を依頼された。同地区は、二〇一二年時点でも人口の三二%がバングラデシュ人移民であり、イギリスに住んでいるバングラデシュ人人口の四分の一が居住していた (Kabeer and Ainsworth, 2012)。調査から明らかになったのは、他の移民の労働参加率が上昇しているのにたいして、バングラデシュ人女性の労働市場への参入は、現在も相対的には低い水準に留まっていることである。

タワーハムレット地区は、貧困調査の自治体間比較では、全国で三番目、ロンドンでも二番目に貧しい地域となっている。[21] 失業率は一三%であり、ロンドン平均の九%に比べても高い。ただし、貧困地域としての長い歴史に反して、金融街シティに近い立地条件や、家賃の安さに惹かれて移り住んだ富裕層やアーティストが多いとされ、一部ではジェントリフィケーションが始まり、二極化が進む地域でもある。[22] ロンドンの平均に比べて貧困層が多く、年収が二万ポンド以下の世帯が三三%であり、四七%の世帯が生活保障のための何らかの給付の受給世帯である一方で、就業者の約一〇%は年収が一〇万ポンドを超えており、この数値もまたロンドンの平均二%に比べると高い。子どもの貧困率は非常に高く、地区内のステファニーグリーンなどでは七〇%を超えている。民族構成ではイギリスで最も多様な地域の一つであり、非白人人口は、ロンドンの平均が一三%であるのにたいして、タワーハムレット地区では四五%であった (Tower Hamlet, 2011)。

21 窮乏化指標 (The 2007 Indices of Deprivation: IMD) のランクの結果である。「ブース貧困地図 (Booth Map)」を作成すると、一八九八年のチャールズ・ブースの貧困地図からあまり大きく変わらいことが指摘されている。全国の所得階層五分位で見ると、下位二〇%にバングラデシュ人の四〇%が属し(パキスタン人二九%、アフリカ系黒人一八%、白人のイギリス人二〇%、インド人一六%である)、所得階層の上位二〇%には、アフリカ系黒人は一五%、パキスタン人も一三%が属しているのにたいして、バングラデシュ人は全く存在していないことが指摘されている (Kabeer and Ainsworth, 2012)。

22 ニューヨークのブルックリン地区と同じく、家賃の安さに惹かれたアーティストや学生などの流入が起こり、次第に富裕層にとってもおしゃれな地域と認識されるようになった。世界的に有名な、匿名で社会風刺的なグラフィティアート、ストリートアートを描くバンクシーの活動拠点でもあり、海外からのグラフィティアーティストが多く集まり、ストリートアートを町中で創作している。

タワーハムレット地区はロンドン内で二番目に、生産年齢人口の就業率が低く、五九・八％である（最も低いのは同じくイーストエンドである近隣のニューアム地区の五八・五％である）。同時期のロンドンの平均は六八・〇％であった。同地区内の非白人に限ると、就業率はさらに低く、四〇・九％である。バングラデシュ人男性の経済活動人口比率はロンドンやイギリス全国の平均とそれほどかわらず八一％であるが、女性は異なる様相を見せる。女性の場合、同比率の平均はロンドンでは六八％、全国では七四％であるが、バングラデシュ人女性に限れば五八％である。つまり、バングラデシュ人女性の非就業者、および働くことを希望していない者の比率はイギリスで最も高いとされる。ただし、マクロに見た就業機会は、タワーハムレット地区はオフィス機能などの強化により、一貫して拡大しており求人も増えていることがデータからは明らかになっている。

二世代目が増大しつつあるにもかかわらず、バングラデシュ人女性の就業率は最も低位に留まっているのはなぜだろうか。非経済活動人口に失業者を加えると、全国で非就業者（Workless）に分類される女性は四七・四％であるが、バングラデシュ人では七五・〇％にもなる。カビールはその報告書の冒頭で、移民第一世代を調査した『選択する力』では、第二世代の教育を受けた娘たちは母親の世代よりも多くが有償労働に従事するだろうとしたが、実際にはそのような現象が期待したほどには起こっていないことを指摘している。第二世代は相対的に母親世代よりも働いているが、それでもイギリスの平均と比較すると、最も低い労働参加率を見せている。カビールは、将来の動向を見誤った理由として、二つの広い視点からの理由が考えられるとする。ひとつは、第一世代が、イギリス生まれの子供たちの社会化過程を形成すること、またその影響力を過小評価していたことである。ふたつには、バングラデシュ生まれの若い女性たちが、イギリス在住のバングラデシュ人男性と結婚するために移住してくることは現在も続いており、これらの女性は第一世代よりもバングラデシュで高い教育を受けてきたが、就業に必ずしも積極的ではなく、その女性たちの存在によって、イギリス生まれであることの効果が薄れてしまっているのである。つまり、コミュニティ内での同世代のバングラデシュ育ちの女性たちの就業への消極的な姿勢が、コミュニティ内の規範の一つの強化材料となっている。本調査では三五名の女性への詳細なライフヒストリー調査などを実施した上で、バングラデシュ人女性の労働参加率の低さの理由を以下の七つにまとめている。

第一に、前述の通り、バングラデシュで生まれ育った女性は非就業率が高く、九人の調査対象者のうちイギリスに来てから働いたことがあるものは一名のみであった。二六名のイギリス生まれの女性は少なくても、結婚前までは全員、就業経験があった。つまり、新規流入者の若年女性が非就業率を高めている。第二に、どこで生まれ育ったかに関わらず、第二世代は高い学歴を有する「第一世代」であり、伝統的な考え方を有する両親との認識の違いゆえに家族内での交渉を常に強いられていたことがある。第三には、第一世代と同様に、結婚と育児に高い価値をおいており、家族を形成し始めると非就業に転じる傾向があることである。第四に、新規流入者は本人の選好の問題だけでなく、語学や技能の問題を有していること、第五に、社会保障制度に関する理解の問題がある。多くは少しでも働き始めると給付を受けられなくなるという、不正確な情報によってパートタイム労働への従事を見合わせていた。第六に、文化的な障壁である。多くの調査対象者は、目に見える形でのイスラームのアイデンティティの表現、つまり男性の長髭や女性のヒジャブの着用が、自身の就業機会を狭めていると信じていた。第七に、不況の影響によりそもそも労働市場の状況が悪化しており、バングラデシュ人移民は、コミュニティ内で職業を探そうとする傾向が強く、特に行政機関での就業を好む傾向があるため、就業機会が限られることが指摘されている(Kabeer and Ainsworth, 2012)。

　様々な女性の語りからは、文化的規範のレジリエンスの強さが明らかになった。また教育条件など、個人の属性を規定する諸条件が向上しても、第二世代は予想したほどには劇的な変化は見せていなかった。一方で、本調査の実施時期はちょうど、イギリスにおける社会保障制度の見直しの議論が始まった時期であり、二〇一四年に筆者がロンドンを訪れた際に会ったタワーハムレット地区の行政担当者は、住宅手当の削減の議論が進んでおり、住宅手当を受けていたり、公的支援住宅に入居している貧困世帯の地区からの流出が始まることを懸念していた。[23]

　ロンドンの事例でも、ダッカと同じく、女性のエンパワーメントの観点からは、第一世代の女性たちのその後のライフコース、特に衣料産業が縮小し家内労働への需要が低下してからの女性たちの状況と世帯内関係の様相、また、第二世代のライフコースの引き続きの追跡調査は今後も重要であるだろう。特に、イギリスで生まれ育った二世代目は、カビールが予言していたように、第一世代に比べると語学などの不利な条件には縛られておらず、就業機会はより開けている。少なくても結婚するまではほとんどが就業するようになったのもまた事実である。一方で、マクロ条件も大きく変わった。イギリス生まれのムスリムのテロ組織への参加などが衝撃を持って報道され、新たな形のステレオタイプの醸

23　これらの動きは何度かメディアでも報道されている。二〇一三年にはタワーハムレット地区で、過去最高額の二億五千万ポンド規模の住宅開発事業と民間への分譲計画が発表された（*East London Lines*, 2013.02.22）。これらの再開発事業は貧困層と中間層の追い出し圧力となっていた（*The Guardian*, 2013.08.29）。またガーディアン紙二〇一五年五月の記事では、実際に九人のタワーハムレット地区の住民へのインタビューを掲載した。例えば、公団住宅の取り壊しと民間アパートの開発のために六〇〇世帯が移転をせまられたが、同地区のみでも既に二万人が住宅応募者のリストに登録しており、同地区どころかロンドンを流出せざるを得ない可能性を指摘した住民などがいる。同記事によると、タワーハムレット地区は最も貧困世帯が多い地域の一つであり続けていること、その一方で、金融街のカナリーウォルフがあるため、地域総生産ではイギリスで最も豊かな地域となっている（*The Guardian*, 2015.05.30）。

成を懸念する声はあるものの、少なくても以前のような、あからさまな人種差別は減少した。ただし、社会保障制度の見直しや手当ての削減など、生活の基盤を脆弱にするような動きが進みつつある。コミュニティやより広い社会の諸条件も以前と同じではないが、イギリス生まれの第二世代は、バングラデシュに戻るのではなくイギリス社会に定着して行く層でもある。[24]他の移民に比べてバングラデシュ人移民の生活や労働の実態の変化が緩やかなのはなぜか。バングラデシュ人移民の貧困問題をどう解決するかという政策的課題としてだけでなく、実証的、理論的な観点からも、第二世代がどのように家族内、およびコミュニティの規範に対峙し、文化的規範を再交渉していくのかは、労働市場の選好を形成する経済的、非経済的諸条件とその相互作用、また個人の選好と構造の相互作用や文化的規範の変化の動態を理解するためにも、今後も重要な研究テーマであるだろう。

　最後に、『選択する力』以後のカビールの研究から、各トピックの入門として最初に読むのに適した文献を幾つか紹介しておきたい。まず「エンパワーメント」の概念については【1】に、権力の捉え方とエンパワーメントを考える際に重要な四分類（power over, power within, power with, power to）[25]が紹介されている。彼女は、西欧型の個人化された「自律性」の獲得という見方をそのままバングラデシュなどに適用することは出来ないとする。講演録で丁寧に説明された三つのエンパワーメントを構成する側面に関しては、【2】で整理されており、就業とエンパワーメントの関係については【3】で議論されている。また、女性たちが個人的に直面する制約と対峙し、積極的な行為主体性を発揮することが、構造に働きかけることにつながる一つの重要なチャンネルは、集合的行為であった。女性のエンパワーメントと集合的行為をつなぐ議論として【4】が参考になる。また女性たち単独では、その政治的影響力は限定されている。当事者の集合的行為を補完する社会セクターの役割と機能を検討したものとして、NGOの調査では【5】、シティズンシップでは【6】などがある。カビールの社会保障制度やセーフティネットにたいする考え方は、【7】【8】に詳しく、インフォーマル経済従事者にたいする社会保障や組織化については、【9】(特に第8、9章)が最初に手に取るべき文献であろう。カビールの初期の農村調査とそこで出会った女性たちの人生に関心がある人は、カビールの母親の著作【10】も是非読んで欲

24　興味深い論考として、安達(2013, 2015)を勧めたい。就業を望む第二世代が、「文化」と「宗教」の概念を分け、両親の持つ伝統的な考え方はあくまで「文化」によるものであり、「宗教」の実践と就業は矛盾しないと根拠づける、第二世代の戦略などが分析されている。

25　一般的なエンパワーメントの理解では、'power over'は、資源や技術といった人的資源に通ずる能力、'power to'は個人の知識や技術といった人的資源に通ずる能力、'power with'は人びとが連帯することによって発現する社会関係資本としての協同の力、'power within'は自己に内在する自尊心や自身という精神的な力である（太田 2005）。

しい。七人の女性たちの人生から、彼女たちの日々の生活における制約、選択、暴力の実態、パルダの規範の具体的な現れ方、そして集合的行為の意義に関する示唆が与えられるだろう。カビールの母親が設立したNGOは、一時は二六、〇〇〇人のメンバーを有するようになったものの、彼女の死後、一旦活動を停止し、その後、小規模で再開している。その活動の社会的影響にたいする娘ナイラ・カビールの評価は、【11】などにまとめられている。

カビールは『選択する力』で、女性労働者自身を、受身の客体としてではなく、能動的な主体として捉えたことにより、その後の研究の出発点になりえる点を示した。構造の下での圧倒的な権力の非対称性があったとしても、様々な方法で行為主体性を発揮し、戦略的に自己の選択を実現していこうとする女性たちが少なからず存在していた。女性の現実から出発したカビールが、その後、広げてきた研究視点とそこで得た知見を総括した上で、現在取り組む八、〇〇〇人規模のマクロな労働市場の構造分析や、労働の観点から見た国際バイヤーとグローバルバリューチェーン(GVC)研究において、どのような答えを出すのか、今後の研究成果が待たれる。

【1】 Kabeer, N. (1994), "Empowerment from Below: Learning from the Grassroots", in Kabeer, N. ed, *Reversed Realities: Gender Hierarchies in Development Thought*, Verso: London.

【2】 Kabeer, N. (1999), "Resources, agency, achievement: Reflections on the measurement of women's empowerment", *Development and Change*, Vol. 30. No. 3, pp.435-464.

【3】 Kabeer, N. (2008), "Paid work, women's empowerment and gender justice: critical pathways of social change", RPC Pathways of Women's Empowerment Working Paper No. 3. IDS, Sussex University.

【4】 Kabeer, N. (2012), "Between affiliation and autonomy: navigating pathways of women's empowerment and gender justice in Bangladesh", *Development and Change*, Vol 42. No.2, pp.499-528.

【5】 Kabeer, N. et al., (2012), "NGOs and the political empowerment of the poor in Bangladesh: cultivating the habits of democracy", *World Development*, Vol. 40. No. 10, pp.2044-2062.

【6】 Kabeer, N. (2011) "Citizenship narratives in the face of bad governance. The voices of the working poor in Bangladesh", *Journal of Peasant Studies*, Vol. 38. No2, pp.325-353.

【7】 Kabeer, N. (2004), "Globalisation, Labour Standards and Women's Rights: Dilemmas of Collective (In) action in an Interdependent World", *Feminist Economics*, Vol. 10. No.1, pp.3-35.

【8】 Kabeer, N. (2014), "The Politics and Practicalities of Universalism: Towards a Citizen-Centred Perspective on Social Protection", *European Journal of Development Research*, Vol.26, pp.338-354.

【9】 Kabeer, N. (2010), *Gender and Social Protection in the Informal Economy*, Routledge: London.

【10】 ロキア・ラマーン・カビール著［大岩豊訳］（2000）『7人

の女の物語：バングラデシュの農村から』、連合出版。

【11】 Kabeer, N. and L. Huq. (2014), "The power of relationships: money, love and solidarity in a landless women's organization in rural Bangladesh," in A. Cornwall and J.Edwards (eds) *Feminisms, empowerment and development*, Zed Press: London, pp.250-276.

4. 翻訳の経緯と謝辞

筆者が本書に出会ったのは、博士論文のための調査をタイで行っていた時期であり、二〇〇四年五月にタイのアジア工科大学で開催されたジェンダーに関する国際会議で、タイの女性労働者のライフコースについて発表したことがきっかけであった。セッション終了後、座長であった著名なイギリス人のジェンダー研究者をはじめ二、三人から全く同じことを言われたのである。「あなた、ナイラの本を読んだ？」。早速入手して読むことにした。当時、筆者のように都市の下層コミュニティを対象に研究する者が良く参照するのは、グローバル都市内での二極化の傾向を指摘したサッセンなどの研究であったが、グローバル都市論は徐々に都市間のヒエラルキーを前提としたマクロな研究が中心となっていた。カビールの研究は、都市研究ではなく、あくまで主体を対象にしたものであるにもかかわらず、むしろ都市の内部構造、階層性、グローバル化のダイナミクスが生き生きと見えてくるように感じ、興奮しながら読んだように覚えている。また、経済学や文化人類学のそれぞれの先行研究を行き来しながらも、住民が一方的に搾取されているような描写も、過度にたくましさを強調する描写にも違和感を覚えており、また個々人の労働や生活と格差の構造の相互作用はどう捉えたら良いのかを悩んでいた筆者にとって、本書の分析視角は多くの示唆を与えてくれた。その後、最初がいつだったかは記憶があやふやになっているが、確か二〇〇八年にロンドンを訪れた際に初めてお会いしたように思う。その後はロンドンに行くたびにお会いして研究への助言を頂いたりし、二〇一二年には一年間の在外研究（SOAS）での受け入れ教官になって頂く機会を得た。

地域研究に携わる者として、グローバル化時代の行為主体性と構造の相互作用をどう捉えるのかは、一つの大きな研究課題である。その難問を一緒に考えたく、また本書の内容に関する理解を深めたくて（また密かに翻訳をいつか行いたいという思いを胸に）、共訳者の青山和佳氏（東京大学）、韓載香氏（北海道大学）と読書会を始めたのは二〇一一年だったように思う。読書会には受田宏之氏（東京大学）も時々参加してくれた。その後、三人で翻訳をしてみようということになった。ジェンダー研究者でも南アジア研究者でもなく、タイの都市やGVC研究（遠藤）、フィリピン都市部のエスニックマイノリティ研究（青山）、日本の在日韓国朝鮮人の企業研究（韓）のわれわれが、無謀にも思えたものの本書を訳そうと決意したのは、本書の持つ様々な分野への示唆に感銘を受けたからでもあり、また、より多くの読者にたいしてアクセス可能な形で提供したいという気持ちがあったからでもあった。二〇一二年には荒訳を作ったものの、出版社探しが難航し、しばらくは寝かしていた。ハーベスト社に決まった後、二〇一四年末から訳の改訂に取り組んだ。日本語版用序文、第一、四、七、一一章、および講演録は遠藤がまず訳出し、はしがきと謝辞、第六章は韓、第二、三、五、八、九、一〇章は青山が訳出した上で、全ての章の原文照合と相互チェックを遠藤と青山で行った。三人とも翻訳を手がけるのは初めてであり、想像以上に格闘することになったが、ある研究者の思考の体系と軌跡を追体験し、それをまた異なる言語体系に置き換えるという作業から学んだことも多かったように思う。十分に分かりやすい訳になったか心許ない気も残りながらも、三、四年越しの作業からようやく解放されるという安堵感があるのも事実である。

さて、内容に定評の高い原著ではあるが、実は誤植はかなり多かった。本文、参考文献、引用の出所について気づいた範囲では、全て本人に確認を取った上で修正している。また、幾つかの頻出の単語は、日本語に訳出する時に統一するか、あえて区別するべきか、悩むものも多かった。英語の文章では、文章にリズムを持たせ、同じ単語の繰り返しを避けるため、代替可能な同義語を数種類使うことがある。本書もその傾向があったが、一方で、本文内で意味を明確に区別しているはずの単語でもたまにそのような使用法がなされていたため、訳出にはかなり頭を悩ませることになった。迷うものは本人に確認しつつも、便宜上統一したり、訳し分けたりを、使い分ける必要が生じたこともあった。特に以下の単語は、原語を活かし、それでも気になった場合だけ修正をしている。家族（family）／世帯（household）（前者は居住を共にしているとは限らない）、訳注でも触れた衣料産業（clothing industry）／縫製産業（garment industry）、有償労働（paid work）／賃金労働（wage labour）（ただし、work, labour, employment は単独の場合は訳し分けているが、paid、wage/waged とセットで出てきた場合は、有償労働と賃金労働に揃えている。また、earning, income, wage などの訳も、工場労働の場合は収入、所得、賃金と使い分けてもさほど問題が無い様に思えたが、出来高賃金の場合は、厳密には経費が引かれていない報酬であるため、収入や賃金などの用語を使用するようにした）などである。また、専門用語として使用されている複合的な世帯の厚生（joint household welfare）と、説明の際のより一般的な表現として用いられている集合的な世帯の厚生（collective household welfare）は、前者で訳を統一するか検討したものの、原語を生かしてそのままにしたが、後者が前者の内容を説明する文脈で使用されている。

翻訳の過程では、専門外のわれわれゆえに、非常に多くの方にご助言、ご指導頂いた。まずは、ナイラ・カビール先生にお礼を伝えたい。非常に細かい質問にも根気よく答えてくださった。SOASに滞在中に聴講したナイラ先生のジェンダーに関する講義は、それまで聞いたことのあるどの講義よりも鮮やかで、理論と事例を行き来しつつ展開されるその内容に、日頃の自身の講義を大いに反省させられた。常に変わらぬ研究への溢れる情熱と、冷静で論理的な議論にはいつも刺激を頂いている。また、清水展（京都大学）、佐藤仁（東京大学）、石岡丈昇（北海道大学）、河野元子（政策研究大学院大学）の各先生方には本書の一部を読んで頂き、有益な助言を頂いた。藤田幸一（京都大学）、後藤健太（関西大学）、渋谷百代（埼玉大学）、金井郁（埼玉大学）の各先生方にも訳語や訳注に関して相談に乗って頂いた。ベンガル語表記では、古井龍介先生（東京大学）と丹羽京子先生（東京外国語大学）にご助言頂いた。これらの全ての方に記して感謝したい。遠藤と青山のそれぞれの講義で本書を一緒に検討してくれた、埼玉大学、および東京大学の大学院生たちにも感謝している。また、翻訳プロジェクトが日の目を見ることになったのは、ハーベスト社とわれわれをつないでくれた田中研之輔先生（法政大学）のおかげである。既に二冊の翻訳経験のある田中氏からはいかに翻訳が大変か、散々聞かされていたが、助言に関してはもう少し早くからきちんと耳を傾けるべきであった。また、ダッカの訪問でインタビューに応じて下さった全ての方に感謝する。ナイラ先生と長い付き合いのある方々ゆえに、かなり無理な日程でも快く時間を作って下さった。特に、BRAC の Lopita Huq、ASK の Dr. Hameeda Hossain、BLAST の Sara Hossain の各氏と現地でアシスタントを務めてくれた Ariful Hoque 氏に感謝したい。Dr. Hameeda はバングラデシュの最初の憲法起草者である Kamal Hossain 氏の妻で長年、人権派弁護士として活躍されており、Sara はその娘で同じく、弁護士としてラナプラザの事故などの件に取り組んでいる。バングラデシュに関しては初心者で、かつたった四日の訪問であったにもかかわらず、バングラデシュの歴史の一端をお伺いする機会を頂き、強く印象に残る訪問になった。一方で、ラナプラザの事故の被害の大きさには改めて衝撃を受け、まだ諸々が整理しきれていない。自身の研究の中で、これからも考えて行きたいと思う。また、個人的には本書の下訳を作成した二〇一二年のロンドンでの滞在を支援してくれたヨーロッパキャノン財団の助成に感謝したい。本書の刊行には、埼玉大学経済学会から出版助成を頂いた。改めてお礼を申し上げたい。最後に、本書の出版を決意して下さったハーベスト社には、度々遅れる作業で多大な負担をかけてしまった。根気良く待ち続け、無理なお願いも聞いてくださった小林達也社長には心からのお礼を申し上げたい。

二〇一六年二月

参考文献

安達智史（2013）『リベラル・ナショナリズムと多文化主義：イギリスの社会統合とムスリム』、勁草書房。

安達智史（2015）「イギリスの若者ムスリムたち：「市民であること」の要件としてのイスラーム」、SYNODOS、2015年6月4日掲載。

Alliance (2015), "Protecting and Empowering Bangladesh's Garment Workers: Alliance for Bangladesh Worker Safety Second Annual Report", Sep 2015, Alliance.

BGMEA (2015a), *The Apparel Story*, May-June 2015, Bangladesh Garment Manufactures & Exporters Association.

BGMEA (2015b), The Apparel Story, July-August 2015, Bangladesh Garment Manufactures & Exporters Association.

BGMEA (2015c), The Apparel Story, October-November 2015, Bangladesh Garment Manufactures & Exporters Association.

Clean Clothes Campaign, et al. (2015), "Evaluation of H&M Compliance with Corrective Action Plans for Strategic Suppliers in Bangladesh", Clean Clothes Campaign, International Labor Rights Forum, Maquila Solidarity Network and Worker Rights Consortium.

DIFE (2015), *The Labour Inspection System in Bangladesh: Developments, achievements and challenges*, May 2013—October 2015, Department of Inspection for Factories and Establishments (DIFE), Ministry of Labour and Employment, Government of the People's Republic of Bangladesh.

絵所秀紀（2015）「岐路に立つバングラデシュのガーメント産業：Shadidur Rahman, Broken Promises of Globalization: The Case of the Bangladesh Garment Industry の紹介を兼ねて」『経済志林』、Vol.82 No.3、pp.297-321。

遠藤環（2011）『都市を生きる人々：バンコク・都市下層民のリスク対応』（地域研究叢書シリーズ）、京都大学学術出版会（Tamaki Endo, 2014. *Living with Risk: Precarity & Bangkok's Urban Poor*, NUS Press in association with Kyoto University Press）。

遠藤環（2012）「バンコク都市下層民のリスク対応（第8章）」、速水洋子・西真如・木村周平編『人間圏の再構築：熱帯社会の潜在力』、京都大学学術出版会、pp.239-269。

Human Rights Watch (2015), "'Whoever Raises their Head Suffers the Most': Worker's rights in Bangladesh's garment factories", Human Rights Watch.

ILO (2015), "Rana Plaza Two Years On: Progress made & challenges ahead for the Bangladesh RMG sector", April 2015, ILO.

ILO (2016), "Improving working conditions in the ready made garment industry: Progress and achievements", ILO (http://www.ilo.org/dhaka/Whatwedo/Projects/WCMS_240343/lang--en/index.htm、よりダウンロード).

ILO Bangladesh (2015), "Inspection completion marks major milestone in Bangladesh RMG safety", ILO Country Office for Bangladesh Newsletter, Issue 3-December 2015, ILO Bangladesh.

JETRO（2014）「在アジア・オセアニア日系企業実態調査（2014年度調査）」、日本貿易振興機構（ジェトロ）海外調査部アジア大洋州課・中国北アジア課。

Kabeer, Naila (1994) *Reversed Realities: gender hierarchies in development thought*, London New York: Verso Books.

Kabeer, Naila and Ainsworth, Peroline (2012), "Life chances, life choices: exploring patterns of work and worklessness among Bangladeshi and Somali women in Tower hamlets" (Report for Tower Hamlets Council), Tower Hamlets.

加賀屋哲之 (2015)「ビジネスと人権問題と持続可能な企業価値創造」『アジ研ワールド・トレンド』、アジア経済研究所、No.223、pp.9-13。

Murayama, Mayumi (2006), "Globalisation and Female Employment in Bangladesh: Readymade garment workers in Post-MFA era", in Murayama, M (ed), *Employment in readymade garment Industry in Post-MFA Era: The cases of India, Bangladesh and Sri Lanka*, IDE-JETRO: 53-101.

長田華子（2014）『バングラデシュの工業化とジェンダー：日系縫製企業の国際移転』、御茶の水書房。

太田美帆 (2005)「開発援助とエンパワーメント論の系譜」、『アジ研ワールド・トレンド』、アジア経済研究所、No.120、pp.4-9。

Platt, Lucinda (2011), *Understanding Inequalities: Stratification & differences*, Polity

Press: London.

Platt, Lucinda (2013), "Women's education, employment, and income: variations by ethnic group: the national story", Presented in the Workshop 'Women Work and Worklessness', organized by Tower Hamlets Council, 2013.01.17.

Sanjay Kathuria and Mariem Mezghenni Malouche (2016), *Toward New Sources of Competitiveness in Bangladesh: Key findings of the diagnostic trade integration study*, World Bank Group.

Thompson, Hayley and Prugl, Elisabeth (2015), "Gender experts and gender expertise: Results of a survey", Programme on Gender and Global Change Working Paper 8/2015, The Graduate Institute Geneva.

Tower Hamlet (2011), "Tower Hamlets Employment Strategy", Tower Hamlets.

Uddin, Nasin (2015), "Remediation Financing", *The Apparel Story* (Oct-Nov 2015), BGMEA, pp.22-24.

山形辰史(2005)「バングラデシュにおける貧困削減と人間の安全保障（第8章）」『貧困削減と人間の安全保障 Discussion Paper』、JICA研究所。

山形辰史（2013）「ラナ・プラザ崩壊の影響と先進国アパレルの対応」『繊維トレンド』、2013年11・12月号、pp.52-55。

山形辰史（2014）「繊維・アパレル（第2章）」、村山真弓・山形辰史編『知られざる工業国バングラデシュ』、アジア経済研究所、pp.85-109。

Yunus, Mahammad and T. Yamagata (2014), "Bangladesh: Market force supersedes control", in Fukunishi, Takahiro and T. Yamagata (eds), The Garment Industry in Low-Income Countries: An entry point of Industrialization, IDE-JETRO/Palgrave macmillan.

書評

Gannagé, Charlene M. 2001. Canadian Journal of Sociology, Online May-June 2001.

Hensman, Rohini. 2002. 'Undermining Patriarchy, Empowering Women', *Economic and Political Weekly*, April 6, pp.1330-1331.

Seabrook, Jeremy. 2002. *Race & Class*, Vol.43. No.3, pp.78-82

統計

BBS (2013a), *Labour Force Survey Bangladesh 2013*, Bangladesh Bureau of Statistics.

BBS (2013b), *Survey of Manufacturing Industries 2012*, Bangladesh Bureau of Statistics.

ONS (2013), *2011 Census: Key Statistics and Quick Statistics for Local Authorities in the United Kingdom*, Office for National Statistics.

新聞記事

East London Lines, "£250 million regeneration for Tower Hamlets estate", 2013.02.22.

The Guardian, "Redevelopment of places such as Elephant and Castle has displaced thousands of low and middle income families", 2013.04.29.

The Guardian, "Rana Plaza collapse: compensation fund has $6m shortfall two years on", 2015.04.23.

The Guardian, "The more deprived and edgy, the better': the two sides of London's property boom", 2015.05.30.

The New York Times, "Stalemate over garment factory safety in Bangladesh", 2014.06.25.

ふ

へ

ほ

ま

み

そ

た

ち

す

せ

さ

し

索引（人名・事項）

遠藤環（えんどう　たまき）

埼玉大学大学院人文社会科学研究科　准教授

〈専門〉 開発経済学、都市研究、地域研究（タイ）

〈略歴，主要著作〉 1999年京都大学法学部卒業。2004年京都大学大学院経済学研究科博士後期課程単位取得満期退学。2007年、経済学博士（京都大学）。日本学術振興会特別研究員（京都大学東南アジア研究所）などを経て、2008年より埼玉大学経済学部専任講師、准教授を経て、2015年より現職。2012年度にロンドン大学東洋アフリカ研究学院にて在外研究。主要著作に『都市を生きる人びと：バンコク・都市下層民のリスク対応』（京都大学学術出版会、2011年）、*Living with Risk: Precarity & Bangkok's Urban Poor* (NUS Press in association with Kyoto University Press, 2014)、他多数。

青山和佳（あおやま　わか）

東京大学東洋文化研究所南アジア研究部門　准教授

〈専門〉文化的少数者を対象とした社会経済論、開発と宗教、地域研究（フィリピン）

〈略歴，主要著作〉1994年慶應義塾大学大学院商学研究科修士課程修了。2001年東京大学大学院経済学研究科博士課程単位取得満期退学。2002年、博士（経済学、東京大学）。東京大学大学院経済学研究科・経済学部助手、北海道大学大学院メディア・コミュニケーション研究院准教授、ハーバード・イェンチン研究所客員研究員などを経て、2014年4月より現職。著作に『貧困の民族誌：フィリピン・ダバオ市のサマの生活』（東京大学出版会、2006年）、共編著に『開発援助がつくる社会生活：現場からのプロジェクト診断』（大学教育出版、2010年）などがある。

韓載香（はん　じぇひゃん）

北海道大学大学院経済学研究科　准教授

〈専門〉 日本現代経済史、エスニック・マイノリティ・ビジネス、産業史

〈略歴、主要著作〉1999年京都大学経済学部卒業。2001年京都大学大学院経済学研究科修士課程修了。2004年東京大学大学院経済学研究科博士後期単位取得退学。2007年、経済学博士（東京大学）。首都大学東京都市教養学部助教、東京大学大学院経済学研究科特任准教授を経て、2012年4月より現職。現在、ハーバード・イェンチン研究所客員研究員。著作に『「在日企業」の産業経済史：その社会的基盤とダイナミズム』（名古屋大学出版会、2010年）、「在日韓国・朝鮮人 — ビジネスのダイナミズムと限界」（樋口直人編『日本のエスニックビジネス』世界思想社、2012年）などがある。

カバーおよび扉写真の著作権

ナイラ・カビール／Naila Kabeer
ロンドン・スクール・オブ・エコノミクス、ジェンダー研究所（LSE, Gender Institute）教授。

サセックス大学開発学研究所(IDS)、ロンドン大学東洋アフリカ研究学院(SOAS)などを経て、現職。

ジェンダー研究、開発学、南アジア研究などを専門とする社会経済学者。

2015年には「世界で最も影響力のあるジェンダー研究者」第一位に選ばれる。


選択する力（せんたくするちから）――

バングラデシュ人女性によるロンドンとダッカの労働市場における意思決定

発　行 ――2016年4月22日　第1刷発行
――定価はカバーに表示
©著　者 ―ナイラ・カビール
訳　者 ―遠藤環・青山和佳・韓載香
発行者 ―小林達也
発行所 ――ハーベスト社
〒188-0013　東京都西東京市向台町 2-11-5
電話　042-467-6441
振替 00170-6-68127
http://www.harvest-sha.co.jp
印刷・製本　㈱平河工業社
落丁・乱丁本はお取りかえいたします。
Printed in Japan
ISBN4-86339-074-4　C3033